Entscheidungen

des

Reichsgerichts.

Herausgegeben

von

den Mitgliedern des Gerichtshofes
und der Reichsanwaltschaft.

Entscheidungen in Zivilsachen.

101. Band.

Berlin und Leipzig 1921
Vereinigung wissenschaftlicher Verleger
Walter de Gruyter & Co.
vormals G. J. Göschen'sche Verlagshandlung :: J. Guttentag, Verlagsbuchhandlung :: Georg Reimer :: Karl J. Trübner :: Veit & Comp.

Entscheidungen

des

Reichsgerichts

in

Zivilsachen.

---

101. Band.

Berlin und Leipzig 1921
Vereinigung wissenschaftlicher Verleger
Walter de Gruyter & Co.
vormals G. J. Göschen'sche Verlagshandlung :: J. Guttentag, Verlagsbuchhandlung :: Georg Reimer :: Karl J. Trübner :: Veit & Comp.

Druck von Metzger & Wittig in Leipzig.

Inhalt.

I. Bürgerliches Recht.

a. Reichsrecht.

b. Landesrecht.

II. Öffentliches Recht.

III. Gerichtliches Verfahren.

1. Kann der Verkäufer selbstgefertigter kunstgewerblicher Erzeugnisse, die keinen besonderen Urheberschutz haben, die Lieferung verweigern, wenn der Käufer mehrfach zum Schaden des Verkäufers solche Erzeugnisse nachgeahmt hatte?

III. Zivilsenat. Urt. v. 26. Oktober 1920 i. S. D. B.=B. G. m. b. H. (Kl.) w. Z. Kunstmöbelwerke (Bekl.). III 139/20.

I. Landgericht Greiz. — II. Oberlandesgericht Jena.

Im Oktober 1916 hat die Beklagte den zu ihrer Zimmereinrichtung Modell „Siegfried" gehörigen Bücherschrank und Schreibtisch um 2450 *M*, lieferbar in 4 bis 5 Monaten und zahlbar je hälftig 4 Wochen vor Absendung und 30 Tage nach Empfang, an die Klägerin verkauft. Die Lieferung sollte nicht an die Klägerin, die nur mit Zeitkontrollapparaten und Uhren handelt, sondern an die Firma K. Gesellschaft m. b. H. in M. erfolgen, die auch namens der Klägerin die Bestellung gemacht hatte. Bisher ist die Lieferung unterblieben. Mit der Klage beansprucht die Klägerin die Lieferung der Möbel Zug um Zug gegen die vereinbarte Zahlung.

Das Landgericht hat der Klage stattgegeben, das Berufungsgericht hat sie abgewiesen. Die Revision war erfolglos aus folgenden

Gründen:

Die Beklagte bestreitet ihre an sich aus dem Kaufvertrag entspringende Lieferpflicht, weil ihr die Lieferung nach den Grundsätzen von Treu und Glauben sowie nach den Gebräuchen des anständigen loyalen Geschäftsverkehrs nicht zuzumuten sei. Denn die Firma K., deren Verhalten die Klägerin gegen sich gelten lassen müsse, habe in den dem Kaufschlusse vorausgegangenen Jahren und auch später Möbelerzeugnisse anderer Firmen, insbesondere solche aus ihrer — der Beklagten — Fabrik, zum Schaden der Erzeuger nachgeahmt, und es sei zu befürchten, daß sie im Falle der Lieferung der Kaufware auch diese nachgeahmt hätte.

Das Berufungsgericht hat diesen Einwand für berechtigt erklärt. Die von der Revision hiergegen erhobenen Bedenken sind unbegründet. Das Berufungsgericht hat nicht angenommen, daß der Beklagten für ihre Erzeugnisse auf Grund der Gesetze über das Urheberrecht besondere Befugnisse zuständen. Trotz des Mangels eines solchen Urheberrechtsschutzes waren aber die Erzeugnisse der Beklagten nicht schutzlos jeder Nachbildung preisgegeben. Wie das Reichsgericht schon in mehrfachen Entscheidungen (RGZ. Bd. 73 S. 294, Bd. 77 S. 431, Bd. 79 S. 415, Bd. 83 S. 384; JW. 1913 S. 1106 Nr. 7; Warneyer 1911 S. 86) dargelegt hat, werden durch die Sondergesetzgebung über das Urheberrecht die allgemeinen Vorschriften des BGB., die den Schutz gegen illoyale Handlungen im Verkehrsleben bezwecken, insbesondere die des § 826 BGB., nicht ausgeschlossen, außer wenn das Urheberrecht absichtlich den Schutz für einen bestimmten Tatbestand ablehnt. Darüber, ob eine Verletzung des § 826 vorliegt, entscheiden die Umstände des einzelnen Falles. In den erwähnten reichsgerichtlichen Entscheidungen ist ausgeführt, daß die Nachahmung für sich allein regelmäßig eine Verletzung des § 826 nicht enthalte, daß aber ein Verstoß gegen die guten Sitten des anständigen Geschäftsverkehrs dann zu bejahen sei, wenn der Nachahmer durch die Ausnutzung der fremden Arbeitsleistung sich in den Stand setze, die Ware ohne erhebliche Aufwendungen billiger als der Erzeuger in den Handel zu bringen, und so den Erzeuger um die Früchte seines mit Mühe und Kosten hergestellten Erzeugnisses bringe. Zutreffend hat auf dieser Grundlage das Berufungsgericht angenommen, daß die Firma K. der Vorwurf eines den § 826 BGB. verletzenden Geschäftsgebarens treffe. Nach seinen Darlegungen hat diese Firma durch einen Tischlermeister und Bildhauer in M. mehrere Möbelstücke, die zu den von der Beklagten in ihrer Fabrik nach eigenen Plänen und unter besonderer Bezeichnung hergestellten kunstgewerblichen Erzeugnissen gehörten, in wesentlichen Teilen zum Schaden der Beklagten nachgeahmt, so insbesondere noch im Mai 1917 den Bücherschrank „Heinrich". Daß die Firma K. sich der Mißbräuchlichkeit ihrer Nachahmungen bewußt war, ergibt sich daraus, daß sie die Nachahmungen einstellte, als die Beklagte von ihnen Kenntnis erhielt. Die von der Revision gegen diese tatsächlichen Feststellungen erhobenen Angriffe sind nicht gerechtfertigt. Lediglich auf dem Boden tatsächlicher Erwägungen beruht auch die fernere Annahme des Berufungsgerichts, daß die Beklagte mit Recht weitere Nachahmungen im Falle der Ausführung der streitigen Lieferung zu befürchten gehabt habe.

Bedenkenfrei ist sodann die Darlegung des Berufungsgerichts, daß nach der gegebenen Sachlage die Klägerin im Verhältnis zur Beklagten dieses Geschäftsgebaren der Firma K. gegen sich gelten lassen müsse. Die Kaufsache war, wenn auch der Kaufvertrag wegen der unsicheren Kreditverhältnisse jener Firma formell auf den Namen der Klägerin gestellt war, nach dem Inhalte des Vertrags für jene Firma bestimmt und an sie zu liefern. Die Klägerin selbst war lediglich Händlerin in Zeitkontrollapparaten und Uhren und hatte kein eigenes Interesse an der Möbellieferung. Die geschäftlichen Verhältnisse der Klägerin und jener Firma sowie ihre Geschäftsleitungen waren auf das engste verbunden. Es war also zu erwarten, daß die Firma K. die Möbel zur freien Verfügung erhalten werde. Dem von der Beklagten erhobenen Einwande steht nicht, wie die Revision meint, entgegen, daß die Klägerin im Prozeß erklärt hat, sie verlange die Möbel für sich und sie werde sie zur Ausstattung des Kontors eines Herrn v. Z. verwenden. Auch im Falle solcher nachträglich geplanten Verwendung stand einer vorher bewirkten Nachahmung durch die Firma K. nichts im Wege.

Hiernach stand der Beklagten das Recht zu, die Lieferung aus dem Kaufe zu verweigern. Dieses Recht wird nicht dadurch ausgeschlossen, daß nach den Feststellungen des Berufungsgerichts die Beklagte, bis sie Kenntnis von der Nachahmung erhielt, die Lieferung deshalb hinauszögerte, um höhere Preise zu erlangen.

---

2. 1. Ergreift die in § 1 Abs. 2 der Anlage zu Art. 297, 298 des Friedensvertrags angeordnete Ungültigkeit der in den besetzten Gebieten getroffenen Maßnahmen auch die rechtlichen Beziehungen Deutscher aus dem mit einem Zwangsverwalter im besetzten Gebiete geschlossenen Vertrage?

2. Inwieweit dauert das Amt der in Belgien und Frankreich eingesetzt gewesenen deutschen Zwangsverwalter nach der VO. vom 2. Juni 1920 noch fort?

III. Zivilsenat. Urt. v. 19. November 1920 i. S. der Süddeutschen Maschinenbaugesellschaft (Bekl.) w. v. Ph. als Zwangsverwalter der Maschinenfabrik Le Progrès Industriel in Loth bei Brüssel (Kl.). III 154/20.

I. Landgericht Stuttgart. — II. Oberlandesgericht daselbst.

Der Kläger forderte den Kaufpreis für mehrere auf Bestellung der Beklagten zu Ende Oktober und Anfang November 1918 in der Fabrik Le Progrès Industriel hergestellte, in den ersten Tagen des November 1918 der Eisenbahn zur Beförderung an die Beklagte übergebene Werkzeugmaschinen. Die Instanzen haben klagegemäß erkannt.

Die Revision, die lediglich den Einwand wiederholte, daß der Kläger nach dem Waffenstillstands- und dem Friedensvertrage zur Klage nicht mehr befugt sei, blieb erfolglos.

Gründe:

Der gemäß der VO. über Zwangsverwaltungen in Belgien vom 17. Februar 1915 zum Zwangsverwalter bestellte Kläger war — behufs

Wahrung der Interessen des Deutschen Reiches — über das Vermögen der Firma Le Progrès Industriel ausschließlich verfügungsberechtigt und zu allen Rechtshandlungen für sie ausschließlich befugt. Nach § 1 Abs. 2 der Anlage zu Art. 297, 298 des Friedensvertrags sind die in den besetzten Gebieten getroffenen Kriegsmaßnahmen, darunter die Zwangsverwaltungen, unwirksam (nulles, void). Die Nichtigkeit begründet den Wiedergutmachungsanspruch der betroffenen Firma und die entsprechende Wiedergutmachungsverpflichtung des Deutschen Reichs (Art. 231 flg.). Diese Wiedergutmachung ist ausschließlich in den Formen des Verfahrens von Staat zu Staat zu erledigen. Die Nichtigkeit ist aufgestellt nur für das Verhältnis zwischen dem feindlichen Ausland und seinen Angehörigen einerseits und dem Deutschen Reiche und seinen Angehörigen anderseits. Nur dieses Verhältnis, einzelne Sonderbestimmungen ausgenommen, regelt der Friedensvertrag; er trifft nicht das innendeutsche Verhältnis, wie es sich aus deutschen Kriegsmaßnahmen für Deutsche oder zwischen Deutschen nach deutschem Recht ergibt. Für und gegen Deutsche bleiben also die Rechtsgeschäfte des Zwangsverwalters rechtsgültig und bleibt das Amt des Zwangsverwalters weiter fortbestehen, um insoweit die aus der Zwangsverwaltung sich ergebenden Rechtsverhältnisse abzuwickeln. Der Zwangsverwalter handelt nunmehr für Rechnung des Deutschen Reichs; denn dieses hat zur Erfüllung seiner Wiedergutmachungspflicht die Ergebnisse der Zwangsverwaltungen klarzustellen und die Erlöse zu verwenden. Nach der gegenteiligen Auffassung wären die deutschen Schuldner zum Schaden des Deutschen Reichs ihrer Schuld endgültig entledigt und wären die deutschen Gläubiger mangels irgendeines Schuldners ihrer Forderung endgültig verlustig.

Diese Rechtslage — daß die Zwangsverwaltungen für das besetzt gewesene feindliche Gebiet fortdauern können und müssen, soweit sie von der Nichtigkeitsbestimmung des Friedensvertrags nicht getroffen werden — hat der Erlaß des Reichsministers des Innern vom 11. Mai 1919 richtig erkannt und richtig formuliert dahin:

„Die Verordnungen des Generalgouverneurs in Belgien besitzen auch heute noch ihre Geltungskraft, soweit ihre Wirksamkeit von vornherein nicht nur an das belgische Gebiet gebunden war, sondern sich über dieses hinaus, z. B. auf in Deutschland deponierte Vermögenswerte erstreckte. Befinden sich diese Vermögenswerte noch in Deutschland und haben die Zwangsverwalter über ihre Geschäftsführung und die Verwaltung dieser Objekte noch nicht abgerechnet, so sind sie auch heute noch die gesetzlich legitimierten Vertreter dieser Vermögenswerte und können als solche klagen und verklagt werden."

Entsprechend dieser allein zutreffenden Rechtsauffassung setzt die auf Grund des § 27 des AG. z. FV. erlassene VO. vom 2. Juni 1920 die Fortdauer des Amtes der für das besetzt gewesene feindliche Gebiet bestellten Zwangsverwalter voraus. Sie bestimmt nämlich, daß diese Zwangsverwalter der Reichsentschädigungskommission als der für die Abwicklung ihrer Geschäfte allein zuständigen Stelle über ihre Tätigkeit Auskunft zu erteilen und bei Erstattung ihrer Schlußberichte die Anweisungen jener Kommission, als der übergeordneten leitenden Behörde, zu beachten haben.

---

3. 1. Kann die Übertragung der Ausübung des Nießbrauchs unter Umständen auch dingliche Wirkung haben?

2. Steht der Mietzinspfändung eines Hypothekengläubigers der nacheingetragene Nießbrauch eines Dritten dann entgegen, wenn er zur Sicherung einer älteren Hypothek eingetragen worden ist?

V. Zivilsenat. Urt. v. 20. November 1920 i. S. K. (Bekl.) w. B. (Kl.). V 282/20.

I. Landgericht III Berlin. — II. Kammergericht daselbst.

Auf dem in W. belegenen Grundstücke des Diplomingenieurs A. steht in Abt. III Nr. 14 eine Hypothek von 25000 *M* eingetragen, von der am 16. Dezember 1912 ein Betrag von 14000 *M* an den Beklagten abgetreten worden ist. Der Grundstückseigentümer A. hat wegen dieser Hypothek in einer notariellen Urkunde vom 16. Dezember 1912 sich und seine Rechtsnachfolger der sofortigen Zwangsvollstreckung unterworfen. Auf demselben Grundstücke steht mit dem Range vor dieser Post unter Nr. 13 für den Major T. eine Hypothek von 95000 *M* eingetragen, die am 17. Oktober 1918 dem Kläger abgetreten worden ist. Angeblich zur Sicherheit für diese Hypothek ist für T. seit dem 21. April 1913 mit dem Range nach der Hypothek des Beklagten auch ein Nießbrauch eingetragen, der bis zum 1. April 1920 verlängert wurde. Mit der Abtretung seiner Hypothek hat T. dem Kläger gleichzeitig auch die Ausübung des ihm eingeräumten Nießbrauchs übertragen.

Der Beklagte hat sich wegen seiner Hypothekenforderung nebst Zinsen am 14. Mai 1919 zum Zwecke der Zwangsvollstreckung gegen den Grundstückseigentümer eine vollstreckbare Ausfertigung der notariellen Urkunde vom 16. Dezember 1912 erteilen lassen und am 6. Juni 1919 von dem Notar auch eine vollstreckbare Ausfertigung gegen den Nießbraucher zum Zwecke der Duldung der Zwangsvollstreckung erhalten. Auf Grund dieser Titel, die sowohl dem Grundstückseigentümer

A. wie dem Nießbraucher T. zugestellt worden sind, hat er durch Beschlüsse vom 31. Mai, 19. und 25. Juni 1919 die Mieten des Pfandgrundstücks pfänden und sich zur Einziehung überweisen lassen. Auch diese Pfändungs- und Überweisungsbeschlüsse, in denen die Mieten als „dem Eigentümer zustehend" bezeichnet sind, sind außer den Drittschuldnern dem Grundstückseigentümer und dem Nießbraucher zugestellt worden.

Der Kläger hat unter Berufung auf die ihm überlassene Nießbrauchsausübung gegen die Pfändung des Beklagten Widerspruch erhoben und auf seinen Antrag die gerichtliche Anordnung der Hinterlegung der gepfändeten Mieten bis zur rechtskräftigen Entscheidung des Widerspruchsprozesses erreicht. Er hat beantragt, die Pfändungen und Überweisungen aufzuheben, während der Beklagte um die Abweisung der Klage gebeten und widerklagend beantragt hat, den Kläger zu verurteilen, in die Auszahlung der hinterlegten Mieten an ihn zu willigen.

Das Landgericht gab unter Abweisung der Klage dem Widerklaganspruche statt. Das Berufungsgericht erkannte umgekehrt. Auf die Revision des Beklagten wurde das erste Urteil wiederhergestellt.

Gründe:

Dem Kläger ist laut Urkunde vom 17. Oktober 1918 die Ausübung des für den Major T. eingetragenen Nießbrauchs übertragen worden, was nach § 1059 BGB. zulässig war. In der Rechtslehre wird überwiegend die Meinung vertreten, daß in solchem Falle die dingliche Verfügung beim Nießbraucher verbleibt und der Erwerber der Nießbrauchsausübung nur einen schuldrechtlichen Anspruch gegen den Nießbraucher gewinnt, der ihn zwar berechtigt, die aus dem Nießbrauche fließenden Rechte für seine Rechnung im Namen des Nießbrauchers auszuüben, aber nicht zum Inhaber dieser Rechte macht.

Windscheid-Kipp Bd. 1 § 205; Staudinger 2b; Planck 3, 4; Komm. von RGR. 1 zu § 1059; Turnau-Förster, Liegenschaftsrecht, 3, 4 zu § 1059; Fuchs, Grundbuchrecht, Bd. 1 Bem. 2 zu §§ 1051—1054, Bem. 3 zu § 1059; Güthe, Grundbuchordnung, Bd. 1 Bem. 128 zu § 19, Bem. 9 zu § 26; Predari, Grundbuchordnung, Bem. 1 zu § 24.

Für diese Auffassung sprechen auch die Vorarbeiten zum Bürgerlichen Gesetzbuche (RGZ. Bd. 74 S. 84). Insbesondere betonen die Motive zu § 1011 des I. Entw., der die Veräußerung des Nießbrauchs zuließ, daß demjenigen, welchem die Ausübung des Rechtes an einer Sache überlassen ist, nicht eine dingliche, sondern nur eine obligatorische Rechtsposition zugeschrieben werden könne (Bd. 3 S. 525). Diesen Standpunkt teilt auch die Denkschrift (Mugdan Bd. 3 S. 981), indem sie davon spricht, daß die Überlassung der Ausübung des Nießbrauchs an einen anderen im Wege eines obligatorischen Vertrags gestattet ist.

Wäre der herrschenden Ansicht beizutreten, dann könnte dem Kläger das Recht zur Widerspruchsklage nicht zugestanden werden. Denn rein obligatorische Ansprüche enthalten kein die Veräußerung hinderndes Recht im Sinne des § 771 ZPO. Aber in solcher Allgemeinheit kann der Satz, daß bei der Überlassung der Nießbrauchsausübung das Recht im Vermögen des Nießbrauchers zurückbleibt und der Erwerber nur die schuldrechtliche Befugnis erhält, die aus dem Nießbrauch fließenden Rechte für eigene Rechnung geltend zu machen, nicht anerkannt werden. Die Entscheidung RGZ. Bd. 16 S. 110, in der ausgesprochen ist, daß derjenige, dem die Ausübung des Nießbrauchs übertragen ist, dadurch nicht bloß ein obligatorisches Recht gegen den Nießbraucher erwirbt, sondern auch das Recht erlangt, den übertragenen Nießbrauch kraft eigenen Rechtes gegen den Eigentümer und Dritten zur Geltung zu bringen, ist allerdings nur für das gemeine Recht auf Grund der Vorschrift der l. 11 § 2 D. 20, 1 ergangen. Aber auch für das jetzige Recht ist nicht unmöglich, daß der Nießbraucher, mag er auch den Nießbrauch in seiner Gesamtheit, d. h. das Stammrecht, dem Dritten nicht übertragen können, die ihm aus dem Nießbrauche fließenden Einzelrechte, soweit sie bestimmt oder bestimmbar sind, dem Dritten mit dinglicher Kraft überläßt und dies durch die Übertragung der Ausübung des Nießbrauchs zum Ausdruck bringt. Darauf hat der erkennende Senat, nachdem er in der Entscheidung RGZ. Bd. 74 S. 85 seine Stellungnahme zu dieser Frage offen gelassen hatte, schon in der Entscheidung vom 8. Juni 1912 V 37/1912 (Warneyer Nr. 344) hingewiesen.

Ob eine solche Überlassung beabsichtigt und erfolgt ist, hängt vom Einzelfall ab. In der Regel wird sie in der bloßen Übertragung der Nießbrauchsausübung nicht liegen. Denn das käme auf eine tatsächliche Übertragung des Nießbrauchs hinaus. Der Ausüber des Nießbrauchs soll nach dem Willen des Gesetzes aber etwas vom Nießbrauch Verschiedenes und Schwächeres erwerben (vgl. Nußbaum in den Beitr. z. Kenntnis des Rechtslebens Heft 2 S. 67). Sollen deshalb die Befugnisse des Nießbrauchers, namentlich auch die Ansprüche auf die Mieten, ihrer Substanz nach auf den Ausübungsberechtigten übergehen, wie es der Berufungsrichter für den vorliegenden Fall annimmt, wenn er feststellt, daß die Mieten selbst als abgetreten zu gelten haben, so müssen für eine so weitgehende Auslegung des Parteiwillens besondere Umstände sprechen. Hieran müssen um so strengere Anforderungen gestellt werden, als mit Rücksicht auf § 1124 BGB. die Rechtsstellung der Hypothekengläubiger verschieden ist, je nachdem man in der Übertragung der Nießbrauchsausübung eine Verfügung des Nießbrauchers über die Mieten sieht oder nur die Einräumung des Rechtes, die Mieten einzuziehen. Im gegebenen Falle aber fehlt es an solchen Umständen. Es steht nichts weiter fest, als daß der Nießbraucher T. dem Kläger mit der für ihn eingetragenen Hypothek auch das Recht zur Ausübung des ihm zustehenden Nießbrauchs mit allen Rechten und Pflichten übertragen hat. Daraus allein kann aber nicht entnommen werden, daß dem Kläger die Mieten selbst haben abgetreten werden sollen und ihm ein dingliches Recht an den Mietzinsforderungen eingeräumt worden ist. Daß dem Kläger die Nießbrauchsausübung angeblich zur Sicherung übertragen worden ist, spricht für diese Absicht nicht. Denn gesichert war der Kläger auch schon dadurch, daß ihm das Recht eingeräumt war, die Mieten für eigene Rechnung (wenn auch nicht im eigenen Namen) einzuziehen. Er hatte dadurch einen besseren und leichteren Zugriff auf die Mieten, als er ihn kraft seines Hypothekenrechts besaß, weil er sich infolge der Überlassung der Nießbrauchsausübung ohne weiteres an die Mieten halten konnte, als Hypothekengläubiger dazu aber erst einer Beschlagnahme derselben bedurft hätte. Im übrigen aber kommt hinzu, daß der Kläger gar nicht behauptet hat, durch die Urkunde vom 17. Oktober 1918 seien ihm die Mieten selbst abgetreten. Es durfte deshalb um so weniger eine solche Absicht in den Sinn der Urkunde vom Berufungsrichter hineingetragen werden. Eine Auslegung der Urkunde war gegenüber ihrem klaren Wortlaut ausgeschlossen (RGZ. Bd. 59 S. 217, Bd. 62 S. 195, Bd. 68 S. 126). Ihre Fassung lehnte sich wortgetreu an den Wortlaut des § 1059 BGB. an. Schon das spricht dafür, daß dem Kläger nicht mehr Rechte gegeben werden sollten, als das Gesetz selbst unter der Überlassung der Nießbrauchsausübung begriff. Vielleicht hätte ein Mehr im Interesse des Klägers gelegen. Aber durch eine Auslegung des Parteiwillens darf dies nicht nachgeholt werden, weil sonst die Auslegung dazu führen würde, an Stelle des erklärten Willens einen anderen zu setzen (vgl. JW. 1919 S. 247).

Es muß deshalb dabei bleiben, daß der Kläger durch die Überlassung der Nießbrauchsausübung nur das Recht zur Einziehung der Mieten überkommen hat. Hierin mag zwar auch die Ermächtigung zur selbständigen Erhebung der Widerspruchsklage gelegen haben, aber die Pfändung des Beklagten kann er mit seinem Rechte nicht bekämpfen. Zuzugeben ist, daß die gepfändeten Mietzinsforderungen an sich dem Nießbraucher zugestanden haben und daß daraus an sich auch ein Widerspruchsrecht gegen die Pfändung durch Dritte hergeleitet werden kann. Aber dem Nießbrauche stand die bessere Hypothek des Beklagten gegenüber, die ihm das Recht gab, sich aus den Mietzinsen des ihm verpfändeten Grundstücks Befriedigung zu verschaffen, und zwar mit Vorzug vor dem Nießbraucher, da die Hypothek vor dem Nießbrauch eingetragen stand (RGZ. Bd. 81 S. 150). Daran wird auch dadurch nichts geändert, daß dem Nießbraucher mit dem Range vor der für den Beklagten eingetragenen Hypothek auch selber noch eine Hypothek zustand, zu deren Sicherung der Nießbrauch angeblich eingeräumt worden war. Denn damit teilte der Nießbrauch noch nicht den Rang dieser Hypothek und, solange diese Hypothek auch nicht selbst durch Beschlagnahme der Mieten geltend gemacht war, muß sie der Pfändung der Mieten durch einen nacheingetragenen Hypothekengläubiger weichen. Sie kann deshalb auch die Rechtsstellung des nacheingetragenen Nießbrauchers nicht bessern, sollte in dem Widerstreite der eingetragenen Rechte nicht jedes Recht überhaupt nur für sich allein zu werten sein. Daß der Nießbrauch angeblich zur Sicherung dieser Hypothek bestellt war, macht die Sachlage nicht anders. Steht aber dem Nießbraucher selbst auf Grund seines Rechtes an den Mieten kein Widerspruch gegen die Pfändung durch einen voreingetragenen Hypothekengläubiger zu, so kann auch der, dem die Ausübung des Nießbrauchs übertragen ist, dieses Widerspruchsrecht nicht besitzen. Insbesondere war auch im Hinblick auf § 1124 BGB. der Pfändung des Beklagten der Boden nicht entzogen. Denn ebensowenig wie die Bestellung des Nießbrauchs an einem vermieteten Grundstück eine Verfügung über die Mieten enthält, welche dem Hypothekengläubiger das Pfandrecht an den Mieten für das zur Zeit der Beschlagnahme oder der ihr gleichstehenden Pfändung (RGZ. Bd. 81 S. 148) laufende und folgende Kalendervierteljahr entzöge (RGZ. Bd. 68 S. 12), ist auch die Weiterübertragung der Ausübung des Nießbrauchs als eine solche Verfügung anzusehen. Deshalb konnte der Beklagte auf Grund seines dinglichen Vollstreckungstitels auch trotz des Nießbrauchs und der Übertragung seiner Ausübung die Mieten pfänden, solange nicht der Nießbraucher oder der Ausübungsberechtigte diese eingezogen oder sonst über sie verfügt hatte. Pfandfrei wären die gepfändeten Mieten nur dann gewesen, wenn in der Überlassung der Ausübung des Nießbrauchs an den Kläger eine Abtretung der Mietzinsforderungen zu erblicken gewesen wäre. Da es an dieser Voraussetzung aber fehlt, so muß sich der Kläger die Pfändung der Mieten ebenso gefallen lassen, wie sie der Nießbraucher selbst dulden muß. Es wäre auch widerspruchsvoll, wenn der Inhaber des Nießbrauchsrechts der Pfändung nicht sollte widersprechen können, dem Kläger aber, dem der Nießbraucher nicht mehr Rechte einräumen konnte als er selbst besaß, ein solches Widerspruchsrecht zustehen sollte. Der Beklagte kann zufolge der Übertragung der Nießbrauchsausübung auf keinen Fall schlechter stehen als ohne diese.

Entbehrt das Widerspruchsrecht des Klägers der Begründung, so erscheint auch die Widerklage des Beklagten gerechtfertigt. Sein Anspruch auf die hinterlegten Mieten setzt zwar ohne Rücksicht auf den Widerspruch des Klägers auch noch ihre gültige Pfändung und Überweisung voraus. Aber daran fehlt es nicht. Denn selbst wenn man über die Entscheidungen des erkennenden Senats vom 21. Dezember 1912 (RGZ. Bd. 81 S. 146) und 28. Januar 1920 V 51/1919 hinaus für die Wirksamkeit der Pfändung von Mieten durch einen im Range vorgehenden Hypothekengläubiger noch einen Duldungstitel gegen den Nießbraucher für erforderlich hält, entbehrt die Pfändung des Beklagten nicht der Gültigkeit. Ein Duldungstitel gegen den Nießbraucher liegt vor. Zweifelhaft könnte nur sein, ob gegen den Nießbraucher auf Grund dieses Titels eine wirksame Pfändung der Mieten vorgenommen ist, was, wenn man überhaupt einen Titel gegen den Nießbraucher für erforderlich erachtet, noch hinzukommen muß, da auch der zur Duldung der Zwangsvollstreckung verurteilte Schuldner Vollstreckungsgegner ist und es deshalb auch gegen ihn der Vollstreckung bedarf (vgl Hellwig, System Bd. 2 S. 234). Aber auch dieses Erfordernis ist erfüllt. Denn die ergangenen Pfändungsbeschlüsse sind außer den Mietern sowohl dem Eigentümer wie dem Nießbraucher zugestellt. In den Beschlüssen sind zwar die Mietzinsforderungen fälschlich als solche des Eigentümers bezeichnet. Dieser Fehler ist aber ohne Bedeutung, weil er die Identität der Forderungen nicht in Frage stellt und unwesentliche Unrichtigkeiten im Pfändungsbeschlusse die Gültigkeit der Pfändung nicht berühren (RGZ. Bd. 93 S. 124).

Hiernach ist die Widerspruchsklage des Klägers unbegründet und die Widerklage des Beklagten gerechtfertigt.

---

4. Ist der Staat Rechtsnachfolger der säkularisierten Klöster hinsichtlich der diesen gegenüber den Kirchengemeinden erwachsenen privatrechtlichen Verbindlichkeiten?

IV. Zivilsenat. Urt. v. 22. November 1920 i. S. kath. Kirchengemeinde Bonndorf u. Gen. (Kl.) w. Bad. Staat (Bekl.). IV 264/20.

I. Landgericht Karlsruhe. — II. Oberlandesgericht daselbst.

Die Klägerinnen behaupten, die Pfarrkirche in Bonndorf sei von dem Bischof Marquard in Constanz durch Urkunde vom Jahre 1403 (Freiburger Diözesanarchiv Bd. 14 S. 216) dem Paulinerkloster in Bonndorf inkorporiert worden. Seitdem habe das Kloster alle Bedürfnisse der Kirche, auch die nach der Inkorporation neu entstandenen, befriedigt, so daß das Kloster die Stellung einer Kirchenfabrik erlangt habe. Diese Verpflichtung zur Bestreitung aller Kultusbedürfnisse sei durch die im Jahre 1807 erfolgte Säkularisation des Klosters auf den Badischen Staat übergegangen, der sie seit dieser Zeit auch immer erfüllt habe. Erst in neuerer Zeit seien über den Umfang der Verpflichtung Streitigkeiten entstanden. Insbesondere weigere sich der Staat, die Kosten der Heizung der Kirche und der Sakristei sowie der Beleuchtung der Kirche zu übernehmen.

Das Landgericht hat die Klägerinnen mit ihrem Antrag auf Feststellung dieser Verpflichtungen abgewiesen. In der Berufungsinstanz haben die Klägerinnen beantragt, festzustellen:

1. daß der Beklagte schuldig sei, die zur Heizung der Sakristei nötigen beweglichen Erfordernisse zu stellen,
2. daß dem Beklagten die unbeschränkte Pflicht obliege, die örtlichen kirchlichen Bedürfnisse in der Pfarrkirche zu Bonndorf in der Art und dem Umfange zu befriedigen, wie sie einem Pfarrkirchenvermögen (Kirchenfabrik, Kirchenfonds) obliegen, also nicht bloß in dem Umfange, wie er bei der Säkularisation bestanden und sich seither quantitativ erweitert hat, sondern auch insoweit, als nach der Säkularisation Einzelbedürfnisse qualitativ neuer Art entstanden sind oder entstehen.

Das Oberlandesgericht hat festgestellt, daß dem Beklagten die unbeschränkte Pflicht obliegt, die örtlich kirchlichen Bedürfnisse der Pfarrkirche Bonndorf in dem Umfange weiter zu befriedigen, in dem der Beklagte bisher die Befriedigung vornahm, einschließlich künftiger quantitativer Erweiterungen. Im übrigen hat es die Klage abgewiesen.

Die Revision der Klägerinnen führte zur Aufhebung des Urteils.

Gründe:

Das Berufungsgericht unterstellt zugunsten der Klägerinnen, daß das Paulinerkloster in Bonndorf infolge der Inkorporation der Bonndorfer Pfarrkirche in das Kloster privatrechtlich verpflichtet gewesen sei, alle Kultusbedürfnisse der Pfarrkirche zu bestreiten. Es verneint aber die Frage, ob diese Verpflichtung auf den Badischen Staat übergegangen sei, und zwar mit folgender Begründung: Ein allgemeiner Rechtssatz, aus dem ein Übergang solcher Verpflichtungen herzuleiten sei, bestehe nicht. Aus dem § 35 des Reichsdeputationshauptschlusses sei nur eine öffentlichrechtliche Verpflichtung des Staates zu entnehmen, derzufolge die Güter eines säkularisierten Klosters u. a. zur Förderung des Gottesdienstes verwendet werden müßten. Auch aus den §§ 36, 77, 63 und 65 RDH. sei eine privatrechtliche Verpflichtung der säkularisierenden Staaten nicht zu folgern. Der § 35 müsse dahin verstanden werden, daß alle älteren privatrechtlichen Ausstattungspflichten gegenüber der Ortskirche bei der Säkularisation in der öffentlichrechtlichen Verbindlichkeit des Staates, für die örtlichen Seelsorgebedürfnisse zu sorgen, aufgehen sollten. Auf der Grundlage dieser öffentlichrechtlichen Pflicht des Staates habe sich in dem Zeitraume von mehr als 100 Jahren seit der Säkularisation des Klosters zwischen den Parteien ein Rechtsverhältnis entwickelt, kraft dessen der Staat privatrechtlich verpflichtet sei, diejenigen Leistungen, die er für kirchliche Bedürfnisse seither gemacht habe, auf sich zu nehmen, und zwar auch dann, wenn diese in Zukunft größere Aufwendungen nötig machen oder wenn die Zeitverhältnisse andere Formen der Befriedigung verlangen würden. Andersartigen neuen kirchlichen Bedürfnissen dagegen brauche der Staat auf Grund seiner privatrechtlichen Verpflichtungen nicht zu genügen. Insoweit sei eine vertragsmäßige Bindung nicht erwiesen. Insbesondere gelte das von der seitens der Klägerinnen verlangten Heizung der Sakristei.

Diese Begründung beruht in verschiedenen Punkten auf Rechtsirrtum.

1. Mit Recht verwirft das Berufungsgericht die namentlich in der älteren Literatur vertretene Ansicht, daß sich schon aus § 35 RDH. eine privatrechtliche Verpflichtung des Staates ergebe, an Stelle der aufgehobenen Stifter und Klöster für die Bedürfnisse der Kirchengemeinden aufzukommen. Die Vorschrift enthält, soweit sie hier interessiert, nur die allgemeine Anweisung an die Landesherren, das eingezogene Kirchenvermögen zu gewissen Zwecken, u. a. „zum Behuf des Aufwandes für Gottesdienst" zu verwenden; es sind weder bestimmte kirchliche Rechtssubjekte als berechtigt bezeichnet, noch auch ist angegeben, in welchem Verhältnis das Vermögen auf die verschiedenen Verwendungszwecke verteilt werden soll. Es fehlt also der Vorschrift die nötige Bestimmtheit, um in ihr die Grundlage für eine privatrechtliche Verpflichtung des Staates zu finden (**Niedner**, Die Ausgaben des Preuß. Staates für die evangelische Landeskirche, 1904, S. 153; Urt. des RG. vom 29. Oktober 1898 bei Gruchot Bd. 43 S. 1046). Trotzdem sind aber, wie in Theorie und Praxis von jeher anerkannt ist, die den Klöstern aus der Inkorporation erwachsenen privatrechtlichen Pflichten durch die Säkularisation nicht erloschen, sondern mit dem auf Grund der §§ 35, 36 RDH. eingezogenen Klostervermögen auf die säkularisierenden Staaten übergegangen. Es beruht dies auf der im späteren gemeinen Rechte zur Geltung gelangten Auffassung, daß bei dem Übergang eines Gesamtvermögens der Übernehmer für die auf jenem lastenden Schulden zu haften habe. Daß der RDH. auf demselben rechtlichen Standpunkte steht, ergeben nicht nur die Vorarbeiten (vgl. z. B. die Rastatter Protokolle der Reichsfriedensdeputation Bd. 1 S. 392, Bd. 2 S. 415, 468 und die Regensburger Protokolle

der außerordentlichen Reichsdeputation Bd. 1 S. 30/31, Bd. 2 S. 802), sondern auch die Vorschriften des Gesetzes selbst. Schon in § 35 ist bestimmt, daß aus dem Vermögen der säkularisierten Stifter, Abteien und Klöster die Pensionen für die aufgehobene Geistlichkeit bestritten werden sollen (vgl. dazu §§ 64, 66 flg.). Es sagt ferner der § 77, „es verstehe sich von selbst", daß der säkularisierende Regent alle auf den Entschädigungslanden haftenden Schulden, und zwar sowohl die Kameral- als die Landesschulden, mit übernehmen müsse. Im vorliegenden Falle handelt es sich zwar nach den rechtlich nicht zu beanstandenden Feststellungen des Berufungsgerichts nicht um ein Entschädigungsland, sondern um ein sogen. Dispositionskloster im Sinne des § 35 RDH. Allein aus der Vorschrift („es versteht sich von selbst") ist die grundsätzliche Stellungnahme des RDH. ersichtlich, und es ist kein Grund vorhanden, die Schulden, die auf den den Fürsten zugewiesenen Stiftern und Klöstern haften, anders zu behandeln als die auf den ihnen zugeteilten Ländern ruhenden.

Der Meinung des Berufungsgerichts, unter Schulden verstehe der RDH. in § 77 nur Schulden, die auf Geld und andere ein für allemal bestimmte Leistungen gerichtet seien, ist nicht beizutreten. Wenn in den §§ 77 flg. von Verzinsung der Schulden und Hypotheken gesprochen wird, so folgt daraus nicht, daß nur Schulden gemeint sind, die verzinst und im Grundbuch eingetragen werden können. Es ist kein vernünftiger Grund für die vom Berufungsgerichte gemachte Unterscheidung ersichtlich. Die gegenteilige Auffassung würde zu dem unannehmbaren Ergebnis führen, daß zwar wohl die Verpflichtung zur Zahlung von Gehältern an die Geistlichen, nicht aber die Baulast auf den neuen Landesherrn übergegangen wäre. . . .

2. Der Fortbestand der der Kirche aus der Inkorporation zustehenden Privatrechte ergibt sich vor allem aus § 63 RDH. Danach soll die bisherige Religionsübung eines jeden Landes gegen Aufhebung und Kränkung jeder Art geschützt sein, insbesondere jeder Religion der Besitz und ungestörte Genuß ihres eigentümlichen Kirchenguts auch Schuldfonds . . . ungestört verbleiben. Zu dem „Kirchengut" gehört auch der Rechtsanspruch der Kirchengemeinde gegen das Kloster auf Bestreitung aller kirchlichen Bedürfnisse. Insoweit handelte es sich nicht um Klostervermögen, das nach § 35 der Einziehung unterlag, sondern um Kirchenvermögen, das nicht angetastet werden sollte (Entsch. d. OberverwGer. Bd. 38 S. 202; Urt. des RG. vom 20. Oktober 1913 IV 277/13; Archiv für kath. Kirchenrecht Bd. 94 S. 143). Das Berufungsgericht erkennt an, daß diese von den Klägerinnen vertretene Ansicht sich sehr wohl begründen lasse. Es lehnt sie aber ab mit der Begründung, daß die Entscheidung, ob der Kirche ein solcher privatrechtlicher Anspruch zustehe, nicht selten sehr schwierig sei; der

Staat würde in einer großen Anzahl von Fällen in eine mehr als unerfreuliche Lage versetzt werden; die Untersuchung würde sich oft auf unklare, Jahrhunderte zurückliegende Vorgänge erstrecken müssen; eine Gesetzesauslegung aber, die zu praktisch derartig unangemessenen, Staat und Kirche beunruhigenden Untersuchungen führen müsse, könne nur dann als richtig gelten, wenn sie überhaupt nicht zu umgehen sei. So aber liege es nicht. Vielmehr lasse sich § 35 RDH. wohl dahin verstehen, daß ihm zufolge alle älteren privatrechtlichen Bau-, Ausstattungs- und Gottesdienstpflichten gegenüber der Ortskirche bei der Säkularisation aufgingen in der öffentlichrechtlichen Verbindlichkeit des Staates, für die örtlichen Seelsorgebedürfnisse zu sorgen. In diesem Sinne müsse dem Angeführten nach das Gesetz verstanden werden.

Es bedarf kaum der Ausführung, daß den vom Berufungsgerichte geschilderten Beweisschwierigkeiten ein entscheidendes Gewicht bei der Auslegung des Gesetzes nicht beigemessen werden kann. Sie sind übrigens in zahlreichen Prozessen überwunden worden.

3. Das Berufungsgericht will schließlich seine Auffassung von der öffentlichrechtlichen Natur der Ausstattungspflicht des Staates gegenüber der Kirche auf eine, wie es sagt, allgemeine, der Bedeutung der Säkularisation und der Natur des modernen Staates, oder wie es an einer anderen Stelle heißt, der „Interessenlage" entnommene Erwägung stützen. Es führt aus, die Kirche habe durch allgemeine oder besondere Anordnungen mehr oder weniger willkürlich neue Bedürfnisse der Kirche schaffen können. Es sei aber nicht anzunehmen, daß der Staat sich durch kirchliche Anordnungen den Inhalt seiner Pflichten habe vorschreiben lassen, und das noch zu einer Zeit, wo er sich seine Souveränität errungen und naturgemäß eifersüchtig auf seine Unabhängigkeit auch von der Kirche geachtet habe. Das sei der Grund, aus dem die privatrechtlichen Ausstattungspflichten der Klöster mit der Säkularisation eine Änderung hätten erleiden müssen. Und diese Änderung habe sich dadurch vollzogen, daß die privatrechtliche Ausstattungspflicht des Klosters in die öffentlichrechtliche Dotationspflicht des Staates übergegangen sei, die sich aus § 35 RDH. ergebe.

Auch diese Begründung ist unhaltbar. Das Berufungsgericht hat keine Bestimmung des Gesetzes anzugeben vermocht, in der seine Auffassung eine Bestätigung finden könnte. Abgesehen davon ist es auch nicht die Kirche, die in maßgebender Weise über die Frage der Notwendigkeit einer Ausgabe und der Verpflichtung des Staates zur Tragung derselben entscheidet, sondern gerade der letztere durch seine Organe, mag nun für die Entscheidung, wie z. B. über die Frage der Notwendigkeit von Bauten, die Verwaltungsbehörde (vgl. die vom Berufungsgerichte zitierte badische Rechtsbelehrung vom 1. Juli 1812,

Reg.-Bl. S. 121, für Preußen die §§ 707—709 II 11 ALR. und dazu RGZ. Bd. 50 S. 310) oder der ordentliche Richter zuständig sein.

4. Die gleiche Auffassung von dem Übergange der Lasten auf den säkularisierenden Staat, wie sie vorstehend begründet ist, findet sich auch in anderen Gesetzen ausgesprochen. Erwähnung verdient insbesondere die Preuß. Kabinettsorder vom 25. September 1834 (abgedruckt in Vering, Archiv f. kath. Kirchenrecht Bd. 19 S. 340), die — soweit bekannt — in der Rechtsprechung zum ersten Male in dem Rechtsstreite der kath. Kirchengemeinde zu Bielefeld gegen den Preußischen Staat unter Billigung des Reichsgerichts (Urt. vom 25. Januar 1900 IV 266/99) zur Anwendung gelangt ist. In ihr ist die Rechtsnachfolge des Staates in die privatrechtlichen Verpflichtungen der aufgehobenen Klöster ausdrücklich anerkannt. In dem in der Kabinettsorder in Bezug genommenen Berichte des Ministers der geistlichen Angelegenheiten und des Finanzministers vom 19. August 1834 ist zur Begründung dieser Rechtsauffassung ausdrücklich auf den Grundsatz des gemeinen Rechtes und des Allgemeinen Landrechts (vgl. § 201 II 6), daß der Staat bei Aufhebung von Korporationen auch gegen diejenigen, welche Forderungen an die erloschene Gesellschaft hätten, an die Stelle der letzteren trete, und auch auf die Bestimmung des § 63 RDH., daß jeder Religion der Besitz und ungestörte Genuß ihres eigentümlichen Kirchenguts ungestört verbleiben solle, hingewiesen worden (vgl. RGZ. Bd. 96 S. 31, 34).

Auf demselben Rechtsstandpunkte wie jene preußische Kabinettsorder steht das erste Konstitutionsedikt, die kirchliche Staatsverfassung des Großherzogtums Baden betreffend, vom 14. Mai 1807. Unter Nr. 9 Abs. 2 bestimmt es, daß das Vermögen der Ordensgesellschaften, so oft jene aufgehoben werden oder erlöschen, dem Staate mit Lasten und Vorteilen anheimfalle, mithin auch mit der Pflicht, die fortdauernden kirchlichen oder Staatszwecke, als Seelsorge, Jugendunterricht, Krankenverpflegung u. dgl., anderweit hinlänglich zu begründen. Das Berufungsgericht erkennt an, daß hier von den privatrechtlichen Pflichten des Klosters die Rede sei, nimmt aber auch hier wiederum eine Umwandlung der bestehenden privatrechtlichen Verpflichtungen in eine öffentlichrechtliche Ausstattungspflicht an. Diese Auffassung kann nicht richtig sein; denn bei dieser Auslegung würde der Abs. 2 der Nr. 9 mit dem Abs. 1 in Widerspruch treten, in dem in weitgehender Weise die Unverletzlichkeit des Eigentums der Kirche „an Liegenschaften, Renten, Bauansprüchen und beweglichem Gute" gewährleistet ist. Die Umwandlung des Anspruchs auf Bestreitung aller kirchlichen Bedürfnisse würde aber im Gegensatze dazu eine Entziehung eines Privatrechts bedeuten. Das Oberlandesgericht setzt sich mit seiner Ansicht auch in Widerspruch mit derjenigen des Badischen Oberhofgerichts, das in dem Urteile vom 27. Juni 1871 (Bad. Annalen Bd. 38 S. 239) angenommen hat, daß auch nach diesem Konstitutionsedikte die auf dem säkularisierten Klostervermögen haftenden Schulden auf den Staat übergehen. Die Revisibilität der Nr. 9 des Edikts ist nach § 7 der Kais. VO. vom 28. September 1879 zu bejahen. Denn die Konstitutionsedikte sind unter XVIII des Einführungsedikts zum Bad. Landrecht vom 3. Februar 1809 aufrecht erhalten, soweit sie auf Gegenstände des bürgerlichen Rechtes Bezug haben. Eine solche Beziehung der Nr. 9 des 1. Konst.-Ed. ist nach dem Gesagten nicht zu bezweifeln. Übrigens ist das Konstitutionsedikt erst nach der Säkularisation des Paulinerklosters ergangen und findet deshalb auf diese keine unmittelbare Anwendung. Das erkennt das Berufungsgericht ausdrücklich an. Es meint nur, das Edikt lasse ersehen, welche rechtliche Auffassung zur Zeit der Säkularisation über deren rechtliche Folgen geherrscht habe, und spreche deshalb in erheblichem Maße für die Richtigkeit des von ihm aus dem RDH. gewonnenen Ergebnisses. Diese Ansicht erweist sich, wie ausgeführt, als rechtsirrig.

Zu Unrecht findet das Berufungsgericht eine Bestätigung seiner Ansicht in dem Erlaß des Großherzogs Karl Friedrich von Baden vom 21. Januar 1809, in dem er die Verpflichtung des Staates verneint, an Stelle eines aufgehobenen Klosters die gestifteten Jahresmessen lesen zu lassen. Dieser Rechtsstandpunkt ist vielmehr zutreffend, weil ein privatrechtlicher Anspruch der Kirchengemeinde auf das Lesen solcher Messen nicht bestand (vgl. RGZ. Bd. 94 S. 148). Auch daraus, daß der Staat für das Pfarrbenefizium in Bonndorf in den Jahren 1812 und 1819 einseitig eine fixierte Dotation gewährte, folgt nicht, wie das Berufungsgericht meint, daß er glaubte, insoweit ein für allemal seiner Verpflichtungen ledig zu sein. In den Urkunden selbst steht darüber nichts. Dagegen spricht, daß der Staat, wie das Berufungsgericht selbst feststellt, in einem anderen Falle, der die Rippoldsauer Kirche betraf, von vorherein für den Fall eintretender Notwendigkeit weitere Zuschüsse versprach. Jedenfalls könnte einer etwaigen irrigen Rechtsauffassung maßgebende Bedeutung nicht zuerkannt werden. Daß eine Kirchengemeinde im Falle der Unzulänglichkeit der gewährten Dotation einen Anspruch auf Ergänzung haben kann, hat das Reichsgericht im Anschluß an die Bestimmungen der Preuß. Kabinettsorder vom 25. September 1834 vielfach anerkannt (vgl. z. B. Urteil vom 20. Oktober 1913 IV 277/13, teilweise abgedruckt JW. 1914 S. 161 Nr. 25). Ein solcher Anspruch könnte nur durch ausdrücklichen oder stillschweigenden Verzicht der Kirchengemeinde erlöschen.

5. Verfehlt ist die Ansicht des Berufungsgerichts, der RDH. habe gemäß Art. 2 der Rheinbundsakte vom 12. Juli 1806 (Pfister, Geschichtliche Entwicklung des Staatsrechts im Großherzogtum Baden,

Supplementband S. 30) seine verbindliche Kraft als Reichsgesetz verloren und komme inhaltlich nur als badischrechtliche Vorschrift in Betracht. Es scheint damit nachweisen zu wollen, daß seine auf den Bestimmungen des RDH. beruhende Entscheidung der Nachprüfung des Revisionsgerichts entzogen sei. Unklar ist zunächst, worauf die inhaltliche Fortgeltung des RDH. beruhen soll, wenn er als Reichsgesetz aufgehoben ist. Der RDH. war Reichsgesetz und ist, wie in der Literatur allgemein anerkannt wird, durch die Auflösung des Deutschen Reiches als solches unberührt geblieben. Seine Aufhebung konnte schon deshalb nicht beabsichtigt sein, weil er die Rechtsgrundlage für die in ihm bestimmten Änderungen des Territorialbestandes auch der Rheinbundstaaten bildete und auf ihm die auch von ihnen ausgeübte Befugnis zur Säkularisation der Stifter und Klöster beruhte. Die fortdauernde Gültigkeit des RDH. als Reichsgesetz und der dadurch begründeten Rechtsverhältnisse läßt sich um so weniger bezweifeln, als sie in späteren Gesetzen wiederholt Anerkennung gefunden hat, z. B. in der Proklamation des Großherzogs von Baden vom 13. August 1806 (Pfister a. a. O. S. 50), in der es heißt: „Wir erklären sämtliche uns von alters her angestammten, dann durch den Luneviller Frieden und darauf gefolgten Reichsdeputationshauptrezeß erworbenen Fürstentümer, Graf- und Herrschaften, zu einem unteilbaren souveränen Staat- und Großherzogtum Baden", ferner in den Art. 15, 17 der deutschen Bundesakte vom 8. Juni 1815 (Pfister S. 180) sowie in dem zum Vollzug des RDH. ergangenen Staatsvertrage vom 7. Oktober 1818, auf dessen Grundlage nach weiteren Verhandlungen mit dem Papste am 16. August 1821 die Bulle Provida sollersque betr. Einrichtung der oberrheinischen Kirchenprovinz erging (vgl. Sägmüller, Der Rechtsanspruch der kath. Kirche auf finanzielle Leistungen seitens des Staates, S. 39 flg., 48, und im übrigen zu dieser Frage die Schiedssprüche des sächs. Oberappellationsgerichts in Dresden in Sachen des Preußischen gegen den Weimarischen Staat vom 1. April 1848 und 5. Dezember 1850, Archiv für kath. Kirchenrecht Bd. 11 S. 106 flg., 131 flg., 134/5; Riedner a. a. O. S. 139; Sägmüller S. 25/6).

6. Auf dem hier vertretenen Standpunkte steht nicht bloß die preußische, sondern auch die badische Rechtsprechung. Außer der bereits unter 4. erwähnten Entscheidung des bad. Oberhofgerichts vom 27. Juni 1871 kommen in Betracht die Urteile desselben Gerichtshofs vom 9. Juni 1870 (bad. Annalen Bd. 36 S. 305) und 8. Juli 1869 (a. a. O. Bd. 37 S. 190), endlich das Urteil des bad. Oberlandesgerichts in Karlsruhe vom 23. März 1899 (bad. Rechtspraxis Bd. 59 S. 233).

Von den zahlreichen Entscheidungen preußischer Gerichte, soweit sie sich lediglich auf gemeinrechtliche Grundsätze und nicht auf die

Kabinettsorder vom 25. September 1834 stützen, seien genannt: die Urteile des Obertribunals, Striethorst Archiv Bd. 22 S. 140 und Arch. f. kath. Kirchenrecht Bd. 22 S. 138, des Reichsgerichts vom 1. Februar 1888 V 220/87, Bolze, Praxis Bd. 7 S. 29 Nr. 83, v. 9. Juli 1888 IV 80/88, Auszug JW. 1888 S. 350 Nr. 27, 28, v. 25. Oktober 1888 IV 146/88, Bolze Bd. 6 S. 3 Nr. 7, v. 23. Februar 1905 IV 432/04, v. 29. März 1906 IV 485/03, v. 23. April 1907 III 406/06 bei Gruchot Bd. 51 S. 1139 mit 1132, des Gerichtshofs zur Entscheidung der Kompetenzkonflikte vom 22. September 1860, Preuß. JMBl. 1861 S. 221, 223, endlich des Oberverwaltungsgerichts in dessen Entsch. Bd. 38 S. 194, 202 und Bd. 57 S. 231, 233.

Für die von jeher herrschende Rechtsauffassung ist es, wie die Revision mit Recht hervorhebt, bezeichnend, daß in dem der Denkschrift des preußischen Ministers der geistlichen Angelegenheiten vom 14. November 1877 über den hannoverschen (also nach gemeinem Rechte zu beurteilenden) Klosterfonds beigegebenen Verzeichnis der Verbindlichkeiten dieses Fonds als Entstehungsgrund der Verbindlichkeiten in der überwiegenden Mehrzahl der 486 Fälle „Universalsukzession" in das Vermögen eines aufgehobenen Klosters aufgeführt ist (Ebhardt-Böckler, Gesetze, Verordnungen und Ausschreiben in Kirchensachen für den Bezirk des Provinzial-Konsistoriums in Hannover 1877 S. 728flg.; vgl. auch Riedner, a. a. O. S. 8, 98)....

---

5. Muß der Verkäufer die trotz seines Widerspruchs vom Käufer veranlaßte Versteigerung beanstandeter Ware gegen sich gelten lassen, wenn diese zu verderben drohte?

III. Zivilsenat. Urt. v. 23. November 1920 i. S. Ho. (Bekl.) w. Ha. (Kl.). III 239/20.

I. Landgericht Dresden. — II. Oberlandesgericht daselbst.

Der Kläger ließ der Beklagten auf deren Bestellung einen Waggon Sellerie zugehen. Die Beklagte ließ die Ware trotz des vom Kläger erhobenen Widerspruchs öffentlich versteigern. Der Kläger, der dieses Vorgehen als unrechtmäßig bezeichnet, hat mit der Klage Bezahlung des Kaufpreises gefordert. Das Landgericht hat die Beklagte zur Herauszahlung des Versteigerungserlöses abzüglich der ihr erwachsenen Unkosten verurteilt, aber die Klage im übrigen abgewiesen. Das Oberlandesgericht hat die Beklagte auch zur Zahlung des nach Abzug des gekürzten Versteigerungserlöses verbleibenden Kaufpreisrestes verurteilt. Die Revision der Beklagten ist zurückgewiesen worden.

Gründe:

Die Beklagte hat die Versteigerung der von ihr beanstandeten Ware trotz des vom Kläger hiergegen erhobenen Widerspruchs vornehmen lassen. Hieraus zieht das Berufungsurteil die zutreffende Folgerung, daß die Beklagte in unzulässiger Weise über die Ware verfügt habe und deshalb des Rechts auf Wandlung, wenn es ihr zugestanden haben sollte, verlustig gegangen ist (§§ 467, 353 BGB.). Es handelt sich bei der Versteigerung um einen Notverkauf im Sinne von § 379 Abs. 2 HGB. Aus der Zweckbestimmung dieser Vorschrift, welche den Interessen des Verkäufers dienen will, ergibt sich, daß der Käufer von der ihm dort eingeräumten Befugnis nicht gegen den Willen des Verkäufers Gebrauch machen darf (RGZ. Bd. 96 S. 72). Die Sachlage kann allerdings so geartet sein, daß der Verkäufer einen aus § 379 nicht zu rechtfertigenden Verkauf der bemängelten Ware gemäß den Grundsätzen über die Geschäftsführung ohne Auftrag (§§ 677 flg. BGB.) gegen sich gelten lassen muß (RGZ. Bd. 66 S. 197). Hat er jedoch der ihm vom Käufer angedrohten Versteigerung widersprochen, so stellt sich diese als eine unstatthafte Einmischung in seine Angelegenheiten dar und bleibt daher ihm gegenüber ohne Rechtswirkung (vgl. § 678 BGB.). Die Revision verweist auf die unter Beweis gestellte Behauptung der Beklagten, daß die Versteigerung der dem Verderben ausgesetzten Ware zur Vermeidung größeren Schadens erforderlich gewesen sei. Sie meint, daß im Falle der Bewahrheitung dieses Vorbringens die Wirksamkeit der Versteigerung dem Kläger gegenüber nicht mehr zu bezweifeln sei. Es stehe alsdann fest, daß der Notverkauf dem in § 680 BGB. bezeichneten Zwecke gedient habe; der entgegenstehende Wille des Verkäufers sei in einem solchen Falle, wie die entsprechende Anwendung des § 679 ergebe, ohne Bedeutung. Diese Auffassung ist mit dem aus § 678 zu entnehmenden Rechtsgrundsatz unvereinbar, daß der Geschäftsherr die verbotswidrige Übernahme der Führung seiner Geschäfte durch einen Anderen nicht als für ihn verbindlich anzuerkennen braucht. Es besteht aber auch keine Rechtsähnlichkeit des in § 680 geregelten Sachverhalts mit den Tatbeständen des § 679. Zu der in dieser Vorschrift enthaltenen Ausnahme hat sich der Gesetzgeber im Interesse des allgemeinen Wohls und aus Humanitätsrücksichten verstanden (Mot. Bd. 2 S. 864). Dagegen hat der § 680 lediglich den Schutz von Privatinteressen im Auge. Es erscheint daher unzulässig, die in § 679 angeordnete Bedeutungslosigkeit verbotswidrigen Handelns des Geschäftsführers über den Rahmen der dort gekennzeichneten Fälle hinaus auszudehnen und auf den Fall des § 680 zu übertragen.

6. Haftet die Reichsfuttermittelstelle, Geschäftsabteilung, Gesellschaft m. b. H. (Bezugsvereinigung der deutschen Landwirte) in Berlin, für die Zahlungsfähigkeit eines Käufers, den sie einer Bezirkseinkaufsstelle, Gesellschaft m. b. H., zur Belieferung mit frischen Runkelrüben zugeteilt hat?

VI. Zivilsenat. Urt. v. 25. November 1920 i. S. Bezirkseinkauf Hannover, G. m. b. H. (Kl.) w. Reichsfuttermittelstelle, Geschäftsabteilung G. m. b. H. (Bekl.). VI 331/20.

I. Landgericht II Berlin. — II. Kammergericht daselbst.

Die Klägerin, Bezirkseinkauf Hannover, Gesellschaft m. b. H., hat in der Zeit vom 5. März bis 24. August 1918 an die Firma G. & Co. in T. in zahlreichen Lieferungen frische Runkelrüben abgeführt. Die Lieferungen waren ihr von der Beklagten, der Reichsfuttermittelstelle, Geschäftsabteilung, Gesellschaft m. b. H. (Bezugsvereinigung der deutschen Landwirte), zugeteilt worden. Die Firma G. & Co. und deren Inhaber haben ihre Zahlungen eingestellt und sind mit einem erheblichen Teil des Kaufpreises im Rückstande geblieben. Für den Ausfall nimmt die Klägerin die Beklagte unter anderem mit der Behauptung in Anspruch, die Beklagte habe bei der Zuteilung gegen den Vertrag und gegen Treu und Glauben verstoßen und sich einer unerlaubten Handlung schuldig gemacht; denn sie habe die Zahlungsunfähigkeit der Firma G. & Co. gekannt oder sie wenigstens kennen müssen. Die Reichsstelle für Gemüse und Obst, Geschäftsabteilung, Gesellschaft m. b. H., ist der Beklagten als Nebenintervenientin beigetreten.

Die Vorinstanzen haben die Klage abgewiesen. Auf die Revision der Klägerin ist das Berufungsurteil aufgehoben worden.

Gründe:

Das angefochtene Urteil geht davon aus, daß zwischen den Streitteilen kein Vertragsverhältnis, jedenfalls kein privatrechtliches, bestanden habe. Daher könne die Beklagte, meint das Urteil, nicht verpflichtet gewesen sein, sich um die Zahlungsfähigkeit der von ihr der Klägerin zur Belieferung zugewiesenen Firma G. & Co. zu kümmern. Sie habe der Klägerin lediglich vermöge ihrer Stellung in dem Bewirtschaftungsplan die Adressen angegeben, an die die Klägerin verkaufen konnte. Ein Zwang, an die genannte Firma zu liefern, habe für die Klägerin nicht bestanden. Sollte aber gleichwohl die Ablehnung der Lieferung nicht in dem freien Willen der Klägerin gelegen haben, dann sei die Lieferung nicht auf Grund einer vertraglichen Vereinbarung mit der Beklagten, sondern auf Grund der für die Bewirtschaftung erlassenen gesetzlichen oder behördlichen Anordnungen geschehen. Jedenfalls sei der Klägerin die Tätigkeit der Beklagten und ihre Stellung innerhalb der Durchführung der Bewirtschaftung bekannt gewesen, und sie habe schon deshalb nicht annehmen können, daß die Beklagte durch die Mitteilung ihrer Zuteilung mit ihr in ein vertragliches Verhältnis habe treten wollen. Welche Gesetze und behördlichen Anordnungen das Berufungsgericht dabei im Auge hat, ist dem Urteil nicht zu entnehmen.

Die Revision wendet sich in erster Linie gegen den Ausspruch, daß zwischen den Streitteilen kein Vertragsverhältnis, das der Beklagten Pflichten auferlegt habe, zustandegekommen sei. Auch wird um Nachprüfung ersucht, ob die Beklagte nicht nach § 839 BGB. hafte.

Über die Gründung der klagenden Gesellschaft, ihre Gesellschafter, die etwaige Beteiligung des Reichsfiskus ist von den Parteien im Laufe des Rechtsstreits nichts vorgetragen worden. Sie ist eine auf Grund des Gesetzes vom 20. April 1892/20. Mai 1898, also auf privatrechtlicher Grundlage errichtete Gesellschaft m. b. H. Auch die Beklagte ist nichts anderes, insbesondere ist sie keine Behörde (VO. über Futtermittel vom 10. Januar 1918, RGBl. S. 23, § 2, und BRV. vom 22. März 1918, RGBl. S. 146). Beide Parteien gehören zu den zahlreichen, der Aufsicht einer Zentralbehörde unterstellten kriegswirtschaftlichen Organisationen, denen im öffentlichen Interesse wichtige staatliche Aufgaben, vor allem hinsichtlich der Beschaffung des Heeresbedarfs und auf dem Gebiet der Volksversorgung, übertragen sind, und deren Angestellte nach der BRV. vom 3. Mai 1917 (RGBl. S. 393) ähnlich wie die Beamten für die Verletzung der ihnen übertragenen Pflichten strafrechtlich verantwortlich gemacht werden können (RGZ. Bd. 96 S. 107). Ihre Verrichtungen und rechtlichen Beziehungen sind danach unter Umständen öffentlichrechtlicher Art, doch läßt die Gestalt, die ihnen das Gesetz gegeben hat, entnehmen, daß sie sich im allgemeinen in den Bahnen des bürgerlichen Rechts betätigen sollen. Der Gedanke, daß ihre Tätigkeit der privatrechtlichen Beurteilung oder der Zuständigkeit der ordentlichen Gerichte im Zweifel entzogen sei, ist von der Rechtsprechung des Reichsgerichts immer abgelehnt worden (RGZ. Bd. 91 S. 388).

Zwischen den Streitteilen steht als eine weitere derartige kriegswirtschaftliche Organisation die Nebenintervenientin, die — im Gegensatz zu der Verwaltungsabteilung der Reichsstelle für Gemüse und Obst — wiederum keine Behörde ist (BRV. über Gründung einer Reichsstelle für Gemüse und Obst vom 18. Mai 1916 §§ 1—3, RGBl. S. 391). Gleichwohl war ihr nach §§ 1 und 9 der VO. über Gemüse, Obst, Südfrüchte vom 3. April 1917 (RGBl. S. 307) unter anderem die Befugnis verliehen, über die Runkelrübenernte zu verfügen. Sie konnte sie an sich ziehen, aber sie konnte auch anderen den Handel mit frischen Rüben gestatten. Die Klägerin, die den Großhandel mit solchen Rüben betreiben wollte, mußte deshalb ihre Erlaubnis einholen. Deren Erteilung konnte an Bedingungen geknüpft werden. Mit der Nebenintervenientin stand die Beklagte in Verbindung, die im Bereich ihrer Geschäftsaufgabe unter anderem großer Mengen getrockneter Rüben bedurfte. Diese konnte sie sich dadurch verschaffen, daß sie frische Rüben kaufte und sie trocknen ließ. Sie konnte aber auch getrocknete Rüben erwerben und auf Grund ihrer Verbindung mit der Nebenintervenientin dahin wirken, daß die Trocknereien, von denen sie beziehen wollte, regelmäßig und ausreichend mit frischen Rüben beliefert wurden. Daß sie frische Rüben von der Klägerin gekauft habe, ist vom Berufungsgericht verneint und in der Revisionsinstanz nicht weiter geltend gemacht worden. Vielmehr hat sie der Klägerin gegenüber den zweiten Weg eingeschlagen. So kam es zu den Weisungen, auf Grund deren die Klägerin an die Firma G. & Co. geliefert hat.

Die Erteilung dieser Weisungen und deren Ausführung haben sich in den üblichen Formen des privatrechtlichen Verkehrs vollzogen. Daß sie zugleich dem öffentlichen Interesse dienten, ist nicht entscheidend. Dementsprechend ist auch der Klaganspruch nach der hierfür maßgebenden Klagebegründung als privatrechtliche Forderung erhoben. Weder die Klägerin noch die Beklagte hat in dem Rechtsstreit Interessen des Staates vertreten. Beide sorgen nur für ihr eigenes Vermögen. Ein obrigkeitlicher Zwang ist von der Beklagten auf die Klägerin nicht ausgeübt worden. Das nimmt auch der Vorderrichter an. Es gibt weder eine Verordnung noch ein Gesetz, das der Klägerin vorgeschrieben hätte, auf Befehl der Beklagten oder der Nebenintervenientin an bestimmte Abnehmer frische Rüben zu verkaufen. Dieser Behauptung des Vertreters der Beklagten ist in der Revisionsverhandlung von dem klägerischen Vertreter nicht widersprochen worden. Nach allebem kann das Rechtsverhältnis, aus dem geklagt wird, nicht als ein öffentlichrechtliches angesehen werden.

Immerhin hat zwischen den Streitteilen eine rechtliche Beziehung bestanden. Die Weisungen der Beklagten, die die Klägerin zu so zahlreichen und nicht unbedeutenden Lieferungen an die Firma G. & Co. bestimmt haben, können nicht, wie das Berufungsgericht meint, rechtlich bedeutungslose „Adressenmitteilungen" gewesen sein, die trotz des Monate hindurch fortgesetzten geschäftlichen Verkehrs keine rechtliche Verknüpfung, keine vertragliche Bindung zur Grundlage oder zur Folge hatten. Daß dieses Band bisher nicht deutlicher vor Augen liegt, ist darauf zurückzuführen, daß der Vorderrichter den Grundlagen des Rechtsverhältnisses, der Gründung der klagenden Gesellschaft, den Bedingungen, die ihr bei der Erteilung der Erlaubnis zum Handel mit Gemüse erteilt wurden, und den von ihr damals der Nebenintervenientin gegenüber eingegangenen Verpflichtungen noch nicht nachgegangen ist. Geschieht das, dann kann sich möglicherweise ergeben, daß sich die Klägerin ausdrücklich oder durch schlüssiges Verhalten aus freiem Willen vertragsmäßig verpflichtet hat, an die ihr von der Nebenintervenientin oder mit deren Ermächtigung von der Beklagten bezeichneten Abnehmer zu liefern, und daß umgekehrt von der Nebenintervenientin versprochen worden ist, der Klägerin ein gesichertes Absatzgebiet für ihre Rüben zu verschaffen. Auf diese Weise kann ein privatrechtliches Vertragsverhältnis nicht nur zwischen der Klägerin und der Nebenintervenientin, sondern auch zwischen ihr und der Beklagten entstanden sein. Sind dabei Verabredungen zwischen den Streitteilen über eine Haftung der Beklagten für die Zahlungsfähigkeit der einzelnen der Klägerin benannten Rübenabnehmer getroffen worden, dann hat es dabei sein Bewenden. Andernfalls sind die anzuwendenden Grundsätze der rechtlichen Beurteilung des Vertragsverhältnisses zu entnehmen. Welcher Art dieses ist, wird sich erst nach genauerer Feststellung des Sachverhalts zeigen. Da auf schuldrechtlichem Gebiete Vertragsfreiheit besteht, kann sich auch ein Vertragsverhältnis besonderer Art ergeben (vgl. Staudinger § 662 Anm. 4 e, § 675 Anm. 2 b; auch RGZ. Bd. 78 S. 239). Der Umstand, daß die Beklagte an der Ausführung ihrer Weisungen durch die Klägerin ein eigenes Interesse hatte, wird hierbei nicht ohne Bedeutung sein. Daß die Beklagte der Klägerin Lieferung „auf Kredit" aufgetragen habe, ist vom Berufungsgericht rechtsbedenkenfrei abgelehnt worden. Ob ein sonstiges Auftragsverhältnis oder eine Vermittlertätigkeit der Beklagten vorlag, wird für die Entscheidung des Rechtsstreits kaum einen rechtlich erheblichen Unterschied bedeuten. Denn wie zwischen dem Auftraggeber und dem Beauftragten ein Treuverhältnis besteht, das jenen zur Mitteilung ihm bekannter, den anderen Vertragsteil bei Ausführung des Auftrags gefährdender Tatsachen verpflichtet, so ist auch der Mäkler zwar an sich nicht zur Prüfung der Zahlungsfähigkeit des von ihm nachgewiesenen Käufers verbunden, aber er verstößt gegen seine Mäklerpflicht, wenn er die ihm bekannte Zahlungsunfähigkeit des Dritten seinem Auftraggeber verschweigt. Dabei kann es von Belang sein, ob die Beklagte ihre, wie behauptet wird, auf Bestechung ihrer Angestellten durch die Firma G. & Co. zurückzuführende Unkenntnis der schlimmen Vermögenslage dieser Firma durch Fahrlässigkeit verschuldet hat, und ob es wahr ist, daß sie noch nach dem 14. September 1918 einen Betrag von 50000 ℳ an diese Firma bezahlt hat.

Die Behauptung einer vorsätzlichen Schadenszufügung durch die Beklagte (§ 826 BGB.) ist von der Klägerin im zweiten Rechtszuge nicht mehr aufgestellt worden. Auch die Anwendung des § 839 BGB. scheidet aus, weil nach dem Dargelegten als verletzt nicht eine Amtspflicht, sondern nur eine Vertragspflicht in Betracht kommen kann.

Dagegen wird nach Ausübung des Fragerechts (§ 139 ZPO.) unter Berücksichtigung der Entstehung der geschäftlichen Beziehungen zwischen den Streitteilen und des für ihre Beurteilung maßgebenden Briefwechsels einschließlich des Leitfadens, auf Grund dessen sich die beiderseitigen Beziehungen abgewickelt haben sollen, neuerdings zu prüfen sein, ob die Beklagte bezüglich der Zahlungsunfähigkeit der Firma G. & Co. entweder gegen ausdrückliche Abmachungen oder wenigstens gegen Treu und Glauben eine Erkundigungspflicht oder doch in Ansehung der Tatsachen, die sie kannte oder bei Anwendung der im Verkehr erforderlichen Sorgfalt kennen mußte, eine Anzeigepflicht verletzt und dadurch die Klägerin geschädigt hat. Zu diesem Zwecke muß das angefochtene Urteil aufgehoben und die Sache an die Vorinstanz zurückverwiesen werden.

---

7. 1. Zum Begriffe der polizeilichen Verfügung im Sinne des preußischen Gesetzes über die Zulässigkeit des Rechtswegs in Beziehung auf polizeiliche Verfügungen vom 11. Mai 1842.
2. Haftung einer Stadtgemeinde wegen öffentlicher Warnung vor einem geschäftlichen Unternehmen.

III. Zivilsenat. Urt. v. 26. November 1920 i. S. Stadtgemeinde E. (Bekl.) w. B. (Kl.). III 282/20.

I. Landgericht Elberfeld. — II. Oberlandesgericht Düsseldorf.

Der Kläger stellte Sammelmappen für Lebensmittelkarten und Ausweise her, die ihm durch Gebrauchsmuster geschützt waren, und lieferte sie an Stadtverwaltungen, die die Mappen an die Haushaltungen verteilten, so auch die Beklagte. Am 8. April 1917 erließ der mit der Polizeiverwaltung betraute Beigeordnete der Beklagten in der Zeitung eine Warnung vor dem Unternehmen des Klägers. Dieser verlangte deshalb von der Beklagten Schadensersatz aus Vertrag und unerlaubter Handlung. Das Landgericht erklärte den Anspruch dem Grunde nach für gerechtfertigt. Berufung und Revision blieben erfolglos.

Gründe:

Das Berufungsgericht lehnt die Annahme einer Vertragshaftung ab und erklärt die Beklagte für eine fahrlässige Amtspflichtverletzung des Beigeordneten nach § 4 des Ges. vom 1. August 1909 in Verb. mit § 839 BGB. für verantwortlich. Dies wird von der Revision mit Unrecht angegriffen. Den auf § 6 des Gesetzes über die Zulässigkeit des Rechtswegs in Beziehung auf polizeiliche Verfügungen vom 11. Mai 1842 gestützten Einwand der Unzulässigkeit des Rechtswegs weist das

Berufungsgericht mit der Begründung zurück, daß es sich bei der hier fraglichen Polizeimaßnahme, der Veröffentlichung der Warnung, nicht um einen unmittelbaren, sondern nur um einen mittelbaren Eingriff in den Rechtskreis des Klägers, also nicht um eine polizeiliche Verfügung im Sinne jenes Gesetzes gehandelt habe. Das entspricht der Rechtsprechung des erkennenden Senats (vgl. JW. 1915 S. 932 Nr. 20). Danach kann § 6 a. a. O. in keinem Falle Anwendung finden. Es kann daher auch unentschieden bleiben, ob diese in § 5 des Ges. vom 1. August 1909 für anwendbar erklärte Vorschrift nicht durch die in Art. 131 RVerf. aufgestellten Grundsätze über die Verantwortlichkeit eines Staates oder einer Körperschaft für Amtspflichtverletzungen ihrer Beamten außer Kraft gesetzt worden ist. Nach den Feststellungen des Berufungsgerichts kann auch nicht in Zweifel gezogen werden, daß der Beigeordnete die Amtspflicht, bei amtlichen Handlungen die Rechte und Interessen Dritter nicht ohne Not zu beeinträchtigen, fahrlässig verletzt hat. Das Rundschreiben des kommandierenden Generals, das dem Beigeordneten den Anlaß zur Veröffentlichung gab, hatte diese weder angeordnet noch nahegelegt, sondern nur bemerkt, daß die Mitteilung für die Verwaltungen von Interesse sein dürfte. Bevor also der mit der Polizeiverwaltung betraute Beigeordnete zu einer öffentlichen Bloßstellung des Klägers schritt, mußte er den Sachverhalt selbständig prüfen oder doch mindestens vom Generalkommando nähere Angaben über die vorliegenden Tatsachen und das vorgelegte Material erbitten. Wagte er die Veröffentlichung auf die ganz allgemein gehaltene Mitteilung hin, dann mußte er auch für die Folgen eintreten, wenn die Anschuldigung nicht gerechtfertigt war. Die allgemeine Notwendigkeit eines Einschreitens gegen „Schieber" kann sein Vorgehen nicht rechtfertigen. Die Behandlung des mitwirkenden Verschuldens rechtfertigt sich durch die Feststellung des Berufungsgerichts, daß die Nichtherbeiführung einer Berichtigung nur für die Höhe des Schadens von Einfluß gewesen sei. Danach durfte die Würdigung des bezüglichen Vorbringens, wie geschehen, dem Nachverfahren überlassen werden. Ein Rechtsirrtum ist auch in diesem Punkte nach keiner Richtung ersichtlich.

---

8. 1. Unter welchen Voraussetzungen ist die Löschungsklage des § 9 Abs. 1 Nr. 3 WZG. begründet?

2. Kann die Löschungsklage des § 9 Abs. 1 Nr. 1 WZG. auf Umstände gestützt werden, die erst nach der Eintragung des angegriffenen Zeichens eingetreten sind?

II. Zivilsenat. Urt. v. 26. November 1920 i. S. G. (Kl.) w. St. (Bekl.). II 227/20.

I. Landgericht I Berlin. — II. Kammergericht daselbst.

Für die Klägerin sind die Warenzeichen Nr. 1601 (Anmeldung vom 5. Oktober 1894/9. Februar 1878) und Nr. 96913 (Anmeldung vom 12. Juni 1906) in die Zeichenrolle des Patentamts eingetragen. Als Geschäftsbetrieb ist angegeben bei Nr. 1601 Fabrikation von Sprit und Likören, bei Nr. 96913 Fabrikation von Likören und Essenzen. Das Warenverzeichnis umfaßt bei Nr. 1601 „Liköre, Getreidekümmel und sonstige Spirituosen", bei Nr. 96913 „Liköre und andere Spirituosen, Likör- und Spirituosenessenzen, Likörextrakte, Bitter, Fruchtextrakte, Fruchtessenzen, Fruchtäther, ätherische Öle, Sprit, Brennspiritus, Essig, Essigessenzen, Fruchtwein, Frucht- und Kräuteraromas, natürliche und künstliche Frucht- und Punschessenzen".

Für die Beklagte sind eingetragen die Zeichen Nr. 117342 (Anmeldung vom 22. Dezember 1908, Geschäftsbetrieb: Fabrik und Vertrieb von Mineralwasser, Limonaden, Fruchtsäften, Spirituosen, Fruchtgetränken und Bier) für alkoholfreies Bier und Caramel Malzbier, ferner Nr. 217964 (Anmeldung vom 1. Mai 1917, Geschäftsbetrieb wie bei Nr. 117342) für „ein Caramelgetränk". Bei Nr. 117342 hatte sich die Anmeldung auch auf Limonaden erstreckt. Die gemäß § 5 WZG. benachrichtigte Klägerin erhob insoweit Widerspruch, worauf das Patentamt für Limonaden die Eintragung versagte.

Alle vier erwähnten Zeichen weisen einen (das Stadtwappen von Berlin bildenden) Bären auf, der eine seiner Vordertatzen auf eine Flasche legt. Bei den Zeichen der Klägerin ist der Bär rechts, die Flasche links angebracht, bei denjenigen der Beklagten ist die Anordnung umgekehrt. Das in blau und weiß gehaltene Zeichen der Beklagten Nr. 217964 zeigt das Bild auf einem von Text umgebenen Mittelschilde, dabei befinden sich oben die Worte „Sanus alkoholfrei".

Mit der im Mai 1918 erhobenen, auf § 9 Abs. 1 Nr. 1 und 3 WZG., §§ 1, 4 UWG., §§ 823, 826 BGB. gestützten Klage verlangte die Klägerin die Löschung der beiden Zeichen der Beklagten. Das Landgericht wies die Klage ab. Es nahm zwar an, daß eine die Verwechselungsgefahr begründende Ähnlichkeit der Zeichen vorhanden sei, verneinte aber die Gleichartigkeit der beiderseits geschützten Waren. Die Berufung der Klägerin wurde zurückgewiesen. Auch ihre Revision blieb erfolglos.

Gründe:

Das Berufungsurteil ist von der Revision wegen Verletzung des § 9 Abs. 1 Nr. 1 und 3 WZG. und wegen Verstoßes gegen § 286 ZPO. angegriffen.

Im Gegensatze zum ersten Richter hat das Kammergericht zu der

Frage der Verwechselungsgefahr (vgl. § 9 Abs. 1 Nr. 1 in Verb. mit § 20 WZG.) keine Stellung genommen. Die Entscheidung beruht, soweit es sich darum handelt, ob die Tatbestandsmerkmale der Nr. 1 a. a. O. vorliegen, auf der Verneinung der Gleichartigkeit der beiderseitigen Waren. Das Landgericht hat in dieser Hinsicht u. a. erwogen, eine Gleichartigkeit sei nicht vorhanden, weil die Beschaffenheit und Zusammensetzung grundverschieden seien, auch die Herstellung der Regel nach nicht in denselben Betrieben erfolge, ferner der Vertrieb nicht in denselben Verkaufsstellen stattzufinden pflege, auch der Verwendungszweck und die Abnehmerkreise verschieden seien. Das Berufungsgericht erklärt zunächst, daß den die Frage der Gleichartigkeit betreffenden Ausführungen des Landgerichts im wesentlichen beizutreten sei und bemerkt dann noch selbst: Es könne dahingestellt bleiben, ob zeichenrechtliche Gleichartigkeit alkoholhaltiger und alkoholfreier (alkoholarmer) Getränke schlechtweg zu verneinen sei. Jedenfalls sei die Gleichartigkeit zwischen den der Klägerin geschützten (alkoholhaltigen) Flüssigkeiten einerseits und alkoholfreiem Bier und Caramel-Malzbier (Zeichen der Beklagten Nr. 117432) sowie dem unter Nr. 217964 der Beklagten geschützten (alkoholfreien) Caramelgetränk, das nach seiner äußeren Beschaffenheit den Eindruck eines Bieres mache und einem solchen gleichzustellen sei, anderseits nicht gegeben. Auch wenn Bier vielfach an denselben Verkaufsstätten vertrieben werde wie die der Klägerin geschützten Getränke, sei es doch für das jeweilige Bedürfnis und die Anschauung der Abnehmer ein völlig anders geartetes Getränk. Auch als „Ersatz" für die der Klägerin geschützten Getränke oder einen Teil derselben könne es nicht angesehen werden; es sei eben begrifflich und nach der Auffassung der Verbraucher etwas anderes. Die von der Klägerin behauptete Gleichstellung von alkoholhaltigem und alkoholfreiem Biere komme hier nicht in Betracht, denn Bier sei der Klägerin überhaupt nicht geschützt. Weiter ist das Berufungsgericht der Ansicht, weil die für die Beklagte eingetragenen Waren nach ihrer charakteristischen Beschaffenheit den Getränken der Klägerin völlig ungleichartig seien, auch wenn sie in derselben Verkaufsstelle feilgeboten würden, und weil die Gleichheit der Erzeugungsstelle noch weniger in Betracht komme, sei es unerheblich, ob, wie die Klägerin behaupte, alkoholhaltige und alkoholfreie Getränke vielfach — insbesondere zufolge der kriegerischen Ereignisse mehr als früher — in denselben Betrieben hergestellt und vertrieben würden, und ob für andere Firmen Warenzeichen zugleich für die beiden Arten von Getränken eingetragen seien.

Sodann ist mit Bezug auf die — ebenfalls für unanwendbar erachtete — Nr. 3 des § 9 Abs. 1 von dem Berufungsgericht ausgeführt: Daß die Abnehmer der Beklagten durch die angegriffenen Zeichen auf den Gedanken gebracht würden, die Waren stammten aus einer Fabrik der Klägerin, sei nicht zu besorgen. Das Zeichen Nr. 217964 (Caramelgetränk) schließe dies schon durch die in die Augen fallende Bezeichnung der Beklagten als der alleinigen Fabrikantin aus. Im übrigen sei die Klägerin, wie beim Gericht offenkundig, im großen Publikum in erster Linie als Herstellerin von Spirituosen bekannt, so daß bei Bieren und bierähnlichen Getränken trotz einer gewissen Ähnlichkeit des Zeichenbildes der Gedanke an die Klägerin nicht leicht auftauchen werde. Insbesondere gelte dies auch für die Zeit der Anmeldung des Zeichens Nr. 117342. Die Klägerin habe damals selbst eine solche Besorgnis nicht gehabt, denn sie habe den bei der Anmeldung dieses Zeichens erhobenen Widerspruch mit Vorbedacht auf die zu dem Zeichen schließlich eingetragenen Waren nicht erstreckt. Sei nun dieses Zeichen einmal wirksam eingetragen, so könne es nicht deshalb der Löschung unterliegen, weil die Klägerin später ihren Betrieb anders gestaltet habe. Entscheidend für die Wirksamkeit eines Warenzeichens im Verhältnis zu älteren Zeichen sei die Zeit der Eintragung des erstgenannten Zeichens; das Recht seines Inhabers könne durch spätere geschäftliche Maßnahmen des Inhabers des älteren Zeichens nicht beeinträchtigt werden.

Die Revision macht gegen diese Beurteilung geltend, das Berufungsgericht habe die wirtschaftlichen Verhältnisse zur Zeit seiner Prüfung mit Unrecht als unerheblich angesehen. Treffe die in den Vorinstanzen aufgestellte Behauptung der Klägerin zu, daß unter dem Einflusse der Kriegswirtschaft und des Mangels an Rohstoffen für die Alkoholerzeugung zahlreiche Brauereien und Brennereien dazu übergegangen seien, alkoholarme und alkoholfreie Getränke zu erzeugen, so sei dargetan, daß im großen Publikum der Glaube entstehen könne und entstehen werde, neben den zahlreichen anderen alkoholarme und alkoholfreie Getränke erzeugenden Firmen sei nun auch die Klägerin dazu übergegangen, solche Erzeugnisse, darunter auch Bier, herzustellen. Der Durchschnittskäufer werde, wenn er die von der Beklagten vertriebenen Getränke mit einem dem allbekannten Zeichen der Klägerin verwechselungsfähigen Zeichen sehe, annehmen müssen, es handle sich um Erzeugnisse der Klägerin. Daß die Klägerin zur Zeit der Anmeldung des Zeichens Nr. 117342 die jetzt geltend gemachten Besorgnisse unter ganz anderen Verhältnissen nicht gehabt habe, stehe dem nicht entgegen, daß die Besorgnisse gerechtfertigt seien.

Der Angriff kann keinen Erfolg haben, soweit die Klage auf Nr. 3 des § 9 Abs. 1 gestützt ist. Nach dieser Vorschrift kann die Löschung eines Warenzeichens dann beantragt werden, wenn Umstände vorliegen, aus denen sich ergibt, daß der Inhalt des Zeichens den tatsächlichen Verhältnissen nicht entspricht und die Gefahr einer Täuschung begründet. Dazu genügt es, wie das Reichsgericht schon mehrfach ausgesprochen hat, nicht, daß das Zeichen wegen der Verwechselbarkeit mit einem fremden Warenzeichen auf die Herkunft aus einem anderen Betriebe hinweist; erforderlich ist vielmehr, daß es inhaltlich unwahr ist, daß der mit ihm versehenen Ware der Anschein einer Beschaffenheit oder einer sonstigen nicht bloß die Herkunft aus dem anderen Betriebe betreffenden Eigentümlichkeit gegeben wird, die die Ware nicht hat (vgl. RGZ. Bd. 40 S. 91, Bd. 44 S. 13, Bd. 54 S. 126, Bd. 55 S. 34, Bd. 85 S. 200). Daß die angegriffenen Zeichen trügerisch in diesem Sinne seien, hat aber die Klägerin gar nicht behauptet. Ihr Vorbringen geht nur dahin, daß die Gefahr einer Täuschung über die Herkunftsstelle bestehe, und die Beanstandung der Revision bewegt sich ebenfalls nur nach dieser Richtung. Auch das Berufungsgericht hat nur unter diesem nicht zutreffenden Gesichtspunkte den auf Nr. 3 a. a. O. gestützten Anspruch der Klägerin behandelt. Da nach dem Dargelegten der in Rede stehende Anspruch der Klägerin ohne weiteres hinfällig ist und die Ausführungen des Berufungsgerichts neben der Sache liegen, kann es auf diese nicht ankommen. Übrigens wäre, wenn trügerische Zeichen im Sinne des Gesetzes zur Beurteilung ständen, die Ansicht, daß die Zeit der Eintragung der Zeichen entscheidend sei, nicht zu billigen. Der erkennende Senat hat schon in dem erwähnten Urteile RGZ. Bd. 54 S. 126 ausgesprochen, daß bei der Beantwortung dieser Frage die Verhältnisse zur Zeit der Klagerhebung als maßgebend zu betrachten sind.

Was sodann den Anspruch aus Nr. 1 des § 9 Abs. 1 betrifft, so hat die Klägerin allerdings behauptet, daß unter der Einwirkung des Krieges zahlreiche Brauereien und Brennereien dazu übergegangen seien, alkoholfreie und alkoholarme Getränke zu erzeugen. Das Berufungsgericht hat aber dieses Vorbringen gewürdigt und ohne Rechtsirrtum für unerheblich erklärt. Nachdem die Beklagte durch die Eintragungen den Zeichenschutz erlangt hatte, konnte das der Klägerin auf Grund ihrer Zeichen zustehende Recht nicht nachträglich dadurch das bessere werden, daß in den allgemeinen Verhältnissen Änderungen — zudem vielleicht nur vorübergehender Art — eintraten, die vielleicht geeignet wären, gegenüber einem unter den nunmehrigen Verhältnissen gestellten Eintragungsverlangen der Beklagten ein Widerspruchsrecht der Klägerin zu begründen. Soweit es sich um den hier in Rede stehenden Anspruch der Klägerin handelt, ist daher der Revisionsangriff, daß das Berufungsgericht die Verhältnisse zur Zeit seiner Prüfung zu berücksichtigen gehabt hätte, ungerechtfertigt, und es kann sich nur noch fragen, ob das Berufungsgericht unabhängig von dem über diese neuerliche Entwickelung Behaupteten die beiderseitigen Waren einwandfrei nicht als gleichartig angesehen hat. In dieser Beziehung hat die Revision keine Beanstandung erhoben und es liegt auch kein

Grund zu einer solchen vor. Das Wesentliche der Ausführungen des Berufungsgerichts ist darin zu erblicken, daß es sich bei den Getränken der Beklagten um (alkoholfreies) Bier handelt, daß der Klägerin, die eine Brennerei betreibt, Bier nicht geschützt ist, und daß nach der Verkehrsanschauung Bier und die der Klägerin geschützten Erzeugnisse völlig verschieden sind. Daran wird auch nichts geändert durch die allgemeine Behauptung der Klägerin, daß alkoholfreie Getränke auch schon früher in Brennereien erzeugt worden seien. Denn das Charakteristische der Getränke der Beklagten besteht nach den Feststellungen des Berufungsgerichts nicht nur in der Alkoholfreiheit, sondern namentlich auch darin, daß sie eine Art Bier sind.

Hiernach ist die Revision zurückzuweisen, ohne daß es der Erörterung bedarf, ob das Berufungsgericht, soweit es sich um das Zeichen der Beklagten Nr. 117342 und den Anspruch aus § 9 Abs. 1 Nr. 1 handelt, die Klage mit Recht auch deshalb abgewiesen hat, weil die Klägerin durch ihr Verhalten bei der Anmeldung dieses Zeichens auf das Klagerecht verzichtet habe.

---

9. Verhältnis von § 38 zu § 39 VersVG.

I. Zivilsenat. Urt. v. 27. November 1920 i. S. F. Vers.-Anst. (Kl.) w. A. Vers.-Ges. (Bekl.). I 165/20.

I. Landgericht I Berlin, Kammer für Handelssachen. — II. Kammergericht daselbst.

Der dem Schiffseigner M. gehörige Flußdampfer Torgau stieß am 16. Dezember 1915 auf der Elbe mit dem der Klägerin gehörigen Dampfer Neckar zusammen. Dieser und die in ihm verladenen Güter verschiedener Ladungseigentümer wurden beschädigt. Der Schiffseigner M. hatte bei der Beklagten den Dampfer Torgau auf das Kasko einschließlich der Haftpflicht für Zusammenstoßschäden versichert. Die Versicherungspolice ist am 6./7. April 1915 ausgefertigt. Als Versicherungsdauer gibt sie die Zeit vom 1. April 1915 bis 1. April 1916 an. Dies entsprach den Verhandlungen vor Abschluß des Versicherungsvertrags, bei denen die Möglichkeit, daß die Ausfertigung der Police über den 1. April 1915 hinaus verzögert werden könnte, nicht in Betracht gezogen wurde. Am 16. Dezember 1915 waren weder die erste noch die späteren Prämienraten bezahlt. Der Schiffseigner M. hat die Rechte aus dem Versicherungsvertrage an die Klägerin abgetreten. Ebenso haben die Eigentümer der Ladung des Dampfers Neckar ihre Ansprüche gegen M. als Eigner des Dampfers Torgau auf die Klägerin übertragen. Diese verlangte nun mit der Klage von der Beklagten die Erstattung des durch den Zusammenstoß an der Ladung entstandenen, angeblich von der Mannschaft des Dampfers Torgau verschuldeten Schadens. Die Beklagte lehnte ihre Haftpflicht aus der Versicherung wegen der unterbliebenen Prämienzahlung ab.

Beide Vorinstanzen wiesen die Klage ab. Auch das Reichsgericht nahm an, daß die Beklagte aus dem Versicherungsvertrage nicht in Anspruch genommen werden könne.

Aus den Gründen:

Der Ansicht der Revision, daß in Gemäßheit der Vorschriften der Police vom 6./7. April 1915 nicht der § 38, sondern nur der § 39 VersVG. Anwendung zu finden habe, konn nicht zugestimmt werden. Der § 39 hat einen Ausnahmefall im Auge, daß nämlich durch besondere Vereinbarung oder durch Stundung des Versicherers die Zahlung der ersten Prämie über den vereinbarten Beginn der Versicherung hinausgeschoben ist (vgl. Gerhard-Manes, VersVG. § 38 Begr. Abs. 2, Anm. 4 Abs. 2). Wie in RGZ. Bd. 80 S. 139 flg. zutreffend ausgeführt ist, setzt die Anwendung des § 39 voraus, daß die Versicherung wirk am und insbesondere unabhängig von der Zahlung und der Art der Zahlung der Prämie, um die es sich handelt, begonnen hat. Dagegen kommt § 39 dann nicht in Frage, wenn die erste Prämie von der Versicherungsgesellschaft erst nach dem in der Police als Beginn der Versicherung festgesetzten und an sich zugleich als Termin der Prämienzahlung vorgesehenen Zeitpunkt eingefordert wird und die Zahlung erst mit dieser Einforderung (z. B. bei Aushändigung der Police, vgl. § 16 der Allg. Policebedingungen) bewirkt zu werden brauchte. Es kann dahingestellt bleiben, ob hier ein solcher Fall vorliegt oder ob mit dem Berufungsgericht anzunehmen ist, daß nach dem Inhalt des Versicherungsvertrags der Versicherungsbeginn und die Fälligkeit der ersten Prämienzahlung auf alle Fälle zusammenfallen. Bei der letzteren Annahme würde im Hinblick darauf, daß die Police erst am 6./7. April 1915 unterschrieben ist, daß nach § 16 der Policebedingungen der Versicherungsnehmer die erste Prämie erst nach Abschluß der Versicherung und gegen Aushändigung der Police zu bezahlen hatte (vgl. auch § 35 VersVG.) und somit der Fälligkeitstermin für die erste Prämienzahlung über den 1. April hinausgeschoben ist, in demselben Maße auch der Versicherungsbeginn (und entsprechend das Versicherungsende) zurückdatiert werden müssen. In beiden Fällen hat aber hinsichtlich der ersten Prämienzahlung § 38 VersVG. Anwendung zu finden. War somit mangels rechtzeitiger Zahlung der ersten Prämienrate der Versicherer von der Verpflichtung zur Leistung frei, wenn der Versicherungsfall vor der Zahlung eintrat, so änderte sich diese Rechtslage nicht, wenn eine weitere Prämienrate, nunmehr also nach dem Beginn der Versicherung, fällig wurde. Anderenfalls würde ja, wie das Berufungsurteil mit Recht hervorhebt, die Stellung des Versicherungsnehmers durch eine Verzögerung der ersten Prämienzahlung über den zweiten und ferneren Zahlungstermin hinaus verbessert und in Rechte, die der Versicherer auf Grund einer Säumnis des Versicherungsnehmers kraft ausdrücklicher Gesetzesvorschrift erworben hat, durch eine weitere Ausdehnung und Verstärkung dieser Säumnis zum Nachteil des Versicherers eingegriffen werden. Vielmehr ist in Fällen der hier fraglichen Art für die Anwendung von § 39 erst dann Raum, wenn die erste Prämie vor Eintritt des Versicherungsfalls gezahlt ist. Der hiergegen von der Revision erhobene Einwand, daß der Versicherer nicht beliebig auf Kosten des Versicherten den Vertrag laufen lassen könne, ohne daß der Versicherte gegen die versicherten Gefahren gedeckt wäre, ist verfehlt, da ja der Versicherte durch rechtzeitige Zahlung der ersten Prämie die Haftpflicht des Versicherers in Kraft setzen kann. ... (Sodann wird ausgeführt, daß der Revision aus anderen Gründen stattzugeben sei.)

---

10. 1. Gilt die Beschränkung der BRV. vom 20. Mai 1915 (RGBl. S. 292) auf Rechtsfolgen, die nach dem 31. Juli 1914 eingetreten sind, auch für den Bereich der Hypothekenverordnung vom 8. Juni 1916 (RGBl. S. 454)?

2. Sind Zwangsversteigerung und Zwangsverwaltung Rechtsfolgen im Sinne dieser Hypothekenverordnung?

VI. Zivilsenat. Urt. v. 29. November 1920 i. S. G. (Kl.) w. Schw. B. (Bekl.). VI 213/20.

I. Landgericht Hagen. — II. Oberlandesgericht Hamm.

Der Kläger ist Eigentümer eines Grundstücks, auf dem für die Beklagte eine Hypothek von 65000 *M* eingetragen ist. Auf diese sind 2500 *M* bezahlt. Die ihr zugrundeliegende notarielle Schuldurkunde vom 14. Januar 1911 besagt in § 4: „Die Zinszahlungen und die Rückzahlung des Kapitals seitens des Schuldners haben zum festen Kurse von 123,50 *M* Schweizerfranken für je 100 Reichsmark zu erfolgen, zu welchem Kurse auch die Auszahlung des Kapitals an uns erfolgt ist. Die Eintragung dieser Bestimmung in das Grundbuch soll nicht erfolgen".

Nachdem die Beklagte im Februar 1914 wegen rückständiger Raten und Zinsen die Anordnung der Zwangsversteigerung und durch Beschluß vom 4. August den Beitritt zu dieser wegen des Kapitals erwirkt hatte, hinterlegte der Kläger 62500 *M* und erhob Klage auf

Erteilung einer löschungsfähigen Quittung sowie Herausgabe des Hypothekenbriefs. Er ist der Auffassung, daß die Beklagte auf Grund des § 4 der Schuldurkunde 100 *M* für je 123,50 *Frs* zu beanspruchen habe. Die Beklagte hingegen vertritt den Standpunkt, für je 100 *M* habe ihr der Kläger in Zürich 123,50 *Frs* zu zahlen, und hat widerklagend beantragt, ihn dementsprechend zu verurteilen.

Das Landgericht hat zwischen dinglicher und persönlicher Haftung unterschieden und 1. auf die Klage hin die Beklagte verurteilt, Zug um Zug gegen Zahlung von 62500 *M* dem Kläger Löschungsbewilligung zu erteilen, 2. auf die Widerklage den Kläger als persönlichen Schuldner verurteilt, an die Beklagte zu zahlen:

a) 83033,70 Schweizerfranken nebst 5% Zinsen von 77187,50 *Frs* seit 1. April 1919 oder denjenigen Betrag in Mark, der sich für obige Frankensumme nach dem am Tage der Zahlung geltenden Kurse ergibt.

b) 318,08 *Frs* nebst 4% Zinsen seit 23. Mai 1919 oder diejenige Summe in Mark, die sich nach dem am Tage der Zahlung geltenden Kurse ergibt,

abzüglich der zu 1 gedachten 62500 *M*.

Das Oberlandesgericht hat die Berufung des Klägers zurückgewiesen, jedoch erkannt, daß von den zu 2a und b genannten Beträgen 62500 *M* in Abzug zu bringen seien, und dem Kläger für die Zahlung der 77187,50 *Frs* oder derjenigen Summe, die sich nach dem am Tage der Zahlung ergebenden Kurse ergibt, eine Zahlungsfrist von einem Jahre, wegen der weiteren Beträge und der Zinsen eine solche von 6 Monaten bewilligt.

Das Berufungsurteil ist auf die Revision des Klägers aufgehoben worden aus folgenden

Gründen:

(Es werden zunächst die Angriffe der Revision, daß die Forderung der Beklagten auf Zahlung in Schweizerfranken der Schuldurkunde widerspreche und gegen die guten Sitten verstoße, verworfen. Sodann wird fortgefahren:)

... Der Kläger hatte weiter eingewandt, das Amtsgericht habe die Zwangsversteigerung des Grundstücks eingestellt; damit sei ihm eine Frist bewilligt und die Fälligkeit der Forderung der Beklagten beseitigt. Mangels Fälligkeit sei aber die Widerklage unzulässig.

Das Berufungsgericht hat diesen Einwand zurückgewiesen, da die Forderung der Beklagten schon vor dem 31. Juli 1914 fällig geworden sei, die Hypothekenverordnung vom 8. Juni 1916 aber dann nicht Platz greife, wenn die Rechtsfolgen bereits vor dem 31. Juli 1914 eingetreten seien. Andernfalls erlange der Schuldner einen Vorteil, den er ohne den Krieg nicht gehabt haben würde, und das habe der Gesetzgeber nicht gewollt; er habe nur den durch den Krieg verursachten Schwierigkeiten abhelfen wollen. Deshalb könne auch dem Eventualantrage des Klägers — der dahin ging, es solle im Urteile angeordnet werden, daß die Rechtsfolgen, die wegen der nicht rechtzeitigen Zahlung der seinerzeit fällig gewordenen Forderung der Beklagten eingetreten seien, als Fälligkeit des Kapitals, Erhöhung der Zinsen, Anordnung der Zwangsverwaltung sowie der Zwangsversteigerung, als nicht eingetreten gelten, daß auch eine Frist gemäß § 1 der Verordnung vom 8. Juni 1916 bewilligt werde — nicht stattgegeben werden. Zwangsversteigerung und Zwangsverwaltung seien im übrigen nicht zu den Verzugsfolgen zu rechnen, die „als nicht eingetreten gelten" könnten.

Hierzu rügt die Revision mit Recht, daß das Berufungsgericht die Bedeutung der Hypothekenverordnung vom 8. Juni 1916 verkannt habe.

Die Bewilligung von Zahlungsfristen für eine Geldforderung war durch die Verordnungen vom 7. August 1914 (RGBl. S. 359) und 20. Mai 1915 (RGBl. S. 290) geordnet und betreffs der Zahlung des Kapitals einer Hypothek, Grundschuld oder der Ablösungssumme einer Rentenschuld durch die Verordnungen vom 22. Dezember 1914 (RGBl. S. 543) und 20. Mai 1915 (RGBl. S. 293) erweitert worden. Zur Beseitigung der Folgen der nicht rechtzeitigen Zahlung einer Geldforderung waren die Verordnungen vom 18. August 1914 (RGBl. S. 377) und 20. Mai 1915 (RGBl. S. 292) erlassen. Diese letzte erklärte Anordnungen betreffend Nichteintretens von Rechtsfolgen wegen Nichtzahlung oder nicht rechtzeitiger Zahlung einer Geldforderung dann für unzulässig, wenn diese Rechtsfolgen am 31. Juli 1914 bereits eingetreten waren. Diese Beschränkung ist aber durch die neue Verordnung vom 8. Juni 1916 über die Geltendmachung von Hypotheken, Grundschulden und Rentenschulden in Wegfall gekommen, die eine derartige Einschränkung nicht mehr enthält.

Die Begründung dieser Verordnung (Reichsanzeiger Nr. 137 vom 13. Juni 1916) besagt in ihrem Eingange, die Verhältnisse des Grundbesitzes hätten sich weiter verschärft. Um der vorhandenen Notlage abzuhelfen, bedürften die bisherigen Vorschriften in verschiedenen Richtungen der Ergänzung. Dabei erscheine es zweckmäßig, die neuen Vorschriften nicht im Wege einer Änderung der bisherigen Verordnungen zu treffen, sondern die in Betracht kommenden Rechtserleichterungen in einer das Gebiet des Realkredits erschöpfenden Verordnung zusammenzufassen. Hieraus ergibt sich, daß die Regelung der Materie ohne Rücksicht auf bereits bestehende Vorschriften neu, selbständig und erschöpfend erfolgen sollte. Wenn aber unter solchen Umständen eine Einschränkung in die Verordnung nicht aufgenommen worden ist, so ist für deren Bereich für sie überhaupt kein Raum. Dies geht auch unmittelbar aus § 19 der Verordnung hervor, der die Anwendung der Verordnung über die Folgen der nicht rechtzeitigen Zahlung einer Geldforderung vom 20. Mai 1915 (RGBl. S. 292), die in § 1 Abs. 2 die erwähnte Beschränkung enthält, für die in § 1 der vorliegenden Verordnung vom 8. Juni 1916 bezeichneten Ansprüche, zu denen auch der hier in Frage stehende gehört, ausschließt. Damit ist ausdrücklich ausgesprochen, daß die Einschränkung für die neue Verordnung keine Geltung besitzt.

Zu Unrecht macht aber die Revision geltend, auch die Zwangsversteigerung und Zwangsverwaltung seien als Rechtsfolgen im Sinne des § 8 der Verordnung anzusehen. Die amtliche Begründung zu § 8 a. a. O. besagt, es entspreche schon der Absicht der bisherigen Vorschriften, die Beseitigung aller Verzugsfolgen, auch solcher, die auf Grund allgemeiner Vorschriften des bürgerlichen Rechtes einträten, zu ermöglichen. Eine Lücke habe sich darin fühlbar gemacht, daß gegenüber zahlreichen in Hypothekenurkunden vorgesehenen Verfallklauseln eine Beseitigung vou Rechtsnachteilen nicht möglich sei. Oft trete nach den Vertragsbedingungen die vorzeitige Fälligkeit des Kapitals deshalb ein, weil die Zwangsverwaltung des Grundstücks eingeleitet sei oder weil die Zinsen einer im Range vorgehenden Hypothek nicht rechtzeitig gezahlt würden. In diesen Fällen habe die Verordnung über die Folgen der nicht rechtzeitigen Zahlung einer Geldforderung keine Anwendung finden können, da sie nur die Beseitigung solcher Rechtsnachteile zulasse, die darauf beruhten, daß der Schuldner den Gläubiger nicht oder nicht rechtzeitig bezahlt habe. Dem werde durch Ausdehnung der Vorschrift Rechnung getragen. Ergibt sich hieraus schon, daß lediglich Rechtsnachteile materieller, nicht prozessualer Natur als Rechtsfolgen im Sinne der Verordnung zu betrachten sind, daß also Zwangsversteigerung und Zwangsverwaltung keine Rechtsfolgen darstellen, so wird dies durch die Vorschrift des § 9 Abs. 3 a. a. O. bestätigt, in der ausdrücklich zwischen Rechtsfolgen und Zwangsvollstreckungsmaßnahmen unterschieden und die vorläufige Einstellung der letzteren schon vor der Entscheidung über die Beseitigung der Rechtsfolgen zugelassen ist, wie denn auch die Aufhebung bereits erfolgter Vollstreckungsmaßnahmen in der Entscheidung, die die Beseitigung der Rechtsfolgen ausspricht, besonders anzuordnen ist.

Danach hat das Berufungsgericht die Anwendung der Verordnung vom 8. Juni 1916 auf den vorliegenden Fall zu Unrecht abgelehnt. Hiermit ist aber auch eine Prüfung der Rechtsfolgen der Fälligkeit der Forderung der Beklagten vom Standpunkte der Verordnung aus und ebenso ein Eingehen auf den Eventualantrag des Klägers zu Unrecht unterblieben.

---

11. 1. Ist eine offenkundige Vorbenutzung oder eine Beschreibung in öffentlichen Druckschriften, wenn sie am Tage der Anmeldung des Patents oder des Gebrauchsmusters erfolgt, der Erteilung des Patents oder der Wirksamkeit des Gebrauchsmusters hinderlich?
2. Zum Tatbestande des § 2 des Patentgesetzes und des § 1 des Gebrauchsmusterschutzgesetzes.
3. Macht nachträglicher Verrat seitens einer zur Benutzung zugezogenen Person die Vorbenutzung zu einer von vornherein offenkundigen?

I. Zivilsenat. Urt. v. 27. November 1920 i. S. H. (Kl.). w. Eheleute B. (Bekl.). I 112/20.

I. Landgericht Halle a. S. — II. Oberlandesgericht Naumburg a. S.

Die verklagte Ehefrau war Inhaberin des Gebrauchsmusters Nr. 434588, das am 5. Juni 1909 angemeldet war und eine Misch- und Knetmaschine betraf. Die Klägerin hat die Löschung des Gebrauchsmusters gefordert und behauptet, daß es wegen mangelnder Neuheit des gesetzlichen Schutzes entbehrt habe, da sein Gegenstand zur Zeit der Anmeldung bereits in öffentlichen Druckschriften beschrieben und auch von der Klägerin selbst im Inlande offenkundig benutzt worden sei.

Vom Landgericht wurde die Klage abgewiesen. Hiergegen legte die Klägerin Berufung ein und beantragte, nachdem am 5. Juni 1915 die Schutzfrist für das Gebrauchsmuster abgelaufen war, die Feststellung, daß ein rechtsgültiges Gebrauchsmuster nicht vorgelegen habe.

Das Oberlandesgericht sprach zunächst durch Zwischenurteil aus, daß der Gegenstand des Gebrauchsmusters zur Zeit der Anmeldung noch nicht im Inlande offenkundig benutzt worden sei. Später wies es, nach Beweisaufnahme über die behauptete Vorveröffentlichung, die Berufung zurück.

Die Revision der Klägerin hatte keinen Erfolg.

Aus den Gründen:

... Der Berufungsrichter hat in dem Zwischenurteil rücksichtlich der offenkundigen Vorbenutzung alle Tatsachen, die sich am 5. Juni 1909, dem Tage der Anmeldung des Gebrauchsmusters, zugetragen haben sollen, ausgeschieden. Dies wird von der Revisionsklägerin mit Unrecht beanstandet. Zutreffend nimmt die herrschende Ansicht (Seligsohn § 2 Nr. 5 S. 62, Isay S. 91, Kohler, Handbuch S. 277, Osterrieth, Patentr. S. 72) an, daß unter „Zeit der Anmeldung" im Sinne des § 2 PatG. und des § 1 Abs. 2 GebrMG. allgemein der kalendermäßige Beginn des Anmeldungstags verstanden werden muß, so daß eine Beschreibung, die druckschriftlich erst am Anmeldungstage selbst abgeschlossen vorliegt, oder eine Benutzung, die erst am Anmeldungstage selbst im Inlande erfolgt ist, als neuheitsschädlich nicht mehr in Betracht kommt. Wie Damme (Patentrecht 2. Aufl. S. 165 und 207) mit Recht ausführt, muß man zu diesem Ergebnis schon aus dem Grunde gelangen, weil gemäß der Kaiserlichen Verordnung zur Ausführung des Patentgesetzes vom 11. Juli 1891 (RGBl. S. 349) die zeitliche Folge des Eingangs der Anmeldungen beim Patentamt nicht nach der Uhr, sondern nach der Stempelung mit einer laufenden Nummer und mit dem Datum bezeichnet wird. Deshalb kann man zwar bei zwei an demselben Tage an das Patentamt gelangenden Sachen feststellen, welche von ihnen früher eingegangen ist, da die spätere die höhere Geschäftsnummer trägt (§ 27 Abs. 3 der Verordnung), aber der genaue Zeitpunkt des Eingangs der einzelnen Anmeldung entzieht sich der Feststellung.

Muß daher wegen solcher Beweisschwierigkeiten die gegenteilige Ansicht Kents (Patentrecht § 2 Anm. 4) verworfen werden, so kann übrigens im vorliegenden Falle schon deshalb auf Vorgänge vom 5. Juni 1909 nicht zurückgegriffen werden, weil jedenfalls die Klägerin den Beweis dafür zu erbringen hätte, daß sich die Vorbenutzungsakte vor dem Zeitpunkte der Anmeldung ereignet haben, und es in dieser Beziehung an jedem Vorbringen seitens der Klägerin fehlt.

Als Akte einer offenkundigen Benutzung im Sinne des § 1 des GebrMG. und des § 2 des PatG. kommen solche Handlungen in Frage, durch die das Schutzrecht des Erfinders preisgegeben wird; es sind dies, wie der Berufungsrichter zutreffend ausführt, die in § 4 des PatG. erwähnten Benutzungstatbestände, nämlich gewerbsmäßiges Herstellen, Inverkehrbringen, Feilhalten oder Gebrauchen des Gegenstands der Erfindung. Der Gebrauchsmusterschutz setzt das Vorhandensein eines Modells voraus, d. h. die Verkörperung des Erfindungsgedankens in der Raumidee. Der Knetarm als solcher war jedoch im vorliegenden Falle nicht die Verkörperung der Raumidee, vielmehr gehörte dazu auch noch das gesamte Getriebe, vor allem der Kurbelzapfen und die exzentrische Wirkung des Antriebs. Wenn der Berufungsrichter sich auch im Zwischenurteil nicht darüber ausgesprochen hat, was den eigentlichen Gegenstand des Gebrauchsmusters der Beklagten gebildet hat, so ist ihm doch darin beizustimmen, daß nicht der Knetarm als solcher, sondern der Knetarm als Teil der Knetmaschine den Gegenstand des Gebrauchsmusters bildete, und daß deshalb vor Herstellung dieser ganzen Maschine der geschützte Gegenstand nicht als fertiggestellt anzusehen ist.

Trifft nun die Annahme des Berufungsrichters zu, daß das erste Stück dieser Maschine Mitte Mai 1909 noch nicht fertig gestellt war, sondern erst unmittelbar vor dem am 29. Mai 1909 erfolgten Probekneten hergestellt ist, so scheiden die von der Klägerin behaupteten Vorgänge, die sich auf dem am 17. oder 18. Mai 1909 in Breslau abgehaltenen Maschinenmarkte abgespielt haben sollen, als offenkundige Vorbenutzungsakte völlig aus. . . .

Aus dem gleichen Grunde müssen die Vorgänge in der Fabrik der Klägerin bei der Herstellung der Maschine hier ausscheiden. Wie der Berufungsrichter ausdrücklich feststellt, handelte es sich bei dieser Herstellung um die erstmalige Übertragung des Erfindungsgedankens ins Praktische. Selbst wenn im vorliegenden Falle der Erfahrungssatz zuträfe, wonach ein Holzmodell der geschützten Vorrichtung bereits bei der Herstellung der ersten Maschine vorzuliegen pflegt, so konnte doch die Erprobung der Erfindung erst mit dem Probekneten ihren Abschluß finden. Letztere setzte aber, da eine bestimmte Kraftleistung erforderlich war, eine gebrauchsfähige Maschine voraus; deren Herstellung gehörte daher zur Übertragung des Erfindungsgedankens ins Praktische und war nicht als ein Akt der Nutzbarmachung der Erfindung zu bewerten. Mit der Feststellung, daß das Probekneten nicht als Benutzungsvorgang, sondern als der Abschluß der Erprobung der Maschine einschließlich der geschützten Vorrichtung anzusehen ist, kommt das Probekneten nicht als Akt offenkundiger Vorbenutzung in Betracht. . . .

Hiernach bedarf es keiner weiteren Erörterung, ob es sich beim Probekneten um einen offenkundigen Vorgang gehandelt hat, insbesondere, inwieweit Offenkundigkeit dadurch eingetreten ist, daß der Bäckermeister B. nach seiner eidesstaatlichen Versicherung vom 22. August 1913 eine Verletzung seiner nach der Auffassung des Berufungsrichters bestehenden Pflicht zur Geheimhaltung begangen hat. Es mag übrigens in dieser Beziehung ausdrücklich darauf hingewiesen werden, daß sich aus der eidesstattlichen Versicherung keineswegs ergibt, ob die Mitteilungen B.s so eingehende gewesen sind, daß sich ein Sachverständiger aus ihnen ein genaues Bild von der Erfindung machen und den Gegenstand der Erfindung benutzen konnte. Der Auffassung Kents (Bd. 1 S. 250), wonach bei nachträglichem Verrat durch die zur Geheimhaltung verpflichtete, bei der Benutzung zugezogene Person die Benutzung zu einer von vornherein offenkundigen gestempelt wird, kann jedenfalls nicht beigetreten werden. Im übrigen liegt mit Rücksicht auf die Feststellung des Charakters des Probeknetens als eines Akts der Erprobung der Erfindung kein Anlaß vor, auf die Frage einzugehen, ob schon durch die unbefugte Mitteilung des zur Geheimhaltung Verpflichteten ein Inverkehrbringen des körperlichen Gegenstands der Erfindung stattfindet, oder ob eine offenkundige Vorbenutzung nur dann gegeben ist, wenn auf Grund dieses Verrats ein offenkundiges Gebrauchen, Herstellen, Feilhalten oder Inverkehrbringen des Gegenstands der Erfindung eintritt. . . .

Wenn die Klägerin vor der Ausstellung in Herne dortigen Bäckermeistern die Knetmaschine zum Ankauf angeboten haben will, so erblickt der Berufungsrichter hierin keinen Akt offenkundiger Vorbenutzung (durch Feilhalten), weil nicht behauptet wird, daß die Angebote unter Vorlegung einer Zeichnung oder unter Vorweisung der jedenfalls erst seit dem Nachmittage des 4. Juni 1909 in Herne auf der Ausstellung aufgestellten Maschine geschehen sei. Dieser Begründung kann aus rechtlichen Gründen nicht entgegengetreten werden; aus der Anpreisung der Maschine selbst war der eigentliche Erfindungsgegenstand noch nicht zu ersehen....

Das Feilbieten kann auch nicht dadurch nachträglich zu einer offenkundigen Benutzung werden, daß diejenigen, denen die Maschine zum Kauf angeboten war, am Nachmittag des 4. Juni Gelegenheit hatten, sie zu besichtigen. Konnten sie sich auf Grund dieser Besichtigung ein Bild von der Erfindung machen, so hat das doch mit dem bereits der Vergangenheit angehörigen Feilbieten seitens der Klägerin nichts zu tun und kann dem Feilhalten nachträglich nicht eine andere Bedeutung verleihen.

Das Wiederzusammensetzen einer zum Zweck der Versendung auseinander genommenen Maschine und das Wiederingangbringen durch Leerlauf ist weder als Herstellung noch als Gebrauchen zu bewerten. Der Berufungsrichter ist auch nicht etwa, wie die Revisionsklägerin vermeint, der Ansicht, daß nach dem gewöhnlichen Sprachgebrauch in diesen Handlungen ein Herstellen oder Gebrauchen zu erblicken ist, vielmehr nimmt er an, daß darin hinsichtlich der Kundbarmachung der Erfindung ein ebenso bedeutungsvoller Vorgang zu erblicken ist, wie bei dem Herstellen und Gebrauchen, aber er verneint deshalb hier eine offenkundige Vorbenutzung, weil dieselbe nur auf die vier Tatbestände Herstellen, Feilhalten, Inverkehrbringen und Gebrauchen zu beschränken sei. Dem muß beigetreten werden. Geht man davon aus, daß die gewerbliche Herstellung der erste Schritt der gewerblichen Nutzbarmachung ist, die hier wieder aufgebaute Maschine aber bereits hergestellt war, und zwar nicht offenkundig, so bezweckte die Zusammensetzung und Inbetriebsetzung der Maschine am Nachmittage des 4. Juni 1909 nur die Vorbereitung für die Schaustellung auf der am 5. Juni eröffneten Ausstellung. Wollte man in solchen vorbereitenden Akten schon eine Herstellung im Sinne des Gesetzes erblicken, so würde damit in vielen Fällen der Schutz, den das (im übrigen hier nicht in Frage kommende) Gesetz vom 18. März 1904, betr. den Schutz der Erfindungen, Muster und Warenzeichen auf Ausstellungen (RGBl. S. 141), gegen die mit der Schaustellung verbundene offenkundige Benutzung gewährt, hinfällig gemacht; denn regelmäßig wird die Zusammensetzung solcher Maschinen vor Beginn der Ausstellung stattfinden, und es wird häufig nicht möglich sein, Unbefugten gegenüber den Gegenstand der Erfindung während solcher vorbereitender Akte zu verbergen. Zwar kann auch in dem Vorzeigen eine Benutzung erblickt werden, immerhin setzt das aber voraus, daß eine solche Vorzeigung beabsichtigt ist. Das ist aber im vorliegenden Falle, unter Berücksichtigung aller Umstände selbst dann zu verneinen, wenn der Leerlauf bei abgehobener Schutzhaube stattgefunden haben sollte. Denn mit der Inbetriebsetzung vor Beginn der Ausstellung wurde kein Feilhalten oder Inverkehrbringen am 4. Juni, sondern erst ein solches am Eröffnungstage bezweckt. . . .

---

12. Ist es dann, wenn eine Gegenforderung teils aufgerechnet, teils mit Widerklage verfolgt und in erster Instanz abgewiesen war, in zweiter aber dem Grunde nach für gerechtfertigt erklärt wird, nach § 538 Nr. 3 ZPO. geboten oder auch nur zulässig, die Sache für die Klage und die Widerklage gleichermaßen an das Gericht erster Instanz zurückzuverweisen?

VI. Zivilsenat. Urt. v. 29. November 1920 i. S. Hö. (Kl. u. Widerbekl.) w. Ha. (Bekl. u. Widerkl.). VI 301/20.

I. Landgericht Düsseldorf. — II. Oberlandesgericht daselbst.

Der Kläger verlangt für Holz, das er am 11. Oktober 1917 geliefert hat (Tannenschwaden), den dem Betrage nach unstreitigen Kaufpreis mit 521,28 ℳ nebst Zins. Die Beklagte verlangt aufrechnend und widerklagend Schadensersatz wegen Nichterfüllung eines nach ihrer Behauptung am 23. September 1917 geschlossenen Vertrags über Lieferung von 50 Waggons vorjährigem Knüppelholz. Sie beziffert den Schadensbetrag auf 10000 ℳ und hat den Antrag der Widerklage auf Zahlung von 9478,72 ℳ nebst Zins gerichtet.

Der erste Richter hat nach dem Antrag der Klage erkannt und die Widerklage abgewiesen. Das Berufungsgericht hat in Abänderung dieses Urteils „die Gegenforderung der Beklagten auf Schadensersatz wegen Nichterfüllung dem Grunde nach für gerechtfertigt erklärt und zur weiteren Verhandlung und Entscheidung über die Klage und Widerklage sowie auch über die Kosten des Rechtsstreits die Sache an das Landgericht zurückverwiesen." Die Revision führte zur Aufhebung des Berufungsurteils aus folgenden

Gründen:

Die Revision hat neben anderen Bemängelungen unter Berufung auf § 304 ZPO. beanstandet, daß eine Vorabentscheidung über den Grund erlassen worden ist, und hält weiter auch die Vorschriften des

§ 549 ZPO. für verletzt. Schon diese prozessualen Rügen mußten in der Tat Erfolg haben.

Die Klagforderung stand bereits in der Berufungsinstanz nach Grund und Betrag außer Streit. Die Beklagte — Widerklägerin — hat ihr gegenüber lediglich die Aufrechnung mit dem entsprechenden Teile ihrer Gegenforderung geltend gemacht. Deren danach verbleibender Restbetrag ist der Gegenstand der Widerklage.

Das Berufungsgericht hat den Anspruch der Widerklage dem Grunde nach für gerechtfertigt erklärt mit der Ausführung: daß die Beklagte einen Schaden überhaupt erlitten habe, sei ohne weiteres anzunehmen, denn es sei davon auszugehen, daß sie das Holz (Knüppel) billiger gekauft habe, als sie es hätte wieder verkaufen können. Daß sie für die Ware keine Verwendung gehabt habe, sei unbewiesen geblieben.

Die Zurückverweisung der Sache zur Widerklage gründet das Berufungsgericht auf § 538 Nr. 3 ZPO. Damit ist aber seiner Ansicht nach zugleich die Zurückverweisung des gesamten Prozeßstoffes — auch zur Klage — geboten, denn die Entscheidung über die Klage hänge ebenso wie die Entscheidung über die Widerklage von der Höhe der Gegenforderung ab. Würde über den Betrag der Gegenforderung im zweiten Rechtszug ohne weiteres verhandelt und entschieden werden, so würde dem Kläger ein Rechtszug entzogen werden, was der Absicht des § 538 Nr. 3 zuwiderlaufen würde. Deshalb vermöge sich das Berufungsgericht der Entscheidung des Reichsgerichts JW. 1908 S. 529 Nr. 15, worin dieses seine frühere mit dem obigen Standpunkt übereinstimmende Ansicht (vgl. RGZ. Bd. 47 S. 416, JW. 1902 S. 217 Nr. 18) aufgegeben habe, nicht anzuschließen.

Diesen Ausführungen kann nicht beigetreten werden. Kein Zweifel besteht darüber, daß das Berufungsgericht lediglich ein — die ganze Gegenforderung umfassendes — Zwischenurteil nach § 304 ZPO. hat erlassen wollen und erlassen hat. Die Möglichkeit, nach dieser Vorschrift über den Grund des Anspruchs vorab zu entscheiden, besteht nur für den durch Klage oder Widerklage geltend gemachten Anspruch, nicht für Einreden, auch nicht für die Aufrechnungseinrede (RGZ. Bd. 49 S. 339). Bezüglich der vorliegenden Widerklage aber war nach bekannten Grundsätzen, die in der Rechtsprechung des Reichsgerichts feststehen und wofür auf die Anführungen in Warneyer 1913 Nr. 341 zu verweisen genügt, eine Vorabentscheidung über den Grund des Anspruchs nur dann zulässig, wenn feststand, daß die Höhe der Gegenforderung die der Klagforderung übersteige, daß also nach durchgeführter Aufrechnung für die Widerklage selbst noch etwas übrig bleibe. Nur dann war für das vorbehaltene Betragsverfahren über den Widerklageanspruch Raum, anderenfalls war die Widerklage abzuweisen, d. h. die Berufung des Widerklägers zurückzuweisen.

Hiergegen hat das Berufungsgericht verstoßen. Es stellt nur fest, daß die Beklagte (Widerklägerin) einen Schaden überhaupt erlitten habe, nicht aber, daß dieser Schaden den zur Aufrechnung benötigten Betrag ihrer Forderung übersteige. Hiernach ist die vorliegende Vorabentscheidung nach § 304 ZPO. nicht prozeßgerecht ergangen und unterlag der Aufhebung.

Das Berufungsgericht scheint zu dem beanstandeten Verfahren durch dieselbe Erwägung gelangt zu sein, womit es die Zurückverweisung der Sache zur Widerklage und zur Klage zu rechtfertigen versucht hat. Es nimmt insoweit eine Untrennbarkeit der Gegenforderung für den zur Aufrechnung verwendeten und für den mit der Widerklage verfolgten Teil an; dies indessen ohne ausreichenden Grund. Zuzugeben ist, daß in der Tat Fälle denkbar sind, wo der Zusammenhang zwischen Klage und Widerklage so geartet ist, daß sachgemäß für beide zusammen die Zurückverweisung in die Vorinstanz auszusprechen ist. So hat es der V. Zivilsenat in einem Urteil vom 5. Mai 1900 V 55/1900 (JW. S. 471) gebilligt, daß in einem Falle, wo der Klage auf Zahlung einer Entschädigung von 8000 *M* wegen Nichterfüllung einer Vertragsabrede eine Widerklage dahin gegenüberstand, der Kläger habe anzuerkennen, daß ihm wegen dieser Nichterfüllung kein Anspruch auf Entschädigung (oder Preisminderung) zustehe, das Berufungsgericht die Zurückverweisung der Sache auf Grund des § 538 Nr. 3 ZPO. auch für die Widerklage ausgesprochen hatte, welche ihrerseits nicht abgewiesen worden war. Im gleichen Sinne hat der VII. Zivilsenat in einem Urteil vom 12. Januar 1909 VII 463/1908 einen unlösbaren Zusammenhang zwischen der Klage und der Widerklageforderung angenommen in einem Falle, wo die Klage auf Herausgabe zweier als Schadenskaution gegebener Wechsel, die Widerklage ebenfalls auf deren Herausgabe, dazu auf Schadensersatz gerichtet war, und den Gegenstand des Streites die Frage bildete, ob eine Forderung bestehe, wofür die Kaution hafte.[1])

Eine solche Bedingtheit von Klage und Widerklage kann aber in einem Falle der hier gegebenen Art nicht angenommen werden. Wie das Berufungsgericht zutreffend anführt, hat sich in diesem Sinne bereits der II. Zivilsenat des Reichsgerichts in dem Urteil vom 23. Juni 1908 II 2/08 (JW. S. 529) ausgesprochen.[2]) Eine Trennung der

[1] Hierher wird auch der Fall RG. Bd. 95 S. 37 flg., 39 zu zählen sein, wo eine Teilforderung als solche geltend gemacht und Widerklage wegen Nichtbestehens der ganzen Verpflichtung erhoben war. D. E.

[2] Unter Aufgabe der Entsch. JW. 1902 S. 217 Nr. 18. Für diese ältere Rechtsprechung die Komm. v. Stein ZPO. § 538 V 4 u. II Abs. 2, Skonietzki-

Gegenforderung von 10000 *M* für den zur Aufrechnung verwendeten Teil (521,28 *M* nebst Zins) und für den Restbetrag ist rechtlich nicht ausgeschlossen. Allerdings besteht solchenfalls die Möglichkeit, daß, wenn über den einen Teil der Forderung in einer anderen Instanz als über den anderen Teil befunden wird, über den für beide Beträge einheitlichen Grund der Forderung verschiedentlich geurteilt wird. Aber abgesehen davon, daß dies nur zunächst zutrifft, nicht endgültig zu sein braucht, da ja die Entscheidung der ersten Instanz zur Nachprüfung des Berufungsgerichts gebracht werden kann, genügt jene Möglichkeit überhaupt nicht, um die grundsätzliche Gestaltung des Verfahrens in diesem Punkte zu ändern. Prüfte das Berufungsgericht vor Erlassung der Vorabentscheidung nach § 304 ZPO. in der oben verlangten Weise die Frage, ob ein den Aufrechnungsbetrag übersteigender Schaden für die Beklagte (Widerklägerin) anzunehmen sei, so war damit die Klage (Erstklage) sachlich erledigt. Der erste Richter hatte sie erschöpfend beurteilt, sie stand für sich außer Streit, nur die Entscheidung über die Aufrechnung stand noch aus. Wenn und soweit diese zugunsten der Beklagten (Widerklägerin) ausfiel, war die Erstklage abzuweisen und damit erledigt. Dieser Entscheidung über die Aufrechnung und damit über die Klage (Erstklage) konnte sich das Berufungsgericht nicht entschlagen. Es war auch durch nichts gehindert, hierüber ein Teilurteil (§ 301 ZPO.) zu erlassen. Insbesondere kann davon keine Rede sein, daß auch für die Aufrechnung zwei Instanzen zu sichern wären; die Vorschrift des § 538 Nr. 3 gilt nur für die Widerklage als solche.

Beschränkte nun das Berufungsgericht die Beurteilung der Gegenforderung auf die Feststellung, daß sie den zur Aufrechnung verwendeten und erforderlichen Betrag (521,28 *M* nebst Zins) übersteige, so hatte es die Klage — zufolge der erklärten Aufrechnung — abzuweisen und zur Widerklage die Sache gemäß § 538 Nr. 3 ZPO. an die erste Instanz zurückzuverweisen. Diese Zurückverweisung hatte das Berufungsgericht aber auch dann auszusprechen, wenn es etwa, indem es die Aufrechnung beurteilte, dazu gelangte, schon seinerseits den Betrag der Gegenforderung überhaupt, also auch für den widerklagend verfolgten Teil, und zwar in einer die Klagforderung (Aufrechnung) übersteigenden Höhe zu ermitteln. Das Berufungsgericht war solchenfalls nicht in der Lage, seinerseits auf Grund seiner Feststellung des Betrags der Gegenforderung die Widerklage endgültig zu bescheiden, vielmehr greift insoweit, da die Widerklage in erster Instanz abgewiesen war,

---

Gelpke Anm. 12, Förster-Kann Bd. 2 S. 63 in Anm. 2 c d δ; dagegen schon Simonson bei Gruch. Bd. 46 S. 99 flg., 109 in 4, Schmidt-Bardeleben das. Bd. 47 S. 781 flg., bes. 784/785. D. E.

die Vorschrift des § 538 Nr. 3 ein, die das Berufungsgericht zutreffend als zwingend bezeichnet.

Hiernach ist bei der erneuten Verhandlung und Entscheidung in der Berufungsinstanz zu verfahren, wobei es hier keiner besonderen Ausführungen für den Fall bedarf, daß etwa für die Gegenforderung ein die Klagforderung nicht übersteigender oder sie nicht einmal erreichender Betrag festgestellt, also die Abweisung der Widerklage aus diesem Grunde zu bestätigen sein würde.

Ein Eingehen auf die weiteren Revisionsangriffe ist nicht geboten. Dem Kläger kann überlassen bleiben, seine Einwendungen in der erneuten Berufungsverhandlung weiter zu verfolgen.

---

13. Zur Anwendung des § 817 Satz 2 BGB.

II. Zivilsenat. **Urt. v.** 30. November 1920 **i. S.** H. (Kl.) w. Deutsche Baltische Handelsgesellschaft, Gesellsch. m. b. H. in Liqu. (Bekl.). II 226/20.

I. Landgericht Hamburg, Kammer für Handelssachen. — II. Oberlandesgericht das.

Laut Schlußschein vom 16. Oktober 1917 verkaufte die Beklagte dem Kläger etwa 5000 kg Wäschestärke unter Zusicherung der Verkehrs- und Beschlagnahmefreiheit. Der Kaufpreis wurde bezahlt. 3000 kg verkaufte der Kläger weiter an die Stadt Dessau und, nachdem diese die Ware, weil sie nicht verkehrs- und beschlagnahmefrei sei, zur Verfügung gestellt hatte, an die Urangesellschaft, die auch noch eine weitere Partie von 1000 bis 1200 kg von ihm gekauft hatte. Die Lieferung dieser beiden Partien erfolgte jedoch nicht, weil die Trockenkartoffelverwertungsgesellschaft sie beschlagnahmte. Mit der Klage machte der Kläger den Anspruch auf Rückzahlung des Kaufpreises geltend, den er auf die Zusicherung, event. auf ungerechtfertigte Bereicherung der Beklagten stützte.

Während die Kammer für Handelssachen der Klage stattgab, erkannte das Oberlandesgericht auf Abweisung. Die Revision wurde zurückgewiesen aus folgenden

Gründen:

Übereinstimmend mit dem ersten Richter erachtet das Berufungsgericht den Vertrag der Parteien für verbotenen Kettenhandel im Sinne des § 11 BO. vom 24. Juni 1916 (RGBl. S. 581) und nimmt nach § 134 BGB. Nichtigkeit des Vertrags an. Die verkaufte Wäschestärke sei reines Kartoffelmehl, mithin, wenn auch nach Zusatz einer gewissen Feuchtigkeitsmenge, ein Nahrungsmittel gewesen. Der Kläger habe sich als unnützes Zwischenglied auf dem Wege der

Ware zum Verbraucher eingeschoben und durch den Preisaufschlag auf seiner Seite die Ware unnötig verteuert. Die Parteien hätten alles das gewußt.

Diese Erwägungen sind frei von Rechtsirrtum. Beide Parteien sind Hamburger Großhändler; keine hat die Ware dem Verbraucher näher gebracht. Der Weiterverkauf an die Stadt Dessau, auf den die Revision verweist, kommt nicht in Betracht, da er nur einen Teil der Ware betraf und wieder rückgängig gemacht wurde. Vor allem aber liegt eine unnütze Verlängerung der Kette darin, daß die Beklagte, wie das Berufungsgericht feststellt, zum Ankauf der Ware von ihrem Verkäufer, einem gewissen H., ausschließlich durch das Versprechen des Klägers, sie ihr wieder abzunehmen, bestimmt wurde. Ein gemeinwirtschaftlich wertvoller Zweck wurde von vornherein nicht beabsichtigt; jeder Teil ließ sich allein von seinem eigenen Interesse leiten. Hiernach war der Kaufvertrag vom 16. Oktober 1917 nichtig (RGZ. Bd. 98 S. 1). Mit Recht ist aber das Berufungsgericht ferner der Ansicht, daß die Vorschriften über die ungerechtfertigte Bereicherung im vorliegenden Falle eine Rückforderung des Gezahlten nicht zulassen. Der Anspruch scheitert schon an § 817 Satz 2 BGB., denn das Kettenhandelsverbot richtet sich keineswegs nur gegen den Abschluß des obligatorischen Vertrags, sondern auch gegen die Erfüllungsgeschäfte. Auch die Entrichtung und Annahme des den Preisaufschlag enthaltenden Kaufpreises trägt dazu bei, den volkswirtschaftlich schädlichen Erfolg, nämlich die Verteuerung der Ware, herbeizuführen. Eventuell würde die Rückforderung durch § 814 BGB. ausgeschlossen sein, da das Berufungsgericht bedenkenfrei weiter feststellt, daß der Kläger seine Nichtverpflichtung zur Zahlung gekannt hat. . . .

---

14. Einfluß der behördlichen Festsetzung von Mindestpreisen für Kohlenverkäufe der Zechen auf bestehende Kaufverträge zwischen Kohlenhändlern.

II. Zivilsenat. Urt. v. 30. November 1920 i. S. Kohlen- und Koks-Handelsgesellsch. m. b. H. (Bekl.) w. K. (Kl.). II 230/20.

I. Landgericht Dortmund, Kammer f. Handelssachen. — II. Oberlandesgericht Hamm.

Der Kläger beansprucht von der Beklagten Zahlung des an sich unstreitigen Kaufpreises für gelieferte Nußkohlen. Die Beklagte macht der Klage gegenüber aufrechnungsweise und durch Widerklage eine Schadensersatzforderung geltend, welcher folgender Sachverhalt zugrunde liegt.

Der Kläger hatte der Beklagten am 4. März 1916 mit Bindung bis zum 11. März 20000 Tonnen Hochofenkoks aus der Zeche Glückaufsegen in Hörde i. W. zur Ausfuhr nach der Schweiz oder Holland, bis Ende September lieferbar, zum Preise von 275 ℳ oder Frs für 10 Tonnen nach Wahl der Käuferin angeboten. Der Preis sollte sich gemäß dem Steigen oder Fallen der Syndikatsrichtpreise für Hochofenkoks erster Klasse ändern. Dieses Angebot nahm die Beklagte am 10. März 1916 zur Ausfuhr nach der Schweiz und zum Preise von 275 ℳ für 10 Tonnen an.

Nach den Feststellungen der Vorinstanzen war die Ausfuhr von Brennstoffen nach dem neutralen Auslande (Holland, Schweiz) nur bedingt möglich. Am 22. Januar 1916 erließ die Kohlenausfuhrstelle West ein Rundschreiben an die Zechen, welches ihnen eröffnete, daß ab 1. Februar Lieferungen nach Holland und der Schweiz nur noch zulässig seien, wenn der Preis in der Währung des Bestimmungslandes gezahlt werde. Später, d. h. nach Abschluß des hier behandelten Kaufabschlusses, erließ sie eine weitere Verordnung, wonach der Zeche als Mindestpreise die Preise des Rheinisch-Westfälischen Kohlensyndikats zu zahlen waren, nnd zwar mit Geltung ab 1. Mai. Diese Preise haben in den Monaten Mai bis Juli 1916 275 Frs für 10 Tonnen betragen. Am 9. Mai verlangte der Kläger mit Rücksicht auf diese Anordnungen Zahlung des Kaufpreises in Schweizer Franken nach dem Friedenskurse, d. h. also von 343,75 Frs für 275 ℳ. Die Beklagte erklärte sich am 10. Mai unter Wahrung ihrer Vertragsrechte bereit, für die Lieferungen ab Mai 275 Frs für 10 Tonnen zu zahlen, bestand auf Lieferung mit Ausfuhrbewilligung und bestimmte dem Kläger gemäß § 326 BGB. Nachfristen, welche fruchtlos verstrichen.

Von den Vorinstanzen wurde der Klage stattgegeben und die Widerklage abgewiesen. Auch die Revision blieb erfolglos.

Aus den Gründen;

... Die Preisfestsetzung der Kohlenausfuhrstelle West für die Zeit ab 1. Mai 1916 erachtet das Berufungsgericht nicht als unmittelbar für die Beklagte wirksam; es hält aber den Kläger nicht mehr an den Vertrag gebunden, weil die Beklagte sich geweigert habe, ihm einen höheren, gewinnbringenden Preis zu bewilligen. Es kann dahingestellt bleiben, ob die erste Erwägung zutrifft, ob es insbesondere praktisch denkbar ist, daß die Festsetzung von Mindestpreisen für Auslandsverkäufe der Zechen die Kaufpreisschuld des ausführenden Händlers unberührt läßt. Jedenfalls ist der Auffassung des Berufungsgerichts, daß diese Preisfestsetzung im vorliegenden Falle den Kläger im Verhältnis zur Beklagten von seiner Lieferpflicht befreit, beizutreten. Nach dem Inhalte des von den Parteien geschlossenen Vertrags waren die von der Beklagten zu zahlenden Preise nicht endgültig festgelegt, sondern sie sollten sich „gemäß dem Steigen oder Fallen der Syndikatsrichtpreise für Hochofenkoks erster Klasse ändern.“ Wenn nun die Kohlenausfuhrstelle West Mindestpreise für die Zechen festsetzte, welche — wie der Sachverständige bekundet hat — mindestens die des Kohlensyndikats sein sollten, und nach diesem Grundsatze den Mindestpreis auf 275 Frs bestimmte, so muß nach Treu und Glauben diese Sachlage gerade so beurteilt werden, als sei der im Vertrag vorgesehene Fall der Preisänderung infolge Steigens der Syndikatsrichtpreise eingetreten. Es erwuchs sonach der Beklagten, wenn sie selbst Wert auf die Ausführung des Lieferungsvertrags legte, die Pflicht, dem Kläger einen im angemessenen Verhältnisse zu dem behördlichen Mindestpreise stehenden Kaufpreis zu bewilligen. Einen Preisaufschlag zu ermitteln, der dem Kläger einen angemessenen Verdienst übrig ließ, konnte der Beklagten keine Schwierigkeiten machen. Daß sie sich der übersetzten Forderung des Klägers — 343,75 Frs — nicht zu fügen brauchte, ist klar. Aber von der Bewilligung eines Preises, welcher die Selbstkosten des Klägers — 275 Frs — überstieg, hing ihr Recht ab, von diesem Lieferung des im Vertrag vorgesehenen Koks zu verlangen. Da die Beklagte nicht bereit war, sich der gekennzeichneten Sachlage anzupassen, kann sie keinen Schadensersatz wegen Nichtlieferung verlangen, und die Revision muß als unbegründet zurückgewiesen werden.

---

15. Ist der Pfandgläubiger verpflichtet, falls eine wesentliche Minderung des Wertes eines Pfandes zu besorgen ist, bei dessen Ersatz durch anderweitige Sicherheitsleistung auf Verlangen des Verpfänders mitzuwirken?

VII. Zivilsenat. Urt. v. 3. Dezember 1920 i. S. L. (Bekl.) w. S. (Kl.). VII 219/20.

I. Landgericht III Berlin. — II. Kammergericht daselbst.

Der Kläger hatte bei der Beklagten Ultimogeschäfte getätigt. Aus dieser Geschäftsverbindung bestand im Februar 1916 eine Schuld des Klägers an die Beklagte von 134111,50 M. In einer notariellen Schuldurkunde vom 26. Februar 1916 erkannte er diese Schuld an, verpflichtete sich zu bestimmten Ratenzahlungen, verpfändete zur Sicherheit der Beklagten eine Reihe von Wertpapieren, darunter 25 Stück Petersburger Internationale Handelsbank-Aktien — kurz Peter Inter genannt — und unterwarf sich der sofortigen Zwangsvollstreckung aus der Urkunde. Am 12. Dezember 1917 erteilte der Kläger der

Beklagten den Auftrag, die in ihrem Besitze befindlichen Peter Inter zu verkaufen, weil infolge der damals einsetzenden russischen Wirren ein starker Kurssturz dieser Papiere zu besorgen war, und statt ihrer 5000 ℳ Phönix- und 5000 ℳ Norddeutsche Lloydaktien anzuschaffen und in Pfand zu nehmen. Die Beklagte hat diesen Auftrag abgelehnt. Der Kläger behauptet, durch dieses Verhalten der Beklagten, das wider Treu und Glauben verstoßen habe, sei ihm ein erheblicher Schaden erwachsen. Er habe die Peter Inter erst am 12. August 1918 auslösen können und habe dann nur einen Verkauf zum Kurse von 112 erzielt, während am 12. Dezember 1917 ein Verkauf zum Kurse von $149^1/_2$ möglich gewesen wäre. Ferner hätte er an den Phönixaktien, wenn sie am 12. Dezember 1917 gekauft worden wären, 40% verdient; denn er habe andere, in seinem Besitz befindliche Phönix im Mai 1918 zu einem 40% höheren Kurse als dieser am 12. Dezember 1917 betrug verkauft. Er verlangt, nach Abzug einer unstreitigen Forderung der Beklagten an ihn, Zahlung von 4581,50 ℳ nebst Zinsen; außerdem begehrt er Feststellung, daß der Beklagten keinerlei Ansprüche aus der Geschäftsverbindung mit ihm mehr zustehen, daß sie deshalb auch nicht berechtigt sei, Zwangsvollstreckung aus der Urkunde vom 26. Februar 1916 vorzunehmen.

Beide Vorinstanzen haben den Anträgen des Klägers stattgegeben. Die Revision der Beklagten wurde zurückgewiesen aus folgenden

Gründen:

Der Rechtsansicht des Kammergerichts, daß die Beklagte verpflichtet war, dem Verlangen des Klägers auf Umtausch der 25 Stück Peter Inter, die sie in Pfand hatte, gegen 5000 ℳ Phönix und 5000 ℳ Norddeutscher Lloyd stattzugeben, ist beizutreten.

Es steht fest, daß im Dezember 1917 eine wesentliche Minderung des Wertes der Peter Inter durch Kursverlust zu besorgen war. Der Kläger als Verpfänder konnte also gemäß § 1218 BGB. die Rückgabe dieser Aktien gegen anderweitige Sicherheitsleistung verlangen. Wenn der Kläger daher der Beklagten damals 5000 ℳ Phönix und 5000 ℳ Norddeutscher Lloyd Zug um Zug gegen Rückgabe der Peter Inter angeboten hätte, so würde die Beklagte diesen Umtausch der Pfandstücke nicht haben ablehnen dürfen; denn das Berufungsgericht hat festgestellt, daß diese Ersatzpapiere mindestens die gleiche Sicherheit boten wie die Peter Inter und daß bei jenen ein Wertverlust, wie bei diesen, damals nicht zu besorgen war. Eine größere Sicherheit aber, als der Beklagten im Dezember 1917 die Peter Inter gewährten, konnte sie an deren Stelle nicht beanspruchen, insbesondere hatte sie keinen Anspruch darauf, mündelsichere Werte dagegen zu erhalten. Wirtschaftlich hätte es zu dem gleichen Ergebnis geführt, wenn die Beklagte selbst, wie der Kläger sie beauftragt hatte, den Umtausch in der Weise vorgenommen hätte, daß sie die in ihrem Besitz befindlichen Peter Inter an der Börse verkaufte, mit dem Verkaufserlös die aufgegebenen Ersatzpapiere anschaffte und diese dann in Pfandbesitz nahm. Die Beklagte meint aber, sie hätte diesen Auftrag ablehnen dürfen, weil der Bankier nicht verpflichtet sei, Börsenaufträge anzunehmen. Das ist aber nicht die Frage, um die es sich hier handelt. Ob und inwieweit, insbesonders mit Rücksicht auf den Handelsbrauch, ein Bankier im allgemeinen berechtigt ist, Kommissionsaufträge im Effektenhandel abzulehnen, kann unerörtert bleiben. Hier ist vielmehr die Frage zu entscheiden, ob ein Pfandgläubiger, gleichgültig ob Bankier oder nicht, verpflichtet ist, beim Ersatz eines notleidenden Pfandstücks durch ein anderes gleichwertiges mitzuwirken, und zwar in der Art, wie der Kläger die Beklagte beauftragt hatte. Dieser Auftrag war an die Beklagte nicht sowohl in ihrer Bankiereigenschaft gerichtet, als vielmehr wesentlich in ihrer Eigenschaft als Vertragsgegnerin und Pfandgläubigerin des Klägers. Gerade das Vertragsverhältnis, in dem sie zum Kläger stand, legte ihr besondere Pflichten auf, und dieser ihrer Vertragspflicht hat sie durch die grundlose Ablehnung des Auftrags des Klägers schuldhaft zuwidergehandelt.

Daß aus einem Pfandvertrage nicht nur dem Pfandschuldner sondern auch dem Pfandgläubiger Pflichten erwachsen, bedarf keiner weiteren Begründung. Ebenso unbedenklich findet der Grundsatz von Treu und Glauben (§ 242 BGB.) Anwendung auf die Erfüllung der dem Pfandgläubiger obliegenden Vertragspflichten. Nun legt der § 1218 BGB. dem Pfandgläubiger die Verpflichtung auf, gegen anderweitige Sicherheitsleistung in die Rückgabe eines Pfandes einzuwilligen, wenn eine wesentliche Minderung seines Wertes zu besorgen ist. Diese Bestimmung bildet selbst schon einen Anwendungsfall des § 242 (RGZ. Bd. 74 S. 151). Wenn nun zwar auch § 1218 nicht ausdrücklich ausspricht, daß der Pfandgläubiger selbst bei den für den Pfandersatz notwendigen rechtsgeschäftlichen Handlungen mitzuwirken hat, so muß dieser doch auch dazu für verpflichtet erachtet werden, sofern nach den Umständen des Falles Treu und Glauben eine solche Mitwirkung gebieten. So liegt aber hier die Sache.

Die Frage nach Treu und Glauben ist wesentlich eine Frage der beiderseitigen Interessenabwägung. War die Mitwirkung der Beklagten beim Umtausch der Pfandstücke durch ein dringendes Interesse des Klägers geboten, ohne daß dadurch ein ebensolches Interesse der Beklagten verletzt wurde, so verstieß es gegen Treu und Glauben, wenn die Beklagte ihre Mitwirkung versagte. Das dringende Interesse des Klägers an dem Verkauf der Peter Inter, deren weitere erhebliche Wertminderung infolge der russischen Wirren zu besorgen war, stand fest. Anderseits wurde das Interesse der Beklagten dadurch, daß an

Stelle dieser Papiere gute deutsche Papiere von mindestens gleichem Wert in Pfand gegeben werden sollten, nicht nur nicht beeinträchtigt, sondern es wurde im Gegenteil auch ihrem Interesse dadurch gedient. Der Beklagten erwuchs durch die Erfüllung des Auftrags auch keine Mühewaltung, die ihr nicht zuzumuten gewesen wäre. Der Verkauf und Ankauf von Effekten gehört zu ihrem gewöhnlichen Gewerbebetrieb. Für die Besorgung des Auftrags durfte sie die übliche Provision berechnen. Gewiß hätte sie ein größeres Interesse daran gehabt, nur die Peter Inter zu verkaufen und den Barerlös auf ihre Forderung gegen den Kläger zu verrechnen. Darauf hatte sie aber gemäß dem zwischen den Parteien bestehenden Vertrag keinen Anspruch und sie durfte daher den Auftrag nicht ablehnen, um den Kläger zu zwingen, in den Verkauf der Peter Inter zwecks Verrechnung des Erlöses einzuwilligen und sich auf diese Weise einen vertragswidrigen und deshalb unberechtigten Vorteil zu verschaffen.

Die Revision meint, die Beklagte hätte zu Spekulationsgeschäften des Klägers mit den verpfändeten Papieren ihre Hand nicht zu bieten brauchen, und es sei keineswegs die Möglichkeit ausgeschlossen gewesen, daß die Kurse sich auch anders entwickelt hätten. Beides ist an sich richtig. Aber es handelte sich nicht um ein Spekulationsgeschäft des Klägers. Sein Interesse war nicht darauf gerichtet, durch den Umtausch der Effekten Kursgewinne zu machen, sondern er wollte einen drohenden erheblichen Verlust abwenden. Die Beklagte hat auch den Auftrag nicht aus dem Grunde abgelehnt, weil möglicherweise die Ersatzpapiere im Kurse fallen und minderwertig werden könnten. Eine so erhebliche Kursminderung, wie sie den russischen Papieren drohte, war damals mit Rücksicht auf die politische und wirtschaftliche Lage in Deutschland für die Ersatzpapiere nicht zu besorgen, wie das Berufungsgericht zutreffend feststellt, und die Beklagte hat auch in den Vorinstanzen keinerlei Tatsachen vorgebracht, aus denen sich damals eine solche Besorgnis hätte rechtfertigen lassen.

Ob die Beklagte vielleicht dann den Auftrag des Klägers hätte ablehnen dürfen, wenn dieser in der Lage gewesen wäre, die Ersatzpapiere sich anderweit zu verschaffen, kann unerörtert bleiben, da der Berufungsrichter, ohne daß der von der Revision gerügte Prozeßverstoß anzuerkennen wäre, tatsächlich festgestellt hat, daß der Kläger mangels barer Mittel zu einer anderweiten Anschaffung der Ersatzstücke nicht in der Lage war.

Ebensowenig kann die Beklagte sich darauf berufen, daß es ihr verboten gewesen sei, andere als Kassageschäfte zu übernehmen; denn es handelte sich hier um reine Kassageschäfte. Die 5000 *M* Phönix und 5000 *M* Norddeutscher Lloyd sollten mit dem Barerlös aus dem Verkauf der Peter Inter gekauft werden. Ein Kredit wurde vom

Kläger nicht in Anspruch genommen, und die Beklagte hat auch nicht darzulegen vermocht, daß der Barerlös aus den zu verkaufenden Effekten den Anschaffungspreis der Ersatzpapiere voraussichtlich nicht gedeckt habe würde.

Schließlich macht die Revision noch geltend, die Beklagte sei, wenn sie auch den Auftrag zum Verkauf der Peter Inter hätte ausführen müssen, jedenfalls nicht zum Ankauf der Ersatzpapiere verpflichtet gewesen, und es könne ihr deshalb der Schaden, den der Kläger durch entgangenen Kursgewinn an den Phönixaktien erlitten habe, nicht zur Last gelegt werden. Auch diese Ansicht ist verfehlt. Es handelte sich um einen einheitlichen, unteilbaren Auftrag, der gemäß § 1218 BGB. bezweckte, andere Wertpapiere an Stelle der notleidenden Peter Inter unter Pfandschaft zu bringen. Zweckgemäß mußte also der ganze Auftrag von der Beklagten ausgeführt werden. Die Beklagte hat demnach den gesamten Schaden dem Kläger zu ersetzen, der ihm durch die pflichtwidrige Nichtausführung des unteilbaren Auftrags entstanden ist, und der entgangene Gewinn an den 5000 ℳ Phönix steht ebenso, wie der Kursverlust an den Peter Inter, in adäquatem Zusammenhange mit der schuldhaften Vertragspflichtverletzung der Beklagten.

---

16. Irrtum über den Tageskurs beim Ankauf von Wertpapieren.

I. Zivilsenat. Urt. v. 4. Dezember 1920 i. S. D. (Kl.) w. Amt H. (Bekl.). I 216/20.

I. Landgericht Ellwangen. — II. Oberlandesgericht Stuttgart.

Der Kläger kaufte am 28. März 1919 von der Sparkasse H. fünfprozentige Deutsche Reichsanleihe im Nennwert von 5000 ℳ zum Kurs von $90\,^1/_2$ gegen Zahlung von 4587,15 ℳ einschließlich 61,15 ℳ Zinsvergütung und 1 ℳ für den Stempel. Mit der Klage verlangt er von der Beklagten gegen Zurücknahme der Wertpapiere Erstattung des Kaufpreises. Er stützt den Anspruch auf die Behauptung, daß er sich als langjähriger Kunde der Sparkasse nach dem Bankkurs der Wertpapiere erkundigt und von dem Sparkassenkontrolleur G. die unrichtige Auskunft erhalten habe, der Kurs sei $90\,^1/_2$, während er in Wirklichkeit nur $83\,^1/_2$ betragen habe. Hierdurch sei er zum Ankauf bestimmt worden. Deshalb ficht er den Vertrag wegen Irrtums und arglistiger Täuschung an.

Das Landgericht gab der Klage statt. Das Oberlandesgericht hielt die Verurteilung der Beklagten nur in Höhe von 300 ℳ nebst

Zinsen aufrecht; im übrigen wies es die Klage ab. Die Revision des Klägers hatte Erfolg.

Gründe:

... Das Oberlandesgericht hat das Vorliegen von Arglist aus tatsächlichen Gründen verneint, den als gegeben erachteten Irrtum des Klägers hingegen nicht für rechtsbehelflich erklärt, weil es sich nur um einen Irrtum im Beweggrunde handle. Auch ein Irrtum über verkehrswesentliche Eigenschaften wurde abgelehnt, weil der Kurs eines Wertpapiers nicht als Eigenschaft der Sache oder des Rechts erachtet werden könne. Die Verurteilung der Beklagten zur Zahlung von 300 *M* erfolgte unter dem Gesichtspunkte, daß Schadensersatzpflicht bestehe, weil von der Sparkasse gegen die von einem Kaufmann in seinem Geschäftsbetrieb zu vertretende Sorgfalt — nämlich die Beratung eines ständigen Kunden durch den Bankier — verstoßen sei; dabei wurde als Schadenshöhe der Unterschied zwischen dem Kurs von 90 1/2 und 83 1/2 zugrunde gelegt.

Das angefochtene Urteil vermag der Nachprüfung hinsichtlich des Klagegrunds des Irrtums nicht standzuhalten. Das Oberlandesgericht nimmt an — und zwar offensichtlich als eine Erfahrung des täglichen Lebens —, es sei selbstverständlich, daß ein Kaufliebhaber für Wertpapiere, wenn nicht besondere Umstände das Gegenteil bewiesen, nicht mehr anlegen wolle als den Tageskurs. Es stellt auch fest, daß der Kläger die Wertpapiere zum Tageskurs kaufen wollte, daß dieser 83 1/2 betrug und daß der vom Zeugen G. dem Kläger angegebene Kurs von 90 1/2 den sogenannten Aufnahmekurs darstellte, den die Reichsbank und die öffentlichen Sparkassen damals für die Reichsanleihe bezahlten, der aber mit dem Tages- (Markt-) Kurs nichts zu tun hatte. Der Vorderrichter erachtet auch als erwiesen, daß der Kläger die Äußerung des G., der Kurs betrage 90 1/2, in dem Sinn ausgelegt hat, daß dies der Tageskurs sei, daß er sich mithin bei Abgabe seiner Willenserklärung bei Abschluß des Kaufvertrags im Irrtum befand. Gleichwohl ist das Oberlandesgericht der Auffassung, es habe der Kläger nur den rechtsgeschäftlichen Willen gehabt, als Kaufpreis 90 1/2 anzulegen, und lehnt die Annahme ab, daß sein Wille noch über den Wortlaut seiner Erklärung hinaus darauf gerichtet war, dem Vertragsgegner zu erklären, daß er lediglich zur Zahlung des Tageskurses sich verpflichten wolle. Den Grund hierzu findet es darin, daß der Kläger in seine Kauferklärung nicht aufgenommen habe, daß er zum „Kurs" von 90 1/2 kaufe, und ferner in dem Umstande, daß er im Vertrauen auf die Richtigkeit der Auskunft des Zeugen G. an die Möglichkeit der Nichtübereinstimmung des Tageskurses mit dem vom Zeugen G. bezeichneten Kurs überhaupt nicht gedacht habe.

Dieser Würdigung des Sachverhalts kann nicht beigepflichtet werden. Die vom Vorderrichter gemachte Unterscheidung zwischen dem inneren Vertragswillen des Klägers und dem, was der Kläger davon in die rechtsgeschäftliche Erklärung dem Vertragsgegner gegenüber aufnehmen wollte, muß angesichts der sonst getroffenen Feststellungen als eine den Erfahrungen des Lebens widerstrebende Künstlichkeit, aber auch als eine Überspannung der Beweiserfordernisse bezeichnet werden, welche durch die vom Oberlandesgericht gegebenen Gründe nicht gestützt wird. Die Natur des Irrtums bringt es mit sich, daß die fälschliche Annahme und Vorstellung ein im Innern sich abspielender Vorgang ist. Bei gegenseitigen mündlichen Verhandlungen ist es aber selbstverständlich, daß zur Kundgabe eines Willens auch stillschweigende Erklärung genügt, im gegenwärtigen Fall also die stillschweigende Entgegennahme und Zustimmung zu der Erklärung des Zeugen G., der Kurs sei $90^1/_2$. Kam daraufhin das Geschäft zustande, so kann aus dem Mangel einer ausdrücklichen Erklärung, zum Kurs von $90^1/_2$ kaufen zu wollen, nicht auf den Mangel eines Vertragswillens geschlossen werden, zum Tageskurs kaufen und dies dem Vertragsgegner erklären zu wollen. Nach verständiger Würdigung muß vielmehr angenommen werden, daß der Kläger nicht bloß, wie das Oberlandesgericht annimmt, zum Tageskurs kaufen wollte, sondern das auch in Form stillschweigender Zustimmung erklären wollte und erklärt hat. Der weitere Grund, daß der Kläger an einen Unterschied zwischen Tageskurs und dem sogenannten Aufnahmekurs nicht gedacht hat, schließt aber begrifflich keineswegs aus, sondern ein, daß zum Tageskurse gekauft und das auch erklärt werden wollte.

Es kann deshalb in einem solchen Falle, wenn nicht weitere besondere Umstände vorliegen, nicht bloß von einem Irrtum im Beweggrund gesprochen werden; vielmehr handelt es sich um einen Irrtum über die Grundlagen der rechtsgeschäftlichen Erklärung, der nach § 119 BGB. als rechtsbehelflich anzusehen ist (RGZ. Bd. 97 S. 140).

---

17. Kann die Entscheidung einer gemäß § 1 der BO. über die Sammelheizungsanlagen vom 22. Juni 1919 errichteten Schiedsstelle wegen Verfahrensmängel im Rechtswege angefochten werden?

III. Zivilsenat. Urt. v. 7. Dezember 1920 i. S. K. (Kl.) w. N. Baugesellsch. m. b. H. (Bekl.). III 182/20.

I. Landgericht Düsseldorf. — II. Oberlandesgericht daselbst.

Der Kläger hat von der Beklagten eine mit Sammelheizungsanlage ausgestattete Wohnung gemietet. Im September 1918 einigten sich die Parteien vor dem Mieteinigungsamt vergleichsweise über die Höhe des vom Kläger vom 1. Oktober 1918 an für die nächsten drei Jahre zu entrichtenden Mietzinses einschließlich der Vergütung für die Heizung. Im Juli 1919 erließ das Einigungsamt in seiner Eigenschaft als Schiedsstelle im Sinne der VO. über die Sammelheizungsanlagen vom 22. Juni 1919 einen Beschluß, durch welchen der Vergleich abgeändert und der vom Kläger an Miete und für die Heizung zu zahlende Gesamtbetrag erhöht wurde. Im jetzigen Rechtsstreit begehrt der Kläger die Feststellung, daß der Beschluß nicht zu Recht bestehe, weil die Schiedsstelle ihn vor der Entscheidung nicht gehört habe. Die Klage wurde in beiden Rechtszügen abgewiesen, auch die Revision hatte keinen Erfolg.

Gründe:

Das Berufungsurteil geht von dem § 8 Satz 1 der SammelheizungsVO. vom 22. Juni 1919 aus, der vorschreibt, daß die Bestimmungen der Schiedsstelle als vereinbarte Bestimmungen des Mietvertrags gelten. Der Vorderrichter zieht hieraus die Folgerung, daß der seiner Fassung nach die Anordnung der Schiedsstelle beanstandende Klagantrag sich in Wahrheit gegen die der Entscheidung zu entnehmende Vertragsnorm richte, deren Unwirksamkeit der Kläger anerkannt sehen wolle, und daß es sich sonach um eine bürgerliche Rechtsstreitigkeit handle, die nach § 13 GVG. im Rechtsweg zum Austrag gebracht werden könne. Zur Zurückweisung der Berufung gelangt der Vorderrichter erst von der Erwägung aus, daß die Rechtswirksamkeit des angegriffenen Beschlusses und somit auch die Rechtsbeständigkeit der sich daraus ergebenden Vertragsbestimmung nach § 7 Abs. 1 der bezeichneten VO. durch den Verstoß gegen § 4 Abs. 1 der Verfahrensvorschriften vom 2. November 1917, also durch die Nichtgewährung von Gehör, nicht beeinträchtigt erscheine. Dabei wird die Tragweite des § 7 Abs. 1 verkannt. Er bringt unzweideutig zum Ausdruck, daß die Entscheidungen der Schiedsstellen nicht nur der Anfechtung durch Rechtsmittel entzogen sind, sondern auch der Nachprüfung durch die ordentlichen Gerichte nicht unterstellt werden können. Die Klage scheitert deshalb schon an der Unzulässigkeit des Rechtswegs. Die Meinung des Berufungsgerichts, daß die Verfolgbarkeit des Klaganspruchs im gerichtlichen Verfahren sich aus § 8 Satz 1 ergebe, beraubt den § 7 Abs. 1 seiner Bedeutung und muß daher für verfehlt erachtet werden. Sie ist auch mit dem Zwecke dieser Vorschrift, durch eine endgültige Entscheidung möglichst schnell klare und sichere Rechtsverhältnisse zwischen den Mietparteien herzustellen, unvereinbar. Die Revision glaubt entgegenhalten zu können, daß mit der Klage nur die formale Gültigkeit des Beschlusses der Schiedsstelle beanstandet, das Gericht aber mit der Prüfung der sachlichen Richtigkeit und der

Angemessenheit der Entscheidung nicht befaßt werde. Eine solche Beschränkung der richterlichen Aufgabe vermag indessen nichts daran zu ändern, daß durch die Klage die Rechtsbeziehungen der Vertragsparteien wieder in Frage gestellt werden und ihnen die sichere Grundlage wieder entzogen wird. Unzutreffend ist auch die Ansicht der Revision, daß die Schiedsstelle, welche zwingende, für ihr Verfahren maßgebende Vorschriften nicht beachte, außerhalb der ihr erteilten Ermächtigung handle und daß daher durch den § 7 Abs. 1 der Rechtsweg dann nicht ausgeschlossen werde, wenn das der Beschlußfassung vorausgegangene Verfahren an einem wesentlichen Mangel leide. Eine Schiedsstelle, welche eine in den Rahmen ihrer Spruchbefugnis fallende Entscheidung unter Außerachtlassung wesentlicher Verfahrensvorschriften trifft, überschreitet dadurch nicht die Grenzen ihrer Zuständigkeit. Ob die Gerichte an einen solchen Spruch in einem Rechtsstreit gebunden sind, für dessen Entscheidung die Gestaltung des von der Schiedsstelle geregelten Rechtsverhältnisses als Vorfrage in Betracht kommt, bedarf nicht der Erörterung. Jedenfalls ist eine Klage unstatthaft, welche lediglich bezweckt, auf Grund eines Verfahrensmangels die Unverbindlichkeit einer Entscheidung der Schiedsstelle in einem besonderen gerichtlichen Verfahren feststellen zu lassen. Für eine entsprechende Anwendung des § 1041 Abs. 1 Nr. 4 ZPO., wonach beim Mangel einer abweichenden Vereinbarung der Beteiligten die Aufhebung eines Schiedsspruchs beantragt werden kann, wenn der Partei in dem Verfahren das richterliche Gehör nicht gewährt war, ist hier kein Raum. Die mit dem § 7 Abs. 1 verbundene Absicht des Gesetzgebers, eine baldige Regelung der Rechtsverhältnisse der Vertragsparteien herbeizuführen, setzt ein einfaches, beschleunigtes Verfahren voraus und duldet daher keine einengende Auslegung der Vorschrift dahin, daß es im Falle der Verletzung bedeutungsvoller Verfahrensvorschriften zulässig sein solle, die Frage der Rechtsbeständigkeit des Spruches der Schiedsstelle vor die Gerichte zu bringen, und sie damit zum Gegenstand eines — zumal bei Erschöpfung des Instanzenzugs — langwierigen Verfahrens zu machen.

---

18. Hat eine Vereinbarung der Mitglieder einer Gesellschaft m. b. H., durch die sie ihr inneres Verhältnis nach Art der gegenseitigen Beziehungen der Teilhaber einer offenen Handelsgesellschaft geregelt haben, die Anwendbarkeit der §§ 140, 142 HGB. zur Folge?

II. Zivilsenat. Urt. v. 7. Dezember 1920 i. S. W. (Bekl.) w. H. (Kl.). II 208/20.

I. Landgericht II Berlin. — II. Kammergericht daselbst.

Die Parteien waren die alleinigen Gesellschafter der Albatroswerke G. m. b. H. in Berlin-Johannisthal, und zwar mit gleichen Anteilen von je 25000 *M*. Der Beklagte war nach der Feststellung des Berufungsgerichts ursprünglich alleiniger Geschäftsführer; später wurde neben ihm der Direktor S. zum Geschäftsführer bestellt dergestalt, daß jeder von beiden für sich allein zur Vertretung der Gesellschaft befugt war. Im November 1914 wurde der Beklagte wegen Landesverrats und Verrats militärischer Geheimnisse in Untersuchungshaft genommen; am 8. Dezember 1915 wurde er vom Reichsgericht wegen Verrats militärischer Geheimnisse zu einem Jahr und sechs Monaten Festungshaft und zur Geldstrafe von 3000 *M* verurteilt. Die auf diese Straftat und Verurteilung des Beklagten gestützte Auflösungsklage des jetzigen Klägers ist in allen drei Instanzen für begründet erklärt worden; das reichsgerichtliche Urteil erging am 2. März 1917. Am 12. dess. Monats schlossen der Kläger und ein Kaufmann Sch. einen Gesellschaftsvertrag betreffend Errichtung einer Gesellschaft m. b. H. unter der Firma „Neue Albatroswerke G. m. b. H." Zum alleinigen Geschäftsführer wurde der erwähnte S. bestellt; auf das Stammkapital von 1000000 *M* sollte der Kläger 995000 *M*, Sch. 5000 *M*, je in bar, leisten. Durch Nachtragsvertrag vom 15. März 1917 wurde die Firma der neuen Gesellschaft umgeändert in: „Gesellschaft für Flugzeugunternehmungen m. b. H." Durch notariellen Vertrag vom 28. März 1917 übertrugen sodann die Liquidatoren der Albatroswerke die gesamte Liquidationsmasse mit wenigen hier nicht interessierenden Ausnahmen an die Gesellschaft für Flugzeugunternehmungen gegen einen durch künftige Wertabschätzung festzustellenden Kaufpreis; bei Übergabe der Liquidationsmasse sollten 500000 *M*, am 1. Juli und 1. Oktober 1917 je 1000000 *M* und der Rest in vier weiteren gleichen Raten bezahlt werden.

Im gegenwärtigen Rechtsstreit verlangt der Kläger vom Beklagten Schadensersatz, vorerst im Teilbetrage von 100000 *M*, mit folgender Begründung: Der Beklagte habe durch den Verrat militärischer Geheimnisse, wie übrigens auch durch andere Verfehlungen eine Lage geschaffen, bei der die Auflösung der Albatroswerke unvermeidlich gewesen sei. Er habe aber unter Mißbrauch seines Stimmrechts sich geweigert, für die Auflösung zu stimmen, und diese demgemäß schuldhaft verzögert. Für den dadurch verursachten Schaden hafte er dem Kläger, der die Gesellschaft für Flugzeugunternehmungen eigens zum Erwerbe der Albatroswerke gegründet habe. Der Schaden bestehe darin, daß der Kläger oder die wirtschaftlich mit ihm gleiche Gesellschaft für Flugzeugunternehmungen die Albatroswerke, deren Reingewinn in der hier in Frage kommenden Zeit mehrere Millionen Mark betragen habe, nicht früher hätte erwerben können; außerdem seien durch jene Verzögerung auch Aufwendungen erforderlich geworden, die den Gewinn für die Jahre 1915 und 1916 wesentlich beeinträchtigt hätten. Im Berufungsverfahren wurde der Schadensersatzanspruch auch damit begründet, daß der Beklagte trotz des durch seine Handlungsweise geschaffenen Grundes zur Auflösung noch Mitglied der Albatroswerke geblieben sei und an ihren Erträgnissen teilgenommen habe.

Der erste Richter hat die Klage abgewiesen. Das Kammergericht dagegen hat den Klaganspruch dem Grunde nach für gerechtfertigt erklärt und die Sache zur Entscheidung über den Betrag an das Landgericht zurückverwiesen. Auf die Revision des Beklagten wurde das Berufungsurteil aufgehoben und das landgerichtliche Urteil wiederhergestellt.

Gründe:

Mit der jetzigen Klage macht der Kläger einen Schadensersatzanspruch geltend, der dahin begründet wird, daß der Beklagte die durch sein Verschulden notwendig gewordene Auflösung der Albatroswerke schuldhaft verzögert habe; seine Weigerung, nach seiner Inhaftnahme und sogar noch nach der Verurteilung durch das Reichsgericht vom 8. Dezember 1915 in die Auflösung der Gesellschaft m. b. H. einzuwilligen, stelle eine Verletzung seiner Verpflichtung zur Beschließung der Auflösung dar und mache ihn auf Grund des gesellschaftlichen Vertragsverhältnisses wie auch gemäß § 826 BGB. ersatzpflichtig. Der dem Kläger zu erstattende Schaden soll daraus erwachsen sein, daß der Kläger oder die wirtschaftlich mit ihm gleiche Gesellschaft für Flugzeugunternehmungen die Albatroswerke, deren Reingewinn in der Zeit vom Abschluß des reichsgerichtlichen Strafverfahrens bis zum Vertrage vom 28. März 1917 mehrere Millionen Mark betragen hätte, nicht früher als an diesem Tage habe erwerben können. Es handelt sich also nicht um die Schadloshaltung des Klägers dafür, daß die Albatroswerke-Gesellschaft durch das Verschulden des Beklagten habe aufgelöst werden müssen und der Kläger infolgedessen verhindert worden sei, noch länger, als es tatsächlich möglich gewesen, an ihren Erträgnissen teilzunehmen. An dem Verlangen, daß ihm der Beklagte den Zögerungsschaden aus der verspäteten Auflösung der Gesellschaft zu ersetzen habe, hat der Kläger auch im Berufungsverfahren festgehalten. Zwar hat er in II. Instanz, offenbar um seinen Standpunkt dem von ihm selbst beigebrachten Hachenburgschen Gutachten anzupassen, zur Stütze für sein Begehren die §§ 142 Abs. 3, 140 Abs. 2 HGB. herangezogen, aber nicht im Sinne des Abgehens von dem Verlangen nach Schadensersatz und des Überganges zur Geltendmachung eines Auseinandersetzungsanspruchs, sondern mit der ausdrücklichen Erklärung, daß die genannten Vorschriften, deren analoger Anwendung auf den vorliegenden Fall nichts im Wege stehe, sich nur als eine besondere Form der teilweisen Verwirklichung der Schadensersatzpflicht des Beklagten darstellten. So hat denn auch das Berufungsgericht, indem es den „Klaganspruch“ dem Grunde nach für gerechtfertigt erklärt, lediglich einen Schadensersatzanspruch im Auge. Das ergibt sich schon aus dem Eingang der Entscheidungsgründe, wo das Klagebegehren an Hand des Vorbringens des Klägers erörtert und als Schadensersatzanspruch gekennzeichnet wird. Nachher, im Anschlusse an die Ausführung darüber, daß ein auszuschließender Teilhaber einer offenen Handelsgesellschaft den Reingewinn aus der Zwischenzeit, von der Klageerhebung bis zur rechtskräftigen Ausschließung, dem klagenden Gesellschafter überlassen müsse, ist allerdings gesagt, dieser Gedanke habe in gleicher Weise für die Auseinandersetzung zwischen den Gesellschaftern einer Gesellschaft m. b. H. zu gelten, wenn unter ihnen im inneren Verhältnis eine offene Handelsgesellschaft oder eine dieser ähnliche Gesellschaft gewollt sei. Der Berufungsrichter nimmt auch an, daß von den Parteien für ihr inneres Verhältnis eine Gestaltung nach Art der offenen Handelsgesellschaft gewollt gewesen sei, und hält deshalb insoweit die Vorschriften der §§ 142 Abs. 3, 140 Abs. 2 HGB. für entsprechend anwendbar. Damit sollte jedoch nicht zum Ausdruck gebracht werden, daß der Klaganspruch als ein Begehren nach Auseinandersetzung — im Gegensatze zum Schadensersatz — aufzufassen sei, und ebensowenig, daß der Urteilsausspruch die Zuerkennung eines Auseinandersetzungsanspruchs zu bedeuten habe. Die gegenteilige Absicht des Vorderrichters ergibt sich klar aus dem Schlusse der Entscheidungsgründe, wo ausgeführt wird, der Beklagte sei dem Kläger zum Ersatz alles dessen verpflichtet, was diesem durch die dem Beklagten zur Last fallende schuldhafte Verzögerung der Auflösung der Albatroswerke entgangen sei; zu dieser Feststellung reiche das bisherige Vorbringen des Klägers aus.

Aus allgemeinen Grundsätzen und auch aus dem GmbHG. läßt sich, wie das Berufungsgericht selbst annimmt, eine Verpflichtung des Gesellschafters, beim Vorliegen eines aus seinem Verhalten sich ergebenden wichtigen Grundes für die Auflösung in diese ohne weiteres einzuwilligen, nicht entnehmen. Der Berufungsrichter will aber, falls in der Person eines von zwei Gesellschaftern einer Gesellschaft m. b. H. ein Auflösungsgrund vorliegt, dem anderen Gesellschafter das Recht der Ausschließung des ersteren dann einräumen, wenn sich die beiden im inneren Verhältnis zu einer offenen Handelsgesellschaft oder zu einer ähnlichen Gesellschaft verbunden haben. Dann soll, wie dargelegt wird, der eine Gesellschafter nicht entweder zur Beibehaltung des vertragsbrüchigen Genossen oder zur Auflösung des Geschäfts genötigt sein. Es müsse ihm vielmehr auch die Möglichkeit gegeben sein, das Geschäft sich zu retten und den ungetreuen oder sonst fehlenden Gesellschafter los zu werden, wie bei der offenen Handelsgesellschaft. Der offene Handelsgesellschafter aber, der seine Beteiligung verwirkt habe, solle nicht durch die lange Dauer des Rechtsstreits (über die Frage der Ausschließung) an den Vorteilen der Gesellschaft noch Monate oder gar Jahre lang beteiligt bleiben, er müsse vielmehr das Ergebnis der Zwischenzeit, von der Klagerhebung bis zum rechtskräftigen Urteil, dem klagenden Genossen überlassen. Dieser Gedanke sei in gleicher Weise auf die Auseinandersetzung der Mitglieder einer Gesellschaft m. b. H. anzuwenden, wenn zwischen ihnen im inneren Verhältnis eine offene Handelsgesellschaft oder eine dieser ähnliche Gesellschaft gewollt sei. Eben weil „diese Gesellschaft" im inneren Verhältnis gewollt sei, seien die „hierfür" geltenden gesetzlichen Vorschriften maßgebend, sie könnten nur nicht unmittelbar zur Anwendung kommen. Der Berufungsrichter schließt sich mit diesen Ausführungen dem Gutachten Hachenburgs aufs engste, teilweise wörtlich, an; er nimmt auch ausdrücklich darauf Bezug. Hieraus ergibt sich, daß mit den entsprechend anzuwendenden, die offene Handelsgesellschaft betreffenden Gesetzesvorschriften insbesondere die §§ 140, 142 HGB. gemeint sind. Aus einer Reihe von Tatumständen, namentlich daraus, daß die Parteien laut Gesellschaftsvertrag alle etwa von ihnen gemachten flugtechnischen Erfindungen auf die Gesellschaft zu übertragen hatten, daß der Kläger namhafte Aufwendungen für die Zwecke der Gesellschaft gemacht und ihr einen Kredit von über 300000 ℳ eröffnet hat und daß die Parteien in gleicher Höhe an der Gesellschaft beteiligt waren, zieht dann das Berufungsgericht den Schluß: die Parteien hätten unter sich ein Rechtsverhältnis schaffen wollen, das sie verpflichtet habe, sich gegenseitig wie die Mitglieder einer offenen Handelsgesellschaft zu stellen. Hieran reiht sich die Folgerung, daß der Beklagte den Kläger für das, was diesem durch die vom Beklagten verschuldete Verzögerung der Auflösung der Albatroswerke entgangen sei, schadlos zu halten habe.

Die angefochtene Entscheidung geht nach verschiedenen Richtungen fehl.

Der Vorderrichter erklärt den Beklagten für schadensersatzpflichtig wegen schuldhafter Verzögerung der durch sein Verschulden notwendig gewordenen Auflösung der Albatroswerke G. m. b. H. Worin das Schuldhafte dieser Verzögerung bestehen soll, sagt das Urteil nicht; gemeint ist aber offensichtlich der Widerstand des Beklagten gegen die Auffassung des Klägers, daß das in dem reichsgerichtlichen Strafurteil vom 8. Dezember 1915 festgestellte Verhalten des Beklagten einen Auflösungsgrund darstelle, im besonderen die Tatsache, daß der Beklagte im Auflösungsprozeß seinen gegenteiligen Standpunkt in drei Instanzen zur Anerkennung zu bringen versucht hat. Allein darin kann, auch wenn zwischen den Parteien behufs Regelung der inneren

Seite ihres Gesellschaftsverhältnisses das im Berufungsurteil erwähnte Übereinkommen getroffen worden sein sollte, ein den Beklagten zum Schadensersatz verpflichtendes Verschulden nicht gefunden werden. Ohne Frage stellte die strafbare Handlung, deren sich der Beklagte nach dem Urteile vom 8. Dezember 1915 schuldig gemacht hat, ein die gedeihliche Fortentwicklung der Albatroswerke G. m. b. H. gefährdendes Tun und insofern einen Verstoß gegen die durch jene Vereinbarung übernommene Verpflichtung zu gewissenhafter Förderung des Gesellschaftszweckes dar. Ein anderes ist es aber, wenn der Beklagte sich gegen die Folge wehrte, die der Kläger durch das Verlangen der Auflösung der Gesellschaft aus dem vertragswidrigen Verhalten des Beklagten ziehen wollte. Diese Folge durch Einlegung der gesetzlichen Rechtsmittel nach Möglichkeit hintanzuhalten, war das gute Recht des Beklagten. Darin, daß er zu diesem Zwecke von allen zulässigen Behelfen Gebrauch machte und eine höchstrichterliche Entscheidung erwirkte, ist eine Vertragsverletzung nicht zu erblicken, ebensowenig ein Verstoß gegen allgemeine Rechtsgrundsätze.

Auf Grund der §§ 142, 140 HGB. könnte übrigens der Kläger keinenfalls Schadensersatz, sondern höchstens Auseinandersetzung nach § 142 Abs. 3 verlangen. Außerdem würde es, auch wenn die Möglichkeit der entsprechenden Anwendung dieser Vorschriften an sich bejaht wird, an dem Erfordernis des Abs. 1 des § 142 fehlen, daß das betreffende Geschäft „ohne Liquidation" mit Aktiven und Passiven zu übernehmen ist. Denn der Kläger hat nicht etwa sofort nach Erlaß des reichsgerichtlichen Auflösungsurteils die Übernahme des Geschäfts der Albatroswerke betrieben und durchgesetzt; er ließ vielmehr der Liquidation zunächst ihren Lauf und bewirkte dann, daß die Liquidationsmasse mit Ausschluß einiger Passiven am 28. März 1917 an die inzwischen gegründete „Gesellschaft für Flugzeugunternehmungen m. b. H." gegen einen durch spätere Wertschätzung festzusetzenden Kaufpreis übertragen wurde. Erwerber des Geschäftes der Albatroswerke war also, jedenfalls formell, ein anderes Rechtssubjekt als der Kläger, wenn es auch richtig ist, daß er weitaus den größten Teil des Stammkapitals der neuen Gesellschaft m. b. H. auf seine Person übernommen hatte. Ob und auf welchem Wege das Geschäft der Albatroswerke, nachdem diese Gesellschaft m. b. H. durch das reichsgerichtliche Urteil einmal aufgelöst war, vom Kläger noch hätte „ohne Liquidation" übernommen werden können und welche Bedeutung hierbei einer etwaigen Abtretung des Geschäftsanteils des Beklagten an Kläger zugekommen wäre, braucht hier nicht erörtert zu werden. Auch der Geltendmachung des Auseinandersetzungsanspruchs aus § 142 Abs. 3 ständen die hervorgehobenen Bedenken entgegen; ein solcher Anspruch ist indessen, wie oben dargelegt, vom Kläger gar nicht erhoben.

Die bisher unterstellte Anwendbarkeit der §§ 142, 140 HGB. für einen Fall wie den vorliegenden muß jedoch abgelehnt werden. Daß zwischen den Gesellschaftern einer Gesellschaft m. b. H. im inneren Verhältnis Vereinbarungen der verschiedensten Art getroffen werden können und auch vielfach getroffen werden, ist nicht zu bezweifeln. Durch solche Abreden kann das Verhältnis der Gesellschafter untereinander auch eine Gestaltung erfahren, die eine gewisse Ähnlichkeit aufweist mit den näheren Beziehungen, wie sie schon nach den gesetzlichen Vorschriften zwischen den Gesellschaftern einer offenen Handelsgesellschaft bestehen. Mehr als eine gewisse Ähnlichkeit mit dem inneren Verhältnis der offenen Handelsgesellschafter wird jedoch durch derartige Vereinbarungen nicht erreicht. Die Schaffung eines durchaus gleichen Innenverhältnisses bei der Gesellschaft m. b. H. einerseits und der offenen Handelsgesellschaft andererseits ist bei der völlig verschiedenen Struktur der beiden Gesellschaftsarten und deshalb undenkbar, weil bei der offenen Handelsgesellschaft die inneren und die nach außen wirkenden Rechtsbeziehungen der Gesellschafter vielfach ineinander übergreifen, so daß sich eine jeden Zweifel für den Einzelfall beseitigende scharfe Scheidung zwischen beiden Gebieten gar nicht bewirken läßt. Keinesfalls könnte aber der Umstand, daß das innere Verhältnis der Parteien als Gesellschafter der Albatroswerke G. m. b. H. dem Verhältnis zwischen Teilhabern einer offenen Handelsgesellschaft angenähert gewesen sein sollte, zur Anwendung der §§ 142, 140 HGB. führen, die nach ihrer Stellung im System des Gesetzes und nach ihrem Inhalt auch die äußere Gestaltung der Gesellschaft zu regeln bestimmt sind. Unter diesen Umständen kommt weder die unmittelbare noch auch die — vom Berufungsgericht gebilligte — entsprechende Anwendung der §§ 142, 140 HGB. in Frage. Beim Fehlen jeder näheren Parteivereinbarung über den Umfang der beabsichtigten Annäherung des Innenverhälnisses an die offene Handelsgesellschaft und die Ausgestaltung dieser Annäherung im einzelnen kann von der Heranziehung der §§ 142, 140 HGB. um so weniger die Rede sein, als damit ein dem GmbHG. völlig fremder Gedanke in das Recht der Gesellschaft m. b. H. hineingetragen würde. Die gedachten Vorschriften des HGB. stehen im engsten Zusammenhang mit dem Behelfe der Ausschließung eines Gesellschafters wegen eines in seiner Person eingetretenen Auflösungsgrundes (§ 133 HGB.); sie beruhen geradezu auf diesem Ausschließungsrechte. Dem GmbHG. ist nun aber eine derartige Ausschließung eines Gesellschafters unbekannt; es kennt als Form der Beendigung einer ordnungsmäßig errichteten Gesellschaft m. b. H. nur die Auflösung. Diese kann in den Fällen des § 61 GmbHG. durch gerichtliches Urteil ausgesprochen werden und bildet auch dann, wenn durch das Verhalten eines Gesellschafters unhaltbare Zustände geschaffen sind, das einzige Zwangsmittel zu deren

Beseitigung. Es geht nicht an, durch entsprechende Anwendung der für die offene Handelsgesellschaft gegebenen Vorschriften das Ausschließungsrecht auch für die Gesellschaft m. b. H. zur Geltung zu bringen. Dieser Versuch muß, wie Staub-Hachenburg GmbHG. zu § 61, 4. Aufl. S. 639, zutreffend bemerken, an der Natur der Gesellschaft m. b. H. und ihrer Geschäftsanteile scheitern. Die Beziehungen der Gesellschafter unter sich sind bei der Gesellschaft m. b. H., die als juristische Person und Trägerin der gesellschaftlichen Vermögensrechte den einzelnen Gesellschaftern gegenübersteht, naturgemäß loser als bei den Teilhabern der offenen Handelsgesellschaft, die Gesamteigentümer des dem gemeinsamen Zwecke gewidmeten Vermögens sind. Zwar kann das Band unter den Gesellschaftern einer Gesellschaft m. b. H. durch besondere Abreden enger geknüpft und ihr inneres Verhältnis nach Art desjenigen der offenen Handelsgesellschafter geordnet werden. Die grundsätzliche Verschiedenheit beider Arten von Gesellschaften bleibt aber, insbesondere vermöge der juristischen Persönlichkeit der Gesellschaft m. b. H. und des Ausschlusses der persönlichen Haftung ihrer Gesellschafter, doch immer noch so groß, daß für das Gebiet der Gesellschaft m. b. H. die entsprechende Anwendung der mit der Ausschließung des offenen Handelsgesellschafters sich befassenden Vorschriften des HGB. nicht in Betracht kommt.

Auch eine etwaige Vereinbarung der Parteien dahin, daß sich ihr inneres Verhältnis nach den Vorschriften über das Verhältnis der offenen Handelsgesellschafter unter sich und den §§ 140, 142 HGB. regeln solle, wäre nicht geeignet, den Kläger zu dem in diesem Rechtsstreit verfolgten Ziele zu führen. Denn auch eine solche Vereinbarung — die übrigens nicht festgestellt ist — ließe für sich allein nicht erkennen, daß die Parteien trotz des oben erörterten Nichtzutreffens der Erfordernisse des § 142 Abs. 1 HGB. den Tag der Erhebung der Auflösungsklage als den für die Auseinandersetzung maßgebenden Zeitpunkt festsetzen wollten. Wäre eine Abrede in letzterem Sinne für den in der Folge eingetretenen Fall getroffen worden, daß der eine oder der andere Teil dem Mitgesellschafter durch sein Verhalten Anlaß zur Erhebung der Auflösungsklage geben und die Gesellschaft m. b. H. dann durch Richterspruch aufgelöst werden sollte, so stände dem Verlangen, daß die Auseinandersetzung auf den Tag der Klagerhebung zu erfolgen habe, kein Bedenken entgegen. Im übrigen ist auch eine solche Vereinbarung nicht getroffen, und außerdem hat der Kläger, wie schon früher erwähnt, einen Anspruch auf Auseinandersetzung in diesem Rechtsstreit gar nicht geltend gemacht. Festgestellt ist vom Berufungsgericht lediglich eine Vereinbarung dahin, daß sich die Parteien im Innenverhältnis gegenseitig wie die Mitglieder einer offenen Handelsgesellschaft zu stellen hätten. Aus einem derart unbestimmten Abkommen ergibt sich aber weder ein Verschulden des Beklagten, begangen

— wie der Kläger meint — durch seinen Widerstand gegen das Ansinnen der Auflösung der Gesellschaft m. b. H., noch ein Recht des Klägers, sei es unmittelbar, sei es unter Heranziehung des § 142 HGB., Erstattung dessen zu verlangen, was der Beklagte über den Zeitpunkt der Erhebung der Auflösungsklage hinaus durch seine Mitgliedschaft zur Albatroswerke G. m. b. H. erlangt hat.

Die Feststellung dieser Vereinbarung wird indessen von der Revision mit Grund angefochten. Der Vorderrichter stützt sie auf eine Reihe von zum Teil gänzlich nichtssagenden Umständen. Ob der Beklagte in Briefen an den Kläger diesen seinen „Kompagnon" genannt und gelegentlich von einem „schönen, vertrauensvollen und freundschaftlichen Verhältnis" der Parteien gesprochen hat, ist in der Tat dafür, ob diese die Vorschriften des HGB. als für ihr inneres Gesellschaftsverhältnis maßgebend angenommen haben, ohne jede Bedeutung, ebenso die Äußerung der früheren Verteidiger des Beklagten über den Rechtscharakter dieses Verhältnisses. Im übrigen verwertet der Berufungsrichter, abgesehen von einigen Briefen, aus denen sich ergeben soll, daß die Parteien mehrfach gesellschaftliche Angelegenheiten miteinander besprachen, im wesentlichen die schon oben erwähnten Tatsachen: daß etwaige Erfindungen von beiden Teilen an die Gesellschaft zu übertragen waren, daß der Kläger erhebliche Aufwendungen für die Gesellschaft gemacht und ihr einen namhaften Kredit eröffnet hatte, und daß beide Parteien in gleicher Höhe an der Gesellschaft beteiligt waren. Diese Umstände lassen auch in ihrer Gesamtheit den Schluß, daß in ihnen eine Vereinbarung des vom Vorderrichter angegebenen Inhalts zum Ausdruck gekommen sei, schlechterdings nicht zu. Sie besagen nichts weiter, als daß zwischen den Parteien gewisse Rechtsbeziehungen gesellschaftlicher Art bestanden mit dem gemeinschaftlich verfolgten Ziele möglichster Förderung des Gesellschaftszweckes. Die Würdigung aller dieser Umstände dahin, daß die Parteien sich verpflichtet hätten, sich gegenseitig im inneren Verhältnis wie Mitglieder einer offenen Handelsgesellschaft zu stellen, ist unmöglich; es wird hierbei den im Berufungsurteil angeführten Vorgängen für das Rechtsgebiet eine Bedeutung beigelegt, die sie nach der Erfahrung des Lebens weder einzeln genommen noch in ihrer Gesamtheit besitzen. Die Feststellung der Vereinbarung der Parteien beruht daher auf Rechtsirrtum.

Hiernach ist der Klaganspruch unbegründet. Dies ist auch insoweit der Fall, als er hilfsweise auf § 826 BGB. gestützt wurde. Denn das Sittenwidrige des Verhaltens des Beklagten soll nach dem Vorbringen des Klägers nur darin liegen, daß er die Erledigung des Auflösungsprozesses und damit die Auflösung der Albatroswerke G. m. b. H. selbst mit allen ihm zu Gebote stehenden Mitteln verzögert habe. Damit hat jedoch der Beklagte, wie oben ausgeführt, nur innerhalb seines Rechtes gehandelt, sich gegen das Ansinnen der Auflösung der Gesellschaft zu wehren. Es ist auch nicht dargetan oder auch nur behauptet, daß er dieses Ziel mit sittenwidrigen Mitteln zu erreichen versucht habe. Von einem Verstoße gegen § 826 BGB. kann daher nicht die Rede sein.

---

19. 1. Bildet die Größe des Bestandes an Gummibäumen eine Eigenschaft einer Gummiplantage?

2. Kann eine Eigenschaft als zugesichert gelten, wenn offen mit der Möglichkeit gerechnet wird, daß sie nicht vorhanden ist?

3. Kann sich die Minderungsklage auch unmittelbar auf Rückzahlung des den geminderten Kaufpreis übersteigenden Betrags richten?

4. Ist bei Kenntnis des Vertragsgegners vom Mißbrauch der Vollmacht seitens des Vertreters des Käufers § 464 BGB. anwendbar?

II. Zivilsenat. Urt. v. 7. Dezember 1920 i. S. L. (Kl.) w. L. P. & Co. (Bekl.). II 239/20.

I. Landgericht Hamburg, Kammer für Handelssachen. — II. Oberlandesgericht das.

T. P. verkaufte durch Vertrag vom 21. Juni 1910 die ihm gehörige Dehane Pflanzung am Nyongfluß in Kamerun an die Gold Coast Rubber and Mahogany Estates Limited (Goldküste-Gummi und Mahagoni-Land-Aktiengesellschaft) in London zum Preise von 36500 Pfund. In diesem Vertrag ist vereinbart unter 1: Der Verkäufer übergibt oder veranlaßt die Übergabe der ihm eigentümlich gehörigen Dehane Gummipflanzung im Umfange von 1425 acres oder 582 Hektar oder annähernd soviel, zusammen mit sämtlichen Gummibäumen und anderen Bäumen, welche sich auf dieser Pflanzung befinden (engl. Text: „with all the rubber and other trees"), nämlich: „ungefähr 529000 Kickxia-Gummibäume usw., worüber genaueres in der angefügten Aufstellung enthalten ist" (engl. Text: „whereof are more fully specified in the schedula hereto"); in dieser Schedula, die mit dem unter 2 angegebenen Berichte L.'s übereinstimmt, findet sich die Anzahl der Bäume auf die einzelnen Jahrgänge genau angegeben, insgesamt als 529505 Kickxia rubber trees. Unter 2: Der Kaufpreis ist auf der Grundlage vereinbart worden, daß der von Herrn L. erstattete Bericht im wesentlichen zutreffend ist (substantially correct). Unter 3: Die Gesellschaft zahlt 5000 Pfund Zug um Zug gegen Unterzeichnung dieses Vertrags zu Händen der Herren D. und

A. in London, den Rest von 31500 Pfund am 1. Oktober 1913 nach erfolgter Übergabe der Kaufsache. Unter 4: sie zahlt 300 Pfund für den L.schen Bericht, der dadurch Eigentum der Gesellschaft wird; wenn nachgewiesen wird, daß der Bericht des Herrn L. in erheblichem Maße unrichtig ist (substantially inaccurate), ist der Betrag von 5300 Pfund der Gesellschaft zurückzuzahlen.

In einem Zusatzabkommen vom gleichen Tage wurde zu Art. 4 vereinbart, daß eine Abweichung (deficiency) von nicht mehr als 10% zwischen der Zahl der Bäume, die in der „schedula" für jedes Jahr angegeben sind, und der Zahl, die tatsächlich als am Vertragstage vorhanden festgestellt werden wird, nicht als erhebliche Unrichtigkeit gelten soll. Beträgt aber die Abweichung mehr als 10% bei den Bäumen aus den Jahren 1907, 1908 und 1909, so ist das Manko über 10% zu vergüten (compensation shall be made for such deficiency over 10%).

Im Januar 1911 trat T. P. in das unter der Firma L. P. geführte Geschäft ein; die damit begonnene offene Handelsgesellschaft L. P. & Co., die gegenwärtige Beklagte, hat seine Verbindlichkeiten übernommen.

Die Käuferin behauptet, daß die im Vertrage angegebene Anzahl von Gummibäumen tatsächlich nicht vorhanden gewesen sei, und hat die ihr hieraus erwachsenen Ansprüche an den Kläger abgetreten. Dieser hat beantragt, die Beklagte zur Zahlung von 250 Pfund nebst 5% Prozeßzinsen, eventuell von 5000 ℳ zu verurteilen. Zur Begründung hat er behauptet, das Manko über 10% der am Vertragstage tatsächlich vorhandenen Bäume aus den Jahren 1907 bis 1909 betrage insgesamt 323320 Bäume. Für die Bäume sei unter Berücksichtigung des Kaufpreises von 36000 Pfund für 554322 Bäume ein Preis von 1,32 sh. zugrunde gelegt worden. Demnach betrage der von der Beklagten auf Grund des Zusatzabkommens zu leistende „Ersatz" 426782,40 ℳ. Die Beklagte hat um Abweisung der Klage gebeten, da der geltend gemachte Minderungsanspruch verjährt, überdies die zugesagte Anzahl Gummibäume tatsächlich vorhanden gewesen sei.

Durch Urteil des Landgerichts wurde die Klage abgewiesen. Das Vorhandensein einer bestimmten Anzahl von Bäumen sei eine zugesicherte Eigenschaft des Plantagengrundstücks. Der Anspruch auf Minderung oder Schadensersatz wegen des Mangels dieser zugesicherten Eigenschaft verjähre bei Grundstücken in einem Jahre von der Übergabe an. Die Übergabe habe am 9. Dezember 1910 stattgefunden, die Geltendmachung des Klaganspruchs sei somit nach § 477 BGB., dessen Anwendung auf das im Schutzgebiet von Kamerun belegene Grundstück Anwendung zu finden habe, verjährt. Überdies hat das Landgericht als erwiesen angesehen, daß die Beklagte ihren vertraglichen Verpflichtungen nachgekommen sei.

Der Kläger hat gegen das Urteil Berufung eingelegt und zur Begründung angeführt: Es handele sich nicht um einen Anspruch wegen Mangels einer zugesicherten Eigenschaft; eine Zusicherung über die Zahl der Gummibäume sei gerade nicht erfolgt, die L.schen Ziffern hätten nur den Maßstab für die ursprüngliche Bemessung des Kaufpreises gebildet. Erwiesen sie sich als unrichtig, so solle eine compensation, d. h. eine Verminderung des Kaufpreises eintreten. Der Anspruch des Klägers, einen Teil der gezahlten Summen zurückzubekommen, stelle sich somit als das Verlangen dar, an die Stelle eines ohne die compensation berechneten Kaufpreises den richtigen Kaufpreis zu setzen, sei also nichts als die condictio indebiti des § 812 BGB., die erst in 30 Jahren verjähre. Außerdem sei der Anspruch auch aus dem Gesichtspunkt der unerlaubten Handlung, nämlich arglistiger Täuschung, begründet.

Das Oberlandesgericht erklärte durch Zwischenurteil die Einrede der einjährigen Verjährung für begründet, soweit der Klaganspruch nicht auf arglistiges Verhalten des T. P. gestützt werde, das eventuell vom Kläger behauptet worden war. Sodann wies es durch Endurteil die Berufung des Klägers zurück.

Auf die Revision ist das Endurteil aufgehoben worden aus folgenden

Gründen:

1. Das Berufungsgericht tritt zunächst dem Landgericht darin bei, daß für den Kauf der im deutschen Schutzgebiet belegenen Plantage deutsches Recht zur Anwendung komme. Die Revision erhebt hiergegen keine Angriffe, die Anwendung deutschen Rechtes ist auch zutreffend. Der Kaufvertrag war in Kamerun, wo die Plantage lag, zu erfüllen, und es ist anzunehmen, daß die Parteien das Recht des Erfüllungsortes für die Regelung des Vertragsverhältnisses maßgebend sein lassen wollten.

2. In dem angefochtenen Zwischenurteile geht das Berufungsgericht davon aus, daß der Kläger einen Gewährleistungsanspruch geltend mache, gleichviel, ob man die Klage eine Minderungs- oder eine Schadensersatzklage nenne. Der Kauf sei nicht als ein Kauf in Bausch und Bogen anzusehen, bei dem der Preis durch Auszählen der Bäume hätte bestimmt werden sollen, sondern man sei in vertraglicher Festlegung von einer bestimmten Eigenschaft der Kaufsache ausgegangen, habe danach den Preis bestimmt und es nur der künftigen Ermittelung überlassen, ob etwa die vorausgesetzte Anzahl Bäume nicht vorhanden sein würde. Die Zusicherung einer bestimmten Baumzahl sei aber hier die Zusicherung einer bestimmten Eigenschaft, und dies auch dann, wenn der Verkäufer nicht mit Bestimmtheit behaupte, daß die Zahl vorhanden sei, aber doch dafür einstehen wolle, daß sie vor-

handen sei, und andernfalls die Folgen des Mangels auf sich nehme. Das sei eine Festlegung derjenigen Eigenschaften, deren Vorhandensein die Parteien vertraglich vereinbarten; § 459 BGB. komme daher zur Anwendung. Wenn sich der Kläger darauf berufe, daß die Zahl der Bäume nicht vorhanden sei, so mache er einen Gewährleistungsanspruch geltend, für den die Verjährungsfrist des § 477 maßgebend sei. Daß diese hier in Betracht kommende einjährige Frist nicht innegehalten worden sei, darüber sei kein Streit.

Aushilfsweise nimmt sodann das Berufungsgericht an, daß selbst wenn der Klaganspruch, wie der Kläger in der Berufung ausgeführt habe, als Anspruch aus ungerechtfertigter Bereicherung (§ 813 BGB.) angesehen werde könnte, auch dann die Einrede der Verjährung nach § 477 noch durchschlagen würde. Denn entweder sei diese Klage neben der verjährten Wandlungs- oder Minderungsklage unzulässig oder es müßten wegen Gleichheit des Rechtsgrundes die Vorschriften des § 477 entsprechende Anwendung finden.

Gegen diese Ausführungen wendet die Revision folgendes ein. Es sei zunächst zu verneinen, daß das Nichtvorhandensein der in § 2 der Vertragsurkunde vom 21. Juni 1910 angegebenen Baumzahl den Mangel einer zugesicherten Eigenschaft darstelle. Der Verkäufer habe, wie sich aus dem Zusammenhang der Vertragsbestimmungen ergebe, eine „Zusicherung" im Sinne des Gesetzes überhaupt nicht erteilt. Die Angaben über die Baumziffern seien zunächst nicht als die des Verkäufers, sondern als die eines Dritten, des Majors L., angeführt und als solche zur Grundlage der Vereinbarung über den Kaufpreis gemacht worden. Daß der Verkäufer für die Angaben eines Dritten die Haftung im Sinne von § 459 BGB. habe übernehmen wollen, habe die Käuferin nicht annehmen können. Sodann fehle es überhaupt an einer Zusicherung schon um deswillen, weil die Baumzahl gerade als unsicher hingestellt worden sei. „Schon beim Kauf habe man mit der Möglichkeit gerechnet — bei einer in Afrika gelegenen Plantage, die in London verkauft wurde, sehr begreiflich —, daß die Baumzahl abweichen werde, weshalb bestimmt wurde, daß die tatsächlich bei der Übergabe zu ermittelnde Baumzahl maßgebend sein solle." So sage das Endurteil selbst. Hiermit ständen aber in Widerspruch die Ausführungen des Zwischenurteils, „daß der Verkäufer vertragsmäßig dafür einstehen wollte, daß die im Vertrag angegebene Baumzahl vorhanden sei." In den Vorinstanzen sei unter Beweis gestellt worden, daß es zur Zeit und am Ort des Vertragsschlusses üblich gewesen sei, Gummiplantagen ausschließlich nach der Zahl der vorhandenen Bäume zu bewerten. Die Bewertung von Gebäuden oder Land sei auch bei den allerbesten Pflanzungen nicht in Betracht gezogen worden. Der Wert der Gebäude auf Dehane sei gleich null gewesen, der des Landes nur

1740 *M* und habe keine Rolle gespielt. Die Parteien hätten ebensogut den Preis auf eine bestimmte Einheit für eine bestimmte Baumzahl festsetzen können, worauf dann durch Auszählung die Kaufsumme zu ermitteln gewesen wäre. Statt dessen sei hier unter Zugrundelegung einer angenommenen Baumzahl der Preis vorläufig festgesetzt und die Auszahlung und eine danach durch die compensation eintretende Berichtigung jener Festsetzung vorbehalten worden. Eine Haftung für das Fehlen einer bestimmten Anzahl Bäume liege hierin nicht, und der Anspruch auf Herabsetzung des nur vorläufig angenommenen und gezahlten Kaufpreises auf die von vornherein vorgesehene vertragsmäßige Höhe verjähre nicht in kürzerer Zeit als der Anspruch auf den Kaufpreis selbst, und sei namentlich nicht mit einem Schadensanspruch zu vergleichen. Die Anwendung des § 477, die bei diesem gerechtfertigt sei (RGZ. Bd. 93 S. 161), sei daher hier nicht am Platze.

Daß der Bestand der verkauften Plantage mit Gummibäumen eine Eigenschaft des Grundstücks bildet, wird von den Vorinstanzen mit Recht angenommen und entspricht der eigenen Auffassung der Parteien. Der Kläger sagt, daß der Wert und die Bedeutung der Pflanzung auf diesen Bäumen beruhe; die Beklagte findet sogar ausschließlich in diesem Bestand an Gummibäumen den Wert der Pflanzung und läßt dagegen den Wert des Landes und der Gebäude ganz zurücktreten, weshalb üblicherweise Gummiplantagen ausschließlich nach der Anzahl der vorhandenen Bäume bewertet würden. Ist dies aber der Fall, so bildet der Bestand und die Anzahl der Bäume, die diesen Bestand ausmachen, auch eine Eigenschaft des Grundstücks, das eben durch ihn zu einer Gummiplantage wird, d. h. die Eigenschaft einer solchen Plantage erhält.

War daher eine Gummiplantage, eine „Gummipflanzung", „Rubber Plantation", verkauft, so betraf der Kauf eine Sache, die die Eigenschaft hat, Gummibäume zum Zwecke wirtschaftlicher Ausnützung zu tragen. Daß diese Eigenschaft an sich vorhanden ist, sonach ein Fehler (§ 459 BGB.) in dieser Richtung nicht vorliegt, ist unstreitig.

Bildet aber der Bestand mit Gummibäumen eine Eigenschaft des Grundstücks, das eine Gummipflanzung darstellen soll, so erweist sich die Größe und der Umfang dieses Bestandes, also die Anzahl der Gummibäume, als eine besondere Unterart dieser Eigenschaft. Eine geringe Anzahl von Gummibäumen macht die Pflanzung zu einer minderwertigen, schwachen, geringen Ertrag abwerfenden Pflanzung und kann sonach einen Mangel der Pflanzung selbst darstellen, eine große Anzahl von Gummibäumen dagegen bildet einen Vorzug, macht die Pflanzung zu einer hochwertigen, ertragreichen. Hiernach bildet die Anzahl der Bäume, aus denen die Pflanzung besteht und mit denen das Grundstück besteckt ist, eine besondere Eigenschaft der Pflanzung. Ähnlich behandelt auch § 468 BGB. die Größe eines Grundstücks als eine Eigenschaft desselben. Es handelt sich aber hier nicht um den Verkauf einer bestimmten Menge von Gummibäumen, sondern um eine Plantage als Ganzes von einem bestimmten Bestand an Gummibäumen. Dagegen ist Streit unter den Parteien, ob ein bestimmter großer Bestand an solchen Gummibäumen als Eigenschaft der verkauften Plantage von dem Verkäufer zugesichert worden ist. Das Berufungsgericht nimmt eine solche Zusicherung an; es legt die Vertragsbestimmungen dahin aus, daß die Beklagte zwar nicht das Vorhandensein eines bestimmten großen Bestandes an Bäumen behaupten, wohl aber für sein Nichtvorhandensein, womit gerechnet wurde, einstehen wollte, und auch dies bedeute die Zusicherung einer Eigenschaft.

Wenn die Revision zunächst gegen diese Auslegung des Vertrags einwendet, die Anzahl der Bäume sei nur als Angabe eines Dritten, nämlich des Majors L. angeführt, es sei nicht anzunehmen, daß der Verkäufer für die Angaben eines Dritten habe einstehen wollen, so ist dies tatsächlich unrichtig. Denn eine genaue Angabe der Baumzahl nach den einzelnen Jahrgängen ist in der Schedula enthalten, und diese ist Bestandteil des Vertrags selbst, auf sie wird in Art. 1 ausdrücklich als genauere Angabe über die Baumzahl, die dort nur „ungefähr“ angegeben ist, Bezug genommen. Es stände aber auch nichts entgegen, daß die Parteien die Angaben L.s zu den ihrigen machen konnten und der Verkäufer die von diesem angegebene Baumzahl der Abkäuferin zusicherte.

Im übrigen laufen die Revisionsangriffe auf eine andere Auslegung der Vertragsbestimmungen hinaus, als sie das Berufungsgericht vornimmt. Es ist zuzugeben, daß auch die Auslegung der Revision an sich möglich ist. Danach bedeutete die Angabe über die Größe des Bestandes an Gummibäumen nur die Angabe einer Eigenschaft und diente nur dem Zweck, eine Unterlage für die Berechnung des Kaufpreises zu bilden, und zwar lediglich für dessen vorläufige Feststellung, während die endgültige sich erst nach dem noch zu ermittelnden wirklichen Bestand ergeben sollte, mit dessen Abweichung man von vornherein rechnete (vgl. JW. 1918 S. 471 Nr. 5). Die Vertragsbestimmungen nötigen aber nicht zu dieser Auslegung und lassen auch die vom Berufungsgericht vorgenommene Auslegung zu, wonach der Verkäufer für die Richtigkeit seiner Angaben auch für den als möglich angenommenen Fall ihrer Unrichtigkeit einstehen und die angegebenen Eigenschaften garantieren wollte. Daß die Baumzahl für den Preis wesentlich war und sonach auf sie von den Parteien Gewicht gelegt wurde, ergibt auch Art. 2. Der Preis ist aber dort als endgültiger, nicht vorläufiger und erst später genauer zu bestimmender vereinbart, und zwar in der Voraussetzung, daß die Angaben über die Baumzahl im Bericht L.s im wesentlichen richtig seien. Für den Fall erheblicher Unrichtigkeit dagegen ist in Art. 4 die Verpflichtung des Verkäufers vereinbart, daß die erhaltene Anzahlung von 5000 Pfund und die für den Bericht L.s gezahlte Vergütung von 300 Pfund zurückzuzahlen sind. Diese Bestimmung betrifft allerdings zunächst nur die geleistete Anzahlung und sagt nichts über die weitere Verpflichtung des Käufers zur Zahlung des Kaufpreises und dessen Rechte aus dem geringeren als angegebenen Baumbestand. Es ist aber aus der Vorschrift, daß der angezahlte Kaufpreisteil zurückzuzahlen ist, notwendig auch der Wille zu entnehmen, daß der Kaufvertrag überhaupt rückgängig gemacht werde, und selbstverständlich nun auch nicht noch der rückständige Kaufpreis in voller Höhe oder entsprechend gemindert zu zu zahlen sei. Es wird also bestimmt, daß bei erheblicher Abweichung von der angegebenen Größe des Baumbestandes Wandlung des Kaufs stattfinden solle, und damit die Zulässigkeit der Minderung sogar ausgeschlossen. Wenn aber den Angaben über die Baumzahl diese Bedeutung beigemessen und die Folge gegeben wurde, daß bei ihrer Unrichtigkeit in erheblichem Maße die Wandlung des Kaufes eintritt, so muß diesen Angaben auch die Bedeutung einer Zusicherung im Sinne von § 459 BGB. zuerkannt werden, da deren Ausfall eben nach § 462 die Wandlung zur Folge hat.

In dem Nachtrage vom 21. Juni 1910 findet sich nun ein Doppeltes vereinbart.

Einmal bringt er lediglich eine authentische Interpretation des Abs. 2 des Art. 4, insoweit dieser auf „Unrichtigkeiten in erheblichem Maße" (substantially inaccurate) abstellt. Es wird bestimmt, wann solche „substantial inaccuracy" anzunehmen sei, nämlich nur bei einem Fehlbetrag (deficiency) von mehr als 10% der in der Schedula angegebenen Anzahl Bäume für jeden Jahrgang. Das bezieht sich nur auf Art. 4 und trifft damit zunächst ebenfalls allein die Verpflichtung der Rückzahlung des angezahlten Kaufpreisteils. Da diese Vorschrift aber, wie gezeigt, weiter greift und Wandlung des ganzen Kaufvertrags anordnen will, wird durch die authentische Interpretation auch die Voraussetzung für diese vereinbarte Wandlung anderweit festgelegt. Es erscheint sonach nunmehr nicht ausschließlich der Bestand an Gummibäumen in genau der Anzahl, wie sie die Schedula aufführt, als zugesichert, sondern es ist ein Spielraum von 10% gegeben. Bis zu dieser Grenze muß aber eine Zusicherung angenommen werden, da ihre Überschreitung auch noch nach den Vorschriften des Nachtrags ganz allgemein die Wandlung zur Folge hat.

Sodann bringt der Nachtrag auch eine Einschränkung der Bestimmung über den Eintritt der Wandlung. Bei dieser verbleibt es nämlich nur hinsichtlich der Bäume aus den Jahren 1904—1906. Bei den Bäumen aus den Jahren 1907, 1908 und 1909 dagegen soll ein 10% übersteigender Fehlbetrag nicht mehr zur Wandlung des ganzen Kaufs berechtigten, sondern nur einen Anspruch auf „compensation" begründen. Wie hoch diese compensation sein soll, wird nicht gesagt. Immerhin läßt auch diese Vorschrift erkennen, daß auf den Bestand an Bäumen bis zu 90% der angegebenen Anzahl Gewicht gelegt wird und dieser Bestand zugesichert sein soll, da wegen des Mankos andernfalls die Haftung auf compensation eintritt. Ob diese Schadloshaltung in Form eines Schadensersatzes oder einer Minderung des Kaufpreises eintritt, ist belanglos für die Frage, ob für das Fehlen des angegebenen Betrags gehaftet werden soll. Gerade weil aber über die Höhe der compensation nichts gesagt wird, ergibt sich, daß hier nicht die Grundlage für die Bemessung des künftig erst festzusetzenden Kaufpreises gegeben werden soll, sondern nur die Voraussetzung für eine etwa nötig werdende Herabsetzung des zunächst fest bestimmten Kaufpreises vereinbart wird.

Hiernach hat das Berufungsgericht mit Recht annehmen können, daß die Vereinbarung über den Bestand der Gummibäume, wonach dieser nicht über 10% Manko von den in der Schedula genau angegebenen Zahlen betragen darf, als Zusicherung einer Eigenschaft anzusehen ist, da die Folgen des Ausfalls der Vereinbarung die sind, wie sie beim Ausbleiben der zugesicherten Eigenschaften vom Gesetz angeordnet sind, nämlich Wandlung und Minderung. Ebenso zutreffend ist es weiter, wenn das Berufungsgericht den vom Kläger geltend gemachten Anspruch als Minderungsanspruch auffaßt. Er hat seinen Anspruch ausdrücklich aus dem Zusatzabkommen zum Vertrag hergeleitet. Der Klaggrund ist die dort vereinbarte compensation bei einem Fehlbetrag von über 10%, die von ihm auf 426 782,40 ℳ berechnet wird. Hiervon verlangt er einen Teilbetrag von 5000 ℳ bzw. 250 Pfund; es handelt sich also nicht etwa um die Rückgabe der Anzahlung, wie sie in Art. 4 noch besonders vereinbart ist. Selbst wenn man daher diese Vereinbarung als eine besondere von der Minderung verschiedene Verpflichtung auffassen wollte, so kommt doch diese die Anzahlung treffende Vorschrift hier überhaupt nicht für den Anspruch in Betracht.

Wie ein Kläger, der Rückgängigmachung des Kaufvertrags begehrt, seinen Klagantrag auch unmittelbar auf die Leistungen richten kann, die sich aus der Rückgängigmachung ergeben (RGZ. Bd. 58 S. 423, Bd. 70 S. 198), so kann auch der jetzige Kläger, der Minderung des Kaufpreises verlangt, seinen Anspruch unmittelbar auf Ausführung dieser Minderung richten, d. h. auf Rückzahlung des den geminderten Kaufpreis übersteigenden Betrags, wenn der Kaufpreis bereits in der vereinbarten vollen Höhe bezahlt ist. Diese Rückzahlung bedeutet dann aber lediglich die Durchführung der Minderung und beruht nicht auf einem selbständigen Anspruch aus ungerechtfertigter Bereicherung. Der Anspruch auf sie ist ein Teil des Minderungsanspruchs, steht und fällt mit diesem. Ist der Anspruch auf Minderung daher verjährt, so ist auch der Anspruch auf Rückzahlung des den geminderten Kaufpreis übersteigenden Betrags ausgeschlossen, da er die Minderung zur Voraussetzung hat.

Hiernach hat das Berufungsgericht mit Recht die Einrede der Verjährung aus § 477 BGB. gegenüber dem geltend gemachten Anspruch so wie geschehen in dem Zwischenurteil für begründet erachtet.

3. Die Verjährungseinrede aus § 477 schlägt nicht durch, wenn die Beklagte die Zusicherung über die Größe des Bestandes der Gummibäume auf der Pflanzung arglistig gegeben hat (RGZ. Bd. 63 S. 112; Warneyer 1913 Nr. 282). Der Kläger hat zum Nachweise der arglistigen Täuschung behauptet, der Verkäufer habe bei Abschluß des Vertrags vom 21. Juni 1910 gewußt, daß seine Zahlenangaben unrichtig seien, daß ein Bericht des Majors L. gar nicht vorhanden sei und letzterer die Plantage überhaupt nicht gesehen habe. Diese Behauptungen werden jedoch für widerlegt angesehen. . . .

Der Kläger hat weiter behauptet, T. P. habe nach Abschluß des Vertrags durch Mitteilung des Plantagenleiters W. im Juli 1910 die Unrichtigkeit der Angaben in der Schedula erfahren, sie aber der Käuferin geflissentlich vorenthalten. Das Berufungsgericht verneint, daß in dem Verschweigen dieser Mitteilung ein arglistiges Verhalten zu finden sei, da T. P. damit habe rechnen können, daß sich der Mangel ohnedies bei Abnahme der Plantage herausstellen und dann die im Vertrag vorgesehene Preisminderung eintreten werde.

Endlich hat der Kläger noch behauptet, der Verkäufer habe auch bei Erfüllung des Vertrags, bei der Übergabe der Plantage, arglistig gehandelt. Er habe wohl gewußt, daß seine Angaben über die Baumzahl unrichtig seien, er habe es deshalb einzurichten gewußt, daß B., mit dem er bekannt gewesen sei, von der Käuferin damit betraut wurde, die Plantage für diese abzunehmen. Dieser habe dann, indem er mit dem Verkäufer im Komplott gewesen sei, bei der Abnahme die richtigen Zahlen der Bäume unterdrückt oder auch die Bäume gar nicht gezählt, vielmehr in betrügerischem Einvernehmen mit der Beklagten Zahlen aufgestellt, die denen des Vertrags entsprochen hätten. Das Berufungsgericht begegnet diesem Einwand mit der Erwägung, daß B. Bevollmächtigter der Käuferin bei der Übernahme der Plantage gewesen sei. . . . Sei B. aber der Bevollmächtigte der Käuferin gewesen und habe er nach der Behauptung des Klägers mit T. P. in betrügerischem Einvernehmen gehandelt, so habe er bei der Übernahme der Plantage den

Mangel der Kaufsache gekannt. Wenn die Abkäuferin sich durch B. habe vertreten lassen, komme es auf die Kenntnis des Vertreters an. Da ein Vorbehalt nicht erfolgt sei, ständen dann die Minderungsansprüche des § 462 dem Kläger gemäß § 464 BGB. überhaupt nicht mehr zu. Diese Vorschrift reiche übrigens aus, um den Klaganspruch von vornherein abzuweisen.

Die Revision greift diese Begründung an und führt aus: Das Berufungsgericht gehe fehl, wenn es in der Unterdrückung der Meldung, daß nur 8312 Heveen statt 24000 auf der Pflanzung waren, kein arglistiges Verschweigen finde. Wenn der Verkäufer durch Herbeiführung der Entsendung B.s, mit dem er im Einverständnis war, Anstalten getroffen habe, um zu verhindern, daß die Käuferin bei der Übernahme der Plantage von dem Fehlbetrag Kenntnis erlangte, so könne er nicht die vom Berufungsgericht zu seinen Gunsten unterstellte Annahme gehabt haben, der Fehlbetrag werde ohnehin bei der Übernahme festgestellt werden. Dieser Einwand muß für berechtigt anerkannt werden....

Rechtsirrig erscheint weiter die Annahme des Berufungsgerichts, daß die Kenntnis des Bevollmächtigten B. von dem Fehlbetrag der Bäume nach § 464 den Verlust der Ansprüche aus § 462 zur Folge habe. Allerdings ist nach § 166 die Kenntnis des Vertreters dem Vertretenen auch bei der Annahme einer mangelhaften Sache im Falle des § 464 im allgemeinen zuzurechnen. Dieser Gesetzesvorschrift liegt aber die Auffassung zugrunde, daß die Annahme einer mangelhaften Sache ohne Vorbehalt einen Verzicht auf Wandlung oder Minderung oder Schadensersatz enthalte und daß demgegenüber die spätere Geltendmachung dieser Mängel gegen Treu und Glauben verstoße (vgl. Motive zu Entw. I § 386 Bd. 2 S. 229). Diese Verzichtsvermutung greift auch arglistigem Verhalten gegenüber Platz (Warneyer 1909 Nr. 136; RGZ. Bd. 59 S. 104). Der vom Bevollmächtigten in der vorbehaltlosen Annahme der mangelhaften Sache stillschweigend erklärte Verzicht also ist es, der die nachträgliche Geltendmachung der Gewährleistungsansprüche nach § 464 ausschließt, nicht die Kenntnis des Mangels als solche. Nun ist zwar der das innere Verhältnis zwischen Vertretenem und Vertreter regelnde Auftrag von der Vollmacht zu unterscheiden und ein auftragswidriges Verhalten des Vertreters im Rahmen der Vollmacht für den Vertragsgegner im allgemeinen belanglos. Liegt jedoch ein Mißbrauch der übertragenen Vertretungsmacht seitens des Vertreters vor und kannte der Vertragsgegner diesen Mißbrauch zum Nachteile des Vertretenen, so kann er bei einem durch den Vertreter abgeschlossenen Rechtsgeschäfte aus jenem erkannten Mißbrauch keine Rechte gegen den Vertretenen herleiten (RGZ. Bd. 52 S. 99, Bd. 71 S. 219, Bd. 75 S. 301). So liegt aber die Sache hier, wenn, wie das Berufungsgericht unterstellt, der Verkäufer im betrügerischen Einverständnis mit B. handelte. Wußte er, daß B. in Kenntnis des Fehlbetrags der Bäume wahrheitswidrig über den Empfang der Pflanzung als einer mangelfreien quittierte und gegen den Willen der von ihm vertretenen Käuferin die Geltendmachung eines Vorbehalts unterließ, also für diese auf die Mängelrügen gemäß § 464 verzichtete, so verstößt es gegen Treu und Glauben, wenn der Kläger aus dieser unter erkanntem Mißbrauch der Vollmacht vorgenommenen Verfügung des Vertreters Rechte herleitet. Der vom Berufungsgericht angeführte Entscheidungsgrund aus § 464 trifft also nicht zu und es bleibt noch offen, ob die Verjährungseinrede aus § 477 der Behauptung einer Arglist der Beklagten gegenüber durchgreift....

---

20. Kann ein Lieferungsvertrag deshalb aufgehoben werden, weil der Lieferer wegen inzwischen eingetretener Erhöhung der Materialpreise und der Arbeitslöhne in die Gefahr eines Vermögensverfalls geraten würde, wenn er seine sämtlichen noch unerledigten gleichartigen Lieferungsverträge zu erfüllen hätte?

I. Zivilsenat. Urt. v. 8. Dezember 1920 i. S. B. (Bekl.) w. D. (Kl.). I 162/20.

I. Landgericht Kiel. — II. Oberlandesgericht daselbst.

Der Kläger bestellte im April und Mai 1919 beim Beklagten sechs Drehstrommotoren. Der Beklagte nahm die Bestellung an. Die Verträge wurden schriftlich bestätigt unter genauer Vereinbarung der Preise und der auf 6—12 Wochen festgesetzten Lieferzeiten. Am 30. Mai 1919 verlangte der Beklagte wegen inzwischen eingetretener Steigerung der Materialpreise und der Löhne die Erhöhung des vereinbarten Teuerungszuschlags auf 30%. Der Kläger ließ sich hierauf nicht ein. Infolgedessen unterblieb die Lieferung. Der Kläger fordert mit dem Klagantrage Verurteilung des Beklagten zur Lieferung der sechs Motoren zum vereinbarten Preise. Der Beklagte beantragt Abweisung der Klage, weil er an die vereinbarten Preise nicht mehr gebunden sei.

Das Landgericht und das Oberlandesgericht gaben der Klage statt. Die Revision des Beklagten blieb erfolglos.

Gründe:

... Der Beklagte hat sich geweigert, die Motoren zu den vereinbarten Preisen zu liefern, verlangt vielmehr Preiszuschläge in Höhe von 20% und 10%, weil sich inzwischen die Preise der Materialien und die Arbeitslöhne, letztere infolge der behördlichen Festsetzung gesteigerter Mindestlöhne, sehr erheblich erhöht hätten.

Das Berufungsgericht hat den Standpunkt des Beklagten mißbilligt. Es hat sein Verlangen von drei Gesichtspunkten aus geprüft. Es hat erstens festgestellt, daß die Vereinbarung der Lieferungspreise nicht etwa mit der Klausel „freibleibend" erfolgt sei. Auch wenn die Taschenpreisliste des Beklagten, in welcher sich eine solche Klausel befinde, dem Kläger vor der Bestellung zugegangen sein sollte, und wenn der Beklagte, wie der Kläger zugestehe, im Anfang der Vorverhandlungen einmal erwähnt habe, seine Preise seien freibleibend, so rechtfertige das den Standpunkt des Beklagten nicht. Denn in den eingehenden schriftlichen Bestätigungen des Klägers, in denen die Preise festgelegt seien, finde sich von einer solchen Klausel nichts, vielmehr seien dort Teuerungszuschläge von 10% und 20% fest vereinbart. Deshalb könne der Beklagte auf Bedingungen seiner Preisliste und auf Äußerungen bei den Vorverhandlungen nicht mehr zurückkommen. Diesen Ausführungen des Berufungsgerichts ist durchaus zuzustimmen. Derartige Bestätigungsschreiben haben den Zweck, das Vereinbarte zweifelsfrei und endgültig festzulegen. Allgemeine Bedingungen und Äußerungen bei Vorbesprechungen sind deshalb erledigt, wenn man in einem ausführlichen Bestätigungsschreiben nicht auf sie Bezug genommen hat. Auch darin ist dem Berufungsgerichte zuzustimmen, daß, wenn sich die Klausel „freibleibend" in Angeboten, Preisliste noder dergleichen findet, dem im Zweifel keine weitere Bedeutung beizulegen ist, als daß der Lieferer an die Preise, zu denen er anbietet, nicht fest gebunden sein will, sondern sich vorbehält, ob er eine Bestellung zu diesen Preisen annehmen will oder nicht. Hat er die Bestellung aber angenommen, so hat die Klausel im Zweifel keine weitere Bedeutung mehr. Auf diese Punkte ist die Revision denn auch nicht weiter zurückgekommen.

Zweitens hat das Berufungsgericht ausgeführt, die vom Beklagten behauptete Verkehrssitte, daß in den jetzigen Zeiten der Lieferer auch ohne ausdrückliche Abrede bei Eintritt wesentlicher Preissteigerungen den vereinbarten Vertragspreis entsprechend erhöhen dürfe, bestehe nicht. Soweit diese Äußerung in der Revisionsinstanz nachprüfbar ist, kann ihr nur beigestimmt werden. Eine solche Sitte würde der Verkehrsunsicherheit Tür und Tor öffnen und könnte deshalb nicht anerkannt werden, selbst wenn sie sich in einzelnen Kreisen gebildet haben würde.

Endlich hat das Berufungsgericht verneint, daß eine sogenannte wirtschaftliche Unmöglichkeit der Lieferung vorliegt. Von einer solchen kann nach der herrschenden Rechtsprechung nur dann gesprochen werden, wenn in ausnahmsweisem Maße eine allseitige und tiefgehende Änderung der wirtschaftlichen Verhältnisse stattgefunden hat. Ein Anziehen der Preise allein genügt nicht.

Die Revisionsbegründung stützt sich darauf, daß die Steigerungen der Materialpreise und die Lohnerhöhungen in unerwartetem Maße die Grundlage, auf der die Parteien abgeschlossen hätten, verschoben hätten, und zwar ohne Verschulden des Beklagten. Abgeschlossen sei in dem Bewußtsein, daß beide Teile zu ihrem Rechte kommen sollten. Das sei nun nicht mehr möglich. Da der Beklagte viele gleichartige Geschäfte abgeschlossen habe, müsse er mit einer starken Gefährdung seiner Existenz rechnen, wenn er trotz der veränderten Umstände an den Verträgen festgehalten werde. Die Revision macht damit Gesichtspunkte geltend, deren Heranziehung für die Beurteilung der Aufrechterhaltung von Verträgen auch in den jetzigen Übergangszeiten nicht gebilligt werden kann und deshalb auch allgemein keine Anerkennung gefunden hat. Die von der Revision angezogene Entscheidung des VII. Senats betrifft einen anders gelagerten Fall. Dort war im November und Dezember 1916 ein Segelboot bestellt. Der Bau wurde durch behördliche Maßnahmen bis zum November 1918 verhindert. Sodann trat die Revolution mit ihren die gesamten Arbeiterverhältnisse völlig umgestaltenden Folgen ein. Daraufhin wurde angenommen, daß der Lieferer zu den im Jahre 1916 vereinbarten Preisen nicht mehr zu liefern brauche. Von alledem ist vorliegenden Falles, wo es sich um eine Bestellung aus April und Mai 1919 handelt, die binnen 6–12 Wochen auszuführen war und ausgeführt werden konnte, nicht die Rede.

In der mündlichen Verhandlung hat sich der Revisionskläger weiter in eingehenden Ausführungen auf ein neuerliches Urteil des III. Zivilsenats des Reichsgerichts (Bd. 100 S. 134) bezogen. Er hat betont, nach den Darlegungen dieses Urteils werde der Verkäufer von der Lieferpflicht frei, wenn er eine größere Anzahl gleicher oder ähnlicher Verkäufe vorgenommen habe und nun infolge von Preissteigerungen durch Lieferung der sämtlichen verkauften Waren in Vermögensverfall geraten würde. Es ist richtig, daß vom III. Zivilsenat in der angeführten Entscheidung ein solcher Grundsatz ausgesprochen worden ist. Der erkennende Senat vermag dem nicht beizutreten. Die Rechtsprechung des Reichsgerichts, die sich während des Krieges herausgebildet hat, geht, wie bereits vorstehend angegeben, dahin, daß Preissteigerungen allein, die Verluste des Verkäufers bei Ausführung der von ihm abgeschlossenen Verkäufe hervorrufen würden, nicht zu seiner Befreiung von der Lieferpflicht führen können. Um eine solche Befreiung eintreten zu lassen, muß vielmehr ein weiteres Merkmal hinzukommen, und dieses ist darin gefunden, daß infolge des Krieges eine so allseitige und so tiefgehende Umgestaltung der wirtschaftlichen Verhältnisse stattgefunden hat, daß die Leistung des Verkäufers als eine, von wirtschaftlichen

Gesichtspunkten aus betrachtet, inhaltlich völlig andere erscheinen würde. Es ist weiter angenommen, daß eine gleiche Umgestaltung auch durch die Revolution mit ihren weittragenden Folgen herbeigeführt worden ist. An dieser Rechtsprechung hält der erkennende Senat fest. Es muß also eine Umgestaltung der Verhältnisse zwischen Vertragsschluß und Lieferungstermin eingetreten sein, die einerseits in unerwarteter Weise tiefgehend und andererseits so allgemein ist, daß sie entweder das gesamte Verkehrsleben oder wenigstens die Verhältnisse bestimmter Handels- und Industriezweige ergriffen hat. An diesen Voraussetzungen fehlt es im vorliegenden Falle. Zwischen Vertragsschluß (April/Mai 1919) und Liefertermin (Juni/Juli 1919) sind grundlegende Veränderungen nicht eingetreten. Was geschehen ist, besteht darin, daß die Materialpreise und die Arbeitslöhne, die schon bis zum Vertragsschluß in stetem Steigen begriffen waren, ihre Aufwärtsbewegung fortgesetzt haben. Das war weder so einschneidend noch so unerwartet, daß von einer Umgestaltung der Verhältnisse in dem bezeichneten Zeitraum irgendwie gesprochen werden kann. Es fehlt also an demjenigen Momente, das nach der angeführten Rechtsprechung zu der Preissteigerung hinzukommen muß. Dies Moment kann auch nicht etwa darin gefunden werden, daß die Ausführung der sämtlichen Lieferverträge dem Beklagten einen erheblichen Schaden bringen, ja, wie die Revision behauptet, seinen Vermögensverfall nach sich ziehen würde. Denn über der Rücksicht auf die subjektiven Verhältnisse des Einzelnen steht im Interesse der Allgemeinheit die ethische Rücksicht auf die Vertragstreue und die wirtschaftlich notwendige Rücksicht auf die Verkehrssicherheit. Die Frage, ob im Einzelfalle die Ausführung der geschlossenen Verträge der einen Partei Nachteile bringt, kann deshalb bei der Entscheidung über die Lieferpflicht nicht ausschlaggebend sein. Nur Rücksichten auf die allgemeine Lage können zur Aufhebung einer rechtsgültig übernommenen Verpflichtung führen.

Außerdem kommt nun aber vorliegenden Falles noch hinzu, daß die Lohnsteigerungen keineswegs überraschend kamen. Weite Kreise rechneten im Frühjahr 1919 mit der Möglichkeit weiterer Steigerungen. Das zeigt sich deutlich darin, daß in vielen Lieferungsverträgen Vorbehalte für derartige Fälle gemacht wurden. Der Kläger muß nach seinen Angaben so verfahren sein, daß er Lieferungsverträge bedingungslos in solchem Umfange schloß, daß Lohnerhöhungen ihn in eine gefährliche Lage stürzen konnten. Das hat er sich selbst zuzuschreiben, und er muß die Folgen davon tragen. Dieser selbständige Gesichtspunkt führt zur Zurückweisung der Revision. Danach findet § 137 GVG. keine Anwendung; denn daß der III. Zivilsenat auch dann, wenn der Verkäufer unvorsichtig verfahren ist, ihn von seiner Lieferpflicht befreien würde, dafür bietet die angeführte Entscheidung keinen Anhalt.

21. Gesellschaft m. b. H. Beschlußfassung der Gesellschafter ohne Abhaltung einer Versammlung.

II. Zivilsenat. Urt. v. 10. Dezember 1920 i. S. H. u. Gen. (Bekl.) w. Brüder A. (Kl.). II 245/20.

I. Landgericht Magdeburg, Kammer f. Handelss. — II. Oberlandesgericht Naumburg a. S.

Die drei Kläger A. und der Beklagte H. sind die einzigen Gesellschafter der mitverklagten Gesellschaft m. b. H., die im Februar 1913 gegründet ist. Im Jahre 1917 haben alle Gesellschafter eine zur Einreichung beim Registergericht bestimmte Anmeldung der Auflösung der Gesellschaft unterzeichnet und ihre Unterschriften notariell beglaubigen lassen. Diese Anmeldung hat der Beklagte H., der jetzt die Gesellschaft leitet, in Händen; er weigert sich aber, sie dem Registergericht einzureichen. Die Kläger sind der Auffassung, daß durch die Unterzeichnung und den damit in Zusammenhang stehenden Briefwechsel die Auflösung gültig beschlossen sei. Mit Rücksicht auf den Widerspruch H.s begehren sie gegenüber beiden Beklagten die Feststellung der erfolgten Auflösung, gegenüber H. allein auch noch die Verurteilung zur Einreichung der Anmeldung bei Gericht.

Alle Instanzen gaben der Klage statt, das Reichsgericht aus folgenden

Gründen:

... In der Sache selbst rügt die Revision zunächst, eine Auflösung der Gesellschaft vor Ablauf der vereinbarten Zeit habe nur im Wege der Statutenänderung beschlossen werden können. Mit Unrecht. In § 11 des Gesellschaftsvertrags wird eine bestimmte Dauer der Gesellschaft (bis 1. Juli 1923, später verlängert bis 1933) festgesetzt; zugleich aber wird die Vorschrift des § 60 Abs. 1 Nr. 2 GmbHG., d. h. die Möglichkeit der Auflösung durch Beschluß, aufrechterhalten. Machen die Gesellschafter von dieser Möglichkeit Gebrauch, so stellt das eine Anwendung, nicht eine Abänderung des Gesellschaftsvertrags dar. Die Ansicht der Revision, daß die §§ 53 flg. GmbHG. platzzugreifen hätten, geht fehl.

Ohne Rechtsirrtum hat das Berufungsgericht ferner angenommen, daß die Auflösung von den Gesellschaftern tatsächlich beschlossen worden ist. Schon am 30. Januar 1917 hatte H. ein Schriftstück, enthaltend die Anmeldung der Auflösung zum Handelsregister, mit seiner Unterschrift versehen den Klägern zusenden lassen, damit sie es gleichfalls unterzeichneten. Damals konnten sich die Kläger noch nicht sogleich entschließen; es ist in der Folge viel hin- und herverhandelt worden, was aus der Gesellschaft werden sollte. Am 14. Juni schrieb aber H.s Anwalt, dieser bleibe bei der Erklärung vom 30. Januar und bitte um Unterschrift seitens der Kläger. Tags darauf fügte er noch hinzu, H. sei jetzt auch bereit, eine früher abgelehnte Offerte der Kläger vom 25. Mai auf Ankauf ihrer Geschäftsanteile anzunehmen; „wenn also die Herren A. diese Offerte nunmehr aufrechterhalten — an sich sind sie natürlich hierzu nicht verpflichtet, weder rechtlich noch aus anderen Gründen — so bedarf es der Unterzeichnung der ihnen übermittelten Schriftstücke nicht." Unterm 20. Juni 1917 antwortete der Anwalt der Kläger, das Kaufangebot werde abgelehnt, und sandte die Anmeldung der Auflösung mit den Unterschriften der Kläger zur weiteren Veranlassung an den Beklagten zurück.

Es ist nicht einzusehen, was nach diesen Vorgängen an einem gültigen Auflösungsbeschlusse fehlen sollte. Die Revision will höchstens zugeben, daß die Beteiligten die Auflösung für das Beste gehalten und bei einer Abstimmung voraussichtlich dafür gestimmt haben würden; ein Beschluß im Sinne der Satzung liege aber nicht vor. Allein wenn nach § 9 des Gesellschaftsvertrags „Beschlüsse der Gesellschafter außer in der Gesellschafterversammlung auch durch schriftliche Abstimmung gefaßt werden" können, so ist damit dasselbe gemeint, was § 48 Abs. 2 GmbHG. dahin ausdrückt, es müßten sich „sämtliche Gesellschafter schriftlich mit der zutreffenden Bestimmung einverstanden erklären". Durch die Unterzeichnung der Anmeldung haben sich die drei Kläger und H. mit der Auflösung der Gesellschaft einverstanden erklärt. Die Vollziehung der Eingabe an die Registerbehörde, die die Auflösung einzutragen und öffentlich bekannt zu machen hat, läßt jeden Gedanken an eine bloß vorläufige Meinungsäußerung ausgeschlossen erscheinen. Unerheblich aber ist der von der Revision weiter betonte Umstand, daß der Anwalt des Beklagten in dem Briefe vom 15. Juni 1917 noch ein Kaufangebot gemacht hat. Er hat deshalb nicht etwa die Unterschrift des Beklagten zurückgefordert, vielmehr die Anmeldung in den Händen der Kläger belassen, damit sie sie im Falle der Ablehnung des Angebots, der durchaus als möglich angesehen wurde, durch ihre eigene Unterschrift vervollständigten. Wie es sich verhalten würde, wenn vor Unterzeichnung der Kläger die Unterschrift des Beklagten widerrufen worden wäre, bedarf bei dieser Sachlage keiner Erörterung. Da die schriftlichen Abstimmungserklärungen der Gesellschafter nicht im Verhältnis von Antrag und Annahme zueinander stehen, ist an eine Anwendung der §§ 145 flg. BGB. jedenfalls nicht zu denken.

---

22. Zu der Frage, ob der Lieferungspflichtige wegen außerordentlicher, auf Krieg und Revolution zurückzuführender Veränderung der Verhältnisse von seiner Leistungspflicht befreit werden darf, wenn der Vertrag von der Gegenseite schon teilweise erfüllt war.

VII. Zivilsenat. Urt. v. 10. Dezember 1920 i. S. B. (Kl.) w. Adlerwerke, Aktiengesellschaft (Bekl.). VII 318/20.

I. Landgericht Hamburg. — II. Oberlandesgericht daselbst.

Die Beklagte hat sich durch ihr die näheren Vertragsbedingungen enthaltendes Schreiben vom 23. April 1915 verpflichtet, dem Kläger „voraussichtlich im September dess. Jahres oder, falls bis dahin der Friede nicht eingetreten ist, möglichst gleich nach Eintritt des Friedens“ eine 18/48 PS. Adler-Limousine, Sporttype, allerneustes Modell, unter Zurücknahme des gebrauchten 13/30 PS. Wagens des Klägers, einer Adler-Limousine in gutem fahrbaren Zustande mit Reifen, sowie gegen eine Aufzahlung von 13720 ℳ zu liefern. Laut Bestätigung der Beklagten vom 5. April 1916 hat sie vom Kläger dessen gebrauchten Kraftwagen zurückerhalten. Dieser ist von ihr bald nach Empfang für 6000 ℳ weiter verkauft worden. Im März 1919 verlangte sie vom Kläger Erhöhung der Vergütung für den bestellten Wagen. Der Kläger lehnte dies ab und begehrte sodann mit der Klage, festzustellen, daß die Beklagte nicht von ihrer Verpflichtung aus dem Vertrage befreit sei und auf Grund desselben eine Adler-Limousine gegen Zahlung von 13720 ℳ demnächst zu liefern habe. Die Beklagte wendete ein, daß ihr infolge völliger Änderung der für die Ausführung des Vertrags maßgeblichen wirtschaftlichen Verhältnisse die Erfüllung des Vertrags zu den alten Bedingungen nicht mehr zugemutet werden könne.

Das Landgericht wies die Klage ab. Die Berufung des Klägers, mit der dieser wegen des inzwischen eingetretenen Friedenszustandes die Verurteilung der Beklagten begehrte, eine Adler-Limousine, wie sie in der Klaganlage beschrieben sei, gegen Zahlung von 13720 ℳ zu liefern, wurde zurückgewiesen. Auch seine Revision hatte keinen Erfolg.

Gründe:

Das Berufungsurteil hält sich in den Richtlinien der reichsgerichtlichen Rechtsprechung, wonach bei Lieferungsverträgen, deren Erfüllungszeit, wie auch vorliegendenfalls geschehen, aus Anlaß des Weltkrieges hinausgeschoben ist, der Lieferungspflichtige von seiner Verpflichtung frei wird, wenn die Leistung nach dem Kriege, sei es ohne weiteres, sei es unter dem hinzutretenden Einflusse der deutschen Revolution, in Gemäßheit ihres Inhalts oder ihrer wirtschaftlichen Bedeutung eine wesentlich andere sein würde, als die Vertragsparteien bedungen haben (vgl. namentlich RGZ. Bd. 88 S. 72, Bd. 90 S. 102, Bd. 92 S. 87, Bd. 93 S. 341, Bd. 94 S. 46, 68, Bd. 98 S. 18). Für die Anwendung dieses Grundsatzes auf das Verpflichtungsverhältnis der Beklagten aus dem nach Inhalt ihres Schreibens vom 23. April 1915 zustandegekommenen Vertrage sind vor allem die auf S. 5 des Berufungsurteils festgestellten unstreitigen Sachumstände von Wichtigkeit. Danach hat die infolge der Revolution eingetretene Umwälzung auf politischem und wirtschaftlichem Gebiete die Betriebsverhältnisse in der Fabrik der Beklagten derart verändert und verteuert, daß die im Jahre 1915 einschließlich eines Normalverdienstes auf etwa 20000 ℳ berechneten Herstellungskosten des bestellten Wagens gegenwärtig — 1920 — etwa 300000 ℳ betragen haben würden, und die Beklagte, für die noch eine größere Anzahl ähnlicher Geschäfte laufen, ruiniert sein würde, wenn man sie zwänge, zu den Vertragspreisen zu liefern. Mit solcher bei Abschluß des Vertrages der Parteien unvorhersehbaren, ganz außerordentlichen und tief einschneidenden Änderung der für die Vertragserfüllung bedeutsamen Betriebsverhältnisse war an sich zur Genüge die Annahme zu begründen, daß eine Aufrechterhaltung des Erfüllungszwanges mit der durch §§ 157, 242 BGB. gebotenen Rücksichtnahme auf Treu und Glauben und die Verkehrssitte nicht mehr vereinbar wäre, und darum der Beklagten die Lieferung, die den Gegenstand des Klaganspruchs bildet, nicht zuzumuten sei (vgl. RGZ. Bd. 94 S. 69, auch Bd. 100 S. 130, 134). Es kann sich nur fragen, ob etwa in den Rechtsbeziehungen der Parteien zueinander oder in den Sachverhältnissen des Falles noch Besonderheiten liegen, die zu einem abweichenden Ergebnis führen müssen.

Die Revision zieht aus dem Schreiben vom 23. April 1915 den Satz heran: „Wie Ihnen auch schon unser Herr Sch. sagte, daß wir diesen Preis nur akzeptieren können, da wir einsehen, daß Sie mit der letzten Limousine nicht zufrieden sein konnten und wir Ihnen jetzt etwas ganz Besonderes liefern wollen,“ und versucht im Anschluß daran geltend zu machen, der klagebegründende Vertrag dürfe nicht als ein selbständig für sich zustandegekommener Abschluß aufgefaßt werden, es sei vielmehr anzunehmen, daß sich die Beklagte zur Erledigung einer ihr obliegenden, aus einem früheren Abschlusse über den 13/30 PS. Wagen herrührenden Gewährleistungspflicht zu der in dem Schreiben übernommenen Lieferung eines 18/48 PS. Wagens gegen Rücknahme des gebrauchten Wagens verpflichtet habe. Hiervon ist jedoch in den Vorinstanzen nicht die Rede gewesen. Die Ausführung der Revision enthält ein neues Vorbringen wesentlich tatsächlicher Natur. Da hiermit die dem Rechtsmittel gesteckten Grenzen überschritten werden, kann das Vorbringen keine Beachtung finden. In zweiter Reihe will die Revision, entsprechend dem vom Kläger schon früher vertretenen Standpunkte, den Abschluß vom April 1915 als einen die beiden vorerwähnten Wagen betreffenden Tauschvertrag aufgefaßt wissen. Allein es unterliegt keinem Bedenken, den Abschluß im wesentlichen Einklang mit den Entscheidungen der Vorinstanzen als einen Werklieferungsvertrag zu beurteilen. Der gebrauchte 13/30 PS.

Wagen, dessen Wert sich um die Zeit des Vertragsschlusses ersichtlich nur auf ungefähr 6000 M belief, sollte lediglich an Zahlungsstatt zur Abgeltung eines, und zwar des kleineren Teiles des Werklieferungspreises gegeben werden. Hierdurch ist an dem Charakter des Geschäfts als eines Vertrags im Sinne der §§ 631 flg., § 651 BGB. nichts geändert. Die Revision versucht darzulegen, es habe sich jedenfalls bei dem von der Beklagten, einer bedeutenden Firma, während des Weltkrieges zu genau vereinbarten Bedingungen eingegangenen, nach Friedensschluß zu erfüllenden Vertrage um ein Geschäft spekulativen Charakters gehandelt, das den Verkäufen von Gattungswaren zum Marktpreise, wobei der Verkäufer schlechthin die Gefahr der Preisschwankungen trage (RGZ. Bd. 95 S. 41), sehr nahe komme, zumal da das Automobil, zu dessen Lieferung sich die Beklagte verpflichtet habe, inhaltlich ihres Schreibens vom 23. April 1915 eine Katalogware gewesen sei. Auch dies Bedenken erscheint nicht berechtigt. Der Lieferungsvertrag vom April 1915 zeigt nicht den stark spekulativen Einschlag, der Kaufgeschäften über Gattungswaren im Großhandel eigen ist und für solche Geschäfte den Satz rechtfertigt, daß aus dem Steigen der Preise ein Grund zur Befreiung des Verkäufers von der Lieferung nicht herzuleiten sei. Seinem allgemeinen Inhalte nach hat der hier zu beurteilende Vertrag Wesensähnlichkeit mit Werklieferungsverträgen, auf die der erkennende Senat den im Eingang dieser Erörterungen angeführten Grundsatz schon angewendet hat (RGZ. Bd. 98 S. 18 und Urt. vom 24. Februar 1920 VII 413/19). Daß es sich hier abweichend von den letztbezeichneten Fällen um einen Kataloggegenstand handelte, kann einen entscheidenden Unterschied nicht begründen... (Es folgt die Zurückweisung weiterer Bedenken.)

Eine Besonderheit des Rechtsfalles bildet, daß der Kläger seinen gebrauchten 13/30 PS. Wagen schon im Jahre 1915 der Beklagten zurückgegeben, diese ihn 1915 oder 1916 für 6000 M weiter verkauft hat und nun vielleicht nicht imstande sein wird, ihn dem Kläger zurückzuverschaffen. Die Beklagte hat dem Kläger den erzielten Preis von 6000 M nebst Zinsen zur Verfügung gestellt, er hat aber geltend gemacht, daß er bei Befreiung der Beklagten von der Lieferungspflicht und Nichtrückgabe des gebrauchten Wagens, dessen Wert inzwischen bis auf 50000 M gestiegen sei, sehr erheblich geschädigt sein würde. Das Berufungsurteil gibt dem Kläger zu, daß er durch Nichterfüllung des Lieferungsvertrags einen großen Schaden erleiden würde, hält jedoch für die Frage, ob der Beklagten die im Vertrag übernommene Leistung zuzumuten sei, allein die Verhältnisse für ausschlaggebend, die für diese Leistung an sich in Betracht kommen. Die Erwägung ist mit der Revision zu beanstanden. Wenn es sich, wie hier, nicht um eine natürliche, tatsächliche oder rechtliche, Unmöglichkeit einer Vertragsleistung, sondern darum handelt, ob einer Partei die übernommene Leistung nicht zuzumuten ist und sie deshalb das Vertragsband lösen darf, so ist die Zumutungsfrage nicht einfach vom Standpunkte der Verhältnisse und Interessen der leistungspflichtigen Partei aus zu erledigen. Vielmehr läßt sich eine angemessene Entscheidung nur finden, wenn auch die Interessen der anderen Partei berücksichtigt, die beiderseitigen Verhältnisse im ganzen ins Auge gefaßt werden. Sollte sich ergeben, daß dem Besteller aus einer Auflösung des Vertrags ein positiver Schaden erwachsen würde, dessen Höhe dem für den Lieferungspflichtigen bei Aufrechterhaltung des Vertrags entstehenden Schaden gleich oder nahe kommt, so müßte eine sinngemäße Anwendung des Grundsatzes des § 242 BGB. zur Aufrechterhaltung der Leistungspflicht des Unternehmers führen. Und hieran könnte nichts ändern, wenn etwa mit einer Verpflichtung des Unternehmers, bei Aufhebung des Vertrags dem Besteller den diesem erwachsenden Schaden zu ersetzen, zu rechnen wäre. Ein Lieferungsvertrag darf nicht wegen drückender Belastung des Unternehmers zur Aufhebung kommen, wenn als Erfolg der Aufhebung eine andere kaum minder drückende Belastung, sei es für den Besteller, sei es im Ergebnis für den Unternehmer, eintritt. Hier ist indes nach Lage der Sache völlig sicher damit zu rechnen, daß der etwa dem Kläger aus der Lösung des Vertragsverhältnisses entstehende Schaden in seiner Höhe sehr weit hinter dem Schaden zurückbleibt, der die Beklagte treffen würde, wenn sie den Vertrag vom April 1915 erfüllen müßte. Unter solchen Umständen bleibt es für die Entscheidung unerheblich, wenn der Berufungsrichter die Zumutungsfrage zu eng ausschließlich auf die Verhältnisse im Betrieb der lieferungspflichtigen Partei abgestellt hat. Im übrigen hat die Lage einer Vertragspartei, der die Bewirkung der von ihr zugesagten Leistung wegen unvorhersehbaren Eintritts außerordentlicher, übergroßer wirtschaftlicher Schwierigkeiten nicht zugemutet werden kann, nächste Ähnlichkeit mit dem Falle, wenn einer Partei die ihr aus einem Vertrage obliegende Leistung unmöglich wird. Für die gegenseitigen Rechtsbeziehungen der Parteien bei Befreiung der Beklagten von der Lieferungspflicht kommen daher im Wege der Gesetzesanalogie die §§ 323 flg. BGB. in Betracht. Eine entsprechende Anwendung dieser Vorschriften kann in keinem Falle dazu führen, daß die durch die Nichtzumutbarkeit der Lieferung begründete Befreiung der Beklagten von der Leistungspflicht aus einem anderen besonderen Grunde dennoch auszuschließen und zu versagen wäre. Sollte insbesondere die Beklagte nicht imstande sein, den 13/30 PS. Wagen wieder zu beschaffen und dem Kläger zurückzugeben, so bliebe immerhin der Vertrag vom April 1915 aufgelöst, und die Beklagte hätte dem Kläger den Wert jenes Wagens zu ersetzen. Fraglich und zweifelhaft ist nur, nach welchem

Zeitpunkte der etwa zu ersetzende Wert zu bestimmen ist, namentlich ob der Wert des Wagens zur Zeit seines 1915 oder 1916 erfolgten Weiterverkaufs, oder sein Wert um die Zeit, als sich die Beklagte vom Vertrage lossagte, oder der Wert entscheidet, den der Wagen in einem noch späteren Zeitpunkte hatte oder haben wird. Eine nähere Erörterung dieser Frage gehört aber nicht in den vorliegenden Prozeß, sie muß im Einklang mit den Vorinstanzen der Zukunft vorbehalten werden.

23. 1. Ist die im Nachtrage V des Deutschen Eisenbahngütertarifs, Teil I Abteilung A, zu § 54 der Eisenbahnverkehrsordnung erlassene Ausführungsbestimmung, die alle Waren mit einem Werte von mehr als 150 M für das Kilogramm zu Kostbarkeiten erklärt, rechtsgültig?

2. Zum Begriffe „Kostbarkeit" im frachtrechtlichen Sinne.

I. Zivilsenat. Urt. v. 8. Januar 1921 i. S. H. (Kl.) w. Reichseisenbahnfiskus (Bekl.). I 257/20.

I. Landgericht Kassel. — II. Oberlandesgericht daselbst.

Die Firma F. in D. sandte am 10. Oktober 1919 durch die Eisenbahn an die Klägerin drei Kisten mit Zigarren und Zigaretten als Eilgut. Bei der Beförderung gerieten zwei Kisten mit 99 und 64 kg Gewicht in Verlust. Die Klägerin nahm deshalb den Beklagten in Höhe von 19821,20 M nebst Zinsen auf Schadensersatz in Anspruch. Der Beklagte bat um Klagabweisung. Er wandte ein, daß das Gut als Kostbarkeit im Sinne des Eisenbahnfrachtrechts anzusehen sei und ein Ersatz dafür nicht beansprucht werden könne, weil der Frachtbrief die für Kostbarkeiten vorgeschriebene Wertangabe nicht enthalte.

Das Landgericht wies die Klage ab. Die Berufung der Klägerin wurde vom Oberlandesgericht zurückgewiesen. Auf die Revision wurde das Berufungsurteil aufgehoben.

Gründe:

Das Berufungsgericht hat angenommen, daß die in Verlust geratenen Kisten mit Zigarren und Zigaretten als Kostbarkeiten im Sinne des Eisenbahnfrachtrechts anzusehen seien und die Eisenbahn gemäß § 467 HGB., § 96 EVO. von der Haftung für den Verlust des Frachtguts befreit sei, da Kostbarkeiten nur bedingungsweise zur Beförderung zugelassen und vom Absender die für die Beförderung solcher Gegenstände geltenden Vorschriften nicht beobachtet worden seien. Hierbei läßt das Berufungsgericht es unentschieden, ob die Ausführungsbestimmungen, die hinsichtlich der Beförderung von Kostbarkeiten im Nachtrage V des Deutschen Eisenbahngütertarifs, Teil I Abteilung A, enthalten sind, Gültigkeit haben. Denn die Haftpflicht der Bahn erachtet es auch schon nach den älteren, der Bahn ungünstigeren Bestimmungen für ausgeschlossen. Diese Auffassung erscheint unzutreffend.

Der § 54 Abs. 2 EVO. führt zu B 1 unter den Gegenständen, die nur bedingungsweise zur Beförderung zugelassen sind, auf:

„Gold- und Silberbarren, Platina, Geld, Münzen und Papiere mit Geldwert, Dokumente, Edelsteine, echte Perlen, besonders wertvolle Spitzen und besonders wertvolle Stickereien sowie andere Kostbarkeiten, ferner Kunstgegenstände, wie Gemälde, Bildwerke, Gegenstände aus Erzguß, Kunstaltertümer."

Hinsichtlich der Beförderungsbedingungen für diese Gegenstände wird gesagt, daß sie durch den Tarif zu bestimmen sind.

Dementsprechend gibt der deutsche Eisenbahngütertarif, Teil I Abteilung A, gültig vom 1. Mai 1917, Ausführungsbestimmungen, in denen es heißt:

„II. Gold- und Silberbarren, Platina, Geld und Münzen mit Geldwert aus edlen Metallen, Papiere mit Geldwert, Dokumente, Edelsteine und echte Perlen werden nur als Eilgut zur Beförderung angenommen und dürfen nicht bahnlagernd gestellt werden." ... (Es folgen Verpackungs- und Verladungsvorschriften.)

„III. Kostbarkeiten, namentlich Waren aus Gold, Silber oder Platina, auch in Verbindung mit Edelsteinen oder echten Perlen, neu oder gebraucht, besonders wertvolle Spitzen und besonders wertvolle Stickereien, ferner Geld und Münzen mit Geldwert aus unedlen Metallen, sowie Kunstgegenstände, wie Gemälde, Bildwerke, Gegenstände aus Erzguß und Kunstaltertümer, müssen als solche im Frachtbrief ausdrücklich bezeichnet und dürfen nicht bahnlagernd gestellt werden. Der Wert, der den Höchstbetrag der Entschädigung bilden soll, muß in der Spalte „Inhalt" angegeben werden." ... (Es folgen wiederum Verpackungs- und Verladungsvorschriften.)

Diese beiden Ausführungsbestimmungen sind durch den Tarifnachtrag V, dessen Ausgabe im Deutschen Reichsanzeiger vom 1. August 1919, Nr. 172 zweite Handelsregisterbeilage, angezeigt worden ist, zu einer neuen Ausführungsbestimmung II vereinigt, die in ihrem hier wesentlichen Teile lautet:

„Gold- und Silberbarren, Platina, Geld und Münzen mit Geldwert aus edlen Metallen, Papiere mit Geldwert, Dokumente, Edelsteine und echte Perlen, Waren aus Gold, Silber oder Platina, auch in Verbindung mit Edelsteinen oder echten Perlen, Geld und

Münzen mit Geldwert aus unedlen Metallen, ferner Kunstgegenstände, wie Gemälde, Bildwerke, Gegenstände aus Erzguß und Kunstaltertümer, im Einzelwerte von mehr als 5000 *M*, sowie Kostbarkeiten, d. h. Gegenstände, bei denen der Wert für 1 kg der Ware 150 *M* übersteigt, sind, soweit sie vorstehend namentlich aufgeführt sind, unter diesen Namen, soweit sie nicht genannt sind, unter ihrer tarifarischen oder handelsüblichen Benennung mit dem Zusatze: „Wert über 150 *M* für 1 kg" im Frachtbrief in der Spalte „Inhalt" zu bezeichnen." ...

Die Neuerung besteht also darin, daß diejenigen Gegenstände, die in der Eisenbahnverkehrsordnung und in den früheren Ausführungsbestimmungen als die kennzeichnenden Beispiele von Kostbarkeiten genannt waren, nicht mehr ausdrücklich diesem Begriff unterstellt werden, und daß als Kostbarkeiten im eisenbahnfrachtrechtlichen Sinne nunmehr alle Gegenstände gelten sollen, die einen Wert von mehr als 150 *M* für das Kilogramm Ware besitzen.

Es erhebt sich die Frage, ob die Eisenbahn berechtigt war, durch eine Ausführungsvorschrift eine neue Begriffsbestimmung für Kostbarkeiten einzuführen, und ob der Absender, wenn er gegen die neue Vorschrift verstößt, den Ersatzanspruch gegen die Bahn für Verlust oder Beschädigung des Frachtguts verwirkt.

Für die rechtliche Wirksamkeit von Ausführungsbestimmungen im Verhältnis zum Handelsgesetzbuch und zur Eisenbahnverkehrsordnung ist der § 471 HGB. maßgebend, demzufolge die nach § 432 Abs. 1, 2, §§ 438, 439, 453, 455 bis 470 begründeten Verpflichtungen der Eisenbahnen weder durch die Eisenbahnverkehrsordnung noch durch Verträge ausgeschlossen oder beschränkt werden dürfen und sowohl Bestimmungen, welche dieser Vorschrift zuwiderlaufen, als auch Vereinbarungen, die mit der Eisenbahnverkehrsordnung im Widerspruche stehen, nichtig sind. Als vertragsmäßige Normen stellen sich auch die Ausführungsbestimmungen dar, die von der Eisenbahn gemäß § 2 Abs. 1 EVO. mit Genehmigung des Landesaufsichtsbehörde erlassen werden. Sie stehen allgemeinen Vertragsbedingungen gleich und dienen dazu, die vertragsrechtlichen Beziehungen zwischen der Eisenbahn und ihren Vertragsgegnern näher auszugestalten (RGZ. Bd. 99 S. 251). Als vertragsmäßige Festsetzungen dürfen sie sich daher weder mit den in § 471 HGB. für zwingend erklärten Vorschriften noch mit der Eisenbahnverkehrsordnung in Widerspruch setzen. Beides ist aber der Fall bei der neuen Ausführungsbestimmung II des Tarifnachtrags V.

Zu den für zwingend erklärten Vorschriften gehört der § 456 HGB., der ganz allgemein die Haftung der Eisenbahn für Verlust und Beschädigung des Frachtguts ausspricht und in seinem zweiten Absatze auf § 429 Abs. 2 verweist, wonach der Frachtführer für den

Verlust oder die Beschädigung von Kostbarkeiten, Kunstgegenständen, Geld und Wertpapieren nur haftet, wenn ihm diese Beschaffenheit oder der Wert des Guts bei der Übergabe zur Beförderung angegeben worden ist. Von Kostbarkeiten handelt ferner der gleichfalls zu den zwingenden Vorschriften des § 471 gehörige § 462 HGB., der der Eisenbahnverkehrsordnung die Bestimmung darüber überträgt, inwieweit für den Fall des Verlustes oder der Beschädigung von Kostbarkeiten, Kunstgegenständen, Geld und Wertpapieren die zu leistende Entschädigung auf einen Höchstbetrag beschränkt werden kann. Aus diesen Vorschriften ergibt sich einerseits, daß der Begriff „Kostbarkeit" nach zwingender Vorschrift des Handelsgesetzbuchs für das Frachtgeschäft der Eisenbahnen der gleiche wie für das handelsrechtliche Frachtgeschäft überhaupt sein soll, anderseits, daß die Eisenbahn die ihr in den §§ 456, 429 Abs. 2 zugestandene Beschränkung der Haftpflicht für Kostbarkeiten nicht auf Gegenstände ausdehnen darf, die im Sinne des Handelsgesetzbuchs nicht als Kostbarkeiten gelten können. Diesen Begriff hat das Reichsgericht für das Gebiet des handelsrechtlichen Frachtgeschäfts nicht auf den Kreis derjenigen hochwertigen Stücke beschränkt, die vermöge ihrer Kostspieligkeit, Seltenheit und Luxuseigenschaft im gewöhnlichen Leben als Kostbarkeiten betrachtet werden; vielmehr begreift es darunter ganz allgemein auch solche Frachtgüter, deren Wert im Verhältnis zu ihrem Gewicht und Umfang ungewöhnlich hoch ist (RGZ. Bd. 13 S. 38, Bd. 94 S. 119, Bd. 99 S. 254, Bd. 100 S. 111). Dieser Begriffsbestimmung widerspricht es nicht, wenn im § 54 Abs. 2 B 1 EVO. unter den bedingungsweise zur Beförderung zugelassenen Gegenständen neben Gold- und Silberbarren, Platina, Geld, geldwerten Münzen und Papieren, Dokumenten, Edelsteinen, echten Perlen, besonders wertvollen Spitzen und Stickereien noch allgemein andere Kostbarkeiten genannt werden. Auch die Aufzählung weiterer Beispiele von Kostbarkeiten in der bisherigen Ausführungsbestimmung III bietet keinen Anlaß zu Bedenken, da nicht zu erkennen ist, daß die Eisenbahn damit den Kreis der Güter, für die sie nur beschränkt haften will, in unzulässiger Weise erweitert hat. Dagegen verstößt die Bestimmung des Begriffs „Kostbarkeit", wie sie im Tarifnachtrage V gegeben wird, gegen die Auslegung, die dem Begriffe nach der festen Rechtsprechung des Reichsgerichts für das gesamte handelsrechtliche Frachtgeschäft zukommt. Wenn als Kostbarkeit jede Ware gelten soll, die mehr als 150 *M* auf das kg wert ist, so sieht diese Begriffsbestimmung ausschließlich auf das Verhältnis des Werts zum Gewicht und läßt den zweiten Hauptpunkt, das Verhältnis des Werts zum Umfange, gänzlich außer Betracht. Aus diesem Widerspruch mit der maßgeblichen Bestimmung des Kostbarkeitsbegriffs in zwingenden Vorschriften des Handelsgesetzbuchs folgt ohne weiteres die Nichtigkeit der neuen Ausführungsbestimmung (vgl. auch Senckpiehl im Recht 1919 Sp. 364 flg., 1920 Sp. 201 flg.).

Die Bestimmung läßt sich auch nicht aus dem Gesichtspunkt aufrechterhalten, daß sie nur eine Beförderungsvorschrift darstelle und ihre rechtliche Grundlage im § 54 Abs. 2 B 1 Satz 2 EVO. finde. Wenn hier vorgesehen ist, daß für die einzeln aufgeführten hochwertigen Gegenstände die Beförderungsbedingungen durch den Tarif bestimmt werden sollen, so ist damit dem Tarif die Verfügung nur darüber überlassen, in welcher Weise die genannten Gegenstände zur Beförderung aufgegeben, wie sie verpackt und verladen, wie sie im übrigen gegen Verlust oder Beschädigung gesichert und wie sie während der Beförderung behandelt werden sollen. Dagegen enthält jener Vorbehalt nichts darüber, daß die Eisenbahn auch befugt sein soll, den Kreis der nur bedingt zur Beförderung zugelassenen Gegenstände durch eine Tarifbestimmung zu erweitern. Die Frage, welche Gegenstände nur bedingt zur Beförderung zugelassen sind, ist im vorliegenden Falle von besonderer Bedeutung, da die Verwirkung der Ersatzansprüche aus § 467 HGB., § 96 EVO. nur bei solchen Gegenständen in Frage kommt, die von der Beförderung ausgeschlossen oder zur Beförderung nur bedingungsweise zugelassen sind. Welche Gegenstände zur letzteren, hier allein in Betracht zu ziehenden Gattung zu rechnen sind, ist im Handelsgesetzbuch selbst nicht gesagt. Ihre Bestimmung hatte daher gemäß den §§ 454, 453 Abs. 1 Nr. 3 durch die Eisenbahnverkehrsordnung zu erfolgen. Diese hat denn auch im § 54 Abs. 2 die nur bedingungsweise zur Beförderung zugelassenen Gegenstände fest umschrieben, ohne der Eisenbahn das Recht einzuräumen, den Kreis der Gegenstände durch Ausführungs- oder Tarifbestimmungen zu erweitern. Wenn die Eisenbahn dies dennoch durch die in Rede stehende neue Ausführungsbestimmung versucht hat, so hat sie ihre Befugnisse überschritten, und die Ausführungsbestimmung ist, weil sie in Widerspruch zur Eisenbahnverkehrsordnung steht, gemäß § 471 Abs. 2 Satz 2 HGB. nichtig.

Mithin könnte die Eisenbahn im vorliegenden Falle sich auf die Verwirkung der Ersatzansprüche gemäß § 467 HGB., § 96 EVO. nur dann berufen, wenn das verloren gegangene Frachtgut schon nach § 54 Abs. 2 B 1 EVO. als Kostbarkeit anzusehen und deshalb zu den nur bedingungsweise zur Beförderung zugelassenen Gegenständen zu rechnen wäre. Das Berufungsgericht hat dies angenommen, indem es erwogen hat, daß die Zigaretten und Zigarren, die in den verloren gegangenen beiden Kisten enthalten gewesen sind, einen Wert von über 300 *M*, teilweise sogar von 422 *M*, für das kg gehabt haben, und indem es den Wert der Zigarren und Zigaretten auch zum Umfange des Guts als in einem auffälligen Mißverhältnis stehend angesehen hat. Diese Auffassung erscheint rechtsirrtümlich. Bei der Prüfung des Mißverhältnisses zwischen dem Wert des Frachtguts einerseits, dem Gewicht und Umfang anderseits, ist nicht allein von demjenigen Geldwerte auszugehen, den das deutsche Geld zur Zeit normaler Valutaverhältnisse hatte, sondern es ist auch zu fragen, ob der Wert des Frachtguts im Vergleich mit anderen Waren von gleichem oder annähernd gleichem Umfang oder Gewicht außergewöhnlich hoch ist. Soweit lediglich eine Wertsteigerung vorliegt, die mit der allgemeinen Verteuerung fast aller Waren ungefähr gleichen Schritt gehalten hat, kann von der Umwertung eines bisher zu den gewöhnlichen Handelsartikeln gerechneten Guts zu einer Kostbarkeit nicht gesprochen werden. Es fehlt dann eben ein auffälliges Mißverhältnis des Werts des Guts zu seinem Gewicht und Umfange. Mit einer solchen Werterhöhung muß auch die Eisenbahn bei allen Frachtgeschäften rechnen (RGZ. Bd. 100 S. 112). Wendet man diese Grundsätze auf den vorliegenden Fall an und achtet man besonders auf den Umfang des in Verlust geratenen Guts, so erweist sich die Ansicht des Vorderrichters, daß das Gut als Kostbarkeit anzusehen sei, als irrig, ohne daß es noch weiterer tatsächlicher Feststellungen bedarf. Der ungefähre Umfang eines Päckchens Zigaretten von 100 Stück oder einer Kiste Zigarren von 100, 50 oder 25 Stück ist allgemein bekannt. Es läßt sich bei Zugrundelegung der hier unstreitigen Fakturenpreise nicht sagen, daß diese Waren einen außergewöhnlich kleinen Umfang gehabt haben, wenn man sie in Vergleich mit dem Umfange einer großen Zahl gewöhnlicher Bedarfsartikel stellt, wie Butter, Kaffee, Kakao, Seife, Sohlenleder, und mit den Preisen, die dafür im Oktober 1919 am Markte allgemein üblich waren. Wie die ebengenannten und zahllose andere Waren an der allgemeinen Preissteigerung teilgenommen haben, so ist das Gleiche auch mit Zigarren und Zigaretten der Fall gewesen. Bei Berücksichtigung dieses Umstandes läßt sich bei ihnen das Verhältnis des Werts zum Umfange nicht als ein außergewöhnliches bezeichnen. Es fehlt also der verloren gegangenen Sendung an einer wesentlichen Vorbedingung für den Begriff der Kostbarkeit. Daraus ergibt sich, daß sie nicht zu den Frachtgütern gehörte, die nach § 54 Abs. 2 B 1 EVO. nur bedingungsweise zur Beförderung zugelassen sind und für die nach § 467 HGB., § 96 EVO. die Haftung der Eisenbahn aus dem Frachtvertrage entfällt, wenn die besonderen Vorschriften über die Bezeichnung der Gegenstände im Frachtbriefe und die angeordneten Sicherheitsmaßregeln nicht beachtet werden.

24. Wie lange darf der Käufer bei Säumnis des Verkäufers die Eindeckung hinausschieben?

I. Zivilsenat. Urt. v. 11. Dezember 1920 i. S. F. (Bekl.) w. Zuckerraffinerie G. (Kl.). I 217/20.

I. Landgericht Magdeburg. — II. Oberlandesgericht Naumburg a. S.

Die Klägerin kaufte von der Beklagten im Juli 1915 auf Grund mündlicher Verhandlungen zusammen 100000 gebrauchte Weißzuckersäcke zu 1,20 ℳ das Stück, Lieferung August/September. Bei der Bestätigung des Abschlusses ergaben sich Unstimmigkeiten. Es fanden weitere Verhandlungen statt, in deren Verlauf aber über eine von der Beklagten gewünschte Klausel keine Einigung erzielt wurde. Am 5. August wurde die Beklagte von der Klägerin aufgefordert, mit der Lieferung zu beginnen und alle fünf Tage eine Ladung Säcke abrollen zu lassen. Die Beklagte dagegen schrieb am selben Tage, sie trete vom Geschäfte zurück. Am 7. Oktober forderte die Klägerin wiederum Lieferung der 100000 Säcke, gab für die Lieferung der ersten Ladung eine Nachfrist bis zum 15. Oktober und erklärte, nach fruchtlosem Ablauf der Frist Schadensersatz zu fordern. Die Beklagte wiederholte am 14. Oktober ihre Lieferungsweigerung. Nunmehr verlangt die Klägerin Schadensersatz und legt ihrer Forderung die Preise von Käufen zugrunde, die sie am 2. November 1915 und am 29. Januar 1916 zur Eindeckung abgeschlossen haben will. Sie beziffert ihren Schaden auf 75000 ℳ und klagt einstweilen 6000 ℳ ein.

Die Schadensforderung ist dem Grunde nach rechtskräftig festgestellt.

Im Verfahren über die Höhe des Anspruchs wies das Landgericht die Klage ab. Das Oberlandesgericht verurteilte die Beklagte antragsgemäß. Die Revision hatte teilweise Erfolg.

Gründe:

Es handelt sich darum, ob die Klägerin berechtigt ist, der Berechnung ihres Schadens ihre Käufe vom 2. November 1915 und 29. Januar 1916 zugrunde zu legen, wie dies die Klage in Anspruch nimmt, oder ob die Eindeckung wenigstens nicht früher als am 1. Oktober 1915 zu erfolgen brauchte, auf welchen Standpunkt sich das Berufungsgericht gestellt hat. Dabei ist davon auszugehen, daß die Beklagte die streitigen 100000 Weißzuckersäcke im August/September 1915 zu liefern hatte, worüber die Parteien ausweise des landgerichtlichen Protokolls vom 8. April 1919 einverstanden sind.

Das Berufungsgericht hat ausgeführt, die von der Klägerin im August und September 1915 getätigten Sackkäufe, insbesondere der Kauf vom 9. August, welche zu verhältnismäßig niedrigen Preisen abgeschlossen seien, kämen als Deckungskäufe nicht in Betracht, da sie nicht als solche gemeint seien und die Klägerin derzeit großen laufenden Bedarf an Säcken gehabt habe. Gegen den mit der Beklagten geschlossenen, unerfüllt gebliebenen Vertrag habe sie sich vielmehr durch ihre erwähnten Käufe vom 2. November 1915 und 29. Januar 1916 decken wollen. Ob diese Eindeckung verspätet sei, könne dahingestellt bleiben. Die Klägerin sei jedenfalls nicht verpflichtet gewesen, sich schon im August/September 1915 einzudecken, sondern habe damit bis zum Ende der Lieferfrist, etwa Ende September, warten dürfen. Bei einer Eindeckung am 1. Oktober 1915 würde sie für den Sack 6 ₰ über den zwischen den Parteien vereinbarten Preis haben zahlen müssen. Das ergebe auf 100000 Säcke einen Mehrbetrag von 6000 ℳ. Da dieser Betrag mit der Klage gefordert werde, sei der Klaganspruch begründet, ohne daß es zurzeit darauf ankomme, ob die Beklagte darüber hinaus die erheblich höheren Preise der Käufe vom 2. November 1915 und 29. Januar 1916 gegen sich gelten lassen müsse.

Die Revision bestreitet zunächst, daß der Kauf vom 9. August 1915 nicht als Deckungskauf in Betracht komme; sie ist weiter der Meinung, daß eine Eindeckung am 1. Oktober schon verspätet gewesen wäre.

Was zunächst die von der Klägerin im August und September 1915 abgeschlossenen Käufe, insbesondere den Kauf vom 9. August angeht, so hat die säumige Beklagte nicht das Recht, beliebige dieser Käufe, die nicht als Deckungskäufe gemeint waren, wie das hier vom Berufungsgericht festgestellt ist, trotzdem als Deckungskäufe gegen die unterbliebene Vertragsleistung in Anspruch zu nehmen. Die Käufe kommen vielmehr nur insoweit in Betracht, als sie beweisen, daß eine Eindeckung, wenn solche im August/September zu erfolgen hatte, zu den Preisen dieser Käufe möglich war.

Die Entscheidung des Rechtsstreits ist also davon abhängig, wann die Klägerin sich eindecken mußte. Das ist nach den Grundsätzen über Treu und Glauben mit Rücksicht auf die Gepflogenheiten des Handels zu beurteilen. Nun kann kein Zweifel darüber bestehen, daß nach den Anschauungen des Handels eine Eindeckung möglichst umgehend zu erfolgen hat, nachdem die Lieferungsweigerung des einen Teils feststeht. Wird von diesem Grundsatze abgewichen, so kann — wie zutage liegt — der Nichtsäumige durch Hinausschieben der Eindeckung mit Leichtigkeit auf Kosten des Säumigen spekulieren. Fallen die Preise, so macht der Käufer, dem sein Vertragsgegner nicht liefert, Gewinn; zieht der Markt an, so hält er sich an jenem schadlos. Dies Ergebnis dünkt dem Handel auch gegenüber einem säumigen Vertragsgegner unzulässig, und deshalb wird möglichst umgehende Eindeckung in marktgängigen Waren für erforderlich erachtet. Das hat sehr vielfach in Handelsgebräuchen Ausdruck gefunden. Es gilt ausnahmslos für den Kasse- und Terminhandel in Wertpapieren, also nicht nur für Fixgeschäfte, wie im § 376 HGB. vorgeschrieben. So bestimmen die Bedingungen für die Geschäfte an der Berliner Fondsbörse (vgl. z. B. Passow, Materialien für das wirtschaftliche Studium, Bd. 2 S. 96) in § 9, daß, wenn das Zustandekommen eines Börsengeschäfts von der einen Partei bestritten wird, die andere Partei „sofort" zur Zwangsregulierung (Eindeckung) zu schreiten hat; gerät beim Kassehandel eine Partei in Verzug, so muß die andere spätestens am achten Tage nach Fälligkeit zur Erfüllung auffordern und nach Ablauf einer Nachfrist sich am nächsten Börsentage eindecken (§ 14); hat der säumige Vertragsgegner erklärt, nicht erfüllen zu wollen, so muß die Zwangsregulierung sofort vorgenommen werden; beim Zeithandel in Wertpapieren ist bei Säumigkeit eines Vertragsteils die Eindeckung an der nächsten Börse nach dem Erfüllungstage vorzunehmen (§ 19). Gleiche Bestimmungen treffen die allgemeinen Bedingungen für den Handel mit Wertpapieren an der Hamburger Börse (vgl. Jürgens-Leuckfeld, Hamburger Börsenhandbuch, S. 103). Will der Nichtsäumige sich eindecken, so muß er das beim Kasseeffektenhandel am nächsten oder übernächsten Börsentage nach Fälligkeit oder nach Ablauf einer Nachfrist tun, beim Zeithandel am nächsten oder übernächsten Börsentage nach Fälligkeit. Im wesentlichen das Gleiche gilt für die Frankfurter Börse (vgl. Heilfron, Gesetzgebung über Geld-, Bank- und Börsenwesen, S. 310); nach § 13 muß bei Kassegeschäften der Säumige binnen acht Tagen unter Setzung einer Nachfrist gemahnt werden; die Eindeckung erfolgt am Tage nach Ablauf der Nachfrist. Ähnliche Grundsätze gelten für den Warenhandel. Nach den Berliner Ortsgebräuchen für den Getreidehandel (Passow Bd. 3 S. 23) muß, wenn Schadensersatz auf Grund eines Deckungskaufs gefordert wird, der Ankauf innerhalb der drei nächsten Werktage nach Ablauf einer viertägigen Nachfrist erfolgt sein (§ 18). Nach dem sog. deutsch-niederländischen Vertrag über Getreide muß die Eindeckung bei Säumnis des Verkäufers innerhalb dreier Geschäftstage erfolgen (Bd. 3 S. 34 und 41). Gleich kurze Fristen für die Eindeckung sind für den Terminhandel in Kupfer (Passow S. 141) und Zinn (S. 146) vorgesehen. Für den Handel mit Futtermitteln ist in Hamburg vorgeschrieben, daß bei Säumnis eine Nachfrist gewährt und dann binnen dreier Tage die Eindeckung vorgenommen werden muß (Jürgens-Leuckfeld S. 174). Im Handel mit Kartoffelfabrikaten muß am Tage der Säumnis Protest erhoben werden, widrigenfalls alle Ansprüche gegen den Säumigen erlöschen; die Eindeckung hat am nächsten Werktage zu geschehen (S. 179).

Alle diese Beispiele zeigen, wie energisch der Handel auf baldige Vornahme der Eindeckung dringt. Diesen Anschauungen würde es nicht entsprechen, wenn man eine so weite Hinausschiebung der Eindeckung zuließe, daß, wie vorliegendenfalls in der Klage vorgetragen, bei einem Kauf zu einem Vertragspreise von 120000 ℳ ein Schaden von 75000 ℳ oder, wie in einem späteren Schriftsatz berechnet, von 56650 ℳ gefordert werden könnte.

Die Rechtsprechung und Rechtslehre ist den dargelegten Anschauungen zum Teil gefolgt. Staub, Anhang zu § 374 Anm. 68, erklärt, daß die Eindeckung „alsbald" erfolge müsse. Nach Düringer-Hachenburg Bd. 2 S. 247 Anm. 357 ist sie entweder bei Eintritt des Verzugs oder nach Ablauf einer gesetzten Nachfrist vorzunehmen, also zu denjenigen Zeiten, die auch für die Berechnung eines abstrakten Schadens maßgebend sind. Das Reichsgericht hat zwar Bd. 83 S. 176 ausgeführt, daß der nichtsäumige Verkäufer berechtigt sei, zunächst Erfüllung zu verlangen und dann noch nach längerer Zeit einen Deckungsverkauf vorzunehmen. Anderseits ist aber wieder in dem Urteil bei Holdheim Bd. 14 (1905) S. 219 anerkannt worden, daß eine Hinauszögerung der Fristsetzung unter Umständen gegen Treu und Glauben verstoßen könne.

Einer grundsätzlichen Entscheidung über den Zeitpunkt der Eindeckung bedarf es vorliegendenfalls nicht, denn der zur Entscheidung stehende Tatbestand bietet besondere Eigentümlichkeiten, die vom Berufungsgericht nicht genügend in Rücksicht gezogen worden sind. Zunächst steht fest, daß schon im ersten Kriegsjahre eine starke Steigerung der Preise fast aller Waren, insbesondere auch aller Textilwaren und dergl. eingetreten war. Die Preise für Jutesäcke und ähnliche Säcke nahmen an dieser Steigerung teil; das Berufungsgericht stellt fest, daß — gegenüber einem Vertragspreise von 1,20 ℳ aus Juli 1915 — die Preise bis Ende September auf 1,26—1,30 ℳ angezogen hatten. Das ist, wie der zu den Akten gebrachte Briefwechsel ergibt, darauf zurückzuführen, daß größere Vorräte in Deutschland nicht mehr vorhanden waren und die Neuanfertigung verboten wurde. Bald nach dem 1. Oktober trat dann eine sprungweise Aufwärtsbewegung ein. Sodann kommt zweitens in Betracht, daß die Klägerin selbst, wie ihre Aufstellung erweist, im August und September andauernd erhebliche Quantitäten Säcke eingekauft hat. Die Beschaffung weiterer Mengen war möglich, wie die Aussage des Zeugen G. ergibt. Irgendein Interesse, die Eindeckung nicht schon im August und September vorzunehmen, hat die Klägerin nicht geltend machen können. Dann aber erscheint es weder den dargelegten Anschauungen des Handels noch den Erfordernissen von Treu und Glauben entsprechend, daß die Klägerin zwar für eigene Rechnung fortdauernd zu billigen Preisen kaufte, die Eindeckung für die unterbliebenen Lieferungen der Beklagten aber trotz des wegen der mangelnden Vorräte vorauszusehenden und teilweise schon in die Erscheinung getretenen Anziehens der Preise hinausschob. Sie hätte die Eindeckung vielmehr — eventuell nach Setzung einer Nachfrist, die aber nach der bestimmten Lieferungsweigerung der Beklagten nicht einmal erforderlich war — nach Fälligkeit der Lieferungen der Beklagten baldigst vornehmen müssen. Die Fälligkeit war eingetreten, denn die Klägerin hat die ersten Ladungen auf den 15. August uud die weiteren mit Zwischenräumen von je fünf Tagen abgerufen. Danach mußte sie sich für 50000 Säcke Ende August und für weitere 50000 Säcke Ende September eindecken. Ende August konnte sie, wie die Aussage des G. und ihre eigenen Käufe ergeben, noch zum Vertragspreise kaufen; Ende September mußte sie, wie das Berufungsgericht feststellt, 1,26 *M* zahlen. Sie kann danach von der Beklagten nur einen Schadensersatz von 6 *Pf* auf 50000 Sack, das ist 3000 *M*, fordern.

---

25. Zu den Rechtsbegriffen der höheren Gewalt nach § 1 RHaftpflG. und des unabwendbaren äußeren Zufalls nach § 25 des preuß. Eisenbahngesetzes. Kann dem Eisenbahnunternehmer zugemutet werden, daß er, um den Gefahren aus einem Unwetter vorzubeugen, den Betrieb auf der gefährdeten Strecke einstellt, bevor noch die Unmöglichkeit seiner Weiterführung sich ergeben hat?

VI. Zivilsenat. Urt. v. 13. Dezember 1920 i. S. Ruppiner Eisenbahn-Aktiengesellschaft (Bekl.) w. H. (Kl.). VI 455/20.

I. Landgericht Neuruppin. — II. Kammergericht Berlin.

Die Klägerin ist nach ihrer Behauptung am 11. Januar 1918 als Fahrgast eines Eisenbahnzuges der Beklagten, der bei Fretzdorf entgleiste, infolge der Entgleisung an der Gesundheit beschädigt worden und hat dadurch Erwerbseinbuße erlitten, auch sollen ihr Uhr und Brille beschädigt worden sein. Sie verlangt Ersatz des ihr entstandenen Schadens von der Beklagten. Das Landgericht wies die Klage ab, das Oberlandesgericht gab ihr statt. Auf die Revision wurde das erste Urteil wiederhergestellt.

Gründe:

Die Klägerin hat auf der Eisenbahnfahrt eine körperliche Beschädigung dadurch erlitten, daß der Zug, mit dem sie fuhr, entgleiste; auch Gegenstände, die sie auf der Reise mit sich führte, sind dabei beschädigt worden. Es liegt also ein Betriebsunfall einer Eisenbahn vor, bei dem der Eisenbahnunternehmer, hier die Beklagte, dem

Verletzten nach Maßgabe des § 1 RHaftpflG. für den Schaden an der Person, nach Maßgabe des § 25 preuß. EisenbG. für den Sachschaden ersatzpflichtig ist, wenn und soweit nicht ein eigenes Verschulden den Ersatzanspruch ausschließt oder höhere Gewalt (§ 1 RHaftpflG.) oder ein unabwendbarer äußerer Zufall (§§ 25, 26 preuß. EisenbG.) den Unfall herbeigeführt hat, wofür der Eisenbahnunternehmer beweispflichtig ist. Ein eigenes Verschulden der Klägerin kommt im gegebenen Falle nicht in Frage; das Vorliegen höherer Gewalt oder eines unabwendbaren äußeren Zufalles — beide Begriffe decken sich — hat das Landgericht angenommen, das Berufungsgericht verneint. Diese Verneinung ist Gegenstand der Revisionsbeschwerde, die für begründet zu erachten war.

Unter höherer Gewalt ist nach zahlreichen Entscheidungen des Reichsgerichts (vgl. aus neuester Zeit RGZ. Bd. 95 S. 64, Warneyer 1920 Nr. 172, JW. 1920 S. 710 Nr. 10) ein von außen auf den Betrieb einwirkendes außergewöhnliches Ereignis zu verstehen, das unvorhersehbar, auch bei Anwendung äußerster Sorgfalt ohne Gefährdung des ganzen Betriebes und des wirtschaftlichen Erfolges des Unternehmens nicht abzuwenden, auch nicht wegen seiner Häufigkeit von dem Betriebsunternehmer in Rechnung zu ziehen und mit in den Kauf zu nehmen ist. Im vorliegenden Falle ist die Entgleisung des Eisenbahnzuges und damit die Beschädigung des Körpers und der Eigentumsgegenstände der Klägerin dadurch herbeigeführt worden, daß ein außerordentlich heftiger Schneesturm, wie ihn in dieser Heftigkeit die Zeugen noch nicht erlebt zu haben angeben, eingesetzt hatte und die dadurch auf die Schienen geworfenen vereisten Schneemassen nicht von den Rädern der Maschine beiseite gedrängt werden konnten, vielmehr sich vor den Rädern zusammenballten und so die Maschine selbst aus den Gleisen drängten. Daß ein solcher außergewöhnlicher heftiger Schneesturm, ein elementares Naturereignis, als ein von außen auf den Betrieb einwirkendes ungewöhnliches und unvorhersehbares Ereignis anzusehen ist, hat auch das Berufungsgericht nicht verkannt; es nimmt auch an, daß eine Bewältigung der damit gegebenen besonderen Betriebsgefahr durch technische und mechanische Mittel während der Fortdauer des elementaren Vorganges nicht möglich war. Das Berufungsgericht meint indessen, daß die Beklagte, da der Schneesturm nicht erst plötzlich kurz vor der Zugentgleisung, sondern bereits am Vormittage des Unfalltages eingesetzt habe, wenn kein anderes Mittel zur Abwendung der Gefahren des Unwetters sich darbot, den Betrieb der Eisenbahn auf der gefährdeten Strecke zeitweise hätte einstellen müssen. Ja es erachtet deshalb nicht nur den Tatbestand der höheren Gewalt oder des unabwendbaren äußeren Zufalls nicht für gegeben: es rechnet es der Beklagten sogar zum Verschulden im Sinne der §§ 823, 276

BGB. an, daß sie nicht schon vor dem Unfalle den Betrieb eingestellt habe, so daß sie auch zur Zahlung eines Schmerzensgeldes an die Klägerin verpflichtet sei.

In dieser Erwägung kann dem Berufungsgericht nicht beigetreten werden. Eine Einstellung des Betriebs der Eisenbahn ist gewiß geeignet, jeden Betriebsunfall unmöglich zu machen und jede Schadensgefahr aus einem solchen zu beseitigen. Sie kann aber als eine für diesen Zweck dem Eisenbahnunternehmer anzusinnende Maßnahme im allgemeinen nicht angesehen werden. Sie beseitigt die Betriebsgefahr nur, indem sie den Betrieb selbst aufhebt; sie ist also an und für sich mit einer ordnungsmäßigen Führung des Betriebs überhaupt nicht verträglich. Eine Einstellung des Betriebs ist unumgänglich, wenn eine zeitweise Unmöglichkeit seiner Fortführung durch Naturereignisse, wie Schneeverwehungen, Überschwemmungen, Erdrutsche gegeben ist; aber sie ist eine alleräußerste Maßregel, die nicht schon gefordert werden kann, wenn ein Unwetter einsetzt, das möglicherweise bei längerer Fortdauer, die bei einem Schneesturm indessen von vornherein in keiner Weise zu übersehen ist, den Betrieb gefährlich gestalten und Betriebsunfälle herbeiführen kann. Der Verkehr einer jeden Eisenbahn steht in engstem Zusammenhange mit dem Gesamtverkehr des Landes; er hat an diesem nach Maßgabe eines bestimmten behördlich genehmigten Fahrplans teilzunehmen und ist ihm zu dienen berufen. Es ist mithin an der ordnungs- und planmäßigen Weiterführung des Betriebs das öffentliche Interesse in erheblichster Weise beteiligt, wie denn auch die Eisenbahnen gesetzlich verpflichtet sind, ihren Betrieb und ihre Betriebsmittel unter bestimmten, gesetzlich festgelegten Bedingungen für die öffentlichen Reichsinteressen, insbesondere der Postverwaltung, zur Verfügung zu stellen und ihren Betrieb danach einzurichten. Dieses öffentliche Verkehrsinteresse bringt es mit sich, daß eine Eisenbahnverwaltung nicht ohne die äußerste Notwendigkeit zu einer Einstellung des Betriebs sich verstehen wird und verstehen darf. Erst wenn sich herausstellt, daß eine Weiterführung des ordnungsmäßigen Betriebs undurchführbar ist, wird und kann sie zu dieser Maßregel greifen, die notwendig den ganzen Personen- und Güterverkehr der Gegend in Verwirrung bringen oder in Mitleidenschaft ziehen muß, und die Verantwortung dafür der Öffentlichkeit gegenüber übernehmen. Das Stillegen der Züge mit ihrem ganzen Inhalte, das Aussetzen der Fahrgäste bei Personenzügen auf möglicherweise kleinen Zwischenstationen sind Handlungen, die mit größter wirtschaftlicher und rechtlicher Verantwortung für die Eisenbahnverwaltungen verbunden sind, so daß die einschneidende Maßnahme der Betriebseinstellung nur als letztes Auskunftsmittel in äußersten Notfällen in Betracht gezogen werden kann.

Im gegebenen Falle hatte nach der Feststellung des Berufungsgerichts der Schneesturm in den Vormittagsstunden eingesetzt; in welchem Zeitabschnitt des Vormittags, ist nicht näher erörtert worden. Die Entgleisung, die den Unfall herbeiführte, ereignete sich in den frühen Nachmittagsstunden, zwischen 2 und 3 Uhr. Ein solches Unwetter kann rasch vorübergehen, es kann aber auch möglicherweise längere Zeit anhalten; nur im letzteren Falle wird es zumeist dem Eisenbahnbetriebe gefährlich werden und ihn zu einem besonders gefährlichen machen. Von vornherein ist die Dauer und damit die Gefahr nicht zu übersehen. Es kann also keinesfalls gleich beim Einsetzen eines solchen Unwetters die Einstellung des Betriebs von der Eisenbahnverwaltung in Erwägung gezogen werden. Solange es noch gelungen ist, das Verkehrshindernis zu bewältigen, ist der Zeitpunkt für eine solche Maßnahme noch nicht gekommen. Der Umstand, daß noch 40 Minuten vor dem Unfall ein anderer Zug die Unfallstelle hat passieren können, auf den das Berufungsgericht kein erhebliches Gewicht legen zu müssen geglaubt hat, wird für die Frage, ob die Verwaltung der Beklagten zu einer Betriebseinstellung vor dem Unfalle schreiten mußte und durfte, in Wirklichkeit von größter Bedeutung. Solange noch eine Wahrscheinlichkeit dafür besteht, daß der Betrieb aufrecht erhalten werden kann, ist eine Notwendigkeit, ihn einzustellen, nicht anzuerkennen. Daß zu einem Zeitpunkte vor dem in Rede stehenden Unfalle, der für die Durchführung der angeordneten Maßregel den erforderlichen Zwischenraum ließ, die Verwaltung der Beklagten die Betriebseinstellung hätte anordnen müssen, ist deshalb zu verneinen, ohne daß es darüber noch weiterer Aufklärungen und einer Zurückverweisung der Sache an das Berufungsgericht bedurfte. Der Betriebsleitung der Beklagten ist ein Vorwurf daraus, daß sie nicht zu dem Mittel der Betriebseinstellung zur Abwendung der Gefahr von Betriebsunfällen vor dem in Rede stehenden Unfalle sich entschlossen hat, nicht zu machen. Es entfällt somit die von dem Berufungsgericht angenommene Haftung aus §§ 823, 276, 30, 31 BGB., wie auch eine solche aus § 831 BGB., dessen Anwendung nicht in Frage kommt, weil der Unfall nicht auf eine Handlung oder Unterlassung der Angestellten der Beklagten, sondern auf ein elementares Naturereignis als seine Ursache zurückzuführen ist. Dieses Naturereignis stellt sich als ein Vorgang aus höherer Gewalt und aus unabwendbarem äußeren Zufalle dar, der mit Mitteln, die innerhalb der Grenzen der bei äußerster Sorgfalt dem Eisenbahnunternehmer zuzumutenden Maßnahmen lagen, nicht abzuwenden war.

---

26. Gilt der das Geschäft vermittelnde Makler als Dritter im Sinne des § 123 Abs. 2 BGB.?

II. Zivilsenat. Urt. v. 14. Dezember 1920 i. S. H. (Kl.) w. v. E. (Bekl.). II 267/20.

I. Landgericht Hamburg, Kammer für Handelssachen. — II. Oberlandesgericht daselbst.

Die Beklagte hatte dem Kläger im Februar 1919 125 Kisten schwedische Streichhölzer zum Preise von 370 *M* für die Kiste ab Freihafenlager Hamburg verkauft. Der Kläger zahlte 10000 *M* an. Es gelang aber nicht, die Einfuhrerlaubnis für die Streichhölzer zu erwirken.

Der Kläger focht darauf das Kaufgeschäft wegen Irrtums und arglistiger Täuschung an und verlangte mit der Klage Rückerstattung seiner Anzahlung. Er behauptete, daß ihm der Makler der Beklagten, H., der das Geschäft vermittelt habe, vor dem Abschluß bewußt wahrheitswidrig erklärt habe, ein anderer Käufer habe aus derselben Partie, von der dem Kläger verkauft sei, Ware erworben und aus dem Freihafen herausbekommen; derselbe habe den Wunsch, auch den Rest der Partie zu kaufen.

Das Berufungsgericht wies im Gegensatz zum Landgericht die Klage ab. Die Revision des Klägers blieb erfolglos.

Gründe:

Nach der Feststellung des Berufungsgerichts hat der Kläger nicht behauptet, daß die Beklagte die von dem Makler H. vorgenommene Täuschung gekannt habe oder habe kennen müssen. Dann aber war eine Anfechtung des zwischen den Parteien abgeschlossenen Vertrags durch den Kläger nicht möglich, und schon hieran muß die Revision scheitern. Es ist wiederholt in der Rechtsprechung des Reichsgerichts angenommen worden, daß derjenige, welcher mit Vertretungsmacht für eine Partei abschließt, nicht als Dritter im Sinne des § 123 Abs. 2 BGB. anzusehen ist (vgl. RGZ. Bd. 72 S. 136, Bd. 76 S. 108). Es kann aber nicht anerkannt werden, daß auch solche Personen, welche auf Grund eines Auftragsverhältnisses ohne Abschlußvollmacht in irgendeiner Weise an dem Zustandekommen des Geschäfts beteiligt sind, den Parteivertretern gleichzustellen seien, derart, daß von ihnen verübte arglistige Täuschungen zur Vertragsanfechtung auch dann berechtigen könnten, wenn der Auftraggeber von ihnen weder wußte noch zu wissen brauchte. Wer einen anderen bevollmächtigt, ihn zu vertreten, gibt damit nach außen kund, daß er dem erwählten Vertreter sein volles Vertrauen geschenkt habe und es sich gefallen lassen wolle, mit ihm identifiziert zu werden. Dieser Gesichtspunkt trifft aber nicht in solchen Fällen zu, wo die Partei einen anderen nur zu beschränktem Handeln beauftragt und sich selbst die entscheidende Tätigkeit vorbehält. Hier weiß der Dritte, daß es im wesentlichen auf das ankommt, was der Auftraggeber weiß und will, und er kann sich nicht darauf berufen, daß der Auftraggeber, auch wenn er den Erklärungen seines Beauftragten völlig fernsteht, diese zu decken habe. Eine so weit gehende Annahme würde den Interessen des Geschäftsverkehrs nicht förderlich sein, sondern nur hinderlich im Wege stehen. So hat denn auch der erkennende Senat bereits in seinem Urteil vom 26. Januar 1909 II 337/08 ausgesprochen, daß derjenige, welcher lediglich im Auftrage eines anderen die die schließliche Willenserklärung vorbereitenden Verhandlungen geführt hat, als Dritter im Sinne des § 123 Abs. 2 BGB. zu gelten hat. Dieser Gesichtspunkt trifft auch für den das Geschäft bloß vermittelnden Makler zu. Als solcher kommt H. nach den Feststellungen des Berufungsgerichts in Frage. Er ist also als Dritter zu erachten. . . .

---

27. 1. Zum Begriffe der gemischten Schenkung.
2. Kann auch einer solchen gegenüber ein Vorkaufsrecht ausgeübt werden?

V. Zivilsenat. Urt. v. 15. Dezember 1920 i. S. D. (Bekl.) w. Stadt Rostock (Kl.). V 320/20.

I. Landgericht Rostock. — II. Oberlandesgericht daselbst.

Durch notariellen Vertrag vom 12. Dezember 1919 hat der Beklagte sein mit einem Vorkaufsrechte der Klägerin belastetes Grundstück nebst den im Vertrage bezeichneten beweglichen Sachen zum Preise von 50000 *M* an seinen Neffen H. B. verkauft. Die Klägerin erklärte, nachdem ihr der Inhalt des Vertrags am 16. dess. Mts. mitgeteilt worden war, dem Beklagten am 19. Januar 1920, daß sie ihr Vorkaufsrecht ausübe, und, da der Beklagte die Ausübung des Vorkaufsrechts für nicht gerechtfertigt erachtete, hat sie auf Auflassung des Grundstücks geklagt. Der Beklagte wandte namentlich ein, es liege hier kein reiner Kaufvertrag, sondern eine gemischte Schenkung vor, die zur Ausübung des Vorkaufsrechts nicht berechtigte, auch der vorgeschriebenen Form entbehre. Beim Abschlusse des Vertrags seien beide Vertragsteile ausgesprochenermaßen davon ausgegangen, daß das Grundstück 100000 *M* wert sei und daß der Käufer durch die Vereinbarung eines Kaufpreises von nur 50000 *M* eine unentgeltliche Zuwendung erhalte.

Beide Vorinstanzen haben der Klage gemäß erkannt. Der Revision des Beklagten wurde stattgegeben.

Aus den Gründen:

Das Berufungsgericht hält die Ausübung des der Klägerin zustehenden Vorkaufsrechts für gerechtfertigt, weil der von dem Beklagten mit seinem Neffen abgeschlossene Vertrag sich nach dem Inhalte der über ihn aufgenommenen notariellen Urkunde als reiner Kaufvertrag darstelle und auch aus den von dem Beklagten unter Beweis gestellten Behauptungen nicht hervorgehe, daß eine gemischte Schenkung vorliege....

Zunächst macht die Revision geltend, daß, wenn die Behauptungen des Beklagten richtig seien, eine gemischte Schenkung vorliege. In diesem Falle sei aber der von dem Beklagten mit seinem Neffen abgeschlossene Vertrag nichtig, weil er den Formvorschriften der §§ 313, 518 BGB. nicht genüge. Diese Schlußfolgerung ist freilich nicht als zutreffend anzuerkennen. Der Revision ist indes zuzugeben, daß bei Unterstellung der Richtigkeit der Behauptungen des Beklagten kein reiner Kaufvertrag, sondern eine gemischte Schenkung vorliegen würde. Zwar reicht zur Annahme einer solchen nicht aus, daß die Leistungen der Vertragsteile nicht gleichwertig sind. Auch genügt es nicht, wenn nur hinzukommt, daß die Vertragschließenden sich dessen bewußt sind, oder wenn nichts weiter vorliegt, als daß ein Vertragsteil sich lediglich seinerseits aus Rücksicht auf die Person des anderen bestimmen läßt, für seine Leistung eine geringere Gegenleistung zu fordern, als dem Werte der Leistung entspricht. Vielmehr ist eine Schenkung gemäß § 516 BGB. nur dann vorhanden, wenn beide Vertragsparteien es auf eine unentgeltliche Zuwendung abgesehen haben. Im vorliegenden Falle hatte aber der Beklagte behauptet, daß er den Gesamtwert des Grundstücks mit Gebäuden auf 100000 *M* geschätzt habe und daß diese Schätzung bei den Vertragsverhandlungen zwischen ihm und seinem Neffen auch ausdrücklich zugrunde gelegt und dabei hervorgehoben worden sei, daß der Neffe, wenn die Fabrik ihm für 50000 *M* überlassen werde, den Unterschied zwischen deren Wert und dem Kaufpreise unentgeltlich erhalte; auch seien sich die Vertragschließenden bei dem Vertragsschlusse über die darin enthaltene unentgeltliche Zuwendung einig gewesen. Wenn diese Behauptungen richtig wären, läge allerdings eine gemischte Schenkung vor. Aber diese Schenkung wäre nicht, wie die Revision es jetzt hinstellt, so zu verstehen, daß neben einem Kaufvertrage zu einem Preise von 100000 *M* der schenkweise Erlaß der Hälfte der Kaufpreisforderung vereinbart worden wäre, und ebensowenig dahin, daß neben einem Kaufvertrag über eine ideelle Grundstückshälfte zum Preise von 50000 *M* eine Schenkung verabredet gewesen wäre, die die andere Grundstückshälfte betraf. Vielmehr handelt es sich bei Zugrundelegung der Darstellung des Beklagten um ein einheitliches, nicht in einen entgeltlichen und einen unentgeltlichen Teil zerlegbares Geschäft, durch das sich der Beklagte verpflichtet hätte, seinem Neffen ein Grundstück schenkungshalber zu einem im Einverständnis beider zu niedrig bemessenen Kaufpreise zu übertragen. Von diesem Standpunkte aus sind aber die Formvorschriften der §§ 313 und 518 BGB. als erfüllt anzusehen. Denn es ist gegebenenfalls nicht nur der vereinbarte Grundstücksveräußerungsvertrag seinem wahren Inhalt entsprechend beurkundet worden, sondern diese Beurkundung enthält zugleich das in der Zusage der Grundstücksübertragung zu einem zu niedrigen Preise enthaltene Schenkungsversprechen. Allerdings ist nicht beurkundet, daß dieses Versprechen teilweise schenkweise abgegeben werde. Allein dessen bedurfte es zur Erfüllung des Formerfordernisses aus § 518 BGB. auch nicht. Das ist in dem Urteile des erkennenden Senats RGZ. Bd. 98 S. 124 eingehend dargelegt und an dieser Rechtsansicht ist festzuhalten (vgl. auch Bd. 22 S. 191). Von einer Nichtigkeit des Vertrags wegen Formmangels kann daher keine Rede sein. . . .

Gleichwohl mußte das Berufungsurteil aufgehoben werden, weil die von der Revision gerügte Übergehung des von dem Beklagten für das Vorliegen einer gemischten Schenkung angetretenen Beweises aus einem anderen rechtlichen Gesichtspunkte von Bedeutung ist. Sind nämlich die von dem Beklagten in dieser Hinsicht aufgestellten Behauptungen richtig, so war die Ausübung des Vorkaufsrechts durch die Klägerin deshalb nicht zulässig, weil dieses nach § 504 BGB. voraussetzt, daß der Verpflichtete mit einem Dritten einen Kaufvertrag über den Gegenstand des Vorkaufsrechts abgeschlossen hat. Daraus ergibt sich, wie auch in den Motiven (Bd. 2 S. 345) ausdrücklich ausgesprochen und allgemein anerkannt ist, daß der Abschluß eines anderen auf entgeltliche oder unentgeltliche Veräußerung gerichteten Vertrags (z. B. eines Tausches oder einer Schenkung) nicht zur Ausübung des Vorkaufsrechts berechtigt, und dies muß auch im Falle einer gemischten Schenkung, wie sie hier behauptet ist, gelten. Denn es handelt sich bei ihr um einen eigenartigen im Bürgerlichen Gesetzbuch nicht besonders geregelten Vertrag, der, wenn er auch in manchen Hinsichten nach Kaufgrundsätzen zu behandeln sein mag, doch für die Frage der Ausübung des Vorkaufsrechts nicht als Kauf gelten kann, weil bei ihm der Kaufpreis im Einverständnis der Parteien nicht die volle Gegenleistung für die Übertragung der Sache darstellt, die Parteien vielmehr darüber einig sind, daß es sich teilweise um eine unentgeltliche Zuwendung handelt. In einem solchen Falle ist, wie auch bereits im früheren Rechte überwiegend angenommen wurde, die Ausübung des Vorkaufsrechts nach den Vorschriften des Bürgerlichen Gesetzbuchs für ausgeschlossen zu erachten (Planck, BGB. § 505 Anm. 2, vgl. Gierke, Deutsches Privatrecht Bd. 2 S. 777 Anm. 49). Die vereinzelt vertretene Meinung, daß in diesem Falle die Ausübung des Vorkaufsrechts zu dem dem wahren Werte entsprechenden Preise zugelassen werden müsse, findet im Gesetz keine Stütze. Sie ist auch mit der — für das dingliche Vorkaufsrecht nach § 1098 schlechthin maßgebenden — Vorschrift des § 505 Abs. 2 BGB. nicht zu vereinigen, derzufolge der Kauf zwischen dem Berechtigten und dem Verpflichteten unter den Bedingungen zustande kommt, welche der Verpflichtete mit dem Dritten vereinbart hat. Im übrigen will die Klägerin hier auch ein Vorkaufsrecht zu einem höheren Preise als 50000 *M* gar nicht ausüben. Die Annahme, daß die Klägerin zur Ausübung des von ihr beanspruchten Vorkaufsrechts berechtigt sei, würde, wenn die Behauptungen des Beklagten richtig sind, auch der Billigkeit nicht entsprechen. Denn die Klägerin würde dann aus einer Freigebigkeit des Beklagten einen Vorteil ziehen, der ihr nicht zukommen sollte. Die Entscheidung hängt sonach davon ab, ob die Behauptungen, mit denen der Beklagte das Vorliegen einer gemischten Schenkung zu begründen sucht, sich als richtig erweisen....

Das angefochtene Urteil war daher aufzuheben und die Sache zur anderweiten Verhandlung und Entscheidung an das Berufungsgericht zurückzuverweisen.

---

28. Ist derjenige, der während des Kriegs auf einem Grundstück eine Sprengstoffabrik betrieben hat, auch ohne Verschulden zum Ersatze des durch Explosionen den Nachbargrundstücken zugefügten Schadens verpflichtet?

V. Zivilsenat. Urt. v. 15. Dezember 1920 i. S. Rh. Dynamitfabrik (Bekl.) w. R. Gesellschaft m. b. H. (Kl.). V 348/20.

I. Landgericht Köln. — II. Oberlandesgericht daselbst.

Am Abende des 18. Juni 1918 fand in der von der Beklagten in B. betriebenen Dynamitfabrik eine schwere Explosion statt, die in der darauffolgenden Nacht noch einige weitere Explosionen zur Folge hatte. Durch diese Explosionen wurden in dem benachbarten Orte O. eine Anzahl wertvoller Spiegelscheiben zertrümmert. Die Beklagte hat einem Teile der geschädigten Eigentümer die für die Wiederherstellung der Scheiben erforderlichen Aufwendungen ersetzt. Ein anderer Teil hat seine Ansprüche der Klägerin abgetreten, und diese verlangt auf Grund der Abtretungen Verurteilung der Beklagten zur Zahlung von 5000 *M*. Beide Vorinstanzen haben den Anspruch dem Grunde nach für gerechtfertigt erklärt. Die Revision der Beklagten ist zurückgewiesen worden.

Gründe:

Der Berufungsrichter läßt dahingestellt, ob die Explosion vom 18. Juni 1918 auf ein von der Beklagten zu vertretendes Verschulden zurückzuführen sei. Er erklärt, es bedürfe einer Entscheidung dieser Frage nicht, weil die Haftung der Beklagten für den entstandenen Schaden auch ohne den Nachweis eines solchen Verschuldens begründet erscheine. Allerdings fehle es an einer ausdrücklichen gesetzlichen Vorschrift, aus der diese Haftung abgeleitet werden könne; denn § 1004 BGB. gebe nur einen Anspruch auf Beseitigung von Beeinträchtigungen, nicht aber auf Wiedergutmachung ohne das Hinzutreten eines Verschuldens, § 26 GewO. aber, der unter Umständen einen Anspruch auf Schadloshaltung ohne weiteres gewähre, bewillige diesen nur gegen künftig zu befürchtende benachteiligende Einwirkungen und stelle keine allgemeine Ersatzpflicht auch für bereits eingetretene Schäden auf. Für diese Auffassung nimmt der Berufungsrichter Bezug auf die in Gruchot Bd. 50 S. 412 und in JW. 1915 S. 601 abgedruckten Entscheidungen. Deshalb könne die Haftung der Beklagten nur aus dem vom Reichsgericht aufgestellten und jetzt allgemein anerkannten Rechtsgedanken abgeleitet werden, daß dem beeinträchtigten Eigentümer ein Anspruch auf Ersatz entstandenen Schadens auch ohne den Nachweis eines Verschuldens dann zustehe, wenn ihm der Anspruch auf Beseitigung oder Unterlassung einer Immission durch eine Sondervorschrift entzogen und er deshalb der schädigenden Einwirkung gegenüber völlig machtlos war. Daß ein Fall dieser Art hier vorliege, legt der Berufungsrichter im wesentlichen auf folgende Weise dar: Wenn auf einem Grundstücke Anlagen errichtet würden, von denen mit Sicherheit vorauszusehen sei, daß ihr Bestand oder ihre Benutzung eine unzulässige Einwirkung auf Nachbargrundstücke zur Folge haben werde, so könnten die Eigentümer dieser Grundstücke nach § 907 BGB. die Beseitigung der Anlagen verlangen. Sprengstoffabriken möchten in der Vorkriegszeit nicht zu solchen Anlagen gehört haben, weil damals die Sprengstoffherstellung bei Einhaltung der gebotenen Vorsichtsmaßregeln „völlig gefahrlos" gewesen sei (vgl. RGZ. Bd. 50 S. 226). Durch den Kriegsausbruch hätten sich aber diese Verhältnisse, wie der Berufungsrichter näher darlegt, infolge der notwendig gewordenen äußersten Ausnutzung der Fabriken (Einstellung ungelernter Arbeiter, übermäßiger Anspannung der Arbeitskraft bei unzureichender Ernährung der Arbeiter) derart verändert, daß die Explosionsgefahr aufs höchste gesteigert und in den letzten Kriegsjahren für die Grundstückseigentümer in weitem Umkreise zu einer akuten und dauernden geworden sei, zumal die Anhäufung großer Massen von Explosionsstoffen in den Fabriken die Wirkungen eingetretener Explosionen noch besonders verheerend gemacht habe. Solche Explosionen seien dann auch mit zerstörenden Wirkungen weit über den Bereich des betroffenen Werks hinaus in einer großen Zahl von Fällen während der Kriegsjahre erfolgt. Daß auch in der Fabrik der Beklagten, die im übrigen tadellos geleitet gewesen sei, infolge der Kriegsfabrikation ständige Explosionsgefahr bestanden habe, die unzulässige Einwirkungen auf die Nachbargrundstücke habe befürchten lassen, entnimmt der Berufungsrichter aus dem von der Direktion der Beklagten in dem staatsanwaltschaftlichen Ermittelungsverfahren erstatteten Berichte, der u. a. mitteilt, daß sie im Gegensatze zu ihrer Friedensgewohnheit notgedrungen auch das Waschhaus (in dem die Explosion stattgefunden hat, während Arbeiter dort beschäftigt waren) zur Lagerung von Nitroglyzerin in größeren Mengen verwenden mußte. Daraus schließt der Berufungsrichter, daß der Ausbruch von Explosionen und die damit verbundenen Einwirkungen auf die Nachbargrundstücke über kurz oder lang mit Sicherheit vorauszusehen gewesen seien. Infolgedessen hätten die Eigentümer der gefährdeten Grundstücke an sich zwar aus § 907 BGB., wenn auch nicht auf Stillegung der Fabriken, weil § 26 GewO. diese Klage gegenüber behördlich genehmigten Anlagen versage, wohl aber auf Wiederherstellung der die benachteiligenden Wirkungen ausschließenden früheren Einrichtungen klagen können. Mit dieser ihnen an sich gegebenen Klage wären sie aber nicht durchgedrungen, weil die Anforderungen der Kriegsführung die Fortsetzung des Kriegsbetriebs der Sprengstoffabriken gebieterisch erfordert hätten und diese Anforderungen den privaten Interessen der benachbarten Grundstückseigentümer unbedingt vorgegangen seien. Tatsächlich seien also die Eigentümer aus Gründen des öffentlichen Wohles nicht in der Lage gewesen, sich gegen die ihrem Eigentum durch Explosionen drohenden Gefahren mit den ihnen an sich gegebenen Rechtsbehelfen zu schützen. Als Ersatz für diese Entziehung eines so wesentlichen Rechts müsse ihnen daher entsprechend dem vom Reichsgericht entwickelten allgemeinen Rechtsgedanken gegen die Folgen der Explosion, der sie schutzlos preisgegeben gewesen seien, eine durch den Verschuldensnachweis nicht bedingte Klage auf Ersatz der Explosionsschäden zugebilligt werden. Der Berufungsrichter verweist noch auf die großen Gewinne, die von den Sprengstoffabriken durch die schrankenlose und an sich unzulässige Kriegsfabrikation erzielt worden seien, und folgert hieraus, daß ein Anspruch auf Ersatz der Explosionsschäden durchaus der Billigkeit entspreche. Er nimmt schließlich auf ein Urteil des Oberlandesgerichts Frankfurt a. M. (abgedruckt in L. Z. 1919 Sp. 1284 flg.) Bezug, das bei völlig gleichgearteter Sachlage zu dem gleichen Ergebnisse gekommen sei.

Soweit die Revision sich gegen die Annahme des Berufungsrichters wendet, daß infolge der Entwicklung, welche der Betrieb in den Sprengstoffabriken während des Krieges genommen hatte, der Eintritt von

Explosionen mit Sicherheit zu erwarten gewesen sei, kann sie mit ihren lediglich das tatsächliche Gebiet der Würdigung des Verhandlungsergebnisses betreffenden Einwendungen nicht gehört werden. Aber auch soweit sie auszuführen sucht, daß der vom Berufungsrichter angewandte Rechtssatz nicht in der ihm beigemessenen Allgemeinheit anerkannt werden könne, sind ihre Bedenken nicht gerechtfertigt. Die in der Rechtsprechung des Reichsgerichts zur Geltung gebrachte Anwendung jenes Rechtssatzes beschränkt sich keineswegs, wie die Revision anzunehmen scheint, auf die Fälle des Brandschadens durch Funkenflug aus einer Lokomotive beim Eisenbahnbetriebe (RGZ. Bd. 58 S. 130) — welcher Fall allerdings einer größeren Anzahl der in Betracht kommenden Entscheidungen zugrunde liegt —, auch nicht auf den Fall einer Beschädigung eines Hausgrundstücks durch Anlage eines Eisenbahntunnels (vgl. Urt. des RG. v. 22. Mai 1912 V 29/12, JW. S. 869), oder auf ähnliche Fälle bei der Anlage und dem Betriebe von Eisenbahnen. Vielmehr hat das Reichsgericht aus Vorschriften zunächst des gemeinen (RGZ. Bd. 17 S. 103), dann auch des preußischen (§ 75 Einl. zum ALR.) und des Reichsrechts — in diesem namentlich des § 26 GewO. — den allgemeinen Rechtssatz hergeleitet, daß für rechtswidrige Einwirkungen auf das Eigentum eines andern, auch ohne daß dem Einwirkenden ein Verschulden zur Last fällt, überall da Schadloshaltung geleistet werden muß, wo infolge einer entgegenstehenden Sonderrechtsnorm dem Eigentümer die ihm nach den Grundsätzen des ordentlichen Rechts zustehende Befugnis, wegen des Eingriffs eine Abwehrklage (actio negatoria) zu erheben, entzogen ist.

Vgl. außer den schon angeführten Urteilen RGZ. Bd. 59 S. 74, Bd. 63 S. 376, Bd. 70 S. 152, Bd. 97 S. 291, Bd. 98 S. 348; ferner JW. 1905 S. 131 Nr. 1, 1910 S. 580 Nr. 15, S. 619 Nr. 13; Warneyer 1911 Nr. 404, 1913 Nr. 226.

Wenn in dem Urteile RGZ. Bd. 63 S. 374, auf das die Revision Bezug nimmt, die Anwendung des bezeichneten Rechtssatzes auf den durch eine Gasröhrenanlage entstandenen Schaden abgelehnt wird, so ist das mit der Begründung geschehen, daß es sich hier nicht um eine genehmigte Anlage gehandelt habe, deren Beseitigung durch eine Abwehrklage nicht hätte verlangt werden können, und auch nicht um eine Anlage, von der eine Einwirkung auf die Nachbargrundstücke mit Sicherheit zu erwarten gewesen sei. Gerade das aber ist hier auf Grund der Entwicklung, die der Betrieb während der Kriegszeit genommen hat, in einer, wie oben schon bemerkt, der Revision nicht zugänglichen Weise tatsächlich festgestellt worden. Damit ist die Behauptung der Revision, daß es sich auch hier bei der Explosion, wie in dem Falle von RGZ. Bd. 63 S. 374, um einen durch eine Verkettung nicht voraussehbarer Umstände herbeigeführten „Zufall", dem jede menschliche Veranstaltung ausgesetzt ist, gehandelt habe, nicht vereinbar. Auch die von der Revision zur Prüfung gestellte Erwägung, daß durch die Annahme einer Schadloshaltungspflicht für die Beschädigung von Sachen ohne Verschulden des Schädigers den Sachen ein größerer Schutz gewährt werde als den Personen, da bei Körperverletzungen die Schadensersatzpflicht nur im Falle des Verschuldens eintrete, greift nicht durch, da das positive Recht auch die Abwehrklage, deren Ersatz die Schadloshaltung ohne Verschulden bildet, nur zum Schutze von Sachen, nicht aber von Personen gewährt.

Auch die Billigkeitserwägungen, die der Berufungsrichter aus den während des Krieges gemachten großen Gewinnen der Beklagten herleitet, ohne übrigens damit einen für die Entscheidung maßgebenden Gesichtspunkt aufzustellen, werden nicht durch den Hinweis der Revision ausgeschaltet, daß andere Betriebe aus der Fabrikation für den Kriegsbedarf noch größere Gewinne gemacht hätten, ohne mit der Tragung der aus dem Betriebe für andere entspringenden Gefahren belastet zu werden. Anderseits sprechen die wirtschaftlichen Gründe, die namentlich in dem vom Berufungsrichter in Bezug genommenen Urteile des Oberlandesgerichts Frankfurt a. M. hervorgehoben sind, in hohem Maße für die Unentbehrlichkeit einer Entschädigungspflicht der Sprengstoffabriken gegenüber den Grundstückseigentümern in solchen Fällen, in denen die ganze wirtschaftliche Existenz des gesamten, im weiten Umkreise einer derartigen Fabrik belegenen Grundbesitzes gefährdet war, ohne daß dieser während des Krieges sich durch die sonst gegebenen Rechtsbehelfe schützen konnte. Die durch diese Verhältnisse hervorgerufene Schutzlosigkeit gegenüber der drohenden Gefahr war keine lediglich tatsächliche, sondern beruhte auf dem Rechtssatze, daß private Interessen zurücktreten müssen, wo es zur Rettung der Volksgemeinschaft aus einer ihr unmittelbar drohenden Gefahr erforderlich ist. Der Notstandsbegriff, der durch das geltende Recht bei dem Widerstreite privater Interessen zugunsten des sich als unverhältnismäßig größer darstellenden anderweiten Interesses anerkannt ist (§ 904 BGB.), muß auch ohne ausdrückliche Vorschrift in solchem Falle entsprechende Anwendung finden. Der VI. Zivilsenat des Reichsgerichts hat in RGZ. Bd. 100 S. 69 ausgesprochen, daß das dem Grundstückseigentümer gemäß § 905 Satz 1 BGB. an sich zustehende Recht, das Überfliegen seines Grundstücks zu verbieten, zurückstehen müsse zugunsten der Betätigungsmöglichkeit des wirtschaftlich für die Allgemeinheit wertvollen und sich bis zur Unentbehrlichkeit entwickelnden Verkehrsmittels der Luftschiffahrt, weil diese nicht in einer für die Allgemeinheit unerträglichen Weise beengt werden dürfe. In noch viel höherem Maße muß die Ausübung von Privatrechten hinter den Interessen der nationalen Verteidigung zurückstehen. Ist aber dadurch der

Grundstückseigentümer rechtlich genötigt, ein ihm zustehendes Privatrecht aufzuopfern, so greift der oben entwickelte Rechtssatz Platz, durch den ihm an Stelle des entzogenen Rechts gegenüber demjenigen, der in sein Eigentum eingreift, ein Anspruch auf Schadloshaltung gewährt wird, der von dem Nachweise eines dem Schädiger zur Last zu legenden Verschuldens unabhängig ist.

---

29. Wann stellt sich ein Kalkulationsirrtum des Verkäufers als ein die Anfechtung rechtfertigender Irrtum über den Inhalt der Erklärung dar?

II. Zivilsenat. Urt. v. 17. Dezember 1920 i. S. Th. (Bekl.) w. K. (Kl.). II 182/20.

I. Landgericht Hamburg, Kammer für Handelssachen. — II. Oberlandesgericht daselbst.

Laut Bestätigungsschreiben vom 26. Februar 1919 verkaufte die Beklagte der Klägerin 200 kg Silber 1000 fein zum Preise von 360 ℳ für das Kilogramm. Die Klägerin verlangte mit der Klage Schadensersatz wegen Nichterfüllung. Beide Vorinstanzen erklärten den Anspruch für dem Grunde nach gerechtfertigt. Auf die Revision der Beklagten wurde das Berufungsurteil aufgehoben und die Sache an das Oberlandesgericht zurückverwiesen.

Aus den Gründen:

... Sodann hat die Beklagte den streitigen Vertrag auf Grund von § 119 BGB. wegen Irrtums angefochten, indem sie vortrug: Bei den Kaufverhandlungen, die ihrem Bestätigungsschreiben unmittelbar vorausgegangen seien, habe ihr Prokurist A. dem Inhaber der Klägerin 200 kg Silber 800 fein zum Preise von 320 ℳ für das Kilogramm angeboten. Da der Inhaber der Klägerin Wert darauf gelegt habe, Silber 1000 fein zu erhalten, habe A. im Kopfe den Preis für 1000 fein auf der Basis von 800 fein zu 320 ℳ umgerechnet. Dabei sei ihm der Rechenfehler unterlaufen, daß er als Preis für 1000 fein den — in das Bestätigungsschreiben übergegangenen — Preis von 360 ℳ angegeben habe, während das Resultat richtig gerechnet 400 ℳ hätte lauten müssen: Silber 800 fein sei damals seit langer Zeit nicht unter 310 ℳ zu kaufen gewesen, daher sei es ausgeschlossen, daß A. 1000 fein zu 360 ℳ hätte anbieten können. Dem Inhaber der Klägerin sei bei den Kaufverhandlungen von A. auch gesagt worden, daß die Beklagte selbst mindestens 310 ℳ für 800 fein zahlen müsse.

Diesem Vorbringen, das in der Revisionsinstanz als richtig zu unterstellen ist, wird das Berufungsgericht nicht gerecht. Es führt aus, daß nach der Darstellung der Beklagten ein Kalkulationsirrtum vorliege, der nicht zur Irrtumsanfechtung berechtige; daß der gegenwärtige Fall wesentlich anders geartet sei als ein von Oertmann, DJurZ. 1909 S. 742 behandelter, wo bei der Addition mehrerer Einzelposten in der Endsumme ein Fehler unterlaufen sei; daß übrigens weder das Reichsgericht noch die sonstige Judikatur der — bei solcher Sachlage die Irrtumsanfechtung zulassenden — Ansicht Oertmanns gefolgt sei. Der Stand der Rechtsprechung ist ein anderer, als das Berufungsgericht annimmt. Allerdings reicht danach ein Kalkulationsirrtum regelmäßig nicht aus, die Voraussetzungen des § 119 BGB. zu erfüllen, da er regelmäßig nicht die rechtsgeschäftliche Erklärung selbst berührt, sondern nur Umstände, die dieser vorausgegangen sind, und damit nur den Beweggrund betrifft. Hierin tritt jedoch, wie das Reichsgericht schon mehrfach anerkannt hat, eine Änderung ein, wenn die Kalkulation zum Gegenstand der entscheidenden Vertragsverhandlungen gemacht wurde und der geforderte Kaufpreis erkennbar als ein auf dieser Kalkulation beruhender bezeichnet worden ist; denn der Inhalt der Erklärung umfaßt dann auch die Preisberechnung (vgl. RGZ. Bd. 64 S. 268, Bd. 90 S. 272, Bd. 94 S. 67). Ein solcher Fall ist aber hier nach dem Vorbringen der Beklagten gegeben, da der für die verkaufte Ware geforderte Preis sich nur als das Ergebnis einer bei den entscheidenden Kaufverhandlungen vorgenommenen, dem Käufer kenntlich gemachten Umrechnung darstellen würde.

---

30. Schließt der häufige Gebrauch einer bildlichen Bezeichnung aus, daß diese noch eine besondere Bezeichnung im Sinne von § 16 UWG. ist?

II. Zivilsenat. Urt. v. 17. Dezember 1920 i. S. U. (Bekl.) w. A. (Kl.). II 326/20.

I. Landgericht I Berlin, Kammer für Handelssachen. — II. Kammergericht daselbst.

Die Klägerin gibt seit 38 Jahren eine „Wochenzeitung für Politik, Literatur und deutsche Ausfuhr-Interessen" als „Organ der Deutschen im Ausland" unter dem Titel „Das Echo" heraus. Seit Anfang 1919 erscheint im Verlag der Beklagten eine „politische Wochenschau" unter dem Titel „Welt-Echo". Sie bringt Artikel politischen, literarischen und wirtschaftlichen Inhalts, die für deutsche Exportfirmen oder die im Ausland ansässigen Firmen von Bedeutung sind.

Die Klägerin hat beantragt, die Beklagte zu verurteilen, daß sie sich des Wortes „Echo" im Titel der von ihr herausgegebenen Zeitschrift „Welt-Echo" nicht weiter bediene. Die Beklagte bestreitet die Schutzfähigkeit des Wortes „Echo" für die Klägerin sowie die Verwechselungsgefahr mit dem Titel der Klägerin und behauptet völlige Verschiedenheit des Leserkreises.

Während das Landgericht die Klage abwies, gab das Kammergericht ihr statt. Die Revision hatte keinen Erfolg.

Gründe:

Mit Recht nimmt das Berufungsgericht an, daß das Wort „Echo" nicht, wie Tageblatt, Zeitung, Anzeiger usw., eine Gattungsbezeichnung ist, sondern eine bildliche Ausdrucksweise und deshalb an sich zunächst eine besondere Bezeichnung der Druckschrift und des Zeitungsunternehmens der Klägerin darstellt. Der Umstand, daß vielfach für Zeitungstitel das Wort Echo gewählt wird, vermag für sich allein diese Bezeichnung ebenfalls noch nicht zu einer den Worten Tageblatt usw. gleichwertigen Gattungsbezeichnung zu stempeln und ihr den Charakter einer besonderen Bezeichnung zu nehmen. Die Vorstellung von der bildlichen Ausdrucksweise, der Übertragung eines Begriffs auf einen ihm an sich nicht zukommenden Gegenstand, hat sich immer noch erhalten, ähnlich wie z. B. beim Wort „Spiegel", das schon seit der Zeit des Sachsenspiegels für die Wiedergabe des Bildes oder sonstigen Inhalts einer Druckschrift gebraucht wird, ohne doch schlechthin gleichbedeutend mit dem Begriff der Wiedergabe selbst geworden zu sein (vgl. Urt. des RG. v. 17. November 1911 II 197/11, Gewerbl. Rechtsschutz 1912 S. 158). Gattungsbezeichnung und häufig gebrauchte besondere Bezeichnungen sind zwei verschiedene Dinge. Hiernach ist dem Kammergericht beizutreten, wenn es dem Worte „Das Echo" noch die Kraft beimißt, zu einer besonderen Bezeichnung der Zeitschrift der Klägerin zu werden. Damit wird ihr nach § 16 UWG. freilich kein Monopol auf dieses Wort gegeben, so daß sie schlechthin anderen Zeitungsunternehmungen den Gebrauch dieses Wortes verbieten könnte. Das kann sie auch den Unternehmungen nicht, die auf demselben Gebiete erscheinen, dem sich ihre eigene Zeitung widmet. Vielmehr sind alle Zusammensetzungen mit dem Worte „Echo" und der Gebrauch von Zusätzen, also insoweit der Gebrauch des Wortes „Echo" selbst, auch diesen gestattet, sofern sie sich nur genügend von dem Titel der klägerischen Zeitung „Das Echo" unterscheiden. Auch das muß gesagt werden, daß der häufige Gebrauch des Wortes „Echo" für Zeitschriften, die einen Überblick, eine Rundschau über ein bestimmtes Gebiet geben wollen, diesem Worte erheblich von seiner Kraft, als Schlagwort zu dienen, genommen hat, und daß somit Hinzufügungen zu dieser Bezeichnung stärkere unterscheidende Bedeutung gewinnen.

In Frage steht also nur, ob die Zusammensetzung „Welt-Echo" eine solche hinlängliche Unterscheidung von dem Titel „Das Echo" bietet. Das ist im wesentlichen eine Frage tatsächlicher Würdigung. Daß das Kammergericht bei der Verneinung rechtlich geirrt hat, ist nicht erkennbar. Der Titel „Das Echo" bedeutet in seiner Allgemeinheit, daß es sich um Wiedergabe von Preßstimmen usw. aus allen Teilen der Welt handelt; jedenfalls weist der Titel auf keine territoriale Beschränkung hin. Ebenso farblos und allgemein ist aber der Titel „Welt-Echo". Er bringt positiv zum Ausdruck, was der bloße Titel „Das Echo" negativ aussagt, nämlich den Hinweis auf die ganze Welt im Gegensatz zur territorialen Beschränkung. Der Sinn beider Bezeichnungen ist also durchaus derselbe. Darin liegt aber auch gerade der Unterschied von all den verschiedenen von der Beklagten angeführten Titeln, die sich unmittelbar auf bestimmte Länder und Ortschaften oder auf bestimmte Gegenstände, über die die Zeitschriften etwas bringen, beziehen und eben durch diese besondere Beziehung auf einen bestimmten Ort oder einen bestimmten Gegenstand hinlänglich unterscheidend wirken.

Das Kammergericht verneint weiter, daß der Umstand, daß die Zeitschrift der Klägerin sich an die Auslandsdeutschen, die der Beklagten an die Inlandsdeutschen wende, erheblich genug sei, um die Verwechselungsgefahr auszuschließen. Hiergegen macht die Revision namentlich geltend, daß die Verwechselungsgefahr gerade vom Standpunkte des Leserkreises aus zu beurteilen sei. Letzteres ist zutreffend. Der Umstand, daß die eine Zeitung sich an die Auslandsdeutschen, die andere an die Inlandsdeutschen wendet, schließt aber noch nicht völlig aus, daß ihr Leserkreis doch teilweise der gleiche ist, zumal, wie weiter festgestellt ist, die Zeitschrift der Beklagten gleichfalls Auswandererinteressen vertritt, sich hierin sonach mit den Auslandsdeutschen in ihren Interessen berührt, wie umgekehrt die Auswanderungslustigen Interesse für den Inhalt einer Zeitschrift haben werden, die für Auslanddeutsche geschrieben ist.

Ist sonach ohne Rechtsirrtum der Zeitungstitel „Welt-Echo" mit dem Titel „Das Echo" für verwechselungsfähig erachtet worden, so gibt § 16 UWG. doch nur einen Anspruch für die Klägerin auf Unterlassung eben dieses verwechselungsfähigen Titels „Welt-Echo". Unberechtigt ist aber die Verurteilung, die Benutzung des Wortes „Echo" in diesem Titel zu unterlassen. Die Klägerin hat, wie gesagt, kein Monopol auf dieses Wort, dieses ist auch für Zeitungen, die eine Rundschau über gewisse Gebiete geben, vielfach üblich, seine Verwendung kann also der Beklagten nicht verboten werden. Lediglich die Hinzufügung „Welt" ist ungenügend, um den Titel von dem der Klägerin zu unterscheiden. Deshalb ist ihr der Zusatz „Welt" zum

Wort „Echo“ zu verbieten, nicht der Gebrauch des Wortes „Echo“ in dieser Zusammensetzung. Es genügt, ihr überhaupt den Titel „Welt-Echo“ zu untersagen; im übrigen kann es ihr überlassen bleiben, hinlänglich unterscheidende Zusätze zu finden, will sie beim Gebrauch des Wortes „Echo“ verharren. Das entspricht auch dem Klagantrage. Als Erfolg der Revision kann es nicht angesehen werden, vielmehr ist diese mit der Maßgabe, wie geschehen, zurückzuweisen.

---

31. 1. Bedeutung eines Vergleichs für das Alter und die Fälligkeit der durch ihn festgestellten Forderung.
2. Zur Rückwirkung der Aufrechnung.

II. Zivilsenat. Urt. v. 17. Dezember 1920 i. S. Maschinenfabrik W. (Kl.) w. Reichsmilitärfiskus (Bekl.) II 196/20.

I. Landgericht I Berlin. — II. Kammergericht daselbst.

In den Monaten Juli bis Oktober 1916 lieferte die Klägerin dem Reichsmilitärfiskus, vertreten durch den Präses des Ingenieurkomitees, Gegenstände des Heeresbedarfs, auf die der Beklagte am 15. Oktober 1916 noch restliche 386933,31 *M* schuldete. In der Zeit vom November 1914 bis März 1916 hatte sie außerdem noch andere solche Gegenstände an den Reichsmilitärfiskus, vertreten durch die Intendantur des 18. Armeekorps, geliefert und bezahlt erhalten. Mit der Behauptung, daß sie hierbei in betrügerischer Weise zu hohe Preise berechnet habe, machte der Fiskus einen Rückforderungsanspruch aus unerlaubter Handlung und ungerechtfertigter Bereicherung geltend. Über den nach Grund und Betrag streitigen Anspruch kam am 13. Oktober 1917 ein Vergleich zustande, wonach die Klägerin an die Zahlstelle des 18. Armeekorps in Wiesbaden sofort 2000000 *M* abzuführen hatte. Sie versuchte, mit ihrer Forderung von 386933,31 *M* aufzurechnen; jedoch ließ sich die Intendantur darauf nicht ein. Eine am 8. Februar 1918 geleistete Teilzahlung wurde von dieser zunächst auf Zinsen der Vergleichsforderung (5% seit dem 14. Oktober 1917) und dann auf das Kapital angerechnet. Erst am 24. Mai 1918 erklärte die Intendantur, die 386933,31 *M*, die das Ingenieurkomitee schulde, mit Wirkung vom 8. Februar dess. Jahres absetzen zu wollen.

Die Klägerin ist der Meinung, daß ihre Forderung hierdurch nicht vollständig getilgt worden sei. 5% Zinsen für die Zeit vom 15. Oktober 1916 bis 8. Februar 1918 seien noch rückständig. Mit der Klage nimmt sie den Reichsmilitärfiskus, vertreten durch den Präses des Ingenieurkomitees, auf Zahlung dieser Summe im Betrage von 25419,35 M nebst 5% Zinsen seit dem 8. Februar 1918 in Anspruch.

Die Vorinstanzen wiesen die Klage ab. Die Revision hatte teilweisen Erfolg.

Gründe:

1. Nach § 389 BGB. bewirkt die Aufrechnung, daß die Forderungen, soweit sie sich decken, als in dem Zeitpunkte erloschen gelten, in welchem sie zur Aufrechnung geeignet einander gegenübergetreten sind. Es fragt sich, welches dieser Zeitpunkt war. Während die Forderung der Klägerin spätestens seit dem 15. Oktober 1916 aufgerechnet werden konnte, gehen die Meinungen hinsichtlich der Forderung des Beklagten auseinander. Die Klägerin nimmt Aufrechenbarkeit erst vom Vergleichsschluß, 13. Oktober 1917, an; der Beklagte will die Zeit vor dem 15. Oktober 1916 berücksichtigt wissen. Das Berufungsgericht hat sich der letzteren Auffassung angeschlossen. Es führt aus, da die unerlaubten Handlungen der Klägerin vom November 1914 bis März 1916 begangen seien, habe seit März 1916 ein Schadensersatzanspruch des Beklagten bestanden, der durch den Vergleich von der vom Beklagten behaupteten Höhe (3700000 M) auf 2000000 M herabgesetzt sei. Hierdurch sei der ursprüngliche Rechtsgrund des Anspruchs nicht beseitigt worden, denn regelmäßig habe ein Vergleich keine novierende Kraft. Dafür, daß die Parteien ausnahmsweise im Wege der Schuldumwandlung das bisherige Schuldverhältnis durch ein neues hätten ersetzen wollen, liege nichts vor. Im Gegenteil heiße es in dem Vergleichsangebot der Klägerin vom 27. August 1917 ausdrücklich, die Summe solle gezahlt werden „zur Abfindung sämtlicher Ansprüche des Reichsmilitärfiskus an die Maschinenfabrik W. aus ihren Geschäftsbeziehungen zum Pionierheerespark M.“

Diesen Erwägungen läßt sich nicht beitreten. Schon ob der Vergleich vom 13. Oktober 1917 nicht novierend wirkte, ist keineswegs ausgemacht. Der selbstverständliche Hinweis darauf, daß mit der vergleichsweise versprochenen Summe alle Ansprüche des Beklagten aus den in Betracht kommenden Geschäftsbeziehungen abgefunden sein sollten, beweist nichts. Es kann sehr wohl bezweifelt werden, ob der Beklagte der Aufrechnung einer Gegenforderung der Klägerin mit der Begründung hätte widersprechen können, seine eigene Forderung sei nach wie vor dem Vergleich eine Forderung aus einer von der Klägerin vorsätzlich begangenen unerlaubten Handlung (vgl. § 393 BGB.). Doch kann dies dahingestellt bleiben. Jedenfalls herrschte vor dem Vergleich Streit nicht nur darüber, wieviel, sondern ob überhaupt die Klägerin dem Beklagten etwas schuldete. Erst der Vergleich hat diesem Streit ein Ende bereitet und eine Forderung von 2000000 M festgesetzt. Darin liegt aber zugleich, daß die Forderung als im Zeitpunkt des Vergleichsschlusses entstanden behandelt werden sollte. Ein Zurückgreifen auf einen früheren Zeitpunkt würde dem Sinne der Abmachung widersprechen. Nicht mit Unrecht meint die Revision, daß der Beklagte ebensogut auch hinsichtlich der Höhe der Forderung seine ursprüngliche Behauptung von 3700000 *M* hätte wiederaufnehmen können.

Ist somit die Forderung des Beklagten erst am 13. Oktober 1917 entstanden und fällig geworden, so traf sie die Gegenforderung der Klägerin um Zinsen angewachsen an. Die Einwendung des Beklagten, diese Zinsen seien durch den Vergleich wieder weggefallen, weil sie damals nicht vorbehalten worden seien, geht fehl. Die Intendantur des 18. Armeekorps, mit der der Vergleich vereinbart wurde, hatte mit der Gegenforderung nichts zu tun. In ihren Schreiben vom 20. Oktober 1917, 19. und 28. Januar 1918 lehnte sie den Aufrechnungsversuch der Klägerin — nach § 395 BGB. korrekt — aus diesem Grunde ab; noch in dem letzterwähnten Schreiben bemerkte sie, daß ihr eine Forderung der Klägerin an das Ingenieurkomitee unbekannt sei. Es ist daher ausgeschlossen, aus der Nichterwähnung der Forderung beim Vergleichsschluß einen Verzicht der Klägerin herzuleiten. In Höhe von 15477,32 *M* — nämlich 4% vom 15. Oktober 1916 bis 13. Oktober 1917 — muß vielmehr der Klage ohne weiteres stattgegeben werden (vgl. §§ 246, 452 BGB.).

Die weitergehende Behauptung eines fünften Prozentes für die gleiche Zeit ist noch nicht spruchreif. Wenn auch der Reichsmilitärfiskus kein Kaufmann war, § 352 HGB. mithin nach § 343 das. nicht anwendbar ist, so erlaubt doch § 288 Satz 2 BGB. dem Gläubiger, einen höheren Zinssatz aus dem Gesichtspunkt des Verzugsschadens zu fordern. Die Klägerin hat zur Begründung ihres Anspruchs darauf hingewiesen, daß sie unter den heutigen Verhältnissen bei Anlage ihres Geldes jederzeit 5% habe erzielen können. Das Berufungsgericht, an das die Sache wegen des fünften Prozentes, d. h. in Höhe von 3869,33 *M*, zurückzuverweisen ist, wird zu prüfen haben, ob dies zutrifft und ob und wann der Beklagte in Verzug geraten ist.

Die Nebenklagforderung auf 5% Zinsen von den erörterten Zinsen seit dem 8. Februar 1918 ist nach § 298 Satz 1, § 291 Satz 2 BGB. unbegründet. Mit Bezug auf sie muß daher die Revision zurückgewiesen werden.

2. Die Revision hält den Klaganspruch auch für die spätere Zeit nach dem 13. Oktober 1917 aufrecht. Sie führt aus, als die Intendantur am 24. Mai 1918 aufrechnete, sei die Zinsforderung des Beklagten schon durch die Zahlung vom 8. Februar dess. Jahres erloschen gewesen. Unmöglich könne die in § 389 BGB. angeordnete Rückwirkung soweit gehen, daß die bezahlte Forderung nochmals im Wege der Auf-

rechnung zur Tilgung der Gegenforderung verwendet werde. Nur soweit beide Forderungen unverändert geblieben seien, finde § 389 Anwendung. Dazu komme, daß die Intendantur bei der Aufrechnung ausdrücklich erklärt habe, die von dem Ingenieurkomitee geschuldeten 386 933,31 *M* mit Wirkung vom 8. Februar 1918 abziehen zu wollen. Sie habe mithin, wie Treu und Glauben dies auch geboten hätten, die Aufrechnung auf das Kapital der Kaufpreisforderung beschränkt. Die Klägerin habe dem nicht widersprochen; eine vertragliche Einschränkung der Wirkungen der Aufrechnung sei aber keineswegs unstatthaft. Nach alledem sei der Anspruch auf Kaufzinsen für die Zeit vom 14. Oktober 1917 bis 8. Februar 1918 unberührt geblieben.

Mit diesen Ausführungen kann die Revision keinen Erfolg haben. Wenn auch eine gezahlte Forderung nicht aufgerechnet werden kann, so war doch der nach der Teilzahlung vom 8. Februar 1918 übrig bleibende Rest der Vergleichsforderung des Beklagten unstreitig noch so groß, daß er die Kaufpreisforderung der Klägerin überstieg. Indem die Intendantur mit diesem Rest aufrechnete, bewirkte sie die Tilgung der Kaufpreisforderung vom Eintritt der Aufrechnungslage (13. Oktober 1917) an, so daß Kaufzinsen für die spätere Zeit nicht mehr geschuldet werden. Etwas anderes, nämlich einen Verzicht auf die Tilgung der Kaufzinsen, hat sie bei Vornahme der Aufrechnung auch nicht erklärt. Ihre Worte, die Gegenforderung werde mit Wirkung vom 8. Februar 1918 gutgeschrieben, bedeuteten nur, daß sie sie von demjenigen Betrage der Vergleichsforderung des Beklagten, der sich damals bei Hinzurechnung von Zinsen und bei Abrechnung der Teilzahlung ergab, absetzen und auf den Rest wieder Zinsen beanspruchen wollte. Im Prozeß hat der Beklagte stets die Ansicht vertreten, daß die Zinsforderung der Klägerin durch die Aufrechnung untergegangen sei. Übrigens wäre er zur Herbeiführung einer anderweiten Wirkung einseitig nicht einmal imstande gewesen. Es hätte dazu eines Vertrags der Parteien bedurft, und zwar eines Vertrags des Inhalts, daß gegen Erlaß eines entsprechenden Teiles der Vergleichsforderung nur die Kaufpreisforderung selbst, nicht auch Zinsen darauf, erlassen sein sollten. Ein solcher gegenseitiger Erlaßvertrag ist nicht geschlossen worden.

Was die Klägerin beschwert, ist in Wirklichkeit die Tatsache, daß sich der Beklagte am 8. Februar 1918 auf seine Vergleichsforderung Zinsen zahlen ließ, die nach der Aufrechnung als nicht geschuldet zu betrachten sind. Darauf kann aber nur eine condictio indebiti gestützt werden, die gegen den Beklagten, vertreten durch die Intendantur des 18. Armeekorps, gerichtet werden muß. Zutreffend bemerkt das Berufungsgericht, daß der Anspruch auf Rückerstattung eines dem Fiskus zu Unrecht gezahlten Betrags gegen diejenige Behörde zu verfolgen ist, die die in Frage stehende Forderung geltend zu machen hatte.

32. 1. Inwieweit sind Beschlüsse des Mieteinigungsamts für die ordentlichen Gerichte bindend?

2. Ist in den Fällen des § 2 Abs. 1 der Mieterschutzverordnung vom 23. September 1918 auch eine Regelung zulässig, die dem Mieter nicht nur Pflichten auferlegt?

III. Zivilsenat. Urt. v. 10. Dezember 1920 i. S. E. (Kl.) w. H. (Bekl.). III 229/20.

I. Landgericht I Berlin. — II. Kammergericht daselbst.

Der Beklagte war mit der Zahlung des Mietzinses für Geschäftsräume, die er in dem unter Zwangsverwaltung stehenden E.schen Hause in B. inne hatte, im Rückstande geblieben und wurde deshalb im Frühjahr 1919 vom Zwangsverwalter auf Zahlung verklagt. Die gleichzeitig vom Zwangsverwalter ausgesprochene Kündigung wurde durch Beschluß des Mieteinigungsamts (MEA.) für unwirksam erklärt, das Mietverhältnis unter den bisherigen Bedingungen bis zum 31. März 1920 verlängert und dem Mieter die Verpflichtung auferlegt, die rückständige Miete in Zuschlägen zum laufenden Mietzins zu bezahlen, wogegen bei Nichteinhaltung dieser Zahlungen der Vermieter berechtigt sein sollte, die Räumung zu verlangen. Der Beklagte erfüllte die ihm hiernach auferlegten Pflichten, und das Mietverhältnis wurde stillschweigend um ein weiteres Jahr verlängert. Gleichwohl verlangte der Kläger die sofortige Zahlung aller noch nicht bezahlten Mietzinsbeträge. Seine Klage wurde in allen Rechtszügen abgewiesen.

Gründe:

Der Beschluß des MEA. beschränkt sich nicht darauf, die allmähliche Bezahlung der Mietzinsrückstände als eine Bedingung für die Fortsetzung des Mietverhältnisses zu bestimmen, sondern regelt allgemein die Frage der Mietzinszahlung für das Verhältnis der Parteien. Neben diesem Beschlusse ist daher, seine Wirksamkeit und bindende Kraft vorausgesetzt, für ein abweichendes einseitiges Zahlungsverlangen des Klägers kein Raum. Die Wirksamkeit des Beschlusses wird aber von der Revision mit Unrecht bezweifelt. Nach § 7 der MSchVO. vom 23. September 1918 sind die Entscheidungen des MEA. unanfechtbar, seine Bestimmungen als solche des Mietvertrags zu behandeln. Daraus folgt nicht nur, daß es kein Rechtsmittel gegen Beschlüsse des MEA. gibt und daß auch eine Klage gegen seinen Spruch ausgeschlossen ist (vgl. oben S. 53), sondern es muß auch, wenn die beabsichtigte rasche, endgültige Erledigung von Mietstreitigkeiten erzielt werden soll, der Inhalt eines solchen Beschlusses für die Parteien selbst wie für ein später entscheidendes Gericht sachlich bindend sein. Natürlich wird damit dem MEA. nicht allgemein die Macht beigelegt, jeden Streit, der ihm vom Mieter oder vom Vermieter unterbreitet wird, bindend zu entscheiden. Es muß sich dabei in den Grenzen seiner Zuständigkeit halten, und ob es dies getan hat, ist auch von dem ordentlichen Gerichte zu prüfen, wenn es über Fragen entscheiden soll, bezüglich deren bereits ein Beschluß des MEA. vorliegt. Die Grenzen der Zuständigkeit ergeben sich aus der MSchVO. und sind nach deren Sinn und Zweck und unter Berücksichtigung der beiderseitigen Interessen möglichst weit zu ziehen. Im vorliegenden Falle sind sie vom MEA. nicht überschritten worden. Nach § 2 Abs. 1 Nr. 1a MSchVO. kann das Einigungsamt auf Anrufen eines Mieters über die Wirksamkeit einer Kündigung des Vermieters und über die Fortsetzung des gekündigten Mietverhältnisses jeweils bis zur Dauer eines Jahres bestimmen. Daß dabei auch Bedingungen für die Fortsetzung des Mietverhältnisses gesetzt werden dürfen, versteht sich von selbst. In § 2 Abs. 2 MSchVO. wird dem Einigungsamt für die Fortsetzung oder Verlängerung des Mietverhältnisses in den Fällen des Abs. 1 Nr. 1 ausdrücklich die Befugnis zugesprochen, dem Mieter neue Verpflichtungen aufzuerlegen, insbesondere den Mietzins zu erhöhen. Die gegenüber § 1 MSchVO. vom 26. Juli 1917 abweichende Fassung stellt klar, daß dem Mieter auch andere Verpflichtungen als eine Erhöhung des Mietzinses auferlegt werden können. Aus dem Wortlaut der Vorschrift ist aber nicht zu folgern, daß eine Regelung, die dem Mieter nicht nur Pflichten auferlegt, unzulässig sei. Vielmehr muß nach Sinn und Zweck der MSchVO. angenommen werden, daß jede Regelung zulässig ist, die in einem inneren ursächlichen Zusammenhang mit der Frage steht, zu deren Entscheidung das MEA. unmittelbar berufen ist. So liegt aber die Sache hier. Das MEA., das die Kündigung für unwirksam erklärte und so dem Mieter die Fortsetzung des Mietverhältnisses ermöglichte, hat ihm durch die Festsetzung von Ratenzahlungen mittelbar Stundung für die Mietzinsrückstände gegeben. Es hat ihn aber dem Vermieter gegenüber auch belastet, indem es diesem die Befugnis gab, bei Nichteinhaltung der bestimmten Zahlungen (einschließlich der laufenden Mietzinsen) die Räumung ohne Rücksicht auf sonstige gesetzliche oder vertragsmäßige Bestimmungen zu verlangen. Die ganze Regelung steht im engsten Zusammenhange mit der in die Zuständigkeit des MEA. fallenden Entscheidung über die Fortsetzung des Mietverhältnisses. Der Beklagte weist in Beantwortung der Revision zutreffend darauf hin, daß, wenn der Mieter bei Nichteinhaltung der bestimmten Zahlungen räumen muß, ihm durch Stundung im übrigen die Möglichkeit gegeben werden muß, jene Zahlungen pünktlich einzuhalten. Hätte der Vermieter trotz der Regelung des MEA. das Recht, den gesamten Mietzinsrückstand einzuklagen und beizutreiben, so könnte er bewirken, daß der Mieter die vom MEA. angeordneten Zahlungen nicht leisten kann, also räumen muß, und damit gerade den Zweck vereiteln, den das MEA. mit seinem Beschlusse erreichen will. Daß dieser Beschluß auch dem Interesse des Vermieters dient, ergibt sich aus der ihm für den Fall der Nichtzahlung gegebenen Räumungsbefugnis. Danach muß die Entscheidung des MEA. sogar als im beiderseitigen Interesse sachlich gerechtfertigt bezeichnet werden. In jedem Falle aber — und das ist hier allein entscheidend — bewegt sich die ganze Regelung in den Grenzen der Zuständigkeit des MEA. Sein Beschluß ist daher wirksam und bindend. Der Kläger ist danach gehindert, mehr an Mietzinsen einzuklagen, als ihm nach dem Beschlusse zusteht. Da der Beklagte die dort angeordneten Zahlungen geleistet hat, ist der weitergehende Anspruch des Klägers mit Recht abgewiesen worden und die Revision unbegründet.

---

33. 1. Findet der § 112 ZVG. auch dann Anwendung, wenn die einzelnen Raumteile eines Grundstücks verschieden belastet sind?

2. Erlangt eine Entpfändung auch ohne Löschung dingliche Wirkung, wenn die Löschung zufolge des Zuschlags nicht mehr in Frage kommt?

3. Ist, wenn die zur Hebung gekommenen Hypothekengläubiger von dem Ersteher außergerichtlich befriedigt sind, die Widerspruchsklage nur noch gegen den Ersteher zulässig?

V. Zivilsenat. Urt. v. 15. Dezember 1920 i. S. U. (Kl.) w. P. u. Gen. (Bekl.). V 140/20.

I. Landgericht II Berlin. — II. Kammergericht daselbst.

Für die Erstbeklagte waren auf dem dem Architekten K. gehörigen Grundstücke in Abt. III Nr. 6, 7 und 9 des Grundbuchs mehrere Hypotheken im Gesamtbetrage von 347000 *M* eingetragen und für die Beklagte zu 2 auf demselben Grundstück in Abt. III Nr. 6, 9 und 16 verschiedene Hypotheken im Gesamtbetrage von 50000 *M*, die den ersteren im Range nachstanden. Hinter den Hypotheken der Zweitbeklagten stand der Kaufmann H. mit einer Hypothek von 13560 *M*, der alsdann eine Hypothek des Klägers in Höhe von 18000 *M* im Range nachfolgte.

Zu dem Pfandgrundstücke gehörten außer einem bebauten Hofraum von 2360 qm Größe auch noch die 48 und 410 qm großen Flächenabschnitte A und B, die zu Straßenzwecken bestimmt waren. Diese Parzellen hatte die Erstbeklagte in einer notariell beglaubigten Urkunde vom 12. Dezember 1911 aus der Pfandhaft entlassen, ohne daß jedoch ihre Hypotheken auf diesen Flächen im Grundbuch gelöscht worden waren. Auch die Zweitbeklagte und ihre Rechtsvorgängerin haben wegen ihrer Hypotheken in notariellen oder notariell beglaubigten Urkunden vom 29. Dezember 1910 und 17. Januar 1911 die bezeichneten Parzellen aus der Pfandhaft freigegeben. Diese Entpfändung ist bei ihren Hypotheken im Grundbuche vermerkt worden, eine Abschreibung der pfandentlassenen Flächen vom Grundstücke hat jedoch nicht stattgefunden.

Auf Antrag der Beklagten wurde das Pfandgrundstück am 13. August 1912 im Wege der Zwangsvollstreckung versteigert. Die Versteigerung bezog sich auch auf die entpfändeten Parzellen A und B. Den Zuschlag erhielt für den durch Zahlung zu berichtigenden Betrag von 370000 ℳ die Beklagte zu 2. Neben dem bar zu zahlenden Betrage blieb nach den Zuschlagsbedingungen ein für die Gemeinde B.-L. in Abt. II Nr. 1 eingetragenes Straßenrecht im Werte von 5000 ℳ bestehen, dessen Bestehenbleiben als Teil des geringsten Gebots auch schon in den Versteigerungsbedingungen festgelegt war.

Aus der im Verteilungstermine auf 373113,66 ℳ festgestellten Teilungsmasse sollte die Erstbeklagte volle Deckung erhalten. Es kam jedoch nicht zur Zahlung im Termine, weil sie und die Ersteherin unter Bezugnahme auf eine notarielle Urkunde vom 19 September 1912 im Verteilungstermine vom 29. Oktober 1912 erklärten, daß das Bestehenbleiben der für die Beklagte zu 1 eingetragenen Hypotheken im Betrage von 337000 ℳ zwischen ihnen vereinbart und sie wegen des weiteren Betrages einschließlich der Zinsen und Kosten in Höhe von 28407,45 ℳ außergerichtlich befriedigt sei. Auf das Liquidat der Beklagten zu 2 entfiel aus dem Versteigerungserlöse nur ein Betrag von 2453,89 ℳ, den sie als gleichzeitige Ersteherin auf den von ihr zu zahlenden Erlös verrechnete. Der Kläger fiel ganz aus.

Im Verteilungstermine erhob der Kläger in Höhe seines Liquidats von 18467,21 ℳ gegen die Liquidate der Beklagten Widerspruch, indem er geltend machte, daß die Beklagten aus dem auf die entpfändeten Parzellen entfallenden Teil des Versteigerungserlöses keine Befriedigung zu beanspruchen hätten. Da die Ersteherin diesen Betrag nicht noch einmal zahlte, so wurde die gegen sie bestehende Forderung auf Zahlung des Versteigerungserlöses in Höhe von 18467,21 ℳ unter der Bedingung, daß der Widerspruch des Klägers für begründet erklärt werde, auf den Kläger übertragen und zur Sicherung dieses Anspruchs für ihn eine Sicherungshypothek zum gleichen Betrage auf dem erstandenen Grundstücke eingetragen.

In Verfolg seines Widerspruchs erhob der Kläger Klage mit dem Antrage, seinen Widerspruch für berechtigt zu erklären und die Beklagten als Gesamtschuldner zu verurteilen, an ihn den Betrag des Wertes der Parzellen A und B bis zur Höhe von 11000 *M* nebst 4 % Zinsen seit dem 29. Oktober 1912 zu zahlen. Hilfsweise forderte er Verurteilung der Beklagten, die Umwandlung der für ihn bedingt eingetragenen Sicherungshypothek in eine mit 5 % verzinsliche Darlehnshypothek auf den bezeichneten Parzellen mit dem Range an erster Stelle zu bewilligen. Seine Klage hat er auch auf ungerechtfertigte Bereicherung gestützt. Gegen die Erstbeklagte machte er geltend, daß sie auf Grund ihrer Entpfändungserklärung dem Eigentümer K. gegenüber zur Löschung ihrer Hypotheken auf den pfandentlassenen Parzellen verpflichtet gewesen sei, und daß K. ihm diesen Anspruch im Versteigerungstermine und später auch noch in einer notariell beglaubigten Urkunde vom 17. Oktober 1912 abgetreten habe. Die Beklagten hielten sowohl den Widerspruch wie den Bereicherungsanspruch des Klägers für unbegründet. Die Zweitbeklagte verlangte mit einer Widerklage auch die Löschung der für den Kläger eingetragenen Sicherungshypothek.

Die Vorinstanzen haben die Klage abgewiesen und den Kläger nach dem Widerklagantrag verurteilt.

Das Berufungsgericht hat die Widerspruchsklage gegen die Beklagte zu 1 für hinfällig erklärt, weil die von dem Kläger behauptete Abtretung der dem K. erwachsenen Rechte auf Löschung im Versteigerungstermine nicht erwiesen sei und der Kläger seinen Widerspruch im Verteilungstermin auf diese Abtretung auch nicht gestützt habe. Den Bereicherungsanspruch gegen sie hat es nicht für gerechtfertigt gehalten, weil eine etwaige Bereicherung der Beklagten zu 1 nicht auf Kosten des Klägers, sondern des voreingetragenen Hypothekengläubigers H. erfolgt sein würde.

Den Anspruch gegen die Zweitbeklagte hat das Berufungsgericht über den Betrag von 2453,89 *M* hinaus schon deshalb als unbegründet angesehen, weil ihr aus dem Versteigerungserlöse nur dieser Betrag zugeflossen sei. Es hat aber auch in Höhe von 2453,89 *M* dem Klagantrage nicht Folge gegeben, weil infolge der Mitversteigerung der Parzellen A und B der Versteigerungserlös nicht größer geworden und infolgedessen auf diese Parzellen von dem Erlöse nichts entfallen sei.

Der Revision des Klägers wurde stattgegeben.

Aus den Gründen:

... Die Erstbeklagte hat in der notariell beglaubigten Urkunde vom 12. Dezember 1911 wegen ihrer Hypotheken im Gesamtbetrage von 347000 *M* die Parzellen A und B aus der Pfandhaft entlassen, ohne daß diese Pfandentlassung im Grundbuche vermerkt worden ist. Deshalb ist die durch die Entpfändung beabsichtigte Aufhebung des Pfandrechts, die nach § 875 BGB. die Löschung der Hypotheken auf den entpfändeten Flächen voraussetzte, nicht eingetreten, vielmehr blieben die Parzellen noch weiter mit den Hypotheken der Erstbeklagten behaftet, und sie waren es insbesondere auch, als das Pfandgrundstück zur Zwangsversteigerung gelangte. Die Pfandentlassung äußerte auch keine dingliche Wirkung, als demnächst das Grundstück versteigert wurde und wegen Erlöschens der Hypotheken (§ 91 ZVG.) ihre Löschung auf den streitigen Parzellen nicht mehr in Frage kam. Denn mag es auch richtig sein, daß nach der Erteilung des Zuschlags das hypothekarische Recht der nicht bestehen bleibenden Hypotheken nicht mehr als Hypothek an dem Grundstück, sondern nur noch als dingliches, aus der Hypothek fließendes Recht auf den Versteigerungserlös zur Erscheinung kommt, so folgt daraus doch nicht, daß die erklärte Pfandentlassung, die während Bestehens der Hypotheken nur durch Löschung im Grundbuche verwirklicht werden konnte, mit dem Zuschlag auch ohne diese Voraussetzung dingliche Wirkung erlangte. Vielmehr trat, wenn die Hypotheken wegen der mangelnden Löschung bis zum Zuschlage noch nicht zur Aufhebung gelangt waren, mit dem Zuschlage die Ersatzforderung auf den Versteigerungserlös an ihre Stelle. Die Pfandentlassung hatte deshalb nach wie vor nur schuldrechtliche Folgen, und zwar wie vorher mit dem Inhalte, daß die Gläubigerin ihr Pfandrecht an den entlassenen Parzellen nicht geltend machen sollte, so jetzt in der Richtung, daß sie aus dem auf die Parzellen entfallenden Versteigerungserlöse keine Befriedigung suchen durfte.

Anders liegt der Fall bei den für die Zweitbeklagte auf den beiden Parzellen eingetragen gewesenen Hypotheken. Hier ist auf Grund der notariell beglaubigten Entpfändungserklärungen von 29. Dezember 1910 und 17. Januar 1911 die Pfandentlassung auch ins Grundbuch eingetragen worden. Allerdings ohne daß die aus der Pfandhaft entlassenen Parzellen dabei auch von dem Grundstück abgeschrieben sind, wie nach § 6 Satz 1 GBO. hätte geschehen sollen. Aber diese Vorschrift enthält, wogegen auch nicht etwa die Fassung: „ist . . . abzuschreiben" spricht, nur eine Ordnungsvorschrift, so daß ihre Nichtbefolgung nicht die Unwirksamkeit der Löschung zur Folge hatte, sondern materiellrechtlich die Wirkungen der Pfandentlassung auch ohne die Abschreibung eintreten ließ (vgl. Güthe GBO. Anm. 17 zu § 6, Predari Anm. 7 zu § 6; JW. 1905 S. 319).

Daraus ergibt sich, daß die beiden Parzellen wegen der für die Zweitbeklagte eingetragenen Hypotheken aus der Pfandhaft ausgeschieden und somit nicht alle Bestandteile des Grundstücks gleichmäßig belastet gewesen sind, als es versteigert wurde. Deshalb war die Verteilung des Versteigerungserlöses nach Maßgabe des § 112 ZVG. zu bewirken. Zwar bezieht sich diese Vorschrift nur auf die Versteigerung mehrerer Grundstücke. Aber wie sie auch Anwendung findet, wenn Bruchteile eines Grundstücks, die verschieden belastet sind, für ein Gesamtgebot zugeschlagen werden, so muß sie entsprechend auch dann angewandt werden, wenn die einzelnen Raumteile eines Grundstücks nicht gleichmäßig belastet sind. Denn wenn diese Teile auch nicht ordnungsgemäß durch Übertragung auf ein anderes Blatt oder Buchung unter besonderer Nummer des bisherigen Blattes von dem Grundstück abgeschrieben sind, so waren sie wegen ihrer von dem Restgrundstücke verschiedenen Belastung doch materiell selbständige Grundstücke und darum auch bei der Verteilung des Versteigerungserlöses wie solche zu behandeln.

Demgemäß waren aus dem Gesamterlöse zunächst die im § 109 ZVG. bezeichneten Kosten sowie die im geringsten Gebot liegenden, durch Zahlung zu deckenden Rechte (§ 49 Abs. 1), für welche die sämtlichen Teile des Grundstücks gleichmäßig hafteten, zu begleichen und alsdann der Überschuß nach dem Wertverhältnis der verschieden belasteten Grundstücke zu verteilen, ohne daß nach Lage des Falles zu diesem Überschusse noch eine Hinzurechnung nach Maßgabe des § 112 Abs. 2 ZVG. zu erfolgen brauchte. Denn das nach den Versteigerungs- und Zuschlagsbedingungen bestehen bleibende Straßenrecht der Gemeinde B.-L. war auf allen Grundstücksteilen gleichmäßig eingetragen, und die Hypotheken, deren Bestehenbleiben zwischen der Ersteherin und der Erstbeklagten vertraglich vereinbart war, fielen nicht unter die in § 112 Abs. 2 ZVG. bezeichneten Rechte (Jaeckel-Güthe ZVG. § 112 Anm. 6a $\beta\beta$ und 6a $\alpha\alpha$). Es war hiernach rechtsirrtümlich, wenn das Berufungsgericht darauf Gewicht gelegt hat, ob sich die Gebote infolge der Mitversteigerung der beiden Parzellen erhöht haben oder ohne ihre Mitversteigerung dieselben Gebote abgegeben worden wären. Maßgebend war in jedem Falle nur das Wertverhältnis der einzelnen Teile, wobei der Wert nach § 11 EinfG. und Art. 8 des preuß. AusfG. zum ZVG. ermittelt werden mußte.

Da der Verteilungsplan nicht nach Maßgabe des § 112 ZVG. aufgestellt worden ist, so mag vielleicht auch die sofortige Beschwerde gegen ihn zulässig gewesen sein; wegen seiner materiellen Unrichtigkeit war auf jeden Fall aber auch die Widerspruchsklage gegeben. Es bleibt jedoch zu berücksichtigen, daß nach der notariellen Urkunde vom 19. September 1912, die im Verteilungstermine vorgelegt wurde, das Bestehenbleiben der für die Erstbeklagte eingetragenen Hypotheken in Höhe von 337000 ℳ vereinbart und der weitere Betrag von 28407,45 ℳ außergerichtlich beglichen, und daß ferner der auf die Hypotheken der Zweitbeklagten entfallende Betrag von 2453,89 ℳ durch Verrechnung bezahlt worden ist. Denn wenn das auch zufolge des Widerspruchs des Klägers den Fortgang des gerichtlichen Verteilungsverfahrens nicht hinderte (§ 144 ZVG.), so hatte es doch, wie das Berufungsgericht nicht berücksichtigt hat, zur Folge, daß der

Widerspruch nicht mehr gegen die Beklagten als Gläubiger gerichtet werden konnte, sondern nur gegen die Zweitbeklagte als Ersteherin noch zulässig war (Jaeckel-Güthe § 144 Anm. 16; Fischer-Schaefer § 144 Anm. 3 Be; v. d. Pfordten § 144 Anm. II 3). Ob die zufolge dieses Widerspruchs zu erhebende Klage ebenso als Widerspruchsklage zu gelten hat, wie es die Klage gegen die Gläubiger wäre, wenn diese noch nicht befriedigt gewesen sein würden, kann dahingestellt bleiben. Jedenfalls ist sie zu behandeln, als wenn sie eine Widerspruchsklage wäre. Dabei schließt sie jedoch trotz des noch schwebenden Verteilungsverfahrens die Bereicherungsklage gegen die Beklagten nicht aus. Denn wegen ihrer tatsächlichen, wenn auch außergerichtlichen Befriedigung sind die Beklagten in dieser Beziehung ebenso anzusehen, als wenn sie im Verteilungsverfahren selbst Deckung gefunden hätten.

Für beide Klagen kommt es darauf an, was bei richtig aufgestelltem Plane materiell richtig auf die Beklagten zu verteilen gewesen wäre, insbesondere also auch darauf, ob die Beklagten bei der Verteilung des auf die entpfändeten Parzellen entfallenden Erlöses überhaupt berücksichtigt werden durften. In dieser Hinsicht steht soviel schon jetzt fest, daß die Zweitbeklagte von dem Erlöse, der auf die von ihr oder ihren Rechtsvorgängern entpfändeten Parzellen entfiel, nichts verlangen konnte. Inwieweit die Erstbeklagte auf diesen Erlös Anspruch hatte, hängt davon ab, ob sie dem Kläger gegenüber verpflichtet war, sich der Befriedigung aus dem auf die streitigen Parzellen zu verteilenden Erlöse zu enthalten. Ein entsprechendes Recht konnte der Kläger nur durch die Abtretung des Versteigerungsschuldners K. gewinnen, die aber laut der Abtretungsurkunde vom 17. Oktober 1912 in Wirklichkeit stattgefunden hat und im Verteilungstermine vom 29. Oktober 1912 auch geltend gemacht worden ist....

---

34. 1. **Zu den rechtlichen Beziehungen zwischen dem Kommittenten und dem Kommissionär, der vor dem Kriege als Bankier für den Kommittenten ausländische Wertpapiere zum Zwecke der Spekulation im Auslande auf Kredit gekauft hat.**

2. **Zur Frage der Anerkennung von Rechnungsauszügen und der Kondizierung des Anerkenntnisses.**

I. Zivilsenat. Urt. v. 15. Dezember 1920 i. S. E. & Co. (Bekl.) w. K. (Kl.). I 270/20.

I. Landgericht Hannover. — II. Oberlandesgericht Celle.

Die Klägerin erteilte der Beklagten im Oktober 1912 den Auftrag, für sie 30 Stück United States Steel common shares zu kaufen.

Die Beklagte führte diesen Auftrag im Wege des Selbsteintritts zum Kurse von 79 1/4 aus, rechnete den ihr gebührenden Betrag in Mark um und belastete mit dem Markbetrage die Klägerin in laufender Rechnung. Die Stücke wurden dem Effektenkonto der Klägerin gutgeschrieben. Im März 1916 erteilte die Klägerin den Auftrag, die Papiere zu verkaufen. Die Beklagte lehnte den Verkaufsauftrag in ihrem Schreiben vom 2. April 1916 ab, erklärte sich aber bereit, die Stücke in New York gegen Zahlung des Anschaffungspreises von 2388,75 $ zur Verfügung zu stellen. Darauf ging die Klägerin nicht ein. Sie erhob vielmehr Klage auf Lieferung gegen Zahlung des Markbetrags, hilfsweise auf Schadensersatz.

Die Beklagte beantragte Klagabweisung. Sie wandte ein, sie habe die Stücke bei Ankauf nicht bezahlt, sondern auf Kredit gekauft. Zu weiterem sei sie nicht verpflichtet gewesen. Müsse sie die Stücke der Klägerin jetzt liefern, so müsse sie sie jetzt in Dollars bezahlen und dafür einen großen Betrag in Mark aufwenden. Das könne die Klägerin nicht verlangen, die ihrerseits nur den ihr im Oktober 1912 nach dem damaligen Kurse umgerechneten Markbetrag zahlen wolle.

Das Landgericht stellte die Schadensersatzpflicht der Beklagten fest. Das Oberlandesgericht wies die Berufung der Beklagten zurück und verurteilte auf die gegnerische Berufung die Beklagte zur Zahlung von 11000 ℳ Schadensersatz nebst Zinsen.

Die Revision der Beklagten führte zur Aufhebung des Urteils aus folgenden

Gründen:

Das Berufungsgericht hat ausgeführt: Die Beklagte habe zunächst ihrer Vertragspflicht genügt, wenn sie sich in die Lage versetzt habe, der Klägerin die 30 shares jederzeit in New York zur Verfügung stellen zu können, ohne daß sie schon zur Beschaffung der Stücke selbst zu schreiten brauchte. Als dann aber die Klägerin Lieferung verlangt habe, habe die Beklagte die shares anschaffen und liefern müssen. Ebenso sei die Beklagte verpflichtet gewesen, dem Verlangen der Klägerin, die shares zu verkaufen, nachzukommen. Dabei habe die Beklagte nicht fordern können, daß die Klägerin den Valutaunterschied, der aus dem Fallen des Markkurses hervorging, tragen solle, denn die Beklagte habe den Anschaffungspreis nicht in Dollars, sondern in Mark in die laufende Rechnung der Klägerin eingestellt. Indem sie der Klägerin vierteljährliche Rechnungsauszüge erteilte, habe sie erklärt, daß der aufgeführte Saldo für das Schuldverhältnis der Parteien maßgebend sein solle. Das sei dann durch die — ausdrückliche oder stillschweigende — Anerkennung der Auszüge vertraglich festgelegt worden. Dasselbe Ergebnis folge auch daraus, daß in der Anerkennung des Saldos der laufenden Rechnung ein Untergang der gebuchten Einzelforderung und die Begründung einer neuen selbständigen Forderung zu finden sei. Eine sog. wirtschaftliche Unmöglichkeit, die shares zu dem in Rechnung gestellten Markbetrage zu liefern, liege auf seiten der Beklagten nicht vor. Wenn sie die Gefahr der Valutaverschlechterung nicht weiter tragen wollte, habe sie das rechtzeitig erklären müssen. Die Einrede der Beklagten, daß sie die Stücke seit Anfang 1916 nicht habe beschaffen können, weil sie nach der Devisenordnung keine Zahlung nach New York habe leisten dürfen, sei unbegründet, denn das Reichsbankdirektorium habe erklärt, daß im März oder April 1916 die Genehmigung zur Beschaffung der Zahlung erteilt worden wäre.

Diese Ausführungen werden von der Revision mit Recht angegriffen.

Bei der Beurteilung der Sachlage ist davon auszugehen, daß der wirtschaftliche Inhalt und Zweck des Geschäfts eine Spekulation auf das Steigen des Kurses der shares war. Das ist von der Beklagten in der Berufungsinstanz mit Recht betont worden. Eine Valutaspekulation lag den Parteien fern. Daran wird nichts durch den Umstand geändert, daß die Beklagte bereit war, die ganz geringen, unter normalen Verhältnissen vorkommenden Valutaunterschiede auf sich zu nehmen. Keine der Parteien hat daran gedacht und gewollt, daß die Beklagte die Gefahr erheblicher Valutaschwankungen, wie sie sich in außergewöhnlichen Zeiten ereignen, zu tragen habe. Es fragt sich, ob die Beklagte diese Gefahr trotzdem durch die formelle Ausgestaltung des Geschäfts auf sich genommen hat. Diese Frage läßt sich nach dem festgestellten Sachverhalt noch nicht abschließend beantworten.

Das Berufungsgericht hat die Frage zuungunsten der Beklagten erstens aus dem Grunde bejaht, weil die Beklagte der Klägerin den Kaufpreis im Oktober 1912 in Mark, nach dem damaligen Dollarkurs umgerechnet, in Rechnung gestellt habe. Damit sei der Kaufpreis endgültig festgelegt; es komme nicht darauf an, ob die Beklagte derzeit den Kaufpreis an ihren Verkäufer in New York noch nicht bezahlt habe und jetzt sich den in Dollars zu zahlenden Kaufpreis zu einem höheren Markbetrage, als der Klägerin in Rechnung gestellt, beschaffen müsse. Diesen Ausführungen steht zunächst entgegen, daß das Berufungsgericht einen nicht von vornherein unerheblich erscheinenden Umstand außer Acht gelassen hat. Unstreitig wurden der Klägerin über ihr Effektendepot periodisch Aufstellungen erteilt. Die Beklagte behauptet, daß in diesen Aufstellungen der Anschaffungspreis der streitigen shares in Dollars angegeben sei. Wie die Klägerin sich zu dieser Behauptung gestellt hat, ist nicht festgestellt. Auch vom Standpunkte des Berufungsgerichts ließe sich nicht umgehen, zu erörtern, ob die Behauptung rechtserheblich ist. Abgesehen hiervon kann aber überhaupt der Standpunkt, den das Berufungsgericht zu diesem Punkte einnimmt, nicht gebilligt werden. Es kann nicht anerkannt werden, daß durch die Einstellung des Markbetrags in die laufende Rechnung der Kaufpreis für die shares endgültig auf den eingestellten Markbetrag festgesetzt ist. Dem steht entgegen, daß man damals mit dem Weiterbestand normaler Zeiten und normaler Valutaverhältnisse rechnete. Dann war es gleichgültig, ob die Rechnung in Mark oder Dollars geführt wurde, wofern nur der Umrechnungskurs bei Beginn und bei Ende der Spekulation normal, d. h. annähernd gleich war. Weil also die Art der Buchung gleichgültig war, verbietet sich der Schluß, daß die rein äußerliche Form entgegen dem wirtschaftlichen Charakter des Geschäfts, das nicht auf eine Valutaspekulation ging, von entscheidendem Einfluß sein kann.

Den zweiten Grund für die Berechtigung der Klagforderung hat das Berufungsgericht daraus entnommen, daß die Rechnungsauszüge, die die Beklagte vierteljährlich erteilte, von der Klägerin, sei es stillschweigend sei es ausdrücklich, anerkannt worden seien; damit sei die Forderung der Klägerin vertraglich festgelegt. In dieser Richtung ist in der Tat das Verhalten der Beklagten auffällig. Daß sie bis zum Kriegsausbruch die einmal gemachte Buchung bestehen ließ, steht ihr nicht entgegen. Aber als sodann die deutsche Valuta fiel, hat sie andauernd Auszüge erteilt, in denen immer noch der gleiche Markbetrag zur Last geschrieben war, obgleich dieser nach ihrem Standpunkte nun nicht mehr stimmte. An einer genügenden Aufklärung dieser auffälligen Tatsache hat die Beklagte es bisher fehlen lassen. Zur Aufklärung genügt nicht der Hinweis des Sachverständigen B., daß die Beklagte unter dem Mangel an geschultem Personal gelitten haben wird. Denn einmal fehlt es in dieser Richtung an eingehenderen Darlegungen der Beklagten selbst, und sodann hatte die Beklagte nach ihrer eigenen Angabe ausländische Verpflichtungen in Höhe von zwei Millionen Mark. Wie sich bei so erheblichen Beträgen die Erteilung unrichtiger Auszüge der Aufmerksamkeit der verantwortlichen Organe der Beklagten entziehen konnte, bedarf der Aufklärung. Rechtlich ist die Sachlage zu diesem Punkte wie folgt. Sind die Rechnungsauszüge vertraglich anerkannt, wie anscheinend das Berufungsgericht annimmt, so ist die Beklagte daran zunächst gebunden. Sie kann aber ihr Anerkenntnis — und auch ein vertragliches Anerkenntnis — unter den Voraussetzungen des § 812 BGB. kondizieren. Es fragt sich also, ob sie eine Kondiktion vorgenommen hat. Eine solche ließe sich aus der Äußerung, daß sie das Geschäft wieder auf den Boden gestellt habe, auf dem es tatsächlich abgeschlossen war, entnehmen, was nötigenfalls durch Ausübung des Fragerechts klarzustellen war. Liegt eine Kondiktion vor, so ist zu erörtern, ob die Beklagte etwa die Rechnungsauszüge im Bewußtsein ihrer Unrichtigkeit erteilt hat. Wenn das auch an sich unwahrscheinlich sein mag, so bedarf es doch noch der vorerwähnten näheren Aufklärung. Zur Klarlegung dieser Punkte mußte das angefochtene Urteil aufgehoben und die Sache an das Berufungsgericht zurückverwiesen werden.

Bei der weiteren Verhandlung wird auch noch folgendes zu berücksichtigen sein. Das Berufungsgericht hat entscheidenden Wert darauf gelegt, ob die Beklagte im April 1916 nach der deutschen Gesetzgebung sich Dollars zur Zahlung in New York beschaffen durfte. Nun ging aber der in dem grundlegenden Briefe der Klägerin vom 8. März 1916 nach der übereinstimmenden Erklärung der Parteien erteilte Auftrag nicht auf Lieferung, sondern auf Verkauf der shares. Es fragt sich, ob der Verkauf nicht ohne Beschaffung von Dollars vorgenommen werden konnte, sei es daß die Beklagte die shares an ihre Bankverbindung in New York zurückverkaufte oder sie anderweitig verkaufen und durch den dritten Käufer abnehmen ließ. War diese Möglichkeit gegeben und waren auch die weiteren Einreden der Beklagten unbegründet (z. B. Unmöglichkeit des Verkehrs mit New York, unausgetragene Differenzen mit der Klägerin), so würde die Beklagte einen durch die Weigerung des Verkaufs entstandenen Nachteil ohne weiteres zu tragen haben, wobei dann näher zu erörtern wäre, ob und in welcher Höhe ein Schaden durch diese Weigerung entstanden ist.

Endlich hat die Klägerin darauf hingewiesen, daß, wenn sie den Kaufpreis in Dollars zu zahlen hätte, ihre Schuld durch die Valutaschwankung auf einen ungeahnt hohen Markbetrag angewachsen wäre. Dieser Gesichtspunkt würde wegfallen, wenn ihre Verpflichtung jederzeit ohne Beschaffung von Dollars durch ein Gegengeschäft in New York glattgestellt werden konnte. Immer aber könnte daraus nur zu folgern sein, daß die Klägerin einen Schaden nicht zu tragen hätte, der ihr in dieser Richtung durch Verschulden der Beklagten entstanden wäre. Es kann daraus aber nicht hergeleitet werden, daß sie den Valutagewinn auf die von ihr niemals bezahlten 2388,75 $ zum Nachteile der Beklagten zu fordern habe. Denn wie eingangs dargelegt, ging der erkennbare Sinn des Geschäfts dahin, daß die Klägerin auf Kursgewinn, nicht aber auf Valutagewinn für den ganzen Betrag spekulierte.

---

35. Ist der Rechtsweg zulässig über die Frage, wem das Eigentum an beschlagnahmtem Kriegsbedarf und der Anspruch auf Auszahlung der dafür festzusetzenden Vergütung zusteht?

VII. Zivilsenat. Urt. v. 17. Dezember 1920 i. S. T. (Kl.) w. Reichsmilitärfiskus (Bekl.). VII 278/20.

I. Landgericht Altona. — II. Oberlandesgericht Kiel.

Dem Proviantamt in A. wurden in den Jahren 1915 und 1916 größere Mengen von Kaffee durch Beraubung der Säcke auf dem Hin- und Rücktransport vom Freihafengebiet zu den Kaffee-Röstereien veruntreut. In dem gegen die Beteiligten eröffneten Strafverfahren wurden der Hauptabnehmer des veruntreuten Kaffees, der Kolonialwarenhändler K., wegen gewerbsmäßiger Hehlerei zu 3 Jahren Zuchthaus, mehrere Mitangeklagte wegen fortgesetzter Unterschlagung zu Gefängnisstrafen verurteilt. Von K. hatte der Kläger Kaffee bezogen. Auch er wurde der Hehlerei beschuldigt, jedoch durch Beschluß vom 8. September 1917 mangels Beweises außer Verfolgung gesetzt, weil seine Schutzbehauptung, daß er beim Erwerbe des von K. bezogenen Kaffees in gutem Glauben gewesen, nicht zu widerlegen war.

Inzwischen hatte durch zwei Verfügungen vom 8. Mai 1917 die Polizeibehörde in H. auf Ersuchen des stellvertretenden Generalkommandos von demselben Tage bei dem Kläger die in der Strafsache anfänglich beschlagnahmten und dann freigegebenen Mengen von

a) 37 Sack Rohkaffee und 20 Tüten zu 25 kg.

b) 33 Sack und 51 Kisten Rohkaffee

zur Lieferung für Heereszwecke auf Grund des Kriegsleistungsgesetzes in Anspruch genommen und die Ablieferung an das Proviantamt angeordnet. Die Frage der Vergütung sollte durch die Militärverwaltung geregelt werden. Diese setzte jedoch eine Vergütung nicht fest, weil sie selbst das Eigentum an dem Kaffee in Anspruch nahm.

Der Kläger hat darauf Klage erhoben. Er beantragte in erster Instanz:

a) in erster Reihe Feststellung, daß ihm das Eigentum an dem Kaffee zustehe,

b) in zweiter Reihe Feststellung, daß die auf Grund des Kriegsleistungsgesetzes auszuzahlenden Beträge ihm zuständen.

Die Parteien stritten über das Eigentum, insbesondere den gutgläubigen Erwerb nach den §§ 932, 935 BGB. Das Landgericht ging jedoch hierauf nicht ein, sondern wies die Klage ab. Es führte aus, das Kriegsleistungsgesetz sei nur irrtümlich angezogen worden, die Beschlagnahme sei aber nach den Bundesratsverordnungen über die Sicherstellung von Kriegsbedarf vom 24. Juni 1915 (RGBl. S. 357) und vom 4./26. April 1917 (RGBl. S. 375) gerechtfertigt gewesen. Durch die Beschlagnahme sei das Eigentum erloschen, der erste Antrag daher hinfällig, über die Entschädigung aber sei im Rechtswege nicht zu entscheiden.

In der Berufungsinstanz machte der Kläger geltend, die Beschlagnahme des Kaffees sei überhaupt nicht rechtmäßig gewesen, denn das Kriegsleistungsgesetz sei nicht anwendbar, die vom Landgericht angezogenen Verordnungen aber seien in den Verfügungen vom 8. Mai 1917 gar nicht erwähnt und könnten ihnen nicht nachträglich als Rechtsgrund untergelegt werden. Grund der Beschlagnahme sei lediglich der Eigentumsstreit gewesen. Die Unrechtmäßigkeit der Verfügungen verpflichte den Beklagten zum Schadensersatz. Jedenfalls seien die Feststellungsansprüche begründet und für alle Ansprüche der Rechtsweg zulässig. Der Kläger beantragte nunmehr:

1. in erster Linie den Beklagten zur Herausgabe des Kaffees zu verurteilen,
2. in zweiter Linie festzustellen, daß der Kaffee dem Kläger gehöre, jedenfalls bis zur Beschlagnahme gehört habe,
3. in dritter Linie den Beklagten zum Ersatz des Werts von 83248 *M* nebst 5% Zinsen seit dem 12. Mai 1917 zu verurteilen,
4. in vierter Linie festzustellen, daß die Vergütung aus dem Kriegsleistungsgesetz und aus der Bundesratsverordnung vom 26. April 1917 dem Kläger zustehe.

Der Beklagte widersprach der Klagänderung und beantragte Zurückweisung der Berufung. Das Oberlandesgericht erkannte nach diesem Antrage. Die dagegen eingelegte Revision wurde zum Teil für begründet erachtet.

Aus den Gründen:

(Es wird zunächst dargelegt, daß gegenüber den Schadensersatzansprüchen, Anträge 1 und 3, eine unzulässige Klagänderung mit Recht als vorliegend angenommen worden ist. Sodann heißt es weiter:)

... Was die Feststellungsanträge (2 und 4) anlangt, die mit einzelnen Abweichungen den Anträgen erster Instanz entsprechen, so ist auch der Berufungsrichter der Ansicht, daß der Rechtsweg in vollem Umfange ausgeschlossen sei. Die in den Beschlagnahmeverfügungen enthaltene Bezugnahme auf das Kriegsleistungsgesetz vom 13. Juni 1873 hält auch er für falsch, folgert aber die Rechtmäßigkeit der Verfügungen, da sie auf Anordnung des Militärbefehlshabers ergangen seien, nicht aus den vom Landgericht angezogenen Bundesratsverordnungen über die Sicherstellung von Kriegsbedarf vom 24. Juni 1915 und 4./26. April 1917, sondern aus § 4 des (durch Art. 68 der Reichsverfassung von 1871 zum Reichsgesetz gewordenen) preußischen Gesetzes über den Belagerungszustand vom 4. Juni 1851. Die Eigentumsentziehung durch die Beschlagnahme und die Feststellung der Entschädigung seien dem Rechtswege entzogen. Dasselbe müsse auch von dem Anspruch auf Feststellung des früheren Eigentums gelten, denn ein selbständiges, von der Beschlagnahme unabhängiges Interesse an dieser Feststellung sei erkennbar nicht hervorgetreten, sie solle vielmehr nur den Boden für die durch die Entziehung des Eigentums erwachsenen Ansprüche ebnen.

Die Revision hat diese Ausführungen angegriffen, sie sind auch nicht überall frei von Rechtsirrtum. Ohne sachliche Bedeutung sind allerdings die Meinungsverschiedenheiten über die zur Rechtfertigung der Beschlagnahmeverfügungen herangezogenen gesetzlichen Vorschriften, die dem Kläger Veranlassung gegeben haben, die Rechtmäßigkeit der Beschlagnahmeverfügungen überhaupt in Abrede zu stellen und die oben erwähnten Schadensersatzansprüche zu erheben. In § 4 des vom Berufungsrichter für maßgebend erklärten Gesetzes über den Belagerungszustand vom 4. Juni 1851 ist nur der Übergang der vollziehenden Gewalt auf die Militärbefehlshaber angeordnet und bestimmt, daß die Zivilverwaltungs- und Gemeindebehörden den Anordnungen und Aufträgen der Militärbefehlshaber Folge zu leisten haben. Die Befugnis zur Inanspruchnahme von Privateigentum und das Verfahren für die dafür zu leistende Vergütung regelt erst das Gesetz über die Kriegsleistungen vom 13. Juni 1873 (RGBl. S. 129), dessen § 3 Nr. 6, §§ 20, 33 flg. unbedenklich auch im vorliegenden Falle Anwendung finden können, nebst der AusfVO. vom 1. April 1876 (RGBl. S. 137). Wären aber die Beschlagnahmeverfügungen nicht schon durch das von ihnen herangezogene Kriegsleistungsgesetz gedeckt, so kämen die zu seiner Erweiterung (RGZ. Bd. 89 S. 212) bestimmten Verordnungen über die Sicherstellung von Kriegsbedarf vom 24. Juni 1915 und 4./26. April 1917 in Betracht, die das Landgericht angewendet wissen will. Jedenfalls ist nach Lage der Sache die Rechtmäßigkeit der Beschlagnahmeverfügungen nicht in Zweifel zu ziehen. Die Feststellung der unstreitig zufolge der gesetzlichen Vorschriften zu leistenden, bisher aber nicht festgesetzten Vergütung hat jedoch nunmehr nach der ausdrücklichen Vorschrift des mit rückwirkender Kraft versehenen § 8 der oben erwähnten Bundesratsverordnungen (vgl. das Urteil des erkennenden Senats VII 383/17, Gruchot Bd. 62 S. 643, JW. 1918 S. 508 Nr. 9) nach Maßgabe der §§ 2, 3 dieser Verordnungen durch das Reichswirtschaftsgericht (RGBl. 1919 S. 469) zu erfolgen.

Die Festsetzung dieser Entschädigung mit Einschluß der Frage, ob überhaupt nach den gesetzlichen Vorschriften für den Eingriff in das Privateigentum Entschädigung zu leisten ist — eine Frage, die hier als unstreitig ausscheidet —, ist dem Rechtswege entzogen (RGZ. Bd. 87 S. 357, Bd. 90 S. 257, Bd. 92 S. 97, Bd. 98 S. 40; Gruchot Bd. 62 S. 643; Urteil des Kompetenz-Gerichtshofs vom 16. Februar 1918, JW. 1918 S. 632).

Daraus folgt aber noch nicht, daß nun alle mit dieser Entschädigung irgendwie zusammenhängenden Fragen ebenfalls von dem

Rechtswege ausgeschlossen seien (vgl. Neukamp in JW. 1916 S. 712, S. 808). Anerkannt ist dies für die Frage der Auszahlung der Vergütung, sobald diese festgesetzt und damit dem öffentlichen Interesse an der Festsetzung dieser Vergütung Genüge geschehen ist (RGZ. Bd. 91 S. 291 und S. 388). Ähnlich liegt aber auch die Sache bei Legitimationsstreitigkeiten, wenn es aus privatrechtlichen Gründen zweifelhaft ist, wem die zu zahlende Vergütung gebührt (vgl. Neukamp aaO., Hagelberg in Gruchot Bd. 60 S. 74, 78, 81). Irgendein öffentliches Interesse kommt bei der Entscheidung dieser Frage nicht in Betracht. Nach § 18 der Anordnung für das Verfahren vor dem Reichsschiedsgericht vom 22. Juli 1915 (RGBl. S. 469) veranlaßt der Vorsitzende nach Feststellung der Entschädigung deren Auszahlung an den Empfangsberechtigten, und wenn Zweifel über die Person des Berechtigten bestehen, darf er die Hinterlegung anordnen. Das Reichsschiedsgericht selbst hat jedenfalls damit nichts mehr zu tun. Nach § 2 Abs. 3 der Verordnung über die Sicherstellung von Kriegsbedarf vom 4./26. April 1917 sollen aus dem festgesetzten Übernahmepreise Ansprüche dritter Personen, die Aufwendungen gemacht oder dingliche Rechte und Zurückbehaltungsrechte bis zur Festsetzung des Übernahmepreises bei dem Schiedsgericht angemeldet und glaubhaft gemacht haben, vorweg befriedigt werden. Die Befugnis zur endgültigen Entscheidung über diese Ansprüche und über die gar nicht erwähnten Eigentumsansprüche sowie der Ausschluß nicht angemeldeter oder nicht glaubhaft gemachter Rechte sind aber daraus nicht abzuleiten. In der Rechtsprechung ist diese Frage bisher nicht entschieden. In RGZ. Bd. 98 S. 43 ist sie nur beiläufig erwähnt, in dem Urteil des III. Senats JW. 1919 S. 578 Nr. 15 ist für den Streit über eine Quartierentschädigung der Rechtsweg ohne jede Erörterung zugelassen. Es kann nun im vorliegenden Falle dahingestellt bleiben, ob das Reichswirtschaftsgericht, wenn es mit der Feststellung der Entschädigung befaßt wäre, nicht auch die Frage des Eigentums an den beschlagnahmten Sachen zu prüfen berechtigt wäre. Denn dieser Fall liegt nicht vor, es hängt vielmehr das ganze Feststellungsverfahren von der Eigentumsfrage ab, und diese rein privatrechtliche Frage, bei der ein öffentliches Interesse nicht obwaltet, kann den dazu berufenen ordentlichen Gerichten nicht entzogen werden. Daß der Kläger an der von ihm erhobenen Feststellungsklage ein berechtigtes Interesse hat, kann keinerlei Bedenken unterliegen.

Nach alledem war die Revision zwar insoweit, als sie den Schadensersatz (die Anträge 1 und 3) betrifft, zurückzuweisen, im übrigen aber das Berufungsurteil aufzuheben....

36. Zur Frage der Zulässigkeit des Rechtswegs in preußischen Steuersachen, namentlich Kreissteuersachen.

VII. Zivilsenat. Urt. v. 17. Dezember 1920 i. S. R. (Kl.) w. Kreis Ue. (Bekl.). VII 268/20.

I. Landgericht Lüneburg. — II. Oberlandesgericht Celle.

Der Beklagte hat durch den Vorsitzenden des Kreisausschusses am 31. Januar 1918 folgende Bekanntmachung erlassen:

„Zufolge einer von der Provinzialfleischstelle zu Hannover gegebenen Veranlassung wird hinsichtlich des Aufkaufs und der Verwertung von Schlachtpferden im Kreise Ue. folgendes bestimmt:

1. Der Aufkauf und die Verwertung von Schlachtpferden darf nur durch solche Personen geschehen, welche einen Ausweis hierüber vom Kreisausschuß erhalten haben.

2. Zur Ausfuhr von Schlachtpferden oder Pferdefleisch aus dem Kreise Ue. ist eine schriftliche Ausfuhrgenehmigung des Landratsamtes erforderlich.

3. Zuwiderhandlungen werden ... bestraft.

4. Diese Bestimmungen treten sofort in Kraft.“

Bereits am 1. Januar 1918 hatte der Vorsitzende des Kreisausschusses an den Kläger und noch einen zweiten Viehhändler in Ue. geschrieben: ... „Sie werden ... angewiesen, die von Ihnen aufgekauften Schlachtpferde bzw. das gewonnene Fleisch der ... Korpsgeschäftsstelle zuzuführen. Zur Ausfuhr von Schlachtpferden oder von Pferdefleisch bedarf es einer jedesmaligen Erlaubnis vom Landratsamt. Es wird für den Kreis eine Gebühr von 10 ₰ pro Pfund bei vollwertigem Fleisch und von 5 ₰ pro Pfund bei bedingt tauglichem Fleisch erhoben. Sämtliche Ankäufe ... sind dem Landratsamt ... anzumelden. Bei Nichtbeachtung dieser vorstehenden Anordnungen müssen Sie von der Berechtigung zum Ankauf von Schlachtvieh ausgeschlossen werden.“

Der Kläger hat wiederholt Verwahrung gegen die ihm auferlegten Zahlungen eingelegt, hat aber schließlich doch gezahlt. Im Februar 1919 erhob er Klage bei dem Bezirksausschuß in L. auf Rückzahlung von ihm entrichteter 1030,60 ℳ. Der Beklagte wandte ein, es handle sich um keine öffentlichrechtliche Kreisabgabe, sondern um Zahlungen, die der Kläger auf Grund privatrechtlicher Vereinbarung geleistet habe. Dem schloß sich der Bezirksausschuß an und wies die Klage wegen Unzulässigkeit des Verwaltungsstreitverfahrens ab. Nunmehr erhob der Kläger bei dem ordentlichen Gerichte Klage auf Zurückzahlung von zunächst 650 ℳ. Das Landgericht hielt in Übereinstimmung mit dem Beklagten den Rechtsweg für zulässig und verurteilte, weil der

Beklagte in ungesetzlicher Weise die Erteilung einer Erlaubnis von der Gewährung eines Vermögensvorteils abhängig gemacht habe. Gegen diesen Entscheidungsgrund wandte sich der Beklagte mit seiner Berufung. Der Kläger schloß sich der Berufung an und erhöhte seine Forderung auf 4165,70 *M*. Das Oberlandesgericht hat darauf die Klage wegen Unzulässigkeit des Rechtsweges abgewiesen. Die Revision des Klägers hatte Erfolg.

Gründe:

Die Revision ist begründet. Zu beanstanden sind nicht sowohl die vom Berufungsrichter dargelegten Rechtssätze, als vielmehr ihre Anwendung auf den gegenwärtigen Fall.

Die Zulässigkeit des Rechtswegs hängt von zwei Voraussetzungen ab. Es muß einerseits die Klage auf privatrechtliche Gründe gestützt sein, es darf aber anderseits nicht eine privatrechtliche Einkleidung vorgenommen sein, um öffentlichrechtliche Zuständigkeitsvorschriften zu umgehen. Derartigen Versuchen ist das Reichsgericht ständig entgegengetreten (vgl. RGZ. Bd. 70 S. 398 und Zit.). Die für die Frage des Rechtswegs in Steuerangelegenheiten maßgebende Vorschrift findet sich in § 78 ALR. II 14: „Über die Verbindlichkeit zur Entrichtung allgemeiner Anlagen, denen sämtliche Einwohner des Staates oder alle Mitglieder einer gewissen Klasse derselben nach der bestehenden Landesverfassung unterworfen sind (§§ 2, 3), findet kein Prozeß statt".

Dieser Satz ist wiederholt und erweitert in der Verordnung wegen verbesserter Einrichtung der Provinzial-, Polizei- und Finanzbehörden vom 26. Dezember 1808 (GS. 1806 flg. S. 464). Es heißt dort zunächst im § 36: „Es findet derselbe (der Prozeß) daher weder . . . noch über die Verbindlichkeit allgemeiner Anlagen und Abgaben, denen sämtliche Einwohner des Staates oder alle Mitglieder einer gewissen Klasse derselben nach der bestehenden Landesverfassung unterworfen sind, § 78 ALR. II 14, statt . . .", und im § 41: „Gegen Verfügungen der Regierungen, welche sie in ihrer Eigenschaft als Finanzbehörde erlassen (§ 4), sich mithin auf die Vermögensverwaltung des Fiskus beziehen, ist einem jeden, der seine Rechte dadurch gekränkt glaubt, der Weg Rechtens unbenommen, insofern der Fall nicht zu den in §§ 35 und 36 gemachten Ausnahmen gehört. Ein gleiches findet in Absicht der Vermögensverwaltung anderer den Regierungen untergeordneten moralischen Personen statt."

In dem Schlußsatz des § 41 wird der Grundsatz des § 78 ALR. II 14 auf alle Arten öffentlicher Abgaben ausgedehnt, auch auf die von Kommunalverbänden erhobenen (vgl. Gruchot Bd. 26 S. 715). Diese Bestimmungen gelten auch in der Provinz Hannover. Die Verordnung betr. die Zulässigkeit des Rechtswegs . . . in den . . . der Monarchie einverleibten Landesteilen vom 16. September 1867 (GS.

S. 1515) sagt in Art. I Abs. 1: „Über Angelegenheiten, welche nach den im Geltungsgebiete des Preußischen Landrechts bestehenden allgemeinen Bestimmungen der Erledigung im Verwaltungswege mit Ausschluß des Rechtsweges unterliegen, findet auch in den ... Unserer Monarchie einverleibten Landesteilen ein Prozeßverfahren nicht statt".

Der Berufungsrichter versteht nun § 78 ALR. II 14 richtig dahin, daß seine Voraussetzungen gegeben sind, wenn auf Grund einer behaupteten Besteuerungsbefugnis ein Steuertatbestand aufgestellt und beim Zutreffen seiner Merkmale auf einen Einzelfall die Steuer erhoben ist. Den Gegensatz dazu erblickt der Berufungsrichter mit Recht darin, daß willkürlich, d. h. ohne Aufstellung eines allgemeinen Steuertatbestandes, eine Einzelperson für sich allein genommen mit einer Abgabe belastet wird. Trotz dieses zutreffenden Ausgangspunkts stellt der Berufungsrichter aber vorliegend die Voraussetzungen des § 78 ALR. II 14 fest, weil der Beklagte sich nach der Klageschrift „auf Kosten der betreffenden Händler, deren Verdienst erheblich geschmälert wurde, bereichert haben soll", und weil auch nach den vom Beklagten vorgelegten Akten die gleiche Pflicht den sämtlichen zugelassenen Pferdehändlern auferlegt war. Das letztere ist eine tatsächliche, von der Revision mit Verfahrensrügen nicht bekämpfte Feststellung, sie ist also der weiteren Betrachtung zugrundezulegen. Die Gründe des Berufungsrichters sind aber nicht entscheidend. Nicht auf das Ergebnis kommt es nach § 78 ALR. II 14 an, sondern auf den Weg, der zu ihm führt. Der Beklagte hat auch nach seinen Akten nicht einen allgemeinen Tatbestand aufgestellt und dann seine Steuervorschrift auf die vorkommenden Einzelfälle angewendet, er ist vielmehr ohne Erlassung allgemeiner Bestimmungen stets nur an die einzelnen Händler herangetreten und hat ihnen als Einzelpersonen die Anweisung erteilt, die „Gebühr" zu entrichten. Auch bei dem Einfordern der Gebühr hat er sich stets nur auf die dem einzelnen erteilte Anweisung bezogen. Daß er die Gebühren gelegentlich im Verwaltungszwangsverfahren hat einziehen lassen, ändert nichts daran. Die Vorschrift des § 78 ALR. II 14 würde zutreffen, wenn der Beklagte etwa seiner Verordnung vom 31. Januar 1918 zu 1 hinzugefügt hätte: „Jede Person, die einen Ausweis erhalten hat, muß an den Kreis eine Gebühr von ... entrichten", und wenn er dann auf Grund dieser Vorschrift die einzelnen Händler zu der Gebühr herangezogen hätte. Das hat der Beklagte aber eben nicht getan, er hat sich lediglich an die einzelnen Händler gewendet — an den Kläger und einen gewissen St. schon vor Erlaß der Verordnung vom 31. Januar 1918 — und hat von jedem einzelnen besonders die Zahlung der Gebühr gefordert.

Das hatte auch seinen guten Grund, denn der Beklagte war sich offenbar bewußt, daß er eine Gebühr wie die vom Kläger verlangte als allgemeine Steuer nicht auferlegen konnte. Nach dem Kreis- und Provinzialabgabengesetze vom 23. April 1906 (GS. S. 159) darf ein Kreis „für die Benutzung der von dem Kreise im öffentlichen Interesse unterhaltenen Veranstaltungen (Anlagen, Anstalten und Einrichtungen)" besondere Vergütungen (Gebühren) erheben (§ 4), desgleichen „behufs Deckung der Kosten für Herstellung und Unterhaltung von Veranstaltungen, welche durch das öffentliche Interesse erfordert werden, von denjenigen Grundeigentümern und Gewerbetreibenden, denen hierdurch besondere wirtschaftliche Vorteile erwachsen, Beiträge zu den Kosten der Veranstaltungen" (§ 5). Außerdem darf der Kreis direkte und indirekte Steuern erheben (§§ 7, 6), letztere aber nur in bestimmten Fällen, nämlich von dem Erwerb von Grundstücken, dem Halten von Hunden und von der Erlangung der Erlaubnis zum ständigen Betriebe der Gastwirtschaft, Schankwirtschaft oder des Kleinhandels mit Branntwein oder Spiritus. Das, was der Beklagte vom Kläger erfordert hat, ist im Sinne dieses Kreissteuerrechts eine indirekte Steuer, eine Steuer auf die Erlangung der Erlaubnis zum Aufkaufen und Verwerten von Schlachtpferden. Eine solche Steuer konnte der Beklagte nach dem Kreis- und Provinzialabgabengesetz nicht einführen. Die Befugnis dazu war ihm auch nicht durch die Bekanntmachung des Reichskanzlers über Pferdefleisch vom 18. Dezember 1916 (RGBl. S. 1357) oder später durch die Verordnung des Kriegsernährungsamts vom 14. Juni 1918 (GRBl. S. 655) beigelegt. Nach § 3 der erstgenannten Bekanntmachung konnten die Kommunalverbände den Verkehr mit Pferden, die zur Schlachtung bestimmt sind, und mit Pferdefleisch sowie auch den Verbrauch von Pferdefleisch regeln. Darin lag nicht die Ermächtigung, neue Steuern einzuführen. Nach Art. 1 Nr. 1 der an zweiter Stelle genannten Verordnung durfte die Erlaubnis zum Ankauf von Schlachtpferden, zum Betrieb des Roßschlächtereigewerbes und zum Handel mit Pferdefleisch für die Zeit vom 1. August 1918 an zwar an „Bedingungen" geknüpft werden, und darunter konnten möglicherweise auch Abgaben verstanden werden, aber die Erteilung der Erlaubnis lag nicht den Kommunalverbänden ob, sondern den Landeszentralverbänden oder den von diesen dazu bestimmten Stellen. Das waren in Preußen die Provinzialfleischstellen (vgl. Nr. 1 der preußischen Ausführungsanweisung vom 15. Juli 1918, Landw. Min.-Bl. 1918 S. 167). Ein neues Steuerrecht hat der Beklagte also auch durch die Bekanntmachung vom 14. Juni 1918 keinesfalls erlangt. Es darf daher unerörtert bleiben, ob diese erst nach dem Januar 1918 erlassene Verordnung überhaupt zugunsten des Beklagten, etwa in Ansehung der vom Kläger nach dem 1. August 1918 bezahlten Beträge, eingreifen könnte.

Die Vorschrift des § 78 ALR. II 14 steht hiernach nicht entgegen, wenn der Kläger im Wege des Zivilprozesses die von ihm entrichteten „Gebühren" zurückfordert. Ebensowenig trifft das bei dem von dem Berufungsrichter gleichfalls beanstandeten Aufbau der Klage zu. Der Kläger hätte nach obigen Darlegungen, ohne mit § 78 ALR. II 14 in Widerstreit zu geraten, seine Klage darauf stützen können, daß der Beklagte von ihm als Einzelperson eine unzulässige indirekte Steuer erhoben habe. Das Vorbringen des Beklagten, daß ein zivilrechtlicher Vertrag vorliege, wäre dann eine Einrede gewesen. Der Kläger hat aber in der angedeuteten Weise nicht geklagt. Er hat sich von vornherein auf den Standpunkt des Beklagten gestellt, ist von einer vertraglichen Abrede ausgegangen und hat dann seine einzelnen Klagegründe entwickelt, die sich sämtlich auf privatrechtlichem Boden bewegen. Der Berufungsrichter hat den Klagevortrag mißverstanden. Der ganze erste Teil gibt nur eine Darstellung des Sachverhalts, wie er sich tatsächlich entwickelt hat. Er schließt mit einer Erwähnung des vom Bezirksausschuß erlassenen Urteils. Dann erklärt der Kläger, daß er nunmehr im Wege des Zivilprozesses die Zurückerstattung der von ihm erhobenen Beträge verlange, er legt dar, daß der Beklagte kein gesetzliches Recht hatte, die Beträge als Steuern von ihm zu erfordern, daß also die vertragliche Abrede die einzige Unterlage für die Zahlungen bildete, und er versucht endlich, diese vertragliche Abrede zu beseitigen, indem er sie als nichtig oder wenigstens anfechtbar hinstellt und auch behauptet, daß sie durch seinen Rücktritt erledigt sei. Dafür, daß diese Klagegründe, wie der Berufungsrichter annimmt, nur hilfsweise vorgebracht seien, gewährt der Klagevortrag keinen Anhalt. Es würde das aber nach obigen Ausführungen auch unschädlich sein.

Bei dem Einverständnis der Parteien darüber, daß die Zahlungen des Klägers an den Beklagten lediglich auf Grund einer privatrechtlichen Abmachung geleistet sind, ist von dieser unstreitigen Tatsache auszugehen, und es kann sich nur darum handeln, ob die Gründe, mit denen der Kläger diese einzige Unterlage seiner Zahlungspflicht beseitigen will, zutreffen oder nicht. Darüber wird das Oberlandesgericht nach erneuter Verhandlung zu entscheiden haben.

---

37. 1. Zu den Erfordernissen der patentrechtlichen Untersagungsklage und der Klage auf Feststellung einer Patentverletzung.

2. Kann bei einem Verfahrenspatent schon in dem Verkaufe eines als Hilfsmittel zum Verfahren dienenden, im Patent be-

schriebenen Stoffes ein Inverkehrbringen des geschützten Verfahrens gefunden werden?
3. Zur Frage der Anstiftung und der Beihilfe zu einer Patentverletzung.

I. Zivilsenat. Urt. v. 18. Dezember 1920 i. S. Akt.-Ges. für Aluminiumschweißung in Z. (Kl.) w. E. (Bekl.). I 188/20.

I. Landgericht Köln. — II. Oberlandesgericht daselbst.

Die Klägerin ist Inhaberin des seit dem 13. November 1906 wirksamen Patents 222960 und des dazu erteilten Zusatzpatents 224284. Der Anspruch des Hauptpatents lautet:

„Verfahren zum Schweißen bzw. Verschmelzen von Aluminium oder aluminiumreichen Legierungen ohne Zuhilfenahme von Lot aus Fremdmetallen, dadurch gekennzeichnet, daß die zu verbindenden Stellen der zu schweißenden bzw. miteinander zu verschmelzenden Teile mit einem Gemisch von Alkalichloriden in flüssigem, teig- oder pulverförmigem Zustande behandelt werden."

Die Klägerin erhebt gegen den Beklagten den Vorwurf, daß er Schweißpulver von der in ihren Patenten bezeichneten Beschaffenheit zum Zwecke des autogenen Schweißens, sei es im eigenen Namen, sei es als Vertreter der Firma Sch. & Co. zu E., in Verkehr gebracht und an Abnehmer geliefert habe, die mit seinem Wissen das Pulver zum autogenen Aluminiumschweißen, also zur Verletzung der klägerischen Patentrechte, benutzt hätten. Sie hat deshalb beantragt,

1. festzustellen, daß der Beklagte nicht berechtigt ist, während der Geltungsdauer der Patente zum Zwecke des Schweißens von Aluminium, ohne Zuhilfenahme von Lot aus Fremdmetallen, ein Schweißmittel näher bezeichneter Art zu liefern,
2. dem Beklagten unter Strafandrohung die Lieferung dieses Schweißmittels zu untersagen,
3. seine Verpflichtung zur Ersatzleistung wegen des durch die Lieferung des Schweißmittels der Klägerin bereits entstandenen und noch entstehenden Schadens festzustellen,
4. ihn zur Rechnunglegung zu verurteilen.

Der Beklagte hat die Klagabweisung beantragt. Er hat zwar zugestanden, daß er ein Mittel verkauft habe, das die von der Klägerin behauptete Zusammensetzung hatte. Er hat aber jede Patentverletzung, auch in objektiver Beziehung, bestritten, da er weder gewußt noch sich darum zu kümmern gebraucht habe, zu welchem Zwecke das Mittel von seinen Abnehmern verwendet werden würde.

Das Landgericht gab der Klage statt. Das Oberlandesgericht wies die Klage ab. Die Revision hatte Erfolg.

Gründe:

Das Wesen der der Klägerin geschützten Erfindung sieht das Berufungsgericht mit Recht darin, daß Aluminium ohne Zuhilfenahme von Lot aus Fremdmetallen in der Weise geschweißt werden soll, daß die bei hoher Temperatur am Aluminium sich bildende Oxydhaut, die das Zusammenfließen des flüssigen Aluminiums verhindert, durch das in der Patentschrift genannte Flußmittel gelöst und durch diese Behandlung der zu verbindenden Stellen deren innige Vereinigung erreicht wird. Als geeignetes Flußmittel wird im Anspruche des Hauptpatents ein Gemisch von Alkalichloriden in flüssigem, teig- oder pulverförmigem Zustande genannt, während vorher in der Beschreibung ganz allgemein auf die wasserfreien Haloidsalze als Flußmittel hingewiesen wird. Durch das Zusatzpatent wird zur Erzielung eines vollkommen homogenen Verschmelzens noch die Beimengung von Fluorverbindungen zu dem Flußmittel empfohlen. Der Beklagte hat zugestanden, daß die Schutzrechte der Klägerin verletzt werden, wenn das Schweißen von Aluminium auf die in der Patentschrift beschriebene Weise bewirkt und dabei als Flußmittel das von ihm hergestellte Schweißpulver gebraucht wird. Da er aber nicht selbst geschweißt hat, sondern nur bei der Herstellung und dem Verkaufe des Pulvers tätig gewesen ist, so nimmt das Berufungsgericht an, daß bei ihm nicht eigene Täterschaft, die erst mit der gewerbsmäßigen Benutzung des geschützten Verfahrens beginnen würde, sondern nur Teilnahme an der Patentverletzung eines anderen in Betracht kommen könne. Anstiftung lehnt der Vorderrichter auf seiten des Beklagten ohne weiteres ab, weil sie von der Klägerin weder behauptet noch unter Beweis gestellt worden sei. Für möglich und näherer Erörterung bedürftig erklärt er nur den Gesichtspunkt der Beihilfe zur Patentverletzung. Die Ansicht der Klägerin, daß das Verkaufen des Schweißpulvers ein Inverkehrbringen des Verfahrens selbst sei, verwirft er, da ein Verfahren nicht, wie körperliche Sachen, in Verkehr gebracht werden könne. Das Kaufen und Verkaufen des Schweißpulvers sei für sich allein noch keine Patentverletzung, auch wenn Käufer und Verkäufer darüber einig seien, daß das Pulver zu dem geschützten Verfahren verwendet werden solle.

Hiergegen wendet die Revision zunächst ein, daß die Erhebung der Untersagungs- und der Feststellungsklage unter Umständen auch ohne das Vorliegen einer bereits ausgeführten Patentverletzung zulässig sei. Denn nach der Rechtsprechung des Reichsgerichts seien beide Klagen schon dann begründet, wenn die gerechtfertigte Besorgnis einer bevorstehenden Patentverletzung vorhanden sei. Hierzu müsse es im vorliegenden Falle genügen, wenn beim Kaufe des Pulvers zwischen Käufer und Verkäufer Einigkeit darüber bestehe, daß es zum geschützten Verfahren verwendet werden solle. Der Revision ist darin beizustimmen, daß auf dem Gebiete des Patentrechts, wie auf dem der gewerblichen Schutzrechte überhaupt, die zur Abwehr künftiger Eingriffe dienende Untersagungsklage, die ihre rechtliche Grundlage in § 4 PatG. und in der entsprechenden Anwendung des § 1004 BGB. hat, nicht ausschließlich an eine bereits betätigte Patentverletzung geknüpft ist, sondern auch schon dann erhoben werden kann, wenn Tatsachen vorliegen, welche die Vorbereitung und die Absicht eines solchen Eingriffs mit Sicherheit erkennen lassen (RGZ. Bd. 54 S. 415flg., Bolze, Praxis Bd. 8 Nr. 148). Ebenso erscheint es für die Feststellungsklage zur Begründung des rechtlichen Interesses an der alsbaldigen richterlichen Entscheidung als genügend, daß durch das Verhalten des Beklagten das Schutzrecht der Klägerin gefährdet oder doch wenigstens ein erheblicher Anlaß zur Besorgnis einer solchen Gefährdung geboten wird (RGZ. Bd. 95 S. 306). Verschulden des Beklagten, also wissentliche oder grobfahrlässige Handlungsweise zu der beabsichtigten Verletzung des Patentes (§ 35 PatG.), ist für beide Klagarten nicht erforderlich. Demnach ist der Revision darin beizupflichten, daß es für die Klagen auf Feststellung und Unterlassung nicht des Nachweises der wirklichen Patentverletzung bedarf, sondern daß ein ausreichender Anlaß dazu schon gegeben ist, wenn beim Verkauf des Schweißpulvers der Beklagte und der Käufer darüber einig gewesen sind, daß das Pulver zu dem geschützten Verfahren verwendet werden soll. Hinzukommen muß aber noch, daß in Zukunft Eingriffe in das Patent seitens des Beklagten zu besorgen sind (§ 1004 BGB.). Das Vorhandensein einer derartigen Besorgnis stellt sich zugleich als eine solche Gefährdung des klägerischen Schutzrechts dar, wie sie zur Annahme des Feststellungsinteresses im Sinne des § 256 ZPO. erforderlich ist. Ob zwischen dem Beklagten und den Käufern seines Pulvers Willensübereinstimmung über die Verwendungsart bestanden hat, ist Tatfrage. Hierzu hat das Berufungsgericht bisher noch nicht ausdrücklich Stellung genommen. Zu erwägen bleibt auch noch, ob neben der auf Unterlassung gerichteten Leistungsklage und neben der außerdem noch erhobenen Schadensersatzklage für die Feststellungsklage überhaupt Raum ist. Hierzu bedarf es der Prüfung, ob die Klägerin an der Feststellung noch ein rechtliches Interesse nachweisen kann, das durch die Untersagungs- und Schadensersatzklage nicht gedeckt wird.

Unbegründet erscheint der fernere Angriff der Revision, daß das Berufungsgericht in dem Verkaufe des Schweißpulvers bereits ein Inverkehrbringen des geschützten Verfahrens durch den Beklagten hätte finden müssen. Allerdings hat das Reichsgericht in bezug auf ein chemisches Verfahren, das auf die Herstellung von Lacken und Firnissen gerichtet war, angenommen, daß eine Patentverletzung auch schon von demjenigen begangen wurde, der ohne Zustimmung des Patentinhabers ein Rezept verkaufte, das die wesentlichen Bestandteile des geschützten Verfahrens enthielt (RGZ. Bd. 46 S. 14). Die Entscheidung beruhte auf der Erwägung, daß dem Erfinder in demselben Maße, in welchem dem Verkäufer die entgeltliche Veräußerung des Rezeptes an Dritte gelang, die Möglichkeit entzogen wurde, das ihm zustehende Ausschließungsrecht durch Erteilung von Lizenzen gewerblich zu verwerten. Der gegenwartige Fall ist jedoch von dem damaligen verschieden. Das in Rede stehende Patent betrifft ein Verfahren zum Schweißen von Aluminium ohne Anwendung von Lot aus Fremdmetall und schreibt vor, daß die zu schweißenden Teile vorher mit einem bestimmten Flußmittel bearbeitet werden sollen. Das Flußmittel bildet daher nur ein Hilfsmittel für die Ausübung des Verfahrens, so wichtig auch seine richtige Zubereitung für das Gelingen des Verfahrens ist. Dieses selbst wird durch die Herstellung und den Vertrieb des Flußmittels noch nicht ausgeübt, ebensowenig wie ein Verfahren, das einen gewissen Arbeitsgang voraussetzt, dadurch angewendet wird, daß eine Maschine, die den Arbeitsgang vollbringt, hergestellt und vertrieben wird (RGZ. Bd. 65 S. 157). In beiden Fällen handelt es sich nur um ein für die Ausübung des Verfahrens wesentliches Hilfsmittel. Es läßt sich aber nicht sagen, daß dieses das geschützte Verfahren selbst darstellt. Hieran ändert auch der Umstand nichts, daß der Patentberechtigte etwa selbst ein Schutzrecht in der Weise verwertet, daß er in dem einen Falle das Flußmittel, im anderen die Maschine an seine Lizenzträger abgibt. Für die wirkliche Ausübung des geschützten Verfahrens als solchen muß immer noch hinzukommen, daß er seinen Abnehmern auch die Lizenz zur Benutzung des Verfahrens, zum mindesten stillschweigend, erteilt.

Mit Recht hat daher das Berufungsgericht angenommen, daß die Tätigkeit, die der Beklagte zur Anwendung des geschützten Verfahrens entfaltet hat, aus dem rechtlichen Gesichtspunkte der Beihilfe zur Patentverletzung zu würdigen ist. Wenn die Revision geltend macht, daß die Klägerin allgemein die Behauptung der Teilnahme des Beklagten an der Patentverletzung aufgestellt habe und deshalb auch Anstiftung in Frage kommen könne, so ist dem entgegenzuhalten, daß die Klägerin keine Tatsachen angeführt hat, aus denen gefolgert werden konnte, daß der Beklagte andere Personen zur Patentverletzung durch Geschenke oder Versprechen, durch Drohung, durch Mißbrauch des Ansehens oder der Gewalt, durch absichtliche Herbeiführung oder Beförderung eines Irrtums oder durch andere Mittel vorsätzlich bestimmt hat (§ 48 StGB.). Bei dem gänzlichen Fehlen derartiger Behauptungen hatte das Berufungsgericht keine Veranlassung, die Klägerin, wie die Revision es will, durch Ausübung des Fragerechts nach § 139 ZPO. zur Ergänzung ihres tatsächlichen Vorbringens anzuhalten. Ein prozessualer

Verstoß ist daher nicht darin zu finden, daß der Vorderrichter die Frage der Anstiftung mit dem Bemerken erledigt, daß eine solche nicht behauptet und jedenfalls nicht unter Beweis gestellt worden sei.

Hinsichtlich der Beihilfe führt das Berufungsurteil aus, es gehöre dazu das Bewußtsein, daß mit dem gelieferten Mittel das geschützte Verfahren angewendet werden solle, und es würde dies Bewußtsein ohne weiteres festgestellt werden können, wenn mit einer anderen Verwendung des Mittels nicht hätte gerechnet werden können. Von der Klägerin sei zwar behauptet worden, daß es ein anderes brauchbares Aluminiumschweißverfahren als das ihrige nicht gebe; indessen sei durch das vorzeitig verfallene Patent 109433 ein anderes Schweißverfahren bekannt geworden, das zur Zerreißung und Beseitigung der Oxydhäute feste Körper mit oder ohne Benutzung eines geeigneten Flußmittels anwende. Bei der hiernach bestehenden Möglichkeit einer statthaften Verwendung des Pulvers zum Schweißen von Aluminium sei es ohne Bedeutung, daß der Beklagte sein Pulver als Aluminiumschweißpulver geliefert habe.

Hierzu erhebt die Revision die Rüge, daß das Berufungsgericht wichtige Behauptungen der Klägerin übergangen und die Ausübung des Fragerechts zur Angabe fehlender Beweismittel unterlassen habe. Diese Rüge erscheint begründet. Für die Frage der Beihilfe zur Patentverletzung auf seiten des Beklagten wäre es zunächst wesentlich, wenn ein Abnehmer das vom Beklagten ihm gelieferte Pulver zur gewerbsmäßigen Ausübung des der Klägerin geschützten Verfahrens ohne ihre Zustimmung gebraucht und der Beklagte bei der Lieferung des Pulvers diesen Verwendungszweck vorausgesehen hätte. Er würde in diesem Falle den Käufer des Pulvers durch die Tat unterstützt und so als Gehilfe (§ 49 StGB.) die Patentverletzung des Dritten gefördert haben (RGZ. Bd. 65 S. 160). Für die Kenntnis des Verwendungszwecks ist eine ausdrückliche Beredung zwischen dem Beklagten und dem späteren Verletzer nicht erforderlich. Es genügt vielmehr, daß der Beklagte bei der Lieferung des Pulvers die Möglichkeit der beabsichtigten Verwendung zu der fraglichen Verfahrensart voraussah und dessen ungeachtet die Lieferung bewirkte. Um aber in subjektiver Hinsicht den Tatbestand einer Beihilfe zur Patentverletzung zu erfüllen, muß noch hinzukommen, daß der Beklagte entweder wußte, daß das beabsichtigte Vorgehen das Schutzrecht der Klägerin verletzte und ohne ihre Zustimmung geschah, oder daß er aus grober Fahrlässigkeit es unterließ, sich über diese Punkte Klarheit zu verschaffen. Es kann nun im vorliegenden Falle den Beklagten noch nicht entschuldigen, daß das Patent 109433, das für ein Verfahren zur Aluminiumschweißung die mechanische Zerstörung der Oxydhaut mit oder ohne Anwendung bekannter Flußmittel vorsah, infolge vorzeitigen Verfalls von jedermann ausgeübt werden konnte, und daß die Firma E. in ihrem Briefe vom 20. Januar 1913 behauptete, bei Verwendung eines Kohlenstabs zur Zerstörung der Oxydhaut unter gleichzeitiger Benutzung des Schweißpulvers des Beklagten großartige Schweißnähte erzielt zu haben. Das Berufungsgericht hätte vielmehr prüfen müssen, ob der Beklagte bei seinen Fachkenntnissen wirklich an die Erfolge mittels des Verfahrens nach Patent 109433 geglaubt und nicht etwa erkannt hat, daß das von E. erzielte Ergebnis ausschließlich auf die Benutzung des Schweißpulvers zurückgeführt werden mußte. Um dies richtig beurteilen zu können, wäre es, wie die Revision zutreffend hervorhebt, erforderlich gewesen, näher auf die Behauptungen der Klägerin einzugehen, daß das Verfahren nach Patent 109433 wertlos und in der Technik nirgends angewendet worden sei, daß unter einem Schweißpulver zum Schweißen von Aluminium in Fachkreisen allgemein nur ein den Patenten der Klägerin entsprechendes Pulver verstanden werde, und daß auch die Abnehmer des Pulvers des Beklagten tatsächlich nur nach diesen Patenten geschweißt hätten. . . .

---

38. 1. Zur Auslegung der Vereinbarung „in deutscher Reichswährung zahlbar und zwar auf spezielle Anordnung der Gläubiger in deutscher Reichsgoldmünze".

2. Ist der Schuldner im Falle des § 1 BRV. vom 28. September 1914 (RGBl. S. 417) berechtigt, sich bei Fälligkeit der Forderung durch Zahlung von Papiergeld zum Nennbetrage zu befreien?

3. Hat das Revisionsgericht ein nach der Verkündung des Berufungsurteils mit rückwirkender Kraft erlassenes Gesetz zu berücksichtigen?

V. Zivilsenat. Urt. v. 18. Dezember 1920 i. S. Sch. (Kl.) w. Schw. Lebensvers. u. Rentenanstalt (Bekl). V 278/20.

I. Landgericht Hannover. — II. Oberlandesgericht Celle.

Die Beklagte hat dem Kläger und seiner Ehefrau ein bis zum Juli 1917 unkündbares und von da ab beiderseits mit sechsmonatiger Frist kündbares Darlehn von 460000 ℳ gegeben, für das auf einem Hausgrundstücke des Klägers eine Hypothek zur ersten Stelle eingetragen ist. In den Darlehnsbedingungen heißt es: „Kapital und Zinsen sind franko Zürich in deutscher Reichswährung zahlbar und zwar auf spezielle Anordnung der Gläubigerin in deutscher Reichsgoldmünze".

Der Kläger hat am 2. Dezember 1919 der Beklagten ihre Hypothek zum 2. Juni 1920 gekündigt und mit der am 12. Dezember 1919 zugestellten Klage beantragt, festzustellen, daß er nicht verpflichtet sei, der Beklagten die Valuta ihrer Hypothek in Gold zu bezahlen, eventuell festzustellen, daß diese Verpflichtung ihm dann nicht obliege, wenn zur Zeit der Fälligkeit der Hypothek die Bundesratsverordnung vom 28. September 1914 über die Unverbindlichkeit gewisser Zahlungsvereinbarungen noch in Kraft sei. Er vertritt den Standpunkt, daß die Vereinbarung der Parteien, soweit sie auf Rückzahlung in Gold gehe, nach der erwähnten Bundesratsverordnung nicht verbindlich sei. Es sei ihm auch unmöglich, Zahlung in Gold zu leisten. Die Beklagte sei daher nicht berechtigt, Zahlung in Gold zu verlangen, vielmehr verpflichtet, bei Fälligkeit den Darlehnsbetrag ohne Aufgeld in Papiermark mit der Wirkung völliger Schuldtilgung entgegenzunehmen.

Die Beklagte hat Abweisung der Klage beantragt und Widerklage erhoben mit dem Antrage, festzustellen, daß der Kläger verpflichtet sei, ihr den Schaden zu ersetzen, der ihr dadurch entstehe, daß die Auszahlung der Hypothek mit Rücksicht auf die Bestimmungen der Bundesratsverordnung vom 28. September 1914 nicht in Gold erfolgen könne. Die Beklagte ist der Ansicht, daß die zwischen den Parteien vereinbarte Goldklausel nach ihrem erkennbaren Zwecke nur dahin verstanden werden könne, daß der Kläger einen Geldbetrag zurückgeben müsse, der im Kurse dem Kurse des Darlehnsbetrags in Reichsgoldmünzen gleichkomme. Eine solche Vereinbarung werde durch die Verordnung vom 28. September 1914 nicht berührt. Eventuell sei die Klausel gemäß § 140 oder, weil eine Lücke im Vertrage vorliege, gemäß § 157 BGB. in diesem Sinne auszulegen. Die Verordnung habe auch nur aufschiebende Wirkung. Von Unmöglichkeit der Leistung könne keine Rede sein. Sie sei auch bereit, Papiermark zum Kurswerte entgegenzunehmen. Jedenfalls müsse der Kläger eine etwaige Unmöglichkeit vertreten, da er gekündigt habe.

Das Landgericht hat durch Urteil vom 22. Januar 1920 auf die Klage festgestellt, daß der Kläger der Beklagten den Darlehnsbetrag in Papiergeld zum Nennwerte zurückzahlen dürfe, wenn am 2. Juni 1920 die Bundesratsverordnung vom 28. September 1914 noch in Kraft sei; die Widerklage hat es abgewiesen. In der Berufungsinstanz hat die Beklagte ihrer Widerklage den Hilfsantrag hinzugefügt, festzustellen, daß sie nur dann verpflichtet sei, eine löschungsfähige Quittung über die Hypothek zu erteilen, wenn der Kläger oder seine Ehefrau in Zürich eine Summe zahle, die nach dem Valutastande der deutschen Papierreichsmark am Tage der Zahlung der Summe von 460000 ℳ gleichkomme. Der Kläger hat beantragt, die Berufung zurückzuweisen und hilfsweise gebeten, festzustellen, daß er zur Auszahlung der

460000 ℳ in Gold nicht verpflichtet sei. Das Oberlandesgericht hat durch Urteil vom 2. Juni 1920 unter Zurückweisung der Berufung im übrigen zur Klage abändernd dahin erkannt, daß der Kläger, solange die Bundesratsverordnung vom 28. September 1914 noch in Kraft sei, den Darlehnsbetrag nicht in Gold zurückzuzahlen brauche; mit seinem weitergehenden Antrage, festzustellen, daß er das Darlehn in Papiergeld zum Nennbetrage abtragen dürfe, hat es ihn abgewiesen.

Der Revision des Klägers wurde mit der aus den Gründen ersichtlichen Maßgabe stattgegeben, die Anschlußrevision der Beklagten dagegen zurückgewiesen.

Gründe:

... Auch die Anwendbarkeit des deutschen Rechtes ist nicht zu beanstanden. Denn das für die Verpflichtungen aus einem Vertrage maßgebende Recht bestimmt sich, wie der Berufungsrichter zutreffend darlegt, nicht nach dem Orte des Vertragsschlusses. Vielmehr kann mangels ausdrücklicher oder stillschweigender Vereinbarung der Parteien — die hier nicht vorliegt — nur entweder das Recht des Erfüllungsortes oder das Recht des Staates in Betracht kommen, dem der Schuldner angehört (RGZ. Bd. 61 S. 343, Bd. 62 S. 379, Bd. 66 S. 73, Bd. 95 S. 165; JW. 1918 S. 380 Nr. 5). Welcher von beiden Gesichtspunkten den Vorzug verdient, bedarf für den vorliegenden Fall nicht der Entscheidung. Denn beide führen hier zur Anwendung des deutschen Rechts, da die Darlehnsschuldner deutsche Reichsangehörige sind und auch bereits zur Zeit der Entstehung des Schuldverhältnisses ihren Wohnsitz in Hannover hatten, also nach § 269 BGB. dort auch der Erfüllungsort war. Die von der Anschlußrevision gegen die letzte Annahme angeregten Zweifel sind nicht begründet. Die Anschlußrevision will sie daraus herleiten, daß nach Nr. 3 und 5 der Darlehnsbedingungen die Verzinsung des Kapitals „mit der Auszahlung der Darlehnsvaluta bezw. mit dem Tage der Absendung derselben von Zürich" beginnen soll und daß Kapital und Zinsen von den Schuldnern franko Zürich zu zahlen sind. Allein durch diese Abmachungen werden die Vorschriften über den Erfüllungsort nicht berührt. Insbesondere ist aus der Verpflichtung der Schuldner, das Geld auf ihre Kosten dem Gläubiger an dessen Wohnsitz zu übermitteln, nichts für den Erfüllungsort herzuleiten (§ 270 Abs. 4 BGB.). Die Anwendung deutschen Rechtes unterliegt daher — ganz abgesehen davon, ob nicht auch Art. 30 EG. z. BGB. zugunsten des deutschen Rechtes Platz greifen würde — keinem Bedenken. Von der Anwendbarkeit der Bundesratsverordnung vom 28. September 1914 und des deutschen Rechtes überhaupt sind denn auch die von der Beklagten eingereichten Rechtsgutachten als von etwas ganz Selbstverständlichem mit Recht ausgegangen.

Nicht beizutreten ist der Anschlußrevision auch, wenn sie die Anwendbarkeit der Bundesratsverordnung vom 28. September 1914 deshalb verneint, weil die von den Parteien vereinbarte Goldklausel nicht als eigentliche Goldklausel, sondern als Goldwertklausel aufzufassen sei, die Goldwertklausel aber von der Verordnung nicht betroffen werde. Ob letzteres — wie der Berufungsrichter allerdings annimmt — richtig ist, bedarf nicht der Erörterung. Denn die Annahme des Berufungsgerichts, daß hier keine Goldwertklausel, sondern eine eigentliche Goldklausel vorliege, ist nicht zu beanstanden. Das Berufungsgericht räumt ein, daß es der Beklagten nicht gerade darum zu tun gewesen sei, die Zahlungen in Goldmünzen zu erhalten, sondern daß sie sich mit der Goldklausel in der Hauptsache nur gegen Kursschwankungen habe sichern wollen. Aber, so führt das Urteil weiter aus, der Weg, den die Beklagte zur Erreichung dieses Zwecks gewählt habe, sei gerade der gewesen, daß sie die Schuldner sich habe verpflichten lassen, auf Verlangen „in deutscher Reichsgoldmünze“ zu zahlen. Damit sei ihr zwar die Möglichkeit gegeben gewesen, sich auch mit anderen Zahlungsmitteln und zwar in der Weise zufrieden zu geben, daß sie diese nicht nach ihrem Nennwerte, sondern nach ihrem Wertverhältnis zum Golde in Zahlung nähme. Aber die Verpflichtung der Schuldner sei nicht hierauf gegangen, sondern nur auf Zahlung in Gold. Es habe wohl anstatt dessen vereinbart werden können, daß die Schuldner den Betrag zu zahlen hätten, der nach dem zur Zeit der Zahlung bestehenden Wertverhältnisse zum Golde dem geschuldeten Betrage entspreche. Indes eine solche Vereinbarung sei nicht getroffen worden.

Diese Auslegung läßt keinen Rechtsirrtum erkennen. Die Revision rügt, der Berufungsrichter habe bei ihr den Zweck der Vereinbarung nicht genügend berücksichtigt. Die Beklagte habe — wie bereits in den Vorinstanzen vorgetragen worden sei — als ausländische Versicherungsgesellschaft bei der Gewährung langfristigen Kredits im Inlande mit der schon seit dem Jahre 1904 nicht außer Acht zu lassenden Möglichkeit kriegerischer Verwicklungen und den sich hieraus für sie ergebenden Gefahren rechnen müssen; sie könne daher verständigerweise die Goldklausel nur in dem von ihr vertretenen Sinne gemeint haben, und dies sei auch für den Kläger erkennbar hervorgetreten. Aber gerade letzteres wird von dem Berufungsrichter, wie der Inhalt seiner Gründe ergibt, verneint. In der Tat gewährt auch der Wortlaut der Klausel für eine Auslegung in dem von der Beklagten gewünschten Sinne keinen Anhalt. Der Kläger konnte sie in diesem Sinne um so weniger verstehen, als er von der Annahme ausgehen durfte, daß in den von der Beklagten selbst verfaßten, sehr eingehenden formularmäßigen Darlehnsbedingungen, in denen die Klausel enthalten ist, die Rechte der Beklagten deutlich und erschöpfend angegeben seien. Dazu kommt, daß die Eintragung der Hypothek in das Grundbuch unter Zugrundelegung der vereinbarten Goldklausel, wenn sie in dem von der Beklagten jetzt als maßgebend bezeichneten Sinne zu verstehen wäre, nicht hätte erfolgen können, da dann durch die Klausel die Verpflichtung begründet worden wäre, außer dem Nennbetrage der Forderung in Reichswährung je nach dem Stande des Goldwerts ein darüber hinausgehendes dem Betrage nach unbestimmtes Aufgeld zu zahlen, was dem Grundsatze widersprochen hätte, daß der Betrag der Belastung aus dem Grundbuche hervorgehen muß (RGZ. Bd. 50 S. 145). Die Auslegung des Berufungsrichters ist daher nicht zu bemängeln. Es ist auch nicht anzuerkennen, daß bei ihr Auslegungsgrundsätze verletzt seien. Insbesondere ist die Rüge der Verletzung des § 140 BGB. unbegründet. Allerdings hat die vom Berufungsrichter vertretene Vertragsauslegung zur Folge, daß die zwischen den Parteien vereinbarte Goldklausel gemäß der Bundesratsverordnung vom 28. September 1914 als bis auf weiteres unverbindlich anzusehen ist. Aber diese Rechtsfolge kann nicht die Wirkung haben, daß nun an Stelle der bis auf weiteres für unverbindlich erklärten Klausel eine Vereinbarung mit anderer Tragweite tritt, und ebensowenig kann hier der Grundsatz zur Anwendung kommen, daß Lücken eines Vertrags so auszulegen sind, wie Treu und Glauben mit Rücksicht auf die Verkehrssitte es erfordern.

Die Anschlußrevision erweist sich daher als unbegründet. Dagegen war der Revision der Erfolg nicht zu versagen.

Der Berufungsrichter hat den vom Kläger in der Berufungsinstanz gestellten Hauptantrag abgewiesen, weil er annimmt, daß dieser auf Grund der Bundesratsverordnung vom 28. September 1914 zwar gegenwärtig zur Zahlung in Gold nicht verpflichtet, aber anderseits auch nicht berechtigt sei, sich durch Zahlung von Papiergeld zum Nennbetrage zu befreien, und diese Ansicht hat er damit begründet, daß die Verordnung diese Auslegung zulasse, daß sie als Ausnahmebestimmung eher einschränkend wie ausdehnend auszulegen sei, und daß auf diese Weise eine Schädigung des Gläubigers verhütet werde. Diese Erwägungen sind jedoch nicht für durchschlagend zu erachten.

Allerdings ist in § 1 der Verordnung vom 28. September 1914 die Unverbindlichkeit der vor dem 31. Juli 1914 getroffenen Vereinbarungen, nach denen eine Zahlung in Gold zu erfolgen hat, nur „bis auf weiteres" angeordnet („sind bis auf weiteres nicht verbindlich"). Aber diese Anordnung ist nicht dahin zu verstehen, daß der Anspruch des Gläubigers auf Zahlung in Gold bestehen bleibe und lediglich seine Geltendmachung einstweilen hinausgeschoben sei. Dies hätte, wenn es gewollt wäre, unzweifelhaft klarer ausgedrückt werden können und ausgedrückt werden müssen. Vielmehr finden die Worte „bis auf weiteres“ hier wie auch in anderen Kriegsverordnungen und Gesetzen ihre Erklärung darin, daß damit von vornherein zum Ausdruck kommen sollte, daß die getroffene Anordnung nur als eine vorübergehende gedacht sei und daß eine Wiederherstellung des früheren Zustandes in Aussicht genommen werde, sobald die Verhältnisse sich so geändert haben würden, daß die Aufhebung der Anordnung angängig erscheine. So lange daher eine solche Aufhebung nicht erfolgt ist, ist die Goldklausel unverbindlich und damit der Anspruch des Gläubigers auf Befriedigung auf diejenige Leistung beschränkt, die er in Ermangelung der Goldklausel zu beanspruchen hätte. Daraus folgt aber, daß der Schuldner sich nach Eintritt der Fälligkeit der Forderung durch Gewährung dieser Leistung von seiner Schuld befreien kann.

Die gegenteilige Auffassung würde auch dem Zwecke der Bundesratsverordnung zuwiderlaufen. Den Grund ihrer Erlassung bildete das Gesetz, betr. die Reichskassenscheine und die Banknoten vom 4. August 1914 (RGBl. S. 347), durch das, um einer das öffentliche Interesse schädigenden Schmälerung des Goldbestands vorzubeugen, bis auf weiteres angeordnet wurde, daß die Reichshauptkasse zur Einlösung der Reichskassenscheine und die Reichsbank zur Einlösung ihrer Noten nicht verpflichtet sei. Wie es in der dem Reichstage vorgelegten Denkschrift über wirtschaftliche Maßnahmen aus Anlaß des Krieges (Drucks. 1914 II. Session Nr. 26 S. 7) heißt, erschien „in einer Zeit, in der die Reichsbank die Einlösung ihrer Noten gegen Gold sperrt, während der Verkehr nichtsdestoweniger die Vollwertigkeit der Noten unbeschränkt anerkennt, die vorübergehende Außerkraftsetzung der Goldklausel erforderlich, um den Schuldner gegen schikanöse Ausübung des Gläubigerrechts zu schützen, aber auch unbedenklich, da sie den Gläubiger in keiner Weise benachteiligt.“ Beim Herannahen des Vierteljahrsschlusses wurde deshalb vom Bundesrat die durch die Bekanntmachung vom 28. September 1914 verkündete Verordnung erlassen, wobei zugleich erwogen wurde, daß die Aufrechterhaltung der Goldklausel auch dem allgemeinen Streben nach Konzentrierung des Goldvorrats bei der Reichsbank entgegengewirkt hätte. Gerade diese Rücksicht verbietet es aber auch, die Bundesratsverordnung in dem von der Beklagten vertretenen Sinne auszulegen. Denn nach ihr hätte der Schuldner zwar nicht unmittelbar gezwungen werden können, in Gold zu leisten; einem mittelbaren Zwange und dem Anreize zur Beschaffung von Gold wäre er aber gleichwohl in den Fällen unterlegen, in denen er zur Vermeidung rechtlicher oder wirtschaftlicher Nachteile gezwungen gewesen wäre, die Schuld zu tilgen. Zudem würde die Rechtsauffassung der Beklagten im Hypotheken- und Grundstücksverkehr zu bedenklichen Stockungen führen. Der Hinweis auf das durch das nachträgliche Sinken der Währung herbeigeführte entgegenstehende Interesse des Gläubigers kann nicht durchschlagen. Daß die vom Kläger vertretene Auslegung der Verordnung dem Sinne des Gesetzgebers entspricht, wird überdies in der erwähnten Denkschrift ausdrücklich bestätigt. Denn es wird dort betont, daß eine in anderen Zahlungsmitteln (als Gold) angebotene Zahlung vom Gläubiger nicht unter Berufung auf die Goldklausel abgelehnt werden dürfe; der Gläubiger würde in Annahmeverzug kommen, die Verzinsung der abgelehnten Summe würde aufhören und der Schuldner könne den vergeblich angebotenen Betrag hinterlegen. Auf Grund der Bundesratsverordnung vom 28. September 1914 war daher der Kläger berechtigt, die Hypothek der Beklagten bei Verfall auch in Papiergeld zum Nennbetrag abzudecken. Eine andere Beurteilung kann hier auch nicht etwa deshalb Platz greifen, weil der Kläger die Fälligkeit der Hypothek durch seine Kündigung herbeigeführt hat. Denn hierzu war er nach den Darlehnsbedingungen berechtigt, und es ist auch kein Verstoß gegen Treu und Glauben darin zu finden, und zwar um so weniger, als der Kläger mit Rücksicht auf den Verkauf des Grundstücks nach seinen unwidersprochen gebliebenen Darlegungen an der Abtragung der Hypothek der Beklagten ein erhebliches Interesse hatte. Hiernach war zur Klage das Urteil des ersten Richters wiederherzustellen. Jedoch war nach einer doppelten Richtung eine Einschränkung hinzuzufügen.

Zunächst ist — freilich erst nach dem Schlusse der diesem Urteile zugrunde liegenden mündlichen Verhandlung, am 10. Dezember 1920 — das Gesetz über das Abkommen zwischen dem Deutschen Reiche und der Schweizerischen Eidgenossenschaft, betr. schweizerische Goldhypotheken in Deutschland usw. vom 9. dess. Mts. (RGBl. S. 2024) in Kraft getreten. Nach Art. 3 dieses Abkommens sind Gläubiger solcher Goldhypotheken, wenn sie nach den Vorschlägen des Art. 2 verfahren, berechtigt, nach Ablauf der daselbst in lit. a vorgesehenen Frist die Rückzahlung der Hypothek in Gold zum Satze der deutschen Goldwährung oder dergestalt in Papiergeld zu verlangen, daß sie für 100 geschuldete Mark 123,45 Schweizer Franken erhalten. Auch findet das Abkommen nach Art. 4 auf Goldhypotheken insoweit Anwendung, als sie vom Schuldner bereits gekündigt worden oder, aus Anlaß der Goldklausel, Gegenstand von gerichtlichen Urteilen gewesen sind, sofern der Gläubiger die Bedingungen von Art. 2 erfüllt. Diese Vorschriften machen hier eine Einschränkung des Urteils des ersten Richters erforderlich. Allerdings wird auf Grund der Vorschriften in §§ 549, 550 ZPO. die Meinung vertreten, daß die Prüfung des Berufungsurteils durch das Revisionsgericht nur auf Grundlage der zur Zeit seiner Verkündung in Geltung gewesenen Gesetze erfolgen dürfe, und hieraus ist geschlossen worden, daß Art. 201 EG. z. BGB. bei der Prüfung eines vor dem 1. Januar 1900 verkündeten Berufungsurteils außer Betracht zu bleiben habe (RGZ. Bd. 45 S. 98). Ob dieser Auffassung zuzustimmen ist, bedarf nicht der Erörterung. Denn hier ergibt der Wortlaut des Art. 4 des vorerwähnten Abkommens unzweideutig, daß es sich rückwirkende Kraft beilegt, und deshalb müssen seine Vorschriften auch noch in der Revisionsinstanz Beachtung finden, und es verschlägt auch nichts, daß das Gesetz erst nach dem Schlusse der dem vorliegenden Urteil zugrunde liegenden mündlichen Verhandlung erlassen ist. Freilich ist durch das Abkommen die Bundesratsverordnung vom 28. September 1914 nicht ohne weiteres außer Kraft gesetzt. Vielmehr ist das Inkrafttreten der anderweiten Regelung des Art. 3 an die Bedingung geknüpft, daß der Gläubiger die Bedingungen von Art. 2 erfüllt. Auch ist in der Revisionsinstanz nicht nachzuprüfen, ob diese Bedingungen etwa bereits erfüllt sind oder ob sie erfüllt werden sollen. Es erübrigt sich daher auch, die mündliche Verhandlung zwecks Geltendmachung solcher Tatsachen wieder zu eröffnen. Immerhin mußte die Feststellung, daß der Kläger berechtigt sei, sich durch Zahlung in Papier zu befreien, für den Fall, daß die Beklagte die Bedingungen von Art. 2 erfüllt hat oder erfüllt, die aus der Urteilsformel ersichtliche Einschränkung erfahren. Auch war für den Fall, daß diese Bedingungen nicht erfüllt werden, dem Umstande Rechnung zu tragen, daß die Formel des erstinstanzlichen Urteils die — wenn auch vielleicht entfernte — Möglichkeit einer Änderung der Rechtslage durch Aufhebung der Bundesratsverordnung vom 28. September 1914 außer Acht läßt. Hiernach rechtfertigt sich die zur Klage getroffene Entscheidung.

Zur Widerklage hat die Anschlußrevision einen Antrag nicht gestellt. Durch ihre Abweisung ist übrigens die Beklagte auch nicht beschwert, da die Anträge der Widerklage sich nach dem zum Hauptantrag des Klägers eingenommenen Standpunkt ohne weiteres als hinfällig erweisen. . . .

---

39. 1. Ist bei einer zur Durchführung einer Fluchtlinie erfolgten Enteignung der volle Wert des enteigneten Hausgrundstücks dem Eigentümer ohne Rücksicht auf die mit der Fluchtlinienfestsetzung eingetretene Baubeschränkung auch dann zu ersetzen, wenn der Wertbetrag mittels Unterstellung eines Umbaues des Hauses, nicht einer Neubebauung, festzustellen ist?

2. Wie ist in diesem Falle die dem Mieter des Hauses nach § 11 des Enteignungsgesetzes zustehende Entschädigung zu bemessen?

VII. Zivilsenat. Urt. v. 21. Dezember 1920 i. S. Schw. u. Gen. (Kl.) w. Stadtgemeinde B. (Bekl.). VII 104/20.

I. Landgericht I Berlin. — II. Kammergericht daselbst.

Im Jahre 1909 wurde zur Verbreiterung der Wallstraße in B. ein den Klägern zu 1 gehöriges, an die Klägerin zu 2 vermietetes Hausgrundstück enteignet. Die Parteien streiten über die Höhe der den Klägern zu 1 nach §§ 1 und 8 und der Klägerin zu 2 nach § 11 des Enteignungsgesetzes vom 11. Juni 1874 zu gewährenden Enteignungsentschädigung. Der Berufungsrichter hat den Wert des Grundstücks mittels Unterstellung eines Umbaus des Hauses festgestellt, obgleich die Fluchtlinie von 1867, zu deren Durchführung die Enteignung erfolgt, das Grundstück durchschnitt. Dies wurde vom Revisionsgericht gebilligt.

Aus den Gründen:

1. Entschädigungsanspruch der Grundeigentümer.

... Die Revision der Beklagten erhebt gegen die Wertfeststellung des Berufungsrichters zunächst den grundsätzlichen Einwand, ein Umbau des Hauses sei unzulässig gewesen, da ihm die das Haus durchschneidende und dem Grundeigentümer bekanntgemachte Fluchtlinie von 1867 entgegengestanden hätte. Der Einwand ist unbegründet. Gerade zur Durchführung dieser Fluchtlinie ist die Enteignung des Hauses der Kläger erfolgt. In einem solchen Fall ist nach ständiger Rechtsprechung davon auszugehen, daß die Fluchtlinienfestsetzung zusammen mit der Ausführung der Straßenanlage als einheitliches Unternehmen anzusehen ist, und daß daher entsprechend dem Grundsatze des § 10 Abs. 2 EntG. bei der Bewertung des enteigneten Grundstücks dessen voller Wert, ohne Rücksicht auf die mit der Fluchtlinienfestsetzung eintretende Baubeschränkung, zu ersetzen ist (RGZ. Bd. 53 S. 137, Bd. 74 S. 19/20 u. a. m.). Dieser Grundsatz, der bei Bewertung mittels Unterstellung von Neubebauung nicht nur hinsichtlich bisher unbebaut gebliebenen Baulands, sondern auch hinsichtlich bereits bebauter Grundstücke anerkannt wurde, ist selbstverständlich auch für die Bewertung mittels Unterstellung eines werterhöhenden Umbaus anzuwenden. Sowohl für den Fall der Neubebauung als auch für den Fall des Umbaus gilt bei der Enteignung die Regel, daß das aus § 11 FluchtlGes. sich ergebende Bauverbot bei der Bewertung ebenso außer Betracht zu bleiben hat, als stände dies durch das Fluchtliniengesetz geschaffene rechtliche Hindernis der baulichen Ausnutzung nicht entgegen, daß das Bauverbot aber seine Wirkung äußert insofern, als der Eigentümer gehindert ist, sein Grundstück tatsächlich mit den an sich möglichen Neu-, Um- oder Ausbauten zu versehen. Das Bauverbot wirkt also zugunsten der Ortsgemeinden nur insoweit, daß ihnen die

Erstattung von Kosten für die Herstellung derartiger Bauten erspart bleibt. Auch in § 11 FluchtlGes. sind hinsichtlich der den Grundstückseigentümer treffenden Einschränkung in der baulichen Ausnutzung seines Grundstücks die Um- und Ausbauten den Neubauten völlig gleichgestellt. Mit Recht hat daher der Berufungsrichter bei der Bewertung des Hauses die durch die Fluchtlinie von 1867 verursachte Baubeschränkung außer Betracht gelassen. . . .

2. Entschädigungsanspruch des Mieters.

Der Berufungsrichter verkennt nicht, daß der Mieter Ersatz des Schadens beanspruchen darf, der dadurch entstanden ist, daß er durch die Enteignung gezwungen worden ist, das Grundstück am 1. Oktober 1909 zu räumen und andere Geschäftsräume zu mieten (§ 11 EntG.). Er will aber Entschädigung nur zum Ersatz der Nachteile gewähren, die dem Mieter dadurch entstanden sind, daß er Räume gleicher Art und Güte, wie er sie im enteigneten Hause zulässiger Weise benutzen durfte, mieten mußte. Auch hiergegen ist nichts zu erinnern. Als solche Räume, die der Mieter zulässiger Weise zu Geschäftsräumen benutzen durfte, sieht aber der Berufungsrichter nur die Räume des Erdgeschosses an, während er den Räumen des ersten und zweiten Stockwerks nur die Eigenschaft von Lagerräumen zugesteht. Hier gerät jedoch der Berufungsrichter mit seinen eigenen Ausführungen in Widerspruch. Während er bei der Bemessung der Entschädigung des Eigentümers zutreffend davon ausgeht, daß für die Frage der Möglichkeit eines baupolizeilich zulässigen Umbaus die Fluchtlinie von 1867 außer Betracht zu lassen ist, führt er aus, für die Mieterin könne ein Umbau nicht in Frage kommen, da sie nach dem maßgebenden Vertrage die Mietsräume erst im Jahre 1903, also zu einer Zeit gemietet hätte, zu der die das Haus durchschneidende Baufluchtlinie von 1867 längst bestand und auch spätestens durch den Bescheid vom 8. Oktober 1894 dem Grundstückseigentümer bekannt gemacht worden war. Diese Unterscheidung zwischen der Rechtslage des Eigentümers und derjenigen des Mieters ist, soweit es sich um die Wirkung der Fluchtlinie von 1867 handelt, nicht zu billigen. Hätte der Eigentümer des Grundstücks in eigener Person im enteigneten Hause das Gardinengeschäft für eigene Rechnung betrieben, so wäre ihm außer dem objektiven Werte, den das Haus für jedermann hatte, auch der (sog. individuelle) Mehrwert zu ersetzen gewesen, den das Haus für ihn dadurch hatte, daß er durch seinen darin geführten Gewerbebetrieb noch einen besonderen Nutzen, nämlich aus dem Gebrauche des Hauses für diesen Zweck, zu ziehen in der Lage war. In diesem Mehrwert ist das Recht zum Ersatze des Schadens enthalten, den er dadurch erlitten hatte, daß er durch die Enteignung gezwungen war, den im Hause geführten Gewerbebetrieb aufzugeben oder zu verlegen.

Hat der Eigentümer den Gebrauch des Hauses gegen Entgelt einem Mieter überlassen, so hat er selbst keinen Anspruch auf jenen Mehrwert, wohl aber ist dem Mieter, der durch die Enteignung an der weiteren Ausnutzung seines zwar nicht dinglichen, aber doch aus dem Eigentums- und Verfügungsrecht des Besitzers wirtschaftlich abgeleiteten Mietsrechts gehindert ist, der Betrag des Schadens nach § 11 EntG. besonders zu ersetzen, den er durch diese Behinderung erleidet. Dieser Betrag ist in der für das enteignete Grundeigentum bestimmten Entschädigung (des vollen objektiven Wertes) nicht begriffen. Wollte man dem Mieter die Entschädigung für den Verlust seines Mietsrechts versagen, so würde der Enteignungsunternehmer bei der Enteignung eines solchen Miethauses eine geringere Entschädigung zu zahlen haben, als bei der Enteignung des Hauses, in dem der Eigentümer selbst dasselbe Gewerbe betreibt. Zu einer solchen Begünstigung des Unternehmers fehlt es an der gesetzlichen Grundlage. Sind, wie oben dargelegt ist, bei der Bemessung der Enteignungsentschädigung überhaupt Wertveränderungen, die durch die der neuen Straßenanlage entsprechende Fluchtlinie verursacht werden, außer Betracht zu lassen, so fehlt es an jedem Anlaß, diesen Grundsatz nicht ebenso beim Mieter wie beim Eigentümer anzuwenden. War hiernach — ohne Dazwischentreten der Enteignung — durch einen baupolizeilich zulässigen Umbau der Erfolg zu erzielen, daß der Mieter auch weiterhin das erste und zweite Stockwerk zu Geschäftsräumen verwenden durfte, so hat er auch den Anspruch, daß ihm, unter Abzug der an den Eigentümer vertraglich zu zahlenden Miete, die Kosten ersetzt werden, die zur Beschaffung anderer, diesen Geschäftsräumen gleichwertiger Geschäftsräume erforderlich sind. Da der Berufungsrichter diese Räume des enteigneten Hauses, soweit die Entschädigung des Mieters in Frage kommt, bisher nur als Lagerräume bewertet hat, war insoweit auch das Berufungsurteil aufzuheben und die Sache an den Berufungsrichter zur Berechnung der Entschädigung des Mieters auf neuer Grundlage zurückzuverweisen. Dabei wird zu prüfen sein, ob der Mieter bei Berücksichtigung der Bestimmungen des Mietvertrags vom Vermieter zu fordern berechtigt war, daß dieser, um gegenüber einem polizeilichen Verbot die Weiterverwendung des ersten und zweiten Stockwerks zu Geschäftsräumen für den Mieter zu sichern, das Haus unter Anbringung von Notleitern in einer baupolizeilich zulässigen Art umbaute. . . .

Da inhalts des Mietvertrags der Eigentümer verpflichtet war, dem Mieter auf sein Verlangen den Mietgebrauch des Hauses bis zum 1. Oktober 1929 zu gestatten, wird der Berufungsrichter, solange nicht die Beklagte das Gegenteil nachweist, davon auszugehen haben, daß der Mieter von dem Vertragsrechte, den Mietgebrauch bis zu diesem Zeitpunkt zu verlängern, Gebrauch gemacht haben würde. Das vom

Berufungsrichter für seine abweichende Meinung angeführte Urteil des erkennenden Senats vom 10. März 1914 VII 485/13 entscheidet über einen Tatbestand, der sich von dem jetzigen gerade in einem wesentlichen Punkt unterscheidet. In jenem Fall bestand ein Recht auf Fortbestehen des Mietrechts für den Mieter nicht, während hier ein solches Recht ausdrücklich vereinbart ist. . . .

---

40. 1. Kann ein Spediteur Erfüllungsgehilfe seines Auftraggebers sein und unter welchen Umständen?
2. Kommt, wenn dem Auftraggeber der Entlastungsbeweis obliegt, die Vermutung der §§ 407, 390 HGB. in Betracht?
3. Kann der Auftraggeber des Spediteurs sich von seiner vertraglichen Ersatzpflicht dadurch befreien, daß er dem Schadensersatz beanspruchenden Vertragsgegner die Abtretung seines Anspruchs gegen den Spediteur anbietet?

VII. Zivilsenat. Urt. v. 21. Dezember 1920 i. S. Ei. & Eh. (Bekl.) w. H. (Kl.). VII 315/20.

I. Landgericht I Berlin. — II. Kammergericht daselbst.

Die Beklagte ist Tuchhändlerin und hat der Klägerin Stoffe geliefert. Im Sommer 1918 übernahm sie von der Klägerin 384 Tücher zum Umfärben. Die Tücher wurden von ihr an einen auswärts wohnenden Färber gesandt, der ihre eigenen Stoffe zu färben pflegte. Die Übersendung zum Färber besorgte ein von ihr beauftragter Spediteur. Bei diesem wurden 78 Tücher gestohlen. Sieben Tücher wurden später an einer versteckten Stelle des Güterbodens wiedergefunden. Wegen der restlichen 71 Tücher nimmt die Klägerin die Beklagte auf Ersatz des Schadens in Anspruch. Die Beklagte hat widerklagend Feststellung beantragt, daß sie der Klägerin zum Schadensersatz für die ihr von dieser zum Färben übergebenen und verloren gegangenen Tücher nicht verpflichtet sei.

Das Landgericht hat die Klage abgewiesen und dem Widerklaganspruch stattgegeben. Das Kammergericht hat dagegen den Klaganspruch dem Grunde nach für berechtigt erklärt und die Widerklage abgewiesen. Die Revision wurde zurückgewiesen.

Gründe:

Die Annahme des Berufungsrichters, daß der zwischen den Parteien abgeschlossene Vertrag ein Werkvertrag sei, läßt einen Rechtsirrtum nicht erkennen. . . . (Dies wird näher dargelegt und sodann wird fortgefahren:)

Zu den Vertragspflichten der Beklagten gehörte auch, wie der Berufungsrichter zutreffend festgestellt hat, die Übermittelung der ihr von der Klägerin übergebenen Tücher an die Färberei. Nun würde zwar die Beklagte als Werkunternehmerin gemäß § 644 Abs. 1 Satz 2 BGB. für zufälligen, also unverschuldeten Verlust der Tücher auf dem Transport zur Färberei nicht verantwortlich sein. Diese Gesetzesbestimmung steht im Einklang mit der Vorschrift des § 280 BGB., wonach der Schuldner dem Gläubiger den durch die Nichterfüllung seiner Leistung entstehenden Schaden nur dann zu ersetzen hat, wenn die Leistung infolge eines von ihm zu vertretenden Umstandes unmöglich wird. Der Schuldner muß aber gemäß § 282 BGB. beweisen, daß ihn kein Verschulden trifft. Diesen Entlastungsbeweis hatte also auch die Beklagte zu führen, und zwar mußte sie dartun, daß weder sie selbst, noch auch die Person, deren sie sich zur Erfüllung ihrer Verbindlichkeit bedient hatte (§ 278 BGB.), ein Verschulden an dem Verluste der Tücher trifft. Es fragt sich nur, ob der Spediteur, den die Beklagte mit der Übermittelung der Tücher zur Bahn beauftragt hat, als Erfüllungsgehilfe im Sinne des § 278 BGB. anzusehen ist. Diese Frage ist aber nach Lage des Falles zu bejahen.

Zwar hat das Reichsgericht in mehreren Entscheidungen (RGZ. Bd. 62 S. 331, Bd. 99 S 56) ausgesprochen, daß der Spediteur nicht Erfüllungsgehilfe des Verkäufers sei. Aber in den dort entschiedenen Fällen handelte es sich um den Übersendungsauftrag des Verkäufers an den Spediteur gemäß § 447 BGB. Beim Versendungskauf hat der Verkäufer regelmäßig seiner Vertragspflicht der Warenübereignung Genüge geleistet, wenn er an seinem Wohn- oder Niederlassungsort, als dem Erfüllungsort, die Ware dem Spediteur zwecks Übermittelung an den Käufer übergeben hat. Die Übermittelung selbst geht für Rechnung und auf Gefahr des Käufers, sie gehört nicht mehr zu den Vertragspflichten des Verkäufers. Der Verkäufer haftet nur für Verletzung der Sorgfalt eines ordentlichen Kaufmanns bei der Auswahl des Spediteurs. Im Regelfalle des § 447 BGB. bedient sich also der Verkäufer nicht des Spediteurs zur Erfüllung seiner Verbindlichkeit. Mit vollem Rechte hat daher das Reichsgericht in jenem Falle die Erfüllungsgehilfeneigenschaft des Spediteurs gegenüber dem Verkäufer verneint. Anders liegt die Sache hier.

Die Übermittelung der Tücher gehört zu den vertraglichen Verbindlichkeiten der Beklagten. Zur Erfüllung dieser ihrer eigenen Verbindlichkeit hat sie sich eines Spediteurs bedient. Durch den Speditionsvertrag sollten nicht etwa nur der Beklagten die Mittel und die Möglichkeit verschafft werden, das Übermittelungsgeschäft auszuführen, wie etwa der Lieferant eines Verkäufers diesem die Waren verschafft, zu deren Lieferung letzterer sich an seinen Käufer verpflichtet hat, oder wie der Arzt jemandem ein ärztliches Zeugnis ausstellt, zu dessen Vorlage dieser einem anderen gegenüber verpflichtet ist. In den letztgenannten Fällen erfüllen der Lieferant des Verkäufers und der Arzt eine eigene Verbindlichkeit, die ihnen vertraglich dem Verkäufer oder dem Dienstberechtigten gegenüber obliegt, nicht aber eine Vertragspflicht, die dem Verkäufer oder dem Dienstberechtigten als Schuldner gegenüber ihrem Gläubiger obliegt. Hier aber hatte der Spediteur gerade das Erfüllungsgeschäft an Stelle der Beklagten auszuführen, das dieser der Klägerin gegenüber vertraglich oblag und das eigentlich die Beklagte selbst vorzunehmen hatte. Bediente sie sich hierzu einer anderen Person, des Spediteurs, so war dieser ihr Erfüllungsgehilfe im Sinne des § 278 BGB., für dessen Verschulden sie einzustehen hat. Daß der Spediteur nicht etwa als Substitut in Frage kommt, d. h. daß er nicht an Stelle der Beklagten in den Werkvertrag überhaupt eingetreten ist, bedarf keiner weiteren Darlegung. Bei der weiten Fassung des § 278 BGB. ist aber auch die im Schrifttum vereinzelt vertretene Ansicht abzulehnen, daß ein selbständiger Unternehmer nicht als Erfüllungsgehilfe in Betracht kommen könne, sondern nur eine solche Person, die zu dem Schuldner in einem vertraglichen oder sonstigen Abhängigkeitsverhältnisse stehe.

Nun rügt die Revision weiter, das Berufungsgericht habe unentschieden gelassen, ob den Spediteur ein Verschulden an dem Verlust der Tücher treffe; das Moment des Verschuldens werde aber durch die gesetzliche Haftung des Spediteurs gemäß §§ 407, 390 HGB. nicht ersetzt.

Der Revision kann aber nur soviel zugegeben werden, daß die §§ 407, 390 HGB. hier nicht in Betracht kommen; dagegen ist im Ergebnis dem Berufungsgericht beizupflichten. Wie schon vorhin bemerkt, hat die Beklagte den Entlastungsbeweis zu führen, daß weder sie selbst noch auch ihren Erfüllungsgehilfen, den Spediteur, ein Verschulden an dem Verluste der Tücher trifft. Diesen Beweis hat aber nach Feststellung des Vorderrichters die Beklagte nicht geführt, nicht einmal versucht. Sie ist also mit Recht für beweisfällig erklärt.

Ebensowenig ist schließlich die Rüge der Revision begründet, daß das Kammergericht zu der Frage keine Stellung genommen habe, ob die Beklagte verpflichtet gewesen sei, ihren etwaigen Anspruch gegen den Spediteur der Klägerin abzutreten, oder ob diese zur Geltendmachung des Ersatzanspruchs gegen den Spediteur unmittelbar befugt gewesen sei. Das Berufungsgericht hat vielmehr, wenn es auch den Ersatzanspruch gegen den Spediteur nicht besonders berührt, sondern nur denjenigen gegen die Versicherung ausdrücklich erwähnt hat, doch mit genügender Begründung dargelegt, daß die Klägerin sich überhaupt nicht auf Ersatzansprüche gegen Dritte verweisen zu lassen brauche.

Im Ergebnis ist auch diese Annahme rechtlich nicht zu beanstanden. Eine unmittelbare Geltendmachung des Ersatzanspruchs gegen den Spediteur würde der Klägerin nur dann zustehen, wenn ihr die Rechte der Beklagten gegen den Spediteur abgetreten worden wären, da sie mit letzterem in keinem Vertragsverhältnis steht und auch aus einem außervertraglichen Rechtsgrunde der unmittelbare Anspruch sich nicht rechtfertigen läßt. Nun wäre zwar die Beklagte auf Verlangen der Klägerin gemäß § 281 BGB. verpflichtet gewesen, dieser ihre Ansprüche gegen den Spediteur aus dem Speditionsvertrage abzutreten. Aber die Beklagte darf die Klägerin nicht auf ihre Abtretungsbereitschaft verweisen, um sich selbst dem Schadensersatzanspruch zu entziehen. Der Gläubiger kann nach § 281 BGB. die Abtretung des Ersatzanspruchs verlangen, er kann sich aber auch nach seiner freien Wahl wegen des Schadensersatzes an seinen Vertragsgegner halten.

---

41. Ist der preußische Notar amtlich verpflichtet, die Beurkundung einer Vertragserklärung abzulehnen, die ein Geschäftsführer einer Gesellschaft m. b. H. in deren Namen vor ihrer Eintragung in das Handelsregister abgeben will?

III. Zivilsenat. Urt. v. 4. Januar 1921 i. S. K. (Bekl.) w. Sch. (Kl.). III 259/20.

I. Landgericht Köln. — II. Oberlandesgericht daselbst.

Der verklagte Notar beurkundete am 23. Dezember 1914 ein Darlehnsschuldbekenntnis nebst Hypothekeneintragungsbewilligung der K. Sch. zugunsten der Firma C. P. Wwe., Gesellschaft m. b. H., und am 5. Januar 1915 die Abtretung eines Teiles dieser Hypothek von der genannten Gesellschaft, vertreten durch ihren Geschäftsführer E., an den Kläger. Die Eintragung der Hypothek im Grundbuch erfolgte am 18. Januar 1915; der Antrag auf Eintragung der Abtretung wurde vom Grundbuchamte beanstandet, weil die Gesellschaft nicht im Handelsregister eingetragen sei. Ihre Eintragung im Handelsregister erfolgte erst am 16. Februar 1915, während der Gesellschaftsvertrag bereits am 22. Oktober 1914 errichtet war. Der Hypothekenbrief wurde dem Kläger ausgehändigt. Die Sch. erwirkte in einem Rechtsstreite gegen den jetzigen Kläger die Feststellung durch Urteil des Oberlandesgerichts Köln, daß ihm gegen sie aus den Urkunden vom 23. Dezember 1914 und 5. Januar 1915 keine Forderung — die Hypothek war inzwischen in der Zwangsversteigerung ausgefallen — zustehe, und die Verurteilung des jetzigen Klägers in die Kosten. In diesem Vorprozeß ist während des Berufungsverfahrens der Beklagte auf Streitverkündung dem jetzigen Kläger als Nebenintervenient beigetreten.

Im vorliegenden Rechtsstreite beansprucht der Kläger von dem Beklagten wegen fahrlässiger Amtsverletzung die Erstattung der Kosten des Vorprozesses. Der Anspruch ist von dem Berufungsgericht dem Grunde nach für gerechtfertigt erklärt, während das Landgericht die Klage abgewiesen hatte. Die Revision des Beklagten hatte Erfolg.

Gründe:

Beide Vorderrichter finden eine Amtspflichtverletzung des verklagten Notars darin, daß er die Abtretungserklärung des E. als des Geschäftsführers der C. P. Wwe., Gesellschaft m. b. H., beurkundet habe, ohne sich zu vergewissern, ob die Gesellschaft im Handelsregister eingetragen sei. Sie sind der Meinung, daß der Beklagte die Urkunde ohne eine solche Feststellung nicht habe aufnehmen dürfen, weil eine nicht eingetragene Gesellschaft m. b. H. als solche nicht bestehe und keine Erklärungen abgeben könne. Dies wird zwar von der Revision nicht angefochten, es kann aber nicht als richtig anerkannt werden. Nach Art. 40 Pr. FGG. hat der Notar die Beurkundung nur dann abzulehnen, wenn der Inhalt des zu beurkundenden Geschäftes gegen ein Strafgesetz verstößt, was hier nicht in Frage steht, oder wenn das Geschäft „offenbar ungültig“ ist (Art. 40 Abs. 2), dagegen nicht, wenn nur Zweifel an der Gültigkeit des Geschäfts bestehen; letzterenfalls „sollen die Zweifel den Beteiligten mitgeteilt und der Inhalt der Mitteilung sowie die von den Beteiligten darauf abgegebenen Erklärungen in dem Protokolle festgestellt werden“ (Art. 40 Abs. 1). War also in dem vorliegenden Falle die Abtretung der Hypothek durch den Geschäftsführer der Gesellschaft m. b. H. an den Kläger nicht „offenbar ungültig“, so genügte der Beklagte seiner Amtspflicht dadurch, daß er die Beteiligten, insbesondere den Kläger, über die der Gültigkeit der Abtretung entgegenstehenden Bedenken belehrte. Forderten sie trotzdem die Beurkundung, so hatte er diese vorzunehmen und haftete dann nicht für den aus der etwaigen Ungültigkeit der Abtretung den gehörig belehrten Beteiligten erwachsenden Schaden.

Zu den offenbar ungültigen Rechtsgeschäften ist nun ein Geschäft, das durch Genehmigung wirksam werden kann, nicht zu rechnen. Das hat bereits der IV. Zivilsenat in der Entscheidung RGZ. Bd. 84 S. 318 (vgl. auch Bd. 87 S. 426) ausgesprochen. Denn er begründet seine Ansicht, der Urkundsbeamte habe die Beurkundung eines einseitigen Rechtsgeschäfts eines Minderjährigen abzulehnen, solange ihm nicht die Zustimmung des gesetzlichen Vertreters nachgewiesen sei, damit, daß ein einseitiges Rechtsgeschäft eines Minderjährigen ohne die vorhergehende Zustimmung seines gesetzlichen Vertreters nach §§ 111, 183 BGB. schlechthin unwirksam sei, „auch nicht durch dessen Genehmigung wirksam werden könne“.

In dem vorliegenden Falle steht nun zwar auf Grund des Urteils des Oberlandesgerichts Köln in dem Vorprozesse Sch. w. Schü., in dem der Beklagte dem Kläger auf dessen Streitverkündung als Nebenintervenient beigetreten war, nach §§ 68, 74 ZPO. für das Rechtsverhältnis zwischen diesen fest, daß die Abtretung vom 5. Januar 1915 unwirksam, nicht aber, daß sie offenbar ungültig war. Die Rechtswirksamkeit ist ihr nur deshalb abgesprochen, weil die Gesellschaft m. b. H. nach ihrer Entstehung in keiner Weise zum Ausdrucke gebracht habe, daß sie die Geschäfte vom 23. Dezember 1914 und vom 5. Januar 1915 genehmigen wolle. Der Vorderrichter sagt auch ausdrücklich — und mit Recht — daß, wenn die Gesellschaft nach ihrer Eintragung in das Handelsregister diese Akte genehmigt hätte, der Erwerb der Hypothek für den Kläger rückwirkend eingetreten wäre. Der Beklagte würde demnach seiner Amtspflicht genügt haben, wenn er den Kläger belehrt hätte, daß die Abtretung zu ihrer Wirksamkeit der Genehmigung der Gesellschaft m. b. H. nach deren Eintragung in das Handesregister, falls diese bisher noch nicht erfolgt sein sollte, bedürfe. Darin, daß er diese Belehrung nicht erteilt hat, ist seine schuldhafte Amtspflichtverletzung zu finden.

Diese Abweichung von dem Standpunkte des Berufungsgerichts ist von Bedeutung für die Feststellung des ursächlichen Zusammenhangs zwischen der Pflichtverletzung und dem Schaden. Der Beklagte hatte, wie die Revision hervorhebt, behauptet, er habe vor der Auszahlung des von dem Kläger am 5. Januar 1915 bei ihm hinterlegten Abtretungsentgelts von 2500 *M* an den Geschäftsführer E. am 7. dss. Mon. bei dem Kläger angefragt, ob er auszahlen dürfe, obwohl die Gesellschaft m. b. H. zwar zur Eintragung angemeldet, aber noch nicht eingetragen sei, und von ihm die Antwort erhalten, er solle auszahlen, es würde wohl gut gehen; der Kläger würde also, auch wenn er am 5. Januar 1915 die Nichteintragung gekannt hätte, trotzdem den Akt getätigt haben. Dieser Behauptung gegenüber, deren Unrichtigkeit von dem Berufungsrichter nicht festgestellt ist, bedarf es der Prüfung, ob der Kläger trotz gehöriger Belehrung durch den Beklagten den Abtretungsvertrag geschlossen haben würde. Wird dies bejaht, so ist die Amtspflichtverletzung nicht von ursächlicher Bedeutung. Da diese Frage tatsächlicher Natur ist, muß sie von dem Berufungsrichter geprüft und deshalb die Sache unter Aufhebung des angefochtenen Urteils an ihn zurückverwiesen werden. . . .

---

42. 1. Ist, wenn der Unternehmer einen Teil der von ihm herzustellenden Ware von einem Dritten beziehen muß, dieser Dritte als sein Erfüllungsgehilfe anzusehen?

2. Zur Frage der Gewährleistung des Unternehmers für die Erfüllung des Vertrags.

II. Zivilsenat. Urt. v. 4. Januar 1921 i. S. B. (Bekl.) w. Aktienges. für Kur- u. Badebetrieb der Stadt A. (Kl.). II 374/20.

I. Landgericht Aachen, Kammer für Handelssachen. — II. Oberlandesgericht Köln.

Mit Schreiben vom 11. Februar 1916 bot der Beklagte der Klägerin die Lieferung eines Kraftwagen-Omnibus von genau beschriebener Ausführung mit Fasnir-Spezial-Chassis zum Preise von 14500 *M* an. Die Klägerin nahm am 1. April das Angebot an und zahlte 4500 *M* an. Die Lieferung unterblieb jedoch im Zusammenhang mit den Kriegsverhältnissen. Am 19. November 1918 teilte der Beklagte der Klägerin mit, daß demnächst mit der Freigabe der für die Anfertigung des Chassis erforderlichen Rohstoffe zu rechnen sei, und daß er dann den Auftrag vom Jahre 1916 wieder in Arbeit nehmen könne. Nur werde den Fasnir-Werken ein Preisaufschlag zu bewilligen sein. Am 5. März 1919 fragte der Beklagte bei der Klägerin an, ob sie mit einem Preiszuschlag von 9000 *M* einverstanden sei, was diese am 7. März bejahte. Trotzdem erfolgte auch in der Folgezeit keine Lieferung des Omnibus. Am 10. Dezember 1919 verlangte der Beklagte für den Wagen einen weiteren Preiszuschlag von mindestens 12000 *M*. Hierauf ging die Klägerin nicht ein, erhob vielmehr Klage und beantragte Verurteilung des Beklagten zur Lieferung des Wagens gegen Zahlung restlicher 19000 *M*.

Der Beklagte wandte ein, die Fasnir-Werke hätten das Chassis erst Mitte Oktober 1919 abgeliefert. Zur demnächstigen Fertigstellung des Wagens sei er nicht imstande gewesen, da die Besatzungstruppen seine gesamten Räume und Arbeitskräfte für eigene Ausbesserungsarbeiten in Anspruch genommen und jede Arbeit für Private verboten hätten. Danach sei dann eine solche Preissteigerung für Arbeitslöhne eingetreten, daß ihm die Herstellung des Wagens nicht mehr zu dem vorher vereinbarten Preise habe zugemutet werden können.

Das Landgericht gab der Klage statt; die Berufung des Beklagten wurde zurückgewiesen. Auch seine Revision blieb erfolglos.

Gründe:

Der Revision ist darin beizutreten, daß die Fasnir-Werke zu Unrecht vom Berufungsgericht als Erfüllungsgehilfen des Beklagten angesehen worden sind. Die Fasnir-Werke waren dem Beklagten vertragsmäßig zu liefern verpflichtet. Durch ihre Leistung erfüllten sie nicht die dem Beklagten gegenüber der Klägerin obliegende Verpflichtung, sondern nur ihre eigene Verpflichtung dem Beklagten gegenüber (vgl.

Urt. des RG. vom 21. April 1914 VII 24/14 und vom 30. Januar 1917 VII 269/16).

Trotzdem war der Revision der Erfolg zu versagen. Nach dem festgestellten Sachverhalt war die Ausführung des Vertrags der Parteien zunächst infolge der Kriegsverhältnisse unterblieben. Eine Beschaffung des Chassis für den Kraftwagen konnte wegen der Beschlagnahme der zur Herstellung erforderlichen Rohstoffe nicht erfolgen. Als dann aber der Krieg beendet war, hat sich der Beklagte unter Hinweis auf die demnächstige Ausführbarkeit des Vertrags erneut zur Lieferung erboten und nur die Bedingung gestellt, daß den Fafnir-Werken ein den veränderten Verhältnissen entsprechender Preisaufschlag bewilligt werde. Im März 1919 hat er darauf den Vertragspreis um 9000 *M* erhöht und die Fertigstellung des Omnibus gegen Zahlung von 23500 *M* zugesagt. Die Klägerin hat sich mit der Preiserhöhung einverstanden erklärt. Bei dieser Sachlage muß in der erneuten Lieferungszusage des Beklagten die Übernahme einer Gewähr für die Erfüllung erblickt werden. Die Wiederaufnahme der Verhandlungen im November 1918 und deren Abschluß im Frühjahr 1919 zeigen, daß die Parteien die bisherigen Lieferungshindernisse als behoben ansahen, und daß sich der Beklagte gegen eine Mehrforderung der Fafnir-Werke infolge der veränderten Zeitumstände durch entsprechende Ausbedingung eines höheren Preises seinerseits gesichert hat. Damit aber hat er eine Gewähr dafür übernommen, daß Lieferungshindernisse seitens der Fafnir-Werke der Vertragserfüllung nicht mehr im Wege stehen würden. Er kann sich daher auch nicht darauf berufen, daß durch schuldhafte Verzögerung der Lieferung des Chassis der eigenen Fertigstellung des Wagens neue Schwierigkeiten bereitet worden seien.

Das angefochtene Urteil ist aber noch aus einem anderen Grunde aufrechtzuerhalten. Zwar mag es zutreffen, daß dem Schreiben des Beklagten vom 10. Dezember 1919 nicht das Zugeständnis zu entnehmen ist, daß er in der Zwischenzeit, d. h. also seit Oktober 1919, zur Fertigstellung des Wagens imstande gewesen sei. Allein er kann dieses kurzfristige Hindernis nicht als Befreiungsgrund verwerten. Unstreitig waren die vom Beklagten zu bewerkstelligenden Arbeiten in der Hauptsache längst fertiggestellt. Es handelte sich wesentlich nur noch um die Montierung und Zusammensetzung der einzelnen Teile. Mit der Möglichkeit, daß diese Schlußarbeit durch irgendwelche Ereignisse zeitweise gehindert werden würde, mußte der Beklagte mit Rücksicht auf die im Frühjahr 1919 herrschenden wirtschaftlichen Verhältnisse rechnen. Insbesondere hatte er für den Fall, daß die Fertigstellung des Wagens durch solche Hindernisse hinausgeschoben wurde, auf weitere Preissteigerungen gefaßt zu sein. Gab er trotzdem die Lieferzusage vorbehaltlos ab, so muß er die Folgen seiner sorglosen

Handlungsweise tragen. Daß durch die später eingetretene Preissteigerung eine Gefährdung des geschäftlichen Bestehens des Beklagten herbeigeführt worden sei, ist von ihm nicht behauptet worden. Es würde auch eine solche Behauptung mit Rücksicht auf die verhältnismäßige Geringfügigkeit der noch ausstehenden Arbeiten schwerlich aufgestellt werden können.

---

43. Unter welchen Umständen kann die Bilanz einer Gesellschaft m. b. H. wegen Verstoßes gegen das Gesetz angefochten werden, weil sie im Widerspruch mit einer früheren Vereinbarung der Gesellschafter für einen von diesen besondere Gutschriften enthält?

II. Zivilsenat. Urt. v. 11. Januar 1921 i. S. Schm. als Liquidators des Vermögens des A. (Kl.) w. Deutsche Gesundheitswäschefabrik H. G. m. b. H. (Bekl.). II 339/20.

I. Landgericht Köln, Kammer für Handelssachen. — II. Oberlandesgericht daselbst.

Der durch den Liquidator Schm. vertretene Kaufmann A. (englischer Staatsangehöriger) und die Kaufleute W. und S. sind die einzigen Gesellschafter der verklagten Gesellschaft m. b. H.; der Gesellschafter W. ist alleiniger Geschäftsführer. Der Beklagten war aus Geschäften, die hinter dem 1905 erfolgten Eintritt des A. in die Gesellschaft zurücklagen, ein Verlust in Höhe von 51000 *M* entstanden, den nach Behauptung der Klage der Gesellschafter W. mit der Maßgabe für eigene Rechnung übernommen haben soll, daß ihm, falls die Gesellschaft Gewinn erziele, eine entsprechende Gutschrift zu machen sei; dies hätten, wie der Kläger weiter behauptet, die Gesellschafter unter sich im Jahre 1908 vereinbart. In einer Besprechung vom 17. Mai 1915 soll die Beklagte die Vereinbarung von 1908 bestätigt und ausdrücklich anerkannt haben, daß dem Kaufmann W. der von ihm übernommene Verlustbetrag aus Gewinnbilanzen zu ersetzen sei. In der Bilanz für 1915 wurden dem W. zweimal (im Juni und im Dezember) 9000 *M*, zusammen also 18000 *M* gutgeschrieben, obwohl diese Bilanz nicht mit Gewinn abschloß. Der Kläger verlangt Verurteilung der Beklagten zur Berichtigung jener Bilanz dahin, daß diese zwei Gutschriften zu streichen seien. Die Beklagte hat die behauptete Vereinbarung von 1908 und das Vorbringen bezüglich der Besprechung vom 17. Mai 1915 bestritten.

Während das Landgericht der Klage stattgab, wies das Oberlandesgericht sie ab. Auf die Revision des Klägers wurde die Sache in die Vorinstanz zurückverwiesen.

Gründe:

Die von den Gesellschaftern einer Gesellschaft m. b. H. gemäß § 46 Nr. 1 GmbHG. festgestellte Jahresbilanz kann, wie auch das Oberlandesgericht annimmt, von den einzelnen Gesellschaftern durch Klage gegen die Gesellschaft angefochten werden, wenn sie wider Gesetze oder Gesellschaftsverträge verstößt. Nach der bestrittenen Behauptung des Klägers soll die Bilanz von 1915, um die es sich in diesem Rechtsstreit handelt, „von der Gesellschaft mit der Majorität S. und W. beschlossen" worden sein; damit ist die Feststellung der Bilanz im Sinne des § 46 Nr. 1 gemeint. Ein Verstoß dieses Beschlusses und damit der Bilanz von 1915 gegen den Gesellschaftsvertrag kommt allerdings nicht in Frage, da der Kläger selbst nicht zu behaupten vermag, daß die angebliche Vereinbarung der Gesellschafter von 1908, auf der die Unzulässigkeit der beiden Gutschriften für W. in der Bilanz von 1915 beruhen soll, Aufnahme in den Gesellschaftsvertrag gefunden habe. Rechtsirrtümlich ist dagegen die Auffassung, es liege, falls das Vorbringen des Klägers richtig sein sollte, auch kein Verstoß wider das Gesetz vor.

Die vom Kläger behauptete Vereinbarung vom Jahre 1908 konnte den Sinn haben, daß W. den Schuldposten der Gesellschaft in Höhe von 51000 *M* unter Verzicht auf irgendwelche Rückerstattung seitens der Gesellschaft auf sich übernahm mit der Maßgabe, daß ihm die anderen Gesellschafter in Jahren, die mit einem Geschäftsgewinn abschlossen, aus ihrem Vermögen behufs allmählicher Erstattung des Verlustbetrags gewisse im Einzelfall festzusetzende Beträge gutzubringen hatten. Wurde die Vereinbarung mit diesem Inhalte geschlossen und, wie der Kläger weiter behauptet, im Mai 1915 von der Beklagten bestätigt, so ist es klar, daß W. keinen Ersatzanspruch mehr gegen die verklagte Gesellschaft hatte. Dann verstieß aber die Bilanz von 1915 mit der zweimaligen Gutschrift von je 9000 *M* für W. und der diese Bilanz genehmigende, nach dem Vorbringen des Klägers gegen dessen Stimme zustande gekommene Gesellschafterbeschluß wider § 29 GmbHG., wonach der Gesellschafter, soweit der Gesellschaftsvertrag nicht ein anderes bestimmt, auf seinen Anteil am jährlichen Reingewinn und nur darauf Anspruch hat. Daß sich für den vorliegenden Fall aus dem Gesellschaftsvertrag ein anderes ergebe, ist nicht behauptet. Die Gutschrift an W. im Gesamtbetrage von 18000 *M* von seiten der Gesellschaft ermangelte also jeder rechtlichen Grundlage. Auf den die Bilanz von 1915 feststellenden Beschluß für sich allein läßt sie sich auch deshalb nicht stützen, weil er mit dem Beschlusse (der Vereinbarung) von 1908 sich zwar in Widerspruch gesetzt, ihn aber nicht aufgehoben hat. Überdies ist jener nach Behauptung des Klägers von der Mehrheit S. und W. gefaßte Feststellungsbeschluß für den Gesellschafter A. anfechtbar, weil der Vorschrift des § 47 Abs. 4 GmbHG. zuwider der Gesellschafter W. sein Stimmrecht dabei ausgeübt hat, obwohl es sich um die Vornahme eines Rechtsgeschäfts ihm selbst gegenüber handelte.

Die Bilanz mit dem sie feststellenden Gesellschafterbeschluß verstieß aber auch dann gegen das Gesetz, wenn im Sinne der Vereinbarung von 1908 dem W. nach der Übernahme des Verlustpostens von 51000 ℳ ein Erstattungsanspruch der Gesellschaft gegenüber verblieb und die Gesellschaft in Gewinnjahren ihm gewisse Gutschriften (aus dem Reingewinn) machen sollte. Denn im Jahre 1915 war, wie unbestritten ist, überhaupt kein Gewinn erzielt worden; die Gutschriften an W. belasten daher, wenn sie trotzdem gemacht wurden, die sonst vorhandenen Werte. Auf eine derartige Zuwendung aus einem Verlustjahre hatte W. nach dem Gesetze keinen Anspruch; das Vorhandensein einer anderen Rechtsgrundlage für die Gutschriften, als eben der Vereinbarung von 1908 und ihrer angeblich im Jahre 1915 erfolgten Bestätigung durch die Beklagte, ist von keiner Seite behauptet. . . .

---

44. 1. Kann die Revision unter Umständen auch auf die Verletzung eines Gesetzes gestützt werden, das bei Erlassung des Berufungsurteils noch keine Geltung hatte?

2. Wie ist über die Kosten des Rechtsstreits zu entscheiden, wenn der Revisionskläger lediglich auf Grund eines erst nach Erlassung des Berufungsurteils in Kraft getretenen Gesetzes obsiegt?

I. Zivilsenat. Urt. v. 22. Dezember 1920 i. S. R. (Bekl.) w. de H. (Kl.). I 258/20.

I. Landgericht Hannover, Kammer für Handelssachen. — II. Oberlandesgericht Celle.

Die Klägerin kaufte am 8. Juli 1919 vom Beklagten 8 Kesselwagen Teerheizöl, erhielt hierauf aber nur 2 Kesselwagen geliefert. Sie erhob daher Klage auf Lieferung der rückständigen 6 Wagen Teerheizöl. Das Landgericht gab der Klage statt. Das Oberlandesgericht wies durch Urteil vom 19. Juni 1920 die Berufung des Beklagten zurück. In beiden Instanzen wurden die Kosten dem Beklagten auferlegt.

Am 7. Juni 1920 erließ die Reichsregierung eine Verordnung über die Regelung der Teerwirtschaft. Im Hinblick auf diese VO. ersuchte der Beklagte vor Einlegung der Revision die Klägerin um eine Erklärung, ob sie anerkenne, Ansprüche auf Grund des Kaufvertrags oder des Berufungsurteils gegen ihn nicht zu haben. Die Klägerin gab eine solche Erklärung binnen der ihr gesetzten Frist und vor Einlegung der Revision nicht ab; dagegen erklärte sie nach Einlegung der Revision, sie erkenne die Aufhebung des Kaufvertrags durch die VO. vom 7. Juni 1920 an und werde aus dem Berufungsurteil keine Ansprüche herleiten, verwahre sich aber dagegen, daß in dieser Erklärung etwa eine Klagezurücknahme oder ein Verzicht erblickt werde. Der Beklagte beantragte nunmehr, die Sache für erledigt zu erklären oder die Klage auf Grund des Verzichts der Klägerin abzuweisen, in jedem Falle aber der Klägerin die gesamten Kosten des Rechtsstreits aufzuerlegen. Die Klägerin beantragte dagegen, die Revision als unzulässig zu verwerfen und dem Beklagten die gesamten Kosten des Rechtsstreits aufzuerlegen.

Das Reichsgericht hob die Instanzurteile auf, erklärte die Hauptsache für erledigt und legte die Kosten der Revisionsinstanz der Klägerin, die übrigen Kosten aber dem Beklagten auf.

Gründe:

... Nach den Erklärungen der Parteivertreter in der mündlichen Verhandlung ist die Hauptsache erledigt und nur noch über die Kosten des Rechtsstreits zu entscheiden.

a) Der Anwalt der Klägerin und Revisionsbeklagten hat bei der Abgabe der Erklärung, daß seine Partei die Aufhebung des der Klage zugrunde liegenden Vertrags durch die Reichsverordnung vom 7. Juni 1920 (RGBl. S. 1156) über die Regelung der Teerwirtschaft anerkenne und aus den Instanzurteilen keine Ansprüche herleiten werde, ausdrücklich Verwahrung dagegen eingelegt, daß in seiner Erklärung etwa eine Klagezurücknahme oder ein Verzicht erblickt werde. Es ist daher nicht angängig, die Klägerin, wie vom Beklagten angeregt wurde, in Gemäßheit des § 271 Abs. 3 oder des § 306 ZPO. als unterliegende Partei zu behandeln und in die Kosten des Rechtsstreits zu verurteilen.

b) Die Klägerin hat in der ersten und zweiten Instanz ein obsiegendes Urteil gegen den Beklagten erlangt. Der Beklagte hatte ein berechtigtes Interesse daran, vor dem Eintritt der Rechtskraft des Berufungsurteils zu erfahren, ob sie die ihr in diesem Urteil zuerkannten Rechte trotz der VO. vom 7. Juni 1920 in vollem Umfange geltend machen wollte. Er durfte annehmen, daß dies der Fall sei, nachdem sie auf seine Schreiben vom 30. Juni und 9. Juli 1920 innerhalb der ihr gesetzten ausreichenden Frist keinerlei sachdienliche Angaben gemacht hatte. Dieses Verhalten gab ihm begründeten Anlaß, dem Eintritt der Rechtskraft des Berufungsurteils durch Einlegung der Revision zuvorzukommen, da durch den Eintritt dieser

Rechtskraft seine Rechtslage trotz einer ihm etwa nach § 767 ZPO. zustehenden Vollstreckungsgegenklage erschwert worden wäre. Es kann daher schon aus diesen Gründen eine entsprechende Anwendung des § 93 ZPO. nicht in Frage kommen.

c) Danach ist für die Kostenentscheidung von wesentlicher Bedeutung, wie der Rechtsstreit bei Durchführung der Revision in der Hauptsache verlaufen sein würde.

Die auf Grund des § 1 des Gesetzes über die vereinfachte Form der Gesetzgebung für die Zwecke der Übergangswirtschaft vom 17. April 1919 (RGBl. S. 394) erlassene VO. vom 7. Juni 1920 enthält keine besondere Bestimmung über den Zeitpunkt ihres Inkrafttretens. Dieser regelt sich daher nach der Vorschrift des Art. 71 der Reichsverfassung vom 11. August 1919 und ist, da das betr. Reichsgesetzblatt (Nr. 128 des Jahrgangs 1920) am 12. Juni 1920 in Berlin ausgegeben worden ist, auf den 26. Juni 1920 festzustellen. Die VO. war also zur Zeit der am 19. Juni 1920 erfolgten Verkündung des Berufungsurteils noch nicht in Kraft getreten.

In der Rechtsprechung des Reichsgerichts ist wiederholt zum Ausdruck gekommen, daß gemäß §§ 549, 550 ZPO. die Prüfung des Berufungsurteils durch das Revisionsgericht auf der Grundlage der zur Zeit der Verkündung jenes Urteils in Geltung gewesenen Gesetze ohne Berücksichtigung der erst nach diesem Zeitpunkt in Kraft getretenen Gesetze zu erfolgen hat (RGZ. Bd. 45 S. 98, 421, Bd. 77 S. 9, Bd. 63 S. 142; Gruchot Bd. 59 S. 503; Leipziger Zeitschr. 1915 S. 137; Stein ZPO. § 549 Anm. III). Es ist aber auch in den Entscheidungen des Reichsgerichts verschiedentlich anerkannt worden, daß es einzelne, besonders gelagerte Fälle gibt, die um ihrer Besonderheit willen von dem erwähnten allgemeinen Grundsatz nicht betroffen werden. So wurde mehrfach entschieden, daß die Revision auf die Vernichtung eines Patents auch dann gestützt werden kann, wenn diese Vernichtung erst nach Erlaß des Berufungsurteils ausgesprochen ist (vgl. RG. v. 13. Januar 1900 I 299/99 und I 275/99; RG. v. 24. Februar 1909 I 151/08; RGZ. Bd. 63 S. 142, Bd. 65 S. 303). Ferner wird in dem Urteil RGZ. Bd. 97 S. 161 ausgeführt, daß eine Bekanntmachung des Reichswirtschaftsministeriums, durch welche die Befugnisse der Reichsfackstelle auf andere Stellen übertragen und so die Möglichkeit der Berufung eines Schiedsgerichts von bestimmter, in jenem Prozeß in Betracht kommender Art in Frage gestellt wurde, von dem Revisionsgericht zu berücksichtigen sei, obwohl diese Bekanntmachung während des Verfahrens vor dem Berufungsgericht noch nicht erlassen war. Ähnlich ist in dem Urteil vom 7. Juli 1920 VI 66/20 die mit rückwirkender Kraft ausgestattete Sondervorschrift des § 15 Abs. 1 des Reichsgesetzes über die durch innere

Unruhen verursachten Schäden vom 12. Mai 1920 (RGBl. S. 941) als vom Revisionsgericht anwendbar erklärt worden, obgleich das genannte Gesetz zur Zeit des Erlasses des Berufungsurteils noch nicht in Geltung war und daher vom Berufungsgericht auch nicht beachtet werden konnte.

In diesem Sinne ist auch der vorliegende Fall zu beurteilen. Die VO. vom 7. Juni 1920 hat im wesentlichen öffentlichrechtlichen Charakter. Die hier maßgebliche Vorschrift des § 18 Abs. 2 ist trotz ihres privatrechtlichen Inhalts ausschließlich im öffentlichen Interesse gegeben, derart, daß sie auch gegen den Willen der Vertragsteile wirksam und von Amts wegen zu berücksichtigen ist. Bei dieser Sachlage entbindet der Umstand, daß die VO. zur Zeit des Erlasses des Berufungsurteils noch nicht in Geltung war, das erkennende Gericht nicht von der Verpflichtung, die vor rechtskräftiger Entscheidung des Rechtsstreits in Kraft getretene VO. in der Revisionsinstanz zu beachten und die Bestätigung eines Instanzurteils zu vermeiden, dessen Befolgung rechtlich verboten ist. Danach hätte der Revision, wenn sie in der Hauptsache durchgeführt worden wäre, der Erfolg nicht versagt werden dürfen. Dementsprechend sind die Kosten der Revisionsinstanz unter Bezugnahme auf § 91 ZPO. der Klägerin und Revisionsbeklagten aufzuerlegen.

Damit ist aber noch nicht gesagt, daß nunmehr auch die Kosten der Vorinstanzen der Klägerin zur Last fallen. Vielmehr ist hier davon auszugehen, daß es als Grundsatz der die Kostenpflicht regelnden Vorschriften der ZPO. erscheint, daß der Teil die Kosten zu tragen hat, der sich im Unrecht befindet (RGZ. Bd. 58 S. 416, Bd. 57 S. 385). Danach ist mit Recht in den Vorinstanzen der Beklagte zur Kostentragung verurteilt worden. Die diesen Entscheidungen zugrunde liegende Rechtslage hat sich erst späterhin durch ein von dem Willen der Parteien unabhängiges Ereignis, nämlich das Inkrafttreten der VO. vom 7. Juni 1920, geändert, und daraufhin hat in der Revisionsinstanz die Hauptsache ohne gerichtliche Entscheidung ihre Erledigung gefunden. Unter diesen Umständen ist für eine Änderung der vorinstanzlichen Kostenentscheidungen kein Raum.

---

45. Zum Begriffe „Kostbarkeit" im Sinne des Eisenbahnfrachtrechts.

I. Zivilsenat. Urt. v. 22. Dezember 1920 i. S. Sch. (Kl.) w. Eisenbahnfiskus (Bekl.). I 266/20.

I. Landgericht Münster i. W. — II. Oberlandesgericht Hamm.

Laut Frachtbriefs vom 13. November 1918 wurde in Mühlhausen i. Th. der Eisenbahn eine Kiste Wollgarn im Gewicht von 169 kg zur Beförderung an die Klägerin nach Station Bösensell übergeben. Bei Ankunft des Frachtguts in Bösensell fehlten 43 kg des Frachtguts. Die Klägerin forderte auf Grund des Frachtvertrags Ersatz des Wertes im Betrage von 8199 *M* nebst 4% Zinsen seit 1. Januar 1919. Während das Landgericht den Klaganspruch dem Grunde nach für gerechtfertigt erklärte, wies das Oberlandesgericht ihn ab. Die Revision hatte Erfolg.

Gründe:

Der Beklagte bestreitet seine Haftpflicht aus dem Eisenbahnfrachtvertrage unter Berufung auf § 467 HGB., §§ 96, 54 Abs. 2 B Nr. 1 EVO. und Ausführungsbestimmung III Nr. 1 zu § 54, weil nach seiner Auffassung das abhanden gekommene Frachtgut die Eigenschaft der Kostbarkeit gehabt habe, diese aber wie auch der Wert des Frachtguts im Frachtbriefe nicht angegeben sei. Daß letzteres nicht geschehen ist, ergibt der vorgelegte Frachtbrief. Das Landgericht hatte verneint, daß es sich bei dem Frachtgut um eine Kostbarkeit gehandelt habe. Das Oberlandesgericht hat die Eigenschaft der Kostbarkeit bejaht; seine Auffassung muß aber als rechtsirrtümlich bezeichnet werden.

Nach der getroffenen Feststellung enthielt das Frachtgut Wollgarnstrümpfe. Der Umfang der Packung (Kiste) war 100 cm Breite, 70 cm Höhe und Tiefe; das Gewicht betrug 169 kg und der Gesamtwert 32000 *M*, so daß auf 1 kg ein Wert von 192 *M* entfiel. Das Oberlandesgericht nimmt an, daß hiernach das Frachtgut zur Zeit der Versendung (13. November 1918) im Vergleich zu anderen gewöhnlichen Sendungen von gleichem Umfang und Gewicht einen ungewöhnlich hohen Wert gehabt habe und darum als Kostbarkeit anzusehen sei. Hierbei hat es indes — und darin liegt der Rechtsirrtum — nicht berücksichtigt, daß, wie das Reichsgericht in RGZ. Bd. 100 S. 110 ausgesprochen hat, der Wertsatz (Preis) sich bei fast allen als Frachtgut aufgegebenen Waren mehr oder weniger infolge des Tiefstands der Valuta auch schon zur Zeit der hier in Betracht kommenden Versendung im Vergleich zu der Zeit vor dem Kriege verschoben hatte, und daß im Hinblick hierauf in Frage kommt, ob der Wertsatz des Frachtguts von 32000 *M* im Vergleich zu Sendungen anderer Waren von gleichem Umfang und Gewicht, deren Wertsatz sich ebenfalls inzwischen verschoben hatte, ein solcher war, daß er auch in Berücksichtigung der allgemeinen Preisverschiebung immer noch den Charakter des Außergewöhnlichen trägt. Gerade auf dies letztere kommt es entscheidend an. Denn es ist zu beachten, daß die angeführten Schutzbestimmungen den Zweck verfolgen, die Eisenbahn bei ihrer weitgehenden Haftung aus dem Frachtvertrage in die Lage zu versetzen, die vorgesehenen Sicherungsmaßregeln anzuwenden, um nicht mit ungewöhnlich hohen Schadensansprüchen belastet zu werden, die sie zur Zeit der Versendung bei der Art des Frachtguts, seinem Umfang und Gewicht, nicht ohne weiteres erwarten konnte. Das Landgericht hatte bei seiner Verneinung des Begriffs Kostbarkeit für den vorliegenden Fall entscheidendes Gewicht darauf gelegt, daß, da es sich um Wollgarnstrümpfe handelte, von Kostbarkeit niemals die Rede sein könne, möge auch zur Zeit der Versendung der Verkehrswert noch so hoch gewesen sein. Das ist keine dem Zwecke der fraglichen Schutzbestimmungen entsprechende Auffassung. Auch gewöhnliche Handelswaren können den Begriff der Kostbarkeit erfüllen, und das Reichsgericht hat in der erwähnten Entscheidung für gewöhnliche Rohseidewaren bei einem Frachtgute von dem Umfang einer niedrigen Kiste von 1 m im Geviert und dem Gewicht von 44 kg, sowie bei einem Gesamtwert des Frachtstücks von 29667,25 *M* oder einem Wert von 650 *M* für 1 kg den Begriff der Kostbarkeit für die auch hier maßgebende Zeit bejaht mit Rücksicht darauf, daß bei diesem Rohseidefrachtgut eine Wertsteigerung (650 *M* für 1 kg) vorlag, die auch in Berücksichtigung der allgemeinen Preisverschiebung als so außergewöhnlich erachtet werden mußte, daß sie zur Zeit der Versendung nicht ohne weiteres zu erwarten war. Wendet man diese Gesichtspunkte auf den gegenwärtigen Fall an, so muß verneint werden, daß hier Kostbarkeit im eisenbahnrechtlichen Sinne angenommen werden kann. Denn es kann bei Betrachtung von Umfang und Gewicht im Vergleich mit anderen gewöhnlichen Warensendungen nicht gesagt werden, daß bei Berücksichtigung der allgemeinen Geldentwertung der Preis von 192 *M* für 1 kg einen außergewöhnlichen Wert darstellte.

---

46. Kann der Käufer nach der Revolution Erfüllung eines während des Krieges geschlossenen, auf die Zeit nach Kriegsende betagten Kaufs verlangen, der nach dem übereinstimmenden Willen der Parteien nur aus Entgegenkommen für den Verkäufer und in dessen Interesse eingegangen wurde?

III. Zivilsenat. Urt. v. 4. Januar 1921 i. S. Feist Sektkellerei-Aktienges. (Bekl.) w. A. B. (Kl.). III 207/20.

I. Landgericht Frankfurt a. M., Kammer f. Handelssachen. — II. Oberlandesgericht das.

Die Klägerin, die für den Betrieb ihres Ballhauses Sekt von der beklagten Gesellschaft bezog und Aktien derselben in Höhe von 15000 *M* besaß, ersuchte im Sommer 1915, nachdem die Aktien dividendenlos geblieben waren, die Beklagte um deren Zurücknahme. Diese schlug zwar die Bitte ab, erklärte sich jedoch bereit, der Klägerin als Ausgleich für die Dividendenlosigkeit ihrer Aktien 750 *M* zu gewähren, wenn die Klägerin ihrerseits sich verpflichte, ihr 1000 Flaschen Sekt zu 3,20 *M*, dem damaligen Preise, abzunehmen. Auf Grund dieser Verhandlungen übersandte die Klägerin am 24. Juni 1915 folgende von ihrem Vertreter unterschriebene Urkunde:

„Unterzeichnete bestellen hiermit 1000 Flaschen Feist-Sekt feldgrau à 3,20. Die Bestellung soll jedoch erst an dem Tage in Kraft treten, wo in unserem Alten Ballhause nach dem Kriege die tägliche Tanzerlaubnis wieder erteilt wird",

und bat um Bestätigung der Bestellung und um Ausfolge der 750 *M*. Dem entsprach die Beklagte noch im folgenden Monate. Im Jahre 1917 nahm sie auf eine erneute Bitte der Klägerin die fraglichen, auch weiterhin ohne Dividende gebliebenen Aktien zurück. Nach Beendigung des Krieges ist der Klägerin die Erlaubnis des täglichen Tanzbetriebs wieder erteilt worden. Darauf verlangte sie von der Beklagten die Lieferung der 1000 Flaschen Sekt zum bezeichneten Preise. Die Beklagte verweigerte diese.

Das Landgericht wies die Klage ab, das Berufungsgericht entsprach ihr. Das Reichsgericht stellte das landgerichtliche Urteil wieder her.

Gründe:

1. Daß zwischen den Parteien im Kriegsjahre 1915 ein bindender Kauf über 1000 Flaschen Sekt zum Preise von 3,20 *M* die Flasche abgeschlossen wurde, wird vom Berufungsgericht bedenkenfrei angenommen. Die Klägerin hat der Beklagten am 24. Juni den Bestellschein übermittelt und diese hat am 7. Juli den Auftrag entgegengenommen worauf nochmals eine gegenseitige Vertragsbestätigung in den Briefen vom 9. und 16. Juli stattfand. Der vertraglichen Bindung der Beklagten steht der Umstand nicht entgegen, daß der Kauf auf ihren eigenen Wunsch zu ihren Gunsten deshalb bestätigt wurde, um ihr ein Entgelt für die Gefälligkeit zu gewähren, die sie der Klägerin durch die freiwillige Hingabe der 750 *M* zur Ausgleichung der damaligen Dividendenlosigkeit der Aktien erwiesen hatte. Die Kaufverhandlungen geben keinen Anhalt dafür, daß die Erfüllung des Kaufs vom Belieben der Beklagten abhängig sein oder daß die Beklagte zum einseitigen Rücktritt befugt sein sollte. Der Kauf war nur bedingt durch die Wiedererlangung der Tanzerlaubnis und betagt durch die Beendigung des Krieges....

2. Berechtigt ist jedoch der Einwand der Beklagten, daß das nunmehrige Erfüllungsverlangen der Klägerin mit den Grundsätzen von Treu und Glauben nicht vereinbar sei. Die Erfüllungsweigerung

der Beklagten findet zwar nicht schon darin allein eine Stütze, daß durch das Kriegsende und durch die Revolution eine gewaltige Veränderung der wirtschaftlichen Verhältnisse auch auf dem Gebiete der Sektfabrikation eingetreten ist, die sich insbesondere in einer sehr erheblichen Preissteigerung geltend gemacht hat. Eine auf einen Warenmangel zurückzuführende Unmöglichkeit der Lieferung wird von der Beklagten selbst nicht behauptet. Der Vertrag ist während des Krieges geschlossen worden; die Beklagte hatte also triftige Veranlassung, rechtzeitig für die Erfüllung ihrer übernommenen Verpflichtungen Sorge zu tragen, und die Möglichkeit geeigneter Fürsorge lag vor, wie das Berufungsgericht dargelegt hat. Würde es sich also um einen Unternehmerkauf gewöhnlicher Art handeln, bei dem beide Parteien lediglich ihre eigenen Vorteile verfolgten, so würde auch vom Standpunkte der neuesten reichsgerichtlichen Erkenntnisse (RGZ. Bd. 98 S. 18, Bd. 99 S. 115; JW. 1920 S. 376 Nr. 5, S. 434 Nr. 5) der Beklagten ein Recht zum einseitigen Rücktritt nicht zu gewähren sein.

Allein der vorliegende Fall ist ganz besonders gestaltet. Beim Vertragsschlusse war es der beiderseitige Parteiwille, daß der Beklagten in Anerkennung des Entgegenkommens, das sie der Klägerin mit der Entschädigung für die Dividendenlosigkeit der Aktien gewährt hatte, durch den im Kauf festgelegten Unternehmergewinn ein Vorteil zufallen solle. War diese Vorteilsverschaffung auch nicht zur Vertragsbedingung erhoben, so bildete sie doch den wesentlichen Zweck des Vertrags, der nur dieser Absicht der Parteien seine Entstehung verdankte. Die zum klaren Ausdruck gekommene, beiden Teilen erkennbare Absicht ging also dahin, daß die Beklagte gewissermaßen als Gegenleistung für ihr Entgegenkommen einen Vorteil erlangen und keinen Schaden erleiden solle. In grellem Gegensatz zu diesem Vertragszwecke und zu diesem erklärten Parteiwillen würde jedoch die jetzige tatsächliche Erfüllung des Vertrags der Beklagten nicht nur keinen Gewinn bringen, sondern ihr sehr erheblichen Schaden verursachen. Bei solcher Sachlage verstößt es gegen die Gebote des anständigen und lauteren Geschäftsverkehrs und die Grundsätze von Treu und Glauben, wenn die Klägerin in Kenntnis der Umstände von ihrem formellen Rechte Gebrauch machend die Erfüllung verlangt. Der von ihr beanspruchte Erfüllungszwang kann daher kein rechtliches Gehör finden.

---

47. 1. Kann eine Stadtgemeinde nach § 12 BGB. auf Unterlassung des Gebrauchs der Bezeichnung „Stadttheater" klagen?

IV. Zivilsenat. Urt. v. 5. Januar 1921 i. S. Stadtgemeinde W. (Kl.) w. P. (Bekl.). IV 365/20.

I. Landgericht Duisburg. — II. Oberlandesgericht Düsseldorf.

Der Beklagte betreibt in seinem Hause in W. ein Restaurant mit Weinhandlung und veranstaltet dort Theateraufführungen. Das ganze Unternehmen hat er als „Stadttheater" bezeichnet. Die klagende Stadtgemeinde W. verlangt mit der Klage, daß er verurteilt werde, den Gebrauch der Bezeichnung „Stadttheater W." oder auch „Stadttheater" allein für dieses Unternehmen zu unterlassen. In den beiden ersten Rechtszügen ist die Klage abgewiesen worden. Die Revision hatte Erfolg.

Gründe:

Das Berufungsgericht führt aus: Zwar schütze der § 12 BGB. — auf den die Klage gestützt ist —, obgleich er unter dem Titel „natürliche Personen" stehe, auch das Namensrecht von juristischen Personen. Die Rechtsprechung habe ihn auch auf Fälle bezogen, in denen der Name nicht zur Bezeichnung der Person, sondern zur Förderung gewisser Zwecke der Person diene. Immer sei aber nötig, daß der Name der juristischen Person selbst in dieser Art gebraucht werde. Nun habe aber der Beklagte bei der Bezeichnung „Stadttheater" — die Bezeichnung „Stadttheater W." hat er unstreitig nicht gebraucht — gar nicht den Namen der Klägerin verwendet, da der Name der Klägerin „Stadt W." und nicht „Stadt" schlechthin laute, das Wort „Stadt" vielmehr lediglich eine Gattungsbezeichnung sei, welche zur Bezeichnung von gewerblichen Betrieben wie „Stadtkeller", „Stadtküche" und dergleichen vielfach gebraucht werde. Der Beklagte maße sich auch nicht etwa das Recht an, den Namen der Klägerin als seinen eigenen zu führen. Das Wort „Stadt" in „Stadttheater" diene ihm nicht zur Selbstbezeichnung. Letzteres sagt das Oberlandesgericht im Anschluß an die Entscheidung des Senats RGZ. Bd. 71 S. 265. Eine tatsächliche Feststellung, an die das Reichsgericht gebunden wäre, ist darin nicht enthalten. In der angeführten Entscheidung handelte es sich um den Gebrauch eines Ortswappens durch einen Gewerbetreibenden. Die Voraussetzungen des § 12 BGB. sind dort nicht für vorliegend erachtet worden, weil die Klägerin selbst nicht behauptete, daß der Beklagte sich das Recht angemaßt habe, ihr Wappen als sein eigenes zu führen, der Beklagte mit dem auf Wasserflaschen gebrauchten klägerischen Wappenbild vielmehr nur auf die Herkunft des verwendeten Quellwassers und auf den Herstellungsort des von ihm in den Handel gebrachten gewerblichen Erzeugnisses hinwies. Einen ähnlichen Fall der Anbringung eines Stadtwappens an der Ladentür und den Schaufenstern eines Schuhwarengeschäfts betrifft das bei Warneyer 1911 Nr. 468 abgedruckte Urteil des Senats. Dort wird gesagt, daß nach der Tatsachenwürdigung des Berufungsrichters eine unter § 12 BGB. fallende Verletzung des Namensrechtes nicht vorliege, und dabei bemerkt, die Annahme, daß jemand, der in Wo. das dort bekannte Stadtwappen an dem Laden eines Schuhwarengeschäfts erblicke, dabei auf den Gedanken kommen könnte, der Ladeninhaber führe dieses Wappen als sein eigenes und weise nicht vielmehr als Einwohner der Stadt lediglich auf diese seine Beziehung zur Stadtgemeinde hin, erscheine so fernliegend, daß sie nicht erst einer ausdrücklichen Ablehnung durch den Berufungsrichter bedurft habe. Die vorliegende Sache kann eine wesentlich andere Beurteilung rechtfertigen.

Es gibt in vielen größeren Orten „Stadtküchen", bei denen nach den Anschauungen des Verkehrs jede Beziehung zur Stadtgemeinde ausgeschlossen ist. Wie sich der Gebrauch dieser Bezeichnung erklärt, ist nicht bekannt. Vielleicht hat man dabei zunächst an den Gegensatz zur Küche einer Privatwohnung gedacht und damit eine Küche bezeichnen wollen, aus der man fertig zubereitete Speisen beziehen kann, ohne selbst kochen zu müssen, und die außerhalb des eigenen Hauses „in der Stadt" gelegen ist. Ähnlich wird es sich vielfach mit den Bezeichnungen „Stadtkeller", „Stadtkapelle" und anderen verhalten. Die Bedeutung solcher Bezeichnungen kann im einzelnen je nach dem Ort und der dort herrschenden Verkehrsanschauung verschieden sein. Der Ausdruck „Stadttheater" ist mehrdeutig. Es kann darin der Gegensatz zu einem Dorftheater liegen. In diesem Sinne wird ihn der Beklagte nicht gebrauchen, und so wird er in W. auch jedenfalls im Verkehr nicht aufgefaßt. Möglich wäre, daß damit gesagt werden soll und darunter verstanden wird, daß das Theaterunternehmen des Beklagten das einzige in der Stadt (W.) sei, womit lediglich auf örtliche Verhältnisse hingewiesen würde. Daß diese Auffassung hier schon deshalb die allein mögliche sei, weil in W. ein anderer Theatersaal als der des Beklagten nicht vorhanden ist und der Beklagte dort allein die große Theaterkonzession besitzt, wie er behauptet, die Klägerin aber bestreitet, läßt sich nicht zugeben. Es kommt auf die dort herrschende Anschauung des Verkehrs an. Ein allgemeiner Erfahrungssatz dahin, daß die Bezeichnung „Stadttheater" niemals und nirgends auf andere als bloß örtliche Beziehungen zu einer Stadtgemeinde hindeuten könne, besteht nicht. Es gibt Theaterunternehmungen, die deshalb „Stadttheater" genannt werden, weil die Stadtgemeinde selbst die Unternehmerin ist oder das Unternehmen unterstützt oder andere ähnliche Beziehungen dazu unterhält. Es ist nicht ausgeschlossen, daß die Verkehrsanschauung in W. über das Unternehmen des Beklagten die gleiche ist. Das scheint das Berufungsgericht nicht erwogen zu haben. Zu berücksichtigen sind dabei insbesondere die Behauptungen der Klägerin darüber, wie die Bezeichnung „Stadttheater" für das Unternehmen in

Gebrauch gekommen sei. Sie führt das nämlich darauf zurück, daß in früherer Zeit in dem jetzt dem Beklagten gehörigen Saal mit städtischer Unterstützung Theaterunternehmungen veranstaltet worden seien, denen die Stadtgemeinde den Gebrauch der Bezeichnung „Stadttheater" gegen die Verpflichtung zur Einhaltung einer bestimmten Spielzeit und eines bestimmten Spielplanes gestattet habe. Ist dem so, so würde die an sich schon nahe liegende Möglichkeit, daß der Verkehr in W. mit der Bezeichnung des Unternehmens des Beklagten als „Stadttheater" die Vorstellung von weitergehenden als bloß örtlichen Beziehungen zu der Klägerin verbindet, noch näher gerückt werden. Besteht eine solche Verkehrsanschauung, so kann die Anwendung des § 12 BGB. gerechtfertigt sein. Zwar nennt der Beklagte sein Unternehmen nicht „Stadttheater W." sondern nur „Stadttheater", und bei strenger Haftung am Wortlaut könnte man deshalb bezweifeln, ob er unter solchen Umständen überhaupt den Namen der Klägerin gebraucht. Wenn indessen die Verkehrsauffassung mit der Bezeichnung „Stadttheater" am Ort ihres Gebrauchs den angegebenen Sinn verbindet, so ist die Bedeutung dieser Bezeichnung keine andere als die „Stadttheater W.", und die Benutzung der letzteren würde unbedenklich den Gebrauch des Namens der Klägerin in sich schließen. Allerdings ist im Schrifttum (v. Staudinger in Bl. f. RA. Bd. 62 S. 199) die Meinung geäußert worden, der rechtliche Name der Stadt München als juristischer Person sei nicht die bloße Ortsbezeichnung München, sondern „Stadtgemeinde München" oder „Haupt- und Residenzstadt München"; aber dem kann nicht beigetreten werden. Der Name der klagenden Stadtgemeinde ist „W.", und dieser deckt sich mit der Ortsbezeichnung. Ob das eine oder das andere gemeint ist, müssen Zusammenhang und Umstände ergeben. Mit „Stadtgemeinde" wird nur die Art der juristischen Person näher bezeichnet. Jedenfalls kann unter der angegebenen Voraussetzung die entsprechende Anwendung des § 12 BGB. geboten sein, ebenso wie die Rechtsprechung dies bereits mehrfach bei unbefugtem Gebrauch des Wappens einer Person anerkannt hat. Die Verhältnisse können auch da, wo von unlauterem Wettbewerb nicht die Rede ist, so liegen, und regelmäßig wird es der Fall sein, daß eine Stadtgemeinde ein wesentliches Interesse daran hat, daß für ein gewerbliches Unternehmen nicht eine Bezeichnung gebraucht wird, die den Anschein erweckt, als ob es von ihr betrieben, unterstützt, geleitet werde oder zu ihr in ähnlichen Beziehungen stehe, wenn das tatsächlich nicht der Fall ist. Ein solches Interesse, mag es auf dem Gebiet des Vermögensrechts liegen oder idealer Natur sein, ist des Rechtsschutzes in gleicher Weise würdig und bedürftig wie der Name selbst, dessen Schutz das Gesetz ausdrücklich gewährleistet. Das hat das Berufungsgericht, wie die Revision mit Recht rügt, verkannt, und deshalb ist die Aufhebung des angefochtenen Urteils geboten. Die Sache wird an das Berufungsgericht zurückverwiesen, damit es unter Zugrundelegung der entwickelten Rechtsauffassung prüft, welchen Sinn der Verkehr in W. mit der fraglichen Bezeichnung verbindet und ob die übrigen Erfordernisse des § 12 BGB. vorliegen.

---

48. 1. Wirkt nach früherem gemeinen Rechte das über die Agnateneigenschaft von Abkommlingen aus einer Mißheirat eines Angehörigen des deutschen hohen Adels befindende rechtskräftige Urteil auch für und gegen spätere Abkömmlinge aus dieser Ehe?

2. Wirkt ein solches Urteil für und gegen alle anderen Agnaten des hochadligen Hauses?

3. Rechtsfolgen der Mißheirat nach gemeinem Privatfürstenrecht und badischem Landesrecht.

4. Sind durch Art. 109 der deutschen Reichsverfassung vom 11. August 1919 die Rechtsfolgen der Mißheirat beseitigt?

II. Zivilsenat. Urt. v. 11. Januar 1921 i. S. M. Graf v. Löwenstein-Scharffeneck (Kl.) w. E. Fürst zu Löwenstein-Wertheim-Freudenberg u. A. Fürst zu Löwenstein-Wertheim-Rosenberg (Bekl.). II 484/20.

I. Landgericht Mosbach. — II. Oberlandesgericht Karlsruhe.

Das Fürstliche Haus Löwenstein-Wertheim, welches in den Ländern Bayern, Württemberg, Baden und Hessen begütert ist, gehört dem früheren hohen Adel deutscher Nation an. Es zerfällt in zwei Linien. Haupt der älteren Linie Löwenstein-Wertheim-Freudenberg ist der Beklagte zu 1; Haupt der jüngeren Linie Löwenstein-Wertheim-Rosenberg der Beklagte zu 2.

Der Vater des Klägers, Fürst Leopold zu Löwenstein-Wertheim-Freudenberg, und der Vater des Beklagten zu 1, Fürst Wilhelm, waren Brüder. Am 4. August 1861 heiratete Fürst Leopold die Tochter eines Hamburger Schauspielers und Schriftstellers Auguste Henriette Amalie Wollrabe, welcher am 3. September 1869 auf Ansuchen ihres Gatten vom König von Bayern der Adelstitel Freiin von Wollrabe verliehen wurde.

Am 7. Dezember 1869 erhob Fürst Leopold beim bayerischen Bezirksgericht Aschaffenburg Klage gegen seinen Bruder Wilhelm und beantragte zu erkennen:

Der Herr Beklagte sei schuldig, die Ehe des Herrn Klägers mit Auguste Henriette Amalie, ehelicher Tochter des Schauspieldirektors und Schriftstellers Ludwig Wollrabe, als eine vollgültige, die in dieser Ehe erzeugten und erzeugt werdenden Kinder als vollberechtigte Glieder des Fürstlichen Hauses Löwenstein-Wertheim-Freudenberg anzuerkennen.

Das angerufene Gericht erachtete jedoch die Ehe des damaligen Klägers als eine „wahre Mißheirat“ und wies infolgedessen seine Klage am 26. April 1870 ab. Die beim Appellationsgericht von Unterfranken und Aschaffenburg eingelegte Berufung blieb erfolglos, und dieses zweite Urteil wurde am 10. März 1871 vom bayerischen obersten Gerichtshofe bestätigt.

Kurz nach der am 13. Juli 1871 erfolgten Geburt des Klägers erhob dessen Vater, der Fürst Leopold, wiederholt Klage gegen seinen Bruder Wilhelm, dieses Mal aber bei dem Kreisgericht in Mosbach (Baden) und in Gemeinschaft mit seiner Gattin. Der Antrag ging dahin, zu erkennen:

Der beklagte Fürst Wilhelm zu Löwenstein-Wertheim-Freudenberg sei schuldig anzuerkennen, daß der Frau Prinzessin Auguste Henriette Amalie zu Löwenstein-Wertheim-Freudenberg als Ehegattin des Prinzen Leopold zu Löwenstein-Wertheim-Freudenberg und den aus der Ehe der beiden Genannten entsprossenen und noch erzeugt werdenden Kindern alle den Gliedern des Löwenstein-Wertheim-Freudenbergschen Hauses zukommenden Rechte zustehen.

Auch diese Klage wurde in allen drei Rechtszügen abgewiesen, zuletzt durch Urteil des badischen Oberhofgerichts zu Karlsruhe vom 30. Juni 1873, und zwar auf Grund der vom Beklagten erhobenen Einrede der rechtskräftig entschiedenen Sache.

Am 15. Januar 1875 wurde dem Kläger auf Ansuchen seines Vaters vom König von Bayern der Titel eines Grafen von Löwenstein-Scharffeneck verliehen.

In dem jetzt zur Entscheidung stehenden Rechtsstreite hat der Kläger beantragt, den Beklagten und ihren Nachkommen gegenüber festzustellen:

1. Der Kläger besitze die auf seine Nachkommen vererblichen Familienrechte als Prinz zu Löwenstein-Wertheim, und die Beklagten seien schuldig, diese anzuerkennen und ihm einzuräumen;
2. der Kläger habe Anwärterrechte auf die in Baden gelegenen Stammgüter des Löwenstein-Wertheimschen Gesamthauses;
3. der Kläger sei zum Apanagenbezug aus den in Baden gelegenen Stammgütern der Freudenbergschen Linie des Fürstlich Löwenstein-Wertheimschen Gesamthauses berechtigt;
4. der Kläger sei zum Apanagenbezug aus den außerhalb Badens gelegenen Stammgütern des Fürstlich Löwenstein-Wertheimschen Hauses und zur Eventualsukzession in diese Stammgüter berechtigt.

Die Beklagten beriefen sich auf die Rechtskraft der in den Vorstreitigkeiten ergangenen Urteile und führten aus, daß dem Kläger die von ihm geltend gemachten Rechte infolge seiner Abstammung aus unebenbürtiger Ehe nicht zuständen.

Das Landgericht wies die Klage ab. Das Oberlandesgericht wies durch Teilurteil die Berufung des Klägers insoweit zurück, als Feststellung begehrt worden ist:

1. Dem Kläger ständen die auf seine ehelichen Nachkommen vererblichen Familienrechte als Prinz zu Löwenstein-Wertheim zu, und die Beklagten seien schuldig, diese Familienrechte des Klägers anzuerkennen und ihm einzuräumen;
2. der Kläger besitze Anwärterrechte auf die in Baden gelegenen Stammgüter des Fürstlich Löwenstein-Wertheim-Freudenbergschen Hauses, und er sei zum Apanagenbezug aus diesen Stammgütern berechtigt;
3. der Kläger sei zum Apanagenbezug aus den außerbadischen, nicht durch Umwandlung ursprünglicher Lehen entstandenen Stammgütern des Fürstlich Löwenstein-Wertheim-Freudenbergschen Hauses berechtigt und besitze das Recht der Eventualsukzession in diese Stammgüter.

Die Revision blieb erfolglos.

Gründe:

Der erste Angriff der Revision geht dahin, daß das Berufungsgericht unter Verstoß gegen die Vorschriften des Prozeß- und materiellen Rechtes über die Zugehörigkeit des Klägers zum Fürstlich Löwenstein-Wertheimschen Gesamthause entschieden und dabei lediglich dessen Zugehörigkeit zur Freudenbergschen Linie in Betracht gezogen habe. Vom Kläger sei nur die Feststellung von Vermögensrechten begehrt worden; die bloße Feststellung von Familienrechten als solche habe keinen Sinn. Anderseits verstoße es gegen die für den hohen Adel maßgeblichen Rechtsgrundsätze, die Rechte des Klägers an das Fürstliche Gesamthaus nur von der Frage abhängig zu machen, ob ihm solche Rechte als vollgültiges Mitglied der Linie Löwenstein-Wertheim-Freudenberg zuständen.

Dieser Angriff geht fehl. Es mag richtig sein, daß dem Kläger in allererster Linie daran lag, seine und seiner Nachkommen vermögensrechtlichen Befugnisse dem Löwenstein-Wertheimschen Hause gegenüber feststellen zu lassen. Er hat sich aber darauf nicht beschränkt, sondern ausdrücklich auch die Feststellung verlangt, daß er die auf seine Nachkommen vererblichen Familienrechte als Prinz zu Löwenstein-Wertheim besitze. Es kann nicht die Rede davon sein, daß das Berufungsgericht den Kläger in dieser Richtung mißverstanden habe. . .

Wenn die Revision die Auffassung vertritt, daß die Feststellung der Zugehörigkeit des Klägers zum Fürstlichen Hause Löwenstein-Wertheim an sich keinen Sinn habe, so ist das als irrig zurückzuweisen. Es braucht nur auf das Recht der Namens- und Titelführung hingewiesen zu werden, das auch durch die Bestimmungen der neuen deutschen Verfassung nicht beseitigt wird (vgl. RGZ. Bd. 2 S. 156).

Die Revision macht auch zu Unrecht dem Berufungsgericht einen Vorwurf daraus, daß es die Zugehörigkeit des Klägers zum Löwenstein-Wertheimschen Gesamthause mit der Begründung verneint habe, daß er nicht als vollgültiges Mitglied der Löwenstein-Wertheim-Freudenbergschen Linie zu gelten habe. Der Kläger ist ein Sohn des Fürsten Leopold zu Löwenstein-Wertheim-Freudenberg. Er konnte also, wenn seine Abstammung eine vollgültige war, nur der Freudenbergschen Linie angehören und auch lediglich in dieser Eigenschaft Mitglied des Löwenstein-Wertheimschen Gesamthauses sein. Trafen in seiner Person gewisse Bedingungen für die Zugehörigkeit zur Löwenstein-Wertheim-Freudenbergschen Linie nicht zu, deren es für die Zugehörigkeit zur Löwenstein-Wertheim-Rosenbergschen Linie nicht bedurft hätte, so war ihm trotzdem die Mitgliedschaft am Gesamthause abzusprechen, da logischerweise die Mitgliedschaft an beiden Linien zusammen nicht anerkannt werden kann, wenn es an der Mitgliedschaft bei der einen Linie fehlt. Eine ganz andere Frage ist, ob dem Kläger unabhängig von seiner Familienzugehörigkeit zum Gesamthause Ansprüche auf die Stammgüter der einen oder anderen Linie zustehen. In dieser Beziehung hat aber das Berufungsgericht scharf unterschieden und damit den Rechten des Klägers nichts vergeben.

Der zweite Angriff der Revision richtet sich gegen die Entscheidung des Berufungsgerichts, daß dem Kläger im Verhältnis zum Beklagten zu 1 die Einrede der rechtskräftig entschiedenen Sache entgegenstehe. Das bayerische Urteil habe nur für die in Bayern belegenen Güter des Löwenstein-Wertheimschen Hauses Recht schaffen wollen. Hiervon abgesehen sei der Kläger nicht als Rechtsnachfolger seines Vaters anzusehen. Sein Erwerb habe sich ex pacto et providentia majorum vollzogen. Ebensowenig dürfe angenommen werden, daß der Vater ihn, den damals noch nicht Geborenen, im Vorstreit habe vertreten können. Das bayerische Urteil habe daher keine Wirkung gegen den Kläger. Dasselbe treffe aber auch hinsichtlich des Beklagten zu 2 zu; denn das Fideikommißrecht Bayerns finde nur auf die bayerischen Güter Anwendung. Das Berufungsgericht habe insoweit die Vorschriften des internationalen Privatrechts verletzt.

Mit Recht hat zunächst das Berufungsgericht angenommen, daß das Urteil des bayerischen obersten Gerichtshofs vom 10. März 1871 gemäß §§ 19, 45 des schließlich für das gesamte Reichsgebiet in Kraft getretenen Gesetzes, betreffend die Gewährung der Rechtshilfe, vom 21. Juni 1869 auch für die badischen Gerichte wirksam geworden ist. Zutreffend nimmt es ferner an, daß für den Sinn und die Tragweite dieses Urteils das damalige bayerische Recht maßgebend ist (vgl. RGZ. Bd. 3 S. 291, Bd. 5 S. 337, Bd. 6 S. 415). Nun bestimmt Art. 294 der seit dem 1. Juli 1870 in Kraft befindlichen Prozeßordnung in bürgerlichen Rechtsstreitigkeiten für das Königreich Bayern, daß die Wirkung des Urteils auf die in dem Streite aufgetretenen oder in demselben beigeladenen Personen, diejenigen, deren Rechte nach zivilrechtlichen Grundsätzen durch eine der prozeßführenden Parteien im Rechtsstreit vertreten werden, und die Erben der vorbezeichneten Parteien beschränkt sei, daß aber auch solche Dritte, welche erst nach Erhebung des Streits ein Recht an der streitigen Sache von einer der Parteien erworben hätten, das Urteil regelmäßig gegen sich gelten lassen müßten. Hier hat der Vater des Klägers vor den bayerischen Gerichten vom damaligen Beklagten, dem Vater des Beklagten zu 1, Anerkennung dafür beansprucht, daß seine Ehe eine vollgültige und die in dieser Ehe erzeugten und noch erzeugt werdenden Kinder als vollberechtigte Glieder des Fürstlichen Hauses Löwenstein-Wertheim-Freudenberg seien. Da aber der Vater des Klägers persönlich durch seine Ehe weder in rein familienrechtlicher noch in vermögensrechtlicher Beziehung die geringste Einbuße erleiden konnte, so war es klar, daß die Feststellung der Vollgültigkeit seiner Ehe nur eine Vorfrage für die Hauptsache, nämlich die Feststellung der Abstammung seiner Kinder aus einer vollbürtigen Ehe, bilden sollte. Im Streite war sonach nur die Agnateneigenschaft der Kinder, und in bezug auf dieses Rechtsverhältnis kann natürlich der Kläger nicht als Rechtsnachfolger in Betracht kommen, wenn auch sonst möglicherweise Nachkommen, welche ihren Erwerb ex pacto et providentia majorum herleiten, als Rechtsnachfolger im Sinne des Gesetzes gelten mögen (vgl. RGZ. Bd. 26 S. 141, Bd. 34 S. 430). Dagegen trifft hier die weitere Bestimmung des Art. 294 zu, wonach das Urteil für und gegen diejenigen wirkt, deren Rechte nach zivilrechtlichen Grundsätzen durch eine der prozeßführenden Parteien im Rechtsstreite vertreten wurden. Diese Bestimmung ist nicht in dem Sinne zu verstehen, daß eine gesetzliche Vertretung im Rechtsstreit stattgefunden haben müßte. Wäre das der Fall, so würde es sich um die Partei selbst und nicht um einen Dritten handeln. Gemeint sind vielmehr solche Personen, deren Rechte nach bürgerlichrechtlichen Grundsätzen von dem anderen mit Wirksamkeit wahrgenommen werden können. Das ist nach dem zur Zeit des Urteilserlasses in Bayern geltenden Rechte unter anderem dann der Fall, „wenn die Sache mit dem rechtmäßigen Contradictor einmal ausgestritten worden ist und dabei in Ansehung des Dritten die nämlichen oder noch stärkere Ursachen obwalten" (vgl. Schmitt, bayer. PO. Bd. 1 S. 694; Wernz, bayer. PO. Bd. 1 S. 304). Rechtmäßiger Contradictor im Streite um das Agnatenrecht seiner Kinder mit dem Haupte der Linie Löwenstein-Wertheim-Freudenberg war der Vater des Klägers. Das Abstammungsverhältnis der damals bereits lebenden Kinder war das gleiche für alle aus derselben Ehe später entsprießenden Söhne. Eine abweichende Beurteilung der Abstammung des Klägers, dessen eheliche Geburt unstreitig feststeht, war an sich nach Sachlage ausgeschlossen, und wenn es sich auch nicht um den im gemeinen Recht behandelten Vaterschaftsstreit, den echten „Statusprozeß" handelt — l. 1 § 16, l. 2 D. de agnosc. 25, 3 —, so war doch, wie das Berufungsgericht mit Recht annimmt, eine entsprechende Anwendung des dort ausgesprochenen Grundsatzes im vorliegenden Falle geboten. Diese Ausführungen stehen nicht im Widerspruch zu der in den Annalen der Großherzoglich badischen Gerichte Bd. 56 S. 153 abgedruckten Entscheidung des Reichsgerichts. Dort ist — für das badische Recht — ausgesprochen worden, daß der Vater nicht mit Wirksamkeit für den nasciturus Agnatenrechte aufgeben könne, weil diese von dem später Geborenen selbständig erworben werden würden. Hier aber handelte es sich nicht um die Verfügung über Rechte, welche späteren Kindern zufielen, sondern um die Feststellung von Rechten, ohne jeden Eingriff in dieselben.

Das erlassene Urteil muß aber auch für den Beklagten zu 1 Wirkung haben. Ob der vom Berufungsgericht hierfür angegebene Grund zutrifft, daß der Beklagte zu 1 Allodialerbe seines Vaters, des Beklagten im Vorstreit sei, und ob ferner — wie die Revision meint — die Allodialeigenschaft im bayerischen Fideikommißrecht nur den in Bayern gelegenen Gütern der Linie Löwenstein-Wertheim-Freudenberg zukommt, mag dahingestellt bleiben. Durchschlagend ist, daß der Vater des Beklagten zu 1 das Familienhaupt der Linie Löwenstein-Wertheim-Freudenberg war, und insoweit der letztere als sein Rechtsnachfolger in Betracht kommt.

Wenn endlich die Revision darauf hinweist, daß die bayerischen Urteile nicht die Rechtslage in anderen Bundesstaaten zu entscheiden beabsichtigt und daher höchstens für das bayerische Gebiet Anerkennung zu finden haben, so übersieht sie, daß der damalige Kläger nur die Feststellung der Vollbürtigkeit seiner Ehe und der Mitgliedschaft seiner Kinder im Fürstlichen Hause Löwenstein-Wertheim-Freudenberg begehrt hat, und daß nur dieses Klagverlangen hat abgewiesen werden können. Über die vermögensrechtlichen Folgen der Abstammung des Klägers aus nicht vollbürtiger Ehe haben die bayerischen Urteile nicht entschieden, und auch das Berufungsgericht hat keineswegs ausgesprochen, daß die

Aberkennung des Anwärter-, Apanagen- und Erbfolgerechts des Klägers bereits im Vorstreit erfolgt sei.

Zutreffend hat das Berufungsgericht angenommen, daß dem Kläger die Rechtskraft der bayerischen (und badischen) Urteile nicht auch vom Beklagten zu 2 entgegengehalten werden kann. Denn dieser war an den Vorstreitigkeiten nicht beteiligt, und die vom Vater des Klägers begehrte Feststellung konnte nicht gegenüber allen Agnaten einheitlich getroffen werden (vgl. RG. in Seuff. Arch. Bd. 46 Nr. 167).

Die weiteren Ausführungen des Berufungsgerichts, daß nach der Primogeniturordnung der Löwenstein-Wertheim-Freudenberg schen Linie vom 14. April 1767 und jedenfalls nach den Grundsätzen des Privatfürstenrechts die Ehe der Eltern des Klägers eine Mißheirat gewesen und dieser daher nicht vollgültiges Mitglied des Fürstlich Löwenstein-Wertheim-Freudenberg schen Hauses geworden sei, werden von der Revision als rechtsirrtümlich bekämpft. Sie macht geltend, daß als hausrechtliche Satzung gegebenen Falles nur das statutum gentilicium vom 28. Oktober 1597 in Frage komme, welches das Erfordernis der Abstammung aus ebenbürtiger Ehe nicht aufstelle, sondern die eheliche Geburt als ausreichende Grundlage für die Erbfolge ansehe, daß aber alle sonstigen Hausgesetze und Herkommen, welche Agnatenrechte an die Bedingung der Abstammung aus vollbürtiger Ehe knüpften, durch zwingende Grundsätze des badischen Rechts beseitigt seien.

Mit dieser Auffassung kann die Revision nicht durchdringen. Das Berufungsgericht hat das statutum gentilicium nicht erwähnt, offenbar weil es von der Primogeniturordnung der Freudenberg schen Linie überholt worden ist. Die Primogeniturordnung vom 14. April 1767 macht unter I die Erbfolge der männlichen ehelichen Nachkommen von der Bedingung abhängig, daß sie aus einer Ehe mit ebenbürtigen Gemahlinnen aus reichsfürstlichen oder altreichsgräflichen Häusern entsprießen. Diese Bestimmung hat aber nicht die kaiserliche Genehmigung erlangt; vielmehr hat sich der Kaiser für jeden Einzelfall die persönliche Entscheidung darüber vorbehalten, ob eine mit anderen als den oben bezeichneten Personen geschlossene Ehe den Verlust der Agnatenrechte zur Folge habe. Damit hat es der Kaiser zunächst bei dem gemeinen Rechte belassen wollen, und die Rüge der Revision, daß das Berufungsgericht den Inhalt des dem Kaiser erstatteten Hofratsgutachtens habe prüfen müssen, ist unbegründet (vgl. RGZ. Bd. 32 S. 149). Das Berufungsgericht geht allerdings weiter. Es legt die Primogeniturordnung dahin aus, daß durch sie eine möglichst durchgreifende Beschränkung der Erbfolge von Nachkömmlingen aus unebenbürtigen Ehen bezweckt worden sei, und daß sie — da der Kaiser nur die Ausschließung von Leibeserben aus Ehen mit Personen des niederen Adels habe eindämmen wollen — zum mindesten die Ehe mit einer Bürgerlichen als Mißheirat angesehen habe. Ob diese Auslegung der Primogeniturordnung zutrifft, kann vom Revisionsgericht nicht nachgeprüft werden (vgl. RGZ. Bd. 43 S. 412; JW. 1902 S. 422 Nr. 22). Das Berufungsgericht hat seine Entscheidung auch nicht nur auf das oben erwähnte Hausgesetz der Freudenberg schen Linie, sondern auch auf das gemeine Privatfürstenrecht gegründet, und insofern ist ihm jedenfalls beizustimmen. Das Reichsgericht hat wiederholt ausgesprochen, daß nach den Grundsätzen des für die Mitglieder des hohen deutschen Adels in Geltung gebliebenen Privatfürstenrechts die Ehe mit einer Bürgerlichen als Mißheirat anzusehen ist (vgl. RGZ. Bd. 2 S. 150 flg., Bd. 18 S. 214; Seuff. Arch. Bd. 46 Nr. 167). Von dieser Rechtsprechung abzugehen, liegt begründeter Anlaß nicht vor. Die Ansicht der Revision, daß es sich bei der Mißheirat um einen längst abgekommenen sozialen Begriff, nicht aber um eine zur Zeit der Eheschließung der Eltern des Klägers noch in Geltung befindliche Rechtseinrichtung handle, ist nicht richtig. Es kann nicht darauf ankommen, ob der Begriff der Mißheirat modernen Anschauungen nicht mehr entsprach. Der hohe Adel nahm eine in der geschichtlichen Entwicklung begründete Sonderstellung im Rechtsleben ein. Ihm war die Ebenbürtigkeit mit den regierenden Häusern zugesichert, und — solange beide bestanden — wurde sein Recht auf weitgehendste Ausschließlichkeit in Standesfragen gerade auch mit Rücksicht auf diese (subjektive) Ebenbürtigkeit anerkannt.

Es ist aber weiter zu prüfen, ob die aus dem Privatfürstenrecht sich ergebende Folge der Mißheirat durch die badische Gesetzgebung beseitigt worden ist. Auch diese Frage hat das Berufungsgericht zutreffend verneint.

Maßgebend ist das zur Zeit der Eheschließung der Eltern des Klägers geltende Recht; denn die Vollgültigkeit der Ehe der Eltern ist die Grundlage für die Beurteilung seiner Agnateneigenschaft. Bis zur Auflösung des alten deutschen Reichs im Jahre 1806 waren für die standesherrlichen Häuser Rechte der Autonomie und Herkommen unberührt geblieben (vgl. RGZ. Bd. 32 S. 153). In Baden sicherte zunächst das 3. Konstitutions-Edikt über die Standesherrschaft vom 22. Juli 1807 dem hohen Adel die Aufrechterhaltung seines Rechts auf (subjektive) Ebenbürtigkeit, der früheren Familienverträge und des Rechts auf Autonomie zu — jedoch unter dem Vorbehalte, daß die hausgesetzlichen Verfügungen dem Herrscher vorzulegen seien, von den höchsten Landesstellen verkündet würden und mit der Rheinbundsakte und den Landesgesetzen im Einklang ständen. Auf Grund des Art. XIV der Bundesakte erging dann die Verordnung, die Rechtsverhältnisse der vormaligen Reichsstände und Reichsangehörigen betreffend, vom 23. April 1818 (sog. Adelsedikt). Sie bestätigte die bisherigen Vorrechte des hohen Adels, schrieb jedoch in § 3 vor, daß alle ihnen erteilten Vorrechte und Befugnisse nur nach Vorschrift der Landesgesetze und unter Aufsicht des Staates ausgeübt werden dürften, und in § 11, daß Verträge, Hausgesetze und Sukzessionsordnungen, ehe sie verbindende Kraft erhielten, dem Herrscher zur Einsicht und Bestätigung vorgelegt werden müßten, die jedoch nicht ohne Angabe bestimmter Gründe verweigert werden dürfe. Sodann bestimmte die badische Verfassung vom 22. August 1818 in § 23: „Die Berechtigungen, die durch das Edikt vom 23. April 1818 den dem Großherzogtum angehörenden ehemaligen Reichsständen und Mitgliedern der vormaligen Reichsritterschaften verliehen worden sind, bilden einen Bestandteil der Staatsverfassung." Da aber die Häuser des hohen Adels Beschwerde gegen die bisherigen, sie betreffenden Verordnungen bei der Bundesversammlung erhoben, weil diese die ihnen im Art. XIV der Bundesakte gewährleisteten Vorrechte nicht in vollem Umfange bewilligten, wurden mit den einzelnen Häusern Staatsverträge abgeschlossen. Es erging für die beiden Linien des Löwenstein-Wertheim schen Hauses unter Zustimmung der Stände die landesherrliche Entschließung (Deklaration) vom 14. Januar 1855, welche dem genannten Hause die Ausübung der bisherigen Vorrechte und Befugnisse und zwar — wie es in dem „Staatsrechtliche Verhältnisse im allgemeinen" überschriebenen Abschnitte unter § 3 heißt — nach Maßgabe dieser Verordnung und der Landesgesetze unter der Oberaufsicht der Staatsgewalt gewährte.

Die Revision vertritt die Auffassung, daß die oben erwähnten zugunsten des hohen Adels ergangenen Verordnungen, soweit etwa ihr Inhalt mit den Vorschriften des badischen Landrechts und seiner Einführungsedikte in Widerspruch stände, ungültig seien, oder daß doch jedenfalls durch den in ihnen enthaltenen Vorbehalt zugunsten der Landesgesetze die Autonomie des hohen Adels nur noch insoweit Geltung habe beanspruchen können, als dies das Landrecht zugelassen habe, und daß das Herkommen durch LRS. 6b und 6, Art. XVII des ersten Einführungsedikts vom 3. Februar 1809 und § 3 des zweiten Einführungsedikts vom 22. Dezember 1809 vollständig beseitigt worden sei. Dieser Ansicht kann — soweit es sich um die Bedeutung und die Rechtsfolgen der Mißheirat handelt — nicht beigetreten werden. Sie verkennt die Entwicklung, welche das dem hohen Adel zugestandene Sonderrecht nach dem Erlaß der Bundesakte genommen hat. Die einzelnen Bundesstaaten hatten sich zunächst völkerrechtlich zur Aufrechterhaltung des Sonderrechts der reichsständigen Häuser verpflichtet und sodann durch die Landesgesetzgebung dieser ihrer Verpflichtung nachzukommen gesucht. Die Hauptschwierigkeit war, die über die Standesherren erlangte Staatsoberhoheit mit den ihnen verbliebenen öffentlichrechtlichen Vorrechten zu vereinen. Als sich die badischen Standesherren nach Erlaß des Adelsedikts vom 23. April 1818 wegen Einengung ihrer bisherigen Vorrechte mit Beschwerden an die Bundesversammlung wandten, beschloß diese am 24. Mai 1819, daß diejenigen Verordnungen der einzelnen Bundesstaaten, welche mit dem Inhalt des Art. XIV der Bundesakte im Widerspruch ständen oder nicht ausreichten, entsprechend abzuändern oder zu ergänzen seien. Die badische Regierung war durchaus bereit, dieser Anregung nachzukommen, und schloß darauf mit den einzelnen Häusern Staatsverträge ab, welche deren Vorrechte mit der in Art. XIV der Bundesakte enthaltenen Zusage in Einklang brachten. Aus einem solchen Vertrage ist die oben erwähnte Verordnung vom 14. Januar 1855 hervorgegangen, welche die Rechtsverhältnisse des Hauses Löwenstein-Wertheim regelt und, da sie die Zustimmung der Stände erhielt, volle Rechtswirksamkeit zu beanspruchen hatte (vgl. über die Einzelheiten der Rechtsentwicklung Schreiber, die Autonomie der deutschen Standesherrschaften Badens 1912, S. 11 flg.).

Es erscheint angesichts dieser Entwicklung ausgeschlossen, daß eine weitere Einschränkung der Autonomie des hohen Adels stattgefunden haben sollte, als dies etwa in Rahmen zwingender Vorschriften des Stammgüterrechts des badischen Landrechts geboten war. Insbesondere kann der Revision nicht zugegeben werden, daß ganz allgemein die Rechtsnormen des gemeinen deutschen Privatfürstenrechts in Baden aufgehoben worden seien. Auch Professor Seng, welcher in seinem mit der Revisionsschrift eingereichten Gutachten ausführt, daß jegliches Gewohnheitsrecht durch das badische Landrecht und seine Einführungsedikte ausgeschaltet sei, bemerkt in seiner Schrift „Grundzüge des französischen Rechtes und des badischen Landrechts" 1904 auf S. 15, daß für den hohen Adel das Recht der Ebenbürtigkeit und Autonomie mit Subsidiarität des gemeinen Privatfürstenrechts in Kraft geblieben sei, und ebensowenig hat das Reichsgericht Anstand genommen, ungeachtet des — revisiblen — badischen Landrechts für die Frage, ob eine Mißheirat vorliege, auf das Privatfürstenrecht zurückzugreifen (vgl. RGZ. Bd. 32 S. 147).

Es kann auch nicht anerkannt werden, daß Satz 577 ck LR. mit dem Grundsatz, daß für die Stammerbberechtigung im hohen Adel die Abstammung aus ebenbürtiger Ehe erfordert wird, unvereinbar sei. Es heißt dort: „Stammgut kann nie auf weibliche Nachkommen des ersten Stammhauptes fallen, solange noch männliche, leibliche und eheliche Nachkommenschaft vorhanden ist . . .". Damit hat lediglich die Frage geregelt werden sollen, wann der Eintritt der weiblichen Erbfolge stattzufinden habe. Es ist aber keineswegs ausgesprochen worden, daß die männliche eheliche Nachkommenschaft bedingungslos zur Nachfolge berechtigt sein sollte. Es handelte sich bei Schaffung des Hausguts um eine zunächst willkürliche Handlung des ersten Stammhaupts. Rechte und Genuß am Hausgut konnten durch den Stifter oder hausgesetzlich einem bestimmten Personenkreise, in welchem vorgeschriebene Bedingungen vorhanden sein mußten, zugedacht werden. Sowenig durch das Landrecht eine etwaige Primogeniturordnung beseitigt ist, haben in II 2 V die hausrechtlichen oder herkömmlichen Vorschriften über die Voraussetzungen der Stammeszugehörigkeit aufgehoben werden sollen. Das Landrecht beschäftigt sich mit der Frage, unter welchen Bedingungen die Stammeszugehörigkeit des hohen Adels erworben wird, überhaupt nicht, und es besteht kein Anlaß, die Ausfüllung dieser Lücke durch Hausgesetz oder Herkommen für verboten zu halten. Mit der allgemeinen Erwägung, daß das Landrecht beflissen gewesen sei, Familien- und Erbrecht möglichst jeder privaten Einwirkung zu entziehen, ist es nicht getan. Es handelt sich hier um Sonderrechte eines infolge geschichtlicher Entwicklung bevorrechteten Standes, deren Beschneidung nur insofern für richtig gehalten wurde, als sie öffentliche Interessen verletzten. Wohl bestand ein Interesse der Allgemeinheit darin, daß nicht in die Grundsätze über bürgerliche Ehe und Landerbrecht durch Sonderwillkür eingegriffen wurde. Diese Grundsätze aber mit zwingender Kraft auch auf das Stammgutsrecht des hohen Adels anzuwenden, bestand nach der Anschauung der damaligen Zeit keine Notwendigkeit. Übrigens hat auch das badische Ausführungsgesetz zum BGB. an dem Rechtszustande, soweit es für den vorliegenden Fall in Betracht kommt, nichts geändert. In Art. 36 § 13 daselbst heißt es: „Erbberechtigt am Stammgut sind nur die männlichen, leiblichen, ehelich geborenen Nachkommen des ersten Stammhauptes".

Die Revision rügt, daß das Berufungsgericht die Prüfung eines etwaigen abweichenden Herkommens in der Rosenberg schen Linie unterlassen habe, obgleich dieses für die vollgültige Mitgliedschaft am Gesamthause wesentlich ins Gewicht falle. Die Rüge ist jedoch unbegründet. Wie schon oben dargelegt, würde der Kläger ausschließlich als Mitglied der Löwenstein-Wertheim-Freudenberg schen Linie in Betracht kommen. Es kann daher nur auf seine Abstammung in diesem Teile des Gesamthauses ankommen. Ist hier die Vollgültigkeit der Ehe mit einer Bürgerlichen nicht durch Herkommen anerkannt, so ist der Kläger kein vollgültiges Mitglied der Löwenstein-Wertheim-Freudenberg schen Linie und kann auch nicht die Anerkennung seiner Zugehörigkeit zum Gesamthause verlangen, gleichgültig ob er ein vollgültiges Mitglied der Löwenstein-Wertheim-Rosenberg schen Linie sein würde, falls er unter gleichen Verhältnissen aus dieser entsprossen wäre. Über etwaige Rechte des Klägers an den Gütern dieser Linie ist noch nicht entschieden.

Das Berufungsgericht hat die Frage, ob der Kläger aus vollgültiger Ehe seiner Eltern stamme und damit vollgültiges Mitglied des Hauses Löwenstein-Wertheim sei, lediglich nach badischem Rechte behandelt. Darüber wird sich der Kläger nicht beschweren können, da er behauptet, daß sein Vater badischer Standesherr gewesen sei. Würde man übrigens, da die Freudenberg sche Linie auch in Bayern und Württemberg begütert ist — vgl. Hammann, die deutschen Standesherren und ihre Sonderrechte 1888, S. 23 — das Recht dieser Staaten anwenden, so würde das Ergebnis dem Kläger nicht günstiger sein. Es handelt sich um gemeinrechtliche Gebiete, und auch hier sind die Grundsätze des Privatfürstenrechts maßgeblich....

Aus der Tatsache, daß der Kläger einer Mißheirat entsprossen ist und nicht als vollgültiges Mitglied des Fürstlichen Hauses Löwenstein-Wertheim-Freudenberg zu gelten hat, folgt ohne weiteres, daß ihm an den Hausgütern dieser Linie Vermögensrechte, wie Apanagenbezug, Anwartschaft, Konsens- und Erbfolgerecht nicht zustehen. Diese Rechtsfolge hat der Kläger nie bestritten und kann er logischerweise nicht bestreiten, da sich Hausgesetze und Herkommen naturgemäß nicht auf die Festsetzung der Voraussetzungen der Familienzugehörigkeit an sich beschränken, sondern gleichzeitig die aus der Familienzugehörigkeit erwachsenden vermögensrechtlichen Beziehungen regeln. Was der Kläger in Wirklichkeit bestritten hat, ist, daß die Grundlage für eine solche Rechtsfolge gegeben ist, d. h. daß nach einschlägigem Rechte das Vorliegen einer Mißheirat angenommen werden könne. Damit erledigt sich der in dieser Richtung erhobene Revisionsangriff.

Daß die genannte Rechtsfolge sich nicht nur — wie die Revision meint — für die ehemals standesherrschaftlichen Güter, sondern für die gesamten ursprünglichen Stammgüter der Löwenstein-Wertheim-Freudenberg schen Linie ergibt, hat das Berufungsgericht unanfechtbar festgestellt. Es stützt seine Auffassung auf Inhalt und Tragweite der Verordnung vom 14. Januar 1855, welche der Revision nicht zugänglich ist.

Das Berufungsgericht hat dem Kläger Ansprüche an die durch Ablösung in Stammgüter umgewandelten badischen Lehen versagt, weil nach dem badischen Gesetze, die eigentlichen Lehen betreffend, vom 19. April 1856 (sog. Lehensedikt) zwar für die umgewandelten Lehen die Rechte der am Lehen Beteiligten unverändert aufrechterhalten seien, die umgewandelten Stammgüter jedoch nicht anderen Grundsätzen hätten unterworfen werden sollen, als die ursprünglichen Stammgüter. Die Revision verkennt nicht, daß diese Auslegung des Gesetzes gemäß § 549 ZPO., der Revision nicht zugänglich ist. Sie meint aber, daß das Berufungsgericht durch unbegründete Annahme eines Verzichts der Lehensfolger auf ihr besonderes Lehensfolgerecht zu seiner Auslegung gelangt sei. Dieser Angriff geht fehl. Es handelt sich nicht um einen rechtsgeschäftlichen Verzicht der Lehensfolger auf bestimmte Erbfolgerechte, sondern um ihre in Art. 2 des genannten Gesetzes erforderte Zustimmung zur Ablösung der Lehen. Ob in dieser Zustimmung gleichzeitig ein Verzicht auf das Lehenserbfolgerecht zu erblicken ist, bildet ein Auslegungselement, dessen Verwertung nicht als rechtsirrtümlich angesehen werden kann. Im übrigen fußt die Auffassung des Berufungsgerichts nicht auf diesem Grunde allein. Sie beruht noch auf weiteren Erwägungen, welche durch die Vorschrift des § 549 ZPO. gedeckt sind.

Die Revision rügt endlich Verletzung des Art. 109 der Reichsverfassung vom 11. August 1919 und des § 9 der badischen Verfassung vom 21. März 1919. Art. 109 der Reichsverfassung bestimmt im ersten Absatz, daß alle Deutschen vor dem Gesetze gleich, und in Abs. 3, daß öffentlichrechtliche Vorrechte oder Nachteile der Geburt oder des Standes aufzuheben seien, daß ferner Adelsbezeichnungen nur als Teil des Namens gelten und nicht mehr verliehen werden dürfen. Diese Bestimmungen kommen für die Entscheidung des Rechtsstreits überhaupt nicht in Betracht. Die Feststellung, daß der Kläger nach Maßgabe der Hausgutsverfassung der Löwenstein-Wertheim-Freudenberg schen Linie nicht als vollgültiges Mitglied derselben anzusehen sei, verstößt nicht gegen den Grundsatz der Gleichheit aller Deutschen vor dem Gesetze. Im übrigen spricht Art. 109 nur von öffentlichrechtlichen Vorrechten und Nachteilen der Geburt, und unter diesen Gesichtspunkt fallen die rein familien- und vermögensrechtlichen Vorrechte der Agnaten aus Häusern des hohen Adels überhaupt nicht.

In § 9 der badischen Verfassung dagegen wird allgemein ausgesprochen, daß Vorrechte der Geburt, des Standes oder der Religion nicht anerkannt werden. Das Berufungsgericht geht offenbar davon aus, daß durch diese Bestimmung die nachteiligen Folgen der Abstammung aus unebenbürtiger Ehe für die Zukunft ausgeschlossen werden, lehnt aber die Anwendung der Vorschrift auf die vom Kläger erhobenen Ansprüche ab, weil dem § 9 rückwirkende Kraft nicht beizulegen sei. Diese Ausführungen entziehen sich der Nachprüfung, weil die badische Verfassung irrevisibles Recht darstellt.

---

49. 1. Kann der Nacherbe, insbesondere der Alleinnacherbe, die Nacherbschaft vor dem Anfall mit dinglicher Wirkung veräußern?

2. Kann der Verkäufer einer Erbschaft seine Leistung dem

Erbschaftskäufer gegenüber von der Zug um Zug zu bewirkenden Befreiung von der Haftung für die Nachlaßverbindlichkeiten abhängig machen?

3. Steht dem Wiederverkäufer einer Erbschaft ein solches Recht gegenüber dem Wiederkäufer zu?

IV. Zivilsenat. Urt. v. 16. Dezember 1920 i. S. Di. (Bekl.) w. P. (Kl.). IV 62/20.

I. Landgericht Duisburg. — II. Oberlandesgericht Düsseldorf.

Durch notariellen Vertrag vom 17. September 1910 verkaufte und „übertrug" die Klägerin ein ihr durch Erbvertrag vom 14. Februar 1900 überkommenes „Nacherbrecht" zu Lebzeiten des Vorerben an den Dr. R. in D., behielt sich jedoch den Wiederkauf vor. Die Abtretung wurde in den Grundbüchern über die zum Nachlaß gehörigen Grundstücke vermerkt. Nach dem Tode des Dr. R. veräußerte dessen Erbin durch notariellen Vertrag vom 27. September 1913 das Nacherbrecht weiter an die Beklagte. Auch diese Veräußerung ist im Grundbuche vermerkt. Nachdem am 10. Juni 1918 der Vorerbe gestorben war, wurde die Beklagte ihrem Antrag entsprechend auf Grund der vorerwähnten Verträge als Eigentümerin sämtlicher zum Nachlaß gehörigen Grundstücke eingetragen.

Die Klägerin hat nunmehr gegenüber der Beklagten ihr Wiederkaufsrecht geltend gemacht.

Die Beklagte hat den Rückverkauf u. a. davon abhängig gemacht, daß die Klägerin sie zuvor von der persönlichen Haftung für die auf den Nachlaßgrundstücken eingetragenen Hypotheken befreie. Sie hat sich demnächst geweigert, den Rückverkauf vorzunehmen. Die Klägerin verlangt mit der Klage Verurteilung der Beklagten zur Auflassung der Nachlaßgrundstücke an sie.

Das Landgericht wies die Klage ab. Das Oberlandesgericht entsprach ihr mit der Maßgabe, daß die Beklagte Zug um Zug gegen Zahlung des Wiederkaufspreises in die Berichtigung des Grundbuchs durch Umschreibung der noch auf ihren Namen im Grundbuch eingetragenen Nachlaßgrundstücke zu willigen und der Klägerin das Eigentum an zwei inzwischen weiterveräußerten Grundstücken zu verschaffen habe.

Die Revision der Beklagten wurde zurückgewiesen, doch wurde die Beklagte in Ansehung der auf ihren Namen im Grundbuch eingetragenen Grundstücke zur Rückauflassung verurteilt.

Gründe:

Der in erster Linie erhobene Revisionseinwand, daß die Klägerin den Vertrag vom 17. September 1910 ihrerseits noch gar nicht erfüllt haben, ist unbegründet. Er stützt sich auf die vom Vorderrichter vertretene Auffassung, wonach die in jenem Vertrage vereinbarte Veräußerung des Nacherbenrechts eine dingliche Wirkung in dem Sinne nicht äußern konnte, daß die Erwerberin nach dem Tode des Vorerben in die Stellung des Vollerben eintrete, daß folgeweise auch die Weiterveräußerung des Nacherbenrechts an die Beklagte eine derartige Wirkung nicht zeitigen konnte, und daß deshalb die Umschreibung der Nachlaßgrundstücke nach dem Tode der Vorerbin auf den Namen der Beklagten im Wege der Grundbuchberichtigung fehlsam war und dieser das Eigentum an den Grundstücken nicht verschaffen konnte.

Es kann dahingestellt bleiben, ob bei Zugrundelegung der rechtlichen Auffassung des Berufungsgerichts der dann allerdings gegebene Rechtszustand, nämlich der Zustand einer bisher nicht vollständigen Erfüllung des Vertrags vom 17. September 1910, der Ausübung des Wiederkaufsrechts hindernd entgegenstehen könnte und ob — falls dies zu bejahen wäre — die Beklagte, welche ihrerseits die Grundbuchberichtigung veranlaßt hat, mit diesem Einwande gehört werden könnte. Denn jener rechtlichen Auffassung des Berufungsgerichts ist nicht beizutreten.

Zwar steht die überwiegende Meinung in der Literatur auf dem Standpunkte, daß eine dingliche Verfügung nur über die Anwartschaft des Mitnacherben, nicht aber eine solche über die Anwartschaft des Alleinnacherben — eine solche steht hier in Frage — zulässig sei. Allein das Reichsgericht hat in Übereinstimmung mit den unter der Herrschaft des früheren Rechtes ergangenen Entscheidungen RGZ. Bd. 33 S. 293, Bd. 67 S. 425 auch unter der Geltung des BGB. die Zulässigkeit der dinglichen Veräußerung auch des Alleinnacherbenrechts fortdauernd bejaht, und zwar nicht nur in dem vom Vorderrichter angezogenen Urteile des IV. Senats Gruchot Bd. 52 S. 680, sondern auch in den Urteilen des V. Senats RGZ. Bd. 83 S. 436, Bd. 90 S. 235, und neuere Schriftsteller haben sich dieser Auffassung angeschlossen. Sie muß auch bei wiederholter Nachprüfung aufrechterhalten werden.

Auszugehen ist bei der Entscheidung davon, daß es dem Begriff und Wesen eines Vermögensrechts entspricht, daß sein Inhaber befugt sein muß, es durch Veräußerung an Dritte zu verwerten, und daß Ausnahmen hiervon nur insofern anzuerkennen sind, als sie sich aus dem Gesetze selbst oder dem Zusammenhang seiner Bestimmungen ergeben. Zu den Rechten in diesem Sinne gehören anerkanntermaßen die sog. dinglichen Anwartschaftsrechte, wie sie u. a. durch Setzung einer Bedingung geschaffen werden, und die vermöge der dem Anwärter vom Gesetze verliehenen Machtbefugnisse bereits einen gegenwärtigen Vermögenswert besitzen. Das inhaltlich machtvollste Warterecht aber ist unzweifelhaft die den Gegenstand des Nacherbenrechts bildende Anwartschaft auf den Erwerb der Erbschaft, das aus diesem Grunde in mehrfachen Entscheidungen des Reichsgerichts als ein bereits gegenwärtiges subjektives Recht bezeichnet worden ist (vgl. u. a. RGZ. Bd. 83 S. 254). Das Gesetz selbst läßt nicht erkennen, daß die Möglichkeit einer Veräußerung des Nacherbenrechts habe ausgeschlossen werden sollen. Wenn in § 2108 BGB. ausdrücklich nur die Vererblichkeit und nicht auch die Veräußerlichkeit des Nacherbenrechts gesetzlich festgelegt ist, so kann das darin seinen Grund haben, daß der Gesetzgeber mit dieser Vorschrift lediglich einer an sich naheliegenden unbeschränkten Anwendung der Grundsätze des § 2074 auf das Nacherbenrecht vorbeugen wollte und daß er im übrigen von der grundsätzlichen Übertragbarkeit des Rechtes ausging. Ebensowenig kann dem Umstand entscheidende Bedeutung beigelegt werden, daß auch bei gewissen anderen im Erbrecht geregelten Rechtspositionen zwar die Vererblichkeit, nicht aber die Veräußerlichkeit gesetzlich anerkannt ist. Denn dabei handelt es sich teils um bloße Rechtsbefugnisse, die nicht als gegenwärtige subjektive Vermögensrechte angesehen werden können, wie das Anfechtungsrecht (§§ 2080, 2341) und das Ausschlagungsrecht (§ 1952), teils um Rechte, deren Veräußerlichkeit an anderer Stelle des Gesetzes festgelegt ist, § 2034 BGB. verb. mit § 514 daselbst. Auch ein Umkehrschluß aus § 2317 Abs. 2, wo in Ansehung des Pflichtteilsanspruchs neben der Vererblichkeit auch die Veräußerlichkeit ausdrücklich gesetzlich anerkannt ist, erscheint nicht gerechtfertigt. Die Aufnahme dieser Vorschrift in das Gesetz erklärt sich hier dadurch, daß in der Kommission für die zweite Lesung gerade über die Frage der Veräußerlichkeit des Pflichtteilsanspruchs Streit bestand (vgl. Prot. Bd. 5 S. 526). Bei der Nacherbschaft sind solche Zweifel offenbar nicht hervorgetreten. Es ist vielmehr, wie aus den schon in dem Urteile des Senats Gruchot Bd. 52 S. 680 mitgeteilten Kommissionsprotokollen (S. 81) hervorgeht, damals die Auffassung vertreten worden, daß dem Nacherben die Befugnis zustehen muß, das Nacherbenrecht zu „verwerten“, und es ist dabei auch die Möglichkeit erwogen und in den Kauf genommen worden, daß die Nacherbschaft den Kindern des zum Nacherben Eingesetzten durch dessen Gläubiger entzogen werde (S. 82). Die Motive zum Entwurf I S. 122 gehen allerdings von der Unübertragbarkeit des Nacherbenrechts aus. Die dort in erster Linie gegebene Begründung, daß Nacherbschaften wenig geeignet seien, Verkehrsobjekte zu sein, ist aber von der veränderten späteren Stellungnahme des Gesetzgebers überholt worden. Soweit dort gesagt wird, die Anerkennung der Übertragbarkeit würde dem Grundsatze widersprechen, daß den Erben nur das Gesetz oder der letzte Wille berufe, konnte — wie weiter unten dargelegt werden soll — dieser Grund allein die damalige Stellungnahme des Gesetzgebers nicht rechtfertigen.

Der Übertragbarkeit des Anwartschaftsrechts steht hier die Tatsache der Unübertragbarkeit des Vollrechts nicht hindernd entgegen. Denn die rechtliche Unmöglichkeit, die Erbschaft im ganzen zu übertragen, beruht nicht darauf, daß der Gegenstand des Rechtes dem freien Verkehr entzogen ist, sondern lediglich darauf, daß nach der im geltenden Rechte durchgeführten Rechtskonstruktion die rechtliche Herrschaft über einen Vermögensbegriff stets als eine solche über die einzelnen zu diesem Inbegriff gehörigen Gegenstände vorzustellen ist, und daß daher auch die Verfügung über einen Vermögensinbegriff nur immer in der Form einer Verfügung über die einzelnen Gegenstände erfolgen kann. Ein praktisches Bedürfnis, von diesen Grundsätzen auf dem Gebiete des Erbrechts abzuweichen, lag nicht vor, weil die Erbschaft in der Hand des Erben regelmäßig kein von dem übrigen Vermögen des Erben getrenntes Sondervermögen darstellt, der Erbe vielmehr in der Lage ist, ohne weiteres über die einzelnen zum Nachlaß gehörigen Gegenstände zu verfügen. Derartige auf rechtskonstruktivem Gebiete liegende Bedenken ergeben sich für die Übertragbarkeit der Anwartschaft des Nacherben nicht. Denn den Gegenstand dieses Rechtes bildet nicht ein in der Hand des Nacherben befindlicher Vermögensinbegriff, sondern eine Beziehung zu einem in fremder Hand befindlichen Vermögen, die von dem Gesetz als ein eigenartiges subjektives Recht ausgestaltet ist, das daher in Ansehung seiner Übertragbarkeit den allgemeinen Grundsätzen des § 413 BGB. unterworfen bleibt. Das praktische Bedürfnis, die Übertragbarkeit anzuerkennen, ist hier vorhanden, da der Nacherbe durch das Recht des Vorerben an jeder Verfügung über die einzelnen Nachlaßgegenstände gehindert ist.

Keine anderen Erwägungen sind es gewesen, die den Gesetzgeber veranlaßt haben, die dingliche Verfügung über den Anteil des Miterben zuzulassen. Auch den Gegenstand des Miterbenrechts bildet, solange die Gemeinschaft der Miterben besteht, nicht ein Vermögensinbegriff in der Hand des Erbbeteiligten, sondern die Beziehung zu einem in der Hand der Erbengemeinschaft befindlichen Vermögen, die als Anteil an dieser Gemeinschaft einen gegenwärtigen Bestandteil des Vermögens der Erben bildet. Die Folgewidrigkeit gegenüber dem Grundsatze der Unübertragbarkeit von Vermögensinbegriffen ist auch dort nur eine „scheinbare" (vgl. Prot. Bd. 5 S. 837 flg.). Auch dort galt es, den praktischen Unzuträglichkeiten zu begegnen, die sich aus dem Mangel einer Verfügungsmöglichkeit in Ansehung der einzelnen Nachlaßgegenstände ergab.

In diesem Sinne kann es daher nur als folgerichtig bezeichnet werden, wenn in dem Urteile des erkennenden Senats Gruchot Bd. 52 S. 680 einer entsprechenden Anwendung des § 2033 Abs. 1 Satz 1 BGB. das Wort geredet wird. Die entsprechende Anwendung ergibt sich dann aber, wie auch schon in der angezogenen Entscheidung hervorgehoben ist, nicht nur zugunsten der Anwartschaft des Mitnacherben, sondern auch zugunsten derjenigen des Einzelnacherben. Denn die Hinderungsgründe, welche sich für den einzelnen Mitnacherben in Ansehung der Verfügungsmöglichkeit über die einzelnen Nachlaßgegenstände ergeben, beruhen nicht auf seinem Verhältnis zu den anderen Mitnacherben, sondern auf seinem Rechtsverhältnis zum Vorerben, das kein anderes ist als dasjenige der Einzelnacherben, wobei auch zu bemerken ist daß die Anwartschaft des Mitnacherben nach richtiger Auffassung nicht eine solche auf einen künftigen Erbteil ist, sich vielmehr ebenso wie diejenige des Alleinnacherben auf die ganze Erbschaft bezieht. Die Beschränkung der Übertragbarkeit lediglich auf das Recht des Mitnacherben würde einer entsprechenden Anwendung des § 2033 Abs. 1 Satz 1 nach der Art und dem Umfange, wie sie nach vorstehendem für zulässig und geboten zu erachten ist, nicht gerecht werden.

Wenn in der Literatur dieser Rechtsauffassung der Vorwurf rechtlicher Folgewidrigkeit insofern gemacht wird, als sie dem Grundsatz widerstreiten würde, daß — von der gesetzlichen Erbfolge abgesehen — niemand ohne den Willen des Testators zum Erben berufen werden kann, so ist dem entgegenzuhalten, daß die dem Erwerber der Nacherbschaft durch § 2139 BGB. gegebene Möglichkeit, mit dem Tode des Vorerben unmittelbar als Rechtsnachfolger des Erblassers einzutreten, für seinen Rechtsvorgänger schon im Augenblicke des Todes des Erblassers, und zwar mit dessen Willen, begründet war und im Wege der Rechtsnachfolge durch den Verfügungsakt des Nacherben auf ihn überging. Durch die Verwertung des Nacherbenrechts seitens des Nacherben wird aber jenem vorerwähnten Grundsatze ebensowenig zuwidergehandelt, wie durch die Verwertung des Erbrechts seitens des Erben. Ein beachtliches Interesse des Erblassers an dem Unterbleiben solcher Verwertung ist nicht vorhanden und vom Gesetz als schützenswert nicht anerkannt.

Nicht zu verkennen ist, daß die Anerkennung einer Übertragbarkeit des Nacherbenrechts nicht in allen Beziehungen zu befriedigenden Ergebnissen führt, was besonders hervortritt, wenn der Alleinnacherbe kurz vor dem Tode des Vorerben von seinem Verfügungsrechte Gebrauch macht und sich dadurch die oft erheblichen Unkosten und Unbequemlichkeiten erspart, die ihm, sobald er in den Besitz des Vollrechts gelangt, dadurch erwachsen, daß er auf die Möglichkeit einer Verfügung über die einzelnen Nachlaßgegenstände beschränkt ist. Allein ganz ähnliche

Unstimmigkeiten ergeben sich auch gerade aus der Regelung, die das Gesetz in § 2033 Abs. 1 Satz 1 BGB. in Ansehung der Miterben vorgesehen hat, worauf auch bei den Kommissionsberatungen besonders hingewiesen wurde (vgl. Prot. Bd. 5 S. 837 flg.).

Derartige Unzuträglichkeiten müssen in ihrer Bedeutung zurücktreten gegenüber den überwiegenden Vorteilen, welche die Befriedigung eines beachtlichen wirtschaftlichen Bedürfnisses bietet, wie sie durch die Verwertung der Anwartschaft der Nacherben ermöglicht wird. Ein solches Bedürfnis muß aber insbesondere für alle die Fälle als berechtigt anerkannt werden, wo mit erheblichen Wertobjekten oder mit einer längeren Dauer der Wartezeit des Nacherben zu rechnen ist. Die Bedenken, die in der Literatur vom rechtspolitischen Standpunkt aus gegen die Verfügungsmacht des Nacherben erhoben werden, sind keine anderen, als die der Verwertung von bloßen Anwartschaftsrechten überhaupt entgegenstellt werden könnten. Es liegt kein stichhaltiger Grund vor, ihretwegen der wirtschaftlichen Entwickelung, die in steigendem Maße auf die Nutzbarmachung auch künftiger Werte drängt, hemmend entgegenzutreten. Die in der Rechtsprechung bisher allein anerkannte Verfügung über den dem Nacherben zustehenden künftigen Herausgabeanspruch (§ 2130) bietet keinen ausreichenden Ersatz, zumal die Möglichkeit nicht besteht, eine derartige Verfügung gegen die Vereitelung durch Rechtsgeschäfte mit gutgläubigen Dritten zu sichern.

Ergibt sich hiernach, daß die Veräußerung des Nacherbenrechts an die Rechtsvorgängerin der Beklagten und an diese selbst — so wie geschehen — rechtswirksam erfolgt ist und demzufolge auch die Umschreibung der Nachlaßgrundstücke auf den Namen der Beklagten im Grundbuche zu Recht besteht, so ist der Klaganspruch, soweit er Rückauflassung und Wiederverschaffung des Eigentums begehrt, begründet, sofern die Verpflichtung aus dem Wiederkauf von der Beklagten rechtswirksam als Selbstschuldnerin übernommen und ihr gegenüber das Wiederkaufsrecht den Bedingungen des Vertrags vom 17. September 1910 entsprechend ausgeübt worden ist.... (Daß diese Voraussetzungen gegeben sind, wird ausgeführt.)

Das Berufungsgericht wird einer in Gemäßheit des § 322 BGB. zu treffenden Entscheidung gerecht, wenn es der Klägerin als die von ihr Zug um Zug mit den Verpflichtungen der Beklagten zu erfüllende Gegenleistung lediglich die Zahlung des vereinbarten Rückkaufspreises mit den von ihr zugestandenen Erweiterungen dieser Hauptschuld auferlegt. Denn eine weitere Gegenleistung hatte die Klägerin in dem Vertrage vom 17. September 1910 im Falle des Wiederkaufs nicht übernommen. Eine Verbindlichkeit der Klägerin, die Beklagte von der sie nach § 2382 treffenden Haftpflicht den Nachlaßgläubigern gegenüber von vornherein zu befreien — wie es die Beklagte als

Gegenleistung ihrer Leistung verlangt — ist auch im Gesetz nicht begründet. Die Klägerin ist vielmehr nach § 2378 BGB. als Erbschaftskäuferin gegenüber der Beklagten als Verkäuferin der Erbschaft nur verpflichtet, für die rechtzeitige Tilgung der Nachlaßverbindlichkeiten Sorge zu tragen. Diese Verpflichtung entspringt zwar aus dem zwischen der Klägerin und der Rechtsvorgängerin der Beklagten abgeschlossenen gegenseitigen Vertrage, gehört aber nicht zu denjenigen Verbindlichkeiten, die mit den Verbindlichkeiten des anderen Vertragsteils in einem synallagmatischen Verhältnis im Sinne des § 322 stehen, was sich daraus ergibt, daß die Erfüllung dieser Verbindlichkeit nur durch Leistung an einen Dritten erfolgen kann und überdies ihre Fälligkeit zur Zeit nicht feststeht.

Die rechtliche Beurteilung kann nicht dadurch eine andere werden, daß die Klägerin und die Rechtsvorgängerin der Beklagten nicht im Verhältnis eines gewöhnlichen Käufers und Verkäufers der Erbschaft, sondern in demjenigen eines Wiederkäufers und Wiederverkäufers der Erbschaft stehen. Die Verbindlichkeiten des Wiederkäufers richten sich nicht nach den allgemeinen Grundsätzen über den Rücktritt (§§ 346 flg. BGB.), vielmehr allein nach den Vorschriften der §§ 497 flg., und da es sich um den Wiederkauf einer Erbschaft handelt, ausschließlich nach den besonderen Vorschriften des § 2378, insoweit die dem Käufer obliegende Verpflichtung zur Erfüllung der Nachlaßverbindlichkeiten in Betracht kommt. Dieses Ergebnis kann auch nicht zu Rechtsnachteilen für die Beklagte führen, da sie nach erfolgter Rückübertragung der Nachlaßgrundstücke berechtigt ist, die Nachlaßgläubiger nunmehr auf die wieder in Händen der Klägerin befindliche Nachlaßmasse zu verweisen. Dies würde nur dann anders liegen, wenn die Beklagte durch Verschulden der Klägerin (vgl. § 2376) des Rechtes verlustig gegangen wäre, ihre Haftung auf den Nachlaß zu beschränken. Eine derartige Behauptung ist von der Beklagten nicht aufgestellt worden.

---

50. Sind die Bestimmungen der Magdeburger Kirchenordnung, wonach die Kirchengemeinden den Pfarrwitwen an den Orten, wo kein Pfarrwitwenhaus vorhanden ist, Wohnungsgeld zu zahlen haben, durch die neueren kirchlichen Gesetze über die Fürsorge für die Witwen und Waisen der Geistlichen aufgehoben?

IV. Zivilsenat. Urt. v. 3. Januar 1921 i. S. preuß. Fiskus (Bekl.) w. Kirchengemeinde Althaldensleben (Kl.). IV 351/20.

I. Landgericht Magdeburg. — II. Oberlandesgericht Naumburg a. S.

Die klagende Kirchengemeinde, die kein Pfarrwitwenhaus besitzt, zahlte an die Witwe des am 13. Februar 1913 im Amte verstorbenen Pastors B. auf Grund der Bestimmungen der Revidierten Magdeburger Kirchenordnung vom 9. Mai 1739 ein jährliches Wohnungsgeld. Sie behauptete, der Beklagte sei Patron der Kirche und habe als solcher für alle finanziellen kirchlichen Bedürfnisse aufzukommen; er müsse ihr daher auch die an die Pfarrerwitwe gezahlten Beträge erstatten. Da der Beklagte sich dessen weigerte, erhob sie Klage auf Feststellung der behaupteten Verpflichtung und Erstattung der gezahlten Beträge in Höhe von 1431 *M*. Der Beklagte beantragte die Abweisung der Klage und machte u. a. geltend, die Bestimmungen der Magdeburger Kirchenordnung über die Verpflichtung der Kirchengemeinden, Pfarrwitwenhäuser zu bauen oder an die Pfarrwitwen Wohnungsgelder zu zahlen, seien durch das Pfarrbesoldungsgesetz vom 26. Mai 1909 aufgehoben.

Das Landgericht wies die Klage ab. Auf die Berufung der Klägerin wurde der Beklagte klagegemäß verurteilt. Seine Revision wurde zurückgewiesen.

Gründe:

Die Magdeburger Kirchenordnung schreibt in Kap. 15 § 2 vor, daß jedes Ortes Obrigkeit sich der Pfarrerwitwen treulich annehmen solle, damit sie ein halbes Gnadenjahr und notdürftigen Unterhalt, sonderlich ein Witwenhaus zur Wohnung haben mögen; wie denn auch sorgfältig darauf zu denken, daß in jedem Kreise des Herzogtums ein Witwenfiskus eingerichtet werde. In Kap. 32 § 7 ist bestimmt, daß die Inspektores darauf achthaben sollen, daß auch an denen Orten, wo noch keine Witwenwohnungen vorhanden, der gleichen annoch angeschaffet, und ad interim die Pfarrwitwen mit billig mäßigen Wohnungsgeldern versehen werden mögen. Nach der für das Reichsgericht gemäß § 562 ZPO. maßgebenden Feststellung des Berufungsgerichts hatte zufolge dieser Vorschriften die Kirchengemeinde die rechtliche Verpflichtung, der Pfarrerwitwe freie Wohnung in einem Witwenhause oder, falls ein solches nicht vorhanden war, Wohnungsgeld zu gewähren (vgl. Obertrib. Bd. 43 S. 315, Entsch. des OberverwGer. Bd. 45 S. 184). Streit herrscht aber darüber, ob diese Verpflichtung, soweit sie die Zahlung von Wohnungsgeld betrifft, durch die neueren kirchlichen Gesetze über die Fürsorge für die Witwen und Waisen der Geistlichen in Wegfall gebracht ist. Das Oberverwaltungsgericht hat die Frage durch Urteil vom 30. Mai 1913 (Entsch. Bd. 64 S. 420) bejaht, das Berufungsgericht hat sie im Anschluß an eine ausführlich begründete Entscheidung des I. Senats des Oberlandesgerichts Naumburg vom 31. Januar 1916 verneint. Der letzteren Ansicht ist beizupflichten. Das Kirchengesetz vom 15. Juli 1889 (GS. S. 141), durch welches die Fürsorge für die Witwen und Waisen der Geistlichen der evangelischen Landeskirche in den neun älteren Provinzen der Monarchie auf eine neue Grundlage gestellt wurde (vgl. über die geschichtliche Entwicklung Goßner, Preuß. evang. Kirchenrecht 2. Aufl. 1914 Bd. 1 S. 583 flg.; Schoen, Das evang. Kirchenrecht in Preußen, 1906 Bd. 2 § 63 S. 182, 190), bestimmte in § 9: „Das Witwen- und Waisengeld wird von dem Pfarrwitwen- und Waisenfonds der evangelischen Landeskirche gezahlt. Auf dasselbe werden jedoch diejenigen dauernden Bezüge angerechnet, welche der Witwe und den Waisen eines Geistlichen mit Rücksicht auf dessen kirchliches Amt aus anderen als privatrechtlichen Titeln zustehen. Als solche kommen hauptsächlich in Betracht örtliche Pfarrwittümer, Diözesan- und andere Verbandspfarrwitwenkassen, sowie provinzialrechtliche Einrichtungen, nach welchen den Hinterbliebenen von Geistlichen nach Ablauf der Gnadenzeit dauernde Bezüge von der Kirchengemeinde oder aus sonstigen kirchlichen Mitteln, z. B. der Pfarrpfründe, zustehen."

Diese Vorschrift wurde durch die Novelle vom 30. März 1892 (GS. S. 40) lediglich insofern geändert, als danach die Anrechnung der altrechtlichen Bezüge nur noch unter gewissen Voraussetzungen und höchstens zur Hälfte erfolgen sollte (Art. I, II § 20 Abs. 2 und 3). Ihren Abschluß erlangte die kirchliche Hinterbliebenen-Gesetzgebung durch das Staatsgesetz vom 26. Mai 1909 (GS. S. 113) und das Kirchengesetz betr. die Fürsorge für die Witwen und Waisen der Geistlichen vom selben Tage (GS. S. 283), die über die den Hinterbliebenen der Geistlichen aus altrechtlichen Titeln zustehenden Bezüge keine Bestimmungen mehr enthalten.

Das Oberverwaltungsgericht meint, mit der in den Gesetzen vom 26. Mai 1909 getroffenen Ordnung habe die Fürsorge für das Unterhaltsbedürfnis der Witwen vollkommen neu geregelt werden sollen. Sie habe daher etwaige provinzialrechtliche Vorschriften ersetzt, die sich über diesen Gegenstand verhielten. Solche Vorschriften seien auch die oben erwähnten aus der Magdeburger Kirchenordnung. Eine Verpflichtung der Kirchengemeinden, Witwenwohnungen anzuschaffen, bestehe daher nicht mehr. Folgeweise sei auch die Verpflichtung der Kirchengemeinden fortgefallen, Wohnungsgelder zu zahlen (a. a. O. S. 422).

Schon der Ausgangspunkt dieser Begründung kann nicht als zutreffend anerkannt werden. In der Begründung des Staatsgesetzes vom 26. Mai 1909 (Rohrscheid, Die Preuß. Pfarrbesoldungsgesetze 3. Aufl. S. 3) ist ausdrücklich gesagt, auf dem Gebiete der Fürsorge für die Hinterbliebenen seien wesentliche materielle Änderungen des bestehenden Rechtes nicht vorgesehen. Vielmehr solle in der Hauptsache nur eine größere Einheitlichkeit auf den drei (landeskirchlichen)

Gebieten und eine bessere Übersicht des geltenden Rechtes erzielt werden (vgl. Gossner, a. a. O. Bd. 1 S. 586, 664 Vorbem.). Entsprechendes ist in der Begründung zum Kirchengesetz gesagt (Rohrscheidt, S. 302). Dort sind auch die wichtigsten Änderungen zusammengestellt. Von diesen kommt hier die Nr. 7 in Betracht, wonach die Vorschriften des bisherigen Rechtes, die in gewissen Fällen eine Ermäßigung des Witwengeldes bis auf die Hälfte zulassen (§ 20 Abs. 2 des Reliktengeſ. in der Fassung vom 30. März 1892), beseitigt werden sollten, da ihre praktische Anwendung ohnedies nicht zu erwarten sei. Also die Anrechnung der Bezüge sollte in Wegfall gebracht, die Bezüge selbst aber durch das Gesetz nicht berührt werden (Gossner, a. a. O. S. 585, Loyke, Pfarrbesoldungsges. 1908 S. 284, Schoen, Evang. KR. 1904 II § 63 S. 202). Das gleiche ergibt sich auch aus § 6 des Kirchengesetzes, worin das Kirchengesetz vom 15. Juli 1889 nebst den dazu gehörigen Ergänzungsgesetzen insoweit aufgehoben wird, als sich nicht aus dem neuen Gesetz oder aus den zugehörigen Satzungen etwas anderes ergibt. Aufgehoben sind also nur die in den früheren Gesetzen enthaltenen Bestimmungen über die Anrechnung der altrechtlichen Bezüge, nicht aber diese selbst; denn ihre Fortgeltung beruhte nicht auf jenen Gesetzen. Auch aus § 32 der Satzungen kann nicht etwa durch Gegenschluß gefolgert werden, daß die Witwen und Waisen der nach Inkrafttreten der Satzungen verstorbenen Geistlichen keinen Anspruch mehr auf die hier in Rede stehenden altrechtlichen Bezüge haben. Der § 32 bezieht sich auf letztere überhaupt nicht, sondern nur auf das in den Gesetzen vom 15. Juli 1889 und 30. März 1892 geregelte Rechtsverhältnis.

Letzteres nimmt auch das Oberverwaltungsgericht an (S. 423), und es gibt auch zu, daß die in § 9 des Gesetzes vom 15. Juli 1889 und in § 20 Abs. 2 des Gesetzes vom 30. März 1892 erwähnten Ansprüche aus altrechtlichen Titeln zum Teil aufrecht erhalten sind. Es macht nämlich eine Unterscheidung zwischen provinzialrechtlichen, den Unterhalt der Witwe bestimmenden Vorschriften und denjenigen Einrichtungen für die Witwenversorgung, welche das Kirchengesetz bei seinem Inkrafttreten vorgefunden habe. Solche Einrichtungen habe das Kirchengesetz vom Jahre 1909 nicht berührt. Daher sei auch an der Verpflichtung einer im Gebiete der Magdeburger Kirchenordnung belegenen Kirchengemeinde, ein bestehendes Pfarrwitwenhaus der Pfarrwitwe zur Verfügung zu überlassen, nichts geändert worden. Diese Auslegung findet in den in Betracht kommenden Gesetzen keine Stütze. Für die Zeit vor dem Inkrafttreten der Gesetze vom 26. Mai 1909 hat das Reichsgericht bereits das Fortbestehen des Rechtes auf Wohnungsgeld aus provinzialrechtlichen Bestimmungen anerkannt (vgl. die Urteile vom 16. November 1899 IV 390/99 und 23. November 1903 IV

199/03). In letzterem Urteil ist ausgeführt, daß es keinen Unterschied machen könne, ob die Einrichtung (das Pfarrwitwenhaus) bereits hergestellt sei. Auch wo dies nicht geschehen sei, bestehe eine Einrichtung im Sinne des Gesetzes, und das Berufungsgericht hat, ebenso wie in seinem angeführten Urteile vom 31. Januar 1916, mit Recht ausgesprochen, es würde eine unbillige Bevorzugung der in der Erfüllung der gesetzlichen Verpflichtung säumig gewesenen Gemeinden eintreten, wenn diese infolge ihrer Säumnis der Verpflichtung ledig geworden wären, während diejenigen Gemeinden, welche ihre Pflicht rechtzeitig erfüllt hätten, nicht nur die bestehenden Witwenhäuser ihrem Zwecke belassen müßten, sondern auch mit der fortdauernden Pflicht ihrer Instandhaltung belastet blieben.

Die Richtigkeit dieser Auffassung ergibt sich unmittelbar aus den Gesetzen. Zu beachten ist zunächst, daß in § 9 des Gesetzes von 1889 und in § 20 der Novelle die aufrecht erhaltenen Titel gar nicht erschöpfend aufgezählt sind, sondern ganz allgemein gesagt ist, daß diejenigen dauernden Bezüge angerechnet werden sollen, welche der Witwe eines Geistlichen mit Rücksicht auf dessen kirchliches Amt aus andern als privatrechtlichen Titeln zustehen. Die hauptsächlich in Betracht kommenden Titel werden dann einzeln aufgeführt. Zu jenen „dauernden Bezügen" gehört unbedenklich der Anspruch auf billig mäßiges Wohnungsgeld. Aber auch das Wort „Einrichtungen" ist hier offenbar in einem weiteren Sinne gebraucht, der unmittelbar das Recht, Wohnungsgeld zu verlangen, in sich begreift. Die „Einrichtungen, nach welchen den Hinterbliebenen der Geistlichen dauernde Bezüge von der Kirchengemeinde oder aus sonstigen kirchlichen Mitteln, z. B. der Pfarrpfründe, zustehen", erfordern ihrer Natur nach keine äußerlich in die Erscheinung tretenden Vorkehrungen, sondern nur Rechtstitel, welche die Grundlage für derartige Ansprüche bilden. Endlich fällt das Recht auf Wohnung oder Wohnungsgeld schon unter den Begriff des „Pfarrwittums". Denn darunter versteht die preußische Rechtssprache die Gesamtheit der der Witwenversorgung dienenden Sachen und Rechte (Schoen, a. a. O. Bd. 2 S. 188, Kirchl. Ges. u. VBl. 1883 S. 150 zu VI). Daß unter den in den Gesetzen von 1889 und 1892 erwähnten „örtlichen" Pfarrwittümern nicht bloß solche zu verstehen sind, die auf örtlichem Rchete, sondern auch solche, die auf Provinzialrecht beruhen, ist schon in der erwähnten Entscheidung des Reichsgerichts vom 23. November 1903 dargelegt.

Nach alledem ist die klagende Kirchengemeinde zur Zahlung des Wohnungsgeldes an die Witwe B. verpflichtet. Ob auch die in Kap. 15 § 2 der Kirchenordnung der Kirchengemeinde auferlegte Verpflichtung zur Gewährung des notdürftigen Unterhalts an die Pfarrwitwe aufrecht erhalten ist, ist hier nicht zu entscheiden....

(Weiter wird ausgeführt, daß der Beklagte verpflichtet ist, der Klägerin die an die Pfarrerswitwe gezahlten Beträge zu erstatten.)

---

51. 1. Verhältnis des § 444 zu § 286 ZPO.
2. Ist als Partei im Sinne des § 444 auch ihr Rechtsvorgänger anzusehen?

IV. Zivilsenat. Urt. v. 3. Januar 1921 i. S. F. u. Gen. (Bekl.) w. B. (Kl.). IV 469/20.

I. Landgericht München II. — II. Oberlandesgericht daselbst.

Der 1904 verstorbene K. hatte mit seiner Ehefrau im Jahre 1860 einen Ehe- und Erbvertrag geschlossen, auf Grund dessen er von ihr beerbt wurde. Die Frau starb 1916 und wurde von den Beklagten beerbt. Der Kläger behauptet, die Eheleute K. hätten in Abänderung des Erbvertrags ein eigenhändiges Testament errichtet, in welchem ihm ein Vermächtnis von 10000 ℳ ausgesetzt sei, dann habe aber die Ehefrau das Testament kurz vor dem Tode des Mannes heimlich verbrannt.

In beiden Vorinstanzen ist der Klage auf Auszahlung des Vermächtnisses stattgegeben worden. Auf die Revision der Beklagten wurde das Berufungsurteil wegen Verletzung des materiellen Rechtes aufgehoben. Die auf Verletzung der §§ 286, 444 ZPO. gestützte Beschwerde wurde zurückgewiesen.

Aus den Gründen:

Das Berufungsgericht hat zunächst auf Grund von Zeugenaussagen einen dem Verlangen des Klägers entsprechenden Tatbestand festgestellt. Es hat dann die weitere Behauptung des Klägers, daß das spätere Testament den Formvorschriften der §§ 2231 Nr. 2 u. 2267 BGB. entsprochen habe, nicht nur wegen arglistiger Beseitigung der Urkunde durch die Ehefrau K. für erwiesen erachtet, sondern in erster Linie auch deswegen, „weil der Ehemann K. längere Zeit Bürgermeister gewesen sei, als erfahrener Mann geschildert werde, bei dem sich die Leute gerade in letztwilligen Angelegenheiten Rat erholten, und daher anzunehmen sei, daß er auch in eigener Sache mit aller Sorgfalt zu Werke gegangen, die erforderlichen Formvorschriften gewahrt und auch Sorge getragen habe, daß diese Vorschriften auch von seiner Frau eingehalten würden". Das Berufungsgericht hat dadurch hinlänglich zum Ausdruck gebracht, daß es seine Feststellung in erster Linie im Wege freier Beweiswürdigung nach Maßgabe des § 286 ZPO. treffe. Das läßt sich prozessual nicht beanstanden. Insbesondere war das Gericht nicht behindert, gemäß § 286 die Tatsache der arglistigen Vernichtung der Urkunde als beweisunterstützend zu verwerten, auch wenn die Ehefrau K. nicht als Partei im Sinne des § 444 ZPO. anzusehen ist.

Es ist aber auch darin der Revision nicht zu folgen, daß die unmittelbare Anwendung des § 444 ZPO. auf den hier vorliegenden Fall ausgeschlossen war. Diese Vorschrift enthält auch nichts weiteres als einen gesetzlich besonders geregelten Fall zulässiger freier Beweiswürdigung, insbesondere eine Anwendung des hierbei zu verwertenden und in der Rechtsprechung anerkannten Grundsatzes, daß, wenn eine Partei dem Gegner die diesem obliegende Beweisführung schuldhaft unmöglich macht, ihm gegenüber das in Frage kommende Anführen des Gegners regelmäßig als wahr anzunehmen ist, sofern sie nicht dessen Unrichtigkeit nachweist (vgl. RGZ. Bd. 60 S. 152). Die Rechtsprechung hat keine Bedenken getragen, die Grundsätze des § 444 ZPO. auch auf die schuldhafte Vereitelung der Beweisführung durch Augenscheinseinnahme zu übertragen, obwohl die Vorschriften über die Augenscheinseinnahme (§§ 371, 372 ZPO.) eine dem § 444 entsprechende Bestimmung nicht enthalten, und es ist deshalb auch in Literatur und Rechtsprechung weiter anerkannt, daß das Wort „Partei" im Sinne des § 444 nicht zu pressen ist, daß vielmehr auch das arglistige Verhalten eines Dritten in gleichem Sinne zu werten ist, wenn die Partei nach allgemeinen Rechtsgrundsätzen für dieses Verhalten verantwortlich zu machen ist, insbesondere wenn der Dritte auf Anordnung oder im Einverständnis der Partei tätig gewesen ist, mag dies im Laufe des Prozesses oder vor dessen Beginn geschehen sein.

Das gleiche muß aber auch in Ansehung der Rechtsvorgänger einer Partei gelten, sowie in Ansehung desjenigen, der nach den Bestimmungen der Prozeßordnung einem solchen Rechtsvorgänger gleich zu achten ist. So hat das Reichsgericht schon in der Entscheidung Bd. 87 S. 440 den (den Prozeß im eigenen Namen führenden) Konkursverwalter für die schuldhafte Beweiserschwerung seitens des Gemeinschuldners verantwortlich gemacht und aus diesem Grunde die Umkehrung der Beweislast zugunsten des Gegners in dem dort entschiedenen Falle gutgeheißen. Die Entscheidung kann in dem hier vorliegenden Falle einer Gesamtrechtsnachfolge nicht anders ausfallen, um so weniger, als diese den Eintritt des Nachfolgers in den gesamten Rechts- und Pflichtenkreis des Vorgängers bedingt. Das erscheint ohne weiteres überzeugend, wenn man annimmt, daß der Kläger rechtlich in der Lage war, seinen Vermächtnisanspruch schon zu Lebzeiten der Ehefrau K. im Wege der Feststellungsklage geltend zu machen, noch mehr, wenn er eine solche Klage bereits bei Lebzeiten der Ehefrau erhoben und nach dem Tode als Leistungsklage gegen die Erben fortgesetzt hätte. Hierzu ist zu bemerken, daß nach der herrschenden Lehre des gemeinen

Rechtes, welches mangels abweichender Bestimmungen des Bayerischen Landrechts hier zur Anwendung zu bringen wäre, der Vermächtnisanspruch des Klägers als ein mit dem Tode der Ehefrau fälliger Anspruch bereits zu deren Lebzeiten zur Entstehung gelangt war. Es muß aber auch gelten, wenn der Vermächtnisanspruch des Klägers nach dem etwa entsprechend zur Anwendung zu bringenden § 2269 Abs. 2 BGB. erst im Zeitpunkte des Todes der Ehefrau K. zur Entstehung gelangte. Denn auch in diesem Falle war dem Kläger immerhin eine durch die Bindung der Ehefrau K. an das gemeinschaftliche Testament gesicherte Rechtsstellung gewährleistet, für deren gesetzwidrige Beeinträchtigung durch die Erblasserin die Beklagten als deren Erben dem Kläger verantwortlich waren....

---

52. Wann hat eine Aktiengesellschaft, die ihr Grundkapital behufs Beseitigung einer Unterbilanz herabsetzen will, die Herabsetzung bewirkt?

VII. Zivilsenat. Urt. v. 11. Januar 1921 i. S. L.er Ölmühle (Kl.) w. lübeckischen Staat (Bekl.). VII 151/20.

I. Landgericht Hamburg. — II. Oberlandesgericht daselbst.

Die Klägerin hat in der außerordentlichen Generalversammlung vom 6. Januar 1914 beschlossen, ihr Grundkapital zur Deckung eingetretener Verluste von 1500000 *M* auf 900000 *M* herabzusetzen. Die Aktien sollten im Verhältnis von 5 zu 3 zusammengelegt werden. Der Beschluß ist am 24. Januar 1914 in das Handelsregister eingetragen worden. Die ordentliche Generalversammlung fand am 26. Juni 1914 statt. Sie genehmigte eine für den 31. März 1914, den Schluß des Geschäftsjahres, aufgestellte Bilanz, in der das Grundkapital noch in der alten Höhe aufgeführt war und die demzufolge einen Verlust ergab. Der Verlustvortrag von 574611,68 *M* hatte sich um 60456,38 *M* auf 514155,30 *M* herabgemindert. Neben dieser Bilanz wurde noch ein Bilanzentwurf vorgelegt, um zu zeigen, wie sich die Lage der Klägerin unter Berücksichtigung der Herabsetzung des Grundkapitals gestalten würde. Dieser Entwurf wies ein Grundkapital von nur 900000 *M* auf, übertrug 600000 — 574611,68 = 25388,32 *M*, d. h. den Überschuß des eingezogenen Kapitals über den Verlustvortrag, auf Reservefonds-Konto und schloß demzufolge mit einem Gewinnvortrag von 60456,38 *M* ab. Die für den 31. März 1915 aufgestellte Bilanz knüpfte nicht an die genehmigte Bilanz, sondern an den Bilanzentwurf an.

Durch endgültigen Kriegssteuerbescheid vom 24. November 1917 ist die Klägerin zu einer Kriegssteuer von 187824 *M* veranlagt worden. Sie hat den Betrag bezahlt und fordert ihn jetzt nebst 5 % Zinsen seit dem Zahlungstage zurück. Sie rügt einmal, es sei nicht beachtet, daß sie nach der genehmigten und deshalb maßgebenden Bilanz für den 31. März 1914 mit einem Verlust in das erste Kriegsgeschäftsjahr eingetreten sei, und sie rügt weiter, daß der Durchschnittsgewinn für die Friedensgeschäftsjahre zu Unrecht nur von dem herabgesetzten Grundkapital berechnet worden sei. Bei der ersten Frage handelt es sich unstreitig um 104808 *M*, bei der zweiten um 83016 *M*.

Das Landgericht trat der Klägerin in der zweiten Frage bei, lehnte ihre Auffassung in der ersten Frage aber ab und verurteilte demgemäß den Beklagten unter Abweisung der Klage im übrigen zur Zahlung von 83016 *M* nebst Zinsen. Das Oberlandesgericht wies durch Teilurteil die Anschlußberufung der Klägerin zurück. Ihre Revision hatte keinen Erfolg.

Gründe:

Soweit der Rechtsstreit bisher an das Revisionsgericht gelangt ist, hängt seine Entscheidung lediglich davon ab, ob das Grundkapital der Klägerin am 31. März 1914 bereits auf 900000 *M* herabgesetzt war oder nicht. Der Berufungsrichter hat die Frage mit Recht bejaht.

Die Bilanzen der Aktiengesellschaften sind, von Ausnahmen wie z. B. dem Falle des § 240 Abs. 2 HGB. abgesehen, Gewinnermittelungsbilanzen. Es muß also das alte Vermögen von dem neuen gesondert werden, in dem sich eben der Gewinn verkörpert. Deshalb bestimmt § 261 Nr. 5 HGB., daß der Betrag des Grundkapitals und der Betrag eines jeden Reserve- und Erneuerungsfonds unter die Passiva der Bilanzen aufzunehmen sind. Das Grundkapital in diesem Sinne ist also nichts weiter als ein Rechnungsposten bei der Gewinnermittelung. Setzt die Gesellschaft dieses Grundkapital wie im gegenwärtigen Fall auf einen bestimmten anderen Betrag herab, so wird damit die Annahme ausgesprochen, als ob die Gesellschaft mit einem geringeren Grundkapital gegründet worden sei, als es tatsächlich geschehen ist. Die Tatsache selbst und die — wie vorliegend — schon bewirkte volle Einzahlung des Grundkapitals können nicht nachträglich beseitigt werden. Aber das Gesetz läßt es der Aktiengesellschaft im § 288 HGB. nach, daß sie sich durch einen Beschluß mit besonders starker Mehrheit auf den Standpunkt stellt, als ob das Grundkapital von vornherein niedriger gewesen sei. Um zu der beabsichtigten Annahme zu gelangen, würde an sich der Beschluß genügen, aber, da er eine Abänderung des Gesellschaftsvertrags enthält, wird er erst mit seiner Eintragung in das Handelsregister wirksam (§ 277 HGB.). Weitere Maßnahmen sind zu einer Herabsetzung des Grundkapitals jedenfalls dann nicht erforderlich, wenn diese, wie vorliegend, zur Deckung einer Unterbilanz vorgenommen wird, wenn ihr Zweck sich also darin erschöpft, den bereits eingetretenen Verlust von Grundkapital anzuerkennen und ihn rechnungsmäßig durch die oben gekennzeichnete Annahme zu beseitigen. Von einem Eingehen auf Fälle, in denen andere Zwecke verfolgt werden, wird hier abgesehen. Im gegenwärtigen Falle war also mit der am 24. Januar 1914 bewirkten Eintragung des Beschlusses in das Handelsregister das Grundkapital herabgesetzt, in jede hinterher aufgestellte Bilanz war der ermäßigte Betrag einzurücken.

Nur eine Folge der bereits bewirkten Herabsetzung des Grundkapitals war es, daß die Gesamtheit der ausgegebenen Aktien über einen höheren Grundkapitalsbetrag lautete als den nunmehr für die Gesellschaft maßgebenden. Diese Folge mußte beseitigt werden, entweder durch Herabsetzung des Nennbetrags der einzelnen Aktien, die dann gemäß § 180 Abs. 3 HGB. in Namensaktien umzuwandeln gewesen wären, oder durch Zusammenlegen der Aktien in bestimmtem Verhältnis, oder auch, wenn etwa die einzuziehenden Aktien der Gesellschaft bereits zur Verfügung gestellt waren, durch Einziehen eines Teiles der Aktien. Welche von diesen Maßnahmen zu ergreifen war, hatte die Generalversammlung der Klägerin in dem Herabsetzungsbeschluß zu bestimmen (§ 288 Abs. 2 HGB.). Sie hat sich für ein Zusammenlegen der Aktien entschieden. Dies war nach der Behauptung der Klägerin am 31. März 1914 noch nicht durchgeführt. Im Anschluß an Ansichten, die im Schrifttum hervorgetreten sind, meint die Revision, daß schon deshalb das Grundkapital am 31. März 1914 noch nicht herabgesetzt gewesen sei. Dem kann nicht beigepflichtet werden. Die erwähnten Maßnahmen, die das Gesetz in §§ 288 Abs. 2, 290 Abs. 1 HGB. als „zur Ausführung" der Herabsetzung bestimmt bezeichnet, haben mit dieser selbst nichts zu tun. Wollte man das Gegenteil annehmen, so würde die Herabsetzung unter Umständen überhaupt in Frage gestellt werden können. Für den Fall der Zusammenlegung der Aktien gibt das Gesetz in § 290 HGB. zwar der Gesellschaft die nötigen Zwangsmittel, um sie für alle Aktien durchzuführen. Solche Zwangsmittel sind aber z. B. nicht gegeben, wenn die einzelnen Aktien auf einen geringeren Nennwert herabgesetzt werden sollen. Wäre hier die Herabsetzung selbst an die Voraussetzung geknüpft, daß alle Aktien durch Umtausch oder Abstempeln berichtigt sind, so könnte ein einzelner Aktionär durch die Zurückhaltung einer einzigen Aktie die Absichten der Gesellschaft durchkreuzen. Man will diesem Ergebnis ausweichen, indem man nur das durchgeführte Zusammenlegen der Aktien zur

Voraussetzung der Herabsetzung des Grundkapitals selbst machen will. Für eine solche Unterscheidung fehlt es aber an inneren Gründen. Was dem einen Fall recht ist, muß dem anderen billig sein. Gelangt man auch nur in einem Fall zu unhaltbaren Ergebnissen, so erweist sich der ganze Gedankengang als rechtsirrig.

Es läßt sich auch nicht sagen, daß, weil § 290 HGB. eine Kraftloserklärung der Aktienurkunden vorsehe, das Gesetz offenbar annehme, ohne eine solche Kraftloserklärung bleibe die betreffende Mitgliedschaft bestehen. Mit der Herabsetzung des Grundkapitals werden vielmehr auch die einzelnen Anteilsrechte herabgesetzt, d. h. es wird so angesehen, als ob sie von vornherein auf einen geringeren Nennbetrag gelautet hätten. Diese Mitgliedschaftsrechte bleiben bestehen und werden erforderlichenfalls neu beurkundet. Für kraftlos erklärt werden nur gewisse alte Aktienurkunden, und das geschieht aus rechtspolizeilichen Gründen, um Recht und Urkunde in Übereinstimmung zu bringen.

Ebensowenig steht § 291 HGB. der hier vertretenen Ansicht entgegen. Danach ist auch die „erfolgte" Herabsetzung des Grundkapitals zur Eintragung in das Handelsregister anzumelden. Darüber herrscht Einigkeit, daß diese zweite Eintragung nicht zu den Voraussetzungen der Herabsetzung selbst gehört. Da hier die „erfolgte" Herabsetzung anzumelden ist, muß sie jedenfalls schon vorher vollendet sein. Über die Bedeutung des Wortes „erfolgt" wird im übrigen gestritten. Nimmt man an, daß die Herabsetzung nur „geschehen" zu sein braucht, also der Beschluß gefaßt und in das Handelsregister eingetragen sein muß, so hat die zweite Eintragung keinen ersichtlichen Zweck. Es wird daher richtig sein, daß unter „erfolgen" im Sinn des § 291 HGB. das zu verstehen ist, was die §§ 288 und 290 a. a. O. als „ausführen" bezeichnen. Das ergibt sich namentlich aus der Stellung des § 291 hinter dem eine besondere Ausführungsart behandelnden § 290. Alsdann entbehrt die zweite Eintragung auch nicht eines vernünftigen Zweckes. Die erste wirkt gewissermaßen als ein Sperrvermerk und weist daraufhin, daß die Gesamtheit der ausgegebenen Aktien ein unrichtiges Grundkapital beurkundet, und die zweite Eintragung hebt den Sperrvermerk wieder auf, indem sie feststellt, daß die Aktienurkunden inzwischen in der durch den Herabsetzungsbeschluß vorgeschriebenen Weise mit dem herabgesetzten Grundkapital in Übereinstimmung gebracht sind.

Nun hat man auf dieser Grundlage den Schluß zu ziehen versucht: wenn „erfolgt" in § 291 HGB. soviel bedeutet wie „ausgeführt", so ist die Herabsetzung selbst nicht eher „erfolgt", als bis sie „ausgeführt" ist. Das ist ein Trugschluß. Dem Worte „erfolgt" wird dabei ein doppelter Sinn beigelegt, einmal der von „ausgeführt" und einmal der von „geschehen". Nimmt man aber an, daß „erfolgt" in

§ 291 HGB. mit „ausgeführt" gleichzusetzen ist, so hat es dort eben auch nur diese Bedeutung.

Ein zweites Bedenken der Revision knüpft an § 289 HGB. an. Diese Vorschrift dient dem Schutze der Gläubiger der Gesellschaft. Ihre Sicherheit wird durch ein Herabsetzen des Grundkapitals regelmäßig gemindert. Das ist ohne weiteres klar, wenn ein Teil des Grundkapitals zurückgezahlt oder wenn die Aktionäre von der Verpflichtung zu weiteren Einlagen auf die Aktien befreit werden sollen. Es trifft aber auch zu, wenn ein Teil des Grundkapitals in einen Reservefonds übergeführt werden oder wenn, wie vorliegend, eine Unterbilanz gedeckt werden soll. Ein Reservefonds gehört zwar auch zu den Passiven der Bilanz, seine Ausschüttung kann aber von der Generalversammlung mit einfacher Mehrheit beschlossen werden, und nach Deckung einer Unterbilanz aus dem Grundkapital kann es leichter zu einer Gewinnverteilung kommen, als wenn der Verlust erst aus den erzielten Reingewinnen gedeckt werden müßte. Aus diesen Gründen ordnet § 289 HGB. an, daß die Herabsetzung des Grundkapitals in bestimmter Weise und wiederholt bekannt zu machen ist, daß die sich meldenden Gläubiger auf Verlangen zu befriedigen oder sicherzustellen sind, und daß Zahlungen an die Aktionäre auf Grund der Herabsetzung des Grundkapitals erst nach Ablauf eines Sperrjahres seit der letzten Bekanntmachung und nach Befriedigung oder Sicherstellung derjenigen Gläubiger geleistet werden dürfen, die sich gemeldet haben. Erst mit dem bezeichneten Zeitpunkt werden auch die Aktionäre frei, wenn ihnen die Verpflichtung zu weiteren Einlagen auf die Aktien erlassen wird. Die Revision vertritt nun, wiederum in Anlehnung an Äußerungen der Literatur, die Ansicht, daß das Grundkapital der Klägerin nicht herabgesetzt war, ehe nicht den Vorschriften des § 289 HGB. genügt und das Sperrjahr abgelaufen war. Auch das kann aber nicht für richtig erachtet werden auf Grund folgender Erwägung. Das Zahlungsverbot wäre nicht notwendig, wenn nicht die Rechnung bereits die Möglichkeit der Zahlung ergäbe, und diese Möglichkeit kann wiederum nur die Folge davon sein, daß das Grundkapital schon herabgesetzt ist, daß die daraufhin erforderlichen Buchungen vorgenommen sind, und daß in eine aufgenommene Bilanz das Grundkapital nur noch in dem verminderten Betrage eingestellt ist. Ohne diese Maßnahmen könnten Bücher und Bilanz nicht zu einem Ergebnis führen, welches an sich die Zahlung an die Aktionäre gestattete. Die Forderungen der Aktionäre entstehen trotz der Vorschriften des § 289 HGB. sofort, aus Rücksicht auf den Schutz der Gläubiger dürfen sie aber erst nach dem Ablauf einer bestimmten Frist und nach der Erfüllung bestimmter Bedingungen beglichen werden. Soll z. B. auf Grund der Herabsetzung des Grundkapitals eine Dividende gezahlt werden, die sonst nicht hätte gezahlt werden können, so ist der betreffende Gewinnbetrag verteilbar, er scheint es nicht nur zu sein. Daß die Auszahlung nicht sofort vorgenommen werden darf, steht dem nicht entgegen. Das Freiwerden der Aktionäre von der Verpflichtung zu weiteren Einlagen tritt dagegen erst in Wirksamkeit, wenn die Frist abgelaufen und die Bedingungen erfüllt sind. Diese Regelung wäre auch mit der Gegenansicht vereinbar. Das vermag aber die Beweiskraft obiger Ausführungen nicht zu beeinträchtigen.

Die Revision hat endlich darauf hingewiesen, daß trotz der Eintragung des Beschlusses in das Handelsregister die Klägerin noch gar nicht habe wissen können, ob sich der Beschluß werde „durchführen" lassen. Ein im Jahre vorher unternommener Versuch, das Grundkapital herabzusetzen, sei z. B. daran gescheitert, daß ein Aktionär den Beschluß angefochten habe. Dem ist entgegenzuhalten, daß ein erfolgreiches Anfechten des Beschlusses mit seiner Durchführung an sich nichts zu tun hat. Durch die Anfechtung wird klargestellt, daß ein wirksamer Beschluß überhaupt nicht ergangen ist. Die „Durchführung" scheitert dann daran, daß kein Beschluß vorhanden ist, der durchgeführt werden könnte. Einen wirksam gefaßten Beschluß auch wirklich durchzuführen, kann aber die Aktiengesellschaft in einem Falle wie dem vorliegenden durch die einzelnen Aktionäre nicht gehindert werden. Es ist dazu nach den früheren Darlegungen nichts weiter erforderlich, als daß der Beschluß zur Eintragung in das Handelsregister angemeldet wird. Mit der Eintragung ist das Grundkapital herabgesetzt. Dem ist alsdann in den Büchern und Bilanzen Rechnung zu tragen, auch die Aktienurkunden sind mit dem herabgesetzten Betrage des Grundkapitals in Übereinstimmung zu bringen. Alles das ist aber, wie ebenfalls bereits dargelegt, nicht ein Erfordernis der Herabsetzung selbst, es werden damit nur die notwendigen Folgerungen aus der bereits geschehenen Herabsetzung gezogen.

Die neuere Rechtsprechung hat sich auch auf den hier vertretenen Standpunkt gestellt. Das Reichsoberhandelsgericht hat allerdings in einer Entscheidung vom 4. Februar 1876 ausgeführt (Bd. 18 S. 426), daß bis zur Erfüllung der Ausführungsvorschriften in den Art. 243, 245, 202 Abs. 2 und 3 AllgDHGB. in der damals geltenden Fassung auch der innere Status der Gesellschaft unverändert, insbesondere in den Bilanzen auf der Passivseite das Grundkapital unverkürzt bleiben müsse, so daß nur der bei dessen Abzug auf der Aktivseite sich ergebende Überschuß verteilungsfähiger Gewinn sei. Aber schon im Jahre 1889 hat das Kammergericht (Johow Bd. 9 S. 20) sich dahin geäußert, daß die Gesellschaft nicht etwa innerhalb des Sperrjahres auf der Grundlage des höheren, d. h. des nicht herabgesetzten Grundkapitals fortbestehe; das Sperrjahr diene lediglich dem Schutze der

Gläubiger. Und weiter hat das Kammergericht im Jahre 1907 (Johow Bd. 34 A S. 146) ausgesprochen, daß die Maßnahmen des § 290 HGB. nur bestimmt und erforderlich seien, um eine äußere Übereinstimmung der Gesamtheit der nach der Herabsetzung verbleibenden Aktien mit der neuen Grundkapitalsziffer herbeizuführen.

Auch das Reichsgericht selbst hat bereits mehrfach in diesem Sinne entschieden. In einem Urteile des IV. Zivilsenats (JW. 1896 S. 6 Nr. 23) heißt es mit Bezug auf einen Fall, in welchem das Grundkapital und der Nennbetrag der Aktien herabgesetzt war, daß es unerheblich sei, ob die alten Aktien abgestempelt oder eingezogen und durch neue ersetzt würden, es seien das nur verschiedene Maßregeln, durch welche dem Herabsetzungsbeschluß äußerlich Ausdruck gegeben werde. Der I. Zivilsenat sagt in dem Urteile vom 4. Juni 1902 I 135/02 geradezu: „Besteht die Herabsetzung einzig und allein darin, daß der Nennwert sämtlicher Aktien vermindert wird, so ist sie mit der Eintragung des Herabsetzungsbeschlusses schon in Wirksamkeit getreten." Derselbe Senat läßt in Holdheim Bd. 13 S. 111 im Falle der Herabsetzung des Grundkapitals und der Zusammenlegung alter Aktien zu neuen die Rechte der berechtigten Aktieninhaber an den neuen Aktien, einschließlich des Rechtes auf die Dividende, schon mit der Eintragung des Herabsetzungsbeschlusses im Handelsregister entstehen, und zwar auch dann, wenn die neuen Aktien sich noch in den Händen der Gesellschaft befinden. Endlich eine Entscheidung wiederum des I. Zivilsenats vom 12. Dezember 1906 I 209/06 hält es für möglich, daß ein Aktionär schon vor Ablauf des Sperrjahrs Klage erhebt auf Feststellung der bedingten Verpflichtung der Gesellschaft zur Zahlung, wenn das Grundkapital herabgesetzt ist, um einen Teil davon zurückzuzahlen.

Die Ansichten im Schrifttum sind geteilt, doch stehen z. B. Staub-Pinner, Anm. 8 zu § 291, Rehm, Bilanzen 1. Aufl. S. 399, 2. Aufl. S. 170, und Ritter, Anm. 1 zu § 291 grundsätzlich auf dem hier vertretenen Standpunkt, während Simon, Bilanzen S. 211 von anderen Ausgangspunkten für den gegenwärtig zu entscheidenden Fall zu dem gleichen Ergebnis kommt wie die vorgenannten.

Die richtige Bilanz für den 31. März 1914 war nach alledem nicht die von der Generalversammlung am 26. Juni 1914 genehmigte, sondern der ihr nur zur Kenntnisnahme vorgelegte Bilanzentwurf. Legt man ihn zugrunde, so hatte die Klägerin am 31. März 1914 keine Unterbilanz mehr. In den früheren Instanzen herrschte darüber Streit, ob sich der Staat mit den von den Gesellschaften festgestellten Bilanzen zu bescheiden habe, oder ob er falsche Ansätze berichtigen dürfe. Die Revision ist auf diese Frage nicht ausdrücklich zurückgekommen, immerhin hat sie die entsprechenden Sätze in den Urteilen der Instanzgerichte vorgetragen und damit die Frage wenigstens zur Nachprüfung gestellt. Den Instanzgerichten ist aber auch in dieser Entscheidung unbedenklich beizutreten, schon § 16 KriegsstG. läßt darüber keinen Zweifel.

Im übrigen brauchte der Staat im gegenwärtigen Falle nicht einmal von seiner Berichtigungsbefugnis Gebrauch zu machen: Wenn er ermitteln wollte, ob die Klägerin am 1. April 1914 in ihr erstes Kriegsgeschäftsjahr mit einer Unterbilanz eingetreten sei, so brauchte er nur die für dieses Jahr von der Klägerin selbst festgestellte Bilanz einzusehen, um zu finden, daß es nicht der Fall gewesen ist. Die Bilanz für das Geschäftsjahr 1914/15 ist mit der Klageschrift überreicht und als Anlage dieses erstinstanzlichen Schriftsatzes nach dem Tatbestande des Berufungsurteils auch in zweiter Instanz vorgetragen worden. Diese Bilanz weist für den Beginn des Geschäftsjahres bereits einen mit 25388,32 *M* ausgestatteten Reservefonds und einen Gewinnvortrag aus 1914 von 60456,38 *M* auf. M. a. W.: Diese Bilanz knüpft nicht an die für das Geschäftsjahr 1913/14 genehmigte Bilanz an, sondern an den damals aufgestellten Bilanzentwurf, der die Herabsetzung des Grundkapitals bereits berücksichtigte. Das innere Schwergewicht der wirklichen Sach- und Rechtslage ist eben stärker gewesen als die theoretischen Bedenken der Leitung der Klägerin. Nach der jetzt von ihr vorgetragenen Auffassung hätte auch in die Bilanz für den 31. März 1915 noch nicht das herabgesetzte Grundkapital eingesetzt werden dürfen, denn sie behauptet ja, daß die „Durchführung" der Maßregel sich bis zum Mai 1915 hingezogen habe. Auch über dies Bedenken ist man aber damals hinweggegangen. Daß es sich bei alledem nur um rechtliche Bedenken gehandelt hat, daß die Frage der Kriegssteuer die Aufstellung der Bilanzen in keiner Weise beeinflußt hat, ist von der Revision zutreffend hervorgehoben worden. Als am 26. Juni 1914 die vom Beklagten beanstandete Bilanz genehmigt wurde, war noch nicht einmal der Krieg ausgebrochen.

---

53. 1. Verhältnis von Satz 2 zu Satz 1 des § 1579 Abs. 1 BGB.
2. Was ist unter dem dem anderen Ehegatten zu gewährenden Unterhalt im Sinne des § 1579 Abs. 1 Satz 1 zu verstehen?
3. Verhältnis des § 1578 zu § 1579 Abs. 1 Satz 2.
4. Berücksichtigung veränderter Zeitverhältnisse bei Beurteilung des Unterhaltsbedarfs.

IV. Zivilsenat. Urt. v. 20. Dezember 1920 i. S. J. Sp. (Bekl.) w. K. Sp. (Kl.). IV 399/20.

I. Landgericht Kottbus. — II. Kammergericht Berlin.

Durch rechtskräftig gewordenes Urteil ist die Ehe des Beklagten mit der Klägerin aus seinem Verschulden geschieden. Der Beklagte hat inzwischen wieder geheiratet. Die Klägerin hat auf Zahlung von Unterhalt in Höhe von 60 *M* monatlich geklagt. Das Landgericht hat die Klage abgewiesen. Auf die Berufung der Klägerin hat das Kammergericht den Beklagten ihrem Antrag entsprechend verurteilt. Auf die Revision des Beklagten wurde das Urteil aufgehoben.

Gründe:

Soweit das Berufungsgericht die erste Voraussetzung des Unterhaltsanspruchs der Klägerin, nämlich ihre „Bedürftigkeit" im Sinne des § 1578 BGB. bejaht hat, ist es vom Rechtsstandpunkt aus nicht zu beanstanden. Die Annahme, daß bei den Verhältnissen, in denen die Ehegatten gelebt haben, ein Erwerb durch Arbeit der Frau nicht üblich gewesen sei, beruht im wesentlichen auf tatsächlichen Erwägungen und wird auch von der Revision nicht bemängelt.

Die Revision rügt hier lediglich, es lasse sich nicht erkennen, ob das Berufungsgericht sich dessen bewußt gewesen sei, daß für die Bestimmung des Unterhaltsbedürfnisses die Vermögensverhältnisse zur Zeit der Scheidung maßgebend seien, und es wird hierbei auf RGZ. Bd. 75 S. 124 verwiesen. Allein dieser Vorwurf ist unbegründet. Das Berufungsgericht hat nicht etwa von dem Beklagten verlangt, daß er der Klägerin eine nach der Scheidung eingetretene Verbesserung seiner Vermögenslage zugute kommen lasse, ihm vielmehr nur zugemutet, sich einen Arbeitsverdienst zu suchen, der ihm Einkünfte in der Höhe verschaffe, wie sie ihm zur Zeit der Ehe mit der Klägerin zu ihrer Unterhaltung zu Gebote standen. Damit hat das Berufungsgericht seinen richtigen Standpunkt bei Beantwortung dieser Frage in genügender Weise gekennzeichnet.

Rechtlich zu beanstanden ist jedoch die Begründung, mit der die zweite gesetzliche Voraussetzung des Unterhaltsanspruchs der Klägerin, die Leistungsfähigkeit des Beklagten im Sinne des § 1579, bejaht wird.

Das Berufungsgericht legt sich hier lediglich die Frage vor, ob der Beklagte „imstande" sei, dem erhobenen Anspruch zu genügen; und es bejaht sie, indem es annimmt, daß der Beklagte in Anbetracht des Arbeitsverdienstes, den er tatsächlich während der früheren Ehe gehabt habe, in der Lage sein müsse, sich einen gleichen Arbeitsverdienst wieder zu verschaffen, mit dem er auch die Ansprüche der Klägerin befriedigen könne, und daß er verpflichtet sei, zu diesem Zweck nötigen Falles eine besser bezahlte Arbeitsstelle aufzusuchen.

Wenn man in diesen Ausführungen des Berufungsgerichts eine rechtlich einwandfreie Feststellung in dem Sinne erblicken könnte, daß der Beklagte imstande sei, ohne Beeinträchtigung seines eigenen standesgemäßen Unterhalts der Klägerin den ihr gebührenden Unterhalt zu gewähren, so würde damit das Berufungsgericht ohne Rechtsirrtum schon das Vorliegen der Voraussetzungen des Abs. 1 Satz 1 des § 1579 verneint haben, und es würde dann allerdings für die Anwendung des von der Revision als verletzt bezeichneten Satz 2 des Abs. 1 des § 1579 überhaupt kein Raum mehr sein. Denn Satz 2 des Abs. 1 setzt voraus, daß die Voraussetzungen des Satz 1 des Abs. 1 erfüllt sind (vgl. RGZ. Bd. 67 S. 56, 59).

Hierbei ist zu beachten, daß es zur Ausräumung der Voraussetzungen des Abs. 1 Satz 1 im vorliegenden Falle nicht etwa des Nachweises bedurfte, daß der Beklagte zur Gewährung des vollen standesgemäßen Unterhalts in der Lage ist. Denn unter dem Unterhalt im Sinne des § 1579 Abs. 1 Satz 1 ist derjenige Unterhalt zu verstehen, der den nach Maßgabe des § 1578 festzustellenden Bedürfnissen der Ehefrau entspricht und jedenfalls das Maß dessen nicht übersteigt, was die Ehefrau selbst zur Befriedigung ihres Bedürfnisses fordert.

Allein als eine rechtlich einwandfreie Feststellung im vorstehenden Sinne können jene Ausführungen des Berufungsgerichts nicht erachtet werden. Denn sie lassen nicht erkennen, daß das Berufungsgericht die Wahrung des standesgemäßen Unterhalts des Beklagten überhaupt in Rechnung gezogen hat.

Bei dieser Sachlage aber hätte sich das Berufungsgericht nicht darauf beschränken dürfen zu prüfen, ob der Beklagte zur Gewährung der eingeklagten Unterhaltsrente „imstande“ war. Es hätte vielmehr nach dem nunmehr weiterhin zur Anwendung zu bringenden Satz 2 des Abs. 1 untersuchen müssen, ob die volle oder teilweise Erfüllung des Klaganspruchs durch den Beklagten mit Rücksicht auf die Bedürfnisse sowie auf die Vermögens- und Erwerbsverhältnisse der Beteiligten der Billigkeit entspricht, wobei die Interessen sämtlicher Beteiligten, nämlich der Klägerin, der minderjährigen Kinder und der zweiten Ehefrau des Beklagten, sowie endlich des Beklagten selbst verständig gegeneinander abzuwägen waren. Um dafür eine geeignete Grundlage zu gewinnen, wäre auch eine Feststellung der tatsächlichen Verdienstmöglichkeiten unerläßlich gewesen, die sich für den Beklagten bei seiner gegenwärtigen Arbeitsstelle ergeben, unter Berücksichtigung der beiderseitig angegebenen Beweismittel; ferner eine Prüfung der damit im Zusammenhang stehenden Frage, ob nicht etwa der Beklagte dadurch, daß er dem ihm von seiten des Berufungsgerichts gestellten Ansinnen entsprach, sich „eine besser bezahlte Arbeitsstelle“ zu suchen, seine durch die bisherige Stelle gesicherte wirtschaftliche Existenz in Frage stellte und die Ansprüche seiner jetzigen Ehefrau auf standesgemäßen Unterhalt (§ 1360 BGB.) gefährdete.

Weiterhin aber war, worauf die Revision mit Recht hinweist, zu prüfen, ob nicht der Klägerin aus dem hier entscheidenden Gesichtspunkt der Billigkeit in Ansehung des Erwerbs durch eigene Arbeit eine weitergehende Verpflichtung aufzuerlegen war, als ihr nach dem Regelfalle des § 1578 obliegt. Dabei mußten die Behauptungen des Beklagten erneute Bedeutung gewinnen, daß die Klägerin vor Eingehung der Ehe als Dienstmädchen tätig war, daß sie während der Ehe alle Hausstandsarbeiten ohne fremde Hilfe besorgte und nach Auflösung der Ehe tatsächlich bei Verwandten sich zu solchen Hausstandsarbeiten gegen Gewährung von Unterhalt verdang (vgl. JW. 1917 S. 288).

Da das Urteil eine Beurteilung des Rechtsfalls nach diesen entscheidenden rechtlichen Gesichtspunkten vermissen läßt, war es aufzuheben. Zur Verhütung von Mißverständnissen soll dabei bemerkt werden, daß es keineswegs als ein Verstoß gegen den Grundsatz, wonach der Unterhaltsbedarf nach den Verhältnissen zur Zeit der Ehescheidung zu bemessen ist, angesehen werden kann, wenn den veränderten wirtschaftlichen Verhältnissen und Anschauungen der Gegenwart gebührende Rechnung getragen wird, sowohl bei der Frage, ob der Klägerin ein Erwerb durch eigene Arbeit zuzumuten ist, als auch bei der Frage, in welcher Höhe entsprechend dem geminderten Geldwerte der Unterhaltsbedarf der Klägerin zu bemessen ist.

---

54. Ist der einem Handelsmäkler erteilte Auftrag in der Regel mit der Wirkung frei widerruflich, daß der Anspruch auf die Provision fortfällt?

V. Zivilsenat. Urt. v. 12. Januar 1921 i. S. F. (Kl.) w. K. (Bekl.). V 391/20.

I. Landgericht Erfurt. — II. Oberlandesgericht Naumburg a. S.

Die Beklagte übertrug im April 1918 dem Kläger, der gewerbsmäßig Holzgeschäfte vermittelt, die Übernahme der Eindeckung mit zirka 400 Waggons Brettern ab preußische Station zu 92,50 ℳ, wofür der Kläger 1% Provision erhalten sollte. Der Kläger hat hierauf den Ankauf von 55 Wagenladungen vermittelt. Zwischen den Parteien entstanden Unstimmigkeiten, indem die Beklagte parallel gesäumte Bretter verlangte, zu deren Lieferung an die Heeresverwaltung sie verpflichtet sei, während in den übersandten Bestätigungsschreiben der Lieferanten immer von konischen Brettern die Rede sei. Dies führte zu einem Abbruch der geschäftlichen Beziehungen im Juni 1918. Der

Kläger verlangt mit der Behauptung, daß die Beklagte ihm grundlos weitere Vermittlertätigkeit verboten habe, Schadensersatz. Das Landgericht verurteilte die Beklagte zur Zahlung von 10978,50 ℳ nebst Zinsen und machte die Verurteilung im übrigen von einem dem Kläger zugeschobenen Eide abhängig. Auf die Berufung der Beklagten wies das Oberlandesgericht die Klage ab. Die Revision des Klägers wurde zurückgewiesen aus folgenden

Gründen:

Daß es sich um einen Mäklervertrag des Handelsrechts handelt, hat das Berufungsgericht zutreffend angenommen. Dies wird auch von der Revision nicht angezweifelt. Sie wirft dem Berufungsgerichte vor, daß es die freie Widerruflichkeit des handelsrechtlichen Mäklervertrags angenommen hat. Es könne diese Ansicht, so führt sie aus, nicht gebilligt werden, wenn ein Kaufmann einem anderen Kaufmann, wie hier geschehen, einen Einkaufsauftrag ganz bestimmten Inhalts gebe, denn in einem solchen Falle müsse jedenfalls angenommen werden, daß das Widerrufsrecht durch den Vertrag ausgeschlossen worden sei. Die Beklagte habe denn auch, sofern man ihren Brief vom 8. Juni 1918 überhaupt als Widerruf ansehe, den Widerruf nicht deshalb erklärt, weil sie ein freies Widerrufsrecht habe, sondern weil der Kläger vertragswidrige Ware für sie eingekauft haben sollte.

Die Ausführungen des Urteils dahin, daß das Schreiben vom 8. Juni 1918 einen Widerruf enthalte und von beiden Parteien in diesem Sinne verstanden worden sei, sind nicht zu beanstanden.

Das HGB., das die Rechte und Pflichten der Privathandelsmäkler in den §§ 93 flg. regelt, bestimmt über die Frage der Widerruflichkeit des Auftrags nichts. Jedenfalls darf, soweit es sich um dort nicht geregelte Verpflichtungen des Geschäftsherrn gegenüber dem Handelsmäkler handelt, angenommen werden, daß die Ausfüllung der Lücke auf Grund der Bestimmungen über den Mäklervertrag des BGB. (§§ 652 flg.) zu erfolgen hat, wie denn der Staubsche Kommentar allgemein diese Bestimmung ergänzungsweise angewendet wissen will „sofern nicht etwa die Verschiedenheit der rechtlichen Konstruktion der beiden Arten von Mäklertätigkeit solche Ergänzungsanwendung ausschließt" (Staub, HGB. § 93 Einl. Abs. 3). Ebenso erklären Düringer-Hachenburg (HGB. Vorbem. vor § 93 V 1 und 2) den Handelsmäklervertrag für eine Unterart des den §§ 652 flg. BGB. unterstehenden Mäklervertrags, und auch Oertmann (BGB. Vorbem. 2 Abs. 1 vor § 652) bezeichnet die Vorschriften der §§ 652 flg. BGB. als maßgebend für die Handelsmäkler. Auch die Denkschrift zum Entwurf eines HGB. (S. 76) steht auf demselben Standpunkt, indem sie die Bestimmungen des bisherigen Art. 82 über die Bedingungen des Anspruchs auf den Mäklerlohn und über dessen Höhe wegen der

Vorschriften des BGB. über den Mäklervertrag als entbehrlich erklärt, wobei sie auf den § 642 des Entwurfs (§ 652 BGB.) verweist.

Für den Mäklervertrag des BGB. wird nun von der herrschenden Meinung angenommen, daß der Regel nach der Auftraggeber zu jederzeitigem Widerruf des noch nicht ausgeführten Auftrags befugt ist (Rospatt in Gruchot Bd. 45 S. 546; Komm. von RGR. § 652 Anm. 1; Staudinger, BGB. § 652 II 2a; Oertmann, BGB. Vorbem. vor § 652 Nr. 5; Planck, BGB. Vorbem. vor § 652 IV 5; Enneccerus, Lehrb. Bd. 1 § 378 III 1; Urt. des III. ZS. vom 7. April 1905, JW. 1905 S. 339 Nr. 9). Dem hat sich auch der erkennende Senat in RGZ. Bd. 95 S. 136 insofern angeschlossen, als er dem Geschäftsherrn auch dann, wenn durch besondere Vereinbarung der Provisionsanspruch von der Ausführung des Geschäfts abhängig gemacht worden ist, die freie Entscheidung über die Ausführung zubilligt, allerdings mit der Maßgabe, daß der Geschäftsherr die Ausführung des Geschäfts nicht in einer gegenüber dem Mäkler wider Treu und Glauben verstoßenden Weise, also insbesondere nicht in der Absicht, ihm den Provisionsanspruch zu entziehen, vereiteln darf. Dies kommt aber dem freien Widerrufsrechte grundsätzlich gleich. Ob auch bei ihm die eben erwähnte Einschränkung zu gelten hätte, kann unerörtert bleiben, da hier ein gegen Treu und Glauben verstoßendes Verhalten der Beklagten nicht in Frage steht. Auch Düringer-Hachenburg (Vorbem. vor § 93 V 4c) vertreten für den Handelsmäklervertrag die Auffassung, daß der Auftraggeber den Vertrag in der Regel frei widerrufen könne, wie es auch in seinem Belieben stehe, das vom Mäkler angebotene Geschäft nicht abzuschließen und dadurch dem Mäkler den Anspruch auf Mäklerlohn zu entziehen. Ebenso kommt Goldmann (HGB. § 93 S. 437), obschon er den Handelsmäklervertrag als „regelmäßig unter die große Klasse der Dienstverträge" des BGB. fallend bezeichnet, zu demselben Ergebnis.

Hat man daher von der freien Widerruflichkeit des Auftrags durch den Geschäftsherrn auszugehen, so schließt dies doch selbstverständlich nicht die Zulässigkeit einer — sei es ausdrücklichen, sei es aus den Umständen sich ergebenden — Vereinbarung aus, die dem Auftraggeber die Freiheit des Widerrufs entzieht oder beschränkt, wie dies in dem erwähnten Urteile des III. Zivilsenats (JW. 1905 S. 339 Nr. 9) ausgeführt ist. Das Berufungsgericht hat im gegebenen Falle das Vorhandensein einer solchen Vereinbarung verneint, und der Revision kann bei dem Angriffe hiergegen zu einem Erfolge nicht verholfen werden. Ist aber für den vorliegenden Fall der Beklagten die Freiheit des Widerrufes zuzugestehen, dann kann es auch von keiner Bedeutung sein, aus welchem Grunde sie von dieser Befugnis Gebrauch gemacht und ob sie etwa die Geschäftsverbindung deshalb abgebrochen hat, weil nach ihrer Annahme der Kläger vertragswidrige Ware für sie eingekauft hat. Damit versagt auch diese Rüge der Revision.

---

55. Unterliegen die Pauschalsätze der Rechtsanwälte nach § 76 RAGebO. der Umsatzsteuer?

VI. Zivilsenat. Beschl. v. 13. Januar 1921 i. S. B. (Kl.) w. Stadt Essen (Bekl.). VI 372/20.

Aus den Gründen:

Der Rechtsanwalt B. hat als Armenanwalt der Kläger, nachdem deren Revision zurückgewiesen worden war, unter den Voraussetzungen des Art. II des Gesetzes vom 18. Dezember 1919 (RGBl. S. 2113) beantragt, die ihm von der Staatskasse nach Maßgabe der Gebührenordnung für Rechtsanwälte zu ersetzenden Auslagen, darunter 1,60 ℳ Umsatzsteuer, festzusetzen. Der Gerichtsschreiber hat durch Beschluß vom 4. Dezember 1920 die Auslagen in Höhe von 88,40 ℳ festgesetzt, von der Festsetzung der Umsatzsteuer aber abgesehen. Gegen diesen Beschluß hat der Antragsteller die Entscheidung des Reichsgerichts nachgesucht, mit dem Antrag, auch die nunmehr auf 1,35 ℳ berechnete Umsatzsteuer festzusetzen.

Der Antrag ist nach Art. II Abs. 2 des Ges. vom 18. Dezember 1919 in Verb. mit § 4 GKG. zulässig. Die Erinnerung ist auch begründet.

Im Sinne des Umsatzsteuergesetzes vom 26. Juli 1918 (RGBl. S. 779) ist steuerpflichtig das Entgelt, das als Gegenleistung den gesamten für die vertretene Partei aufgewendeten Leistungen des Rechtsanwalts gegenüber steht. Keinen Unterschied macht es für diesen umfassenden steuerrechtlichen Begriff des Entgelts, ob Leistungen des Anwalts in Frage stehen, für welche ihm nach der RAGebO. „Gebühren" zustehen, oder ob diese Leistungen nur in Vornahme von Handlungen bestehen, für die ihm die damit verbundenen „Auslagen" in Form von Pauschalsätzen zu erstatten sind. Deshalb kommt es für die Umsatzsteuerpflicht des Entgelts nicht darauf an, wie im Verhältnis unter den Parteien und gegenüber dem Gerichte diese untergeordneten Begriffe von Gebühr und Auslage im Sinne der RAGebO. gegeneinander abzugrenzen sind, wie dies in den Beschlüssen des Senats vom 23. Februar und 29. Dezember 1911 (RGZ. Bd. 75 S. 311, Bd. 78 S. 126) zu geschehen hatte. Zu den Leistungen des Rechtsanwalts gehören aber auch die Lieferung und Herstellung des Schreibwerks sowie die Verauslagung von Postgebühren. Die für diese

Leistungen dem Rechtsanwalte nach Maßgabe des § 76 RAGebO. zustehenden Pauschalsätze sind somit ein Entgelt, das der Umsatzsteuerpflicht unterliegt. Diese Rechtsauffassung deckt sich nicht nur mit mehreren Bescheiden des Reichsfinanzministers, sondern ist auch in der Rechtsprechung der Oberlandesgerichte in einer Reihe in wesentlich gleicher Weise begründeter Beschlüsse vertreten worden (vgl. Celle, Karlsruhe, Düsseldorf und Augsburg in JW. 1920 S. 568, 569, 914 und Leipz. Z. 1921 Sp. 35).

---

56. Zur Verwirkung der Rechte des gegen Haftpflicht Versicherten.

VII. Zivilsenat. Urt. v. 14. Januar 1921 i. S. der Erben O. (Kl.) w. Versicherungs-Aktiengesellschaft J. (Bekl.). VII 246/20.

I. Landgericht Elberfeld. — II. Oberlandesgericht Düsseldorf.

Der Erblasser der Kläger war bei der Beklagten gegen die aus Personen- und Sachbeschädigung begründete gesetzliche Haftpflicht versichert und in die Versicherung war auch die persönliche Haftpflicht eines Kraftwagenführers des Versicherungsnehmers für dienstliche Fahrten eingeschlossen. Am 17. Dezember 1914 ist die E. B. in S. von einem dem Versicherungsnehmer gehörigen Kraftfahrzeuge, das von dessen Wagenführer Sch. gelenkt wurde, überfahren worden. Sie hat deshalb gegen Sch. und gegen die Erben des inzwischen verstorbenen Versicherungsnehmers auf Schadensersatz geklagt. Der Miterbe H. O. bestellte durch Vermittelung des Rechtsanwalts Dr. K. in R. die Rechtsanwälte Schu. I und II in E. zu Prozeßbevollmächtigten der Erben O. und des Sch., womit die Versicherungsgesellschaft J. stillschweigend einverstanden war. Mittels Schriftsatzes vom 15. Februar 1917 widerriefen die Rechtsanwälte Justizrat D. und K. in E. beim dortigen Prozeßgericht die Vollmacht der Rechtsanwälte Schu. und bestellten sich anstatt ihrer zu Prozeßbevollmächtigten sämtlicher Beklagten. Durch Schreiben vom 20. dess. Mon. kündigte H. O. den Rechtsanwälten Schu. I und II die Vollmacht. Durch Schreiben vom 28. Februar 1917 entzog darauf die Versicherungsgesellschaft den Erben O. den Versicherungsschutz. Infolge eines weiteren Briefwechsels zwischen ihr und H. O. erklärte sie durch Schreiben vom 27. März dess. Jahres ihre ablehnende Stellungnahme für erledigt und sagte den Versicherungsschutz wieder zu. Die Rechtsanwälte D. und K. waren inzwischen von H. O. zur Niederlegung der Vertretung der Erben O. veranlaßt worden. Sie führten aber den Rechtsstreit für Sch. weiter. Aus diesem Anlaß lehnte die Versicherungsgesellschaft durch Schreiben an H. O. vom

9. Juli 1917 mit näherer Begründung von neuem ein Eintreten und eine Haftungsübernahme für die Erben O. ab. Die Kläger beantragten sodann mit der Klage des vorliegenden Rechtsstreits Verurteilung der Beklagten, sie von allen Verpflichtungen zu befreien, die ihnen wegen des Überfahrens der E. B. durch den Kraftwagen ihres Erblassers oblägen, und ihnen alles zu ersetzen, was sie wegen des Unfalls an E. B. zahlen müßten.

Das Landgericht entsprach dem Klageverlangen. Auf Berufung der Beklagten wurde dagegen vom Oberlandesgerichte die Klage abgewiesen. Die Revision der Kläger blieb erfolglos.

Gründe:

Für die Beurteilung des Rechtsfalles geht das Berufungsurteil unbedenklich zutreffend von folgenden Bestimmungen der allgemeinen Versicherungsbedingungen der Beklagten aus. Nach § 13 der Bedingungen ist ein Prozeß, der aus einem Versicherungsfall entsteht, von der Gesellschaft im Namen des Versicherten zu führen; letzterer ist verpflichtet, dem ihm von der Gesellschaft zu bezeichnenden Rechtsanwalt Vollmacht zu erteilen und die Führung des Prozesses lediglich der Gesellschaft zu überlassen. § 4 der Bedingungen besagt: „Soweit sich die Versicherung auf Haftpflichtansprüche gegen andere Personen als den Versicherungsnehmer selbst erstreckt, steht die Ausübung der Rechte aus dem Versicherungsvertrag ausschließlich dem Versicherungsnehmer zu. Derselbe ist auch für die Erfüllung der Obliegenheiten verantwortlich" ..., und im § 18 der Bedingungen am Schlusse heißt es: „Wird eine Obliegenheit verletzt, die nach dem Eintritte des Versicherungsfalles der Gesellschaft gegenüber zu erfüllen ist, so ist die Gesellschaft von der Verpflichtung zur Leistung frei, es sei denn, daß die Verletzung dieser Pflichten weder auf Vorsatz noch auf grober Fahrlässigkeit beruht."

Das Berufungsurteil nimmt nun an, nachdem der Kläger H. O. die Rechtsanwälte Justizrat D. und K. veranlaßt hatte, in dem Haftpflichtprozeß der E. B. die Vertretung der jetzigen Kläger niederzulegen, habe er trotzdem entgegen dem § 13 der Versicherungsbedingungen jenen Rechtsstreit tatsächlich durch die genannten Anwälte weitergeführt. Im einzelnen stellt das Urteil zum Nachweis erheblicher Zuwiderhandlungen gegen die §§ 4, 13, 18 der Bedingungen fest: Der Kläger H. O. habe im März 1917 den vorgenannten Anwälten nur die Vollmacht für die Erben O. entzogen und es pflichtwidrig unterlassen, ihnen auch die Vollmacht für Sch. zu entziehen. Er habe ferner den Sch. veranlaßt, dem Justizrat D. schriftliche Vollmacht zu erteilen, während er den Sch. nach den Versicherungsbedingungen nicht an diesen Anwalt, sondern an die Rechtsanwälte Schu. I und II hätte verweisen sollen. Auf dem Wege und in dieser Form habe er endlich auch im Widerspruche mit dem § 13 die Absicht verwirklicht, daß der Haftpflichtprozeß von seiten der Erben O. tatsächlich durch Justizrat D. und Rechtsanwalt K. weiterbetrieben wurde. Letzteres ist im Urteile noch des näheren begründet worden. Die im vorstehenden angedeuteten Erwägungen ergeben nirgends einen wesentlichen Rechtsirrtum. Sie weisen zureichend nach, daß der Generalbevollmächtigte der in die Rechtsstellung als Versicherungsnehmer eingetretenen Rechtsnachfolger des H. O. sen. versicherungsvertragliche Obliegenheiten vorsätzlich verletzt hat, und tragen die der Verwirkungseinrede stattgebende Entscheidung. Die dagegen von der Revision vorgetragenen Bedenken müssen versagen.

Die Revision will den Sch. als einen außerhalb jeder Rechtsbeziehung zur Versicherungsgesellschaft stehenden Dritten ansehen, der aus dem Versicherungsvertrage weder forderungsberechtigt war noch auch irgendwelche Obliegenheiten gegenüber der Gesellschaft hatte, und folgert hieraus, daß auch die Kläger als Versicherungsnehmer nicht für Erfüllung von Obliegenheiten des Sch. verantwortlich werden konnten. Hiermit wird jedoch die Rechtslage verkannt (vgl. §§ 151, 75 flg. VersVG.; §§ 328 flg. BGB). Wenn auch der Beklagten nur der Erblasser der Kläger als vertragschließender Versicherungsnehmer gegenübergetreten ist, so galt doch die Versicherung, insoweit auch die persönliche Haftpflicht eines Chauffeurs für dienstliche Fahrten eingeschlossen wurde, zugleich als eine für fremde, nämlich Sch.s Rechnung genommene Versicherung. Neben dem Versicherungsrechte des vertragschließenden O. sen. und seiner Erben ist unmittelbar aus dem Vertrage auch ein Vertragsrecht Sch.s erwachsen, dessen Ausübung freilich durch den angeführten § 4 dem Versicherungsnehmer, also dem Erblasser O. und nach ihm den Klägern, zugewiesen war. Dementsprechend war es grundsätzlich möglich, daß Obliegenheiten, die der Versicherungsvertrag zu Lasten des Versicherten vorsah, sich auch für Sch. ergaben. Dazu gehörten namentlich die aus § 13 der Bedingungen erwähnten Auflagen. Die Verantwortlichkeit für die Erfüllung der auf seiten der Versicherten bestehenden, mithin auch der den Sch. angehenden Obliegenheiten war wiederum durch den vorbezeichneten § 4 dem Versicherungsnehmer, also nach dem Ableben des O. sen. den Klägern zugewiesen. Danach hätte ihr Generalbevollmächtigter H. O. jun., als im Februar 1917 seine für den ganzen Kreis der Versicherten vorgenommene Vollmachtskündigung an die Anwälte Schu. I und II und Vollmachtsübertragung auf die Anwälte D. und K. seitens der Beklagten ernstlichst beanstandet war, seinen falschen Schritt im ganzen rückgängig machen und es nicht unterlassen sollen, die letztgenannten Anwälte auch, soweit es sich um Vertretung Sch.s handelte, durch die Anwälte Schu. I und II zu ersetzen. Hieran kann nichts ändern, daß, wie die Revision unter Hinweis auf die betreffende vorinstanzliche Behauptung der Kläger geltend macht, weder Sch. noch auch die Kläger für ihn von der Beklagten Versicherungsschutz in Anspruch nehmen. Daraus läßt sich noch nicht einmal soviel folgern, daß Sch. das aus dem Vertrage erworbene Versicherungsrecht im Laufe der Vorinstanz der Versicherungsgesellschaft gegenüber zurückgewiesen habe (§ 333 BGB.). Wollte man aber selbst diese Folgerung ziehen, so kommen doch hier nur die Verhältnisse in den ersten Monaten 1917 in Betracht. Damals lag ein Versicherungsrecht Sch.s in der Gestalt eines durch die noch mögliche Ablehnung Sch.s resolutiv bedingten Rechtes vor. Dies aus dem Vertrag erwachsene Recht hatte der Kläger H. O. bei Erfüllung der von ihm für den ganzen Kreis der aus der Versicherung Berechtigten beachtlichen Obliegenheiten mit zu berücksichtigen. Ob die ihm insofern zur Last fallende Unterlassung schon genügt hätte, zur Verwirkung des Versicherungsanspruchs der Kläger zu führen, bedarf nicht der Prüfung. Denn das Berufungsurteil hat auch dargelegt, daß und wie weiterhin seitens der Erben O. und insbesondere ihres Generalbevollmächtigten durch positive Tätigkeit der Vorsatz verwirklicht wurde, der vertraglichen Obliegenheit, wonach die Führung des Haftpflichtprozesses auf seiten der Versicherten lediglich der Versicherungsgesellschaft zu überlassen war, zuwiderzuhandeln. Erfolglos versucht die Revision mit der Ausführung, jener Prozeß komme nur insoweit in Betracht, als er gegen die Erben O. gerichtet war, alle Vorgänge auszuscheiden, die sich als Tätigkeit für den beklagten Sch. auffassen ließen. Solange als Sch. den Anfall des Versicherungsrechts nicht ausgeschlagen hatte, lag ein wesentlich einheitlicher Prozeß gegen Versicherte vor, für dessen ganzen Umfang die in Gemäßheit der §§ 4, 18 der Bedingungen beachtlichen Obliegenheiten Geltung hatten. Im übrigen will die Revision auch den im Haftpflichtprozeß von den Erben O. im Bereich ihrer eigenen Parteistellung als Beklagten fortgesetzten Verkehr mit den Anwälten D. und K. nicht als Zuwiderhandlung gegen den § 13 der Bedingungen beurteilt wissen. Der Vortrag der Revision zu dem Punkte bewegt sich indes überwiegend auf tatsächlichem Gebiet und kann insofern Beachtung nicht finden (§ 549 ZPO.). Das Rechtsgebiet berührt ihre Ausführung, die Kläger hätten weder in die Prozeßführung der Versicherungsgesellschaft eingegriffen noch deren Interessen geschädigt und deshalb einen Verstoß gegen ihre Obliegenheiten nicht begangen. Darin ist aber der Revision nicht zu folgen. Die hier anwendbaren Versicherungsbedingungen enthalten das uneingeschränkte Gebot, daß die Versicherten die Führung des Haftpflichtprozesses lediglich der Gesellschaft zu überlassen haben. Ist, wie vorliegend feststeht, seitens der Versicherungsnehmer vorsätzlich die Prozeßführung nicht lediglich der Gesellschaft überlassen worden, so sind nach den eingangs bezeichneten §§ 4, 13, 18 die Voraussetzungen der Verwirkung des Versicherungsanspruchs gegeben, ohne daß es noch weiter, woran die Revision denkt, darauf ankommt, ob der Gesellschaft gegenüber ein Eingriff in die Prozeßführung oder eine Interessenschädigung vorgenommen sei.

---

57. Wird beim Schadensersatzanspruche wegen Nichterfüllung die abstrakte Berechnung unbedingt dadurch ausgeschlossen, daß der Käufer beim Vertragsschlusse nicht die Absicht der Weiterveräußerung gehabt hat?

I. Zivilsenat. Urt. v. 15. Januar 1921 i. S. B. & Co. G.-m. b. H. (Bekl.) w. Reichsmilitärfiskus (Kl.). I 288/20.

I. Landgericht Halle a. S. — II. Oberlandesgericht Naumburg a. S.

Im August 1914 kaufte die Armeekonservenfabrik in Mainz von der Beklagten 200 t grüne und 400 t Viktoriaerbsen. Die Beklagte blieb mit der Lieferung von 2,581 t grüner und 46,258 t Viktoriaerbsen im Rückstande, weshalb der Kläger, der Reichsmilitärfiskus, der Beklagten am 7. Juni 1915 gemäß § 326 BGB. eine Nachfrist bis zum 16. Juni setzte. Unter Zugrundelegung eines Marktpreises von 115 *M* für 100 kg Viktoriaerbsen und von 102 *M* für grüne Erbsen bezifferte der Kläger seinen Schaden in abstrakter Berechnung auf 38045,86 *M*, und verlangte, indem er zwei Gegenforderungen der Beklagten in Abzug brachte, mit der gegenwärtigen Klage Verurteilung der Beklagten zur Zahlung von 19879,73 *M* nebst 4 % Zinsen seit dem 16. Juni 1915.

Beide Vorinstanzen erkannten zugunsten des Klägers. Die Revision der Beklagten wurde zurückgewiesen aus folgenden

Gründen:

Zunächst rügt die Beklagte, daß der Berufungsrichter die Berechnung des abstrakten Schadens zugelassen habe, obwohl der Reichsmilitärfiskus die Erbsen nicht zum Weiterverkaufe, sondern zur Verarbeitung in der Armeekonservenfabrik und zum späteren Verbrauche durch das Heer gekauft habe und der Fiskus nicht als Kaufmann angesehen werden könne.

Der Berufungsrichter gibt für seine Auffassung folgende Begründung: Wenngleich der Fiskus, da er nicht um der Gewinnerzielung willen gehandelt habe, nicht Kaufmann gewesen sei, so habe doch ein Handelskauf (mit Rücksicht auf die Person der Verkäuferin) vorgelegen. Dann aber ändere es an der allgemein anerkannten Befugnis, abstrakten Schaden zu fordern, nichts, daß der Käufer nicht gekauft habe, um weiterzuverkaufen, sondern um die Ware selbst zu verarbeiten. Eine verschiedene Behandlung der Kaufverträge nach diesem Gesichtspunkte sei überhaupt untunlich; es werde eine Reihe von Geschäften geben, bei denen die Absicht des Käufers nicht unzweifelhaft sei und wo sie sich im Laufe der Zeit ändern könne. Auch im vorliegenden Falle sei es dem Käufer natürlich nicht versagt gewesen, die Erbsen schließlich zu veräußern. Auch für Fälle der vorliegenden Art nähmen Rechtsprechung und Lehre (anders freilich Düringer-Hachenburg, auch Leipz. Zeitschr. 1916 Sp. 141, 1917 Sp. 113 und 361) überwiegend die Zulässigkeit der abstrakten Berechnung an (vgl. Urt. des Kammergerichts in JW. 1919 S. 738).

Der erkennende Senat sieht keinen Anlaß, der Auffassung des Berufungsrichters entgegenzutreten. Daß dem Kläger infolge der Nichtlieferung seitens der Beklagten ein Schaden erwachsen ist, läßt sich nicht wohl in Abrede nehmen. Denn um die Ernährung des Heeres sicher zu stellen, war er gezwungen, alles, was an Erbsen auf den Markt kam, aufzukaufen. Hierauf war nach dem Gutachten des Sachverständigen B. die Knappheit der Erbsen auf dem Markt und das erhebliche Anziehen der Preise zurückzuführen, wie denn der Sachverständige sich auch dahin äußert, daß man im Juni 1915 die in Ansatz gebrachten Preise beim Kauf von Erbsen gern angelegt haben würde. Der Fiskus hätte also, um die Ernährung des Heeres zu sichern, entweder die in Ansatz gebrachten Preise für die Beschaffung der nötigen Erbsen aufwenden oder aber für anderweitige Lebensmittel erhebliche Aufwendungen machen müssen. Es kann sich also im vorliegenden Falle nur fragen, ob der Fiskus die abstrakte Berechnungsart, welche im allgemeinen die einfachste und bequemste ist, dafür aber auch häufig sich in bescheidener Höhe hält, wählen darf, oder ob er seinen Schaden konkret, z. B. unter Zugrundelegung der von ihm tatsächlich abgeschlossenen anderweitigen Deckungskäufe, berechnen muß.

Die abstrakte Schadensersatzberechnung bildet einen Anwendungsfall des § 252 BGB. Danach umfaßt der zu ersetzende Schaden den entgangenen Gewinn, und als entgangen gilt der Gewinn, welcher nach dem gewöhnlichen Laufe der Dinge oder nach den besonderen Umständen, insbesondere nach den getroffenen Anstalten und Vorkehrungen, mit Wahrscheinlichkeit erwartet werden konnte. Wenn man im kaufmännischen Verkehr die abstrakte Schadensersatzberechnung allgemein anerkannt hat, so beruht dies auf dem Gedanken, daß der Käufer bei rechtzeitiger Lieferung des Verkäufers jederzeit in der Lage gewesen wäre, die Ware zu dem ihrem Werte zur Zeit der Lieferung entsprechenden Preise weiter zu veräußern und damit einen Gewinn in Gestalt des Unterschieds zwischen dem jetzigen Markt- oder Verkäuflichkeitspreise und dem ursprünglichen Kaufpreise zu erzielen. Diese Vermutung, daß der Käufer diesen Gewinn hätte erzielen können, wird allerdings entkräftet, wenn besondere Umstände dafür vorliegen, daß der Käufer den durch den alsbaldigen Weiterverkauf möglichen Gewinn nicht erzielen konnte; denn solche besonderen Umstände vereiteln eben die sonst nach dem gewöhnlichen Laufe der Dinge wahrscheinliche Gewinnaussicht, und damit wird der auf § 252 BGB. gegründeten abstrakten Berechnung der Boden entzogen, so daß der Käufer nunmehr seinen Schaden konkret, d. h. auf Grund der besonderen Verhältnisse des Falles, berechnen muß. So wird der Fall z. B. liegen, wenn sich der Käufer dem Verkäufer gegenüber verpflichtet hat, die gekaufte Ware nicht weiter zu veräußern, sondern in seinem Betriebe zu verarbeiten oder zu verbrauchen, oder wenn die besonderen Umstände es mit sich bringen, daß ein Weiterverkauf durch den Käufer überhaupt nicht in Frage kommen kann. So mit Recht RGZ. Bd. 99 S. 47, wo ausdrücklich hervorgehoben wird, daß in dem dort entschiedenen Falle die Gewinn erbringende alsbaldige Weiterveräußerung ausgeschlossen gewesen sei, da die verkaufte Ware nur zur Versorgung der Truppen bestimmt war und eine andere Verwertung nicht in Frage kam.

Nun meint allerdings die Beklagte, daß ein ähnlicher Fall hier vorgelegen habe, und beruft sich insbesondere auf die Ausführungen bei Düringer-Hachenburg, HGB. Bd. 2 S. 253: „Ebensowenig ist der abstrakte Ersatzanspruch des Käufers zuzulassen, der die Ware ausschließlich zum eigenen Gebrauche kauft. Es kann z. B. ein Bierbrauer, der Kohlen für seine Brauerei bestellt, nur dann einen Schaden geltend machen, wenn er sich anderweit teureres Feuerungsmaterial verschafft. Der Weiterverkauf der Kohlen mit Nutzen dagegen gehört hier nicht zu dem gewöhnlichen Laufe der Dinge."

Der erkennende Senat ist der Auffassung, daß in dieser Ausdehnung das Recht des Käufers zur abstrakten Schadensersatzberechnung nicht beschränkt werden darf. Es steht nichts im Wege, daß in dem von Düringer-Hachenburg behandelten Falle der Brauer nachträglich seine Meinung ändert und eine z. B. infolge eines Kohlenarbeiterstreiks hervorgerufene augenblickliche Kohlenknappheit und dadurch veranlaßte Steigerung der Kohlenpreise zu Verkäufen eines Teiles seiner Kohlen benutzt, in der Hoffnung, sich später wieder billiger eindecken zu können. Bei der Wahrscheinlichkeit der Gewinnerzielung dürfen deshalb die nach dem Kaufabschlusse eingetretenen Ereignisse nicht unberücksichtigt bleiben, vielmehr spielen sie im gewöhnlichen Laufe der Dinge häufig eine ausschlaggebende Rolle.

Man darf auch nicht außer Acht lassen, daß der Gewinn nicht einfach die unmittelbare Folge des früher zu billigerem Preise abgeschlossenen Kaufvertrags ist, daß vielmehr immer noch ein besonderer Entschluß des Käufers zum Weiterverkauf im unmittelbaren Anschluß an die erfolgte Lieferung hinzutreten muß. Geht nun im kaufmännischen Verkehr die Vermutung dahin, daß der Käufer, wofern er nur in der

Lage war, weiter zu veräußern, diesen Entschluß auch wirklich gefaßt hätte, so schließt im vorliegenden Falle der Umstand, daß der Fiskus zu dem Zwecke gekauft hatte, die Erbsen verarbeiten zu lassen und das Produkt sodann zur Versorgung des Heeres zu verwenden, keineswegs aus, daß er sich ebenfalls nachträglich entgegen seiner ursprünglichen Absicht zum Weiterverkauf entschloß. Jedenfalls blieb er, wie der Berufungsrichter zutreffend ausführt, immerhin in der Lage, einen solchen Entschluß zu fassen. Als solche Umstände zur Änderung des Entschlusses kamen z. B. in Betracht, daß gegenwärtig der Verkäuflichkeitswert der Erbsen ein ganz besonders hoher war und daß der Fiskus hoffen konnte, mit Rücksicht auf die vor der Tür stehende neue Ernte zu niedrigeren Preisen noch rechtzeitig einkaufen zu können. Solche Erwägungen würden für den Fiskus sogar sehr nahe gelegen haben, wenn die Behauptung der Beklagten zugetroffen haben sollte, er habe schon soviel Erbsen gehabt, daß er sie gar nicht habe verarbeiten können und daß er, wenn die Erbsen rechtzeitig geliefert worden wären, den bereits unterbrochenen Betrieb in der Konservenfabrik in Mainz mit einem wirklichen Erfolge nicht wieder hätte eröffnen können.

Es kann dies aber auf sich beruhen, da jedenfalls der Umstand, daß der Fiskus die Erbsen in der Absicht gekauft hat, sie in der Konservenfabrik verarbeitet zur Ernährung des Heeres zu verwenden, für sich allein nicht ein solcher ist, daß dadurch die Weiterveräußerung als ausgeschlossen erscheint....

---

58. Zum Begriff des im Dienste erlittenen Betriebsunfalls im Sinne des § 1 des Beamtenunfallfürsorgegesetzes.

III. Zivilsenat. Urt. v. 18. Januar 1921 i. S. H. (Kl.) w. Deutsches Reich (Bekl.). III 303/20.

I. Landgericht Frankfurt a. O. — II. Kammergericht Berlin.

Der noch als Oberpostassistent im Reichsdienste stehende Kläger erlitt am 10. Januar 1917 im Postdienstgebäude in K. einen Unfall, indem er auf einer Treppe auf dort liegenden Postbeuteln ausglitt und die Treppe hinunterfiel. Er beansprucht Erstattung von Ausgaben für Stärkungsmittel, deren er zur Heilung bedurft habe, und Feststellung der Verpflichtung des Beklagten, ihm allen weiteren Schaden aus diesem Unfalle zu ersetzen. Er ist in allen drei Rechtszügen abgewiesen worden.

Gründe:

Der Kläger hat im zweiten Rechtszuge seinen Anspruch nur auf § 823 BGB. gestützt und, abweichend von dem Oberpostdirektor und dem Staatssekretär des Reichspostamts, die in ihren während des ersten Rechtszugs ergangenen Vorbescheiden den Unfall als Betriebsunfall anerkannt haben, das Vorliegen eines Betriebsunfalls im Sinne des Beamtenunfallfürsorgegesetzes und damit die Anwendbarkeit der seinem Anspruch entgegenstehenden Bestimmungen des § 1 Abs. 6 und des § 10 dieses Gesetzes bestritten. Das Berufungsgericht hat aber mit Recht dieses Gesetz für anwendbar erklärt.

Es stellt zunächst fest, daß der Kläger nicht etwa eine kaufmännische Tätigkeit im Sinne des Urteils des erkennenden Senats (RGZ. Bd. 95 S. 131) zu verrichten hatte, sondern zu den technischen Betriebsbeamten und mithin zu denjenigen Beamten gehörte, welche in einem reichsgesetzlich der Unfallversicherung unterliegenden Betriebe beschäftigt sind (§ 537 Nr. 5 RVO.). Hiergegen hat die Revision nichts eingewendet, so daß es eines weiteren Eingehens hierauf nicht bedarf.

Sie beruft sich aber darauf, daß der Kläger am Unfalltage dienstfrei und nur zu einer dienstlichen Vernehmung von einem Vorgesetzten bestellt gewesen sei, und meint, daß er deshalb an diesem Tage nicht im Betriebe beschäftigt gewesen und sein Unfall kein im Dienste erlittener Betriebsunfall im Sinne des § 1 BUFG. sei. Dem kann nicht beigepflichtet werden. Das Berufungsgericht geht zutreffend, im Einklange mit der Rechtsprechung des Reichsgerichts und des Reichsversicherungsamts, davon aus, daß der Begriff eines im Dienste erlittenen Betriebsunfalls nur einen inneren oder ursächlichen Zusammenhang zwischen dem Betrieb und dem Unfalle fordere, daß es nicht erforderlich sei, daß der Unfall gerade bei einer betriebstechnischen Verrichtung eingetreten sei, daß vielmehr, wie auch in der Allgemeinen Dienstanweisung für Post und Telegraphie Abschn. X Abt. 2 § 41 Abs. 2 hervorgehoben ist, ein mittelbarer Zusammenhang zwischen dem eigentlichen Betriebsdienst und dem Unfalle genüge. In dem vorliegenden Falle ist nun der Kläger nicht etwa außerhalb des Dienstes, bei einem durch diesen nicht gebotenen Aufenthalt in den Betriebsräumen, verunglückt (ein Fall, der nach RGZ. Bd. 75 S. 14, Bd. 81 S. 58 nicht als Betriebsunfall anzusehen ist). Er befand sich vielmehr in den Diensträumen, weil er von seinem Vorgesetzten zu einer dienstlichen Vernehmung bestellt war, und mußte die Treppe, auf der er über die dort liegenden Postbeutel gefallen ist, betreten, um nach Ablegung des Mantels in der oben belegenen Kleiderabgabe zu der Vernehmung, bei der er nach den dienstlichen Vorschriften nicht im Mantel erscheinen durfte, in das im unteren Stockwerke liegende

Vernehmungszimmer zu gehen. Dieser mittelbare Zusammenhang zwischen seiner eigentlichen betriebstechnischen Tätigkeit und dem Unfalle genügt für die Annahme eines im Dienste erlittenen Betriebsunfalls.

Der Kläger kann daher nach § 10 BUFG. wegen des Unfalls nur die in diesem Gesetze gewährten Ansprüche, dagegen keinen Schadensersatzanspruch aus § 823 BGB. gegen das Reich erheben und nach § 1 Abs. 6 BUFG. erst nach dem Wegfalle des Diensteinkommens Kosten des Heilverfahrens beanspruchen. Seine Klage ist daher, da er sich noch im Dienste befindet, mit Recht abgewiesen worden.

---

59. Unterliegt die Einbringung eines Grundstücks in eine Kommanditgesellschaft, die in einem zwischen dem 1. Oktober 1913 und dem 1. Oktober 1919 geschlossenen Vertrage über Erhöhung der Einlage des Kommanditisten enthalten ist, außer der Stempelabgabe aus Tarifnr. 1 A c 1 RStempG. vom 3. Juli 1913 auch noch dem Landesstempel aus Tarifst. 32a preuß. StempStG. vom 30. Juni 1909?

VII. Zivilsenat. Urt. v. 18. Januar 1921 i. S. O.-Werke (Kl.) w. preuß. Staat (Bekl.). VII 259/20.

I. Landgericht I Berlin. — II. Kammergericht daselbst.

Die einzige Kommanditistin der Klägerin ist die deutsche G.-Aktiengesellschaft in B. Diese hat durch Vertrag vom 23. September 1919 ihre bis dahin 10 Millionen Mark betragende Einlage um 3350000 ℳ erhöht. Einen Teil davon brachte sie in Grundstücken ein, die einen Gesamtwert von 4069300 ℳ hatten und zusammen mit 1580300 ℳ belastet waren. Diese Schulden übernahm die Klägerin. Für die Beurkundung des Einbringens der Grundstücke hat die Klägerin auf Grund der Tarifst. 32 LStG. einen Stempel von 40693 ℳ bezahlt, den sie jetzt zurückfordert. In den Vorinstanzen wurde die Klage abgewiesen. Die Revision hatte Erfolg.

Gründe:

Das Berufungsgericht stützt sich auf zwei Gründe. Der erste von ihnen will unterscheiden zwischen Verträgen über die Errichtung einer Kommanditgesellschaft und solchen über die Erhöhung der Einlagen. Dabei ist, wie die Revision zutreffend hervorhebt, Anm. 2 zu Tarifst. 25b LStG. übersehen worden. Diese Vorschrift stellt beide Vertragsarten einander gleich.

Mit der an zweiter Stelle gegebenen Begründung fußt das Kammergericht auf § 7 Abs. 1 Satz 3 RStempG. vom 3. Juli 1913. Sie kann nicht, wie die Revision es versucht, damit bekämpft werden, daß die Unanwendbarkeit von § 7 Abs. 1 Satz 2 a. a. O. auf den gegenwärtigen Fall dargelegt wird; sie ist aber aus einem andern Gesichtspunkte zu beanstanden. In § 7 Abs. 1 Satz 1 wird die Regel aufgestellt, daß die in Tarifnr. 1 A RStempG. bezeichneten Rechtsvorgänge und ihre Beurkundung in den einzelnen Bundesstaaten keiner weiteren Stempelabgabe unterliegen sollen. Davon machte bis zum Inkrafttreten des Grunderwerbssteuergesetzes vom 12. September 1919, d. h. bis zum 1. Oktober 1919, Satz 3 a. a. O. die Ausnahme, daß jene Rechtsvorgänge Landessteuern unterliegen durften, wenn Grundstücke als Einlagen in die zu Tarifnr. 1 A c RStempG. bezeichneten Gesellschaften eingebracht wurden. Zu diesen Gesellschaften gehörten auch die offene Handelgesellschaft und die Kommanditgesellschaft. Mit Satz 3 a. a. O. waren also bestehende Landessteuervorschriften aufrechterhalten und neue Landessteuervorschriften zugelassen, soweit sie sich in dem bezeichneten Rahmen hielten. Aufrechterhalten wurde z. B. Tarifst. 13 III des Sächsischen Landesstempelgesetzes, wo ein besonderer Stempel auch für das Einbringen von Grundstücken in offene Handelsgesellschaften und Kommanditgesellschaften vorgesehen war. Preußen hatte bis zum 1. Oktober 1913, an welchem Tage das RStempG. vom 3. Juli 1913 in Kraft trat, einen solchen besonderen Stempel vom Grundstückseinbringen in die genannten Gesellschaften nicht erhoben. Das ist in der Entscheidung des Senats RGZ. Bd. 93 S. 264 ausführlich dargelegt. Der Rechtszustand war seit der Landesstempelnovelle von 1909 der gewesen, daß das Einbringen von Grundstücken in eine Gesellschaft als ein einheitliches Rechtsgeschäft anzusehen war und als solches einen Bestandteil des Vertrags über die Errichtung der Gesellschaft oder über die Erhöhung der Einlagen bildete. Zu erheben war deshalb nur der Errichtungsstempel der Tarifst. 25 b LStG., der nach § 10 Abs. 3 das. es verbot, den Grundstücksumsatz noch dem Stempel aus Tarifst. 32 a (lästige Veräußerungsgeschäfte) zu unterwerfen. Eine besondere Abgabe auf das Einbringen von Grundstücken in Gesellschaften hatte allerdings Tarifst. 25 c eingeführt, aber nur für Aktiengesellschaften, Kommanditgesellschaften auf Aktien und Gesellschaften m. b. H. Der entsprechende Rechtszustand ergab sich für die Zeit vom 1. Oktober 1913 bis 1. Oktober 1919, an welchem Tage das Grunderwerbssteuergesetz in Kraft trat, auch für das Reich. Das RStempG. vom 3. Juli 1913 hatte die Vorschriften in Tarifst. 25 des LStG. einfach übernommen (vgl. auch dazu RGZ. Bd. 93 S. 264).

Neue Steuervorschriften, welche das Einbringen von Grundstücken in offene Handelsgesellschaften, Kommanditgesellschaften und die übrigen in Tarifst. 25 b LStG. genannten Gesellschaften erfaßten, hat Preußen seit dem 1. Oktober 1913 nicht mehr erlassen. Die entscheidende Frage ist nun die, ob allein dadurch, daß das Reich vom 1. Oktober 1913 ab Tarifst. 25 b LStG. außer Wirksamkeit setzte, das Hindernis gefallen war, welches bei dem Einbringen von Grundstücken in offene Handelsgesellschaften, Kommanditgesellschaften usw. den Ansatz des Stempels aus Tarifst. 32 a LStG. verbot, m. a. W., ob seit dem 1. Oktober 1913 in Preußen ein Einbringungsstempel zu erheben war, den es vorher nicht eingeführt hatte, und den es auch hinterher jedenfalls nicht ausdrücklich eingeführt hat, obwohl das Reichsgesetz ihm freie Hand dazu ließ. Die Frage ist vom Senat Bd. 93 S. 264 bejaht worden. In diesem Punkte kann indessen jene Entscheidung nach erneuter Prüfung nicht aufrecht erhalten werden. Um zu einer richtigen Auslegung des LStG. zu gelangen, müssen auch für die Zeit nach dem 1. Oktober 1913 die vom Reich außer Wirksamkeit gesetzten Vorschriften des Gesetzes mit herangezogen werden, wie denn auch die nach § 7 Abs. 1 Satz 2 RStempG. in gewissem Umfange wirksam gebliebene Tarifst. 25 c LStG. ausdrücklich auf die an sich außer Wirksamkeit getretene Tarifst. 25 a a. a. O. zurückverwies und ohne deren Heranziehung unverständlich geblieben wäre. Betrachtet man aber auch für die Zeit nach dem 1. Oktober 1913 das LStG. in seinem ganzen Zusammenhange, so kann das Ergebnis in der hier zu entscheidenden Frage nur dasselbe sein wie für die Zeit vor dem genannten Tage.

Dieser Auffassung ist auch die preußische Verwaltung gewesen. Die Ausführungsvorschriften zum RStempG. vom 3. Juli 1913, welche unter dem 22. September 1913 erlassen wurden (ZBlZollV. S. 379) und nach der Reichsstempelnovelle vom 26. Juli 1918 unter dem 17. September 1918 in neuer Fassung erschienen (ZBlZollV. S. 516), setzen sich unter Nr. 2 Abs. 1 und 2 mit dem § 7 Abs. 1 RStempG. auseinander, sie ziehen aber nicht die vom Beklagten jetzt vertretenen Folgerungen aus Satz 3 das., beschränken sich vielmehr darauf, die Weitererhebung der nach Satz 2 zulässigen preußischen Stempel den nachgeordneten Behörden aufzugeben.

Der streitige Stempel ist hiernach zu Unrecht erfordert. Deshalb war das angefochtene Urteil aufzuheben und in Abänderung des landgerichtlichen Urteils der Klage stattzugeben.

---

60. Zum Begriff des Abhandenkommens in Versicherungsverträgen.

VII. Zivilsenat. Urt. v. 21. Januar 1921 i. S. U. (Bekl.) w. Firma B. (Kl.). VII 360/20.

I. Landgericht Nürnberg. — II. Oberlandesgericht daselbst.

Durch Pauschal-Police für Landtransport-Versicherung hat die Beklagte der Klägerin die Summe von 2000000 *M* für alle an die

Klägerin gerichteten Sendungen von Band- und Seidenwaren und allen sonstigen im Geschäft vorkommenden Artikeln per Eisenbahn, Post und Fuhre versichert. Die an sie gelangenden Postsendungen ließ die Klägerin sich nicht ins Haus bringen, sondern durch ihre eigenen Leute abholen. Diese bekamen zunächst am Briefschalter die Paketkartenabschnitte und dann am Paketschalter die Pakete selbst ausgehändigt. 17 in der Zeit vom 7. bis 17. November 1917 an die Klägerin abgegangene Pakete hat sie aber nicht erhalten, weil dritte Personen in betrügerischer Weise die Abschnitte und die Pakete selbst abgeholt haben. Die Klägerin verlangt jetzt Ersatz von der Beklagten. Beide Vorinstanzen haben verurteilt. Die Revision hatte Erfolg.

Aus den Gründen:

(Es wird zunächst dargelegt, daß die Beklagte für die Gefahr des Diebstahls und Abhandenkommens haftete, wenn die versicherten Güter von diesen Gefahren betroffen wurden, während sie sich im Gewahrsam der Postverwaltung befanden, und daß Diebstahl unstreitig nicht in Frage komme. Aber auch abhanden gekommen seien die Pakete nicht.)

... „Abhandenkommen" ist ein fest umrissener Begriff des bürgerlichen Rechtes, den das BGB. z. B. in den §§ 799, 808, 935, 1006, 1007, 1162 verwendet. Eine Sache ist abhanden gekommen, wenn der unmittelbare Besitzer ohne seinen Willen (oder ohne sein Zutun) den Besitz verloren hat (vgl. den Komm. von RGR. Anm. 4 zu § 935; Stein, Komm. z. ZPO. Anm. V. zu § 1003). In diesem Sinne spricht auch das VersVG. in § 3 Abs. 2 von abhanden gekommenen Versicherungsscheinen und in § 83 Abs. 1 Satz 2 Halbs. 2 von Schäden, die dadurch entstehen, daß versicherte Sachen bei dem Brande abhanden kommen. Nicht gleichzusetzen ist der Fall, daß der Besitz infolge rechtswidriger Einwirkung auf den Willen des Aufgebenden — z. B. durch Drohung oder Betrug — aufgegeben wird. Der Verlust tritt hier immerhin willentlich ein. Das hat das Oberlandesgericht Hamburg in Seuff. Archiv Bd. 60 Nr. 150 im Anschluß an die Begründung zum BGB. (Mot. Bd. 3 S. 348) zutreffend hervorgehoben. Ebenso hat auch das Reichsgericht einen von Irrtum beeinflußten Willen für die Frage des Abhandenkommens doch als Willen angesehen (vgl. Urt. vom 20. Februar 1912 VII 363/11). Der Berufungsrichter tritt dieser Rechtsprechung mit unzureichenden Gründen entgegen. Wenn er meint, für das Verhältnis zwischen Versicherer und Versicherungsnehmer sei es gleichgültig, ob die Post den Gewahrsam der Sache durch Diebstahl oder Betrug verliere, so berücksichtigt er einseitig den Vorteil des Versicherten. Für den Versicherer ist das gewiß nicht gleichgültig. Wenn er einen bestimmten Ausdruck des bürgerlichen Rechts gebraucht, dann will er auch das sagen, was darunter zu verstehen ist. Entsprechend berechnet er auch die Prämie, die er erheben muß. Er hat also einen Nachteil, wenn seine Haftung über den klaren Wortlaut seiner Verpflichtungen hinaus ausgedehnt wird. Auch die Klarheit des Wortlauts bemängelt der Berufungsrichter. Er meint, daß die Klägerin den streitigen Ausdruck auch in einem weiteren Sinn auffassen konnte, der den an der Post verübten Betrug in sich einschloß. Dem wäre beizupflichten, wenn man mit dem Landgericht einen landläufigen, laienmäßigen Sprachgebrauch feststellen könnte, nach welchem unter „Abhandenkommen" jede Aufgabe des Besitzes im weitesten Sinne fiele, nach welchem also dem Beförderer das Gut stets schon dann „abhanden gekommen" wäre, wenn er außerstande gesetzt ist, das Gut dem Empfänger auszuantworten. Die Frage eines solchen Sprachgebrauchs wie die einer jeden allgemeinen Erfahrungstatsache unterliegt der freien Nachprüfung des Revisionsgerichts. Sie ist zu verneinen. Das Leben kennt einen solchen Sprachgebrauch nicht, auch die Wörterbücher der deutschen Sprache gewähren dafür keinen Anhalt. Die Möglichkeit, daß die Klägerin persönlich gleichwohl das Wort in dem weiteren Sinne verstanden hat — der Berufungsrichter nimmt das offenbar an —, kommt rechtlich nicht in Betracht. Da die Beklagte ihre Worte gewählt hat in Übereinstimmung mit der Rechtssprache und der allgemeinen Volkssprache, so kann man nicht sagen, daß sie es an der genügenden Bestimmtheit des Ausdrucks habe fehlen lassen und entstandene Mißverständnisse deshalb vertreten müsse. Sache der Klägerin wäre es gewesen, ein Wort, dessen Bedeutung sie nicht übersah, sich von der Beklagten oder einem Rechtsverständigen erläutern zu lassen. . . .

(Es folgt die Erörterung eines weiteren Grundes des Berufungsgerichts, den das Reichsgericht ebenfalls für unzutreffend erachtet.)

---

61. 1. Ist die Benennung einer Artistentruppe seitens des Ausbilders und Leiters mit seinem Künstlernamen eine besondere Bezeichnung eines Erwerbsgeschäfts im Sinne von § 16 UWG.? Besteht für die Truppe ein Recht zur Weiterführung des Namens auch nach ihrer Trennung vom Leiter und Ausbilder?

2. Genießt auch ein Deckname (Pseudonym) den Schutz des § 12 BGB.?

II. Zivilsenat. Urt. v. 21. Januar 1921 i. S. K. u. Gen. (Bekl.) w. Uessem (Kl.). II 344/20.

I. Landgericht I Berlin. — II. Kammergericht daselbst.

Der Kläger war bis zum 10. Januar 1917 Leiter einer aus den Mitbeklagten K., C., Ky. und W. bestehenden Artistengruppe, die eine Produktion unter der Bezeichnung „W. Uessems Artistenkinder" zur

Darstellung brachte. Die genannten Beklagten trennten sich dann vom Kläger, vereinigten sich mit dem Beklagten D. zu einer neuen Künstlergruppe und nannten die von ihnen dargebotene artistische Nummer nunmehr „4 Uessems, früher Uessem Familie, Meisterakrobaten", oder „4 Uessems" schlechthin. Die Schaustellung stimmte im wesentlichen mit der bisherigen überein.

Der Kläger behauptet, nur er habe das Recht, den Namen Uessem zu führen. Sein bürgerlicher Name sei Schm., seit November 1896 und dem Tode seiner Mutter führe er deren Mädchennamen als Künstlernamen. Er sei als Trapezkünstler aufgetreten und habe mit den Beklagten zu 2 bis 5 die Truppe unter dem Namen „W. Uessems Artistenkinder" zusammengestellt. Die Beklagten hätten ohne ihn kein Recht, sich seines Künstlernamens für ihre Darbietungen zu bedienen; sie verletzten sein Namensrecht und verstießen auch gegen die Vorschriften des Wettbewerbsgesetzes. Er verlangt, daß ihnen untersagt werde, ihre artistischen Produktionen „4 Uessems" oder „4 Ussems" zu benennen.

Die Vorinstanzen gaben der Klage statt. Die Revision wurde zurückgewiesen aus folgenden

Gründen:

Das Berufungsgericht nimmt als erwiesen an, daß der Kläger den Beklagten zu 2 bis 5 den erforderlichen Unterricht erteilt und sie in langer Übung ausgebildet, auch als leitender und lehrender Künstler den von ihm als Decknamen geführten Künstlernamen „Uessem" angenommen und für seine Truppe verwendet hat, die ihn hiernach seit 1900 führt, während die Beklagten erst seit 1917 für ihre nunmehr selbständigen Darbietungen dasselbe Wort „Uessem" oder das damit verwechselungsfähige „Ussem" zum Bestandteil der Benennung ihrer Truppe und Darbietungen machen, ohne ein Recht zu haben, diesen Namen als bürgerlichen Namen zu führen. Das Berufungsgericht stellt ferner fest, daß die Beklagten den Namen lediglich mit Genehmigung des Klägers führten, solange sie zu dessen Truppe gehörten, und daß diese Genehmigung selbstverständlich nur für die Zeit der Zugehörigkeit zur Truppe erteilt worden sei. Für die Zeit nach ihrem Ausscheiden könnten sie daraus ein Recht für sich nicht ableiten. Das Berufungsgericht erblickt in dieser Benennung durch die Beklagten den Gebrauch einer besonderen Bezeichnung ihres gewerblichen Unternehmens im geschäftlichen Verkehr, die geeignet sei, Verwechselungen mit der Bezeichnung hervorzurufen, deren sich der Kläger befugter Weise bediene. Wenn der Kläger auch zurzeit sein Gewerbe nicht ausübe, so sei doch bei seinen 54 Jahren anzunehmen, daß er die artistische Tätigkeit unter dem Namen „Uessem" wieder aufnehmen werde, und zwar auch wieder mit einer Truppe.

Die Revision macht hierzu geltend: Die Beklagten hätten den Namen „Uessem“ nicht erst angenommen, sondern nur beibehalten. Der Kläger selbst sei es gewesen, der ihrer Truppe den Namen beigelegt habe. Es handle sich dabei nicht um eine Lizenz an dem Pseudonym des Klägers, der als darstellender Artist den Namen nicht geführt habe, sondern um eine Bezeichnnng eben der Beklagten, die er als „Manager“ gegeben habe. Selbst bei Annahme einer Lizenz wäre diese aber hier nicht frei widerruflich. Denn die Beklagten seien es gewesen, die durch ihre Leistungen den Namen der Truppe vorteilhaft bekannt gemacht hätten. Die Beibehaltung dieses Namens sei für sie eine Lebensfrage. Wenn sie sich des Namens nur unter der Führung des Klägers bedienen dürften, wäre die Truppe in völliger Abhängigkeit vom Kläger, was die Rechtsordnung nicht wollen könne. Durch ihre jahrelange Arbeit hätten sich die Beklagten ein eigenes Recht auf den Namen erworben. Wenn jetzt der Kläger eine neue Truppe als „Uessems“ auftreten lasse, werde gerade dadurch das Publikum getäuscht, weil es unter diesem Namen die Beklagten zu sehen erwarte. Im übrigen sei es Sache des Klägers nachzuweisen, daß er im Begriffe sei, eine neue Truppe auszubilden. Da die Beklagten behauptet hätten, er lebe als Rentner, müsse diese Behauptung des Klägers als bestritten gelten; nötigenfalls sei das Fragerecht auszuüben gewesen.

Das Berufungsgericht stützt weiter den Unterlassungsanspruch auf § 12 BGB., indem es annimmt, daß diese Vorschrift auch das Pseudonym, den Künstlernamen, betreffe. Der Kläger führe diesen aber als „W. Uessem“ seit 1900; die Beklagten seien zur Führung dieses Namens nicht befugt, die Gestattung hierzu habe sich nur auf die Zeit der Zugehörigkeit zur Truppe beschränkt. Da der Kläger weiter unter seinem Künstlernamen tätig werden könne, habe er ein Interesse daran, die Führung des Namens Dritten zu verbieten.

Die Revision bittet um Nachprüfung, ob ein Pseudonym den Namenschutz des § 12 BGB. genieße, und bestreitet, daß der Kläger ein berechtigtes Interesse an der Untersagung habe. Für seine eigene artistische Laufbahn habe er von dem Namen keinen Gebrauch gemacht, eine Verwechselung der Beklagten mit dem Kläger sei aber offenbar ausgeschlossen. —

Nach den tatsächlichen Feststellungen hat der Kläger nicht nur für seine Person den Künstlernamen „W. Uessem“ angenommen, sondern auch seine gewerblichen Leistungen mit ihm bezeichnet. Denn die Ausbildung und Leitung einer Artistentruppe zur Produktion von akrobatischen Leistungen und einer Gesamtdarstellung von solchen, wie er sie selbst ausgedacht und organisiert hatte, stellt ein künstlerisches Unternehmen dar, das, da es sich um Kunstproduktionen niederer Art handelt, zugleich ein gewerbliches Unternehmen ist. Für dieses Unternehmen, bestehend in theatralischen Vorführungen von akrobatischen Darbietungen, verwendete er seinen angenommenen Künstlernamen zur besonderen Bezeichnung im Sinne von § 16 UWG., indem er es „W. Uessems Artistenkinder“ nannte. Er gab damit nicht etwa den einzelnen Mitgliedern der Truppe für ihre Person und im einzelnen das Recht, sich im bürgerlichen Verkehr oder im Künstlerleben „Uessem“ zu nennen, den Namen „Uessem“ zu führen, vielmehr gab er dem ganzen Unternehmen als solchem, der von ihm geleiteten und ausgebildeten, nach außen von ihm vertretenen Truppe, deren „Manager“ er war, als seinem Unternehmen die Bezeichnung „W. Uessems Artistenkinder“. Nur weil und soweit sie als „seine Kinder“ im übertragenen oder fingierten Sinne künstlerisch unter seiner Leitung auftraten, waren sie daher zur Führung des Namens „Uessem“ berechtigt, nicht etwa außerhalb des Verbands mit ihm. Es handelt sich auch nicht um ein von ihm unabhängiges Unternehmen der Beklagten, das diese von sich aus ins Leben gerufen hätten und selbständig weiter führten, bei dem er etwa nur die Rolle eines Leiters oder Geschäftsführers hatte, sondern es liegt, wie gesagt, sein eigenes, von ihm begründetes und von ihm ausgeübtes gewerbliches Unternehmen vor, das er mit Hilfe der Beklagten und durch sie, aber durchaus als eigenes führte.

Dieses Unternehmen hörte auf das zu sein, was es war, wenn sich die beklagten Truppenangehörigen von dem Kläger trennten. Sobald sie nunmehr ein selbständiges Unternehmen gleicher Art gründeten und auf eigene Rechnung führten, wurde es ein anderes Unternehmen als das es unter der Leitung und Führung des Klägers gewesen war, und dies auch dann, wenn die vorgeführten Produktionen gleicher Art und auch in ihrer Güte dieselben blieben. Denn es liegt nicht mehr ein gewerbliches Unternehmen, ein Gewerbetrieb des Klägers vor. Wenn nun schon ein Handelsgeschäft bei dem Übergang von einem Inhaber auf einen neuen nur dann unter der bisherigen Firma (dem Namen, unter dem der bisherige Inhaber Handel trieb) fortgeführt werden darf, wenn der bisherige Geschäftsinhaber in die Fortführung der Firma ausdrücklich eingewilligt hat (§ 22 HGB.), obwohl das Unternehmen als solches in seiner Individualität dasselbe geblieben ist, so gilt dieser selbe Grundsatz erst recht für gewerbliche Unternehmungen, die vollständig selbständig neu gebildet werden. Und selbst wenn man die Identität des von den Beklagten geführten Unternehmens mit dem früher vom Kläger geführten annehmen wollte, würde immer doch die Einwilligung zur Fortführung der besonderen Bezeichnung erforderlich sein, eben weil diese den Namen des Klägers, wenn auch nur seinen Künstlernamen, enthält und die gegebene Bezeichnung die vom Kläger geleiteten und eingerichteten Unternehmen dieser Art kennzeichnet. Ist es den Beklagten daher auch unbenommen, auf ihre frühere Zugehörigkeit zu dem vom Kläger geleiteten Unternehmen und auf die von ihm genossene Ausbildung hinzuweisen und sich als „Schüler" des Klägers zu bezeichnen, ihre Leistungen der Art und der Darstellung nach als gleichartige wie die früher unter der Leitung und im Unternehmen des Klägers dargebotenen zu bezeichnen, so dürfen sie doch nicht eine solche Bezeichnung für ihr Unternehmen wählen, die den Irrtum beim Publikum erregt, als handle es sich noch um dasselbe, vom Kläger geleitete und geführte, unter der Verantwortung des Klägers gehende Unternehmen. Dadurch wird in der Tat, wie das Berufungsgericht einwandfrei annimmt, eine Verwechselung der von den Beklagten ausgeübten Tätigkeit und der von dem Kläger ausgeübten hervorgerufen, der der Kläger nach § 16 UWG. begegnen kann. Es ist allerdings der Revision zuzugeben, daß es Voraussetzung für die Anwendung der angeführten Schutzvorschrift ist, daß der Kläger noch einen Gewerbebetrieb ausübt. Denn die Vorschrift will die Beeinträchtigung der Erwerbstätigkeit treffen, verhüten, daß im geschäftlichen Verkehr eine solche Schädigung durch Täuschung des Publikums stattfindet. Das Berufungsgericht nimmt aber als erwiesen an, daß der Kläger noch seine Tätigkeit als Artist, sei es als Selbstausübender, sei es als Gründer und Leiter eines Unternehmens, in dem andere als Darsteller auftreten, ausübt. Daran hindert nicht, daß er durch irgendwelche Umstände genötigt zeitweilig diese Tätigkeit ruhen läßt. Sofern er nur bereit und imstande ist, sie bei Gelegenheit wieder auszuüben, steht er noch im geschäftlichen Verkehr, ist er noch gewerblich in einer Weise tätig, daß die ungestörte Ausübung dieser Tätigkeit ihm gewährleistet werden muß. Es bedurfte daher nicht erst des Beweises, daß der Kläger schon jetzt im Begriffe steht, eine neue Truppe auszubilden. Wenn das Berufungsgericht ihm glaubt, daß er vom Erwerbsleben noch nicht endgültig zurückgetreten ist, was, wie gesagt, genügt, so liegt das auf dem Gebiete freier richterlicher Überzeugung.

Aber auch aus § 12 BGB. hat das Berufungsgericht dem Kläger mit Recht den Schutz zugesprochen. Es ist mit der überwiegenden Meinung des Schrifttums und in Befriedigung eines Verkehrsbedürfnisses davon auszugehen, daß ein angenommener Name (Pseudonym), insbesondere ein Künstlername, innerhalb des Verkehrs, für den er bestimmt ist, ganz dieselben Funktionen ausübt, wie der nach öffentlichem Rechte zu führende Name für den allgemeinen bürgerlichen Verkehr, ja diesen unter Umständen sogar völlig verdrängt. Dann besteht aber für seine Führung auch dasselbe Schutzbedürfnis.

Es wurde bereits dargelegt, daß weder eine Übertragung dieses Künstlernamens auf die Beklagten noch eine Genehmigung, ihn innerhalb des Kreises ihres künstlerischen Auftretens zu führen (Lizenz), durch den Kläger stattgefunden hat, daß vielmehr der Kläger weiter nichts getan hat, als sein Unternehmen, in dem die Beklagten früher tätig waren, mit dem von ihm angenommenen Namen zu bezeichnen. Soweit es sich um den Schutz aus § 12 BGB. handelt, ist das Fortbestehen einer gewerblichen Tätigkeit, für die der Kläger den Namen angenommen hatte, nicht Voraussetzung. Denn wenn er diese auch völlig aufgegeben haben sollte, knüpft sich doch an seinen Namen der gute Ruf und der Ruhm seiner früheren künstlerischen Tätigkeit als Leiter und Ausbilder und Unternehmer von akrobatischen Vorstellungen dieser Art. Es leuchtet ohne weiteres ein, daß er auch nach Aufgabe dieser eigenen Tätigkeit noch ein berechtigtes ideelles Interesse an der Aufrechterhaltung seines Namens und Rufes hat. Das Interesse kann jedes persönliche, braucht kein vermögensrechtliches zu sein (RGZ. Bd. 74 S. 308, Bd. 86 S. 123; Warneyer 1911 Nr. 468). Dann braucht der Kläger aber nicht zu dulden, daß ein Unternehmen sich mit seinem Namen deckt und dadurch den Anschein erweckt, als übe er auf dieses noch in irgendeiner Weise oder gar wie früher bestimmenden Einfluß aus, während er tatsächlich keine Möglichkeit mehr hat, auf die Art und Güte der gebotenen Leistungen einzuwirken. Es könnte sonst dahin kommen, daß Leistungen unter seiner Flagge segeln, die er mit seinem künstlerischen Ruf durchaus nicht decken will und kann.

---

62. 1. Kann der Grundstückseigentümer gegen den eingetragenen Hypothekengläubiger auf Löschungsbewilligung klagen, wenn die Hypothek zur Eigentümergrundschuld geworden ist? 2. Ist zu solcher Klage der Gläubiger des Eigentümers berechtigt, falls ihm nur dessen Löschungsanspruch gepfändet und überwiesen ist?

V. Zivilsenat. Urt. v. 22. Januar 1921 i. S. J. (Kl.) w. Sch. (Bekl.). V 420/20.

I. Landgericht III Berlin. — II. Kammergericht daselbst.

Im Jahre 1912 geriet die offene Handelsgesellschaft S. & Co. in Zahlungsschwierigkeiten. Gläubiger der Gesellschaft traten deshalb zur Beratung über die Geschäftslage der Gesellschaft zusammen und erklärten die Bewilligung eines Moratoriums bis zum 1. Oktober 1915 in einem von ihnen unterzeichneten Schriftstück vom 31. Oktober 1912, das unter anderem die Bedingungen enthielt, daß bis zum 7. November 1912 sämtliche Gläubiger dem Moratorium beiträten und die Gesellschaft eine Sicherungshypothek von 20000 M auf den Namen des Beklagten als Treuhänders auf sämtliche Grundstücke einschließlich der Privatgrundstücke der Gesellschafter eintragen lasse. Demnächst wurde auf die den drei Gesellschaftern S., H. und F. gehörenden Grundstücke eine Gesamtsicherungshypothek von 20000 *M* für den Beklagten als Treuhänder der Gesellschaftsgläubiger eingetragen. Am 3. Juli 1914 wurde über das Vermögen der Gesellschaft der Konkurs eröffnet. Der Kläger erwirkte sodann wegen einer gegen die drei Gesellschafter rechtskräftig erstrittenen Forderung von 8382,21 *M* einen Beschluß vom 11. Juli 1917, wodurch der angebliche Anspruch der Schuldner als Eigentümer der drei Grundstücke auf Löschung der für den Beklagten eingetragenen Sicherungshypothek in Höhe des genannten Betrags für ihn gepfändet und ihm zur Einziehung überwiesen wurde.

Mit der im Januar 1919 erhobenen Klage beantragte der Kläger, den Beklagten zur Bewilligung der Löschung der vorbezeichneten Sicherungshypothek von 20000 *M* zu verurteilen. Der Kläger machte geltend, das Moratorium sei nicht zustande gekommen, weil ihm nicht sämtliche Gläubiger der Gesellschaft beigetreten seien, oder sei andernfalls durch die Eröffnung des Konkurses über das Vermögen der Gesellschaft unwirksam geworden. Daher sei die Sicherungshypothek von 20000 *M* den Grundstückseigentümern verblieben oder an diese zurückgelangt, und deshalb könne er auf Grund des Pfändungs- und Überweisungsbeschlusses ebenso wie die Eigentümer Bewilligung der Löschung der Hypothek verlangen.

Der erste Richter wies die Klage ab. Die Berufung des Klägers wurde zurückgewiesen. Auch seine Revision hatte keinen Erfolg.

Aus den Gründen:

Der Berufungsrichter läßt dahingestellt, ob das Moratorium, weil ihm nach der Behauptung des Beklagten nicht alle Gläubiger der offenen Handelsgesellschaft S. & Co. beigetreten seien, von Anfang an nicht zustande gekommen sei, oder ob es, wenn es am 31. Oktober 1912 wirksam zustande gekommen wäre, durch die am 8. Juli 1914 erfolgte Eröffnung des Konkurses über das Vermögen der Gesellschaft seine Wirksamkeit verloren habe. Er erklärt, in dem einen wie in dem andern Falle sei der dingliche Vertrag über die Bestellung der Sicherungshypothek von 20000 *M* für den Beklagten an den drei Grundstücken der drei Gesellschafter S., H. und F. in seinem rechtlichen Bestande nicht berührt. Die dingliche Bindung sei weder durch das Zustandekommen oder Nichtzustandekommen des Moratoriums aufschiebend oder auflösend bedingt noch durch das Unwirksamwerden des Moratoriums auflösend bedingt, da eine entsprechende Bedingung in den Wortlaut der Hypothek selbst nicht aufgenommen worden sei. Dagegen nimmt der Berufungsrichter an, daß die der Sicherungshypothek zugrunde gelegte, dem Beklagten als Treuhänder der gesamten Gläubiger eingeräumte schuldrechtliche Forderung — möge die

Hypothek, wie der Kläger behaupte, nur zur Sicherung der Gläubiger gegen Benachteiligungen durch die Gesellschafter, oder, wie der Beklagte behaupte, zur gleichmäßigen Befriedigung sämtlicher Gläubiger sowie zur Haftung für etwaige Ausfälle der Gläubiger im Konkursverfahren bestellt worden sein — durch ein etwaiges Nichtzustandekommen oder durch ein Unwirksamwerden des Moratoriums in ihrem Bestande beeinflußt worden sei. Die Forderung sei nämlich im Falle des Nichtzustandekommens des Moratoriums entweder überhaupt nicht zur Entstehung gelangt oder erloschen, je nachdem man sie durch das Zustandekommen oder Nichtzustandekommen des Moratoriums als aufschiebend oder auflösend bedingt ansehe, und sie sei im Falle des Unwirksamwerdens des Moratoriums durch Eintritt der auflösenden Bedingung dieses Unwirksamwerdens, an die sie als geknüpft anzusehen sei, erloschen. Daraus folgert der Berufungsrichter, daß in dem einen wie in dem anderen Falle die Hypothek gemäß § 1163 Abs. 1 BGB. zu einer den genannten drei Grundstückseigentümern zustehenden Eigentümergrundschuld geworden sei, und daß daher die Grundstückseigentümer von dem Beklagten gemäß § 894 BGB. Zustimmung zur Berichtigung des Grundbuchs dahin, daß die Sicherungshypothek als Eigentümergrundschuld auf sie umgeschrieben werde, verlangen könnten. Der Berufungsrichter meint jedoch, eine Löschungsbewilligung des Gläubigers wäre für die Eigentümer zur Umschreibung der Hypothek in eine Eigentümergrundschuld nicht genügend, weil damit der gemäß § 22 GBO. erforderliche Nachweis der Unrichtigkeit des Grundbuchs nicht als erbracht anzusehen sein würde. Er erachtet aber auch einen solchen Anspruch gegen den Beklagten auf Erteilung einer Löschungsbewilligung als den Grundstückseigentümern gar nicht zustehend, weil der Beklagte materiellrechtlich zur Verfügung über die zur Eigentümergrundschuld gewordene Hypothek nicht befugt und daher zur Erteilung einer Löschungsbewilligung darüber nicht berechtigt sei. Deshalb erklärt der Berufungsrichter, es fehle dem Kläger, soweit er seinen Anspruch aus dem Pfändungs- und Überweisungsbeschluß herleite, für seine Klage an einer rechtswirksamen Unterlage, da für ihn ein Anspruch gepfändet und überwiesen sei, der den Grundstückseigentümern selbst nicht zustehe.

Der Revision ist zuzugeben, daß die Meinung des Berufungsrichters, es könnten die Grundstückseigentümer, wiewohl die Sicherungshypothek zur Eigentümergrundschuld geworden sei, nicht Bewilligung der Löschung der Hypothek vom Beklagten verlangen, unzutreffend ist. Richtig ist allerdings, daß der Grundstückseigentümer, wenn eine auf seinem Grundstück eingetragene Hypothek wegen Nichtentstehung der durch diese gesicherten Forderung ihm gemäß § 1163 Abs. 1 Satz 1, § 1177 Abs. 1 BGB. von vornherein als Grundschuld zusteht oder wegen Erlöschens der Forderung gemäß § 1163 Abs. 1 Satz 2, § 1177 Abs. 1 zur Grundschuld für ihn geworden ist, nach § 894 gegen den als Gläubiger der Hypothek Eingetragenen einen Anspruch auf Zustimmung zur Berichtigung des Grundbuchs dahin hat, daß die Hypothek als Grundschuld auf seinen Namen umgeschrieben werde. Richtig ist auch, daß der als Gläubiger Eingetragene in solchem Falle materiellrechtlich an sich nicht berechtigt ist, über die Hypothek zu verfügen, da nicht er, sondern der Grundstückseigentümer wahrer Gläubiger des hypothekarischen Rechtes ist. Es mag auch zutreffen, daß eine vom Hypothekengläubiger freiwillig erklärte Löschungsbewilligung nicht genügend ist, um einen vor dem Grundbuchamt, sei es auch vom Grundstückseigentümer, gestellten Antrag (nicht auf Löschung der Hypothek, sondern) auf Umschreibung der Hypothek als Grundschuld für den Eigentümer zu rechtfertigen, weil dadurch dem Grundbuchamt die Umwandlung der Hypothek in eine Eigentümergrundschuld nicht in gehöriger Form und zweifelsfrei nachgewiesen werden möchte. Aber abgesehen davon, daß, wenn ein Grundstückseigentümer mit der Behauptung, eine Hypothek sei auf ihn als Grundschuld wegen Nichtentstehung oder Erlöschens der gesicherten Forderung übergegangen, in einem Rechtsstreit gegen den als Hypothekengläubiger Eingetragenen auf Bewilligung der Löschung der Hypothek klagen und der Beklagte demgemäß verurteilt würde, durch das Urteil der Klagegrund der Umwandlung der Hypothek in eine Eigentümergrundschuld festgestellt würde, könnte in einem solchen Rechtsstreite der Klaganspruch auf Verurteilung des als Hypothekengläubiger Eingetragenen zur Bewilligung der Löschung der Hypothek nicht deshalb für ungerechtfertigt erachtet werden, weil ein Urteil auf Löschungsbewilligung nicht genüge, um bei dem Grundbuchamt die Umschreibung der Hypothek als Grundschuld auf den Eigentümer herbeizuführen. Es ist aber auch überhaupt der Grundstückseigentümer, auf den eine Hypothek als Grundschuld übergegangen ist, berechtigt, gegen den als Hypothekengläubiger Eingetragenen einen Anspruch auf Löschung der Hypothek im Klagewege geltend zu machen. Denn er ist materiellrechtlich zur Verfügung über die zur Grundschuld gewordene Hypothek befugt und gibt dadurch, daß er Bewilligung der Löschung der Hypothek vom Beklagten verlangt, seine Einwilligung im Sinne des § 185 Abs. 1 BGB. zu dieser dem Beklagten an sich nicht zustehenden Verfügung über die Hypothek. Anderseits ist der Beklagte, weil er als Hypothekengläubiger eingetragen steht, in der Lage, die Löschungsbewilligung zu erklären, auch wird er dadurch, daß er zur Bewilligung der Löschung statt zur Bewilligung der Umschreibung der Hypothek als Grundschuld auf den Eigentümer verurteilt wird, nicht beschwert (RG. in Gruchot. Bd. 58 S. 670).

Daraus folgt jedoch nicht, daß auch derjenige, der lediglich die Pfändung und Überweisung des dem Eigentümer zustehenden Löschungsanspruchs erwirkt hat, gegen den als Hypothekengläubiger Eingetragenen auf Bewilligung der Löschung der Hypothek klagen könnte. Da der Grundstückseigentümer einen solchen Anspruch auf Löschungsbewilligung nur deshalb im Klagewege geltend machen könnte, weil ihm als wahrem Gläubiger der zur Grundschuld gewordenen Hypothek das Verfügungsrecht über das hypothekarische Recht zusteht, so könnte auch der Gläubiger des Grundstückseigentümers, für den der Löschungsanspruch seines Schuldners gepfändet und überwiesen worden ist, von dem als Hypothekengläubiger Eingetragenen, der nicht mehr Gläubiger und daher zur Verfügung über die Hypothek auch nicht mehr berechtigt ist, Bewilligung der Löschung der Hypothek nur unter der Voraussetzung im Klagewege verlangen, wenn er selbst zur Verfügung über das hypothekarische Recht befugt wäre. Eine solche Verfügungsbefugnis steht ihm aber nicht zu; die Pfändung nur des Löschungsanspruchs des Grundstückseigentümers gewährt ihm nicht auch zugleich das Recht zur Verfügung über die Eigentümergrundschuld, zu der die Hypothek geworden ist. Demnach ist von diesem anderen rechtlichen Gesichtspunkt aus doch zu dem Ergebnis des Berufungsrichters zu gelangen, daß, wenn die in Rede stehende für den Beklagten eingetragene Sicherungshypothek wegen Nichtentstehung oder Erlöschens der durch sie gesicherten Forderung eine den drei Grundstückseigentümern zustehende Grundschuld geworden ist, der allein auf die Pfändung und Überweisung des Löschungsanspruchs der Grundstückseigentümer gestützte Klaganspruch auf Bewilligung der Löschung der Hypothek ungerechtfertigt ist. . . .

---

63. 1. Darf der Lizenznehmer die Vernichtung des Patents betreiben?

2. Wird er durch die Vernichtung von der Pflicht zur Zahlung der bereits vorher fällig gewordenen Lizenzgebühren befreit?

I. Zivilsenat. Urt. v. 22. Januar 1921 i. S. R. (Bekl.) w. S. (Kl.). I 240/20.

I. Landgericht I Berlin. — II. Kammergericht daselbst.

Als Inhaber des deutschen Patents Nr. 269096 auf eine Taschenlampe mit Schreibblock übertrug der Kläger durch Vertrag vom 27. November 1915 auf die Beklagte für die Zeit bis zum 31. Dezember 1916 das ausschließliche Recht zur Herstellung der patentierten und ähnlicher Hülsen. Gleichzeitig verpflichtete sich die Beklagte dem Kläger gegenüber, bis zum Ablaufe der Vertragszeit mindestens 100000 Stück Hülsen für den eigenen Bedarf gegen eine Lizenzabgabe von 12 ₰ für jede Hülse herzustellen und außerdem dem Kläger Hülsen im Höchstbetrage von monatlich 5000 Stück zu einem Preise von 60 ₰ für jede Hülse zu liefern. Der § 7 des Vertrags lautet: „Dieser Vertrag erlischt für den Fall, daß das in § 1 erwähnte Patent erlöschen sollte, ohne daß irgendeiner der beiden Vertragsparteien in diesem Falle das Recht auf Erfüllung oder Schadensersatz zusteht."

Am 18. Mai 1916 erhob der Fabrikant R. in B. wegen des Patents die Nichtigkeitsklage, die vom Patentamt am 17. November 1916 zurückgewiesen wurde. Auf die von R. auf Betreiben der Beklagten eingelegte Berufung erklärte aber das Reichsgericht am 6. Juni 1917 das Patent wegen Mangels der Neuheit für nichtig.

Die Beklagte hat die patentierten Hülsen nicht hergestellt. Der Kläger hat deshalb von der Beklagten 22000 ℳ nebst Zinsen verlangt, nämlich 12000 ℳ Lizenzgebühr und 10000 ℳ Schadensersatz.

Das Landgericht wies die Klage ab. Das Berufungsgericht erklärte aber den Klaganspruch dem Grunde nach für gerechtfertigt. Die Revision wurde zurückgewiesen aus folgenden

Gründen:

Der Berufungsrichter läßt es dahingestellt, ob der § 7 des Vertrags die Auslegung zuläßt, daß darunter auch der Fall zu bringen ist, wenn das Patent durch Vernichtung auf Grund der Nichtigkeitsklage untergehen sollte. Der § 7 kann, wie auch immer man ihn auslegen möge, auf den vorliegenden Fall überhaupt keine Anwendung finden. Da der Vertrag von vornherein nur zeitlich begrenzt abgeschlossen war und am 31. Dezember 1916 durch Zeitablauf erlosch, kann es sich bei dem Erlöschen, von dem in § 7 die Rede ist, nur um ein vorzeitiges Erlöschen handeln. Die Beklagte würde daher das Recht, die Vertragserfüllung zu verweigern oder von der Schadensersatzpflicht befreit zu sein, auf den § 7 nur stützen können, wenn das Patent vor dem 31. Dezember 1916 für nichtig erklärt worden wäre. In Wirklichkeit ist es jedoch erst am 6. Juni 1917 für nichtig erklärt worden. Damals befand sich die Beklagte bereits seit 5 Monaten im Erfüllungsverzuge. Die Annahme, daß durch die nachträgliche Vernichtung des Patents die bereits begründeten Schadensersatzansprüche des Klägers wieder beseitigt werden sollten, widerspricht den Auslegungsgrundsätzen des § 157 BGB. Der § 7 besagt nur, daß von nun an, d. h. nach Erlöschen des Patents, der Vertrag nicht mehr weiter erfüllt zu werden braucht und sich an die unterbliebene Fortsetzung der Erfüllung des Vertrags keine Schadensersatzpflicht sowohl des Klägers wie der Beklagten anschließt.

Die Beklagte kann sich aber auch deshalb nicht auf § 7 des Vertrags stützen, weil sie vertragswidrig und gegen Treu und Glauben den Eintritt des § 7 des Vertrags herbeigeführt hat. Man darf allerdings dem Lizenznehmer nicht grundsätzlich das Recht versagen, das Patent durch Erhebung der Nichtigkeitsklage selbst zu Fall zu bringen, um so von dem Lizenzvertrage mit seinen für den Lizenznehmer lästigen Pflichten befreit zu werden. Häufig ist die Zweifelhaftigkeit der Rechtsbeständigkeit eines gewerblichen Schutzrechts für den Lizenznehmer der Anlaß zum Abschluß des Lizenzvertrags, um in seinen geschäftlichen Verfügungen nicht durch das Patent gehindert zu sein. In einem solchen Falle will sich der Lizenznehmer bei Abschluß des Lizenzvertrags des Rechts, die Nichtigkeitsklage zu erheben, nicht begeben. Selbst wenn der Lizenznehmer bei Abschluß des Vertrags die Nichtigkeit des Patents gekannt hat, verstößt die spätere Erhebung der Nichtigkeitsklage, um dadurch für die Zukunft von der Zahlung der Lizenzgebühr frei zu werden, nicht notwendig gegen Treu und Glauben. Vielmehr ist im einzelnen Fall unter Berücksichtigung aller Umstände zu prüfen, ob der Lizenznehmer nach Inhalt des Lizenzvertrags zur Aufrechterhaltung des Patents verpflichtet ist, und in solchem Falle darf er die Nichtigkeitsklage nicht erheben. Einen solchen Fall nimmt der Berufungsrichter hier offenbar als vorliegend an, denn nach seiner Auffassung soll der Lizenznehmer „vertragswidrig" die Nichtigkeit herbeigeführt haben, und die vom Berufungsrichter festgestellten Tatsachen rechtfertigen seine Annahme.

Die Beklagte hatte eine ausschließliche Lizenz. Sie hatte die Verpflichtung übernommen, mindestens 100000 Hülsen herzustellen und dafür 12 ₰ für das Stück als Lizenzabgabe zu zahlen, außerdem aber hatte sie dem Kläger monatlich 5000 Hülsen zu liefern. In Wirklichkeit hat sie während der ganzen Dauer des Vertrags die patentierten Hülsen gar nicht, wohl aber Lampen ohne die patentierte Vorrichtung fabrikmäßig hergestellt. Trotzdem die Lizenz eine ausschließliche war, hat die Beklagte also während der ganzen Vertragsdauer dem Vertrage zuwidergehandelt. Dabei kann sie nicht zu ihrer Entschuldigung anführen, die Berechtigten anderer Schutzrechte hätten Widerspruch gegen ihre Fabrikation eingelegt. Denn wie der Berufungsrichter feststellt, waren diese Schutzrechte jüngeren Datums als das Patent, so daß eine Abhängigkeit des letzteren von jenen nicht in Betracht kommen konnte; auch standen die vom Reichsgericht als neuheitsschädlich angesehenen Patente der Verwertung des klägerischen Patents nicht entgegen. Zur Zeit des Vertragsabschlusses waren auch nicht mehr von R. Bedenken gegen die Gültigkeit des Patents erhoben; vielmehr hatte unter Mitwirkung des mit R. befreundeten Inhabers der beklagten Firma zwischen R. und dem Kläger eine Einigung rücksichtlich der Patentverletzung, deren sich R. dem klägerischen Patent gegenüber schuldig gemacht hatte, dahin stattgefunden, daß R. den Fabrikationsbetrieb der gegen das Patent verstoßenden Lampen mit dem 31. Dezember 1915 einstellte und dem Kläger einen Schadensersatz von 4000 *M* zahlte. Eine sonstige Gefahr, daß das Patent während der Vertragsdauer von anderer Seite angegriffen wurde, bestand nicht. Die Beklagte wäre also in der Lage gewesen, auf Grund des Lizenzvertrags während der ganzen Vertragsdauer Vorteil aus dem Patent zu ziehen, und sie vermag keinen stichhaltigen Grund anzugeben, warum dies unterblieben ist. Berücksichtigt man alle diese Umstände, so rechtfertigt sich die Annahme, daß sie gegen Treu und Glauben und ihre Vertragspflichten verstoßen hat, wenn sie, um von den Folgen ihrer Vertragsverletzung loszukommen, die Vernichtung des Patents betrieb und dadurch die Bedingung des § 7 des Vertrags herbeiführte (§ 162 BGB.).

Unrichtig ist auch die Auffassung der Beklagten, daß die nachträgliche Vernichtung des Patents den Lizenznehmer von der Zahlung der bereits vorher fällig gewordenen Lizenzgebühren befreit, vielmehr hat der Lizenznehmer nach ständiger Rechtsprechung des Reichsgerichts, da er, wenngleich dem Patent von Rechts wegen der Patentschutz nicht hätte zuteil werden sollen, bis zu seiner Vernichtung die Möglichkeit der vollen Ausnutzung des Patents gehabt hat, die bis dahin fällig gewordenen Lizenzgebühren zu zahlen. Die Beklagte mußte sich also sagen, daß sie dadurch, daß sie die Einlegung der Berufung gegen das Erkenntnis des Patentamts vom 17. November 1916 durch R. betrieb, der Zahlung der spätestens am 31. Dezember 1916 fällig werdenden Lizenzgebühren nicht mehr entgehen konnte, da bis dahin die Nichtigkeit des Patents vom Reichsgericht nicht ausgesprochen werden konnte.

---

64. Wann ist anzunehmen, daß der Schiffer auf Einhaltung der Förmlichkeiten des § 61 des Binnenschiffahrtsgesetzes verzichtet hat?

I. Zivilsenat. Urt. v. 22. Januar 1921 i. S. W. & H. A.-G. (Bekl.) w. L. (Kl.). I 329/20.

I. Landgericht Hamburg. — II. Oberlandesgericht daselbst.

Der Kläger brachte in seinem Kahn Posen Nr. 200 im Mai 1919 für die Beklagte eine Ladung von 1500 Sack Zucker von Stettin nach Hamburg. Er fordert als Frachtrest 600 *M* nebst Zinsen. Die Beklagte behauptet, an der Ladung habe sich bei Löschung ein Mindergewicht herausgestellt, dessen Wert sich auf 4669,80 *M* belaufe. Diese Summe nebst Zinsen macht sie teils aufrechnend, teils widerklagend geltend. Das Landgericht und das Oberlandesgericht gaben der Klage statt und wiesen die Widerklage ab. Die Revision hatte keinen Erfolg.

Gründe:

Das Berufungsgericht hat angenommen, daß der Kläger für das während der Frachtreise an der Zuckerladung angeblich entstandene Manko nicht hafte, weil der Zustand des Frachtguts vor der Annahme nicht gemäß § 61 BinnenSchG. durch amtlich bestellte Sachverständige festgestellt sei; der Zeuge M., der die Ladung verwogen habe, sei kein amtlich bestellter Sachverständiger. Es könne freilich von einer derartigen Feststellung Abstand genommen werden, wenn Frachtführer und Empfänger über das Vorhandensein und die Höhe des Mankos einverstanden seien. So aber liege die Sache hier nicht. Der Kläger habe zwar bei der Verwiegung mitgewirkt, indem er die Säcke mit auf die Wagschale gezogen habe. Aber es sei ihm nicht zum Bewußtsein gekommen, daß es sich dabei um eine gegen ihn gerichtete Feststellung handle. Es sei ihm auch nicht das Ergebnis mitgeteilt noch auch nur gesagt worden, daß die Ladung ein Manko aufweise. Danach brauche der Kläger die nicht nach den Vorschriften des Gesetzes erfolgte Verwiegung nicht gegen sich gelten zu lassen.

Die Revision führt aus, das Berufungsgericht habe zu Unrecht angenommen, daß der Kläger mit der Verwiegung in der vorgenommenen Art nicht einverstanden gewesen sei. Er habe erkennen müssen, daß der Zeuge M. die Verwiegung zum Zwecke der Feststellung des Mankos vornehme. Der Kläger habe gewußt, daß ein Manko vorhanden sei; er habe selbst erklärt, daß der Boden von einer sirupartigen Schicht überdeckt gewesen sei. Es sei ihm auch der Eid darüber zugeschoben worden, daß er mit einem Manko gerechnet habe. Dann aber hätte er Widerspruch erheben müssen, wenn er mit der Art der Verwiegung nicht einverstanden war. Das Ergebnis der Verwiegung hätte er sich jederzeit mitteilen lassen können. Sein Stillschweigen sei als Zustimmung aufzufassen.

Diesen Ausführungen der Revision kann nicht beigepflichtet werden. Ihre Schlußfolgerungen würden vielleicht zwingend erscheinen, wenn die Verwiegung keinen anderen Zweck haben konnte, als dem Schiffer gegenüber das Vorhandensein eines Mankos festzustellen, und wenn dieser Zweck dem Kläger ersichtlich sein mußte. Das war nun aber keineswegs der Fall. Eine Verwiegung wird bei Abnahme häufig zu anderem Zwecke vorgenommen, z. B. wenn der Käufer nach ausgeliefertem Gewicht zu bezahlen hat oder dgl. Das war vorliegendenfalls auch nicht etwa dadurch ohne weiteres ausgeschlossen, daß nach dem Ladeschein Ablader und Empfänger anscheinend denselben Namen trugen. Es war sehr wohl möglich, daß zum Zwecke der Verrechnung der Absendestelle und der Empfangsstelle, auch wenn Absender und

Empfänger dieselbe Rechtspersönlichkeit sein sollten, eine Verwiegung geboten erschien. Deshalb war es nötig, den Schiffer von der Sachlage zu unterrichten, wenn die Verwiegung gegen ihn gelten sollte. Es hätte ihm also mitgeteilt werden müssen, daß ihm gegenüber festgestellt werden sollte, ob und in welcher Höhe ein Manko vorhanden sei; es hätte auch hinzugefügt werden müssen, daß M. kein amtlich bestellter Sachverständiger sei. Da das nicht geschehen ist und der Kläger das, was ihm mitzuteilen war, auch nicht etwa aus den begleitenden Umständen entnehmen konnte, ist den Erfordernissen des § 61 nicht Genüge geschehen.

---

65. Zulässigkeit der abstrakten Schadensberechnung. Kann die Berechnung in der Weise erfolgen, daß der Käufer lebenden Viehs den ihm durch das Unterbleiben der Lieferung entstandenen Schaden nach dem Werte der Schlachtausbeute bemißt?

II. Zivilsenat. Urt. v. 25. Januar 1921 i. S. F. (Bekl.) w. H. (Kl.). II 290/20.

I. Landgericht I Berlin. — II. Kammergericht daselbst.

Der Beklagte hat gegen den Klaganspruch eine Schadensersatzforderung aufgerechnet, die er daraus herleitete, daß der Kläger ihm von 65 verkauften Kühen und Bullen, deren Preis nach dem Gewichte der lebenden Tiere bestimmt war, nur 38 geliefert hat. Beide Vorinstanzen erachteten die Gegenforderung für ungerechtfertigt. Auf die Revision des Beklagten wurde die Sache, soweit es sich um den von der Aufrechnung betroffenen Teil der Klageforderung handelt, an das Berufungsgericht zurückverwiesen.

Aus den Gründen:

Der Beklagte hat in der zweiten Instanz erklärt, daß er seinen Schaden abstrakt berechne. Er tat dies in der Weise, daß er den Kaufpreis, den er dem Kläger für die nicht gelieferten Tiere zu zahlen gehabt hätte, verglich mit dem Werte des Schlachtgewichts der Tiere, wie dieser sich nach seiner Behauptung bei Zugrundelegung der Fleischpreise gestellt hätte, die im Juni 1915 auf dem Berliner Viehmarkte galten. Dabei kam er zu dem Ergebnisse, daß der Wert des Schlachtgewichts den Kaufpreis um 7129 *M* übersteige. Als Schadensersatz forderte er diesen Betrag und außerdem den Wert der in dem Schlachtgewichte nicht enthaltenen Abfälle (Decken, Hörner, Knochen usw.), den er auf 3000 *M* angab.

Das Berufungsgericht ist im Gegensatz zum ersten Richter der Ansicht, daß die Voraussetzungen des Anspruchs auf Schadensersatz wegen Nichterfüllung an sich gegeben seien, weil der Kläger durch den anderweitigen Verkauf der Tiere schuldhaft die Unmöglichkeit der Leistung herbeigeführt habe und weil auch eine ernstliche Erfüllungsverweigerung vorliege, die den Beklagten auch ohne Nachfristbestimmung zur Geltendmachung der Befugnisse des § 326 BGB. berechtige. Trotzdem versagt es dem Anspruche die Anerkennung, indem es erwägt: Der gehörte Sachverständige habe zwar angenommen, daß bei dem Vieh ein Schlachtgewicht von 55 bis 58% zu erzielen gewesen sei, daß aber von dem Lebendgewichte noch etwa $7\frac{1}{2}$% infolge Verlustes durch den Transport abgehen würden. Er habe jedoch ferner als Voraussetzung für sein Gutachten bezeichnet, daß der Beklagte das Vieh selbst schlachtete und verwertete oder geschlachtet verkaufte. Wenn der Beklagte demgegenüber darauf hingewiesen habe, daß er alles, auch die Abfälle, in dem von ihm bewirtschafteten Gefangenenlager hätte verwerten können, so sei dieser Hinweis bei der aufgemachten abstrakten Schadensberechnung verfehlt. Diese habe nur so erfolgen können, daß der Unterschied zwischen dem Vertragspreise der verkauften Ware und dem Marktpreise dieser Ware zur Zeit und am Orte der geschuldeten Lieferung verlangt wurde. Den Gegenstand des Kaufes habe aber nicht die Schlachtausbeute, sondern lebendes Vieh gebildet; nur der Unterschied des Kauf- und Marktpreises für das lebende Vieh habe also als abstrakter Schaden berechnet werden können. Dennoch sei der Beklagte auf Befragen ausdrücklich bei der abstrakten Berechnung stehen geblieben. Übrigens hätte es für die Substantiierung konkreten Schadens der Darlegung bedurft, welche Mengen Fleisch der Beklagte gebraucht habe, wann und inwiefern er durch das Unterbleiben der Lieferung genötigt gewesen sei, anderweit einzukaufen, wieviel er eingekauft habe und inwiefern er imstande gewesen wäre, die gesamte noch vom Kläger zu liefernde Ware geschlachtet zu verwerten, obwohl er erst am 4. Juni 115,25 Ztr. erhalten und das am 12. Mai gekaufte Vieh, wie ein Zeuge bekunde, sogar auf dem Zentralviehhofe verkauft habe.

Diese Beurteilung wird mit Grund von der Revision beanstandet. Das Berufungsgericht geht fehl, indem es dem Beklagten nur die Wahl läßt, seinen Schaden entweder nach dem Unterschiede des Vertragspreises und des Marktpreises des lebenden Viehs oder so, wie in dem Urteile dargelegt, konkret zu berechnen. Die Zulassung der abstrakten Schadensberechnung beruht in einem Falle der vorliegenden Art auf der allgemeinen Vermutung, daß der Käufer, wenn der Verkäufer geliefert hätte, in der Lage gewesen wäre, die Ware zu dem den Vertragspreis übersteigenden Marktpreise zu veräußern und so einen Gewinn zu erzielen (vgl. RGZ. Bd. 90 S. 425, Bd. 99 S. 46). Mit diesem Grundgedanken ist es im gegebenen Falle durchaus vereinbar, daß die Berechnung nicht auf das lebende Vieh, sondern auf die

Schlachtausbeute abgestellt wird. Ebensowenig steht mit ihm im Widerspruch, daß außerdem die Möglichkeit der Verwertung der Abfälle, die sich bei der Schlachtung ergeben hätten, so berücksichtigt wird, wie sie bei dem Geschäftsbetriebe des Beklagten bestanden hat. Erforderlich bleibt dabei freilich immer, daß in der Person des Beklagten die Voraussetzungen vorlagen, von denen die Zulässigkeit der abstrakten Schadensberechnung überhaupt abhängt. In dieser Beziehung scheint indessen das Berufungsgericht selbst keine Bedenken zu haben und ein Anlaß zu solchen ist auch nach dem in der Revisionsinstanz zu unterstellenden Sachverhalte nicht ersichtlich. Im kaufmännischen Verkehr ist diese Berechnungsart grundsätzlich als ohne weiteres zulässig anzusehen (vgl. das angeführte Urteil Bd. 99 S. 46). Aber auch bei dem Beklagten, der ein Gefangenenlager bewirtschaftet hat, steht nach der Art seines Geschäftsbetriebs nichts entgegen, dasselbe anzunehmen, mag er auch im allgemeinen nicht gekauft haben, um mit dem Angeschafften Handel zu treiben. Geht man hiervon aus, so wäre dem Beklagten das Recht zur abstrakten Berechnung nur etwa dann zu versagen, wenn besondere Umstände vorliegen würden, die geeignet wären; die erwähnte Vermutung, auf der die Zulassung dieser Berechnung beruht, zu entkräften. Solche Umstände könnten nach der Lage des Falles etwa dadurch gegeben sein, daß der Beklagte das gekaufte Vieh für das Gefangenenlager notwendig brauchte, so daß die Weiterveräußerung vernünftigerweise nicht in Betracht gekommen wäre. Dies trifft aber nach dem, was das Berufungsgericht in seinen Bemerkungen über die konkrete Berechnung ausführt, nicht zu und der Kläger hat auch selbst vorgetragen, daß der Beklagte das Vieh für das Lager nicht gebraucht habe.

---

66. 1. Ist im Falle des § 140 HGB. für die Auseinandersetzung zwischen der Gesellschaft und dem ausgeschlossenen Gesellschafter die Vermögenslage der Gesellschaft im Zeitpunkte der Erhebung der Klage auf Ausschließung auch dann maßgebend, wenn die Ausschließung auf Grund eines erst später eingetretenen Umstandes ausgesprochen wird?

2. Zur entsprechenden Anwendung des § 140 Abs. 2 im Falle des § 142 Abs. 1 HGB.

II. Zivilsenat. Urt. v. 25. Januar 1921 i. S. K. (Bekl.) w. Sch. (Kl.). II 317/20.

I. Landgericht I Berlin, Kammer für Handelssachen. — II. Kammergericht daselbst.

Die Klägerin hatte das von ihrem verstorbenen ersten Ehemann unter der Firma P. & W. betriebene Militäreffektengeschäft ererbt und es zunächst allein fortgeführt, dann aber im Jahre 1908 den Beklagten als Gesellschafter aufgenommen und diesem die Geschäftsführung übertragen. Ende Oktober 1915 wurde sie gegen den Beklagten mit dem Antrage klagbar, sie für berechtigt zu erklären, das Geschäft ohne Liquidation mit Aktiven und Passiven zu übernehmen, weil der Beklagte sich einer Reihe von Pflichtwidrigkeiten schuldig gemacht habe, die bei einer aus mehr als zwei Personen bestehenden offenen Handelsgesellschaft seine Ausschließung rechtfertigen würden. Im Laufe des Rechtsstreits machte sie zur Begründung ihres Klagebegehrens auch noch ein Vorkommnis aus der Zeit nach Erhebung der Klage geltend. Das Landgericht hielt dieses Vorkommnis allein schon für ausreichend, um den Klagantrag zu rechtfertigen, und erkannte dementsprechend, ohne die ursprünglich vorgebrachten Gründe zu würdigen. Das Kammergericht wies die Berufung des Beklagten zurück und brachte in der Urteilsformel zum Ausdruck, daß für die Auseinandersetzung der Parteien der Tag der Klagerhebung maßgebend sei. Die Revision hatte keinen Erfolg.

Aus den Gründen:

... Tritt bei einer aus mehr als zwei Gesellschaftern bestehenden offenen Handelsgesellschaft in der Person eines der Gesellschafter ein Umstand ein, der die übrigen berechtigen würde, gemäß § 133 HGB. die sofortige Auflösung der Gesellschaft zu verlangen, so kann nach § 140 Abs. 1 das. das Gericht auf den Antrag der übrigen Gesellschafter statt der Auflösung der Gesellschaft die Ausschließung jenes einen Gesellschafters aussprechen, und nach § 140 Abs. 2 ist für die Auseinandersetzung zwischen der Gesellschaft und dem ausgeschlossenen Gesellschafter die Vermögenslage der Gesellschaft im Zeitpunkte der Erhebung der Klage maßgebend. Sind dagegen nur zwei Gesellschafter vorhanden und ist deshalb die Ausschließung des einen von ihnen im Rechtssinne nicht möglich, liegen aber in dessen Person die Voraussetzungen vor, unter denen bei einer größeren Zahl von Gesellschaftern eine Ausschließung aus der Gesellschaft zulässig sein würde, so kann nach § 142 Abs. 1 HGB. das Gericht den anderen Gesellschafter auf dessen Antrag für berechtigt erklären, das Geschäft ohne Liquidation mit Aktiven und Passiven zu übernehmen, und es finden alsdann auf die Auseinandersetzung nach § 142 Abs. 3 das. die für den Fall des Ausscheidens eines Gesellschafters aus der Gesellschaft geltenden Vorschriften entsprechende Anwendung. Das bedeutet nicht, wie verschiedentlich angenommen wird (vgl. Lehmann-Ring zu § 142 HGB. Nr. 2), daß der andere Gesellschafter, nachdem seinem Antrage stattgegeben worden, immer noch zwischen der Liquidation der Gesellschaft und der Übernahme des Geschäfts ohne Liquidation wählen könnte und daß, wenn er sich für die Übernahme erklärte, die Auseinandersetzung nach der Vermögenslage der Gesellschaft im Zeitpunkte seiner Erklärung zu erfolgen hätte. Vielmehr ist der Sinn des § 142 Abs. 1 a. a. O. der, daß bei einer nur aus zwei Personen bestehenden offenen Handelsgesellschaft an die Stelle der rechtlich unmöglichen Ausschließung des einen Gesellschafters aus der Gesellschaft dessen Ausschließung aus dem Geschäfte treten soll, und daß sich diese Ausschließung und damit die Übernahme des Geschäfts durch den anderen Gesellschafter mit der Rechtskraft des dem Antrage des letzteren stattgebenden Urteils ohne weiteres vollzieht (RGZ. Bd. 65 S. 227, Bd. 68 S. 410; vgl. Düringer-Hachenburg zu § 142 HGB. Anm. 4). Auch muß die in § 142 Abs. 3 vorgesehene entsprechende Anwendung der für den Fall des Ausscheidens eines Gesellschafters aus der Gesellschaft geltenden Vorschriften dahin führen, daß im Falle des § 142 Abs. 1 ebenso wie in dem des § 140 für die Auseinandersetzung die Vermögenslage der Gesellschaft im Zeitpunkte der Klagerhebung maßgebend ist. Daß in § 142 Abs. 3 nur von dem Falle des Ausscheidens überhaupt gesprochen und der Fall des Ausscheidens durch Ausschließung nicht besonders hervorgehoben wird, steht dieser Auffassung nicht entgegen. Der § 142 Abs. 3 gilt sowohl für den Fall des § 142 Abs. 1 (vgl. § 140), wie für die Fälle des § 142 Abs. 2 (vgl. § 141); bei einer entsprechenden Anwendung des § 140 ist aber das Ergebnis naturgemäß ein anderes, als bei einer solchen des § 141 HGB. Nun hat allerdings der I. Zivilsenat des Reichsgerichts in RGZ. Bd. 56 S. 18 die Ansicht ausgesprochen, auch im Falle des § 142 Abs. 2 führe die entsprechende Anwendung des § 140 Abs. 2 dahin, daß als der für die Auseinandersetzung und die Vermögenslage der Gesellschaft maßgebende Zeitpunkt der Moment der Auflösung der Gesellschaft und der Übernahme des Geschäfts mit Aktiven und Passiven gelten müsse. Auf dieser nicht näher begründeten Ansicht beruhte jedoch die damalige Entscheidung nicht. Sie betraf den Fall, daß die beiden einzigen Gesellschafter einer Kommanditgesellschaft, die sich durch Vertrag dahin geeinigt hatten, daß die Gesellschaft als mit einem bestimmten Zeitpunkt aufgelöst gelten und der eine der Gesellschafter das Geschäft mit Aktiven nnd Passiven übernehmen sollte, nunmehr über die Beteiligung des anderen Gesellschafters am Gewinn und am Verlust aus den zur Zeit der Auflösung schwebenden Geschäften stritten. Zur Anrufung der vereinigten Zivilsenate besteht somit kein Anlaß.

Schon nach dem Urteile des Landgerichts, das die Klägerin ihrem Antrage gemäß für berechtigt erklärt hat, das unter der Firma P. & W. betriebene Geschäft mit Aktiven und Passiven ohne Liquidation zu übernehmen, war daher kraft Gesetzes für die Auseinandersetzung unter den Parteien die Vermögenslage der Gesellschaft am Tage der Zustellung der vorliegenden Klage als maßgebend anzusehen, und das Kammergericht ist dadurch, daß es dies in dem angefochtenen Urteile zusätzlich ausgesprochen hat, über den Antrag der Klägerin auf Zurückweisung der Berufung sachlich nicht hinausgegangen. Übrigens hat der Beklagte, behufs Vermeidung eines neuen Prozesses, für den Fall der Zurückweisung seiner Berufung die Feststellung des für die Auseinandersetzung maßgebenden Zeitpunktes im Urteile selbst beantragt. Er hat zwar dabei ausgeführt, daß als solcher Zeitpunkt nicht der Tag der Klagezustellung, sondern nur der Tag der mündlichen Verhandlung vom 15. Juni 1918 in Betracht kommen könne, in der die Klägerin sein vom Landgerichte für entscheidend erachtetes Verhalten hinsichtlich der von der Kriegsmetallaktiengesellschaft gezahlten 45057,10 *M* zur Begründung der Klage zuerst geltend gemacht habe. Diese Ausführung findet jedoch im Gesetze keinen Anhalt. Die einmal erhobene Klage, und zwar sowohl die auf Ausschließung (§ 140 HGB.) wie die auf Geschäftsübernahme (§ 142 das.) gerichtete, kann nachträglich auch auf andere als die zunächst geltend gemachten Umstände gestützt werden, insbesondere auch auf solche, die erst im Laufe des Prozesses eingetreten sind, und wenn das Gericht der Klage stattgibt, weil es gerade die letzteren Umstände, sei es für sich allein sei es in Verbindung mit den schon in der Klageschrift aufgeführten, für erheblich genug erachtet, um die Ausschließung des Beklagten oder die Übernahme des Geschäfts durch den Kläger zu rechtfertigen, so kann dies doch immer nur dahin führen, daß die Auseinandersetzung nach der Vermögenslage der Gesellschaft zur Zeit der Klagerhebung stattzufinden hat. Durch die Vorschrift des § 140 Abs. 2 HGB. hat für die Auseinandersetzung in den Fällen der Ausschließung und der Geschäftsübernahme eine einheitliche und leicht festzustellende zeitliche Grundlage geschaffen werden sollen. Wollte man daher bei nachträglicher Geltendmachung von Ausschließungs- oder Übernahmegründen nicht den Zeitpunkt der Klagerhebung sondern den des Vorbringens im Prozesse oder gar den Zeitpunkt als maßgebend ansehen, in dem nach der Klagerhebung zuerst ein Tatbestand vorläge, der die Ausschließung oder die Übernahme rechtfertigte, so würde das den Zweck des Gesetzes in nicht seltenen Fällen geradezu vereiteln. Für die Entscheidung über die Ausschließung oder die Übernahme kommt es nur darauf an, daß zur Zeit ihres Erlasses ein erheblicher Grund vorliegt, nicht auch darauf, in welchem Zeitpunkte dieser Grund eingetreten oder wann er im Prozesse zuerst vorgebracht worden ist. Wäre dies für die Auseinandersetzung von Belang, so würde es vielfach erst noch besonderer Feststellungen bedürfen, die Prozesse würden also verdoppelt oder doch wesentlich erschwert werden.

Diese Feststellung aber, daß hier die zur Anwendung des § 142 Abs. 1 HGB. erforderlichen Voraussetzungen gegeben seien, ist rechtlich nicht zu beanstanden. . . .

---

67. 1. Kann der Geschäftsanteil einer Gesellschaft m. b. H. frei verschenkt werden, wenn nach der Satzung der Verkauf von Geschäftsanteilen der Genehmigung der Gesellschaft bedarf?
2. Inwiefern unterliegt die Satzung einer Gesellschaft m. b. H. der Auslegung?

II. Zivilsenat. Urt. v. 25. Januar 1921 i. S. der L. Dachschädenreparaturgesellschaft m. b. H. (Bekl.) w. R. (Kl.). II 313/20.

I. Landgericht Leipzig. — II. Oberlandesgericht Dresden.

Der Ehemann der Klägerin, der bei der verklagten Gesellschaft seit ihrem Bestehen mit einem Geschäftsanteil beteiligt war, verschenkte seinen Anteil durch notariellen Akt an seine Ehefrau. Die Gesellschaft lehnte es ab, die Klägerin als Gesellschafterin anzuerkennen. Sie wandte ein, es habe sich bei der Schenkung um ein Scheingeschäft gehandelt, und berief sich eventuell darauf, daß nach dem Gesellschaftsvertrage die Veräußerung der Genehmigung der Gesellschaft bedurft habe. Im ursprünglichen Vertrage war für den Fall des Verkaufs oder der Abtretung von Geschäftsanteilen den übrigen Gesellschaftern das Vorkaufsrecht bedungen. Später hatten die Gesellschafter beschlossen, dies dahin zu ändern: „Der Verkauf von Geschäftsanteilen an andere Personen als die jeweiligen Gesellschafter ist von der Genehmigung der Gesellschaft abhängig. Zur Verpfändung von Geschäftsanteilen bedarf es dieser Genehmigung nicht" usw. In dem Antrag, auf welchen hin diese Änderung erfolgt ist, hatte es geheißen: „Die Veräußerung von Geschäftsanteilen" usw. Eine sachliche Absicht hat dieser Abweichung vom Vorschlage nicht zugrunde gelegen. Die Beklagte behauptete, es müsse ein reiner Mißgriff des Notars gewesen sein.

Beide Vorinstanzen stellten dem Klagantrag entsprechend fest, daß die Klägerin bei der Beklagten mit dem Geschäftsanteil beteiligt sei. Die Revision der Beklagten wurde zurückgewiesen.

Gründe:

. . . Die Entscheidung hängt davon ab, ob die Bestimmung des Gesellschaftsvertrags, daß der Verkauf eines Geschäftsanteils der Genehmigung der Gesellschaft bedarf, auf jede Art von Veräußerung, auch die unentgeltliche, auszudehnen ist. Der Vorderrichter hat das unter Berücksichtigung der Vorgänge, namentlich des mit der Abänderung der Satzung verfolgten Zweckes, sowie unter Verwertung der erhobenen Beweise verneint. Daß dieser Auslegung des Vertrags ein Rechtsirrtum zugrunde liege, vermag die Revision nicht darzutun. Es ist vollkommen richtig, daß die Satzung in der ursprünglichen Fassung der in Rede stehenden Bestimmung, obwohl die Ausdrücke Verkauf und Abtretung nebeneinander herlaufen, sachlich einen Schutz nur gegen entgeltliche Veräußerung boten, weil sie nur ein Vorkaufsrecht bestimmten, dessen Voraussetzung entgeltliche Veräußerung ist; es ist richtig, daß in dem Abänderungsvorschlage, der durch Einführung des Erfordernisses der Genehmigung durch die Gesellschaft dem Vorkaufsrecht wirksamen Schutz verleihen sollte, wiederum die Ausdrücke Veräußerung und Verkauf ununterschieden nebeneinander herlaufen. Es ist Beweiswürdigung, wenn der Vorderrichter auf Grund der Zeugenvernehmung zu dem Ergebnis gelangt, es sei nicht bewiesen, daß sämtliche Beteiligte mit dem Worte Verkauf jede Veräußerung hätten treffen wollen, und es ist schließlich tatsächliche Feststellung, wenn er sagt, man habe mit der Abänderung bezweckt zu hindern, daß die Konkurrenz Geschäftsanteile erwerbe, die Gefahr, daß dies im Wege einer Schenkung geschehen könnte, sei so gut wie ausgeschlossen gewesen. Wenn der Vorderrichter aus dem allen schließt, daß die Gesellschafter den Fall einer Schenkung überhaupt nicht im Auge gehabt und für ihn nichts haben bestimmen wollen, so kann das nicht als rechtsirrtümlich bezeichnet werden.

Übrigens aber würde es für die Entscheidung hierauf gar nicht ankommen. Es geht zu weit, wenn behauptet wird, daß die Satzung einer Gesellschaft m. b. H. einer Auslegung über den Wortlaut hinaus überhaupt nicht unterliege (so Staub, GmbHG. 1. Aufl. § 2 Anm. 25, dagegen die späteren Auflagen, ferner RGZ. Bd. 70 S. 331, Bd. 79 S. 418). Es ist kein Grund, die §§ 133, 157 BGB. hier schlechthin auszuschließen. Aber doch sind durch Natur und Wesen des Vertrags der Auslegung enge Grenzen gezogen, was darauf beruht, daß einerseits zur Auslegung einer Willenserklärung Umstände nicht herangezogen werden können, welche für den Empfänger der Erklärung nicht erkennbar waren, anderseits der Gesellschaftsvertrag, der die Grundlage der Persönlichkeit der Gesellschaft bildet und daher nicht nur im Verhältnis der Vertragschließenden zueinander, sondern auch der Gesellschaft zu Dritten maßgeblich ist, nur einheitlich ausgelegt werden darf, was darauf hinausläuft, daß nur eine aus der Urkunde selbst zu gewinnende Auslegung über den Wortlaut hinaus zulässig ist. Ist nicht, wie das Gesetz es zuläßt, die Abtretung des Geschäftsanteils an die Genehmigung der Gesellschafter gebunden, sondern nur der Verkauf, so ist das eine in ihrem Wortlaut unzweideutige Einschränkung, die der Leser höchstens auf Grund des übrigen Inhalts der Satzung zu korrigieren berechtigt und verpflichtet wäre. Der allgemeine Gedanke, daß, wenn man schon die freie Veräußerlichkeit der Geschäftsanteile habe beschränken wollen, es sachlich keinen wesentlichen Unterschied ausmachen könne, ob der Anteil verkauft oder verschenkt werde, liegt nahe. Man kann ihm aber nicht nachgehen, ohne die Satzung gegen ihren Wortlaut auszulegen, und es muß dabei bleiben, daß das nicht zulässig ist, wenn die Satzung selbst irgendeinen Anhalt dafür nicht bietet.

---

68. Haftet der Rechtsanwalt, wenn sein Bureauvorsteher durch betrügerische Mitteilung von dem Erfordernis einer Hinterlegung die Partei zur Hergabe von Wertpapieren veranlaßt und diese unterschlägt?

III. Zivilsenat. Urt. v. 28. Januar 1921 i. S. C. (Bekl.) w. O. & Co. (Kl.). III 342/20.

I. Landgericht I Berlin. — II. Kammergericht daselbst.

Der beklagte Rechtsanwalt war Prozeßbevollmächtigter der Klägerin in verschiedenen Prozessen, insbesondere in einem Rechtsstreite R. gegen die Klägerin, in dem diese durch Urteil vom 4. Juli 1918 zur Zahlung von 6500 *M* nebst Zinsen und in die Kosten verurteilt und das Urteil gegen Sicherheitsleistung in Höhe von 6700 *M* für vorläufig vollstreckbar erklärt wurde. Der Beklagte war damals verreist. Sein Bureauvorsteher M. teilte am 24. Juli 1918 der Klägerin durch Fernsprecher wahrheitswidrig mit, daß in der Sache R. zur Abwendung der Zwangsvollstreckung 6000 *M* in bar oder ein Drittel mehr in Wertpapieren hinterlegt werden müßten. Die Klägerin sandte darauf am folgenden Tage 5 %ige Deutsche Reichsanleihe (Kriegsanleihe) im Nennwerte von 10000 *M* mit Zinsscheinen und Erneuerungsschein an den Beklagten und erhielt darüber eine von M. für den Beklagten („p. pa.") unterschriebene Quittung. Auf das Verlangen der Klägerin nach Übersendung der gerichtlichen Hinterlegungsbescheinigung erklärte M., mit dem Gegner sei Hinterlegung bei einer Bank vereinbart. Das Wertpapier ist im August 1918 von M. unterschlagen worden.

Die Klägerin begehrt Verurteilung des Beklagten zur Lieferung von 5 %iger Deutscher Reichsanleihe im Nennwerte von 10000 *M* nebst Zins- und Erneuerungsscheinen. Hierzu hat, abweichend von dem Landgerichte, das die Klage abgewiesen hatte, das Kammergericht den Beklagten verurteilt. Seine Revision wurde zurückgewiesen.

Gründe:

Der Berufungsrichter stellt fest, daß der Beklagte in ungewöhnlich weitgehendem Maße den Verkehr mit seinen Auftraggebern seinem

Bureauvorsteher überlassen und daß letzterer insbesondere während der Abwesenheit des Beklagten allein für diesen der Klägerin gegenüber gehandelt habe, und folgert daraus, daß der Bureauvorsteher im Verkehre mit der Klägerin als Stellvertreter des Beklagten mit dessen Willen aufgetreten sei und der Beklagte deshalb für dessen schuldhafte Handlungen nach § 278 BGB. hafte. Diese Ausführungen liegen vorwiegend auf dem der Revision unzugänglichen Gebiete der Tatsachenwürdigung und sind rechtlich einwandfrei. Die von der Revision hervorgehobene Behauptung des Beklagten, er habe für die Zeit seiner Abwesenheit den Rechtsanwalt Dr. B. zu seinem Vertreter für seine Berufsgeschäfte vor Gericht und im Bureau bestellt, ist von dem Vorderrichter bei seiner Feststellung nicht übersehen worden, mit ihr auch durchaus vereinbar und nicht geeignet, die Haftung des Beklagten für seinen Bureauvorsteher, der neben jenem Vertreter des Beklagten mit dessen Willen handelte, auszuschließen.

Zu den Pflichten eines zum Prozeßbevollmächtigten bestellten Rechtsanwalts seinem Auftraggeber gegenüber gehört die Benachrichtigung von dem Inhalte der ergangenen Urteile und die Belehrung über die zur Abwendung einer drohenden Zwangsvollstreckung erforderlichen Maßnahmen. Dies verkennt auch die Revision nicht. Auch nach ihr würde der Beklagte haften, wenn der Bureauvorsteher fahrlässigerweise das gegen die Klägerin ergangene Urteil dahin verstanden hätte, daß diese die Zwangsvollstreckung durch Hinterlegung abwenden müsse. Ist das aber richtig, so kann für den hier gegebenen Fall der vorsätzlichen, betrügerischen Mitteilung von dem Erfordernisse der Hinterlegung nichts anderes gelten; sonst würde gerade für die Fälle des schwersten Verschuldens eines Vertreters des Schuldners dem Gläubiger der Schutz des § 278 BGB. fehlen, während er doch vor allem in diesen Fällen geschützt werden muß. Wenn die Revision ausführt, die Voraussetzung für die Haftung aus § 278 sei das wirkliche Bestehen einer Verpflichtung, hier habe aber eine Pflicht des Beklagten zu einer Mitteilung über eine Hinterlegung nicht bestanden sondern sei nur von dem Bureauvorsteher betrügerisch vorgetäuscht worden, so kann dem nicht beigetreten werden. Der Beklagte war auf Grund seines Vertragsverhältnisses mit der Klägerin verpflichtet, dieser wahrheitsgemäße Mitteilungen über den Inhalt des Urteils und die Abwendung der Zwangsvollstreckung zu machen und sich jeder falschen Nachricht zu enthalten. Diese Pflicht hat sein Vertreter vorsätzlich verletzt.

Ein mitwirkendes Verschulden der Klägerin wird vom Berufungsrichter verneint. Das hierauf bezügliche Vorbringen des Beklagten ist erschöpfend und ohne Rechtsverstoß gewürdigt worden, so daß die Rüge der Nichterhebung der angebotenen Beweise fehl geht.

Auch wenn der Klägerin die Abwesenheit des Beklagten bekannt war, konnte sie auf die Richtigkeit der Mitteilung des Bureauvorstehers, dem der Beklagte, wie erwähnt, in außergewöhnlich weitgehendem Maße den Verkehr mit ihr überlassen hatte, vertrauen und verletzte sie nicht die Pflicht zu der im Verkehr erforderlichen Sorgfalt, wenn sie weder die Vorlage der Urkunden, aus denen sich die Notwendigkeit der Hinterlegung zur Abwendung der Zwangsvollstreckung ergab, noch die der Quittung der Bank über die erfolgte Hinterlegung forderte. Auch daraus, daß sie selbst ein ihr gehöriges Wertpapier hinterlegte und den Bureauvorsteher nicht an ihre Versicherungsgesellschaft, die Nebenintervenientin im Vorprozesse, verwies, kann ihr ein Vorwurf nicht gemacht werden. Wollte man aber etwa in einer dieser Handlungen oder Unterlassungen der Klägerin eine Fahrlässigkeit finden, so würde sie im Vergleich mit dem vom Beklagten zu vertretenden betrügerischen Verhalten des Bureauvorstehers so gering sein, daß trotzdem der ganze Schaden dem Beklagten zur Last zu legen wäre.

---

69. Gehören im Sinne des § 27 des preuß. Volksschulunterhaltungsgesetzes zu den Verbindlichkeiten, die auf dem den Schulzwecken gewidmeten Vermögen einer Kirchengemeinde haften, auch diejenigen, die zum Zwecke der laufenden Schulunterhaltungskosten aufgenommen worden waren?

VII. Zivilsenat. Urt. v. 1. Februar 1921 i. S. kath. Pfarrgemeinde R. (Bekl.) w. Stadtgemeinde R. (Kl.). VII 470/20.

I. Landgericht Kiel. — II. Oberlandesgericht daselbst.

Die Unterhaltskosten der katholischen Schule in R., die seit dem 1. April 1898 als öffentliche Schule der beklagten katholischen Pfarrgemeinde anerkannt war, waren gemäß Regulativ vom 27. Februar 1900 von dieser zu tragen. Die Ausgaben wurden bis zum Jahre 1906 aus jährlichen Umlagen und milden Gaben gedeckt. Nach Erlaß des Volkschulunterhaltungsgesetzes vom 28. Juli 1906 hat die Beklagte zur teilweisen Bestreitung der laufenden Schulunterhaltungskosten für die Rechnungsjahre 1906 und 1907 je eine Anleihe von 2400 *M* aufgenommen. Die Aufnahme der Anleihen ist von den staatlichen und kirchlichen Behörden ordnungsmäßig genehmigt worden. Vom 1. April 1908 ab ist die Schule von der Stadt R., der Klägerin, übernommen worden. Auf Grund des § 27 SchUG. wurde das den Schulzwecken gewidmete Vermögen der Beklagten durch Beschluß der Regierung in Sch. vom 21. Juni 1912 der Klägerin überwiesen. In dem Beschlusse ist bestimmt, daß die genannten beiden Anleihen als auf dem Schulvermögen haftende Verbindlichkeiten von der Klägerin zu übernehmen seien. Hiergegen richtet sich die Klage mit dem Antrage, den Regierungsbeschluß dahin abzuändern, daß die erwähnten Verbindlichkeiten auf die Klägerin nicht übergehen.

Beide Vorinstanzen haben dem Klagantrag entsprochen. Auf die Revision der Beklagten ist das Berufungsurteil aufgehoben worden aus folgenden

Gründen:

Das Volksschulunterhaltungsgesetz vom 28. Juli 1906 sieht in § 27 für den Fall, daß vor seinem Inkrafttreten (1. April 1908) eine Kirchengemeinde Trägerin der Volksschullast war, eine Auseinandersetzung des Vermögens der Kirchengemeinde vor. Das den Schulzwecken gewidmete Vermögen soll aus dem Gesamtvermögen der Kirchengemeinde ausgeschieden und auf den neuen Schulverband übertragen werden. Es heißt in § 27:

„Das den Schulzwecken gewidmete Vermögen ist einschließlich der zur Dotation der Schulstelle bestimmten Grundstücke, Gebäude, Kapitalien, Gerechtigkeiten, Nutzungsrechte und Forderungen unter Berücksichtigung der darauf haftenden Verbindlichkeiten ... dem Schulverbande ... zu überweisen."

Das Berufungsgericht nimmt nun zwar im Anschluß an das Urteil des III. Zivilsenats des Reichsgerichts vom 7. Oktober 1913 III 226/13 an, daß der Begriff der auf dem den Schulzwecken gewidmeten Vermögen haftenden Verbindlichkeiten nicht auf dingliche Lasten zu beschränken ist. Es faßt ihn aber noch zu eng auf, wenn es weiter den Grundsatz aufstellt, daß darunter nur solche Verbindlichkeiten zu verstehen seien, die aufgenommen sind, um das den Schulzwecken gewidmete Vermögen zu mehren oder doch vor Verminderung zu schützen. Es läßt also den Verwendungszweck, zu dem die Verbindlichkeiten eingegangen waren, maßgebend sein und scheidet von der Übernahme durch den neuen Schulverband die Verbindlichkeiten aus, die zur Bestreitung der laufenden Schulausgaben aufgenommen worden sind.

Diese einschränkende Auslegung wird den Grundsätzen nicht gerecht, die beim Zustandekommen der den Übergang der Schulvermögen auf die neuen Schulverbände betreffenden Bestimmungen leitend gewesen sind, und findet auch im Wortlaute des Gesetzes keine genügende Stütze.

Der § 11 der Regierungsvorlage bestimmte unter Nr. 1, daß das den Schulzwecken gewidmete, den Schulunterhaltungspflichtigen oder der Schule gehörige Vermögen als Ganzes auf den Schulverband übergehen solle, und unter Nr. 2, daß zu dem Vermögen die zur Dotation der Schulstelle bestimmten Grundstücke usw., Schulden und Verbindlichkeiten zu rechnen seien. Die Begründung (S. 54) sagt dazu:

„Soweit das Schulvermögen den aufzulösenden Schulverbänden (Schulsozietäten, auch Kirchen- und Synagogengemeinden, welche als Schulverbände dienen) oder der Schule als juristischer Person gehört, geht es auf die neuen Schulverbände kraft Gesetzes über."

Es sollte also eine Gesamtrechtsnachfolge der neuen Schulverbände in das den Schulzwecken dienende Vermögen stattfinden. Dabei war aber übersehen worden, daß eine solche Gesamtrechtsnachfolge bei Kirchengemeinden als Trägerinnen der Schullast nicht angängig war, weil das den kirchlichen und den Schulzwecken dienende Vermögen dieser Gemeinden ein einheitliches Gesamtvermögen bildete, und daß deshalb zunächst eine Aussonderung der den Schulzwecken gewidmeten Vermögensteile aus dem Gesamtvermögen stattfinden mußte. Diese Notwendigkeit wurde erst bei den Kommissionsberatungen des Abgeordnetenhauses erkannt, was dann zu der in den §§ 24 und 27 des Gesetzes zum Ausdruck gebrachten unterschiedlichen Behandlung der alten Schulsozietäten und Schulen mit eigener Rechtspersönlichkeit einerseits und der Kirchengemeinden anderseits führte. Leitender Gedanke war aber bei dieser verschiedenen Regelung, wie schon hervorgehoben, lediglich der, daß bei den Kirchengemeinden zunächst eine Aussonderung des den Schulzwecken gewidmeten Vermögens aus dem kirchlichen Gesamtvermögen stattfinden müsse, bevor von einem Übergang des ersteren auf den neuen Schulverband die Rede sein könne. Dagegen ist bei den Beratungen niemals die Auffassung hervorgetreten, daß die Kirchengemeinden in bezug auf den Übergang der für Schulzwecke aufgenommenen Schulden ungünstiger behandelt werden sollten als die Schulsozietäten und die Schulen mit eigener Rechtspersönlichkeit, für die in § 24 des Gesetzes an dem Standpunkte der Gesamtrechtsnachfolge festgehalten worden ist. Es ergibt sich vielmehr aus mehrfachen Äußerungen von Kommissionsmitgliedern mit aller Deutlichkeit, daß man mit dem § 27 (der dem von der Kommission des Abgeordnetenhauses angenommenen § 11 des verbesserten Entwurfs entspricht) eine Schlechterstellung der Kirchengemeinden nicht beabsichtigt hat, sondern daß gerade gegenteilig das kirchliche Vermögensinteresse gewahrt und verhindert werden sollte, daß der Kirche einfach ihr Vermögen weggenommen würde (vgl. Komm. Bericht S. 520/521). Es sollte also, wie bei den Schulsozietäten und den Schulen mit Rechtspersönlichkeit im Wege der Gesamtrechtsnachfolge, auch bei den Kirchengemeinden das ganze, den Schulzwecken gewidmete Vermögen einschließlich aller dazu gehörigen Verbindlichkeiten auf die neuen Schulverbände übergehen. Zu einer anderen Auffassung kann auch der Wortlaut des § 27 nicht führen; unter den „auf dem Vermögen haftenden Verbindlichkeiten", sind die „dazu gehörigen" zu verstehen. Es kommt also nur auf die Feststellung an, ob die Anleihen aus den Jahren 1906 und 1907 für

Schulzwecke aufgenommen worden sind, nicht dagegen, für welche Schulzwecke. Daß die Klägerin die laufenden Schulunterhaltungskosten erst vom 1. April 1908 ab zu tragen hatte, und daß sie bis dahin der Beklagten zur Last fielen, ist richtig, aber bedeutungslos für die hier zu entscheidende privatrechtliche Frage, was am 1. April 1908 zu dem den Schulzwecken gewidmeten Aktiv- und Passivvermögen der Beklagten gehört hat. . . .

---

70. Wird die Berufungsfrist in Lauf gesetzt, wenn eine Partei, der eine vollständige Ausfertigung des Urteils erteilt ist, dem Gegner eine beglaubigte Abschrift ohne Tatbestand und Entscheidungsgründe zustellen läßt?

III. Zivilsenat. Urt. v. 4. Februar 1921 i. S. H. v. A. (Bekl.) w. J. (Kl.). III 288/20.

I. Landgericht Dessau. — II. Oberlandesgericht Naumburg a. S.

Die Frage ist vom Reichsgerichte bejaht worden aus folgenden

Gründen:

. . . Das Berufungsgericht sieht die Einlegung der Berufung gemäß § 516 Abs. 2 ZPO. für wirkungslos an, weil der Beklagte, dem eine vollständige Ausfertigung des erstinstanzlichen Urteils vom Gerichtsschreiber erteilt worden ist, nach der vom Gerichtsvollzieher bei der Übergabe des zuzustellenden Schriftstücks an die Post aufgenommenen Urkunde (§ 194 Abs. 2 ZPO.) nur eine beglaubigte Abschrift der landgerichtlichen Entscheidung ohne Tatbestand und Entscheidungsgründe hat zustellen lassen. Es fehle hiernach — so führt der Vorderrichter aus — an der nach §§ 194, 191 Nr. 6 ZPO. erforderlichen Übereinstimmung des zuzustellenden und des bei der Zustellung zu übergebenden Schriftstücks. Aus § 26 der BRV. v. 9. September 1915/18. Mai 1916 zur Entlastung der Gerichte verb. mit § 496 Abs. 6 ZPO. sei aber die Zulässigkeit des vom Kläger eingeschlagenen Verfahrens nicht abzuleiten, weil nach diesen Bestimmungen die Zustellung eines gekürzten Urteils nur statthaft sei, wenn es der Gerichtsschreiber in der abgekürzten Form ausgefertigt habe.

Diese Annahme beruht auf einer Verkennung der Tragweite der bezeichneten Vorschriften. Nach § 26 der Entlastungsverordnung findet für Ausfertigungen landgerichtlicher Urteile § 496 Abs. 6 ZPO. entsprechende Anwendung. Urteile der Landgerichte können daher beim Mangel eines abweichenden Parteiantrags ohne Tatbestand und Entscheidungsgründe ausgefertigt werden, und die Zustellung einer solchen Ausfertigung steht in den Wirkungen der Zustellung eines vollständigen Urteils gleich. Die Ansicht des Revisionsbeklagten, daß der § 26 seinem Wortlaute nach nur die gekürzte Ausfertigung der landgerichtlichen Urteile, nicht aber auch deren Zustellung in dieser Gestalt zulasse, geht fehl. Die vom Gerichtsschreiber erteilte Ausfertigung stellt das zuzustellende Schriftstück dar, und gerade durch die Übergabe einer beglaubigten Abschrift dieses Schriftstücks vollzieht sich in den Fällen, wo es, wie hier, nicht der Übergabe der Ausfertigung selbst bedarf, die Zustellung (§ 170 ZPO.; RGZ. Bd. 82 S. 425). Die Bestimmung in § 496 Abs. 6 Satz 2 ist daher die folgerichtige Ausgestaltung des in Satz 1 enthaltenen Rechtssatzes. Es erscheint deshalb ausgeschlossen, daß der § 26 nur die erste, nicht auch die zweite Vorschrift auf die Urteile der Landgerichte hätte erstrecken wollen. Aus dem Zusammenhange der beiden Bestimmungen darf jedoch nicht geschlossen werden, daß der Anwendungsbereich der Vorschrift in Satz 2 auf die vom ersten Satz umfaßten Fälle beschränkt werde, Entscheidungen in gekürzter Form also nur bei Erteilung einer abgekürzten Ausfertigung durch den Gerichtsschreiber zur Zustellung verwendbar seien. Es mag dahingestellt bleiben, ob schon Erwägungen allgemeiner Natur, wie sie der VI. Senat des Reichsgerichts in dem Urteile RGZ. Bd. 85 S. 17 flg. angestellt hat, dazu führen, das Vorhandensein von Tatbestand und Entscheidungsgründen nicht als Voraussetzungen der Zustellbarkeit eines Urteils anzusehen. Jedenfalls hat das Gesetz, indem es die Zustellung amts- und landgerichtlicher Urteile in derartig abgekürzter Gestalt für zulässig erklärt, zugleich den Grundsatz zum Ausdruck gebracht, daß bei diesen Urteilen die Zustellung durch die Weglassung von Tatbestand und Gründen nicht beeinträchtigt wird. Offensichtlich geht der Gesetzgeber von dem Gedanken aus, daß in zahlreichen Fällen ein Interesse des Zustellungsempfängers an der Zustellung einer vollständigen Ausfertigung nicht besteht. Erfahrungsmäßig pflegen die Parteien, welche sich an der Hand des Tatbestands und der Gründe über die Einlegung eines Rechtsmittels schlüssig machen wollen, die Zustellung von seiten des Gegners nicht abzuwarten, sondern sich eine vollständige Ausfertigung vom Gerichtsschreiber erteilen zu lassen. Die Behändigung einer beglaubigten Urteilsabschrift in ungekürzter Form ist daher sehr häufig eine zwecklose und überflüssige Maßnahme. Beruht aber die Vorschrift in § 496 Abs. 6 Satz 2 auf dieser Erwägung, so muß sie sinngemäße Anwendung auch in denjenigen Fällen erfahren, in welchen sich die zustellende Partei das Urteil zwar mit Tatbestand und Gründen hat ausfertigen lassen, bei der Herstellung der zuzustellenden beglaubigten Abschrift aber diese Urteilsbestandteile fortgelassen hat. Die Annahme des Gegenteils würde zur Folge haben, daß die zustellende Partei, welche für ihre eigenen Zwecke eine vollständige Abschrift benötigt, eine gültige Zustellung der Entscheidung in gekürzter Gestalt nur so ermöglichen könnte, daß sie sich vom Gerichtsschreiber zugleich eine Ausfertigung in dieser Form erteilen ließe. Damit würde aber ein Zustand geschaffen werden, der dem vom Gesetzgeber mit der Zulassung gekürzter Ausfertigungen verfolgten Zweck der Vereinfachung des Schreibwerks, der Entlastung der Kanzleien und der Beschleunigung des Geschäftsgangs zuwiderliefe. . . .

---

71. Verliert ein Beamter, dem die Fähigkeit zur Bekleidung öffentlicher Ämter durch ein vor Inkrafttreten der Verordnung des Rates der Volksbeauftragten vom 3. Dezember 1918 erlassenes und binnen zwei Wochen nach dem Inkrafttreten der Verordnung rechtskräftig gewordenes Strafurteil aberkannt worden ist, das von ihm bekleidete Amt?

III. Zivilsenat. Urt. v. 4. Februar 1921 i. S. H. (Kl.) w. Deutsches Reich (Bekl.). III 455/20.

I. Landgericht Königsberg i. Pr. — II. Oberlandesgericht daselbst.

Der Kläger bekleidete die Stelle eines Oberpostassistenten. Durch Urteil vom 23. August 1918 wurde er wegen Postvergehens nach §§ 354, 358, 359 StGB. zu einem Jahr Gefängnis und zum Verlust der Fähigkeit zur Bekleidung öffentlicher Ämter auf die Dauer von zwei Jahren verurteilt. Er legte gegen dieses Urteil die Revision ein, nahm diese aber nach Erlaß der Verordnung des Rates der Volksbeauftragten vom 3. Dezember 1918 über die Gewährung von Straffreiheit und Strafmilderung wieder zurück.

Der Beklagte erachtete den Kläger ungeachtet dieser Verordnung seines Amtes für verlustig. Der Kläger meint dagegen, daß er zufolge dieser Verordnung sein Amt behalten habe, und fordert die Nachzahlung des ihm seiner Meinung nach zu Unrecht vorenthaltenen Gehalts. Seine Klage wurde in allen Rechtszügen abgewiesen.

Gründe:

Die VO. vom 3. Dezember 1918 verfügt in § 1 die Niederschlagung von anhängigen Untersuchungen, in § 2 den Erlaß rechtskräftig erkannter Strafen. In Satz 2 des Abs. 1 des § 2 ist dieser Erlaß ausgedehnt auf Strafen, die bis zum Inkrafttreten der Verordnung erkannt sind und binnen zwei Wochen nach dem Inkrafttreten rechtskräftig werden. Diese Bestimmung ergibt klar, daß auch der Erlaß der in diesem Satz 2 bezeichneten Strafen erst eintreten soll, nachdem das Urteil, das die Strafe verhängt hat, die Rechtskraft erlangt hat. Ein anderes war auch mit dem Begriffe des Straferlasses im Gegensatze zu der Niederschlagung der Untersuchung nicht vereinbar. Ein Erlaß der Strafe aus einem Urteil, das noch nicht rechtskräftig ist, würde die Niederschlagung einer noch anhängigen Untersuchung bedeuten. Die Voraussetzungen, unter denen eine Niederschlagung der Untersuchung in § 1 VO. angeordnet wird, sind aber wesentlich andere als die des Straferlasses nach § 2. Der Kläger, der auf Grund des eine Gefängnisstrafe nicht unter 3 Monaten androhenden § 354 StGB. verurteilt ist, wurde von der Niederschlagung nach § 1 VO. nicht betroffen.

Sonach trat auch in den in § 2 Abs. 1 Satz 2 VO. bezeichneten Fällen der Erlaß der Strafe erst in Wirksamkeit, nachdem das Urteil rechtskräftig geworden und alle mit der Rechtskraft des Urteils unmittelbar verbundenen Rechtsfolgen eingetreten waren. Diese Fälle werden also so behandelt, als wenn die Rechtskraft des Urteils auch hier schon vor Erlaß der Verordnung eingetreten wäre. Zu einer anderen, dem Verurteilten noch günstigeren Behandlung dieser Fälle fehlte auch jeder innere Grund.

Die Wirkung der Aberkennung der Fähigkeit zur Bekleidung öffentlicher Ämter aber tritt nach § 36 StGB. mit der Rechtskraft des Urteils — unmittelbar — ein, und nach § 35 Abs. 2 StGB. ist der dauernde Verlust der bekleideten Ämter die von Rechts wegen eintretende Folge dieser Aberkennung. Der erst nach Eintritt der Rechtskraft des Urteils in Wirksamkeit tretende Erlaß der erkannten Strafe kann daher den bereits erfolgten Verlust des Amtes ebensowenig hindern oder wieder beseitigen, wie dies die Aufhebung des Strafurteils im Wiederaufnahmeverfahren zu tun vermag (vgl. RGZ. Bd. 42 S. 281). Der Erlaß kann vielmehr die Wirkungen der rechtskräftig erfolgten Aberkennung der Fähigkeit zur Bekleidung öffentlicher Ämter nur insofern beseitigen, als er dem Verurteilten diese Fähigkeit wieder verleiht und ihm damit die rechtliche Möglichkeit einer neuen Anstellung eröffnet.

---

72. 1. Kündigung eines auf Kündigung angestellten preußischen Hofbeamten durch den Finanzminister auf Grund der Verordnung vom 10. März 1919.

2. Standen die preußischen Hofbeamten nur im Beamtenverhältnis oder zugleich auch in einem bürgerlichrechtlichen Dienstverhältnisse zu dem Könige?

3. Sind gegenüber dem die Kündigung für zulässig erklärenden Inhalte der Anstellungsurkunde mündliche Äußerungen der Anstellungsorgane, die Kündigungsklausel stehe nur auf dem Papier, eine Kündigung sei ausgeschlossen, wirksam?

III. Zivilsenat. Beschl. v. 15. Februar 1921 i. S. L. (Kl.) w. den preuß. Staat, den vorm. König von Preußen und das Hausministerium des vorm. preuß. Königshauses (Bekl.). III A 15/21.

I. Landgericht I Berlin. — II. Kammergericht daselbst.

Durch schriftlichen Vertrag vom 1. September 1908 wurde der Kläger als Futtermeister bei dem königlichen Marstall auf Kündigung angestellt. Durch Schreiben des Finanzministers vom 17. Juli 1919 wurde er auf Grund der VO. über die Versorgung der Hofbeamten und ihrer Hinterbliebenen vom 10. März 1919 zum 1. November 1919 mit Bewilligung eines Wartegeldes auf die Dauer von zwei Jahren in Höhe des vollen Betrags seines Gehalts nebst Wohnungsgeldzuschuß und Nebenbezügen einstweilen in den Ruhestand versetzt und ihm gleichzeitig das Beamtenverhältnis in der Weise gekündigt, daß es mit Ablauf der Bewilligungsfrist für das Wartegeld endige. Am Schlusse dieses Schreibens heißt es: „Sobald die gesetzlichen Voraussetzungen dafür vorliegen, tritt Ihre endgültige Versetzung in den Ruhestand unter Gewährung des bis dahin erdienten Ruhegehalts ein.“ Der Kläger verlangte nun die Feststellung der Unwirksamkeit dieser Kündigung und die Verurteilung der Beklagten zur dauernden Fortzahlung seiner bisherigen Diensteinkünfte, in zweiter Linie die Verurteilung der Beklagten 2 und 3 zu dieser Zahlung und des Beklagten 1 zur Duldung der Zwangsvollstreckung in das beschlagnahmte königliche Vermögen. Hilfsweise beantragte er die Feststellung, daß die Kündigung insoweit unwirksam sei, als durch sie auch das Anrecht des Klägers auf Ruhegehalt und seiner etwaigen Hinterbliebenen auf Witwen- und Waisengeld aufgehoben werden solle. In beiden Rechtszügen abgewiesen, suchte er die Bewilligung des Armenrechts für die Revisionsinstanz nach, jedoch mit der Einschränkung, daß er nur gegen die beiden erstgenannten Beklagten Revision einlegen wolle.

Dieses Gesuch wurde wegen Aussichtslosigkeit der weiteren Rechtsverfolgung zurückgewiesen aus folgenden

Gründen:

Nach dem Inhalte des Anstellungsvertrags kann der Kläger nach voraufgegangener dreimonatiger Kündigung aus dem Dienste entlassen werden. Zu der Kündigung ist nach § 7 der erwähnten VO. vom 10. März 1919, die von der preußischen Regierung „mit Gesetzeskraft“ erlassen und durch das Gesetz zur vorläufigen Ordnung der

Staatsgewalt in Preußen vom 20. März 1919 (GS. S. 53) § 9 aufrecht erhalten ist, der Finanzminister zuständig. Der Inhalt seines Schreibens vom 17. Juli 1919 steht mit den §§ 8, 9 dieser VO. im Einklang, und nach § 19 derselben erlöschen „mit der Gewährung einer Versorgung nach Maßgabe dieser Verordnung die den Hofbeamten und ihren Hinterbliebenen gegenüber dem vormaligen königlichen Hause oder einem seiner Mitglieder zustehenden Gehalts- und Versorgungsansprüche, soweit sie nicht vorher fällig geworden sind." Diese unzweideutigen Bestimmungen rechtfertigen die Abweisung der Klage, von dem Hilfsantrage zunächst abgesehen.

Die Ausführungen des dem Armenrechtsgesuche beigefügten Entwurfs einer Revisionsrechtfertigung ergeben keinen Rechtsverstoß, der zur Aufhebung des Berufungsurteils führen könnte.

Auf Grund des Urteils des erkennenden Senats RGZ. Bd. 84 S. 168 nehmen beide Vorderrichter zutreffend an, daß der Kläger als Hofbeamter Staatsbeamter im weiteren Sinne sei. Das will auch der Kläger nicht angreifen, er meint aber, daß er durch den Anstellungsvertrag nicht nur Staatsbeamter geworden, sondern zugleich in ein bürgerlichrechtliches Dienstverhältnis zu dem Könige getreten sei, also eine Doppelstellung erlangt habe, und daß das bürgerlichrechtliche Verhältnis, zu dessen Kündigung der Finanzminister nicht befugt sei, noch fortbestehe. Die Annahme einer solchen Doppelnatur des Anstellungsverhältnisses ist jedoch rechtlich unhaltbar; ist durch die Anstellung im Dienste des Königs ein öffentlichrechtliches Beamtenverhältnis begründet, so kann nicht dasselbe Dienstverhältnis zugleich bürgerlichrechtlicher Natur sein. Übrigens sprechen auch die von dem Kläger angeführten Umstände nicht für die Annahme eines bürgerlichrechtlichen Dienstvertrags. Auch die Anstellung eines öffentlichen Beamten kann durch einen Anstellungsvertrag erfolgen, da in einem solchen die öffentlichrechtliche Anstellungsurkunde zu finden ist. Aus Nr. 4 der Ausführungsbestimmungen zur Bekanntmachung betr. Beschlagnahme des Vermögens des preußischen Königshauses vom 18. Juni 1919 (GS. S. 95) ferner ergibt sich nichts für die Auffassung des Klägers, weder aus Satz 1, nach dem „das persönliche Dienstverhältnis der Beamten und Angestellten des vormaligen Königs durch die Beschlagnahme des Vermögens" nicht berührt wird, noch aus Satz 2, der von der „Regelung der Vertragsverhältnisse derjenigen prinzlichen Hofbeamten, die nicht unter die VO. über die Versorgung der Hofbeamten und ihrer Hinterbliebenen vom 10. März 1919 fallen", also nicht von den Dienstverhältnissen der von dieser Verordnung betroffenen Hofbeamten spricht. Der oben erwähnte § 19 der VO. vom 10. März 1919 endlich steht mit der hier vertretenen Auffassung durchaus im Einklange; selbst wenn dem Kläger zuzugeben wäre, daß seine Bestimmung sich von diesem Standpunkt aus von selbst verstehe, würde ihre Aufnahme zur Klarstellung dienen und keinen Schluß gegen die Richtigkeit dieser Auffassung zulassen.

Gegenüber dem klaren Inhalte des Anstellungsvertrags, der fast nur aus Kündigungsbestimmungen besteht, kann der Kläger auch nicht mit der Behauptung gehört werden, er sei nicht auf Kündigung angestellt, denn den auf Kündigung angestellten Beamten sei bei Abschluß des Anstellungsvertrags und auch später wiederholt von den befugten Anstellungsorganen ganz allgemein erklärt worden, die dreimonatige Kündigungsklausel stehe nur auf dem Papier, eine Kündigung auf Grund dieser Klausel sei ausgeschlossen; der vormalige Hausminister habe auch in einem Schreiben vom 21. Juli 1919 erklärt, bei dem Stehenbleiben der Klausel habe es sich um einen Formfehler gehandelt. Alle diese Erklärungen sind gegenüber dem schriftlichen Vertrage wirkungslos. Auch die in dem Urteile Bd. 84 S. 176 näher besprochene Kabinettsorder vom 20. Mai 1832 schließt eine Anstellung der Hofbeamten auf Kündigung, auch auf eine Kündigung mit der Wirkung des Fortfalls der Pensionsberechtigung, nicht aus. Von einer Beseitigung der Kündigungsbefugnis durch Gewohnheitsrecht kann ebenfalls keine Rede sein.

Waren aber die Rechte des Klägers aus seinem Dienstverhältnisse durch die Zulässigkeit der Kündigung beschränkt, so enthält die Ausübung der Kündigungsbefugnis keine mit Art. 129 Abs. 4 der Reichsverfassung und mit dem Erlasse der preuß. Landesregierung vom 12. November 1918 (GS. S. 187) in Widerspruch stehende Verletzung seiner wohlerworbenen Beamtenrechte, auch wenn es richtig sein sollte, daß ohne die Staatsumwälzung eine Kündigung nicht erfolgt wäre.

Auf die von den Streitteilen eingehend erörterte weitere Frage der entsprechenden Anwendung des § 419 BGB. auf den vorliegenden Fall braucht nach dem Gesagten nicht eingegangen zu werden.

Der Hilfsantrag des Klägers endlich ist von dem Berufungsrichter abgewiesen worden, weil es zur Zeit an den Voraussetzungen der Feststellungsklage (§ 256 ZPO.) fehle. Der Kläger will das Feststellungsinteresse damit begründen, daß der Finanzminister allen früheren Hofbeamten, die wegen Umgestaltung des Staatswesens auf Grund des § 13 der VO., betr. die einstweilige Versetzung der unmittelbaren Staatsbeamten in den Ruhestand, vom 26. Februar 1919 (GS. S. 33) ihre Versetzung in den Ruhestand bisher beantragt hätten, diese abgeschlagen habe, weil die Verordnung auf die Hofbeamten nicht anwendbar sei. Seinem Armenrechtsgesuche hat er auch einen Bescheid des Finanzministers vom 12. Januar 1921 beigefügt, durch den auch sein erst nach Erlaß des Berufungsurteils gestellter Antrag aus § 13 mit der gleichen Begründung abgelehnt ist. Demnach hat nach der

Ansicht des Finanzministers der Kläger das Recht, auf Grund dieses § 13 mit der Höchstpension in den Ruhestand versetzt zu werden, nicht etwa durch die Kündigung verloren, sondern als Hofbeamter überhaupt nicht gehabt. Ein Interesse an der mit der vorliegenden Klage, auch dem Hilfsantrage, begehrten Feststellung der Unwirksamkeit der Kündigung kann also mit diesen Bescheiden des Finanzministers nicht begründet werden.

---

73. 1. Wann liegt ein dem § 5 des preußischen Tumultschadengesetzes vom 11. März 1850 genügender Bescheid des Gemeindevorstandes vor?

2. Sind Ansprüche aus diesem Gesetze ausgeschlossen, wenn der zugrunde liegende Tatbestand als Kriegsschaden im Sinne des Reichsgesetzes über die Feststellung von Kriegsschäden vom 3. Juli 1916 angesehen werden kann?

3. Hat das Reichsgesetz über die durch innere Unruhen verursachten Schäden vom 12. Mai 1920 im Saargebiete Geltung?

VI. Zivilsenat. Urt. v. 10. Januar 1921 i. S. Stadtgemeinde S. (Bekl.) w. D. (Kl.). VI 422/20.

I. Landgericht Saarbrücken. — II. Oberlandesgericht Köln.

Am 7. Oktober 1919 fanden in Saarbrücken Unruhen statt. Größere Menschenmassen rotteten sich zusammen und schritten mit offener Gewalt zu Plünderungen von Geschäftshäusern. Auch in die Geschäftsräume der Klägerin drang eine Menschenmenge ein, die Schaufenster wurden zertrümmert und eine große Menge Waren geraubt. Den Schaden hat die Klägerin innerhalb der im § 5 des preuß. Tumultschadengesetzes vom 11. März 1850 bestimmten Ausschlußfrist von vierzehn Tagen bei der Beklagten angemeldet. Diese erteilte zunächst keinen Bescheid, ein Schreiben der Anwälte der Klägerin vom 2. Januar 1920 aber beantwortete sie unter dem 10. Januar 1920 dahin, daß die Stadt zu der aufgeworfenen Frage noch nicht endgültig Stellung nehmen könne. Hieran knüpfte sie Ausführungen über das zu erwartende neue Reichsgesetz. Nach Empfang dieses Bescheids schritt die Klägerin innerhalb der Ausschlußfrist von vier Wochen zur Klage. In erster Linie verlangte sie die Verurteilung der Beklagten zum Ersatz alles Schadens, der ihr durch die Plünderung entstanden sei, mindestens aber zur Zahlung von 25828 ℳ nebst 4% Zinsen seit dem 7. Oktober 1919. Daneben stellte sie noch mehrere Hilfsanträge.

Vom Landgericht wurde die Klage abgewiesen, das Berufungsgericht hingegen erklärte den Hauptanspruch dem Grunde nach für gerechtfertigt. Die Revision der Beklagten blieb erfolglos.

Gründe:

Die Klägerin hat ihren Anspruch nicht nur auf das preußische Tumultschadengesetz, sondern weiter auch auf die allgemeinen Vorschriften des BGB. über die Haftung wegen Verschuldens und auf das französische Gesetz vom 10. Vendémiaire des Jahres IV gestützt. Daß das letztere Gesetz nicht mehr eingreift, hat schon das Landgericht zutreffend angenommen (vgl. RGZ. Bd. 98 S. 12), den Klagegrund des Verschuldens aber hat das Berufungsgericht wegen Fehlens der nötigen tatsächlichen Voraussetzung abgelehnt. Sein Ausspruch, daß der erhobene Anspruch dem Grunde nach gerechtfertigt sei, stützt sich allein auf das preußische Gesetz vom 11. März 1850. Die dort in § 5 vorgesehenen Ausschlußfristen sind gewahrt. Auch darin ist dem Berufungsgerichte zuzustimmen, daß das Schreiben der Beklagten vom 10. Januar 1920 den Willen, dem erhobenen Anspruche nicht zu genügen, mit hinreichender Deutlichkeit zum Ausdruck bringt. Seinem Wortlaute nach enthält es zwar nur die Mitteilung, daß die Stadt noch nicht endgültig Stellung nehmen könne. Hieran knüpfen sich aber Ausführungen über das zu erwartende Reichsgesetz, das die Gemeinden von der Haftpflicht ausschließen und dagegen Staat und Reich zu Schuldnern machen werde, denen gegenüber die Gemeinden zu $^1/_5$ regreßpflichtig werden sollten. Ein Prozeß sei daher zwecklos. Hieraus konnte die Klägerin entnehmen, daß die Beklagte dem angemeldeten, auf das Tumultschadengesetz gegründeten Anspruch keinesfalls entsprechen wollte, sie durfte daher alsbald zur Klage schreiten (vgl. RGZ. Bd. 99 S. 194). Ob ein Bescheid, wie ihn die Beklagte in dem Schreiben vom 10. Januar 1920 gegeben hat, ausreichen würde, um die Ausschlußfrist des § 5 zu ihren Gunsten gegen den Geschädigten in Lauf zu setzen, kann jetzt auf sich beruhen bleiben.

Daß die tatsächlichen Voraussetzungen des § 1 TG. vorhanden sind, nimmt das Berufungsgericht mit Recht an. Es stellt fest, daß unstreitig eine in erster Linie durch die Lebensmittelnot verursachte Erregung der städtischen Bevölkerung zu Aufläufen geführt hat, bei denen zusammengerottete Menschenmengen, die aber nicht von außen her eingedrungen sind, mit offener Gewalt in Verkaufsläden einbrachen und plünderten. Daß sich die Bewegung über einen größeren Teil des Saargebiets erstreckte und es dabei an anderen Orten zu ähnlichen Vorkommnissen kam, wird für unerheblich erklärt, ebenso, daß gleichzeitig ein organisierter Streik den Protest gegen Lebensmittelwucher und ungenügende Versorgungsmaßnahmen zum Ausdruck bringen sollte und mit diesem Streik auch gegen Maßnahmen der Besatzungsbehörde protestiert wurde. Auch darauf komme es nicht an, daß die Polizei in Saarbrücken der Gemeinde nicht unterstehe, die Bildung einer Bürgerwehr aber verboten und wegen der Ablieferung aller Waffen auch nicht möglich gewesen sei. Von der Revision ist auf die besonderen Verhältnisse hingewiesen worden, unter denen die Plünderungen stattgefunden haben und die von dem Gesetzgeber nicht hätten vorausgesehen werden können; das Tumultschadengesetz könne daher nicht Platz greifen. Dieser Folgerung kann nicht zugestimmt werden. Nach dem von dem erkennenden Senat in RGZ. Bd. 100 S. 10 eingenommenen Standpunkte, an dem festzuhalten ist, kommt es nicht darauf an, ob die Aufläufe in Saarbrücken mit einem politische Zwecke verfolgenden Streik in Zusammenhange standen, ob sie lokaler Natur waren oder Teil einer weitergreifenden Bewegung und ob sie mit örtlichen Mitteln bekämpft werden konnten. Daß insbesondere die Haftung der Gemeinden dann nicht wegfällt, wenn ihnen die Polizeigewalt nicht zusteht, hat der Senat schon in dem Urteile Bd. 98 S. 8 dargelegt. Es kommt überhaupt nicht darauf an, ob eine Gemeinde im Besitze der äußeren Machtmittel ist, um Aufläufen mit Gewalt entgegenzutreten, und daher erscheint es auch unerheblich, ob die Bildung einer Bürgerwehr oder eines bewaffneten Sicherheitsvereins gemäß § 7 TG. oder des Publikandums vom 4. Oktober 1830 (abgedruckt in den stenographischen Berichten der I. Kammer, Bd. 5 S 2445), das die Revision heranzieht, möglich gewesen wäre. An dieser Sachlage hat sich dadurch, daß Saarbrücken zur Zeit der Plünderung von fremden Truppen besetzt war, an und für sich nichts geändert. Daß diese oder die Okkupationsbehörden vergeblich um Schutz angegangen worden seien, ist nicht behauptet, es kann daher auf sich beruhen bleiben, ob ein solcher Vorgang Einfluß auf die Haftung der Gemeinde aus dem TG. haben würde.

Das Landgericht hat die Schäden, für die Ersatz verlangt wird, als Kriegsschäden im Sinne des Gesetzes über die Feststellung von Kriegsschäden im Reichsgebiete, vom 3. Juli 1916, erachtet und deswegen die Haftung der Beklagten verneint. Dagegen will das Berufungsgericht dahingestellt lassen, ob es sich um Kriegsschäden im Sinne jenes Gesetzes handle, weil dies der Anwendung des TG. nicht entgegenstehe. Diese Ansicht wird von der Revision bekämpft, die die Auffassung des Landgerichts für richtig hält und die Anwendung des Gesetzes von 1850 für ausgeschlossen erachtet. Dem Berufungsgerichte war im Ergebnis zuzustimmen.

Das Gesetz vom 3. Juli 1916 bezieht sich nach § 1 auf die durch den damaligen Krieg innerhalb des Reichsgebiets verursachten Beschädigungen an beweglichem und unbeweglichem Eigentum. Die Beklagte beruft sich für ihre Ansicht vor allem auf § 2 Nr. 2 daselbst, nach welcher Bestimmung Schäden, die unmittelbar durch Brand oder sonstige Zerstörung, durch Diebstahl oder Plünderung in den vom Feinde besetzten oder unmittelbar bedrohten Gebieten während der Dauer der Besetzung oder Bedrohung hervorgerufen sind, als durch den Krieg verursacht gelten, wenn nicht nachgewiesen wird, daß ein Zusammenhang der Entstehung oder des Umfangs des Schadens mit dem Kriege nicht vorliegt. Sie meint, daß danach die durch die Plünderung vom 7. Oktober 1919 verursachten Schäden als Kriegsschäden anzusehen seien. Wollte man ihr aber auch darin zustimmen, daß die hier in Betracht kommenden Plünderungsschäden bis zum Nachweise des Gegenteils im Sinne des Gesetzes vom 3. Juli 1916 als durch den Krieg verursacht zu gelten hätten, so würde daraus noch nicht folgen, daß der Klägerin keine Ansprüche auf Grund des preußischen Tumultschadengesetzes erwachsen könnten. Das Reichsgesetz von 1916 befaßt sich nur mit der Feststellung von Kriegsschäden, es beschränkt sich, wie es in der Begründung heißt, darauf, „die grundlegenden Vorschriften über die materielle Abgrenzung der für eine etwaige Erstattung durch das Reich in Betracht kommenden Schäden . . . festzulegen", während die Vorschriften über die Erstattung der so festgestellten Schäden einem späteren Reichsgesetze vorbehalten bleiben (vgl. Güthe-Schlegelberger, Kriegsbuch Bd. 3 S. 650). In Übereinstimmung hiermit bestimmt § 15 des Gesetzes, daß durch die Feststellung der Beschädigung ein Rechtsanspruch nicht begründet wird. Weiter ergibt § 4, daß das Gesetz mit dem Bestehen anderweiter Ersatzansprüche rechnet, denn dort wird vorgeschrieben, daß in jedem Falle auch festgestellt werden soll, ob und inwieweit dem Geschädigten ein Anspruch auf Ersatzleistung, insbesondere aus einem Versicherungsverhältnis, zusteht und ob er bereits Ersatz erhalten hat. Nach der Begründung zu § 4 a. a. O. S. 652 bis 653 aber war in Aussicht genommen, daß die Abtretung der Rechte aus der Versicherung oder gegen Dritte an das Reich oder den Staat Vorbedingung der späteren Entschädigungsregelung sein sollte, vgl. auch die preuß. Ausführungsanweisung vom 24. Oktober 1916 unter VI (Kriegsbuch Bd. 3 S. 1022). Alle diese Umstände sprechen dagegen, daß das Gesetz vom 3. Juli 1916 in Ansprüche, die dem Verletzten auf Grund anderweiter gesetzlicher Bestimmungen zustehen könnten, hätte eingreifen wollen. Allerdings können Ansprüche wegen Kriegsschäden regelmäßig nicht im Wege des Zivilprozesses verfolgt werden, weil sie mittelbar oder unmittelbar auf Handlungen beruhen, die in Ausübung von Staatshoheitsrechten vorgenommen wurden (RGZ. Bd. 89 S. 223, Bd. 96 S. 74, vgl. auch Bd. 89 S. 208 flg.; Warneyer 1917 Nr. 217, 1918 Nr. 21). Für Preußen insbesondere ist durch die Kabinettsorder vom 4. Dezember 1831 (GS. S. 255) anerkannt, daß ein Entschädigungsanspruch aus den Folgen eines Hoheitsaktes auch gegen den Fiskus gerichtlich nicht geltend gemacht werden kann. Diese Voraussetzungen treffen aber im gegebenen Falle nicht zu. Nicht durch die Ausübung eines Hoheitsrechtes ist die Klägerin geschädigt, sondern durch die Gewalttätigkeit einer zusammengerotteten Menge. Hieran ändert sich nichts, wenn die Zusammenrottungen mit Maßnahmen der Besatzungsbehörden im Zusammenhange standen, wie die Beklagte behauptet, oder wenn bei ihrer Entstehung die allgemeinen Verhältnisse im Saargebiete und der unglückliche Ausgang des Krieges ursächlich mitgewirkt haben. Der Anspruch der Klägerin beruht allein auf dem in § 1 des TG. vom 11. März 1850 aufgestellten Tatbestande, bei dessen Vorliegen die Gemeinde zu haften hat. Ob ein solcher Tatbestand auch den Voraussetzungen entspricht, unter denen Beschädigungen in Gemäßheit der Vorschriften des Gesetzes von 1916 festgestellt werden sollen, ist für den Anspruch der Klägerin unerheblich.

Mit Recht nimmt das Berufungsgericht sodann an, daß sich der Umfang der Schadenshaftung nach den Vorschriften des BGB. bestimmt (RGZ. Bd. 98 S. 10). Die Änderungen, die das Reichsgesetz über die durch innere Unruhen verursachten Schäden vom 12. Mai 1920 gebracht hat, haben für das Saargebiet keine Geltung erlangt (Art. 49, 50 des Friedensvertrags, §§ 16, 19, 23 der dazu gehörigen Anlage)....

---

74. Können nach § 224 preuß. ABG. bei einem vor dem Inkrafttreten des Gesetzes verliehenen Bergwerkseigentum auch noch nach diesem Zeitpunkte Freikuxe erworben werden?

V. Zivilsenat. Urt. v. 19. Januar 1921 i. S. K. (Kl.) w. R. Steinkohlengewerkschaft (Bekl.). V 252/20.

I. Landgericht Ratibor. — II. Oberlandesgericht Breslau.

Die Klägerin ist Alleineigentümerin der beiden Grundstücke Niedobschütz Bl. 42 und 78, die im Wege des Erbgangs und der Erbauseinandersetzung nach ihrem Ehemanne, dem Kaufmann K. in B., auf sie übergegangen sind. Auf diesen Grundstücken liegt zu mindestens 121/122 die Fundgrube des Steinkohlenbergwerks Johann=Jacob=Grube in Niedobschütz, Kreis Rybnik, dessen Eigentümerin die Beklagte ist. Das Bergwerkseigentum daran ist am 18. November 1841 verliehen worden; wann das Bergwerk in Betrieb gesetzt wurde, darüber streiten die Parteien.

Die Klägerin nimmt an diesem Bergwerk, dessen Betrieb nach vorübergehender Einstellung des Abbaus im Jahre 1895 wieder aufgenommen ist, auf Grund ihres Grundeigentums zwei Freikuxe für sich in Anspruch. Sie hat gemeinschaftlich mit den anderen Erben ihres Mannes bereits in einem Vorprozesse einen Teilbetrag von 20000 *M* als Anteil an der Ausbeute der Grube für die Zeit vom Januar 1907 bis zum 30. Juni 1912 eingeklagt und durch rechtskräftiges Urteil des Landgerichts in Ratibor vom 17. Dezember 1913 zugesprochen erhalten, worauf ihr die Beklagte als Gesamtanteil an der Ausbeute für diese Zeit im ganzen 22531,94 *M* gezahlt hat. Hiermit ist sie nicht zufrieden. Sie behauptet, daß der auf sie entfallende Ausbeuteanteil für die Zeit bis zum 30. Juni 1912 mindestens 14062,50 *M* mehr betragen habe, und verlangt die Nachzahlung dieses Betrags, zugleich aber auch Zahlung des für die spätere Zeit auf sie entfallenden Ausbeuteanteils nach vorgängiger Rechnungslegung über die Gesamtausbeute seit dem 1. Januar 1907.

Die Beklagte hat die Freikuxberechtigung der Klägerin bestritten, weil die Johann-Jacob-Grube erstmalig im Jahre 1873, also erst nach dem Inkrafttreten des Allgemeinen Berggesetzes für die preußischen Staaten, in Betrieb genommen sei und deshalb Freikuxe von dem Grundeigentümer nicht erworben seien.

In den Vorinstanzen ist die Klägerin mit ihrer Klage abgewiesen worden. Ihre Revision hatte Erfolg.

Gründe.

Das Berufungsgericht geht davon aus, daß ein Grundkux nach der revidierten Bergordnung für das souveräne Herzogtum Schlesien und die Grafschaft Glatz vom 5. Juni 1769, unter deren Herrschaft das in Frage kommende Bergwerkseigentum verliehen worden ist, nicht schon mit dieser Verleihung, sondern erst mit der Inbetriebsetzung des Bergwerks hat entstehen können. Ob diese Annahme richtig ist, ist der Nachprüfung des Revisionsgerichts entzogen, da die Schlesische Bergordnung irrevisibeles Recht enthält. Es braucht darum auch nicht darauf eingegangen zu werden, ob die Ansicht des Berufungsgerichts der Entscheidung des Obertribunals vom 29. Januar 1875 (Entsch. Bd. 74 S. 98) und dem Urteil des Reichsgerichts vom 18. Juni 1892 (Daubenspeck, Bergrechtl. Entsch. Bd. 1 S. 486) widerspricht. Daß der Berufungsrichter allgemeine Grundsätze der Gesetzesauslegung bei der Feststellung des Inhalts und der Bedeutung des Cap. XXXI § 1 der Bergordnung verletzt habe, kann der Revision nicht zugegeben werden. Seine eingehende Begründung zu der von ihm vertretenen Meinung über den Sinn jener Vorschrift steht mit diesen Grundsätzen überall in Einklang. Seine Auslegung ist möglich, auch wenn man gegen sie Bedenken erheben kann.

Aber die Feststellung, daß zu dem Erwerb des Grundkuxes nach der Schlesischen Bergordnung auch die Inbetriebsetzung des Bergwerks erforderlich gewesen ist, trägt allein die Entscheidung nicht. Denn wenn man auch mit dem Berufungsgerichte davon ausgeht, daß zum Erwerbe eines solchen Grundkuxes nicht schon die Verleihung des Bergwerkseigentums genügte, sondern noch der tatsächliche Betrieb des Bergwerks hinzukommen mußte, so bleibt die entscheidende Frage doch, ob bei einem alt verliehenen Bergwerke der Erwerb eines Grundkuxes auch dann noch möglich ist, wenn die eine der Erwerbsbedingungen, nämlich die Inbetriebnahme des Bergwerks, erst unter der Herrschaft des neuen Berggesetzes für die preußischen Staaten vom 24. Juni 1865 eingetreten ist. Diese Frage wäre nach der modernen Gesetzestechnik wahrscheinlich durch eine Übergangsvorschrift geregelt worden. Das preußische Berggesetz aber hat sich ihrer ausdrücklichen Beantwortung enthalten. Es beschränkt sich in § 224 Abs. 1 auf die Vorschrift, daß bei Bergwerkseigentum, welches nach dem Eintritt der Gesetzeskraft des neuen Berggesetzes verliehen wird, ein Anspruch auf Freikuxe irgendeiner Art nicht mehr stattfindet, und fügt in Abs. 2 die Bestimmung hinzu, daß den bereits vor diesem Zeitpunkte von Kirchen und Schulen, von dem Schlesischen Freikuxgelderfonds und von Grundbesitzern erworbenen Freikuxen nur eine Realberechtigung auf den durch die bisherigen Gesetze bestimmten Ausbeuteanteil an dem Bergwerke zusteht. Die letztere Bestimmung bezieht sich nur auf die rechtliche Qualifizierung der alten Freikuxberechtigungen. Aber aus dem Abs. 1 läßt sich der Standpunkt des Gesetzes zu den Freikuxen der alten Bergwerke mit Deutlichkeit entnehmen. Wenn dort das Gesetz bei neu verliehenen Bergwerken die Gewährung von Freikuxen verbietet, so bringt es damit allerdings nicht zum Ausdruck, daß sich nach seiner Auffassung der Erwerb der Freikuxe im Augenblicke der Verleihung des Bergwerkseigentums vollziehe (so Isay, Berggesetz Bd. 2 B 1 zu § 224 S. 338). Denn über die Frage, wie der alte Freikux erworben wird, wollte und konnte das neue Berggesetz sich nicht verbreiten. Der Erwerb richtete sich nach früherem Recht, und den Auffassungen des neuen Gesetzes über die Voraussetzungen dieses Erwerbs, die zu verkörpern auch nicht die Aufgabe des Gesetzgebers war, würde jede Bedeutung abzusprechen sein. Aber wenn das Gesetz nur bei den neu verliehenen Bergwerken den Erwerb von Freikuxen nicht zuläßt, so gibt es zu erkennen, daß es in die alten Freikuxberechtigungen nicht eingreifen will, und nur von diesem Gesichtspunkt aus ist die Zeit der Verleihung des Bergwerkseigentums von Erheblichkeit. Denn daraus ergibt sich, daß alle Freikuxberechtigungen, deren Erwerb auf alt verliehenes Bergwerkseigentum zurückzuführen ist, unberührt bleiben sollten. Das aber traf nicht bloß diejenigen Freikuxe, die beim Inkrafttreten des Allgemeinen Berggesetzes für die preußischen Staaten bereits erworben waren, sondern auch die, deren Erwerb zwar noch nicht fertig, aber im Werden begriffen war.

Denn auch diese Freikuxe, deren Hauptvoraussetzung durch das früher verliehene Bergwerkseigentum schon erfüllt war, wurzelten im früheren Recht. Ihr Erwerb konnte sich deshalb auch noch unter der Herrschaft des neuen Rechtes vollenden. Das Gegenteil ist auch aus § 224 Abs. 2 ABG. nicht zu entnehmen. Denn wenn das Gesetz dort von den vor dem Inkrafttreten des Berggesetzes „erworbenen" Freikuxen spricht, so sind darunter nicht bloß die bereits bestehenden, sondern auch die noch in der Entstehung begriffenen Freikuxe aus älterem Bergwerkseigentum zu verstehen, da das Gegenteil der Tendenz des Abs. 1 nicht entsprechen und auch eine Lücke zurücklassen würde. Es würde auch der Vorschrift des Cap. XXXI § 1 der Schlesischen Bergordnung, die bestimmt, daß jede Gewerkschaft bei den mineralischen Bergwerken in 128 Kuxe geteilt wird, von denen 6 Freikuxe sein sollen, nicht gerecht werden, wenn die beiden Grundkuxe für den Grundherrn ausfallen würden, weil bei dem Eintritt des neuen Gesetzes ihr Erwerb noch nicht vollendet war. Denn es würden die vorgesehenen 128 Kuxe nicht belegt sein, wenn zwei davon in Wegfall kämen.

Das Berufungsgericht hat deshalb den § 224 ABG. verletzt, wenn es der Klägerin oder ihrem Rechtsvorgänger den Erwerb des Grundkuxes deshalb abgesprochen hat, weil das Bergwerk beim Inkrafttreten des Allgemeinen Berggesetzes noch nicht in Betrieb gesetzt und damit der Kux nicht erworben war. Der Freikux konnte auch erworben werden, wenn das Bergwerk auf Grund der früheren Verleihung erst nach diesem Zeitpunkt in Betrieb gesetzt wurde.

---

75. 1. Ist für den Anspruch auf den Gasaufpreis gemäß § 8 der Ausführungsbestimmungen des Reichskommissars für Elektrizität und Gas zu seiner Verordnung vom 26. Juli 1917 der Rechtsweg zulässig?

2. Wer ist anspruchsberechtigt?

3. Ist die Aufpreisanordnung materiell gültig?

4. Trifft sie auch die sog. kriegsnotwendigen Betriebe?

5. Bestehen gegen die formelle Gültigkeit der Verordnungen des Reichskommissars vom 26. Juli 1917 deshalb Bedenken, weil zur Zeit ihres Erlasses die Ernennung und die Delegation des Reichskommissars zur Regelung der Gasbewirtschaftung noch nicht öffentlich bekannt gemacht war?

VII. Zivilsenat. Urt. v. 1. Februar 1921 i. S. Stadt D. (Kl.) w. Rh. M. & M. F. (Bekl.). VII 274/20.

I. Landgericht Düsseldorf. — II. Oberlandesgericht daselbst.

Die Beklagte stand mit der Klägerin in einem festen Vertragsverhältnis wegen Lieferung von Gas. Sie hat im September 1917 mehr Gas verbraucht, als ihr auf Grund der Verordnung des Reichskommissars für Elektrizität und Gas vom 26. Juli 1917 und der Verordnung des Vertrauensmannes für Düsseldorf vom 8. August 1917 zugestanden worden war. Durch § 5 der Ausführungsbestimmungen des Reichskommissars zu seiner Verordnung vom 26. Juli 1917 war angeordnet worden, daß für jeden mehr verbrauchten cbm Gas ein Aufgeld von 50 ₰ zu zahlen sei. Die Klägerin berechnet das Aufgeld, das die Beklagte danach für September 1917 zu zahlen habe, auf 34143 ℳ. Hiervon hat sie, da die Beklagte Zahlung weigert, einen Teilbetrag von 5000 ℳ eingeklagt.

Beide Vorinstanzen haben die Klageforderung zugesprochen. Die Revision wurde zurückgewiesen aus folgenden

Gründen:

Die Klage war zunächst auf die Verordnung des Reichskommissars für Elektrizität und Gas vom 26. Juli 1917, auf dessen Ausführungsbestimmungen hierzu vom gleichen Tage (Reichsanzeiger 1917 Nr. 183) und auf die Bekanntmachung des Vertrauensmanns für Düsseldorf vom 8. August 1917 (Düsseldorfer Zeitung vom 10. August 1917 Nr. 404) gestützt. In der zweiten Instanz war von der Klägerin noch geltend gemacht worden, daß ihr Anspruch auf den Aufpreis auch aus dem durch nachträgliche Parteivereinbarung abgeänderten Gaslieferungsvertrage herzuleiten sei. Zu dem letzteren Vorbringen hat das Berufungsgericht keine Stellung genommen, sondern es hält den Klaganspruch auf Grund des durch die genannten Verordnungen zwangsweise abgeänderten Werklieferungsvertrags als Kaufpreisforderung für begründet.

Die Revision macht geltend, der Anspruch auf den Aufpreis sei kein zivilrechtlicher, für ihn sei also der Rechtsweg unzulässig. Sie führt aus: Wenn die Verordnung des Reichskanzlers, — gemeint ist diejenige vom 30. August 1917 (RGBl. S. 743), wodurch dieser seine Befugnisse zur Regelung der Erzeugung, der Fortleitung und des Verbrauchs von Gas gemäß der Verordnung des Bundesrats vom 21. Juni 1917 (RGB. S. 543) auf den Reichskommissar für Elektrizität und Gas übertragen hat —, den Mehrverbrauch von Gas unter kriminelle Strafe stelle, dann widerspreche es der Natur des Strafgesetzes, daß der Reichskommissar den Mehrbezug daneben noch mit einem Aufpreise belege. Es frage sich, ob eine strafbare Handlung nicht dadurch zu einer erlaubten werde, daß in derselben Verordnung für diese Handlung ein Aufgeld auferlegt, also eine rein zivilrechtliche Folge ausgesprochen werde, die nur denkbar sei als Folge zivilrechtlichen, also nicht unerlaubten Handelns. Rechtlich haltbar sei daher der Aufpreis nur unter dem Gesichtspunkt einer kriminellen Strafe; dann sei er aber im Zivilprozeß nicht einklagbar.

Dem kann nicht beigetreten werden. Der Satz, daß eine Handlung, die eine zivilrechtliche Folge auslöse, notwendig eine erlaubte sein müsse, ist unhaltbar. Zu seiner Widerlegung braucht nur auf die Bestimmungen der §§ 823 flg. BGB. und beispielsweise darauf hingewiesen zu werden, daß alle strafrechtlichen Eigentumsvergehen zivilrechtliche Ansprüche gegen den Täter auf Herausgabe der widerrechtlich angeeigneten Sache oder auf Schadensersatz begründen. Erweist sich aber jener von der Revision aufgestellte Satz als unrichtig, so ist auch die daraus gezogene Schlußfolgerung hinfällig, daß der Aufpreis für den Mehrverbrauch von Gas über die zugelassene Menge hinaus nur unter dem Gesichtspunkt einer kriminellen Strafe haltbar sei. In der Tat ist er auch als eine solche nicht aufzufassen, sondern, wie das Berufungsgericht zutreffend darlegt, als ein aus dem durch die genannten Verordnungen zwangsweise geänderten Werklieferungsvertrage begründeter, also zivilrechtlicher Anspruch.

Die im Allgemeininteresse notwendige Streckung der Kohlenvorräte machte eine Einschränkung im Verbrauche von Gas erforderlich. Das Gas entzog sich naturgemäß der Art der Erfassung und verhältnismäßigen Zuteilung, wie sie bei Lebensmitteln und sonstigen Gegenständen des täglichen Bedarfs möglich waren. Die Verbrauchsregelung (Rationierung) des Gases ließ sich jedoch zweckmäßig in der Weise bewirken, daß die Verbraucher nur eine ihrem dringendsten Bedarf entsprechende, beschränkte Menge der Gaszuleitung entnehmen durften, darüber hinaus aber die Entnahme weiterer Mengen unter Androhung öffentlicher Strafen und eines Aufpreises verboten wurde. Die Durchführung dieser Regelung konnte vor den bestehenden festen Gaslieferungsverträgen nicht Halt machen; denn solche Dauerverträge bestanden vornehmlich mit Großabnehmern, und ohne deren Massenverbrauch einzuschränken, hätte der beabsichtigte Zweck nicht erreicht werden können. Das Allgemeininteresse gebot also im Hinblick auf die außergewöhnlichen wirtschaftlichen Verhältnisse einen Eingriff auch in die bestehenden Sonderverträge. Die Zulässigkeit und Rechtsgültigkeit eines solchen gesetzlichen Eingriffs in bestehende Privatrechtsverhältnisse ist nicht zu bezweifeln, vom Reichsgericht auch stets anerkannt worden. Indem nun die eingangs erwähnten Verordnungen den Gasverbrauch allgemein einschränkten und die Mehrentnahme über die zugelassene Menge hinaus verboten und mit einem Aufpreise von 50 ₰ für den cbm belegten, haben die bestehenden Gaslieferungsverträge kraft Gesetzes eine Änderung ihres Inhalts erfahren mit der Wirkung, daß es rechtlich so anzusehen ist, als ob diese Änderung auf Parteivereinbarung beruhe. Die Gaslieferer sind daher kraft des gesetzlich abgeänderten Vertrags berechtigt, für jeden über das zugelassene Maß mehrverbrauchten cbm Gas 50 ₰ mehr zu fordern, als der zwischen den Vertragsparteien vereinbarte Preis betrug. Ob man nun diesen Aufschlag rechtlich als eine Kaufpreiserhöhung oder als eine Vertragsstrafe auffassen will, kann dahin gestellt bleiben; denn in jedem Falle findet der Anspruch auf den Aufpreis seine rechtliche Begründung in dem gesetzlich abgeänderten Vertragsverhältnis zwischen den Gasanstalten und den Abnehmern. Er ist daher rein zivilrechtlicher Natur und im Rechtswege einklagbar. Die Aktivlegitimation der Klägerin ergibt sich ohne weiteres daraus, daß nur sie der Beklagten als Vertragspartei gegenüber steht, sie also allein forderungsberechtigt ist, nicht aber das Reich.

Eine andere Rechtsauffassung läßt sich auch nicht aus dem Schriftwechsel zwischen dem Reichskommissar für die Kohlenverteilung und der Stadt Düsseldorf herleiten. Der Streit zwischen dem Reichskommissar und der Klägerin drehte sich nur um die Frage, ob die letztere verpflichtet sei, den von ihr zu erhebenden Aufpreis an das Reich abzuführen, eine Frage, die hier nicht interessiert. Dagegen haben beide Teile stets auf dem Standpunkte gestanden, daß die Stadt Düsseldorf zur Klage im Zivilrechtswege legitimiert sei. Insbesondere hat der Reichskommissar auch nicht die — von der Revision allerdings auch nicht geltend gemachte — Ansicht vertreten, daß der Aufpreis die Natur einer öffentlichen Abgabe an das Reich in sich trage. In seinem Schreiben vom 20. März 1918 hat er sich im Gegenteil ausdrücklich dagegen verwahrt, daß er von Städten Steuern oder Abgaben hätte erheben wollen. Zur Anordnung einer öffentlichen Abgabe hätte dem Reichskommissar auch die Ermächtigung gefehlt, und der Wortlaut der Verordnung, die von einem „Aufpreis" spricht, also, wie der Berufungsrichter zutreffend ausführt, von einer Erhöhung des gewöhnlichen Gaspreises, widerstreitet einer solchen Annahme.

Gegen die materielle Gültigkeit der Verordnungen bestehen auch sonst keine Bedenken. Es kann nicht anerkannt werden, daß sie die durch die Bundesratsverordnung vom 21. Juni 1917 und die Verordnung des Reichskanzlers vom 30. August 1917 gezogenen Grenzen überschritten haben. Die Bundesratsverordnung ermächtigte den Reichskanzler ganz allgemein zur Regelung der Erzeugung, der Fortleitung und des Verbrauchs von Gas. Sie enthielt keinerlei Richtlinien, in welcher Weise die Regelung zu erfolgen hätte. Dasselbe gilt von der späteren Verordnung des Reichskanzlers. Es war also dem freien Ermessen des Reichskommissars überlassen, in welcher Weise und mit welchen Mitteln — selbstverständlich im Rahmen des Gesetzes vom 4. August 1914 über die Ermächtigung des Bundesrates zu wirtschaftlichen Maßnahmen — er die Verbrauchseinschränkung zum Zwecke der Kohlenersparnis zur Durchführung bringen wollte. Nur in der Androhung von öffentlichen Strafen war ihm eine Grenze gezogen, die auch nicht überschritten ist.

Schließlich ist es auch verfehlt, wenn die Revision meint, daß der Beklagten gegenüber die Vorschrift über den Aufpreis keine Anwendung finden könne, weil sie bei Beobachtung der getroffenen Anordnungen die vorliegenden Heeresaufträge nicht hätte ausführen können, sich dann aber nach § 329 StGB. der Bestrafung ausgesetzt hätte.

Zwar hat der III. Strafsenat des Reichsgerichts in der Entscheidung vom 5. Juli 1915 III 301/1915 (Leipz. Zeitschr. Sp. 1234) in einem ähnlich liegenden Falle angenommen, daß die das Nachtbackverbot enthaltende Bundesratsverordnung vom 5. Januar 1915 keine Anwendung finden könne, wenn ihre Durchführung näheren, unmittelbareren, von einer zuständigen Behörde verfolgten Zwecken der Reichswohlfahrt, insbesondere dem unabweisbaren Bedürfnis einer schlagfertigen Land- und Seestreitkraft zuwiderlaufen würde. Damals handelte es sich um einen Bäcker, der die Lieferung von Kommißbroten für die Kriegsschiffbemannung übernommen hatte und bei Einhaltung des Nachtbackverbots nicht in der Lage gewesen wäre, seiner vertraglichen Verpflichtung nachzukommen. Auch er hatte sich gegenüber der Anklage wegen Vergehens gegen die Bundesratsverordnung darauf berufen, daß er sich bei ihrer Beachtung der Bestrafung aus § 329 StGB. ausgesetzt hätte. Aber die Sachlage ist hier insofern eine andere, als im Gegensatze zu der Bundesratsverordnung vom 5. Januar 1915 in § 2 der Ausführungsbestimmungen zur Verordnung vom 26. Juli 1917 ausdrücklich der kriegsnotwendigen Betriebe gedacht und diese auch in die Verbrauchsregelung einbezogen worden sind. Die Gasverordnungen lassen also eine Auslegung, wie das Reichsgericht sie der Verordnung über Bereitung von Backwaren gegeben hat, die eine Erwähnung der kriegsnotwendigen Betriebe nicht enthält, nicht zu. Es kann aber den Ausführungen des Berufungsrichters nicht entgegengetreten werden, daß das vaterländische Interesse dadurch hinreichend gewahrt gewesen sei, daß die Kriegsamtsstelle, die ein Organ des Kriegsamts, derjenigen Abteilung des Kriegsministeriums war, die für die Beschaffung von Waffen und Munition und die Regelung des hierzu erforderlichen Rohstoffverbrauchs zu sorgen hatte, mit dem Vertrauensmanne berufen war, über die Zuteilung von Gas zu entscheiden. Bei dieser Sachlage konnte es auf den Beweisantrag der Beklagten, daß das Beschaffungsamt auf restloser Lieferung bestanden haben würde, nicht mehr ankommen. Die Rüge der Nichtbeachtung dieses Vorbringens ist also ebenfalls unbegründet. Es kann aber auch nicht zugegeben werden, daß für die Beklagte eine Kollision der Pflichten gegenüber der Gasverordnung einerseits und dem § 329 StGB. andererseits vorlag. Wenn die Kriegsamtsstelle selbst im Einvernehmen mit dem Vertrauensmanne den

Gasverbrauch der Beklagten eingeschränkt hatte und diese Einschränkung auf Berufung der Beklagten an den Reichskommissar von diesem bestätigt worden war, so kann keine Rede davon sein, daß die Beklagte sich durch Befolgung der getroffenen Anordnung der Bestrafung aus § 329 StGB. ausgesetzt hätte, wenn sie mit der ihr zugestandenen Gasmenge ihre Lieferungsverpflichtungen nicht vollständig erfüllen konnte. Denn die unverschuldete Unmöglichkeit der Lieferung infolge des gesetzlichen Verbots des Mehrverbrauchs von Gas schloß die Rechtswidrigkeit aus.

Zweifelhafter aber ist die Frage der formellen Gültigkeit der Verordnung vom 26. Juli 1917. Der Professor K., der sie erlassen hat, war zwar bereits am 23. Juni 1917 vom Reichskanzler zum Reichskommissar für Elektrizität und Gas ernannt. Diese Ernennung ist aber erst am 25. August 1917 im Reichsanzeiger Nr. 202 bekannt gemacht worden, und erst durch Verordnung vom 30. August 1917 (RGBl. S. 743) wurde dem Reichskommissar für Elektrizität und Gas die Ausübung der Befugnisse, die dem Reichskanzler auf Grund der Verordnung des Bundesrats vom 21. Juni 1917 zustanden, formell übertragen. Es fehlte also am 26. Juli 1917 die öffentliche Bekanntmachung sowohl der Ernennung des Professors K. zum Reichskommissar, als auch der Übertragung der Befugnisse des Reichskanzlers zur Regelung des Gasverbrauchs. Durch Verordnung des Bundesrats vom 31. Oktober 1918 (RGBl. S. 1284) ist dann aber in § 1 bestimmt worden, daß als diejenige Stelle, welcher der Reichskanzler gemäß § 1 Satz 3 der Bekanntmachung vom 21. Juni 1917 die Ausübung der ihm nach dieser Verordnung zustehenden Befugnisse übertragen hat, für die Zeit vom 23. Juni 1917 bis zum 3. Oktober 1917 der Reichskommissar für Gas und Elektrizität anzusehen sei, und daß als seine Organe, die er mit der Wahrnehmung seiner Befugnisse betrauen konnte, für die gleiche Zeit die von ihm durch seine Anordnungen vom 26. Juli 1917 eingesetzten örtlichen Stellen anzusehen seien. In § 2 wird dieser Bundesratsverordnung rückwirkende Kraft vom 23. Juni 1917 ab beigelegt.

Der Berufungsrichter entnimmt dieser Bundesratsverordnung den Zweck, der Verordnung des Reichskommissars vom 26. Juli 1917, die bis dahin allerdings der formellen Gültigkeit entbehrt hätte, nachträglich verbindliche Kraft zu verleihen, und hält es für einen übertriebenen Formalismus, wenn man verlangen wollte, der Reichskanzler hätte die Verordnung des Reichskommissars noch einmal mit rückwirkender Kraft vom 26. Juli 1917 verkünden sollen. Dabei geht er nicht näher darauf ein, ob der Satz, daß ein Gesetz sich rückwirkende Kraft beilegen kann, auch dann gilt, wenn es sich um ein Verbotsgesetz handelt. Einer Erörterung dieser Frage bedarf es aber hier nicht, weil der erkennende Senat im Gegensatze zum Berufungsgerichte die Ansicht vertritt, daß die Verordnung vom 26. Juli 1917 von vornherein gültig gewesen ist. Der Professor K. war zur Zeit des Erlasses seiner Verordnung vom Reichskanzler bereits zum Reichskommissar für Elektrizität und Gas ernannt. Durch diese Ernennung war mit genügender Deutlichkeit zum Ausdrucke gebracht, daß er berechtigt sei, alle die Befugnisse auszuüben, die dem Reichskanzler durch die Bundesratsverordnung vom 21. Juni 1917 übertragen worden waren. Zwar wäre es zweckmäßig gewesen, die Ernennung und die damit verbundene Übertragung der Befugnisse zur Regelung der Gasbewirtschaftung noch vor Erlaß der darauf bezüglichen Verordnungen öffentlich bekannt zu machen. Es ist aber nicht anzuerkennen, daß von der öffentlichen Bekanntmachung der Delegation des Reichskommissars die Gültigkeit der von ihm erlassenen und ihrerseits gehörig verkündeten Verordnung abhängig gewesen wäre. Es genügte, daß die Verordnung von einer zuständigen Stelle erlassen wurde. Diese Zuständigkeit hatte aber Professor K. durch seine Ernennung zum Reichskommissar für Elektrizität und Gas, die bereits am 23. Juni 1917 erfolgt war, erlangt.

---

76. Zur Ausweichepflicht von Schiffen nach Art. 24, 19, 21 der Seestraßenordnung.

I. Zivilsenat. Urt. v. 29. Januar 1921 i. S. B.-Reederei (Bekl.) w. D. O.-Linie (Kl.). I 145/20.

I. Landgericht Hamburg, Kammer für Handelssachen. — II. Oberlandesgericht daselbst.

Am 17. August 1913 gegen 10 ½ Uhr abends stießen der Dampfer Kronprinz der Klägerin und der Dampfer Killing der Beklagten im englischen Kanal zusammen. Sie lagen, nach Westen fahrend, auf ungefähr parallelen Kursen, der Dampfer Kronprinz südlich vom Dampfer Killing. Dampfer Kronprinz wollte nach Southampton und änderte zu diesem Zwecke seinen Kurs durch Steuerbordruder. Im Verfolg ihrer weiteren Manöver gerieten beide Schiffe aneinander und erlitten dadurch Beschädigungen. Beide Parteien verlangen mit Klage und Widerklage Bezahlung des Schadens.

Das Landgericht erklärte die Klage und die Widerklage je zur Hälfte dem Grunde nach für gerechtfertigt. Das Oberlandesgericht erachtete die Klage zu ⅔ und die Widerklage zu ⅓ für berechtigt. Auf die Revision der Beklagten wurde das landgerichtliche Urteil wiederhergestellt.

Aus den Gründen:

Das Berufungsgericht hat ausgeführt: Zu der maßgeblichen Zeit sei die Lage der Dampfer Kronprinz und Killing zueinander so gewesen, daß der Dampfer Killing als „überholendes" Schiff im Sinne des Art. 24 SeestrO. anzusehen war, solange beide Schiffe ihren Kurs beibehielten. Durch die Steuerbordwendung des Kronprinz (um zunächst 4 Strich) sei eine völlig neue Lage entstanden. Jetzt habe von einem Überholen im Sinne von Art. 24 nicht mehr die Rede sein können, vielmehr hätten die beiden Dampfer erkennbar auf sich kreuzenden Kursen gelegen. Damit sei die Vorschrift des Art. 19 in Kraft getreten: der Dampfer Kronprinz, der den Dampfer Killing an Steuerbordseite gehabt habe, sei das ausweichepflichtige Schiff geworden, während der Dampfer Killing nach der Vorschrift von Art. 21 Kurs und Geschwindigkeit hätte beibehalten müssen. Es habe nichts vorgelegen, was aus den in der Anm. zu Art. 21 angegebenen Gründen (vgl. auch Art. 27, 29) zum Abweichen von jener Regel hätte veranlassen müssen.

Die Angriffe der Revision gegen diese mit dem Gutachten des Sachverständigen M. und dem landgerichtlichen Urteil übereinstimmende Auffassung sind nicht zutreffend. Die fragliche Vorschrift des Art. 24 besagt nur, daß ein überholendes Schiff, d. h. ein Fahrzeug, das sich einem anderen Fahrzeuge aus einer Richtung her nähert, die mehr als zwei Strich hinter der Richtung quer ab liegt (2 Strich achterlicher als dwars), diese Eigenschaft nicht schon in dem Augenblicke verliert, wo es infolge weiteren Auflaufens oder der Vergrößerung der seitlichen Entfernung der Schiffe voneinander, Gierens, Ausscherens oder dergleichen, aus dem sog. dunklen Winkel des vorfahrenden Schiffs heraustritt und so die Peilung der beiden Fahrzeuge geändert wird. Vielmehr soll solchenfalls die Ausweichepflicht des überholenden Schiffs bestehen bleiben, bis es das andere Fahrzeug „klar passiert" hat, d. h. das Achterende des überholenden soweit über den Vordersteven des überholten Schiffs hinausgekommen ist, daß auch ungewöhnliche Umstände (Gieren, Sog, Ausscheren, Strom- und Fahrtverlust infolge Ruderlegens usw.) einen Zusammenstoß nicht mehr herbeiführen können (Schaps-Mittelstein, Seerecht, 2. Aufl. S. 834flg., Anm. 10 u. 9 zu Art. 24 der SeestrO.). Etwas anderes aber ist es, wenn während des Überholens das vorfahrende Schiff durch eine eigene größere Kursänderung das bisher in seinem dunklen Winkel fahrende Schiff auf seine eigene, d. h. des vorfahrenden Schiffs, Steuerbordseite gebracht hat. Denn damit wurde eine ganz neue Sachlage geschaffen, indem nunmehr beide Schiffe klar erkennbar auf sich kreuzenden Kursen lagen, so daß ihre Ausweichepflicht sich nach Art. 19, 21 SeestrO. bestimmte. Der Ansicht der Revision, daß ein solcher Wechsel in der Pflicht des Ausweichens und Kurshaltens eine gefährliche und die Absichten der

SeestrO. durchkreuzende Unsicherheit der Navigation zur Folge haben würde, kann nicht zugestimmt werden. Vielmehr würde gerade die Beibehaltung der für das Überholen gegebenen Ausweichevorschriften auch für den Fall einer neu geschaffenen Lage der fraglichen Art erhebliche Unzuträglichkeiten und Gefahren mit sich bringen. Dabei kann es dahingestellt bleiben, ob die Überholung im Sinne von Art. 24 erst dann, wenn der Vordersteven des nachfahrenden Schiffs querab von der Hecklinie des anderen liegt (Schaps-Mittelstein S. 834, Anm. 9 zu Art. 24 der SeestrO.), oder schon früher beginnt.

Somit hatte der Dampfer Killing, nachdem vom Dampfer Kronprinz die erwähnte und von der Führung des erstgenannten Schiffs klar erkannte Kursänderung nach Steuerbord vorgenommen worden war, seinerseits Kurs und Geschwindigkeit beizubehalten, und zwar auch dann, wenn das Vorgehen der Führung des Dampfers Kronprinz unverständlich und unsachgemäß war oder wenn die Leitung des Dampfers Killing annehmen durfte, der Kronprinz wolle vor dem Bug des Killing kreuzen. Denn das Berufungsgericht hat ohne erkennbaren Rechtsirrtum festgestellt, daß nichts vorgelegen habe, was die Killing-Führung hätte veranlassen müssen, aus den in der Anm. zum Art. 21 angeführten Gründen von der Regel des Art. 21 abzuweichen, und es ist ferner weder behauptet noch sonst hervorgetreten, daß etwa eine solche Abweichung nach Art. 27, 29 geboten gewesen wäre. . . .

---

77. 1. Unter welchen Umständen kann bei Verträgen zugunsten Dritter der Versprechensempfänger wegen Verletzung der dem Dritten zugewendeten Rechte vom Vertrage zurücktreten?

2. Ist nach Art. 15 § 7 preuß. AusfG. z. BGB. der Rücktritt vom Vertrage wegen Nichterfüllung von Leibgedingspflichten auch demjenigen versagt, welcher sich bei der Veräußerung seines Grundstücks die Gewährung eines Leibgedinges zugunsten des Altsitzers hat versprechen lassen?

V. Zivilsenat. Urt. v. 2. Februar 1921 i. S. K. (Bekl.) w. K. (Kl.). V 354/20.

I. Landgericht M.-Gladbach. — II. Oberlandesgericht Düsseldorf.

Der Beklagte hat durch notariellen Vertrag vom 12. Juni 1911 von dem Kläger dessen Grundstück zu E. gekauft und hat es auch aufgelassen erhalten. Der auf 8000 ℳ vereinbarte Kaufpreis wurde in der Weise belegt, daß der Beklagte in Anrechnung auf ihn eine für die Spar- und Darlehnskasse des Kreises eingetragene Hypothek von 2500 ℳ übernahm und außerdem sich verpflichtete, die 67 Jahre alte Mutter der Parteien in gesunden und kranken Tagen zu ernähren und zu unterhalten und ihr in dem verkauften Hause Obdach zu gewähren. Mit dieser Verpflichtung sollte der Käufer die gesetzliche Unterhaltspflicht des Verkäufers gegenüber seiner Mutter übernehmen. Der Kläger behauptet, daß der Beklagte seiner Unterhaltspflicht gegen die Mutter nicht nachgekommen sei und sich auch ausdrücklich geweigert habe, diese Pflicht zu erfüllen. Er ist deshalb von dem mit dem Beklagten geschlossenen Kaufvertrage zurückgetreten und hat die Rückauflassung des Grundstücks verlangt.

Das Landgericht wies seine Klage ab, das Berufungsgericht erkannte nach dem Klagantrage. Die Revision des Beklagten hatte Erfolg.

Aus den Gründen:

Wenn sich der Beklagte in dem Kaufvertrage verpflichtet hat, der Mutter der Parteien Unterhalt und Obdach zu gewähren, so war diese Verpflichtung zwar auch eine Leistung an den Kläger, da inhalts des Vertrags mit ihr die gesetzliche Unterhaltspflicht des Klägers gegenüber seiner Mutter von dem Beklagten übernommen sein sollte und durch sie auch zum Teil der Kaufpreis für das Grundstück beglichen wurde. Aber zugleich lag in dem Abkommen auch ein Vertrag zugunsten der Mutter, aus dem diese unmittelbar das Recht erlangte, Unterhalt und Wohnung von dem Beklagten zu fordern. Unbedenklich ist, daß der Kläger trotz dieses Rechtes seiner Mutter auch selbst noch die Befugnis hatte, von dem Beklagten die Erfüllung der übernommenen Verpflichtung zu verlangen, da diese auch eine Leistung an den Kläger darstellte und es deshalb offenbar in dem Willen der Parteien lag, auch dem Kläger das Forderungsrecht auf die Leistung an die Mutter einzuräumen (§ 335 BGB.). Daraus folgt aber noch nicht, daß dem Kläger bei der Nichterfüllung dieser Verpflichtung schlechthin auch das Rücktrittsrecht aus § 326 BGB. zugestanden hat. Denn mit seinem Rücktritt konnte er sich zu dem Willen seiner Mutter in Widerspruch setzen, wenn diese selbst keinen Anlaß nahm, aus der Nichterfüllung der Unterhaltspflicht gegen den Beklagten Folgen zu ziehen. Der Rücktritt des Versprechensempfängers würde überdies auch einen Eingriff in das Recht des Dritten enthalten, weil dieses Recht hinfällig wird, sobald der Vertrag zur Auflösung kommt. Denn da alle Einwendungen aus dem Vertrage von dem Versprechenden auch gegenüber dem Dritten geltend gemacht werden können (§ 334 BGB.), so kann er sich diesem gegenüber auch auf den Wegfall der Verpflichtung berufen, wenn der Vertrag zufolge des Rücktritts des Versprechensempfängers hinfällig geworden ist. Das aber würde auf eine Entziehung des dem Dritten zustehenden Rechtes hinauslaufen, die höchstens zulässig ist, wenn das Recht ein widerrufliches war.

Vgl. Hellwig, Verträge auf Leistung an Dritte S. 304flg.; Gierke, Deutsches Privatrecht Bd. 3 S. 401 Anm. 115; Enneccerus-Kipp, Lehrbuch des bürg. Rechts Bd. 1 § 259 Anm. 18; Kisch, Unmöglichkeit S. 261; Planck, Anm. 4 b c zu § 335; Staudinger, Anm. 3 c β zu § 334; RGR. Komm., Anm. 1 zu § 335; Örtmann, Anm. 5 zu § 335; Warneyer, zu § 335. A. M. Schollmeyer, Schuldverhältnisse Anm. 1 b zu § 335.

Es mag sein, daß die Rechtslage vielleicht eine andere ist, wenn der Versprechensempfänger auch ein eigenes Interesse an der Erfüllung der gegenüber dem Dritten bestehenden Verpflichtung hat und durch deren Nichterfüllung selber beeinträchtigt wird, wie es möglicherweise hier lag, wo mit dem Altenteil in Anrechnung auf den Kaufpreis die eigenen Unterhaltspflichten des Klägers gegen seine Mutter abgelöst sein sollten und diese mit ihren Unterhaltsansprüchen anscheinend wieder an den Kläger herangetreten ist, als sie vom Beklagten den versprochenen Unterhalt nicht erhielt. Aber ob im vorausgesetzten Falle dem Versprechensempfänger der Rücktritt gestattet ist, oder ob das Vorhandensein eigener Interessen nur zur Folge hat, daß er die Zustimmung des Dritten erzwingen kann, bedarf nicht der Entscheidung, da nach den Feststellungen des Berufungsgerichts das Recht der Mutter kein unwiderrufliches gewesen ist und das Berufungsgericht auch die Zustimmung der Mutter zu dem vom Kläger erklärten Rücktritte festgestellt hat.

Es fragt sich aber, ob das Rücktrittsrecht des Klägers nicht auf Grund des Art. 15 § 7 preuß. AusfG. z. BGB. ausgeschlossen gewesen ist. Jedoch auch das ist zu verneinen. Es mag dahingestellt bleiben, ob Bedenken gegen die Anwendung dieser Vorschrift nicht schon daraus hergeleitet werden können, daß es sich hier nicht um einen Leibgedingsvertrag im Sinne des Art. 15 a. a. O. handelt, weil das Leibgedinge nicht zwischen dem Gutsübernehmer und dem gutsüberlassenden Altsitzer selbst vereinbart ist, sondern zwischen dem Erwerber und dem Veräußerer zugunsten des Altsitzers. Jedenfalls greift die Vorschrift des § 7 um deswillen nicht Platz, weil das Rücktrittsrecht dort nur aus rein persönlichen Gründen dem aus dem Leibgedingsvertrage Berechtigten versagt ist und, da dessen Rücktritt überhaupt nur in Frage kommen kann, wenn er selber Vertragsgegner war, dort nur an den Fall gedacht ist, wo der Altsitzer selbst der Gutsüberlasser gewesen ist und sich das Leibgedinge ausbedungen hatte. Das ergibt auch die Begründung zu dem Entwurf jener Vorschrift (Materialien des preuß. Ausführungsgesetzes zum BGB. in Carl Heymanns Verlag S. 83), wo es heißt:

„Der § 326 BGB. gewährt bei einem gegenseitigen Vertrage für den Fall, daß der eine Teil mit der ihm obliegenden Leistung in Verzug kommt und die ihm bestimmte Nachfrist verstreichen läßt, dem anderen Teile das Recht, von dem Vertrage zurückzutreten. Die Anwendung dieser Vorschrift auf den Leibgedingsvertrag würde zu einer mit den Absichten der Vertragschließenden nicht vereinbarenden Härte führen. Die Überlassung eines Grundstücks gegen ein Leibgedinge erfolgt in der Regel nicht in dem Sinne, daß sie lediglich die Gegenleistung für die vertragsmäßigen Leistungen des Übernehmers bilden soll, sondern in der Absicht, dem Übernehmer dadurch auch eine zur Begründung seiner wirtschaftlichen Selbständigkeit dienende Zuwendung zu machen. Die Rechtslage ist daher eine andere als in den in § 326 vorausgesetzten Fällen, in denen sich in Leistung und Gegenleistung der Zweck des Vertrags erschöpft. Deshalb ginge es auch über die Absicht des § 326 hinaus, wenn man dem Leibgedingsberechtigten das Recht einräumte, im Falle des Verzugs des Grundstückserwerbers auch die durch die Überlassung des Grundstücks beabsichtigte Zuwendung rückgängig zu machen. Zudem würde das Rücktrittsrecht unerfreuliche Gelegenheit zu Schikanen und erbitterten Prozessen geben. Der § 7 des Entwurfs schließt aus diesen Gründen die Anwendung des § 326 BGB. auf Leibgedingsverträge insoweit aus, als diese Vorschrift neben anderen Befugnissen auch das Recht zum Rücktritt vom Vertrage gibt."

Diese Erwägungen passen nicht auf den Fall, wo sich ein Dritter beim Verkaufe seines Grundstücks die Bestellung eines Altenteils für einen anderen hat versprechen lassen. Hier handelt es sich in der Regel um eine Gegenleistung für die Übereignung des Grundstücks. Zum mindesten war die Gewährung des Leibgedinges im gegebenen Falle eine solche, wo das Altenteil zur Begleichung oder doch teilweisen Begleichung des Kaufpreises bestellt worden ist und mit seiner Einräumung zugleich auch eigene Pflichten des Verkäufers gegen den Auszügler abgelöst sein sollten. Auch unter solchen Verhältnissen das Rücktrittsrecht wegen einer Verletzung der Altenteilspflicht zu versagen, besteht kein Grund. Allerdings können auch in diesem Falle langwierige Prozesse zwischen den Vertragsparteien entstehen, wenn aus den Mißhelligkeiten zwischen dem Grundstückseigentümer und dem Altsitzer vom Verkäufer ein Grund zum Rücktritt entnommen wird. Aber diese Besorgnis wird erheblich dadurch gemildert, daß die Nichterfüllung der Leibgedingspflicht gegen den Auszügler zunächst nur diesen selbst angeht. Eine Verletzung der gegen den Verkäufer bestehenden Vertragspflicht enthält sie in der Regel erst dann, wenn durch die Vertragsverstöße gegen den Altsitzer auch dessen Verhältnis zum Verkäufer beeinflußt wird. Jedenfalls wird tatsächlich erst dann der Verkäufer Veranlassung nehmen, sich auch seinerseits über den Käufer wegen seines vertragswidrigen Verhaltens gegen den Ausgedinger zu beschweren. Ihm aber auch in diesem Falle das Recht zum Rücktritt zu verschränken, wäre unbillig. Da die Vorschrift des Art. 15 § 7 eine Ausnahmevorschrift ist, so darf sie ohne zwingenden Grund auch nicht ausdehnend ausgelegt werden. Daß es etwa Sinn und Zweck dieser Vorschrift wäre, die Verletzung von Leibgedingsverträgen als Rücktrittsgrund überhaupt auszuscheiden, ist ihr nicht zu entnehmen und folgt auch aus der Begründung zum Entwurfe nicht....

(Es wird dann ausgeführt, daß die tatsächlichen Feststellungen des Berufungsurteils noch einer Ergänzung bedürfen.)

---

78. Muß der Gewinnverteilungsvorschlag zwei Wochen lang vor der Generalversammlung der Aktiengesellschaft ausgelegt werden?

II. Zivilsenat. Urt. v. 8. Februar 1921 i. S. W. (Kl.) w. Rhein. Aktienverein für Zuckerfabrikation (Bekl.). II 349/20.

I. Landgericht Köln. — II. Oberlandesgericht daselbst.

Die Frage wurde in Übereinstimmung mit den Vorinstanzen vom Reichsgericht verneint.

Gründe:

In erster Linie glaubt der Kläger eine Verletzung der §§ 260, 263 HGB. rügen zu können, weil der der Generalversammlung vorgelegte Nachtrag zum Geschäfsbericht nicht zwei Wochen lang zur Einsicht der Aktionäre ausgelegen hat. Allein nach der Feststellung des Berufungsgerichts enthielt der Nachtrag nur den Hinweis auf die nach Herausgabe des Geschäftsberichts erlassene Verordnung vom 15. November 1918 (RGBl. S. 1387), die eine erhöhte Kriegssteuerrücklage vorschrieb, und im Anschluß daran einen geänderten Gewinnverteilungsvorschlag. Mit Recht erwägt das Berufungsgericht, daß, da ein Gewinnverteilungsvorschlag überhaupt nicht zu den nach § 260 Abs. 2 der Generalversammlung zu unterbreitenden Vorlagen gehört, auch der Inhalt des Nachtrags nicht in der Frist des § 263 Abs. 1 bekannt gegeben zu werden brauchte. Der von der Revision betonte Umstand, daß der ursprüngliche Vorschlag mit ausgelegt war, ist hierfür ohne Belang. Die Aktionäre müssen immer darauf vorbereitet sein, daß der ausgelegte Vorschlag vor oder in der Sitzung noch geändert wird....

79. 1. Kann das Vorrecht nach § 6 Abs. 2 u. 3 des Telegraphen-Wegegesetzes vom 18. Dezember 1899 einer Hochspannungsanlage deshalb versagt werden, a) weil diese öffentliche Wege in einem im Verhältnis zur Gesamtausdehnung nur geringfügigen Maße in Anspruch nimmt; b) weil sie die öffentlichen Verkehrswege mit den daran befindlichen Telegraphenlinien nur im Luftraum kreuzt?

2. Steht der unter a) angeführte Umstand der Annahme der Einheitlichkeit der Anlage entgegen?

3. Zum Tatbestande der überwiegenden Beteiligung.

VI. Zivilsenat. Urt. v. 10. Februar 1921 i. S. Reichspostfiskus (Kl.) w. Überlandzentrale H. (Bekl.). VI 505/20.

I. Landgericht Braunschweig. — II. Oberlandesgericht daselbst.

Die Beklagte hat auf der Strecke Grube Emma bei Helmstedt—Abbenrode—Rautheim—Fümmelse eine 50000 Volt-Hochspannungsanlage errichtet, für die sie das Vorrecht aus § 6 des Telegraphen-Wegegesetzes vom 18. Dezember 1899 (RGBl. S. 705) beansprucht. Ihre Ersatzansprüche an den Kläger hat sie von der Kreisdirektion Helmstedt nebst 5% Zinsen vom 31. Oktober 1914 durch Erkenntnis vom 12. Juli 1915 zugesprochen erhalten. Mit der rechtzeitig erhobenen Klage ist beantragt, die Entscheidung der Kreisdirektion aufzuheben und den Antrag der Beklagten auf Entschädigung abzuweisen.

Der erste Richter hat nach dem Antrage der Klage erkannt. Das Berufungsgericht dagegen hat der Beklagten den erhobenen Anspruch teilweise, nämlich in Höhe von 8000 ℳ nebst 5% Zins seit dem 31. Oktober 1914, zugesprochen, im übrigen das erste Urteil bestätigt. Die Revision des Klägers wurde in der Hauptsache zurückgewiesen aus folgenden

Gründen:

Nach dem teils unstreitigen teils einwandfrei festgestellten Sachverhalte hat die Hochspannungsanlage den Zweck, den Landkreis Braunschweig, der als Selbstverwaltungskörper Rechtspersönlichkeit besitzt und die Bezeichnung Kreiskommunalverband Riddagshausen-Vechelde führt, sowie angrenzende Gebiete mit elektrischer Energie zu versorgen. Außer Streit steht, daß die Anlage erheblichen volkswirtschaftlichen Bedürfnissen dient, also aus Gründen des öffentlichen Interesses im Sinne des § 6 erstellt ist. Die Linie durchzieht von Grube Emma, wo die elektrische Energie erzeugt wird, bis Fümmelse Teile der Kreise Helmstedt, Riddagshausen-Vechelde und Wolfenbüttel, verläuft teilweise auf Kreisstraßen und Gemeindewegen, überwiegend auf nichtöffentlichen Wegen und Privatgelände, und schneidet außerdem verschiedene Staats-, Kreis- und Gemeindestraßen. Außer den Kreuzungen mit Straßen, an denen Reichstelegraphenlinien liegen, benutzt die Leitung der Beklagten in einer Gesamtlänge von rund 41 km nur etwa 6,5 km öffentliche Straßen, deren Unterhalt dem Kreiskommunalverband Helmstedt ($2^1/_2$ km), verschiedenen Gemeinden ($3^1/_2$ km) und für 0,27 km dem Kreiskommunalverband Riddagshausen-Vechelde obliegt. Das Vorrecht aus § 6 TelWG. beansprucht die Beklagte auf Grund der Behauptung, daß die Anlage unter überwiegender Beteiligung eines dieser Wegeunterhaltungspflichtigen, nämlich des letztgenannten Verbandes, zur Ausführung gebracht sei, wofür auf den Vertrag der Beklagten mit jenem vom 28./30. Dezember 1912 hingewiesen wird. Das Berufungsgericht stellt fest, daß die Anlage, die zur Abgabe von elektrischem Strom an die Kreiskommunalverbände Riddagshausen-Vechelde und Wolfenbüttel erstellt sei, damit einen und denselben Zweck verfolge und in einem einheitlichen Zuge auf gleichmäßige Art verlegt sei; es folgert daraus, daß das ganze Unternehmen als ein einheitliches Ganzes anzusehen sei. Demgemäß genüge es, daß einer der Wegeunterhaltungspflichtigen an der von der Beklagten erstellten Anlage überwiegend beteiligt sei. Eine solche Beteiligung wird in Ansehung des Kreiskommunalverbandes Riddagshausen-Vechelde als gegeben angenommen und demgemäß die Beklagte als gegenüber dem Kläger bei der Benutzung der öffentlichen Wege im Sinne des § 6 bevorrechtigt angesehen.

An zehn Stellen treffen die Hochspannungsfernleitung der Beklagten und die Telegraphenleitung des Klägers auf oder über dem Wegekörper zusammen. Zum Schutze der Telegraphenlinie hat die Beklagte bei den Kreuzungen ihre Hochspannungsleitung bruchsicher aufgehängt, um ein Herabfallen der Drähte und eine Störung der Telegraphenleitungen durch Überleitung des hochgespannten Stromes zu verhüten. Für jede in dieser Weise bruchsicher verlegte Postkreuzung berechnet die Beklagte einen Kostenbetrag von 1200 *M*, zusammen 12000 *M*. Das Berufungsgericht hält dafür, daß für den bezeichneten Zweck Schutznetze genügt und nur je 800 *M* Kosten, zusammen 8000 *M*, verursacht hätten. Dieser Betrag ist es, den das Berufungsgericht der Beklagten zuspricht; für die Revisionsinstanz kommt nur er allein noch in Betracht.

Gegen die Anwendung des § 6 TelWG. wendet die Revision ein, daß der an der Feststellung der Anlage allein beteiligte Wegeunterhaltungspflichtige an der Wegebenutzung mit nur 270 m, also mit weniger als 1/150 der Gesamtlänge beteiligt sei. Sie bestreitet weiter, daß eine überwiegende Beteiligung im Sinne des § 6 vorliege, daß das Unternehmen der Beklagten in seiner ganzen Ausdehnung als ein einheitliches Ganzes anzusehen sei, und daß die Vorschrift des § 6 überhaupt auf eine Anlage Anwendung finden könne, die gar nicht auf einem Verkehrswege hergestellt, nicht in diesem oder auf ihm untergebracht sei, sondern ihn nur im Luftraume kreuze. Die Revision beanstandet endlich, daß das Berufungsgericht der Beklagten Zinsen in Höhe von 5 statt 4 % zugesprochen hat.

Der letztangeführten Rüge war zu willfahren. Die Zuerkennung der 5 % Zinsen entbehrt der gesetzlichen Grundlage. Die Vorschrift insbesondere des § 352 HGB. greift nicht ein, da der Kläger nicht als Kaufmann im Sinne des HGB. in Betracht kommt. Es besteht kein Anhalt, den Zinsfuß anders als nach § 246 BGB. auf 4 % zu bemessen. Über den Beginn des Zinslaufes besteht kein Streit.

Im übrigen dagegen war die Revision zurückzuweisen. Die Einwendungen der Revision sind unbegründet.

1. Nach Ansicht der Revision entspricht es nicht dem Sinne des Gesetzes, einer Anlage in ihrer gesamten Ausdehnung Vorrechte nach § 6 Abs. 2 und 3 TelWG. zuzubilligen, wenn für die Anlage Wege des an ihrer Erstellung allein beteiligten Unterhaltspflichtigen nur zu einem Bruchteil benützt werden, der im Verhältnis zur Gesamtausdehnung so gering wie hier ist (41:0,27).

Die Revision verkennt selbst nicht, daß nach Grundsätzen, die in der Rechtsprechung des Reichsgerichts zu diesem Gesetz feststehen (RGZ. Bd. 65 S. 311, Bd. 78 S. 228 u. a.), dem Unternehmer die Rechte aus § 6 Abs. 2 und 3 auch dann zustehen sollen, wenn sich die Anlage als einheitliches Ganzes über Wege mehrerer Unterhaltungspflichtiger erstreckt und von einem von ihnen oder unter seiner überwiegenden Beteiligung zum Teil auf seinen eigenen Wegen, zum Teil auf den Wegen anderer Unterhaltungspflichtiger ausgeführt wird. Dem würde es entsprechen, hier bei der von der Revision unternommenen Vergleichung, vorausgesetzt daß die Anlage der Beklagten als ein einheitliches Unternehmen anzusehen ist, der Gesamtausdehnung von etwa 41 km die Gesamtstrecke an öffentlichen Wegen (ohne die Kreuzungen etwa 6,5 km) gegenüberzustellen. Es kommt aber auf diese Vergleichung für die Anwendbarkeit des Gesetzes überhaupt nicht an. Wie auch die Revision selbst nicht übersieht, enthält dieses keine ausdrückliche Einschränkung dahin, daß die Bevorrechtigung einer Anlage überhaupt zu versagen sei, wenn sie Wege des Unternehmers oder Wege überwiegend beteiligter Wegeunterhaltungspflichtiger nur in ganz geringem Umfange benutzt. Auch die Entstehungsgeschichte des § 6 (zutreffend wiedergegeben bei v. Rohr, TelWG. § 6 Anm. 1, 12, 13) gibt dafür keinen Anhalt. Es könnte auch offenbar zu wenig erwünschten Ergebnissen führen, wenn das Gesetz die Gewährung des Vorrechts des § 6 in dem von der Revision angeregten Sinne von dem Umfang abhängig gemacht hätte, in dem zur Anlage Strecken öffentlicher Wege benützt werden. Denn dann wäre für jeden, der selbst als Wegeunterhaltungspflichtiger oder unter überwiegender Beteiligung eines solchen eine Anlage der in § 6 gedachten Art erstellt, ein unmittelbares Interesse, ja sogar ein gewisser Zwang gegeben, die Anlage zu einem erheblicheren Teil über öffentliche Wege zu führen, statt, was im nächsten Interesse des Postfiskus liegt, dem Zusammentreffen mit dessen Telegraphenanlagen tunlichst auszuweichen und Kosten der in § 6 gedachten Art zu vermeiden. Diese verringern sich, je weniger die Anlage öffentliche Wege beansprucht. Denn, wie ebenfalls schon in RGZ. Bd. 78 S. 234 bemerkt wurde, findet sich weder im Gesetze noch in dessen Entstehungsgeschichte eine Andeutung dafür, daß die von einem Wegeunterhaltungspflichtigen errichtete besondere Anlage, wenn sie zum Teil öffentliche Verkehrswege, zum Teil anderes Gelände berührt, als eine Gesamtanlage zu betrachten und durchweg dem TelWG. zu unterstellen sei. Vielmehr können die Vergünstigungen des § 6 Abs. 2 und 3 einem derartigen Unternehmen nur insoweit zugestanden werden, als es die öffentlichen Verkehrswege benützt. Wo es diese verläßt, fällt der gesetzgeberische Grund seiner Bevorzugung gegenüber den Telegraphenlinien, das Vorrecht am Wegekörper, hinweg; von diesem Punkte ab unterliegt die Anlage den Bestimmungen des Telegraphengesetzes vom 6. April 1892 / 7. März 1908 (RGBl. 1908 S. 79), insbesondere dessen § 12. Dagegen besteht kein Anhalt dafür, grundsätzlich wegen vorliegender, aber nur geringer Inanspruchnahme öffentlicher Wege von einer wie immer zu bestimmenden Untergrenze an das Vorrecht des § 6 überhaupt zu versagen.

2. Auch gegen die Annahme der Einheitlichkeit der Anlage kann jener Umstand nicht verwertet werden. Es kann weder darauf ankommen, ob Herstellungen, für die Kostenersatz gefordert ist, überhaupt auf Wegen des überwiegend beteiligten Unterhaltungspflichtigen vorgenommen sind — was hier möglicherweise nicht der Fall ist —, noch kann es gegen die Annahme der Einheitlichkeit durchgreifen, daß die Strecken öffentlichen Weges, die die Anlage benutzt, nicht unmittelbar zusammenhängen, sondern von Privatgelände und nichtöffentlichen Wegen unterbrochen werden. Wie schon vielfach ausgesprochen wurde, ist die Einheitlichkeit der Anlage im wesentlichen nach tatsächlichen Gesichtspunkten zu beurteilen (RGZ. Bd. 90 S. 119, Bd. 78 S. 227, Bd. 65 S. 311, auch VI 430, 431/16, 110/17, 189/20). Unter solchen ist das Berufungsgericht auch hier dazu gelangt, die Einheitlichkeit um deswillen anzunehmen, weil wie der Zweck für die ganze Anlage ein und derselbe, so auch die Leitung in einem einheitlichen Zuge auf gleichmäßige Art verlegt und dadurch der tatsächliche Zusammenhang auch in Ansehung der benutzten Strecken öffentlicher Wege hergestellt sei. Wie schon in RGZ. Bd. 90 S. 119 hervor-

gehoben — wo es sich um die Frage der Einheitlichkeit bei einer Anlage von elektrischen Vorortbahnen handelte, die nicht ausschließlich auf öffentlichen Wegen, sondern streckenweise auf eigenem Bahnkörper verlaufen —, ist jene Betrachtungsweise nicht für rechtsirrig zu erachten, vielmehr mit dem nach Wortlaut und Zweck zu ermittelnden Inhalt des Gesetzes zu vereinigen. Auch der vorliegende Sachverhalt bietet keinen Anlaß zu abweichender Beurteilung. Es ist nicht abzusehen, aus welchen Gründen es an der von der Revision vermißten Einheitlichkeit der Wegebenutzung fehlen soll, wenn diese im Verhältnis zur gesamten Ausdehnung der Anlage nur einen kleinen Teil ausmacht. Auch in diesem beschränkten Ausmaße kann und wird sich die auf öffentlichen Wegen verlaufende Teilstrecke dem einheitlichen Ganzen als Bestandteil eingliedern, mit diesem, wie hier festgestellt, ebensowohl durch die Einheitlichkeit des Zweckes wie durch die Verlegung der Leitung im ganzen vereinigt.

3. Die Ansicht der Revision, daß die Vorschrift des § 6 TelWG. hier deshalb überhaupt nicht eingreife, weil die Hochspannungsanlage der Beklagten die öffentlichen Verkehrswege mit den daran befindlichen Telegraphenlinien lediglich im Luftraum kreuze, kann gleichfalls nicht geteilt werden. Die von der Revision gewollte Beschränkung auf solche Fälle, wo nicht nur die Telegraphenlinie, sondern auch die besondere Anlage auf einem Verkehrswege hergestellt ist, dieser ihrer Unterbringung dient, findet weder im Wortlaut des Gesetzes noch in dessen Entstehungsgeschichte eine Grundlage. Die Rechtsprechung hat denn auch schon bisher kein Bedenken getragen, die Vorschrift des § 6 auf Anlagen gleicher oder ähnlicher Art wie die hier in Rede stehende anzuwenden, wofür insbesondere auf RGZ. Bd. 90 S. 121 (Starkstromanlage einer Überlandzentrale), Bd. 78 S. 223 (elektrische Überlandleitung zur Versorgung der Landgemeinden eines Kreises), Bd. 63 S. 88 (elektrische Zentralanlage einer Stadtgemeinde zur Beleuchtung von Straßen und Plätzen und Kraftanlage für gewerbliche Zwecke) zu verweisen ist. Auch die von der Revision hervorgehobenen Stellen der Regierungsbegründung zu §§ 5, 6 Entw. und des Kommissionsberichts zu § 6 (abgedr. bei v. Rohr a. a. O. S. 111, 117) ergeben nichts Entgegenstehendes. Im besonderen besteht auch kein Anhalt dafür, daß die Inanspruchnahme des öffentlichen Weges, wie sie eine bloße Kreuzung der Anlage mit diesem mit sich bringt, von der Regelung des § 6 TelWG. auszunehmen sei. Auch dieses Bedenken wird von der bisherigen Rechtsprechung nicht geteilt. Es ist auch kein innerer Grund ersichtlich, gegenüber dem umfassenden Wortlaut des Gesetzes gerade in dieser Hinsicht eine Beschränkung zu üben.

4. Auch bei der Annahme, es liege eine überwiegende Beteiligung des Kreiskommunalverbands Riddagshausen-Vechelde an der Ausführung

der Anlage vor, befindet sich das Berufungsgericht im Einklang mit den in der Rechtsprechung des Reichsgerichts feststehenden Grundsätzen. (Wird ausgeführt.)... In der Zusammenfassung der im Berufungsurteil angeführten Einzelheiten zu einem Gesamtbild wirtschaftlicher Beteiligung liegt zu wesentlichem Teile eine tatsächliche Würdigung, die insoweit der Nachprüfung hier entzogen ist. Eine Verkennung des rechtlichen Wesens der in § 6 vorausgesetzten Beteiligung, das als Teilnahme an der planmäßigen Finanzierung des Unternehmens, an der Schaffung seiner finanziellen Grundlagen (RGZ. Bd. 78 S. 222, Bd. 90 S. 119) zu kennzeichnen ist, erhellt nirgends. Im besonderen gilt dies auch von dem in dem Vertrage vom 28./30. Dezember 1912 zugesagten Darlehen von 85000 *M*. Dieses ist, wenn auch erst nach Fertigstellung der Leitung zahlbar, doch als Beteiligung an der Ausführung der Anlage anzusehen, weil bereits vor dieser zugesagt, und es ist auch ohne besondere Vergünstigungen der Beklagten mit Recht als Beteiligung angesehen worden, wofür auf die Ausführungen RGZ. Bd. 90 S. 117 flg. zu verweisen genügt. Nach alledem kann auch in der Kennzeichnung dieser Beteiligung als einer überwiegenden kein Rechtsirrtum gefunden werden.

---

80. 1. Ist zur Wirksamkeit der Anmeldung von Ansprüchen nach § 8 des Unfallfürsorgegesetzes vom 18. Juni 1901 erforderlich, daß der Anmeldende erklärt, er mache Ansprüche aus diesem Gesetze geltend, und daß ein Anhalt für die Annahme dauernder Unfallfolgen vorliegt?

2. Wann ist eine den Anspruch begründende Unfallfolge erst später bemerkbar geworden?

III. Zivilsenat. Urt. v. 11. Februar 1921 i. S. D. (Kl.) w. Deutsches Reich (Bekl). III 336/20.

I. Landgericht Oldenburg. — II. Oberlandesgericht daselbst.

Der Kläger war bis zum 1. Dezember 1917 Oberpostassistent in L. und wurde zu diesem Tage auf seinen Antrag durch Verfügung der Oberpostdirektion vom 17. August 1917 wegen Dienstunfähigkeit mit dem gesetzlichen Ruhegehalte von jährlich 1785 *M* in den Ruhestand versetzt. Er behauptet, seine Dienstunfähigkeit sei die Folge eines in der Nacht zum 23. April 1914 im Dienst erlittenen Betriebsunfalls — nämlich eines Sturzes infolge Umfallens eines Schemels, den er bestiegen hatte, um die oberste Reihe des Abfertigungsspinds zu entleeren —, und beansprucht, nach Erwirkung eines ablehnenden

Bescheids des Reichspostamts, mit seiner fristgerecht erhobenen Klage eine jährliche Unfallpension von 2100 *M* unter Anrechnung des geleisteten gesetzlichen Ruhegehalts, außerdem Erstattung von 140 *M* Kosten ärztlicher Behandlung und Feststellung der Verpflichtung des Beklagten zum Ersatze der noch erwachsenden Kosten des Heilverfahrens. In beiden Rechtszügen abgewiesen, hat er mit Erfolg Revision eingelegt.

Gründe:

Der Berufungsrichter hat die Klage abgewiesen, weil der Kläger seinen Anspruch nicht innerhalb der Ausschlußfrist des § 8 Abs. 1 BUFG. angemeldet habe. Er unterstellt zwar, daß der Kläger, wie er behauptet und durch Bezugnahme auf die Akten der Postverwaltung unter Beweis gestellt hat, sogleich nach dem Unfalle diesen bei seiner vorgesetzten Dienstbehörde mit der Erklärung angemeldet habe, daß er Ansprüche aus ihm geltend mache. Er hält diese Anmeldung aber nicht für genügend, weil der Kläger, wie er zugegeben habe, dabei Ansprüche aus dem BUFG. nicht ausdrücklich erwähnt habe und an solche Ansprüche auch damals noch gar nicht habe denken können, weil er noch keinen Anhalt für die Annahme gehabt habe, daß der Unfall dauernde Folgen haben könnte, die später seine Versetzung in den Ruhestand zur Notwendigkeit machen würden; seine allgemeine Erklärung, er mache Ansprüche aus dem Unfalle geltend, könne nicht als Anmeldung von Ansprüchen angesehen werden, an die er bei der Abgabe der Erklärung noch gar nicht gedacht habe und habe denken können.

Diese Ausführungen werden von der Revision mit Recht angegriffen. Die von dem Kläger behauptete Anmeldung genügt durchaus der Vorschrift des § 8 Abs. 1. Der Hervorhebung, daß er die Ansprüche aus dem Unfalle, deren Geltendmachung er ankündigte, auf das BUFG. stützen werde, bedurfte es nicht. Daß dieses Gesetz die Grundlage für die Ansprüche aus dem Unfalle bilde, verstand sich von selbst. Daß ferner noch kein Anhalt für die Annahme dauernder Unfallfolgen, die die Dienstunfähigkeit herbeiführen könnten, vorlag, schloß, wie die Revision zutreffend hervorhebt, eine vorsorgliche Anmeldung der Ansprüche aus dem Unfalle nicht aus. Zu einer solchen bedurfte es auch nicht, wie der Revisionsbeklagte meint, der Hervorhebung, daß die Anmeldung vorsorglich erfolge. Schließlich rügt die Revision auch mit Recht, daß die Feststellung des Berufungsgerichts, der Kläger habe an solche dauernden Unfallfolgen damals noch gar nicht gedacht, mit seiner späteren Ausführung in Widerspruch steht, der Kläger habe die Frist des § 8 Abs. 1 wahren müssen, weil nach seinem eigenen Vorbringen nicht angenommen werden könne, daß die Unfallfolgen im Sinne des § 8 Abs. 2 erst später bemerkbar geworden seien; denn er habe ausdrücklich betont, er sei immer der Überzeugung gewesen, daß seine Krankheit; die seine Entlassung notwendig gemacht habe, die Folge des Unfalls gewesen sei. Übrigens ist es auch nicht recht verständlich, weshalb die Beratung des Klägers mit seinem nächsten Vorgesetzten im Juli 1917, ob er den Unfall in seinem Entlassungsgesuch erwähnen solle, mit der Behauptung, er habe diesem seinen Unfallanspruch gleich nach dem Unfall angemeldet, nicht vereinbar sein soll.

Aus dem Gesagten ergibt sich bereits, daß auch die Gründe, aus denen der Vorderrichter die Vorschrift des § 8 Abs. 2 BUFG. nicht für anwendbar erachtet, weil nämlich die Unfallfolgen nach der eigenen Darstellung des Klägers nicht erst später bemerkbar geworden seien, wegen ihres Widerspruchs mit der oben erwähnten früheren Feststellung des angefochtenen Urteils nicht haltbar sind. Hat der Kläger gleich nach dem Unfalle noch gar nicht daran gedacht und daran denken können, daß der Unfall dauernde Folgen haben könnte, die seine Versetzung in den Ruhestand später zur Notwendigkeit machen würden, und ist er ferner bis Juli 1916 voll dienstfähig gewesen, so kann von der Unanwendbarkeit des § 8 Abs. 2 keine Rede sein (vgl. RGZ. Bd. 76 S. 402). Selbst die Meinung des verunglückten Beamten, seine Krankheit sei eine Folge des Unfalls, genügt nicht immer für die Annahme, die den Anspruch begründende Unfallfolge sei ihm bemerkbar geworden (vgl. RGZ. Bd. 82 S. 225). Sollte also die Behauptung des Klägers von der gleich nach dem Unfall erfolgten Anmeldung nicht bewiesen werden, so hat das Berufungsgericht erneut zu prüfen, ob nicht der § 8 Abs. 2 hier Anwendung zu finden hat und ob die dort erwähnte Frist von drei Monaten gewahrt ist.

---

81. Ist durch Art. 129 Abs. 4 der Reichsverfassung der Rechtsweg auch für solche vermögensrechtliche Ansprüche der Berufssoldaten eröffnet, welche vor Inkrafttreten der Verfassung entstanden sind?

III. Zivilsenat. Urt. v. 18. Februar 1921 i. S. R. (Kl.) w. Deutsches Reich (Bekl.). III 361/20.

I. Landgericht Kiel. — II. Oberlandesgericht daselbst.

Dem Kläger ist die ihm nach § 78 der Besoldungsvorschrift für die Marine im Frieden zustehende Dienstprämie von 1500 *M* unter Anrechnung der ihm während seiner Dienstzeit gezahlten Alterszulagen zum Betrage von 500 *M* in Höhe von 1000 *M* nebst 4 v. H. Zinsen von diesen 1000 ℳ für die Zeit vom 3. Januar 1915, dem Tage der Vollendung seines 12. Dienstjahres, bis zum Entlassungstage, dem 30. September 1919, gezahlt worden. Er glaubt berechtigt zu sein, die Zinsen für diesen Zeitraum von den ganzen 1500 ℳ zu fordern und hat Klage auf Zahlung des Mehrbetrags von 95 ℳ nebst 4 v. H. Zinsen davon seit dem 1. Oktober 1919 erhoben. Der Beklagte erhob die Einrede der Unzulässigkeit des Rechtswegs. Das Landgericht verwarf diese Einrede; das Berufungsgericht erklärte sie für begründet.

Das Reichsgericht wies die Berufung des Beklagten gegen das Urteil des Landgerichts zurück.

Gründe:

Der erkennende Senat hat in dem Urteile vom 8. Juli 1920 RGZ. Bd. 99 S. 261 die Vorschrift des Art. 129 Abs. 4 der Reichsverfassung vom 11. August 1919 dahin ausgelegt, daß damit den Berufssoldaten ein unmittelbares, mit der Verfassung ins Leben tretendes Recht zur Beschreitung des Rechtswegs für ihre vermögensrechtlichen Ansprüche gegeben ist. An dieser Auffassung ist festzuhalten. Im vorliegenden Rechtsstreite handelt es sich um den Anspruch eines Unteroffiziers der früheren Kaiserlichen Marine des Friedensstandes, also eines Berufssoldaten. Diesen den Rechtsweg zu verschließen, der durch die erwähnte Vorschrift der Reichsverfassung eröffnet wird, die Vorschrift grundsätzlich zu beschränken auf Militärpersonen, die erst unter der Herrschaft der neuen Verfassung als Berufssoldaten in den Heeres- oder Marinedienst getreten sind, liegt keine Veranlassung vor. Es handelt sich weiter um einen vermögensrechtlichen Anspruch, der zwar vor Erlaß der neuen Reichsverfassung entstanden sein mag, aber doch nach § 78 Nr. 1 der Besoldungsvorschrift für die frühere Kaiserliche Marine im Frieden erst mit der am 30. September 1919, also nach dem Inkrafttreten der Verfassung, erfolgten Entlassung des Klägers aus dem Marinedienst geltend gemacht werden konnte. Auf solche, erst nach dem Inkrafttreten der Verfassung geltend zu machende Ansprüche ist die Vorschrift des Art. 129 Abs. 4 der Verfassung unbedenklich anwendbar; inwieweit sie im übrigen für früher entstandene Ansprüche Geltung hat, bedarf hier nicht der Entscheidung.

Dahingestellt kann bleiben, ob etwa der Rechtsweg für den hier streitigen Anspruch auch schon nach früherem Rechte gegeben und dessen Beschreitung von einem Vorbescheide der Verwaltungsbehörden abhängig gemacht war. Denn den Vorschriften der §§ 42, 49, 60 MannschVersG., deren Anwendung allein in Frage kommen könnte, ist genügt.

Es war daher in Übereinstimmung mit dem Landgericht der Rechtsweg für zulässig zu erklären.

82. 1. Enthält die durch Ortsstatut erfolgte Übernahme der Leichenbestattung in städtischen Betrieb eine Verletzung des § 1 GewO.?
2. Gehören die Rechte aus § 1 GewO. zu den besonderen Rechten und Vorteilen im Sinne des § 75 Einl. z. ALR.?

VI. Zivilsenat. Urt. v. 13. Januar 1921 i. S. U. (Kl.) w. die Stadtgemeinde G. u. Gen. (Bekl.). VI 497/20.

I. Landgericht Görlitz. — II. Oberlandesgericht Breslau.

Am 17. Mai/30. November 1904 hat die Beklagte zu 1 durch Ortsstatut eine Friedhofs- und eine Begräbnisordnung erlassen. Im § 3 dieser letzteren behält sie sich selbst unter Ausschluß anderer Unternehmer die Beförderung der Leichen innerhalb des Gemeindebezirks und zum Bahnhofe vor. § 13 bestimmt, daß die Ausführung der zur Besorgung der Begräbnisse gehörigen Leistungen durch Gemeindebeschluß einem oder mehreren Unternehmern übertragen werden kann. Eine Polizeiverordnung vom 30. August 1905 stellt die Beförderung durch andere als die Stadtgemeinde oder die von ihr bestellten Unternehmer unter Strafe. Gemäß § 13 des vorgenannten Ortsstatuts hat die Beklagte zu 1 durch Vertrag der Beklagten zu 2 das ausschließliche Recht zur Beförderung von Leichen innerhalb des Gemeindebezirks übertragen.

Die Klägerin, deren Ehemann in G. eine Begräbnisanstalt betrieben hatte, fühlte sich durch die ihrer Ansicht nach unzulässigen und ungültigen Maßnahmen der Beklagten zu 1 und Veröffentlichungen der Beklagten zu 2 geschädigt und forderte Schadensersatz.

Das Landgericht erklärte den Anspruch gegen die Beklagte zu 1 dem Grunde nach für gerechtfertigt, wies aber die Klage gegen die Beklagte zu 2 ab. Das Oberlandesgericht erkannte, indem es die Berufung der Klägerin zurückwies, auf die Berufung der beklagten Stadtgemeinde hin auf völlige Abweisung der Klage.

Die Revision der Klägerin wurde zurückgewiesen aus folgenden

Gründen:

Die Revision macht zu Unrecht geltend, das Ortsstatut stelle einen unzulässigen Eingriff in die Gewerbefreiheit des § 1 GewO. dar.

Das Gewerbe der Leichenreiniger und Leichenbestatter war nach der preußischen Gewerbeordnung vom 17. Januar 1845 unter Konzessionspflicht gestellt. Während der Entwurf von 1868 die Regelung der Landesgesetzgebung überlassen wollte, nahm man auf Anregung der Kommission in dem Entwurfe von 1869 auch davon Abstand. Die Motive von 1869 S. 70 heben hervor: „daß dem Antrage der Kommission des Reichstags, das Monopol der Leichenreiniger und

Leichenbestattungsunternehmer zu beseitigen, Folge gegeben ist, indem anzunehmen ist, daß die Kommunalbehörden wohl in der Lage sein werden, die Zwecke, zu welchen die Bestellung solcher Personen eingeführt ist, auch ohne eine ausschließliche Gewerbeberechtigung derselben zu erreichen". Diesen Standpunkt hat die Gewerbeordnung übernommen. Damit sind die früheren Beschränkungen dieses Gewerbes gefallen und es genießt den vollen Schutz des § 1 GewO.

Dieser stellt den Grundsatz auf, daß der Betrieb eines Gewerbes jedermann gestattet ist, soweit nicht die Reichsgewerbeordnung selbst Ausnahmen oder Beschränkungen vorgeschrieben oder zugelassen hat. Zur Erläuterung dieses Satzes besagen die Motive von 1869 S. 46, abweichend von dem Entwurfe von 1868 habe eine Fassung gewählt werden können, „welche den Vorzug hat, daß sie die Bestimmungen des Gesetzes nicht, wie der § 1 des vorjährigen Entwurfs, an den Betrieb des Gewerbes, sondern an die Person des Gewerbetreibenden anknüpft und dadurch dem Mißverständnisse vorbeugt, als seien bei der Ausübung des Gewerbes durch die nach den Bestimmungen des Gesetzes dazu verstatteten Personen die allgemeinen Feuer-, Sicherheits-, Sitten-, Preß- usw. polizeilichen Bestimmungen nur insoweit zu beachten, als dieselben in dem Gesetze ausdrücklich vorbehalten sind."

Danach ist also lediglich die Zulassung zu einem Gewerbe freigegeben; nur sie unterliegt allein den durch die Reichsgewerbeordnung aufgestellten Beschränkungen und darf durch weitere rein gewerbepolizeiliche Vorschriften nicht beeinträchtigt werden. Anders verhält es sich aber mit der Ausübung des Gewerbes. Ihr steht zunächst die freie Konkurrenz gegenüber und ihr sind die Grenzen gezogen, die sich aus den Rechten dritter Personen ergeben. Weiter aber ist sie allen im Interesse des allgemeinen Wohles erforderlich werdenden Vorschriften der Sicherheits-, Feuer- und Gesundheitspolizei unterworfen. In die öffentlichrechtlichen Befugnisse, insbesondere der Gemeinden, greift § 1 GewO. nicht ein.

Nun hat die Beklagte zu 1 das Ortsstatut auf Grund des § 11 der Städteordnung für die sechs östlichen Provinzen vom 30. Mai 1853, die Polizeiverwaltung G. ihre Polizeiverordnung auf Grund der §§ 5, 6 des Gesetzes über die Polizeiverwaltung vom 11. März 1850 und §§ 143, 144 des Gesetzes über die allgemeine Landesverwaltung vom 30. Juli 1883 erlassen und damit die Leichenbestattung, wie oben ausgeführt, zu einer städtischen Angelegenheit gemacht. Sie haben danach in Ausübung öffentlichrechtlicher Befugnisse zur Erfüllung der ihnen obliegenden Aufgaben gehandelt, für Ordnung, Sicherheit und Erleichterung des Verkehrs auf den öffentlichen Straßen zu sorgen.

In gleichliegenden, das früher ebenfalls konzessionspflichtige Gewerbe der Fäkalienabfuhr betreffenden Fällen hat das Reichsgericht in Übereinstimmung mit der Rechtsprechung des Oberverwaltungsgerichts (OVG. Bd. 32 S. 295, 303) und dem Gutachten des Reichsjustizamts vom 23. April 1892 (Reger Bd. 13 S. 116) ausgesprochen, daß in einem solchen Vorgehen einer Gemeinde eine Verletzung des § 1 GewO. nicht zu erblicken sei. Nach wie vor stehe jedem Unternehmer der Betrieb des Gewerbes frei, es werde nur der Gewerbebetrieb anderer tatsächlich in seinem Erfolg eingeschränkt oder ihm der Boden entzogen. Mit dem Ortsstatut sei die Fäkalienabfuhr eine Gemeindeangelegenheit geworden und damit diese Tätigkeit dem Gebiete des privaten Gewerbebetriebs entzogen. Dazu seien die Gemeinden zur Förderung des Wohles der Eingesessenen nach § 11 der Städteordnung für die sechs östlichen Provinzen berechtigt (RG. IV 22/00 im preuß. VerwBl. Bd. 21 S. 433, III 138/08 im GewArch. Bd. 8 S. 361, JW. 1914 S. 409).

Betreffs der Leichenbestattung hat weiter das Reichsgericht (RGZ. Bd. 23 S. 29) sich dahin ausgesprochen, daß ein auf einer rechtsgültigen Stoltaxordnung beruhendes ausschließliches Recht einer Kirchengemeinde auf die Bestattung ihrer Gemeindeangehörigen keinen Eingriff in die Gewerbefreiheit darstelle. In einem weiteren Falle, da eine Gemeinde als Eigentümerin des Friedhofs die Ausübung des Bestattungsgewerbes auf diesem durch Ortsstatut untersagt hatte, hat es (RGZ. Bd. 42 S. 51) ausgeführt, es sei rechtlich unbedenklich, daß eine Gemeinde teils aus Rücksichten der Sanitätspolizei, teils als Eigentümerin der Friedhöfe und Leichenhäuser den freien Betrieb dieses Gewerbes tatsächlich unmöglich machen könne.

Diese Grundsätze allgemein auf das Leichenbestattungsgewerbe zu übertragen, besteht kein Bedenken. Danach ergibt sich aber ohne weiteres, daß im vorliegenden Fall eine Verletzung des § 1 GewO. durch die von der Beklagten zu 1 getroffene Regelung nicht erfolgt ist. Daß sie einen Unternehmer als ihr Organ die Leichenbestattung ausüben läßt, ändert hieran nichts.

Zu Unrecht rügt die Revision weiter auch eine Verletzung des § 75 Einl. z. ALR.

Unter Bezugnahme auf RGZ. Bd. 45 S. 252 und Bd. 72 S. 85 hat das Berufungsgericht hierzu ausgeführt, eine Entschädigungspflicht sei nur dort gegeben, wo die Aufopferung besonderer Rechte und Vorteile durch einen konkreten staatlichen Akt erheischt werde. Beschränkungen und Eingriffe, die durch Gesetz erfolgten, seien nur dann und nur insoweit zu entschädigen, als das Gesetz es besonders vorschreibe. Ortsstatut und Polizeiverordnung, die in dieser Hinsicht den Gesetzen gleichstünden, sähen im vorliegenden Fall eine Entschädigung nicht vor. Damit entfalle der Anspruch der Klägerin.

Ob im vorliegenden Falle die Ablehnung der Entschädigungspflicht auf das Ortsstatut und seine Gleichstellung mit den Gesetzen gestützt werden konnte und durfte, bedarf keiner Nachprüfung, da die erste Voraussetzung des § 75 a. a. O., daß nämlich „besondere Rechte oder Vorteile" vorliegen, nicht gegeben ist. Hierunter sind nur solche zu verstehen, die durch tatsächliche Erwerbsgründe oder Rechtstitel begründet sind, Rechte von selbständigem Charakter. Zu ihnen gehören nicht rein zufällige Rechte, die aus Verhältnissen entspringen, auf deren Fortbestand der einzelne kein Recht hat. Das Recht auf Gewerbefreiheit und Gewerbebetrieb, das nur eine abstrakte gesetzliche Befugnis, die Ausübung eines im Gesetz anerkannten Rechtssatzes darstellt, das dem einen nur ebenso wie dem andern, nicht aber auf Grund eines besonders berechtigten Titels zusteht, ist kein wohlerworbenes.

Es unterliegt aber auch, wie oben ausgeführt, den örtlichen Beschränkungen der Ausübung, die sich als Folge der Handhabung der der Beklagten zu 1 aus öffentlichem Rechte zustehenden Befugnisse ergeben. Macht die Gemeinde von diesen ihren Befugnissen Gebrauch und greift sie in das durch sie beschränkte Recht eines Gewerbetreibenden insoweit ein, als diese Befugnisse reichen, so kann ihr gegenüber von einem wohlerworbenen Recht oder einer zur Entschädigung verpflichtenden Verletzung eines solchen Rechtes schlechterdings keine Rede sein (RG. IV 22/00 im preuß. VerwBl. Bd. 21 S. 433, RGZ. Bd. 19 S. 355)....

---

83. Greift die in Art. 12 § 1 Abs. 1 preuß. AG. z. BGB. für Rentengutsverträge vorgesehene erleichterte Form schon dann Platz, wenn aus dem Vertrage hervorgeht, daß die Begründung des Rentenguts durch Vermittelung der Generalkommission erfolgen soll? Oder muß auch schon der Antrag auf Rentengutsbildung bei der Generalkommission eingereicht und von dieser für zulässig erklärt sein?

V. Zivilsenat. Urt. v. 2. Februar 1921 i. S. v. K. (Bekl.) w. D. G. f. i. K. G. m. b. H. (Kl.). V 333/20.

I. Landgericht Frankfurt a. O. — II. Kammergericht daselbst.

Durch schriftlichen Vertrag vom 2. November 1918 übertrug die Beklagte der Klägerin die Durchführung des von ihr bei der Generalkommission Frankfurt a. O. beantragten Rentengutsverfahrens, betreffend die Aufteilung ihres Gutes G. in Rentengüter. Die von ihr der Klägerin hierzu erteilte Vollmacht sollte bis zur vollständigen

Durchführung des Rentengutsverfahrens unwiderruflich sein. Die Klägerin sollte als Vergütung 6% vom Kaufpreis erhalten. Für den Fall der Rücknahme des Antrags auf Rentengutsbildung verpflichtete sich die Beklagte, der Klägerin sofort 1% des Verkaufswerts ihres Besitztums zu bezahlen. Sofern sie innerhalb eines Jahres nach Zurücknahme ihres Antrags ihr Gut anderweitig verkaufte, sollte sie noch eine weitere Entschädigung von 1% des Kaufpreises zahlen. Am 9. November 1918 nahm sie ihren Antrag auf Rentengutsbildung bei der Generalkommission zurück, nachdem sie das Gut G. am 8. November 1918 für 1550000 M anderweitig verkauft hatte. Die Klägerin behauptet, daß ihr danach eine Entschädigung in Höhe von 2% von dieser Summe, also in Höhe von 31000 M zustehe, und hat einen Teilbetrag von 5000 M eingeklagt.

Während das Landgericht die Klage abwies, gab das Kammergericht ihr statt. Die Revision hatte keinen Erfolg.

Gründe:

Das Landgericht hat den Vertrag vom 2. November 1918 als nichtig angesehen, weil er durch die Erteilung der unwiderruflichen Vollmacht an die Klägerin eine Verpflichtung zur Übertragung des Eigentums an dem Rittergut G. enthalte und deshalb dem Formzwange des § 313 BGB. unterworfen gewesen sei. Der Umstand, daß es sich um ein Rentengutsverfahren handele, ändere hieran nichts, weil dies Verfahren überhaupt noch nicht eingeleitet worden sei....

Das Berufungsgericht tritt in der Frage der Formbedürftigkeit des Vertrags dem Landgericht nicht bei. Es nimmt zwar auch an, daß der Vertrag, der eine unwiderrufliche Vollmachtserteilung an die Klägerin zur Veräußerung des Gutes im Rentengutsverfahren enthielt und die Beklagte im Fall der Rücknahme des Antrags auf Rentengutsbildung zur Entschädigung verpflichtete, dem Formzwange unterlag, weil er die Beklagte mittelbar zur Übertragung ihres Eigentums an dem Gut G. verpflichtete. Die hier erforderliche Form sei aber, so nimmt es weiter an, nicht die in § 313 BGB. vorgeschriebene gerichtliche oder notarielle Beurkundung, vielmehr genüge nach Art. 12 § 1 preuß. AG. z. BGB. für Rentengutsverträge bei den durch Vermittelung der Generalkommission begründeten Rentengütern die einfache Schriftform. Wenn diese Vorschrift auch nur für die Verträge gegeben sei, durch welche sich der eine Teil verpflichte, das Eigentum an einem Grundstück gegen Übernahme einer festen Geldrente zu übertragen, so sei sie doch auch auf Vollmachtserteilungen zum Abschluß von Rentengutsverträgen anwendbar, durch die sich der Vollmachtgeber unwiderruflich oder doch nur beschränkt widerruflich verbindlich mache, die Eigentumsübertragung durch den Bevollmächtigten vornehmen zu lassen. Einer stärkeren Form als der Hauptvertrag könne andererseits die

Vollmachtserteilung keinesfalls bedürfen. Wende man den Art. 12 § 1 auf solche Verträge unmittelbar an, weil schon eine Verpflichtung zur Eigentumsübertragung begründet sei, so genüge ebenfalls die Schriftform. Darauf, daß das Rentengut noch nicht begründet sei, komme nichts an. Die Vorschrift beziehe sich auch auf die durch Vermittelung der Generalkommission erst noch zu begründenden Rentengüter. Es sei auch keineswegs erforderlich, daß die Generalkommission zur Zeit des Abschlusses des Vertrags ihre Vermittelung bei der beabsichtigten Bildung des Rentenguts schon zugesagt und den Antrag auf Bildung von Rentengütern schon für zulässig erklärt habe. . . .

Die Revision wendet ein, die erleichterte Form, die für Rentengutsverträge bei den durch Vermittelung der Generalkommission begründeten Rentengütern zugelassen sei, setze ein bereits anhängiges Rentengutsverfahren voraus. An dieser Voraussetzung habe es aber hier gefehlt; denn erst nach Abschluß des Vertrags vom 2. November 1918 sei von der Klägerin für die Beklagte der Antrag auf Rentengutsbildung bei der Generalkommission gestellt worden. Diese habe aber bis zum Eingang des Kündigungsschreibens der Beklagten vom 9. November 1918 auf den Antrag noch nichts veranlaßt, insbesondere die Einleitung des Verfahrens noch nicht beschlossen.

Dieser Revisionsangriff ist nicht begründet. Nach Art. 12 § 1 preuß. AG. z. BGB. genügt für einen Vertrag, durch den sich der eine Teil verpflichtet, das Eigentum an einem Grundstücke gegen Übernahme einer festen Geldrente zu übertragen (Rentengutsvertrag), bei den durch Vermittelung der Generalkommission begründeten Rentengütern die schriftliche Form. Unter dem Rentengutsvertrag im Sinne dieser Vorschrift ist nicht der Vertrag über die Begründung des Rentenguts selbst zu verstehen, den nach § 12 Abs. 2 des Gesetzes betr. die Beförderung der Errichtung von Rentengütern vom 7. Juli 1891 (GesS. S. 279) die Generalkommission aufzunehmen und zu bestätigen hat. Vielmehr ist damit der Vorvertrag gemeint, den der Rentengutsausgeber oder sein Vertreter unmittelbar mit dem Erwerber des Rentenguts abschließt. Die erleichterte Form ist hier zugelassen, weil durch das Eingreifen der Behörden den Rücksichten Genüge geschieht, die im BGB. zu dem Erfordernisse der gerichtlichen oder notariellen Beurkundung geführt haben. Hier kommt nun allerdings nicht ein Vertrag in Frage, durch welchen der Rentengutsausgeber sich unmittelbar verpflichtet, dem Rentengutsnehmer das Eigentum zu übertragen, vielmehr hat die Beklagte die Klägerin ermächtigt, für sie Veräußerungen von Grundstücken in dem gleichzeitig beantragten Rentengutsverfahren vorzunehmen. Für einen solchen Vertrag kann aber die Form keine strengere sein als die in Art. 12 § 1 a. a. O. für den Vorvertrag selbst vorgeschriebene.

Die Revision vertritt nun zwar den Standpunkt, daß die erleichterte Form des Art. 12 § 1 AG. nur „bei den von der Generalkommission begründeten Rentengütern" Platz greife, hier also nicht genüge, weil beim Abschluß des Vertrags vom 2. November 1918 ein Rentengutsverfahren bei der Generalkommission überhaupt noch nicht eingeleitet gewesen sei. Sie stützt sich hierbei auf das Urteil des Oberlandeskulturgerichts vom 26. April 1912 (Zeitschr. für die Landeskulturgesetzgebung der preuß. Staaten Bd. 39 S. 142), worin dieses die von ihm früher (Bd. 38 S. 380 daselbst) vertretene Ansicht aufgibt, daß ein nach Art. 12 § 1 AG. geschlossener Vertrag so lange in der Schwebe sei, bis feststehe, ob es zur Rentengutsbegründung unter Vermittelung der Generalkommission kommen werde. Mit der aus der Begründung des Art. 12 AG. z. BGB. hervorgehenden Absicht des Gesetzgebers, die sofortige Aufnahme eines beide Teile bindenden, aber auch ihre Rechte sicher stellenden Vertrags über den Erwerb eines Rentenguts an Ort und Stelle zu ermöglichen, erklärt es das Oberlandeskulturgericht nicht für vereinbar, die Ungewißheit über die Rechtswirksamkeit des geschlossenen Vertrags bis zur tatsächlich erfolgten Begründung des Rentenguts bestehen zu lassen. Wenn das Gesetz die Form des Vertrags von bestimmten Voraussetzungen abhängig mache, so sei davon auszugehen, daß hierfür allein die zur Zeit des Vertragsschlusses gegebenen Rechtsverhältnisse maßgebend seien. Es müsse deshalb aus den beim Vertragsschlusse bestehenden Verhältnissen beurteilt werden, ob die Generalkommission die Begründung des Rentenguts vermittele. Aus dem Vertrage müsse daher zu ersehen sein, daß die Parteien diese Vermittelung verlangen. Allein diese Vereinbarung genüge nicht, da es im freien Ermessen der Generalkommission stehe, ob sie ihre Vermittelung eintreten lassen wolle oder nicht (§ 12 Ges. vom 7. Juli 1891). Es sei daher noch das weitere Erfordernis aufzustellen, daß die Generalkommission den Antrag auf Bildung von Rentengütern nach § 12 Abs. 3 a. a. O. für zulässig erachtet habe. Die Formerleichterung des Art. 12 § 1 AG. finde also nur Anwendung innerhalb eines bei der Generalkommission anhängigen Rentengutsverfahrens.

Dieser Auffassung ist bereits der Berufungsrichter entgegengetreten. Er legt den Art. 12 § 1 AG. dahin aus, daß die erleichterte Form bei den durch Vermittelung der Generalkommission „zu begründenden Rentengütern" ausreiche, wie dies auch in der Begründung zu Art. 12 AG. z. BGB. in dieser Weise ausgedrückt sei. Mit Unrecht wendet sich die Revision gegen die Rechtsmeinung des Kammergerichts. Die Rentengutsverträge dienen der Vorbereitung des Rezesses, sie sollen bindende Vereinbarungen über den Erwerb des Rentenguts und über die Gegenleistungen des Erwerbers schaffen. Da die Begründung des

Rentenguts erst viel später durch den Rezeß erfolgt, so kann es sich in diesem Stadium nur um ein zu begründendes Rentengut handeln. Da ferner die Formerleichterung nur gewährt wird, falls die Vermittelung der Generalkommission stattfindet, muß diese Voraussetzung bei Abschluß des Vertrags feststehen, d. h. es muß zur Vertragsbedingung gemacht sein, daß die Begründung des Rentenguts durch die Vermittelung der Generalkommission erfolgen soll. Ein weiteres Erfordernis kann aber nicht aufgestellt werden. Insbesondere ist nicht zu verlangen, daß der Antrag auf Rentengutsbildung bei der Generalkommission bereits eingereicht oder gar von dieser für zulässig erklärt sein müsse. Es besteht kein innerer Grund für die Aufstellung des Erfordernisses, daß das Rentengutsverfahren bei der Generalkommission bereits anhängig gemacht sein müsse.

Im vorliegenden Fall war in dem Vertrage vom 2. November 1918 ausdrücklich gesagt, daß die Beklagte bei der Generalkommission in Frankfurt a. O. die Aufteilung ihres Gutes in Rentengüter beantragt habe. Die Durchführung dieses Rentengutsverfahrens bildete den Gegenstand des zwischen den Parteien geschlossenen Vertrags. Lehnte die Generalkommission aus irgendeinem Grunde ihre Vermittelung ab, so wurde der Vertrag gegenstandslos. Es fand dann bei der Generalkommission kein Rentengutsverfahren statt, das die Klägerin für die Beklagte hätte durchführen können. Es stand also außer Zweifel, daß sich der Vertrag vom 2. November 1918 nur auf das bei der Generalkommission Frankfurt a. O. durchzuführende Rentengutsverfahren bezog. Dies genügte aber, um das in Art. 12 § 1 preuß. AG. z. BGB. aufgestellte Erfordernis, daß es sich um Rentengüter handeln muß, die durch Vermittelung der Generalkommission begründet werden, zu erfüllen. Daß die Generalkommission schon mit der Angelegenheit befaßt worden sein, insbesondere den Antrag auf Rentengutsbildung zugelassen haben müsse, ist aus Art. 12 § 1 a. a. O. nicht zu entnehmen (vgl. auch Holzapfel, Rentengutsverträge, in Gruchots Beitr. Bd. 62 S. 730). Hiernach ist die erleichterte Form des Art. 12 § 1 preuß. AG. z. BGB. vom Berufungsrichter für den vorliegenden Vertrag ohne Rechtsirrtum als ausreichend erachtet worden. ...

---

84. Muß demjenigen, der als Beamter (Notar) tätig werden soll, die Ernennung durch amtliche Mitteilung eröffnet worden sein? Zum Begriff einer solchen Eröffnung.

III. Zivilsenat. Urt. v. 8. Februar 1921 i. S. R. (Kl.) w. Th. (Bekl.). III 307/20.

I. Landgericht III Berlin. — II. Kammergericht daselbst.

Der Kläger verlangte als preußischer Notar und als Rechtsanwalt vom Beklagten Gebühren für die Entwerfung und Besprechung von Verträgen. Es wurden ihm nur Gebühren für die Besprechung zuerkannt und auch diese nur in seiner Eigenschaft als Rechtsanwalt. Seine Revision blieb ohne Erfolg.

Aus den Gründen:

(Es wird zunächst ausgeführt, daß das Berufungsgericht einwandfrei eine Gebühr für die Entwerfung von Verträgen versagt habe. Dann wird fortgefahren:)

Für die Besprechung der Verträge und die darin liegende Beratung erkennt das Berufungsgericht den Unterschied in den Gebührenansprüchen eines Notars und eines Rechtsanwalts an, läßt aber unentschieden, ob eine notarielle oder eine anwaltliche Tätigkeit vorgelegen habe, weil der Kläger zur Zeit der Besprechung, am 22. August 1919, noch nicht Notar gewesen sei. Diese Annahme entspricht dem Sachverhalt und steht auch nicht im Widerspruche mit dem, was der Kläger in der Vorinstanz in tatsächlicher Beziehung behauptet hatte. Wenn auch die Anstellung auf dem einseitigen Staatsakte der Ernennung beruht, so muß doch, wenn jemand als Beamter tätig werden soll, jener Staatsakt ihm gegenüber in die Erscheinung getreten, also regelmäßig ihm durch amtliche Mitteilung eröffnet worden sein. Davon kann aber nur dann die Rede sein, wenn die amtliche Mitteilung den Zweck verfolgte, dem Beamten Kenntnis von der Ernennung zu geben. Eine solche Mitteilung war dem Kläger nach seinen eigenen im Tatbestande des Berufungsurteils niedergelegten Angaben zur Zeit der Besprechung noch nicht zugegangen. Vielmehr hatte er am 21. August 1919 nur eine Ladung zur Beeidigung als Notar durch den Präsidenten des Landgerichts erhalten. Die Beeidigung setzte die Ernennung voraus, die nach Angabe des Klägers schon am 4. August 1919 verfügt worden sein soll. Die Ladung hatte aber nur den Zweck, den Termin der Beeidigung bekannt zu geben, und kann daher jene Eröffnung der Ernennung nicht ersetzen. Die Beeidigung selbst fand nach der eigenen Angabe des Klägers nach dem 22. August 1919, die Aushändigung der Bestallung erst nach der Beeidigung statt. . .

---

85. 1. Rechtliche Bedeutung von Lieferscheinen, die an Order gestellt werden.

2. Zur Frage der sog. technischen Orderpapiere im Sinne des § 363 HGB.

3. Welche rechtliche Verpflichtung geht ein Lagerhalter durch die einem Dritten erteilte Auskunft ein, ein Lieferschein hinsichtlich einer bei ihm eingelagerten Ware gehe in Ordnung?

I. Zivilsenat. Urt. v. 9. Februar 1921 i. S. H. (Kl.) w. R. & B. (Bekl.). I 337/20.

I. Landgericht Hamburg. — II. Oberlandesgericht daselbst.

Der Kaufmann H. hatte Anfang 1919 13 Kisten Sekt bei der Beklagten eingelagert. Am 5. März 1919 wies er die Beklagte schriftlich an, die Ware an M., an den er den Wein verkauft hatte, oder dessen Order auszuliefern. Die schriftliche Anweisung trägt unter der Unterschrift des H. den Blaustempel der Beklagten mit der Hinzufügung: „p. Rempf". M. verkaufte den Wein weiter an Sch. & Co. und indossierte die Anweisung in blanco. Sch. & Co. verkauften die Ware an R. & R. Sie sollen der Beklagten, wie diese behauptet, durch Fernsprecher mitgeteilt haben, die Anweisung des H. sei abhanden gekommen und hinfällig; die Ware sei an R. & R. auszuliefern. Letztere Anweisung ist in einem Briefe an die Beklagten schriftlich wiederholt worden. Der Brief soll einige Tage vor dem 17. April bei der Beklagten eingetroffen und daraufhin die Ablieferung am 17. April an R. & R. erfolgt sein. Sch. & Co. haben den Wein außerdem ein zweites Mal an den Kläger verkauft; an ihn ist die ursprüngliche Anweisung indossiert und übergeben worden. Sch. & Co. schrieben am 17. April an die Beklagte, daß sie den Wein an den Kläger verkauft und ihm den Lieferschein der Beklagten ausgehändigt hätten. Dieser Brief ist bei der Beklagten nach deren Behauptung erst am 19. April, also nachdem die Auslieferung an R. & R. bereits erfolgt war, eingetroffen.

Der Kläger behauptet, der Wein habe nur gegen Rücklieferung der unterstempelten Auslieferungsanweisung ausgefolgt werden dürfen. Er fordert Herausgabe des Weines oder Schadensersatz in Höhe des von ihm an Sch. & Co. gezahlten Kaufpreises.

Das Landgericht gab der Klage statt. Dagegen erkannte das Oberlandesgericht auf Abweisung. Die Klage war in zweiter Instanz auch darauf gestützt, daß die Beklagte am 17. April in einem Ferngespräche dem Kläger auf Anfrage erwidert habe, der „Lagerschein" gehe in Ordnung; erst daraufhin habe der Kläger mit Sch. & Co. abgeschlossen.

Auf die Revision des Klägers wurde das Berufungsurteil aufgehoben.

Gründe:

Der Kläger hat seinen Anspruch in erster Reihe damit begründet, daß er als legitimierter Inhaber des von der Beklagten unterstempelten Lieferscheins ein Recht auf Verabfolgung des eingelagerten Weins habe, und daß es ihn nichts angehe, wenn die Beklagte den Wein an eine dritte Firma, die nicht im Besitze des Lieferscheins gewesen sei, ausgeliefert habe. Das Berufungsgericht hat demgegenüber ausgeführt, das Recht auf Auslieferung des Weins sei von dem Einlagerer H. auf M., von diesem auf Sch. & Co. und von letzterer Firma auf R. & R. übertragen worden. Die Auslieferung an R. & R. sei also nicht zu beanstanden. Der Kläger leite sein Recht von Sch. & Co. her. Diese hätten in der Tat in betrügerischer Weise die von der Beklagten unterstempelte Auslieferungsanweisung, trotzdem sie den Wein schon anderweitig verkauft hätten, auf den Kläger indossiert und sich von ihm den Kaufpreis zahlen lassen. Aber die Sachlage sei nicht so, daß die Beklagte die Ware nur an den Inhaber jenes Lieferscheins hätte herausgeben dürfen. Der Kläger könne sich deshalb nur an Sch. & Co., nicht aber an die Beklagte halten.

Insoweit ist dem Berufungsgericht beizutreten.

Mit Recht ist angenommen, daß der Lieferschein eine Anweisung ist (vgl. RGZ. Bd. 76 S. 241), freilich nicht eine Anweisung nach § 363 HGB.; denn die Anweisung war nicht über eine vertretbare Warenmenge, sondern über die besondere eingelagerte Ware ausgestellt. Durch die Indossierung des Scheins erhielten deshalb die Indossatare nicht die in § 364 HGB. festgesetzten selbständigen Rechte aus dem Schein. Vielmehr wurden sie durch die Indossamente entweder nur zur Empfangnahme des Weins legitimiert, in welchem Falle sie Rechte gegen den Lagerhalter überhaupt nicht erlangten, wie das bei Lieferscheinen die Regel ist (vgl. Staub, HGB. § 363 Anm. 8), oder aber sie erwarben nur diejenigen Rechte, die der Firma Sch. & Co. zur Zeit der Indossierung noch zustanden. Diese Firma besaß aber damals keine Rechte auf Auslieferung mehr, denn sie hatte ihre Rechte schon vorher an R. & R. abgetreten und die Beklagte angewiesen, an letztere Firma zu liefern. Infolgedessen standen dem Kläger aus dem Schein, trotzdem dieser von Sch. & Co. an ihn indossiert war, Rechte gegen die beklagte Firma nicht zu.

Die Revision hat demgegenüber hauptsächlich geltend gemacht, nach dem Inhalte des Scheins und dessen Unterstempelung durch die Beklagte sei anzunehmen, daß die Beklagte mit dem Einlagerer H. und dem ersten Indossatar M. vereinbart habe, der Wein solle nur an den berechtigten Inhaber des Scheins und nur gegen Rückgabe des Scheins ausgeliefert werden. Allein selbst wenn das damals die Willensmeinung gewesen sein sollte, was zwar nicht erwiesen ist, aber unterstellt werden mag, so würde es doch zu keinem anderen Ergebnis führen. Es konnte nicht etwa durch Privatvereinbarung ein Lieferschein über eine Spezies mit der Wirkung geschaffen werden, daß dessen Indossierung die Folgen des § 364 HGB. (Erwerb selbständiger Rechte durch den Indossatar) herbeiführte. Denn die Schaffung derartiger vollkommener oder technischer Orderpapiere ist der Privatwillkür entzogen. Das wird von der herrschenden Meinung angenommen (vgl. Staub § 364 Einl.) und ist in der reichsgerichtlichen Rechtsprechung anerkannt (RGZ. Bd. 71 S. 32). In beschränkterem Umfange sind allerdings Privatvereinbarungen zulässig; es kann rechtsgültig vereinbart werden, daß die in dem Schein verbriefte Leistung nur gegen Rückgabe des Scheins erfolgen soll, so daß eine andersartige Leistung den Schuldner an sich nicht befreit (RGZ. Bd. 78 S. 153). Aber solchenfalls steht es jedem berechtigten Inhaber des Scheins frei, mit dem Schuldner zu vereinbaren, daß der Schein nunmehr erledigt sein soll (vgl. die soeben angeführte Entscheidung). Dann kann ein späterer Erwerber eines solchen Scheins, auch wenn er in gutem Glauben ist, Rechte aus dem Schein nicht geltend machen, vielmehr muß er sich die Abmachung, die sein Vorgänger getroffen hat, entgegenhalten lassen, denn die verstärkte Transportwirkung des § 364 tritt nicht ein. Insofern hat ein derartiger durch Privatwillkür geschaffener Orderschein geringere Kraft als ein vollkommenes Orderpapier nach § 363 HGB. Hier hatten Sch. & Co., welche legitimierte Inhaber des Lieferscheins waren, der Beklagten erklärt, der Schein sei verloren und damit erledigt, es solle nunmehr an R. & R. geliefert werden. Damit hatte sich die Beklagte stillschweigend einverstanden erklärt. Dann wurden durch die nachträgliche Indossierung des Scheins auf den Kläger keine Rechte mehr übertragen. Aus diesen Gründen ist dem Berufungsgericht in der Zurückweisung des ersten Klaggrundes beizustimmen.

Der Kläger hat seinen Anspruch noch auf einen zweiten Grund gestützt. Er hat geltend gemacht, daß ihm am 17. April, ehe die Ware an R. & R. ausgeliefert worden sei, auf telephonische Anfrage von der Beklagten erklärt worden sei, der „Lagerschein“ gehe in Ordnung; daraufhin habe er die Ware von Sch. & Co. gekauft. Nach dieser Antwort habe die Beklagte den Wein nicht an jemanden ausliefern dürfen, der nicht im Besitze des „Lagerscheins“ gewesen sei. Das Berufungsgericht hat auch diesen Klaggrund zurückgewiesen. Die hiergegen erhobene Revisionsrüge ist begründet, weil das Berufungsgericht nicht den gesamten Sachverhalt in seinem Zusammenhang gewürdigt hat. Im angefochtenen Urteil ist ausgeführt, es gereiche der Beklagten nicht zum Verschulden, daß sie die Frage, ob der Lagerschein in Ordnung gehe, bejaht habe. Sie habe die Frage nur dahin verstehen können, ob die Ware vorhanden sei. Diese so verstandene Frage habe sie mit Recht bejaht. Die Anfrage habe sie nicht abzuhalten brauchen, den Wein später an R. & R. auszuliefern. Bei dieser Ausführung hat das Berufungsgericht zwei erhebliche Umstände außer acht gelassen. Die Beklagte hat selbst behauptet, daß ihr einige Tage vor dem 17. April von Sch. & Co. mitgeteilt worden sei, der Schein sei bei ihr abhanden gekommen, er sei hinfällig geworden, die Ware solle an R. & R. ausgeliefert werden. Außerdem hat der Prokurist der Beklagten G. als Zeuge bekundet, daß der Brief von Sch. & Co. einige Tage vor dem 17. April bei der Beklagten eingetroffen sei. Darin hatten Sch. & Co. der Beklagten mitgeteilt, daß der Wein an R. & R. oder deren Order gegen „Aushändigung dieses Scheins“ (das ist also der Brief) zu liefern sei. Angesichts dieses Sachverhalts ist es nicht erklärlich, wie die Beklagte am 17. April einem Dritten, nämlich dem Kläger, antworten konnte, der „Lagerschein“ — worunter nur die von der Beklagten unterstempelte Anweisung des Einlagerers H. verstanden werden konnte — gehe in Ordnung. Die Beklagte hätte, wenn sie überhaupt eine Antwort geben wollte, sagen müssen, daß der „Lagerschein“ erledigt und sie angewiesen sei, an R. & R. zu liefern. Das Berufungsgericht hat die Anfrage des Klägers dahin ausgelegt, daß er sich nur habe erkundigen wollen, ob die Ware noch vorhanden sei, und es meint, diese Frage habe die beklagte Firma bejahen dürfen. Allein offensichtlich ist jene Auslegung zu eng. Wer fragt, ob ein Lieferschein in Ordnung gehe, will nicht nur wissen, ob die Ware vorhanden ist, sondern auch vor allem, ob der Lagerhalter sie gegen den Lieferschein herausgeben kann und will. Die so verstandene Frage konnte die beklagte Firma nicht bejahen, wenn sie angewiesen war, nicht gegen den Lieferschein zu liefern, und diese Anweisung stillschweigend gebilligt hatte.

Sonach fragt sich in rechtlicher Beziehung, ob der nach dem Inhalte der Berufungsverhandlung vom Kläger behauptete Sachverhalt (gegen den nicht etwa die Einrede der Klagänderung erhoben ist, wie denn auch das Berufungsgericht eine unzulässige Klagänderung nicht angenommen hat) die Klaganträge zu rechtfertigen vermag. Das mußte bejaht werden. Der erkennende Senat schließt sich den Anschauungen an, die in der Entscheidung RGZ. Bd. 82 S. 337 entwickelt sind. Derartige Anfragen, ob ein Schein, ein Wertpapier in Ordnung gehe, honoriert werde, echt sei, kommen im Geschäftsverkehr häufig vor. Niemand ist der Regel nach verpflichtet, sie zu beantworten. Wird aber von dem Aussteller der Urkunde freiwillig eine Antwort erteilt, so muß sie wahrheitsgemäß sein. Dafür besteht ein Rechtsschutzbedürfnis, und zwar auch dann, wenn zwischen dem Anfragenden, der an dem Papier ein Interesse hat oder es erwerben will, und dem befragten Verpflichteten bis dahin ein vertragliches Band nicht gegeben war. Auf einen solchen Tatbestand hat das angeführte Urteil das Rechtverhältnis des Garantievertrags in Anwendung gebracht. Ob das für alle Fälle und insbesondere für den vorliegenden Fall zutrifft, mag dahingestellt bleiben. Jedenfalls liegt aber vorliegendenfalls in der Beantwortung der Frage der Abschluß eines Auskunftsvertrags. Durch diesen wird der Befragte verpflichtet, die freiwillig erteilte Auskunft ordnungsmäßig und wahrheitsgemäß zu erteilen. Ist die Auskunft schuldhaft unrichtig, so haftet er für den dadurch entstandenen Schaden.

---

86. Ist die durch die Verordnung über die Abgeltung von Ansprüchen gegen das Reich vom 4. Dezember 1919 begründete Zuständigkeit des Reichswirtschaftsgerichts eine ausschließliche?

II. Zivilsenat. Urt. v. 11. Februar 1921 i. S. B. & J. (Bekl.) w. N. S. Gesellsch. für Technik m. b. H. (Kl.). II 405/20.

I. Landgericht I Berlin, Kammer für Handelssachen. — II. Kammergericht daselbst.

Die Beklagte hatte von der Klägerin 1000 Stielglocken zum Preise von 20 *M* für das Stück gekauft. Diese hatte ihrerseits die Herstellung der Stielglocken, welche für Kriegsflugzeuge benötigt wurden, der Hochspannungsapparatebaugesellschaft m. b. H. in Dresden in Auftrag gegeben. Die letztgenannte wiederum hatte die zur Herstellung der Glocken erforderlichen Stahlsorten bei der Firma G. & N. in Ludwigshafen bestellt. Da infolge Gütersperre der Stahl zunächst nicht von Ludwigshafen nach Dresden versandt werden konnte, war die Klägerin außerstande, die vertraglichen Lieferfristen einzuhalten. Erst Anfang März 1918 begann sie mit der Lieferung. Die Beklagte, welche ihrerseits der Luftfahrzeug-Gesellschaft m. b. H. zu liefern hatte, drängte wiederholt auf Lieferung und bestimmte der Klägerin zuletzt am 8. April eine siebentägige Frist unter der Androhung, gegebenenfalls den Restposten zu streichen. Die Klägerin erhob gegen den Standpunkt der Beklagten Einspruch und verlangte Abnahme. Tatsächlich hat denn auch die Beklagte bis Anfang Juni 1918 im ganzen 410 Stielglocken abgenommen und bezahlt. Die restlichen 590 Stück abzunehmen, hat sie abgelehnt. Am 11. Dezember 1918 ließ die Klägerin ihr eine Klage zustellen, in der sie Verurteilung zur Abnahme der 590 Glocken und Zahlung von 11800 *M* beantragte.

Das Landgericht wies die Klage ab, wogegen das Kammergericht ihr stattgab. Auf die Revision wurde das Berufungsurteil aufgehoben und die Unzuständigkeit der ordentlichen Gerichte ausgesprochen.

Gründe:

Mit Recht hat das Berufungsgericht angenommen, daß der zwischen den Parteien abgeschlossene Vertrag unter die Verordnung über die Abgeltung von Ansprüchen gegen das Reich vom 4. Dezember 1919 fällt. Die Stielglocken waren am 10. November 1918 erst teilweise abgenommen worden, und der Streit der Parteien dreht sich darum, ob die Beklagte nach dem Vertrage noch jetzt zur Abnahme und Bezahlung der restlichen Glocken verpflichtet ist. Der Fall, daß sich die

Wirkungen des Vertrages über den 10. November 1918 erstrecken, ist somit gegeben.

Das Berufungsgericht erachtet aber die durch die Verordnung geschaffene Zuständigkeit des Reichswirtschaftsgerichts nicht als eine ausschließliche, und darin kann ihm nicht beigetreten werden. § 2 der Verordnung bestimmt zwar, daß Abgeltungsansprüche auf Grund von Verträgen, die von den Vertragsgegnern der in § 1 bezeichneten Stellen — behördlichen Beschaffungsstellen, Kriegsgesellschaften, Kriegsausschüssen — oder weiteren Vertragsgegnern zur Ausführung der Verträge geschlossen worden sind, durch Klage beim Reichswirtschaftsgerichte geltend gemacht werden „können", nachdem im Abgeltungsverfahren über die Abgeltung der Ansprüche der Vertragsgegner der in § 1 bezeichneten Stellen entschieden ist. Allein diese Wortfassung darf nicht in dem Sinne verstanden werden, daß es im Belieben des Anspruchsberechtigten steht, ob er das Reichswirtschaftsgericht oder die ordentlichen Gerichte anruft. Eine solche Regelung würde zu den größten Unstimmigkeiten führen. Denn da in Wirklichkeit — wie § 2 der Verordnung ausdrücklich vorsieht — Heeresaufträge vielfach nicht durch die Lieferanten der Beschaffungsstellen usw. in Person ausgeführt worden sind, sondern ihre Erledigung erst durch weitere „Vertragsgegner" gefunden haben, so würde, falls dem Berufungsgerichte zuzustimmen wäre, ein und derselbe Heeresauftrag durch die verschiedenen daran beteiligten Vertragsteile gleichzeitig dem Reichswirtschaftsgericht und den ordentlichen Gerichten unterbreitet werden können, was selbstverständlich zu großer Verwirrung führen und dem Zwecke der Verordnung geradezu zuwiderlaufen würde. Es ist zuzugeben, daß die Verordnung schärfer hätte gefaßt werden und aussprechen sollen, daß die oben gekennzeichneten Ansprüche nur durch Klage beim Reichswirtschaftsgerichte geltend zu machen seien. Allein die Ausdrucksweise der Verordnung wird verständlich, wenn man erwägt, daß sie gegenüber dem § 6 der VO. vom 21. November 1918, welcher den Rechtsweg völlig ausschloß, eine Milderung schaffen wollte und nunmehr erklärte, daß die Ansprüche durch Klage geltend gemacht werden könnten.

Daß übrigens da, wo für die Entscheidung gewisser Streitigkeiten ein Sondergericht bestellt wird, dem Rechtsuchenden gestattet sein sollte, wahlweise auch die ordentlichen Gerichte anzurufen, wäre etwas völlig Neues. Für die vorliegende Verordnung kommen aber noch die folgenden Gesichtspunkte in Betracht. § 4 hat für die Erhebung der einschlägigen Ansprüche eine Ausschlußfrist bestimmt, die durch schriftliche Anmeldung bei dem Vertragsgegner oder einer amtlichen Stelle gewahrt wird. Die Frage, ob die Anmeldung form- und fristgerecht erfolgt ist, hat das Reichswirtschaftsgericht zu entscheiden. Eine solche Bestimmung würde die Verordnung nicht getroffen haben, wenn die sachliche Entscheidung des Streites auch bei den ordentlichen Gerichten zugelassen wäre. Sodann ist in Abs. 2 des § 6 vorgeschrieben, daß, falls über die abzugeltenden Ansprüche ein Rechtsstreit anhängig ist, die Kosten des Rechtsstreits bei der Abgeltung zu berücksichtigen seien. Diese Vorschrift ist nicht etwa auf die Fälle des Abs. 1 des § 6 zu beschränken, was gar keinen Sinn hätte, sondern allgemein auch auf die in §§ 1 und 2 bezeichneten Fälle anzuwenden. Sie sieht also vor, daß selbst anhängige Rechtsstreitigkeiten nicht weiter fortzusetzen, sondern in das durch die Verordnung vorgeschriebene Verfahren überzuleiten sind. ...

Die Verordnung ist gemäß § 10 am 30. Dezember 1919 in Kraft getreten. Der Rechtsstreit der Parteien war also damals bereits anhängig, und das Kammergericht hätte sofort seine Unzuständigkeit aussprechen müssen (vgl. Stein, ZPO. 10. Aufl., Vorbem. Bd. 1 S. 12 Anm. 100).

---

87. Zur Auslegung des § 333 BGB.

II. Zivilsenat. Urt. v. 11. Februar 1921 i. S. Erben Peter L. (Bekl.) w. Rhein. Betriebsgenossenschaftskasse (Kl.). II 392/20.

I. Landgericht Aachen. — II. Oberlandesgericht Köln.

Laut Urkunde vom 22. März 1916, vollzogen im Felde von dem Erblasser der jetzigen Beklagten, Peter L., wurde zwischen diesem und der Produktionsgenossenschaft nachstehende Vereinbarung getroffen:

Falls zwischen der Produktionsgenossenschaft einerseits und dem Ökonomierat L. andererseits ein Abkommen zustande kommt, wonach der Ökonomierat L. an die Genossenschaft *M* 200000 zum vollständigen Ausgleich aller Forderungen und Ansprüche der Genossenschaft (und mehrerer näher bezeichneter Gesellschaften) zahlt, verpflichtet sich Peter L. außer obiger Zahlung seines Vaters weitere 50000 *M* zu zahlen unter der Bedingung, daß von oben angeführten Gesellschaften usw. keinerlei weitere Ansprüche an Peter L. gestellt werden ... (es folgen Bestimmungen über Verzinsung und Abzahlung der 50000 *M*) ...

Dieses Abkommen ist privatim und darf weder dem Aufsichtsrate der Genossenschaft noch der D.-bank hiervon Mitteilung gemacht werden.

Einige Tage später kam zwischen der Produktionsgenossenschaft und dem Ökonomierat L. ein Abkommen zustande, wonach dieser ratenweise unter hypothekarischer Sicherstellung 100000 *M* und sofort bar weitere 100000 M zahlen sollte und worüber die Produktionsgenossenschaft unter dem 30. März 1916 folgende Erklärung ausstellte:

Laut Vereinbarung mit dem Ökonomierat L. sind alle Ansprüche gegen ihn und seine Söhne Peter und Carl, welche wir gegen die Genannten aus irgendeinem Rechtsgrunde, insbesondere auch aus Bürgschaften, Garantie und sonstigen Erklärungen, auch aus angeblich schuldhafter Geschäftsführung haben, dann ausgeglichen, wenn der Ökonomierat L. an die Unterzeichneten 100000 M zahlt. Sobald diese Zahlung erfolgt ist, verschulden die drei L. der Unterzeichneten nichts mehr. Auf etwaige Forderungen wird ausdrücklich Verzicht geleistet. Ferner garantieren wir den drei L. dafür, daß sie aus keiner zugunsten und im Interesse der ... (folgen die Namen verschiedener Gesellschaften) ... übernommenen Bürgschaft, Garantie oder sonstigen Verpflichtungen, sei es direkt von den Gesellschaften selbst oder indirekt von den Mitverpflichteten bez. Mitverhafteten, in Anspruch genommen werden, insbesondere auch nicht von den Mitbürgen und Mitverpflichteten im Wege des Rückgriffs und auf Grund des gegenseitigen Haftungsverhältnisses.

Wir verpflichten uns, die drei L. gegebenenfalls von diesen etwaigen Verbindlichkeiten zu befreien.

Ihre Rechte aus beiden Verträgen trat die Produktionsgenossenschaft demnächst an die Klägerin ab, an die der Ökonomierat L. die sofort fällig gestellten 100000 M zahlte.

Im November 1918 ließ Peter L. der Klägerin anzeigen, daß er seine Verpflichtung aus der Vereinbarung vom 22. März 1916 als durch das Abkommen vom 30. März 1916 erledigt ansehe, und da er an diesem Standpunkte festhielt, wurde die Klägerin im März 1919 gegen ihn mit dem Antrage klagbar, festzustellen, daß er verpflichtet sei, an sie, als die Zessionarin der Produktionsgenossenschaft, in Gemäßheit der mit dieser am 22. März 1916 getroffenen Vereinbarung 50000 M zu zahlen.

Das Landgericht wies die Klage ab, indem es erwog: Aus der Fassung des Vertrags vom 30. März 1916 gehe klar und deutlich hervor, daß nach Zahlung der sofort fälligen 100000 M durch den Ökonomierat L., der außerdem noch in einem am gleichen Tage getätigten Akt der Produktionsgenossenschaft gegenüber eine hypothekarische Verpflichtung über weitere 100000 M übernommen, sich also zu insgesamt 200000 M verpflichtet habe, sowohl der Ökonomierat L. wie dessen Söhne, insbesondere der Beklagte Peter L., einerlei aus welchem Rechtsgrunde sie auch bisher verpflichtet gewesen seien, der Produktionsgenossenschaft mit Ausnahme der Hypothekenschuld nichts mehr schuldeten; der Vertrag stelle sich also hinsichtlich der Söhne L. als ein Vertrag zugunsten Dritter dar, mit anderen Worten: sämtliche Verpflichtungen des Beklagten, also auch die von ihm durch den Vertrag vom 22. März 1916 eingegangene Verpflichtung zur Zahlung von 50000 *M*, seien nach der zwischenzeitlich unbestritten erfolgten Zahlung der im Vertrage erwähnten 100000 *M* aufgehoben.

Nachdem die Klägerin Berufung eingelegt hatte, starb Peter L. und seine Erben, die jetzigen Beklagten, traten statt seiner in den Prozeß ein. Das Oberlandesgericht gab der Berufung statt. Die Revision der Beklagten wurde zurückgewiesen.

Aus den Gründen:

... Das Oberlandesgericht hat die Urkunde vom 22. März 1916 dahin ausgelegt, daß Peter L. sich zur Zahlung von 50000 *M* gerade für den Fall verpflichtet habe, daß sein Vater, der Ökonomierat L., gegen Zahlung von 200000 *M* nicht nur für sich selbst, sondern auch für ihn die Befreiung von allen Ansprüchen der Produktionsgenossenschaft und der übrigen Gesellschaften ausbedingen werde. Diese Auslegung verletzt weder das materielle Recht, insbesondere die §§ 133, 157, 242 BGB., noch den § 286 ZPO. Die Urkunde berechtigt durchaus zu der Überzeugung, daß Peter L. bei ihrer Vollziehung mit der Bereitwilligkeit seines Vaters gerechnet hat, zur völligen Entlastung der Mitglieder der Familie L. von deren Verbindlichkeiten gegenüber der Produktionsgenossenschaft und den anderen Gesellschaften 200000 *M*, aber nicht mehr, vergleichsweise herzugeben, und daß er selbst, um den Vergleich nicht scheitern zu lassen, ohne Wissen seines Vaters die Hergabe der von der Produktionsgenossenschaft mehr geforderten 50000 *M* versprochen hat. Was die Revision hiergegen vorgebracht hat, ist nichts als eine in der gegenwärtigen Instanz unzulässige Kritik der freien richterlichen Tatsachenwürdigung.

Mit dem Abschlusse des Abkommens vom 30. März 1916 zwischen dem Ökonomierat L. und der Produktionsgenossenschaft ist demnach der Fall eingetreten, für welchen Peter L. sich in der Urkunde vom 22. März 1916 zur Zahlung von 50000 *M* verpflichtet hat. Auch ist der Revision nicht zuzugeben, daß der Wirksamkeit dieser Verpflichtung und ihrer Erzwingbarkeit die §§ 333, 335 BGB. entgegenständen. Denn wenngleich es richtig sein mag, daß im Falle des § 328 Abs. 1 BGB. der Dritte (Peter L.) nur das aus dem Vertrage bereits erworbene Recht gemäß § 333 a. a. O. dem Versprechenden (der Produktionsgenossenschaft) gegenüber mit der Wirkung zurückweisen kann, daß das Recht als nicht erworben gilt, eine vor dem Erwerbe des Rechts von dem Dritten abgegebene einseitige Zurückweisungserklärung also wirkungslos sein würde, so folgt daraus doch nicht, daß sich der Dritte nicht schon vor dem Erwerbe des Rechts durch einen Vertrag mit dem Versprechenden wirksam verpflichten könnte, von dem Rechte keinen Gebrauch zu machen. Ebensowenig kann davon die Rede sein, daß der

Dritte in der Lage wäre, die Erfüllung dieser wirksam eingegangenen Verpflichtung unter Hinweis auf das Recht des Versprechensempfängers (des Ökonomierats L.) zu verweigern. Es könnte sich nur fragen, ob etwa die hinter dem Rücken des Ökonomierats L. getroffene Vereinbarung vom 22. März 1916 wegen Verstoßes gegen die guten Sitten nichtig wäre (§ 138 Abs. 1 BGB). Allein ein solcher Verstoß liegt schon deshalb nicht vor, weil, wie das Oberlandesgericht bedenkenfrei festgestellt hat, Peter L. und die Produktionsgenossenschaft von dem Willen geleitet waren, das Interesse des Ökonomierats L. durch Begrenzung auch seiner Schulden zu fördern. Das Abkommen vom 30. März 1916 würde zwar trotzdem durch eine arglistige Täuschung des Ökonomierats L., begangen durch Verschweigen der Vereinbarung vom 22. März 1916, zustande gekommen sein und deshalb der Anfechtung unterlegen haben (§ 123 BGB.); da aber eine Anfechtung nicht erfolgt ist, so genügt das Abkommen, um den Fall, für den Peter L. sich zur Zahlung von 50000 M verpflichtet hat, als eingetreten erscheinen zu lassen....

---

88. 1. Zur Frage des Eigentumsübergangs an anvertrautem Gelde.
2. Über das Verhältnis der §§ 987 flg. zu § 823 BGB., insbesondere mit bezug auf den Fremdbesitzer.

IV. Zivilsenat. Urt. v. 17. Januar 1921 i. S. W. (Bekl.) w. B. (Kl.). IV 402/20.

I. Landgericht Elberfeld. — II. Oberlandesgericht Düsseldorf.

Der Beklagte empfing vom Kläger, einem Angestellten der Firma R. Z. & Co. in B., am 31. August 1916 einen Vorschuß von 19000 M, um dafür in Holland Lebensmittel einzukaufen. Der Einkauf kam nicht zustande; der Beklagte zahlte den Vorschuß bis auf 6874,50 M zurück. Mit der Klage wird Zahlung dieses Betrages verlangt. Das Landgericht wies die Klage ab. Das Oberlandesgericht wies die Berufung zurück, weil dem Klaganspruch der § 817 Satz 2 BGB. entgegenstehe, indem die beiden Vertragschließenden eine Umgehung der Zentraleinkaufsgesellschaft beabsichtigt hätten. Das Reichsgericht hob dieses Urteil auf und verwies die Sache an das Oberlandesgericht zurück. Nunmehr hat das Berufungsgericht dem Klagantrage stattgegeben. Die dagegen eingelegte Revision ist zurückgewiesen worden.

Gründe:

Das Berufungsgericht läßt die Frage dahingestellt, ob das von den Parteien vereinbarte Vertragsverhältnis gemäß §§ 134, 138 BGB.

der Gültigkeit entbehrt. Es geht bei der Entscheidung zutreffend davon aus, daß der Beklagte den Einwand aus § 817 Satz 2 BGB. nicht erheben kann, wenn der Kläger die Zurückerstattung des Vorschusses aus einem anderen Rechtsgrund als demjenigen der ungerechtfertigten Bereicherung fordern kann. Der Annahme des Berufungsgerichts, daß dem Kläger ein solcher Rechtsgrund zur Seite steht, ist im Ergebnis beizutreten.

Nach dem erwiesenen Sachverhalte hatte der Beklagte vom Kläger den Auftrag erhalten, bestimmte Mengen von Lebensmitteln in Holland einzukaufen in der Weise, daß er den Kauf im eigenen Namen und für eigene Rechnung vornehmen und dann die so besorgten Waren dem Kläger für einen bestimmten Kaufpreis überlassen sollte. Der Kläger hatte ihm zu diesem Zweck auf seine Bitten einen Vorschuß von 19000 ℳ gewährt. Der Auftrag konnte nicht zur Ausführung gelangen, weil die Einfuhr der Waren nicht zu ermöglichen war. Der Beklagte hatte darauf zu eigenen Spekulationszwecken 20000 Pfd. Plockwurst in Holland eingekauft und einen Teil des Vorschusses, nämlich die jetzt vom Kläger zurückgeforderten 6847,50 ℳ, in Höhe von 6000 ℳ zur Anzahlung auf das Kaufgeld und in Höhe von 847,50 ℳ zur Deckung seiner Auslagen verwendet.

Die Annahme des Berufungsgerichts, daß die dem Beklagten vorgeschossenen Gelder für ihn fremde Sachen und Vermögensstücke des Auftraggebers waren, begegnet bei diesem Sachverhalte keinem rechtlichen Bedenken. Ob, wenn ein Auftraggeber einem anderen Geld einhändigt, damit er es zu einem bestimmten Zweck verwende, der Wille des Auftraggebers dahin geht, dem Empfänger das Eigentum an dem Gelde zu verschaffen, ist im wesentlichen eine Tatfrage. Das Reichsgericht hat in der vom Vorderrichter angezogenen Entscheidung des IV. Strafsenats (Warneyer 1918 Nr. 117) angenommen, daß das Eigentum bis zur bestimmungsmäßigen Verwendung im Zweifel beim Auftraggeber verbleibe. Anderseits ist der I. Zivilsenat in einem im Recht 1914 Nr. 2799 abgedruckten Urteile vom 20. April 1914 der Ansicht, daß das Geld, welches einem Einkaufskommissionär zum Ankauf von Wertpapieren übergeben wird, im Zweifel nicht als Vermögensstück des Auftraggebers anzusehen sei. Vorliegend handelt es sich nicht um eine Einkaufskommission im Rechtssinn, bei welcher der Beauftragte vorschußweise Zahlung des Kaufpreises verlangen kann, vielmehr um ein lediglich für Rechnung des Beauftragten gehendes Einkaufsgeschäft. Der Vorschuß war vom Kläger aus freien Stücken gewährt; er selbst war, falls der Auftrag nicht erledigt wurde, verpflichtet, das Geld einem Dritten (seiner Firma) zurückzuerstatten; die Ausführung des Auftrags durch den Beklagten stand von vornherein durchaus im Ungewissen, und der Beklagte selbst bezeichnet die vorgeschossenen Gelder als ein ihm „anvertrautes“ Gut. Auf Grund aller dieser Tatumstände konnte das Berufungsgericht rechtlich unbedenklich zu der Schlußfolgerung gelangen, daß die vom Kläger vorgeschossenen Gelder bis zu ihrer bestimmungsgemäßen Verwendung nach dem Willen der Vertragschließenden im Eigentum des Klägers verbleiben sollten.

Der erwiesene Sachverhalt rechtfertigt aber auch die weitere Annahme des Berufungsgerichts, daß der Beklagte, wenn er das ihm anvertraute Geld entgegen seinem Bestimmungszwecke zu dem lediglich in seinem eigenen Interesse vorgenommenen Ankaufe der 20000 Pfd. Plockwurst verwendete, damit einen widerrechtlichen Eingriff in das Eigentum des Klägers vornahm, und daß er in gleichem Maße widerrechtlich handelte, wenn er die Vorschüsse zur Deckung seiner Auslagen verwendete. Denn die vorgeschossenen Beträge waren ihm weder dafür gegeben, daß er einen Einkauf zu eigenen Spekulationszwecken vornehme, noch dafür, daß er ein Quantum von 20000 Pfd. Plockwurst einkaufte, für welches der Kläger gar keine Verwendung hatte, noch endlich dafür, daß er mit dem Gelde seine Auslagen decken sollte. Wenn endlich das Berufungsgericht ausführt, daß es aus dem ganzen Sachverhalte die Überzeugung gewonnen habe, der Beklagte sei sich bewußt gewesen, daß das anvertraute Geld dem Kläger gehöre und er darüber zu den vorgedachten Zwecken nicht verfügen dürfe, so ist auch dagegen weder rechtlich noch prozessual etwas einzuwenden.... (Wird ausgeführt.)

Bei dieser Sach- und Rechtslage ist der Klaganspruch begründet, und zwar auf Grund des Vertrags (§§ 662 flg., 675, 276 BGB.), wenn dieser rechtsgültig war, und auf Grund des § 823 Abs. 1 BGB., wenn er der Gültigkeit entbehrte.

Die Anwendung des § 823 Abs. 1 im letzteren Falle rechtfertigt sich damit, daß der Beklagte zum mindesten fahrlässig das Eigentum des Klägers verletzte, wenn er zu dessen Nachteil darüber verfügte. Der Beklagte kann nicht geltend machen, daß er mangels Kenntnis von der Rechtsungültigkeit des Vertrags als redlicher Besitzer des ihm anvertrauten Geldes anzusehen sei und daher wegen eines schuldhaften Eingriffs in das Eigentum des Klägers überhaupt nicht hafte, da die Voraussetzungen der §§ 990 und 992 BGB. gegen ihn nicht vorlägen. Dieser Verteidigung des Beklagten steht scheinbar der vom Reichsgericht in mehrfachen Entscheidungen ausgesprochene Grundsatz zur Seite, daß im Verhältnis des nicht besitzenden Eigentümers zum Besitzer ein auf Verletzung des Eigentumsanspruchs gestützter Schadensersatzanspruch ausschließlich auf die §§ 987 flg. (RGZ. Bd. 56 S. 314, JW. 1910 S. 111 Nr. 10, S. 754 Nr. 16, 1912 S. 690 Nr. 16), und ein auf diesen Tatbestand gestützter Bereicherungsanspruch ausschließlich auf § 816 BGB. (Warneyer 1920 Nr. 160) gegründet werden kann. Allein dieser Grundsatz bedarf einer notwendigen, im Sinne jener Entscheidungen selber sich verstehenden Einschränkung. Das ergibt schon die einfache Überlegung, daß bei seiner schrankenlosen Durchführung ein Schadensersatzanspruch wegen Eigentumsverletzung gegen denjenigen, der den Besitz für einen anderen, insbesondere den Eigentümer selbst ausübt (Fremdbesitzer), überhaupt nicht geltend gemacht werden könnte, sofern er nur bis zum Zeitpunkte der Eigentumsverletzung den Besitz redlich ausübte, und daß in diesem Falle gegen ihn ein Anspruch selbst dann nicht gegeben wäre, wenn er sich einer strafbaren Unterschlagung oder Untreue dem Eigentümer gegenüber schuldig gemacht hätte. Denn § 992 würde gegen ihn nicht zur Anwendung kommen können, weil es an dem dort vorausgesetzten Fall einer „Besitzverschaffung" fehlen würde. Die Anwendung des § 990 aber müßte entfallen, weil diese Vorschrift auch nach Satz 2 ihres Abs. 1 den Eintritt der Unredlichkeit schon vor dem Zeitpunkt der Eigentumsverletzung voraussetzt. Auch mit einer ausdehnenden Anwendung des § 990 auf einen derartigen Besitzer würde dem Eigentümer nur unzureichend gedient sein, da auf Grund dieser Vorschrift nur der Ersatz des durch die Eigentumsverletzung unmittelbar erwachsenen, nicht eines weitergehenden Schadens verlangt werden könnte. Endlich würde auch der § 816, soweit die Voraussetzungen seiner Anwendung gegeben sind, dem Eigentümer nur einen unvollkommenen Schutz gewähren. Daß ein solches Ergebnis vom Gesetzgeber nicht gewollt sein kann, liegt auf der Hand und ist auch bei richtiger Auslegung des Gesetzes aus diesem selbst zu entnehmen. Allerdings haben die §§ 987 flg. keineswegs nur den Eigenbesitzer, sondern auch den Fremdbesitzer im Auge. Das ergibt sich auch ohne weiteres aus den für den Fremdbesitzer getroffenen Sonderbestimmmungen des § 991, und es ist auch aus der Begründung des Gesetzes (Protokolle Bd. 3 S. 341) zu entnehmen, daß man in den §§ 987 flg. insbesondere auch das Verhältnis des Eigentümers gegenüber demjenigen Fremdbesitzer regeln wollte, der dem Eigentümer selbst den Besitz vermittelt. Wie aus der angezogenen Stelle der Kommissionsprotokolle hervorgeht, wollte man den guten Glauben des Fremdbesitzers (im Gegensatze zum Entwurf I, vgl. Motive Bd. 3 S. 402 Nr. 5, S. 395, 406) dem guten Glauben des Eigenbesitzers nicht nur für den Fall gleichstellen, daß er sich auf das Eigentum des Oberbesitzers bezieht, sondern auch für den Fall, daß der Fremdbesitzer in Ansehung seines Rechtes zum Besitze dem Eigentümer gegenüber redlich ist. Allein überall ist dabei als selbstverständlich vorausgesetzt, daß ein derartiger Fremdbesitzer bei den von ihm vorgenommenen Eingriffen in das Eigentum auch wirklich im Rahmen des Besitzrechts handelt, das er zu besitzen glaubt (vgl. Wolff, Sachenrecht 3. Aufl. S. 271 Nr. 1 Abs. 2). Überschreitet er diese

Grenze (veräußert beispielsweise ein Mieter die ihm nur zum Gebrauch überlassenen Mietsachen), so macht er sich über die Verletzung des gegen ihn persönlich begründeten Herausgabeanspruchs hinaus einer Eigentumsverletzung schuldig, für die er wie jeder dritte, nicht besitzende Störer fremden Eigentums nach den allgemeinen Grundsätzen des § 823 BGB. dem Eigentümer haftbar ist. Daß ein rechtmäßiger Fremdbesitzer im Fall einer nicht im Zusammenhange mit seinem Besitzrechte stehenden Eigentumsverletzung nach § 823 haftbar wird, ist im Schrifttum allgemein anerkannt (vgl. v. Gierke, Deutsch. Privatr. Bd. 3 S. 902 Anm. 74). Die Entscheidung kann für den unrechtmäßigen Besitzer, auch wenn er redlich ist, nicht anders ausfallen. Die angeführten Entscheidungen des Reichsgerichts, in denen der obenerwähnte Grundsatz ausgesprochen wird, behandeln auch nur solche Fälle, in denen die Eigentumsverletzung ausging entweder von einem Eigenbesitzer oder einem solchen Fremdbesitzer, der — wie der Pfandbesitzer — mit der Verfügung über das Eigentum im Rahmen seines Besitzrechts blieb.

Die vorstehenden Ausführungen finden eine wesentliche Stütze wiederum in den Materialien des Gesetzes. Bei den Beratungen der Kommission für die 2. Lesung wurde der Antrag gestellt, das Gesetz durch eine Bestimmung des Inhalts zu ergänzen, daß die Haftung des Besitzers, der nicht Eigentümer sei, aus verschuldeter Beschädigung unberührt bleibe. Dieser Antrag wurde durch einstimmigen Beschluß der Kommission angenommen, indem man erwog, daß die schuldhafte Beschädigung einer Sache, wenn sie von einem Besitzer ausgehe, der die Sache nicht als Eigentümer besitze, als ein Delikt gegen das Eigentum als solches anzusehen sei, und daß ein solcher Schädiger sich nicht auf die Redlichkeit seines Besitzes berufen könne, da er für sein Delikt jedem hafte, der dadurch betroffen werde (vgl. Protokolle Bd. 3 S. 346, 347). Unter „Beschädigung" der Sache ist hierbei offenbar eine jede mit dem Besitzrechte nicht im Zusammenhange stehende nachteilige Einwirkung auf die Sache verstanden worden. Aus dem Gange der weiteren Beratungen des Gesetzes ist nichts dafür zu entnehmen, daß man von dieser Entschließung sachlich wieder habe abgehen wollen (vgl. Komm. von RGR. 3. Aufl. § 992 Bem. 2). Wenn die vorgeschlagene Zusatzbestimmung schließlich in das fertige Gesetz nicht übernommen wurde, so kann das nur entweder auf einem redaktionellen Versehen beruhen (so der Komm. von RGR. a. a. O.), oder — was wohl näher liegt — darauf, daß man sich bei der Schlußredaktion des Gesetzestextes von der Entbehrlichkeit des Zusatzes überzeugte, weil der in ihm ausgesprochene Gedanke sich bei richtiger Auslegung der übrigen Vorschriften des Gesetzes aus diesem selbst ergibt.

Die Voraussetzungen, unter denen nach vorstehenden Ausführungen eine Haftung des Besitzers dem Eigentümer gegenüber nach den allgemeinen Grundsätzen des § 823 BGB. eintritt, sind nach den Feststellungen des Berufungsgerichts gegeben. Der Beklagte war nicht Eigenbesitzer des ihm vom Kläger übergebenen Geldes, vermittelte vielmehr diesen Besitz dem Kläger in den Grenzen des ihm erteilten Auftrags. Er blieb in diesen Grenzen Fremdbesitzer, auch wenn der ihm erteilte Auftrag rechtsungültig war (vgl. RGZ. Bd. 98 S. 131). Er kannte diese Grenzen seines Rechtes zum Besitz und verletzte deshalb zum mindesten fahrlässig das Eigentum des Klägers, wenn er über diese Grenzen hinaus darüber verfügte.

Da schon diese Erwägungen dazu führen, den Klaganspruch auf Rückerstattung des anvertrauten Geldes gerechtfertigt erscheinen zu lassen, bedarf es keiner Nachprüfung, ob auch die Merkmale einer strafbaren Handlung im Sinne der §§ 246, 266, 74 StGB., § 823 Abs. 2 BGB. gegen den Beklagten rechtlich und prozessual einwandfrei festgestellt worden sind, und ebensowenig einer Erörterung darüber, ob der Klaganspruch noch aus weiteren Rechtsgründen, insbesondere aus dem rechtlichen Gesichtspunkte der unechten Geschäftsführung im Sinne des § 687 Abs. 2 BGB., begründet erscheint (vgl. hierzu RGZ. Bd. 96 S. 282).

---

89. Ist unter „Zeit der Zahlung" in § 244 Abs. 2 BGB. die Zeit zu verstehen, zu der tatsächlich gezahlt wird?

Vereinigte Zivilsenate. Beschl. v. 24. Januar 1921 i. S. Ca. & Co. (Kl.) w. Cr. (Bekl.). II 13/20.

I. Landgericht Hamburg. — II. Oberlandesgericht daselbst.

Zur Auslegung des § 244 Abs. 2 BGB. hatten der I. Zivilsenat in dem Urteile RGZ. Bd. 96 S. 121 und sodann der VI. Zivilsenat in dem Urteile Bd. 96 S. 262 sich dahin ausgesprochen, daß unter „Zeit der Zahlung" die Zeit der Fälligkeit zu verstehen sei. Der II. Zivilsenat wollte im Anschluß an das Urteil des III. Zivilsenats Bd. 98 S. 160 die Worte „zur Zeit der Zahlung" im Sinne des Zeitpunktes der tatsächlichen Zahlung auslegen und rief die Vereinigten Zivilsenate an. Diese haben die obige Rechtsfrage bejaht aus folgenden

Gründen:

... Nach § 244 Abs. 1 BGB. kann, wenn eine in ausländischer Währung ausgedrückte Geldschuld im Inlande zu zahlen ist, die Zahlung in Reichswährung erfolgen, es sei denn, daß Zahlung in ausländischer

Währung ausdrücklich bedungen ist. Im Regelfalle, der hier allein in Frage kommt, geht die Verpflichtung des Schuldners lediglich auf Zahlung des ausländischen Währungsbetrags; der Schuldner kann sich aber, wenn er will, durch Zahlung in deutscher Reichswährung befreien. Es handelt sich um eine Geldschuld im Sinne der reinen Wertschuld, mit der Maßgabe, daß der Schuldner nach seinem Belieben in fremder oder in deutscher Währung leisten darf. Der Fall der sog. Abfindungsbefugnis (facultas alternativa) liegt streng genommen nicht vor, weil der Schuldner, mag er das eine oder das andere wählen, sich stets durch Zahlung von Geld befreit, jene Befugnis also nur innerhalb des Begriffs der Zahlung eine Verschiedenheit der Leistung begründet. In diesem Rahmen ist aber das Verhältnis zwischen den beiden Leistungen das gleiche wie bei der facultas alternativa. Der Begriff der Wahlschuld im eigentlichen Sinne (§ 262 BGB.) ist hier nicht verwertbar, weil die Leistung in Reichswährung überhaupt nicht, auch nicht alternativ geschuldet ist. Ebensowenig kann von einer Hingabe an Erfüllungsstatt die Rede sein; denn die Leistung in Reichswährung ersetzt nicht die Erfüllung, ist nicht Erfüllungssurrogat, sie ist vielmehr eine Möglichkeit der Erfüllung selbst, die das Gesetz dem Schuldner neben der Zahlung in ausländischer Währung offen läßt.

Die Vorschrift des § 244 Abs. 1 beruht auf dem Gedanken der Gleichwertigkeit des Markbetrags, durch dessen Leistung der Schuldner sich soll befreien können, mit der an sich allein geschuldeten ausländischen Währungssumme. Denn selbstverständlich darf der Gläubiger durch die Zahlung in Reichswährung keine Einbuße erleiden; er muß durch sie denselben Vermögenswert erhalten, den er bei Zahlung in ausländischer Währung erhalten haben würde. Das ist der Fall, wenn der ihm zugegangene Wert in Markwährung hinreicht, um bei sofortigem Zugreifen den ausländischen Währungsbetrag nach Maßgabe der herrschenden Kurse anzuschaffen. Auf eben diesen Betrag in Reichswährung, die in § 244 Abs. 1 für dessen Regelfall als gesetzliches Zahlungsmittel anerkannt ist, hat der Gläubiger Anspruch; dieser Betrag läßt sich aber nur finden durch Umrechnung auf den Zeitpunkt, da der Schuldner von seiner Befugnis, in Reichswährung zu zahlen, wirklich Gebrauch macht. Es wäre übrigens — wie Planck-Siber, BGB. in Anm. 2 zu § 244 bemerkt — auch kaum verständlich, wie die Zeit des Eintritts der Fälligkeit zu der von der Gegenmeinung ihr beigelegten maßgebenden Bedeutung kommen sollte, wenn weder der Gläubiger sein Recht zu fordern, noch der Schuldner sein Recht zu leisten ausgeübt hat.

Nach der aus § 244 Abs. 1 zu entnehmenden Absicht des Gesetzgebers soll der Gläubiger gerade in dem durch die Umrechnung ermittelten Markbetrage ein zur sofortigen Beschaffung der fremden

Valuta hinreichendes Äquivalent in Reichswährung in die Hand bekommen. Davon, daß er zur Erlangung dieses Wertes unter Umständen noch einen anderen Weg einzuschlagen, den mit der Zahlung säumigen Schuldner etwa auf Ersatz von Verzugsschaden in Anspruch zu nehmen habe, ergibt sich aus dem Gesetze nichts. Die Befriedigung des Gläubigers durch Zahlung in deutscher Währung ist im § 244 ganz unabhängig von etwaigem Schuldnerverzuge behandelt. Die Vorschrift regelt lediglich den Ersatz der geschuldeten Hauptleistung durch eine andere äquivalente Leistung; mit der Frage des Verzugs und dessen Folgen hat sie nichts zu tun. Die Gegenmeinung muß aber, wenn die deutsche Valuta zwischen Fälligkeit und tatsächlicher Zahlung gefallen ist, den dem Gläubiger erwachsenen Zögerungsschaden heranziehen, damit er erhalte, was ihm gebührt. Dieser Zögerungsschaden werde — so wird ausgeführt — zunächst in dem Kursunterschiede zwischen Fälligkeits- und Zahlungstag bestehen; bekomme der Gläubiger ihn ersetzt, so habe er, zusammen mit dem Umrechnungsergebnis nach dem Fälligkeitskurse, den Markbetrag, der zur Anschaffung der ausländischen Währungssumme hinreiche. Dies mag richtig sein, wenn der Verzug des Schuldners mit der Fälligkeit beginnt; es trifft aber nicht zu, wenn — was auch ohne Verschulden des Gläubigers denkbar ist — der Schuldner überhaupt nicht oder erst einige Zeit nach Fälligkeit in Verzug geriet. In diesen beiden Fällen bekommt der Gläubiger bei Umrechnung nach dem Fälligkeitskurse dann, wenn der deutsche Kurs seit Fälligkeit stetig gesunken war, weniger, als er am Zahlungstage zur Anschaffung der ausländischen Währungssumme braucht. . . .

Die auf den Kurs des Fälligkeitstages abstellende Meinung läßt sich, wie bei Staub-Koenige, HGB., 10. Aufl., § 361 Anm. 6, zugegeben wird, nicht ausnahmslos durchführen. Insbesondere versagt sie gegenüber der im § 271 Abs. 2 BGB. in Form einer Auslegungsregel anerkannten Befugnis des Schuldners, seine Leistung schon vor Fälligkeit zu bewirken. Für den Fall der Vorauszahlung, insoweit der Gläubiger sie sich gefallen lassen müsse, geht auch Staub-Koenige a. a. O. davon aus, daß die Umrechnung nach der Zeit der tatsächlichen Zahlung zu erfolgen habe. Die Ansicht, daß der Gläubiger das Angebot vorzeitiger Zahlung schon dann zurückweisen dürfe, wenn er zum Fälligkeitstage ein Sinken der inländischen Valuta und damit die Erzielung eines höheren Markbetrages als des vom Schuldner ihm angebotenen „erwarte", ist jedoch nicht haltbar. Das mehr oder weniger bestimmte, vielfach trügerische Rechnen des Gläubigers auf ein Sinken der Reichswährung kann im Hinblick darauf, daß das angebotene deutsche Geld zur alsbaldigen Erwerbung der ausländischen Valuta hinreicht, einen Grund zur Ablehnung der schuldnerischen

Leistung nicht abgeben. Denn ein Interesse des Gläubigers am Fortbestehen seiner Forderung bis zur Verfallzeit läßt sich damit, daß er von einer absteigenden Tendenz des Markkurses überzeugt zu sein behauptet, nicht dartun. Endlich ist auch die Tätigkeit, die der in Reichswährung vorzeitig befriedigte Gläubiger in Richtung auf die etwa beabsichtigte Erlangung des ausländischen Währungsbetrags zu entfalten hat, nicht geeignet, die Zurückweisung des Angebots des Schuldners zu rechtfertigen, um so weniger, als diese Tätigkeit sich von dem, was dem Gläubiger bei Zahlung zur Verfallzeit unter sonst gleichen Verhältnissen zu tun obliegt, in nichts unterscheidet.

Aus alledem erhellt, daß es für die Ermittelung des Markbetrags, mit dem eine in ausländischer Währung ausgedrückte Geldschuld getilgt werden soll, auf den Zeitpunkt der wirklichen Zahlung, nicht auf den der Fälligkeit, ankommen muß, gleichgültig, ob die Zahlung vor oder nach Fälligkeit geschieht. Zu diesem Ergebnis müßte man auch dann gelangen, wenn Abs. 1 des § 244 alleinstände, die den Vollzug der Umrechnung regelnde technische Vorschrift des Abs. 2 also gar nicht vorhanden wäre. Denn schon der dem § 244 Abs. 1 innewohnende Gedanke der Gleichwertigkeit des zu leistenden Markbetrags und der in ausländischer Währung ausgedrückten Schuld weist mit Notwendigkeit auf die hier vertretene Auslegung hin.

Daß § 244 Abs. 2 dispositives Recht enthält, über den der Umrechnung zugrunde zu legenden Zeitpunkt also in erster Linie der Parteiwille entscheidet, ist allgemein anerkannt. Und eine weitere, stoffliche Begrenzung des Anwendungsgebiets des § 244, insbesondere des Abs. 2, ergibt sich aus der Sondervorschrift des Art. 37 WO., wonach dann, wenn ein Wechsel auf eine am Zahlungsorte nicht im Umlauf befindliche Münzsorte lautet, die Wechselsumme nach ihrem Werte zur Verfallzeit in der Landesmünze gezahlt werden kann, falls nicht der Aussteller die Zahlung in der im Wechsel benannten Münzsorte ausdrücklich bestimmt hat.

Die Auffassung der Worte „zur Zeit der Zahlung“ im Sinne des Zeitpunkts der tatsächlichen Zahlung wird durch folgende auf der sprachlichen Auslegung des § 244 beruhende Erwägungen verstärkt. Abs. 1 spricht von der Möglichkeit der Zahlung in Reichswährung, insoweit also unzweifelhaft von dem Akte der Zahlungsleistung. Den Zeitpunkt der Fälligkeit erwähnt § 244 Abs. 1 dagegen überhaupt nicht; auch der Eingang, in dem nur allgemein von der Verpflichtung, eine in ausländischer Währung ausgedrückte Geldschuld im Inlande zu zahlen, die Rede ist, läßt den Gesichtspunkt der Verfallzeit völlig unberührt. Unter diesen Umständen ist nichts natürlicher, als daß die Wendung „zur Zeit der Zahlung“ (Abs. 2) zu der in Abs. 1 erwähnten „Zahlung“ in Beziehung gesetzt und in dem ohnehin nächstliegenden

Sinne des Zeitpunkts der tatsächlichen Zahlung verstanden wird. Die Gegenmeinung stützt die Berechtigung ihrer Auslegung wesentlich auf das Nebeneinanderstehen der Begriffe „Zeit der Zahlung“ und „Zahlungsort“ in Abs. 2. Sie erwägt, „Zahlungsort“ bedeute in Abs. 2, wie allgemein anerkannt sei, nicht den Ort der tatsächlichen Zahlung, sondern den sog. Erfüllungsort; daraus folge, daß auch „Zeit der Zahlung“ die Zeit sein müsse, zu der zu zahlen sei, d. h. die Verfallzeit. Allein gerade darin, daß „Zahlungsort“ in § 244 Abs. 2 im Sinne von „Erfüllungsort“ verstanden werden müsse, kann der Gegenansicht nicht gefolgt werden. Der Ausdruck „Zahlungsort“ muß, wenn § 244 Abs. 2 nicht eine Lücke aufweisen soll, in weiterem Sinne verstanden werden und insbesondere auch den Fall umfassen, wo der Schuldner an einem vom gesetzlichen oder vertraglichen Erfüllungsort verschiedenen Orte leistet, nach der besonderen Sachlage aber ein Widerspruch des Gläubigers gegen die Leistung am anderen Orte mit Treu und Glauben nicht vereinbar wäre, der Gläubiger sich vielmehr so behandeln lassen muß, als habe er der Abweichung zugestimmt. In anderen Vorschriften des BGB., wie in den §§ 1119 Abs. 2 und 1177 Abs. 1, bedeutet „Zahlungsort“ allerdings den Erfüllungsort, und in denselben Bestimmungen, außerdem aber auch in den §§ 1170 Abs. 1, 299, 789, ist mit „Zahlungszeit“, „Zahlungstag“, „Leistungszeit“ ohne Frage der Zeitpunkt der Fälligkeit bezeichnet. In allen diesen Vorschriften ergibt sich jedoch der Sinn der Ausdrücke „Zahlungsort, Zahlungszeit“ usw. zweifelfrei aus dem Zusammenhang. Es ist klar, daß da, wo das Gesetz von „Änderung“ der Zahlungszeit oder des Zahlungsorts, von der „nach dem Kalender bestimmten“ Leistungszeit, von „Bestimmungen in Ansehung der Zahlungszeit und des Zahlungsorts“, von „bestimmter Leistungszeit“ oder vom „Eintritt der Leistungszeit“ spricht, damit nur der durch Gesetz oder Vertrag bestimmte Zeitpunkt und Ort der Leistung, also die Fälligkeit und der Erfüllungsort gemeint sein können. Anderseits versteht § 245 BGB., wenn er von einer „zur Zeit der Zahlung“ nicht mehr im Umlaufe befindlichen Münzsorte spricht, hierunter ohne Frage den Zeitpunkt der tatsächlichen Zahlung. In § 244 Abs. 2 sind die Wendungen „zur Zeit der Zahlung“ und „Zahlungsort“ losgelöst von jeder Beziehung zum gesetzlichen oder vertragsmäßigen Zeitpunkt und Ort der Leistung. Nichts zwingt oder berechtigt auch nur zu der Annahme, daß die Ausdrücke hier im Sinne von Fälligkeit und Erfüllungsort zu verstehen seien.

Aber auch aus der — schon in der Entscheidung des III. Senats Bd. 98 S. 160 wiedergegebenen — Entstehungsgeschichte des § 244 ergibt sich keine Stütze für diese Auslegung. Nach § 215 des I. Entwurfs sollte die Zahlung einer im Inlande zahlbaren, in ausländischer Währung ausgedrückten Geldschuld unterschiedlos in Reichswährung zu bewirken und bei der Umrechnung der Kurswert „zur Zeit und am Orte der Zahlung" entscheidend sein. Die Motive sprechen sich über die Bedeutung dieser Worte nicht aus. Sie betonen nur den dispositiven Charakter der Vorschrift und bemerken, durch diesen Modus für die Umrechnung (nach dem Kurswert zur Zeit und am Orte der Zahlung) werde bestimmt, wie viel der Gläubiger in der Währung, in der die Zahlung zu erfolgen habe, nach dem Inhalte des Schuldverhältnisses zu fordern berechtigt sei. In der 2. Lesung wurde § 215 dahin abgeändert, daß der Schuldner einer in fremder Währung bestimmten, im Inlande zahlbaren Geldschuld befugt sein solle, in Reichswährung zu zahlen, sofern nicht Zahlung in fremder Währung bedungen sei; die Umrechnung sollte nach dem gleichfalls geänderten Abs. 2 auf Grund des zur Zeit der Zahlung für den Zahlungsort maßgebenden Kurswerts erfolgen. Die nunmehrige Fassung des Abs. 2 — sagen die Protokolle 2. Lesung — trage dem Umstande Rechnung, daß für viele Orte ein besonderer Kurs nicht bestehe, sondern der Kurs desjenigen größeren Handelsplatzes entscheidend sei, zu dessen Bezirk der Ort gehöre. Über den Umrechnungsmodus (Abs. 2) äußern sich die Protokolle im einzelnen nicht. Die in der 2. Lesung festgelegte Fassung des ursprünglichen § 215 (Reichstagsvorlage § 238) ist Gesetz geworden. Der jetzige § 244 Abs. 2 weicht von dem Vorbilde des Art. 336 ADHGB. und des Art. 37 der früheren ADWO. (jetzigen WO.) ab; denn diese beiden Vorschriften, von denen die letztere für das Gebiet des Wechselrechts noch heute gilt, legten für die Umrechnung einer Schuldsumme, die in einer am Zahlungsorte nicht im Umlauf befindlichen Münzsorte ausgedrückt war, den Wert zur Verfallzeit zugrunde. Daran, daß die Abweichung eine bewußte war (wie auch Nußbaum in JW. 1920 S. 14 und RGZ. Bd. 98 S. 160 annehmen), kann bei der Gründlichkeit der Vorarbeiten zum BGB. kein Zweifel sein. Zutreffend zieht übrigens RGZ. Bd. 98 S. 160 für die Absichtlichkeit der Abweichung noch die Begründung zu § 3 Abschnitt I Titel 3 II b des Teilentwurfs des Obligationenrechts, des sog. Redaktorenentwurfs, heran. Dieser § 3 bestimmte in Abs. 2, daß, falls die geschuldete Summe in anderer Münze als der am Erfüllungsorte geltenden Landeswährung ausgedrückt sei, der Wert der Schuld sich nach dem Kurswerte dieser Münze am Erfüllungsorte „zur Zeit der Leistung" bestimme. Die Begründung bemerkt hierzu: Der Wert der Schuld sei nach dem Kurse zur Zeit der Zahlung zu berechnen, der Schuldner habe daher so viel zu leisten, als das bestimmte Quantum der in der Schuld bezeichneten Art von Münzen zur Zeit der Zahlung nach ihrem Kurswert sei; der Kurs zur Verfallzeit (wobei auf Art. 37 ADWO. und auf Art. 336 ADHGB. verwiesen wird) könne nicht entscheidend sein, weil, wie Windscheid mit Recht betone, durch die Verfallzeit nicht bestimmt werden solle, wieviel der Gläubiger zu erhalten, sondern wann er die Leistung zu beanspruchen habe; nur wo die Verfallzeit mit dem Verzug zusammentreffe, komme sie nach den allgemeinen Grundsätzen über die Wirkung des Verzugs in Betracht. Die Motive zu § 215 des I. Entwurfs lassen nicht erkennen, daß die Worte „Zeit der Zahlung" in einem anderen als dem natürlichen Sinne (Zeit der tatsächlichen Zahlung) zu verstehen sein sollen. Die angeführte Begründung des Teilentwurf-Redaktors Kübel ist von den Motiven allerdings nicht übernommen, anderseits aber auch nicht abgelehnt worden. Unter diesen Umständen fehlt es an jeder Berechtigung für die Annahme, daß sich die Motive bezüglich der Bedeutung der Worte „zur Zeit der Zahlung", die schon in der Begründung zum Teilentwurf im Sinne der Zeit der tatsächlichen Leistung gebraucht und dann auch in den I. Entwurf übergegangen sind, auf einen vom Teilentwurf abweichenden Standpunkt hätten stellen wollen. Es lag doch — und dem konnten sich schon die Verfasser des I. Entwurfs und der Motive nicht verschließen — zum mindesten außerordentlich nahe, daß die im Gegensatze zum ADHGB. und zur ADWO. gewählte Fassung „zur Zeit der Zahlung" im natürlichen Sinne der tatsächlichen Zahlungsleistung verstanden wurde. Wollte der Gesetzgeber wirklich die Verfallzeit maßgebend sein lassen, so mußte er das durch eine unmißverständliche Bezeichnung ebenso zweifelfrei zum Ausdruck bringen, wie es einige außerdeutsche Gesetzgebungen (jedenfalls das holländische HGB. von 1838 im Titel über Wechsel, Art. 156; das belgische Wechselgesetz von 1872, Art. 33; das schweizerische Obligationenrecht von 1881 im Titel über Wechsel, Art. 756; das italienische HGB. von 1883, Art. 39) hinsichtlich der Verfallzeit schon vorher getan hatten. Anderseits hatte von Gesetzgebungen, die dem BGB. zeitlich vorangingen, das in Dänemark, Schweden und Norwegen geltende Nordische Wechselgesetz von 1880 — Art. 35 — die Zeit der tatsächlichen Zahlung für maßgebend erklärt; denn nach diesem Art. 35 kommt es für die Umrechnung auf den Wechselkurs an, zu dem an dem Orte, wo die Zahlung erfolgt, in der fremden Währung ausgestellte Sichtwechsel zu der Zeit, wo die Einlösung geschieht, gekauft werden. Das Bestehen einer derartigen Vorschrift in drei europäischen Staaten, die mit dem Deutschen Reiche regen Handelsverkehr unterhielten, mußte für den deutschen Gesetzgeber ein Grund mehr sein, nicht von der „Zeit der Zahlung" zu sprechen, wenn er die Verfallzeit im Auge hatte.

Das bisher Ausgeführte rechtfertigt die Auslegung der Worte „zur Zeit der Zahlung" im Sinne des Zeitpunkts der tatsächlichen Zahlung. Andere als die beiden erörterten Auffassungen sind in der reichsgerichtlichen Rechtsprechung nicht hervorgetreten. Neuerdings hat nach einem Vortragsbericht der Hans. Rechtszeitschrift 1920 S. 733

Prof. Reichel sich zu einer dritten Ansicht bekannt. Danach soll im Falle des § 244 Abs. 2 die Fälligkeit oder der Tag der tatsächlichen Zahlung maßgebend sein, je nachdem der eine oder andere Tag den höheren Kursstand der ausländischen Valuta zeige. Denn der Schuldner dürfe, wenn er umrechne, es nicht zum Schaden des Gläubigers tun. Es handle sich hier nicht um den Ersatz, sondern um die Verhütung eines Schadens; darum gelte das Gesagte nicht bloß für den Fall des Schuldnerverzugs. Liege Verzug vor, so komme als Verzugsschaden unter Umständen (die hier des näheren nicht interessieren) auch die Valutadifferenz in Betracht. Die Ansicht Reichels ist abzulehnen, weil die Fassung des § 244 Abs. 2 die Heranziehung des Fälligkeits- oder des Zahlungstags, je nach dem Stande des Auslandskurses, ausschließt. Vielmehr ist grundsätzlich die „Zeit der Zahlung" maßgebend. Daß diese seine Auffassung nicht auf eine positive Gesetzesbestimmung gestützt werden kann, erkennt nach jenem Berichte Reichel selber an. Im übrigen kann sich fragen, ob Reichel, selbst wenn seine Ansicht mit der Fassung des Gesetzes vereinbar wäre, nicht zu einseitig die Interessen des Gläubigers betont und ob mit Rücksicht hierauf seine Berufung auf Treu und Glauben im Verkehr begründet erscheint.

Es ist hiernach als Wille des Gesetzes anzunehmen, daß die Umrechnung (§ 244 Abs. 2) nach dem zur Zeit der tatsächlichen Zahlung für den Zahlungsort maßgebenden Kurswerte zu erfolgen hat. Nun haben sich allerdings aus dem unglücklichen Verlaufe des Weltkriegs mit seiner schwächenden Wirkung auf den Markkurs und aus der langen Unterbrechung des Nachrichtenverkehrs zwischen dem Deutschen Reich und dem überseeischen Auslande Tatbestände ergeben, die der Anwendung dieses Grundsatzes zu widerstreben scheinen. Nicht selten liegt die Sache so, daß der zur Zahlung im Inlande verpflichtete Schuldner seine noch vor dem Krieg oder in dessen erster Zeit entstandene Verpflichtung gerade wegen der durch den Krieg geschaffenen Ausnahmeverhältnisse vor dessen Ende nicht oder nicht restlos erfüllen konnte und nunmehr infolge des gewaltigen Sturzes der deutschen Valuta einen weit größeren Markbetrag, als er sonst erforderlich gewesen, zu seiner Befreiung aufwenden müßte. Die Hinderung an früherer Tilgung der Verbindlichkeit wird vielfach ihren Grund darin gehabt haben, daß die genaue Abrechnung über das Schuldverhältnis wegen der über das Deutsche Reich verhängten Blockade den Weg ins Inland vor Kriegsende nicht gefunden hat. Irgendwelcher Anhalt dafür, daß in solchen Fällen den Gesetzesworten „zur Zeit der Zahlung" eine andere als die oben erörterte Bedeutung beigemessen werden müßte oder dürfte, ist nicht ersichtlich. Auch die Erwägung, daß der Gesetzgeber an die Möglichkeit eines derartigen Umschwungs der wirtschaftlichen Verhältnisse, wie er für das Deutsche Reich infolge des ungünstigen Ausgangs des Krieges eingetreten ist, gar nicht gedacht habe, könnte zu solcher Annahme nicht führen. Dies um so weniger, als auch hier bei Umrechnung nach dem Kurse des Tages der wirklichen Zahlung der Gläubiger nur eben das bekommt, was er zur alsbaldigen Beschaffung der geschuldeten ausländischen Währungssumme braucht. Hätte der Weltkrieg mit dem Siege des Deutschen Reiches und seiner Verbündeten geendet und wäre im Zusammenhange damit die deutsche Valuta gestiegen, statt zu fallen, so würde die Anwendung des § 244 Abs. 2 in der hier vertretenen Auslegung wohl nirgends — im Inlande — einem Bedenken begegnen. Jedenfalls müssen aber Gestaltungen, wie die erwähnten, dem Tatrichter Anlaß bieten zu besonders sorgfältiger Prüfung der Frage, ob nicht im einzelnen Falle nach dem Willen der Parteien ein anderer Zeitpunkt als der der tatsächlichen Zahlung der Umrechnung zugrunde zu legen ist.

Eine abschließende Erörterung darüber, wie dann, wenn der Schuldner von seiner Befugnis zur Zahlung in Reichswährung Gebrauch macht, der verfügende Teil des Urteils zu lauten und wie im einzelnen nach den Vorschriften der ZPO. im 8. Buche, 2. und 3. Abschnitt (§§ 803 bis 898), die Zwangsvollstreckung vor sich zu gehen habe, liegt außerhalb der Aufgabe dieses Beschlusses. Die Frage der Zwangsvollstreckung ist im Hinblick namentlich darauf, daß die Verpflichtung des Schuldners nach wie vor nur den von Anfang an allein geschuldeten ausländischen Währungsbetrag umfaßt, nicht ganz zweifelsfrei. Das wäre indessen auch dann nicht anders, wenn „zur Zeit der Zahlung" die Verfallzeit bedeutete. Diese Zweifel beruhen, wie Nußbaum a. a. O. S. 16 zutreffend bemerkt, darauf, daß man bei Schaffung der ZPO. noch keine Veranlassung hatte, der Zwangsvollstreckung von Valutaforderungen besondere Aufmerksamkeit zuzuwenden. Es wird übrigens, ohne daß man dem Gesetze Zwang antut, möglich sein, auf Grund der gedachten Vorschriften der ZPO. zu einem brauchbaren Ergebnisse zu gelangen.

---

90. Wann kann der Lieferer der Ware dem Käufer gegenüber, dem sie durch einen Dritten verkauft wurde, Rechte in Anspruch nehmen?

II. Zivilsenat. Urt. v. 4. Februar 1921 i. S. St. (Kl.) w. Gemeinde W. (Bekl.). II 301/20.

I. Landgericht Essen. — II. Oberlandesgericht Hamm.

Der Kläger klagte auf den Kaufpreis für 30 Ztr. am 13. Oktober 1917 an die Beklagte gelieferten Kaffee-Ersatzes, den er ihr durch eine Agentin T. verkauft haben wollte. Die Beklagte behauptete, der Kauf sei mit der T. selbst abgeschlossen und der Preis in deren Auftrag an einen gewissen D. bezahlt worden. Hilfsweise berief sich der Kläger auch auf ungerechtfertigte Bereicherung.

Die Vorinstanzen wiesen die Klage ab. Auf die Revision wurde das Berufungsurteil aufgehoben.

Gründe:

Wie das Berufungsgericht den Briefen des Fräulein T. vom August 1917 entnimmt, hat diese den Kaffee-Ersatz in ihrem Namen, nicht namens des Klägers, an die Beklagte verkauft. Diese Feststellung ist einwandfrei getroffen und wird von der Revision nicht angegriffen. Mit Recht beschwert sich die Revision aber darüber, daß das Verhalten der Parteien bei Lieferung der Ware als unerheblich behandelt ist. Unstreitig hat der Kläger am 13. Oktober 1917 die Ware mit einer Rechnung übersandt, die auf seinen eigenen Namen lautete und mit dem Vermerk versehen war „durch Fräulein T.“; die Rechnung ist dann auch von ihm quittiert worden. Das Berufungsgericht meint, der Vermerk „durch Fräulein T.“ habe jeden Zweifel darüber, daß es sich um Erfüllung des mit dieser vereinbarten Geschäfts handelte, ausgeschlossen; auch wenn die Beklagte aus der Rechnung den Wunsch des Klägers, die Zahlung selbst zu erhalten, hätte herauslesen müssen, würde der frühere Vertrag mangels Zuziehung der T. nicht abgeändert worden sein. Wie wenig diese Erwägung den Sachverhalt erschöpft, beweisen schon die bekannten Fälle, in denen Bankiers oder Spediteure, die die Ware bevorschußt oder sonst Auslagen für den Verkäufer gemacht haben, als sog. Vinkulanten Lieferung gegen Zahlung an ihre Person anbieten. In solchen Fällen hat die Rechtsprechung stets entschieden, daß, wenn der Käufer das Angebot annimmt, ein neuer Vertrag zwischen ihm und dem Vinkulanten entsteht, kraft dessen er zur Zahlung des Preises an diesen verpflichtet wird (vgl. RGZ. Bd. 54 S. 213, Bd. 88 S. 69). Derartiges kann auch außerhalb der typischen Geschäftsform des Vinkulationsvertrags vorkommen und wird für den vorliegenden Fall vom Kläger behauptet. Würde er den streitigen Kaffee-Ersatz, wenn auch unter Hinweis auf den Vertrag der T., doch mit der deutlich erklärten Bedingung angeboten haben, daß der Kaufpreis an ihn gezahlt werden müsse, so ließe sich die Annahme der Ware durch die Beklagte nach Treu und Glauben nur dahin auslegen, daß sie damit Zahlung an ihn versprochen hätte (§ 157 BGB.). Das angefochtene Urteil muß deshalb aufgehoben und die Sache zur Prüfung dieser Frage in die Vorinstanz zurückverwiesen werden.

Möglicherweise gelangt das Berufungsgericht nach erneuter Verhandlung zu der Überzeugung, daß die Beklagte den Willen des Klägers nicht richtig verstanden, vielmehr geglaubt hat, die Lieferung erfolge namens der T. Auch dann wäre das Zahlungsbegehren des Klägers nicht ohne weiteres hinfällig. Hat er in Kenntnis der wirklichen Sachlage zu dem erklärten Zwecke geleistet, damit der Kaufpreis an ihn gezahlt werde, so würde bei Mißverständnis dieser Erklärung durch die Beklagte eine Uneinigkeit der Parteien über den rechtlichen Grund der Leistung vorgelegen haben; nach §§ 812, 818 BGB. müßte ihm die Bereicherung herausgegeben werden. Die gleiche Rechtsfolge hätte dann einzutreten, wenn der Kläger, von der irrigen Ansicht ausgehend, die T. habe den Vertrag in seinem Namen abgeschlossen, eine vermeintliche eigene Schuld hätte erfüllen wollen und dies der Beklagten zu erkennen gegeben hätte. In beiden Fällen würde der Dissens über den Grund der Leistung der condictio sine causa Raum geschafft haben, die ausweislich des landgerichtlichen Tatbestandes schon in erster Instanz geltend gemacht worden ist.

Auf der anderen Seite wird auch zu prüfen sein, ob der Vermögensverlust, welchen der Kläger etwa ohne Rechtsgrund erlitten hat, nicht durch die an D. erfolgte Zahlung und anschließende Aufrechnung ganz oder zum Teil wieder ausgeglichen worden ist.

---

91. 1. Unter welchen Voraussetzungen war vor Erlaß des Schutzhaftgesetzes vom 4. Dezember 1916 die vorläufige Festnahme einer Person wegen Gefährdung der militärischen Sicherheit des Reichs zulässig?

2. Kann ein Schadensersatzanspruch gegen den Anzeigenden darauf gestützt werden, daß er eine solche Festnahme aus eigensüchtigen Beweggründen veranlaßt habe?

3. Inwieweit unterliegt die Angemessenheit der Schutzhaftanordnung der richterlichen Prüfung?

VI. Zivilsenat. Urt. v. 14. Februar 1921 i. S. U. (Kl.) w. T. (Bekl.). VI 477/20.

I. Landgericht II Berlin. — II. Kammergericht daselbst.

Der Beklagte wollte die Klägerin, mit der er früher ein Liebesverhältnis unterhalten hatte, wegen eines Rechtsstreits, in dem sie von ihm 10000 *M* verlangte, verschwinden lassen. Da sie eine zweifelhafte Vergangenheit hatte und zwei Jahre vorher wegen Wuchers, Betrugs, Erpressung und Beleidigung zu Gefängnis und Ehrverlust verurteilt worden war, hoffte er, sich ihrer entledigen zu können.

Er beauftragte den Privatdetektiv Sch., sie zu beobachten und Material für ein neues Strafverfahren gegen sie zu sammeln. Zu dem gleichen Zwecke wandte er sich auch an den Polizeikommissar K. Es wird vom Berufungsgericht als möglich unterstellt, daß er beiden eine Belohnung für den Fall versprochen habe, daß es ihnen gelingen sollte, die Klägerin neuerdings einer strafbaren Handlung zu überführen und sie wieder ins Gefängnis zu bringen. Sch. ermittelte, daß die Klägerin in ihrer Wohnung mit Offizieren verkehre, insbesondere auch mit dem damals noch minderjährigen Leutnant D., dem die Verfügung über ein Vermögen von 50000 *M* in naher Aussicht stand. Der Beklagte beauftragte den Sch., hiervon dem Generalkommando Kenntnis zu geben. Darauf sandte Sch. an das Generalkommando des Gardekorps einen von ihm mit einem falschen Namen unterzeichneten Bericht, in dem er die Klägerin als eine mit Offizieren und einer Spionin verkehrende gefährliche Person hinstellte und auch ihren Verkehr mit dem Leutnant D. erwähnte. Der Bericht wurde dem Oberkommando in den Marken vorgelegt und von diesem an den Polizeipräsidenten in Berlin „zur weiteren Veranlassung und Mitteilung des Ergebnisses" abgegeben. Der mit der Bearbeitung der Sache beauftragte Kriminalkommissar K. schritt, als Sch. ihm mitteilte, daß die Klägerin ihre möblierte Wohnung vermietet habe und daher Fluchtgefahr bestehe, am 2. November 1915 zu ihrer Festnahme. Sein schriftlicher Bericht wurde von dem Polizeipräsidenten dem Oberkommando mit dem Ersuchen übermittelt, bei der Gemeingefährlichkeit des Treibens der Klägerin und der offensichtlichen Gefährdung militärischer Interessen die militärische Schutzhaft anzuordnen. Darauf wurde durch Verfügung des Oberkommandos in den Marken vom 7. November über die Klägerin für die Dauer des Krieges die militärische Schutzhaft verhängt. Am 20. Dezember 1916 wurde sie wieder entlassen. Diese Gefangenhaltung bezeichnet die Klägerin als widerrechtlich. Für den ihr dadurch erwachsenen Schaden nimmt sie den Beklagten in Anspruch, der ihre Festnahme als mittelbarer Täter oder durch Anstiftung herbeigeführt habe. Die Vorinstanzen haben die Klage abgewiesen. Die Revision hatte keinen Erfolg.

Gründe:

Die Revision macht geltend, die Festnahme der Klägerin und die Anordnung der Schutzhaft seien in unzulässiger Form und sachlich widerrechtlich erfolgt. Jedenfalls habe der Beklagte gegen die guten Sitten verstoßen. Das habe der Vorderrichter verkannt. Diese Angriffe gehen fehl.

Über den Bezirk des Oberkommandos in den Marken war seit Beginn des Krieges auf Grund des § 5 des preußischen Gesetzes über den Belagerungszustand (BZG.) vom 4. Juni 1851 der sog. verschärfste Belagerungszustand verhängt. Art. 5 der preußischen Verfassungsurkunde, der die persönliche Freiheit gewährleistete, war dadurch außer Kraft gesetzt. Damit war für militärische Maßnahmen, die der Oberbefehlshaber im Interesse der militärischen Sicherheit des Reichs für erforderlich hielt, diese Schranke weggefallen. Er konnte Verhaftungen und vorläufige Festnahmen anordnen und sie durch die ihm nach § 4 BZG. unterstellten Zivilverwaltungsbehörden, darunter in erster Linie durch den Polizeipräsidenten in Berlin, zur Ausführung bringen lassen (RGZ. Bd. 92 S. 243). Die Ermächtigung zur Vornahme einer vorläufigen Festnahme konnte diesen Behörden im voraus, entweder allgemein oder für einen bestimmten Fall, erteilt werden. Darüber enthält die Verfügung des Oberbefehlshabers in den Marken vom 28. Oktober 1915 keine ausdrückliche Weisung. Aber sie war offensichtlich nicht die erste Verfügung dieser Art, die an den Polizeipräsidenten in Berlin erging, und es muß angenommen werden, daß sie den Auftrag und die Ermächtigung, gegebenenfalls zur vorläufigen Festnahme der Klägerin zu schreiten, von selbst in sich schloß. So ist sie, wie das Vorgehen der Polizeibehörde zeigt, dort auch verstanden worden. Nach der Aussage des Zeugen Oberregierungsrat H. ist dort in ähnlichen Fällen immer so, wie hier, verfahren worden. Der ausführende Beamte, Polizeikommissar K., hat wegen Gefahr im Verzuge zunächst auf eigene Verantwortung gehandelt, aber seinem Vorgesetzten alsbald Meldung erstattet. Sein Vorgehen hat die Billigung des Dezernenten und des stellvertretenden Polizeipräsidenten gefunden. Entscheidend aber ist, daß der Oberbefehlshaber in den Marken die Festnahme durch seine Verfügung vom 7. November 1915 bestätigt hat. Dadurch ist sie zu einer Anordnung des zuständigen Oberbefehlshabers geworden. Danach kann die Zuständigkeit des Polizeikommissars zur vorläufigen Festnahme der Klägerin keinem Zweifel unterliegen. Gleichgültig ist, welche Vorstellung K. selbst von den rechtlichen Grundlagen seiner Verhaftungsbefugnis gehabt hat.

Als sachliche Unterlage für die Verhaftung der Klägerin stellt das angefochtene Urteil ohne ersichtlichen Prozeßverstoß endgültig fest, die Klägerin sei wegen Bewucherung von Offizieren schon bestraft gewesen und habe nach Verbüßung ihrer Strafe wieder Beziehungen zu Offizieren angeknüpft, insbesondere zu dem minderjährigen Leutnant D. Endlich habe die Klägerin ihre möblierte Wohnung zum 4. November 1915 weiter vermietet und im Augenblick der Festnahme keine andere Wohnung besessen. Ob diese festgestellten Tatsachen ausreichten, um eine Gefahr für die militärische Sicherheit des Reichs zu begründen, hatte der Oberbefehlshaber nach pflichtmäßigem Ermessen zu entscheiden. Seine Anordnung vom 7. November 1915 liegt nicht vor. Ob der Polizeipräsident bei seinem Antrag vom 4. gl. Mts. mit dem Hinweis auf die „offensichtliche Gefährdung militärischer Interessen" die §§ 3 und 4 des Reichsgesetzes vom 3. Juni 1914 gegen den Verrat militärischer Geheimnisse im Auge hatte, war nicht Gegenstand der Verhandlung. Doch besteht sehr wohl die Möglichkeit, daß bei der Anordnung der Schutzhaft auch diese Bestimmungen für die Bewertung der Gefahren maßgebend waren, die für die Sicherheit des Reichs daraus entstehen konnten, daß während des Krieges Offiziere, zumal so junge und haltlose Offiziere wie der Leutnant D., völlig in die Gewalt einer Person wie die Klägerin gerieten. Jedenfalls ist nicht bewiesen, daß der Oberbefehlshaber in den Marken bei der Schutzhaftanordnung vom 7. November 1915 nach Willkür verfahren sei (RGZ. Bd. 92 S. 243). Einer weiteren Nachprüfung auf ihre Angemessenheit kann aber seine Entscheidung durch die Gerichte nicht unterzogen werden (RGZ. Bd. 99 S. 256). Das Berufungsgericht hat freilich ein übriges getan, indem es die Zulässigkeit der festgestellten Tatsachen für die Anordnung der Schutzhaft auch von sich aus prüfte. Aber das beschwert die Klägerin nicht. Für die Revision ist hier nur von Bedeutung, daß auch diese auf dem Gebiete des Ermessens liegenden, rechtsbedenkenfreien Ausführungen des Berufungsgerichts für ein willkürliches Vorgehen des Oberbefehlshabers nichts entnehmen lassen. Das gilt auch von der Entlassung der Klägerin aus der Schutzhaft, die am 20. Dezember 1916 von dem Oberbefehlshaber angeordnet worden ist. Sie erfolgte offenbar mit Rücksicht auf § 5 des Reichsgesetzes vom 4. Dezember 1916, wonach der Haftbefehl aufzuheben ist, wenn seit dem Tage der Verhaftung drei Monate verflossen sind.

Fehlt es danach an der von der Klägerin behaupteten Widerrechtlichkeit der Freiheitsentziehung, dann ist, wie das angefochtene Urteil zutreffend ausführt, für die Anwendung der §§ 823 Abs. 1, 2, 831 BGB. mit §§ 341, 339 StGB. kein Raum.

Endlich meint die Revision, es könne nicht zulässig sein, daß der Beklagte aus eigensüchtigem Interesse unter Mißbrauch staatlicher Einrichtungen die Klägerin „von der Straße verschwinden lassen wollte". Aber von einem Mißbrauch der Amtsgewalt der Behörden kann nicht gesprochen werden, wenn die Handlung des Beklagten, wie dargetan, nur darin bestanden hat, daß er eine für die Sicherheit des Reichs gefährliche Person der für den militärischen Schutz des Reichs verantwortlichen Behörde zur Anzeige brachte. Der Beweggrund kann für sich allein nach feststehender Rechtsprechung die Handlung nur unter besonderen Umständen zu einer unsittlichen machen. Besondere Beachtung verlangt hier die Eigenart des einzelnen Falles, wenn es sich um die Erstattung einer Anzeige bei einer Behörde handelt. Einen Anhalt bietet folgende Erwägung: Eine gegen die Norm des § 826 BGB. verstoßende Handlung kann grundsätzlich nicht anders als rechtswidrig sein. Dagegen fehlt es an dem Merkmal der Rechtswidrigkeit, wenn eine objektiv begründete Anzeige an die zuständige Behörde den Interessen der Strafrechtspflege oder im Kriege der militärischen Sicherheit des Reichs dient. Daher kann eine solche Anzeige nicht im Sinne des § 826 BGB. gegen die guten Sitten verstoßen, mag auch der Beweggrund nicht die Sorge für das Reich, sondern Selbstsucht, Schadenfreude oder sonst ein verwerflicher gewesen sein, und mag der Anzeigende, wie das angefochtene Urteil hier als möglich unterstellt, sogar den Eifer des ausführenden Beamten in unzulässiger Weise (§ 331 StGB.) durch das Versprechen einer Belohnung besonders angespornt haben. Das höher stehende Interesse des Reichs muß hier in der Anschauung aller billig und gerecht Denkenden die Rücksicht auf die Gesinnung des Handelnden zurückdrängen. Dazu kommt, daß im vorliegenden Fall der aus der gerechtfertigten Schutzhaft entstandene Schaden im Grunde weniger auf der Anzeige des Beklagten, als ganz überwiegend auf dem Vorleben und dem Verhalten der Klägerin gegen den Leutnant D. beruht.

Anders wäre es, wenn der Beklagte durch unwahre Angaben das Urteil des Oberbefehlshabers beeinflußt und eine nicht gerechtfertigte Verhaftung der Klägerin verschuldet hätte. Aber der Vorderrichter betrachtet es keineswegs als bewiesen, daß der Beklagte die Zeugen Sch. und K. zu unwahren Berichten über die Klägerin aufgefordert oder den Sch. zur Unterzeichnung seines Berichts mit einem ihm nicht zukommenden Namen (RGSt. Bd. 28 S. 76; Bd. 32 S. 134) veranlaßt habe. Vielmehr wird angenommen, der Beklagte habe, wenn auch weniger im Interesse der Allgemeinheit als in dem Bestreben, seine Person gehässigen Verfolgungen der Klägerin zu entziehen, so doch immerhin in der redlichen Überzeugung von der Rechtmäßigkeit des verfolgten Zweckes der Behörde objektiv wahre, die Anordnung der Schutzhaft rechtfertigende Tatsachen unterbreitet. An diese tatsächliche Beurteilung des Sachverhalts ist das Revisionsgericht gebunden (§§ 286, 549 ZPO.) . . .

---

92. Zur Anwendung der Abgeltungsverordnung vom 4. Dezember 1919 auf Streitigkeiten zwischen sog. Erstlieferern und Unterlieferern.

III. Zivilsenat. Urt. v. 15. Februar 1921 i. S. Kabelwerk D. (Bekl.) u. Deutsches Reich (Nebeninterv.) w. Zwirnerei u. Nähfadenfabrik K. (Kl.). III 349/20.

I. Landgericht Zwickau, Kammer f. Handelssachen. — II. Oberlandesgericht Dresden.

Die Klägerin hat im März 1918 an die Beklagte 5000 kg Papiernähgarn, das von dieser zur Ausführung der ihr von der Abteilung der Fernsprechtruppen erteilten Aufträge auf Feld- und Armeekabel bestimmt war, auf Abruf verkauft. Der bis Oktober 1918 gelieferte Teil des Schlusses ist bezahlt. Nachdem die Verordnung über die Festsetzung neuer Preise für Weiterarbeit in Kriegsmaterial vom 21. November 1918 erlassen worden war, hat die Beklagte den weiteren Abruf verweigert und die ihr trotzdem in den Monaten Januar bis März 1919 gemachten Lieferungen nur unter Vorbehalt angenommen.

Mit der Klage beanspruchte die Klägerin die Bezahlung des Kaufpreises und die Abnahme des Restes des Schlusses. Die Beklagte machte im Hinblick auf die erwähnte Verordnung und deren Nachträge die Unzulässigkeit des Rechtswegs geltend und verkündete der Abteilung der Fernsprechtruppen den Streit, worauf der Reichswehrminister ihr als Nebenintervenient beitrat. Das Landgericht verwarf die Einrede durch Zwischenurteil; die Berufung des Nebenintervenienten wurde zurückgewiesen. Auf die Revision der Beklagten ist der Rechtsweg vor dem ordentlichen Gerichte für unzulässig erklärt worden aus folgenden

Gründen:

1. Nebenintervenient ist das durch den Reichsschatzminister vertretene Deutsche Reich.

2. Die von der Klägerin verfolgten, aus dem Schlusse der Parteien vom März 1918 abgeleiteten Ansprüche, die sich auf die Bezahlung der im Jahre 1919 erfolgten Lieferungen und auf künftige Abnahme der Rückstände erstrecken, können, wie die Revision zutreffend behauptet, gemäß der Verordnung über Festsetzung neuer Preise für die Weiterarbeit in Kriegsmaterial vom 21. November 1918 und insbesondere der weiteren Verordnung über die Abgeltung von Ansprüchen gegen das Reich vom 4. Dezember 1919, die eine Erläuterung, Abänderung und Ergänzung der ersteren Verordnung enthält, nicht vor den ordentlichen Gerichten, sondern ausschließlich vor dem Reichswirtschaftsgericht geltend gemacht werden. Die Verordnungen bezwecken, wie aus ihren Begründungen (amtliche Mitteilungen und Nachrichten des Kriegsamts 1918 Nr. 67 S. 2) erhellt, die unproduktive Arbeit für Kriegsaufträge zu beendigen, die Industrie auf Friedensarbeit umzustellen und das Reich von den großen Verpflichtungen aus den unter anderen Verhältnissen erteilten Kriegsaufträgen zu befreien. Nach § 1 der Abgeltungsverordnung unterstehen ihr alle Aufträge, die von den behördlichen Beschaffungsstellen, Kriegsgesellschaften oder Kriegsausschüssen ganz oder zum Teil für Zwecke des Kriegs geschlossen sind, insoweit sich ihre Wirkungen über den 10. November 1918 hinaus

erstrecken. Die Abgeltung dieser Ansprüche hat nach der Begründung lediglich im Verwaltungsweg zu erfolgen. Die Abgeltungsverordnung ergreift aber weiterhin, wie nach § 2 und dessen Begründung vollständig klar ist und auch in der Entscheidung des zweiten Zivilsenats des Reichsgerichts vom 11. Februar 1921 (oben S. 302) bereits ausgesprochen ist, nicht bloß die Verträge der Beschaffungsstellen, Kriegsgesellschaften und Kriegsausschüsse mit ihren Vertragsgegnern (den sog. Erstlieferern), sondern weiterhin auch die Verträge, welche die Erstlieferer ihrerseits behufs Ermöglichung der Ausführung der Kriegsaufträge mit ihren Unterlieferern und diese wiederum mit weiteren Unterlieferern geschlossen haben. Für die Ansprüche aus solchen Verträgen ist zwar ein Rechtsschutz gewährt, aber nicht vor den ordentlichen Gerichten, sondern vor dem Reichswirtschaftsgericht. Diese Zuständigkeit ist an keine weiteren Voraussetzungen gebunden; erforderlich ist nur, daß der Gegenstand des Unterlieferungsvertrags der Erfüllung des dem Erstlieferer erteilten Kriegsauftrags dient; unerheblich ist, ob der Unterlieferer hiervon Kenntnis hat. Es besteht kein Zweifel, daß einerseits der Vertrag, den die Beklagte mit der der Inspektion der Nachrichtentruppen in Berlin unterstellten Abteilung der Fernspruchtruppen geschlossen hat, und anderseits der zwischen den Parteien erfolgte Schluß vom März 1918 diesen Voraussetzungen genügt.

Die Zuständigkeit des Reichswirtschaftsgerichts ist jedoch (vgl. § 1) nur insoweit begründet, als die Wirkungen der Verträge sich über den 10. November 1918 hinaus erstrecken. Sie versagt also und es verbleibt bei der Zuständigkeit der ordentlichen Gerichte, wenn die Verträge bereits vor dem genannten Stichtage vom Erstlieferer erfüllt sind. Auf derartige bereits erfüllte Kriegsaufträge beziehen sich aber die mit der Klage beanspruchten Leistungen nicht.

Ist sonach die Zuständigkeit des Reichswirtschaftsgerichts gegeben, so war unter Aufhebung der ergangenen Entscheidung die Klage wegen Unzulässigkeit des Rechtswegs vor den ordentlichen Gerichten abzuweisen.

---

93. Gewährt § 13 der preuß. VO., betr. die einstweilige Versetzung der unmittelbaren Staatsbeamten in den Ruhestand, vom 26. Februar 1919 einen im Rechtswege verfolgbaren Anspruch auf Versetzung in den Ruhestand?

III. Zivilsenat. Urt. v. 15. Februar 1921 i. S. F. (Kl.) w. preuß. Staat (Bekl.). III 345/20.

I. Landgericht Verden. — II. Oberlandesgericht Celle.

Auf Grund des § 13 Abs. 1 Satz 1 der preuß. VO. vom 26. Februar 1919 hatte der zuletzt bei der Staatspolizei angestellte Kläger gefordert: in I. Instanz seine Versetzung in den Ruhestand und das entsprechende Ruhegehalt, in II. Instanz — nachdem er am 1. April 1920 freiwillig aus dem Staatsdienst ausgeschieden war — nur noch Ruhegehalt vom 1. April 1920 ab.

Die Instanzen haben die Klage wegen Unzulässigkeit des Rechtswegs abgewiesen; die Revision war erfolglos.

Gründe:

Der Berufungsrichter nimmt in Übereinstimmung mit dem Landgericht an, daß § 23 PensionsG. vom 27. März 1872/27. Mai 1907 durch die VO. vom 26. Februar 1919 unberührt geblieben sei, der Zivilrichter also auch im Gebiete des § 13 der VO. nur darüber zu entscheiden habe, ob und welche Pension dem Beamten bei seiner Versetzung in den Ruhestand zusteht, nicht schon darüber, ob und wann er in den Ruhestand zu versetzen ist. Diese Rechtsauffassung trifft völlig zu. Weder der Wortlaut des § 13 noch der Gesamtinhalt der Verordnung gibt irgendeinen Anhalt dafür, daß die grundlegende Bestimmung des § 23 PensionsG. für den Tatbestand des § 13 aufgehoben werden sollte. Im Gegenteil bestätigt die Anführung des Pensionsgesetzes in § 10 der VO. und die des Disziplinargesetzes vom 21. Juli 1852 in § 15, daß diese Gesetze — das letztere, soweit es nicht ausdrücklich abgeändert wird, — als in voller Geltung fortdauernde vorausgesetzt werden. Soweit also der § 13 Abs. 1 Satz 1 einen Befehl zur Versetzung in den Ruhestand enthält („sind in den Ruhestand zu versetzen"), richtet sich dieser Befehl an die Verwaltungsstellen, deren Zuständigkeit und Verfahren und deren den Rechtsweg für den Pensionsanspruch erst eröffnende Vorbescheidung nach wie vor durch das Pensionsgesetz geregelt bleibt. Ob die Verwaltungsstellen diesem Befehl richtig nachkommen, ob sie insbesondere das Vorliegen eines Tatbestandes im Sinne des § 13 aus irrigen Gründen verneinen, ist der Nachprüfung des Richters entzogen. Hier haben die Verwaltungsstellen die Versetzung des Klägers in den Ruhestand abgelehnt, weil der Kläger nicht infolge der Umgestaltung des Staatswesens, sondern lediglich aus wirtschaftlichen Gründen seine Versetzung in den Ruhestand nachgesucht habe. Diese Auffassung des § 13 steht innerhalb der Frage, ob der Kläger in den Ruhestand zu versetzen war, und diese Frage ist allein dem pflichtmäßigen Ermessen der Verwaltungsbehörden anheimgegeben.

94. Umfaßt die Versicherung eines Schiffs gegen alle Gefahren der Seeschiffahrt auch diejenige Gefahr, die sich für das Schiff aus Art. 29, 28 des Waffenstillstandsvertrags vom 11. November 1918 ergibt?

I. Zivilsenat. Urt. v. 16. Februar 1921 i. S. D. Seeversich.-Ges. u. Gen. (Bekl.) w. D. (Kl.). I 334/20.

I. Landgericht Hamburg, Kammer f. Handelssachen. — II. Oberlandesgericht das.

Am 8. Dezember 1918 erhielt der Kapitän des der Klägerin gehörigen Dampfers „Gregor", der damals im Schwarzen Meer für Zwecke der deutschen Heeresleitung verwendet wurde und im Hafen von Nikolajew lag, von dem sog. Schiffsausgleich, der von der deutschen Regierung zur Leitung der deutschen Schiffe im Schwarzen Meer eingesetzten Behörde, die Weisung, daß das Schiff nicht mehr fahren sollte, da es alsbald in Gemäßheit des Waffenstillstandsabkommens vom 11. November 1918 der Entente übergeben werden würde. Am 13. Dezember 1918 kam ein englischer Seeoffizier mit einer russischen Mannschaft an Bord des Schiffs und erklärte, daß nunmehr die Alliierten den Besitz desselben übernähmen. Die bisherige Besatzung mußte das Schiff sofort verlassen. An Bord des Dampfers wurde die englische Handelsflagge gehißt. Die Klägerin hat das Schiff nicht zurückerhalten.

Der Dampfer „Gregor" war bei den beklagten Versicherungsgesellschaften für die Zeit vom 31. Juli 1918 bis zum 30. Juli 1919 in Gemäßheit der Allg. Seeversicherungsbedingungen von 1867 versichert, und zwar einerseits „nur für Seegefahr", anderseits gegen die durch die Klausel „nur für Seegefahr" ausgeschlossenen Gefahren (Kriegsversicherung). Die Klägerin behauptet, es liege Totalverlust des Schiffs vor. Am 10. Oktober 1919 hat sie fristgemäß den Abandon auf alle Policen erklärt. Sie fordert von den Beklagten, und zwar in erster Linie auf Grund der Kriegsversicherung, die Zahlung der Versicherungssumme.

Das Landgericht wies die Klage ab. Das Oberlandesgericht gab ihr statt. Auf die Revision der Beklagten wurde das landgerichtliche Urteil wiederhergestellt.

Gründe:

Der Dampfer „Gregor" war zu der maßgeblichen Zeit in Gemäßheit der AllgSVB. versichert, und zwar sowohl gegen die von der Klausel „nur für Seegefahr" betroffenen als auch gegen die von dieser Klausel ausgeschlossenen Gefahren, also gegen alle Gefahren, welche nach den AllgSVB. Gegenstand der Seeversicherung sein können. Zutreffend gehen die Vorinstanzen davon aus, daß dieser Gefahrenkreis gemäß §§ 1, 69 insofern umgrenzt ist, als es sich immer um Gefahren der Seeschiffahrt handeln muß. Dazu gehören nur solche Gefahren, welche nach dem natürlichen Verlauf der Dinge ein die Seeschiffahrt ausübendes Schiff treffen können. Das bedeutet freilich nicht, daß nur eine reine Transportversicherung in Frage kommt. Vielmehr kann die Seeversicherung auch für die Zeit laufen, wo das versicherte Schiff im Hafen oder Dock liegt. Des weiteren ist nicht entscheidend, ob die Gefahr auch andere zu der Seeschiffahrt in keiner Beziehung stehende Gegenstände treffen kann oder betroffen hat. Es gibt viele Gefahren, wie z. B. Feuer, Explosion, Blitz, Plünderung, Raub, Diebstahl usw., die zu gleicher Zeit und aus gleichem Anlaß ein seeversichertes Schiff wie auch von der Seeversicherung allgemein oder im Einzelfall ausgeschlossene Gegenstände, als Hafengebäude, an Land befindliche Möbeln und sonstiges Inventar, Waren, Vorräte usw. betreffen können, ohne daß darum die Wirksamkeit der Seeversicherung des Schiffs hinsichtlich einer solchen Gefahr in Frage gestellt wäre (vgl. § 69). Ebensowenig ist es nach Sinn und Zweck der Seeversicherung angängig, ein besonderes örtliches Moment als für den Begriff der Seeschiffahrt wesentlich einzuschieben. Dies verbietet sich schon um deswillen, weil die in § 69 als Beispiele angeführten Gefahrumstände durchweg an örtliche Beziehungen — einen bestimmten Aufenthaltsort, einen bestimmten Reiseweg des Schiffs usw. — nicht gebunden sind (vgl. auch Sieveking, Seeversicherungsrecht § 820 Anm. 1, § 778 Anm. 5). Vielmehr hat für die Seeversicherung das erwähnte örtliche Moment nur insofern Bedeutung, als vielfach, wie auch im vorliegenden Falle, durch eine besondere Vorschrift des Versicherungsvertrags eine örtliche Begrenzung der Haftpflicht des Versicherers vereinbart wird. Wohl aber kommt folgendes in Betracht.

Das Deutsche Reich hatte sich durch den Waffenstillstandsvertrag vom 11. November 1918 (Art. 29, 28) verpflichtet, auch das hier fragliche Schiff den Feinden zu überlassen. Dieser Vertragsschluß ist das entscheidende Ereignis, durch welches das Schiff seinen Eigentümern entzogen worden ist. Denn die späterhin vom deutschen Schiffsausgleich an die Leitung des Dampfers gegebenen Weisungen, betr. die Ausführung seiner Übergabe an die Feinde, und diese Übergabe und Übernahme selbst waren nur die sachgemäßen Folgen des Waffenstillstandsvertrags. Dieser Vertrag und sein Abschluß gehören aber ebensowenig zu den Gefahren, welche der Seeschiffahrt eigentümlich sind, wie dies von dem Versailler Vertrag gesagt werden kann. Das Waffenstillstandsabkommen erstreckte sich, wie auf zahlreiche andere Gegenstände, so auch auf das Schiff zunächst um seiner objektiven Art und Beschaffenheit und dann um seiner örtlichen Lage willen, weil es ein Gegenstand war, dessen künftige Benutzung dem Deutschen Reich entzogen und den Feinden zugewandt werden sollte und dessen Ergreifung für die Feinde nach Sachlage besonders leicht und wünschenswert erschien. Ein solcher Staatsvertrag hat aber mit der zur Zeit seines Abschlusses von dem betreffenden Schiff betriebenen Seeschiffahrt und den diesem Betriebe eigentümlichen Gefahren nichts zu tun. Zwar gehört es zu den Gefahren eines Kriegs, daß einem kriegführenden Staate von gegnerischer Seite Waffenstillstands- und Friedensbedingungen aufgezwungen werden, die ihn verpflichten, nicht nur Staatseigentum, sondern auch bestimmte, im Privateigentum seiner Angehörigen stehende Gegenstände dem Feinde zu überlassen, und dazu können sehr wohl auch Seeschiffe gehören. Diese Gefahr liegt aber ausschließlich auf militärischem und politischem Gebiete und ist keine Kriegsgefahr im Sinne der AllgSVB. Der Abschluß des Waffenstillstandsvertrags ist kein Teil der Kriegsunternehmungen, sondern nur ihre Folge. Nicht anders liegt die Sache hinsichtlich der im Waffenstillstandsvertrage enthaltenen Verfügung über das der Klägerin gehörige Schiff seitens des Deutschen Reichs. Sollte hierin an sich eine Verfügung von hoher Hand erblickt werden können, so ist sie doch jedenfalls keine im Sinne der AllgSVB. (vgl. § 69 Nr. 2), da sie völlig aus dem Rahmen des Schiffahrtsbetriebs, wie er zur Zeit des Abschlusses der Versicherungsverträge für das versicherte Schiff in Betracht kam, herausfällt.

---

95. Kommt ein Grundstücksveräußerungsvertrag zustande, wenn ein in der Form des § 313 BGB. erfolgtes Kaufangebot zwar noch vor Ablauf der bestimmten Annahmefrist formgerecht angenommen wird, die Parteien aber zuvor formlos eine das ursprüngliche Angebot außer Kraft setzende Abänderung der Kaufbedingungen vereinbart hatten?

V. Zivilsenat. Urt. v. 16. Februar 1921 i. S. H. (Bekl.) w. H. (Kl.). V 283/20.

I. Landgericht Hamburg. — II. Oberlandesgericht daselbst.

Die Beklagte machte dem Kläger zu notariellem Protokoll vom 16. Juli 1912 das Angebot, von ihm mehrere Grundstücke zum Preise von 291528,90 *M* zu kaufen. Von dem in Höhe von 100028,90 *M* durch Barzahlung zu berichtigenden Kaufpreise sollten 50000 *M* bis zum 1. Oktober 1912 bezahlt werden. Gegen Zahlung dieses Betrags sollte die Auflassung der Grundstücke erfolgen. „Sollte die Käuferin" — so heißt es in dem Vertragsangebote weiter — „mit Zahlung in Verzug kommen, so ist Verkäufer nicht verpflichtet, das Terrain an Käuferin aufzulassen. Gleichzeitig kann er als Äquivalent für den ihm entstandenen Schaden eine Summe von *M* 8000 von Käuferin fordern".

An dieses Angebot erklärte sich die Beklagte bis zum 30. September 1912 für gebunden. Am letztgenannten Tage nahm der Kläger das Angebot vom 16. Juli 1912 zu notariellem Protokoll an und teilte dies der Beklagten am selben Tage mit. Am 28. Oktober 1912 trat er vom Vertrage zurück, weil die Beklagte mit der Zahlung der erwähnten 50000 ℳ in Verzug geraten sei. Er forderte deshalb Zahlung der für diesen Fall bedungenen Vertragsstrafe von 8000 ℳ; außerdem verlangte er Erstattung der verauslagten Vertragsunkosten in Höhe von 1731,25 ℳ. Die Beklagte wandte ein, der Kläger habe ihr die am 1. Oktober 1912 fälligen 50000 ℳ durch Vereinbarung vom 29. September 1912 gestundet und sei daher zu Unrecht vom Vertrage zurückgetreten. Er könne weder die eingeklagte Vertragsstrafe noch Erstattung seiner Auslagen fordern, müsse ihr vielmehr, da er den Grundbesitz inzwischen anderweit veräußert habe, den zunächst nur in Höhe von 7211,75 ℳ geltend gemachten Schaden ersetzen. Außerdem schulde er ihr noch weitere 7000 ℳ. Demgemäß beantragte die Beklagte widerklagend, ihn zur Zahlung der geforderten Beträge zu verurteilen. Der Kläger entgegnete, das Abkommen vom 29. September 1912 sei nicht so getroffen worden, wie behauptet werde, vielmehr hätten vereinbarungsgemäß bis zum 15. Oktober 1912 10000 ℳ, bis zum 30. dess. Mts. 15000 ℳ und bis zum Schlusse des Jahres 25000 ℳ an ihn gezahlt sein müssen. Im übrigen sei das Abkommen auch ungültig, weil es der notariellen Form ermangele.

Das Landgericht erkannte nach den Anträgen des Klägers. Das Oberlandesgericht wies durch Teilurteil die Berufung der Beklagten insoweit zurück, als sie zur Zahlung von 1731,25 ℳ nebst Zinsen verurteilt war, und bestätigte durch Schlußurteil auch die Abweisung der Widerklage; im übrigen wies es durch dieses letztere Urteil den weitergehenden Klaganspruch ab und verurteilte den Kläger zu $^1/_3$, die Beklagte zu $^2/_3$ der Prozeßkosten. Gegen das Schlußurteil hat die Beklagte Revision, der Kläger Anschlußrevision eingelegt. Beide Rechtsmittel sind zurückgewiesen worden aus folgenden

Gründen:

Das Berufungsgericht hat angenommen, daß ein Kaufvertrag zwischen den Parteien nicht zustande gekommen sei. Denn durch deren Vereinbarung vom 29. September 1912 habe das Vertragsangebot der Beklagten vom 16. Juli 1912 seine Geltung verloren, da diese Vereinbarung, soweit sie nur auf Beseitigung dieses Angebots gerichtet gewesen sei, keiner Form bedurft habe. Der weitergehende Inhalt dieser Vereinbarung sei dagegen ungültig, weil die Formvorschrift des § 313 BGB. nicht beachtet sei. Daher seien die beiderseits erhobenen Ansprüche hinfällig, weil sie beide das Zustandekommen eines Vertrags voraussetzten. . . .

Diese Erwägungen werden von beiden Parteien, freilich in entgegengesetztem Sinne, als auf Rechtsirrtum beruhend bekämpft. Die Revision der Beklagten macht geltend, es sei zwischen den Parteien ein Kaufvertrag mit dem ihrer Vereinbarung vom 29. September 1912 entsprechenden Inhalt zustande gekommen. Denn bei dieser Vereinbarung habe es sich nur um die Stundung einer künftigen Verbindlichkeit gehandelt. Dazu habe es aber der Beobachtung der Form des § 313 BGB. nicht bedurft. Der Kläger vertritt dagegen den Standpunkt, die erwähnte Vereinbarung der Parteien habe, soweit sie auf eine Abänderung der Zahlungsbedingungen gerichtet gewesen sei, der Form des § 313 BGB. bedurft und sei daher, da diese nicht gewahrt sei, gemäß § 139 BGB. ihrem vollem Umfange nach nichtig. Daraus folge aber, daß sie auch nicht die Kraft gehabt haben könne, das Vertragsangebot der Beklagten vom 16. Juli 1912 zu beseitigen. Der Vertrag sei daher auf der Grundlage dieses Angebots rechtsgültig zustande gekommen.

Beide Rügen erweisen sich als unbegründet.

Zur Zeit, als die Parteien die Vereinbarung vom 29. September 1912 trafen, war ein der Form des § 313 BGB. entsprechender Vertrag zwischen ihnen noch nicht zustande gekommen. Es lag nur ein Angebot der Beklagten vor, das noch der Annahme durch den Kläger bedurfte. Die Frage, ob und inwieweit die Stundung einer aus einem formrichtig abgeschlossenen Grundstücksveräußerungsvertrage bereits entstandenen Kaufpreisforderung der Form des § 313 BGB. bedarf, kann daher auf sich beruhen. Entscheidend ist hier vielmehr, daß nach dieser Vorschrift ein Grundstücksveräußerungsvertrag rechtsgültig nur dann zustande kommt, wenn alle Vertragsabreden so, wie sie getroffen sind, auch förmlich beurkundet sind. Ein der Vereinbarung vom 29. September 1912 entsprechender Kaufvertrag kann daher nicht zustande gekommen sein, weil es mangels förmlicher Beurkundung dieser Vereinbarung an einer entsprechenden Beurkundung des gesamten Vertrags fehlt.

Aber auch auf Grund des ursprünglichen Vertragsangebots der Beklagten vom 16. Juli 1912 ist der Vertrag nicht zustande gekommen. Denn dieses Angebot war, ehe die Annahmeerklärung des Klägers erfolgte, durch die Vereinbarung der Parteien vom 29. September 1912 außer Kraft gesetzt worden. Die Anschlußrevision will dieses freilich nicht gelten lassen, weil die erwähnte Vereinbarung, soweit sie auf eine Änderung der Vertragsbedingungen gerichtet gewesen sei, mangels Beobachtung der Form des § 313 BGB. nichtig sei, die Nichtigkeit eines Teiles eines Rechtsgeschäfts aber zufolge § 139 BGB. die Nichtigkeit des ganzen Rechtsgeschäfts zur Folge habe, wenn nicht anzunehmen sei, daß es auch ohne den nichtigen Teil vorgenommen sein würde, und

Anhaltspunkte für eine solche Annahme lägen hier nicht vor. Hierbei übersieht die Anschlußrevision aber, daß es sich bei der Vereinbarung vom 29. September 1912 nur um einen Vertrag handelte, durch den sich allein die Beklagte zum Erwerbe, nicht aber der Kläger zur Übertragung des Eigentums an einem Grundstücke verpflichtete. Derartige Verträge unterliegen eben nicht der Formvorschrift des § 313 BGB. (RGZ. Bd. 81 S. 134). Diese kommt erst dann zur Anwendung, wenn demnächst der Grundstücksveräußerungsvertrag selbst abgeschlossen wird. Dieser Rechtsauffassung steht auch das in Bd. 65 S. 390 abgedruckte Erkenntnis des Senats vom 23. März 1907 nicht entgegen. Denn in dem dort entschiedenen Falle handelte es sich um eine Vereinbarung, die nicht wie im vorliegenden Falle ein Kaufangebot, sondern ein Verkaufsangebot hinsichtlich eines Grundstücks betraf und die überdies festgestelltermaßen nicht Bestandteil des Vertrags geworden war, weil zur Zeit des Vertragsschlusses die übereinstimmenden Willenserklärungen beider Parteien hierauf nicht gerichtet waren. Es können daher auch die im Schrifttum (Komm. v. RGR. 3. Aufl. Bd. 1 S. 411; Planck-Siber Bd. 2 S. 339) gegen diese Entscheidung erhobenen Bedenken auf sich beruhen.

---

96. 1. Kann eine vorbeugende Unterlassungsklage auch schon gegenüber einem drohenden erstmaligen widerrechtlichen Eingriff in ein geschütztes Rechtsgut oder Recht gewährt werden?
2. Was sind Tatsachen im Sinne des § 824 BGB.?
3. Liegt das Behaupten einer dem anderen nachteiligen Tatsache im Sinne des § 824 BGB. schon dann vor, wenn die Behauptung nur diesem anderen gegenüber aufgestellt worden ist und nur er davon Kenntnis erlangt hat?

VI. Zivilsenat. Urt. v. 17. Februar 1921 i. S. B. (Kl.) w. 1. den Verband der deutschen gemeinnützigen u. unparteiischen Rechtsauskunftsstellen, 2. L. (Bekl.) VI 473/20.

I. Landgericht II Berlin. — II. Kammergericht daselbst.

Der verklagte Verband unterhält in Lübeck eine „Zentralstelle zur Bekämpfung der Schwindelfirmen", als deren Leiter der Beklagte L. in Anspruch genommen ist. Der Kläger betreibt unter der Firma „Deutsches Verkehrsinstitut für Grundbesitz und Hypotheken" in B. die Vermittelung von Landgüterverkäufen und ländlichen Hypotheken. Der Kläger behauptet, daß der Beklagte L. als Leiter des Verbandes über ihn wiederholt ungünstige Auskunft erteilt habe, und wendet sich hiergegen mit dem Antrag, die Beklagten als Gesamtschuldner zu verurteilen, sie hätten in den von ihnen über den Kläger zu erteilenden Auskünften folgende Behauptungen zu unterlassen:

„Genau wie so viele andere zweifelhafte Makler seiner Art habe er gar nicht die Absicht, eine zweckentsprechende Vermittlertätigkeit zu entfalten. Selbst wenn er diese Absicht hätte, könnte er es nicht, weil ihm die erforderlichen Verbindungen und Mittel fehlten. Sein Geschäftsbetrieb beruhe auf unreeller Grundlage und bedeute eine Gefahr nicht nur für die Kapitalisten und Grundbesitzer, sondern vor allem auch für den ehrlichen Maklerstand",

und Äußerungen ähnlichen Inhalts. In zweiter Linie sollten die Beklagten es auch unterlassen, bei einer Verbindung mit dem Kläger Vorsicht anzuraten.

Die Vorinstanzen wiesen die Klage ab. Die Revision führte zur Aufhebung des Berufungsurteils aus folgenden

Gründen:

Nach dem teils festgestellten, teils unterstellten Sachverhalt, der dem angefochtenen Urteile zugrunde liegt, handelt es sich bei der bekämpften Auskunftserteilung um vier Vorkommnisse:

1. Im Jahre 1914 habe der Beklagte L. in seiner Eigenschaft als Leiter der Verbandes den Rechtsanwälten Dr. Fr. und Fe. in B. in einem von ihnen gegen den Kläger für den Gutsbesitzer Hans B. geführten Rechtsstreite die Auskunft erteilt, daß die Firma des Klägers eine „Schwindelfirma" sei.

2. Auf die Beschwerde des Klägers habe dann der Beklagte L. an jenen einen Brief vom 14. Oktober 1914 gerichtet, aus dem die im Klagantrag an erster Stelle angeführten Behauptungen wörtlich entnommen sind.

Wegen des Inhalts des Briefes hat der Kläger gegen den Beklagten L. Privatklage wegen Beleidigung bei dem Amtsgericht erhoben; die Klage ist aber mit Beschluß vom 20. Mai 1915 unter Hinweis auf § 193 StGB. abgewiesen, die dagegen eingelegte Beschwerde als unbegründet verworfen worden.

3. Im Januar 1919 hat sich der Kläger nach seiner eigenen Darstellung nach Lübeck auf das Bureau des Beklagten L. begeben, hat sich dort unter dem Namen eines Geschäftsfreundes H. eingeführt und um Auskunft über die klägerische Firma gebeten. Bei dieser Gelegenheit habe der Beklagte L. alle in dem Briefe vom 14. Oktober 1914 enthaltenen Behauptungen wiederholt; insbesondere habe er die klägerische Firma eine „Schwindelfirma" genannt und auch sonst in gröblicher Weise auf sie und ihre Inhaber „geschimpft".

4. Auf eine nochmalige schriftliche, mit H. H. unterzeichnete Erkundigung vom 10. März 1919 habe man beklagterseits mit Postkarte vom 14. Mai 1919 geantwortet: „Herrn H., Lübeck. Bei einer Verbindung mit der Firma Deutsches Verkehrsinstitut für Grundbesitz und Hypotheken von He. und B. in B. müssen wir Vorsicht anraten".

Das Berufungsgericht hat diesen Sachverhalt unter drei rechtlichen Gesichtspunkten geprüft, dem des § 823 Abs. 1, des § 824 und des § 823 Abs. 2 BGB. verbunden mit §§ 185, 186 StGB. In allen drei Richtungen hält es den Antrag der Klage, die die Vorinstanzen zutreffend als vorbeugende Unterlassungsklage (Komm. v. RGR. 3. Aufl. Vorbem. 6 vor § 823 unter III, auch Erl. 7 zu § 1004 in b) kennzeichnen, für unbegründet. Frei von Rechtsirrtum ist seine Ausführung darüber, daß der mit der Klage bekämpfte Eingriff nicht ein Recht oder „sonstiges Recht" im Sinne des § 823 Abs. 1 BGB. zum Gegenstande habe, insbesondere nicht als eine Verletzung des eingerichteten und ausgeübten Gewerbebetriebes gelten könne; in der Tat kann hier von einem Angriff, der sich gegebenenfalls unmittelbar gegen den Bestand des Gewerbebetriebs richtete (Komm. v. RGR. Erl. 9 zu § 823), nicht gesprochen werden.

Von der weiteren Beurteilung scheidet das Berufungsgericht zunächst den Gebrauch der Bezeichnung „Schwindelfirma" aus mit der Annahme, gegen diese Äußerung richte sich die Klage nicht, wie die gestellten Anträge zeigten. Dem kann nicht beigetreten werden. Wie die Revision zutreffend hervorhebt, wendet sich der Klagantrag von Anfang an gegen die aus dem Briefe vom 14. Oktober 1914 entnommenen Äußerungen und weiter gegen „Äußerungen ähnlichen Inhalts". Es ist kein ausreichender Grund dafür ersichtlich, warum unter den Äußerungen ähnlichen Inhalts nicht auch die Bezeichnung „Schwindelfirma" zu verstehen sein sollte. Wird doch auch damit der Vorwurf der unreellen, auf Vertrauensmißbrauch gegründeten Geschäftsgebarung, wenn auch nicht als Behauptung einer Tatsache, so doch als ein Urteil wiederholt, das diesen Vorwurf zum Ausdruck bringen soll. Auch auf diese Äußerung hatte sich daher die Beurteilung des Berufungsgerichts, und zwar unter dem rechtlichen Gesichtspunkte des § 823 Abs. 2 BGB. verbunden mit § 185 StGB., zu erstrecken. Da dies bisher nicht geschehen ist, war das angefochtene Urteil schon aus diesem Grunde aufzuheben und die Sache zur anderweiten Verhandlung und Entscheidung an das Berufungsgericht zurückzuverweisen.

Bei der Anwendung des § 824 BGB. geht das Berufungsgericht zutreffend davon aus, daß die Vorschrift die Behauptung oder Verbreitung einer Tatsache voraussetzt und daß dem ein bloßes Urteil nicht ohne weiteres genügt (vgl. die im Komm. v. RGR. § 824 Erl. 2

angeführte Rechtsprechung, dazu RG. III 500/05, VI 257/07). Die Abgrenzung kann bisweilen zweifelhaft, auch in einem Urteil kann die Behauptung einer Tatsache enthalten sein. Wie auch in der Rechtsprechung zu § 14 UWG. (RGZ. Bd. 88 S. 437, Bd. 94 S. 271, Bd. 58 S 207) und in der der Strafsenate (vgl. bes. RGSt. Bd. 24 S. 301, Bd. 31 S. 281, Bd. 41 S. 193) ausgeführt, setzt der Begriff der Tatsache etwas Geschehenes oder Bestehendes, dem Beweise Zugängliches voraus, das zur Erscheinung gelangt und in die Wirklichkeit getreten ist. Daß das Berufungsgericht zu diesem Punkte seiner Beurteilung geirrt hätte, erhellt nicht. Insbesondere kann in der Bezeichnung „Schwindelfirma" — wie das Berufungsgericht beiläufig ausspricht — und in dem Rate, bei einer Verbindung mit dem Kläger Vorsicht zu beobachten, nur ein Urteil, nicht die Behauptung eines gegebenenfalls beweisbaren Geschehnisses gefunden werden (vgl. bes. Warneyer 1909 Nr. 296; JW. 1911 S. 780 Nr. 49). Für diese beiden Äußerungen kommt daher nur eine Beurteilung aus § 823 Abs. 2 BGB. verbunden mit § 185 StGB. in Frage. Für die zweite Äußerung hat das Berufungsgericht den Tatbestand der Beleidigung ohne erkennbaren Rechtsverstoß verneint, für die erste Äußerung ist diese Beurteilung, wie schon ausgesprochen, nachzuholen.

Bezüglich des Briefes vom 14. Oktober 1914 und des Vorganges vom Januar 1919 (in Lübeck auf dem Geschäftszimmer der Beklagten) hat das Berufungsgericht die Anwendbarkeit des § 824 BGB. verneint, weil die beanstandeten Mitteilungen nicht einem Dritten, sondern nur dem Kläger selbst gegenüber erfolgt seien. Die Revision hat Nachprüfung dieser Rechtsansicht erbeten. Der Tatbestand des § 824 BGB. spricht von Behaupten und von Verbreiten von Tatsachen, die geeignet sind, den Kredit eines anderen zu gefährden oder sonstige Nachteile für dessen Erwerb oder Fortkommen herbeizuführen. Daß das Verbreiten solcher Tatsachen deren Mitteilung an Dritte voraussetzt, kann schon nach dem Wortsinn nicht zweifelhaft sein. Die Frage kann nur sein, ob es für den Tatbestand des Behauptens einer Tatsache der gedachten Art genügen kann, wenn jenes nur dem anderen, nicht auch einem Dritten gegenüber erfolgt ist[1] (wobei nach der hier gegebenen Sachlage dahingestellt bleiben kann, ob es für diese letztgedachte Möglichkeit genügend ist, wenn die Behauptung wenigstens mit Willen des Behauptenden dem Dritten zur Kenntnis kam). Grundsätzlich kann das Behaupten einer dem anderen nachteiligen Tatsache im Sinne des § 824 BGB. nicht ohne weiteres schon dann als geschehen angenommen werden, wenn nur diesem anderen gegenüber die Behauptung aufgestellt

---

[1] Vgl. einerseits Planck 3. Aufl. Bd. 2 S. 614 in α, anderseits Staudinger 7. u. 8. Aufl. Bd. II 2 S. 1722 in β. D. E.

worden ist und nur er davon Kenntnis erlangt hat. Es ist mindestens für den Regelfall nicht abzusehen, wie Kredit, Erwerb und Fortkommen gefährdet oder benachteiligt werden könnten durch eine auf die Person des Verletzten beschränkte Mitteilung. Zutreffend hat auch schon das Berufungsgericht auf den Abs. 2 des § 824 hingewiesen, wo eines dritten Empfängers der Mitteilung — ohne Beschränkung auf den Fall der Tatsachenverbreitung — gedacht ist. Ein objektiv den Tatbestand des § 824 verwirklichender Eingriff, wie ihn eine auf diese Vorschrift gestützte vorbeugende Unterlassungsklage nach den in der Rechtsprechung des Reichsgerichts herausgestellten Grundsätzen neben der für die Zukunft drohenden Wiederholungsgefahr regelmäßig voraussetzt, kann daher weder in dem Briefe vom 14. Oktober 1914 noch in dem Vorfall vom Januar 1919, wie ihn der Kläger dargestellt hat, ohne weiteres gefunden werden. Der Brief war nur an den Kläger gerichtet, bei dem Vorfall im Januar 1919 war gleichfalls nur er selbst — unter falschem Namen und deshalb vom Beklagten L. für einen Dritten gehalten — beteiligt. Der Kläger macht aber geltend, sowohl der Brief wie das Verhalten des Beklagten L. bei dem letztgedachten Vorfall ließen erkennen, wie sehr dieser gewillt sei, sich in gleicher Weise auch bei Dritten über ihn zu äußern und so den Tatbestand des § 824 mindestens objektiv zu verwirklichen. Dieser ihm von der beklagten Seite drohenden Gefahr will der Kläger mit der Klage begegnen.

In Richtung auf die zu erfordernde Wiederholungsgefahr hat das Berufungsgericht keine Feststellungen getroffen. Die Frage ist, ob die andere der für die Gewährung der Unterlassungsklage aufzustellenden Voraussetzungen — widerrechtlicher Eingriff im Sinne des § 824 — nach den gegebenen Umständen als erfüllt gelten kann. Grundsätzlich ist die Besorgnis, es drohe ein Eingriff in das geschützte Rechtsgut (oder Recht), dem tatsächlich erfolgten Eingriff nicht ohne weiteres gleichzustellen. Die vorbeugende Unterlassungsklage auf dem Gebiete der unerlaubten Handlungen ist von der Rechtsprechung der abwehrenden Eigentumsklage des § 1004 BGB. nachgebildet worden; dieser entsprechend wird von der Voraussetzung des Verschuldens abgesehen, anderseits aber auch eine erfolgte Beeinträchtigung gefordert und vorausgesetzt, daß weitere Beeinträchtigungen zu besorgen sind. Solange eine Beeinträchtigung noch gar nicht stattgefunden hat, kann von einer Besorgnis „weiterer" Beeinträchtigungen keine Rede sein (Warneyer 1911 Nr. 330). Es hieße, die wesentlichsten Grundlagen dieser Rechtsweiterbildung völlig verlassen, wollte man für die hier in Rede stehende vorbeugende Unterlassungsklage von jenem Erfordernis des erfolgten Eingriffs schlechthin absehen. Auch der im Schrifttum vereinzelt unternommene Versuch, dies aus der Vorschrift des § 259 ZPO. zu rechtfertigen, ist abzulehnen.[1] Es kann dahingestellt bleiben, ob unter (künftiger) Leistung im Sinne dieser Vorschrift auch eine (künftige) Unterlassung (vgl. § 241 BGB.) verstanden werden kann. Jedenfalls kann jener gleichzeitig mit dem BGB. ergangenen, dem Schoße derselben Gesetzgebungskommission entstammenden Vorschrift der ZPO. nicht die Bedeutung unterstellt werden, daß dadurch die Vorschrift des § 1004 BGB. teilweise abgeändert werden solle. Anderseits kann, wie nicht zu verkennen ist, auch schon die Drohung mit dem Eingriff in ein geschütztes Rechtsgut (oder Recht) nach Umständen eine so erhebliche Störung des Rechtsfriedens darstellen, daß darin ein widerrechtlicher Eingriff im Sinne des für die Gewährung der vorbeugenden Unterlassungsklage zu Erfordernden gefunden werden kann. Dies insbesondere dann, wenn die Bedrohung unter solchen Umständen geschieht, von solchen Anstalten begleitet ist, daß der Anfang einer Ausführung schon in ernsthaften Vorbereitungen verwirklicht erscheint. Alsdann würde es eine praktisch nicht befriedigende und grundsätzlich nicht gebotene Einschränkung des vorbeugenden Rechtsschutzes darstellen, wollte man die Klage erst dann gewähren, wenn der drohende widerrechtliche Eingriff vollständig verwirklicht ist. Es entspricht vielmehr den Grundgedanken, die die Rechtsprechung bei der Anerkennung dieses Rechtsbehelfs verfolgt hat, unter den vorausgesetzten Umständen die Unterlassungsklage schon dem drohenden erstmaligen Eingriff gegenüber zu gewähren. Wie denn auch schon in dem ersten richtunggebenden Erkenntnis RGZ. Bd. 48 S. 114 die Klage sich gegen eine Drohung mit Erhöhung der Frachttarife seitens der beklagten Dampfschiffahrtsgesellschaft gegenüber der klagenden Speditionsfirma gerichtet hat.

Es wird also grundsätzlich nach den Umständen des Einzelfalles zu beurteilen sein, ob und unter welchen Umständen schon gegenüber dem drohenden ersten Eingriff in ein geschütztes Rechtsgut die vorbeugende Unterlassungsklage zu gewähren ist. Im vorliegenden Falle nun liegen diese Umstände wesentlich verschieden bezüglich des Briefes vom 14. Oktober 1914 einerseits, des Vorfalls vom Januar 1919 anderseits. Daß der Brief vom 14. Oktober 1914 nach seinem Inhalt geeignet war, den Kläger besorgt zu machen, das ungünstige Urteil des Beklagten L. über seine Geschäftsbetätigung könne auch Dritten

---

[1] So Hellwig, Anspruch u. Klagrecht S. 378 flg., Lehrb. d. ZP. Bd. 1 S. 220 flg., 378 flg., System Bd. 1 § 104. Darüber jüngst Flad, Iherings Jahrb Bd. 70 S. 348 flg. mit weit. Anf. Vgl. im übrigen bes. Lesser, Arch. Bürg. R. Bd. 38 S. 102 flg., 113; Hedemann, Iherings Jahrb. Bd. 63 S. 68; Dernburg-Raape, Recht der Schuldverhältnisse Bd. II 2 § 388a S. 781 zu Anm. 18; Staub, HGB 10. Aufl. Anhang zu § 346 Anm. 13, Anh. zu § 349 Anm. 33; Komm. v. RGR. 3. Aufl. § 1004 Erl. 5 und 7. D. E.

gegenüber verlautbart werden, kann nicht bezweifelt werden. Anderseits ist nicht zu übersehen, daß darin alles tatsächliche Vorgehen gegen den Kläger ausdrücklich vorbehalten und ihm nur dringend geraten wird, sein unreelles Geschäftsgebaren aufzugeben, widrigenfalls man es als Pflicht ansehen werde, „nicht nur die Öffentlichkeit auf die unlautere Tätigkeit des Klägers aufmerksam zu machen, sondern vor allem auch den betörten Opfern (des Klägers) zum Rechte zu verhelfen". Darin liegt die Neigung zu abfälliger Beurteilung des Klägers im allgemeinen bekundet; ein bestimmter Angriff dagegen, der in der oben gekennzeichneten Weise angedroht wäre, ist in dem Briefe für sich genommen noch nicht zu finden. Dieser konnte daher von dem Berufungsgerichte ohne Rechtsirrtum als zur Begründung der erhobenen Klage aus § 824 BGB. unzulänglich angesehen werden.

Den Vorgang vom Januar 1919 hat das Berufungsgericht dem ohne weiteres gleichgestellt. Demgegenüber ist aber zu beachten, daß bei diesem Vorfall wohl von ernstlichen Anstalten gesprochen werden kann, denen gegenüber die Gewährung der Klage geboten erscheinen kann. Hier lag keine bloß allgemeine und bedingte Ankündigung eines den Kläger bedrohenden Vorgehens mehr vor. Vielmehr hat der Beklagte L. nach der Darstellung der Klage dem Kläger in der Meinung, einen Dritten vor sich zu haben, eine sehr ungünstige Auskunft erteilt. Mit Grund hat der Kläger geltend gemacht, daß er hieraus entnehme, in welcher Weise der Beklagte L. Dritten gegenüber überhaupt sich über ihn äußern werde, wenn man bei dem beklagten Verband Auskunft einhole. Das Berufungsgericht wird daher erneut zu prüfen haben, ob nicht wenigstens das Vorbringen des Klägers über den Vorgang vom Januar 1919, das bestritten und bisher noch nicht Gegenstand einer Beweisanordnung gewesen ist, für die hier in Rede stehende Seite der Klagebegründung ausreichend erscheinen kann. Die bisher vorliegende Begründung, aus den auf den Brief bezüglichen Ausführungen des Urteils ergebe sich zugleich, daß auch der Vorfall vom Januar 1919 außer Betracht zu bleiben habe, kann dafür nach dem hier Ausgeführten nicht genügen.

Über die weiteren Voraussetzungen des auf § 824 BGB. gestützten Anspruchs hat sich das Berufungsgericht nicht geäußert, es kann daher hier darauf nicht näher eingegangen werden. Die nach dem Vorstehenden gebotene erneute Würdigung des Sachverhalts wird sachgemäß vor allem auch auf die Tatbestandsvoraussetzung der Wiederholungsgefahr auszudehnen sein. Nach den bisher erörterten Umständen lassen die von dem Kläger angeführten Äußerungen des Beklagten L. erkennen, daß er sich nach Form und Inhalt fortschreitend zu einer wesentlichen Milderung hat bestimmen lassen. Deren letzte enthält lediglich einen Rat zur Vorsicht.... Es wird zu erwägen sein, ob nach allen Umständen eine Wiederholungsgefahr überhaupt in weiterem Umfang droht, als in Gestalt eines solchen Rates zur Vorsicht, und im Falle der Verneinung, welche Folgerungen sich hieraus für die rechtliche Beurteilung ergeben.

Bezüglich der Beurteilung des Briefes vom 14. Oktober 1914 und des Vorfalls vom Januar 1919 aus § 823 Abs. 2 BGB. ist dem Berufungsgerichte beizutreten, soweit es die Vorschrift des § 186 StGB. für unanwendbar erachtet hat (RGSt. Bd. 4 S. 401, Bd. 29 S. 41, Bd. 41 S. 61, Bd. 48 S. 62, Bd. 50 S. 322). Auch die Beurteilung des Briefes nach § 185 StGB. ist rechtlich nicht zu beanstanden. Bezüglich des Vorfalls vom Januar 1919 ist zu beachten, daß nach dem Klagevorbringen der Beklagte L. auch hierbei den Kläger als „Schwindelfirma" bezeichnet haben soll.

---

97. 1. Genügt es im Falle der Gesamtvertretung zur Wirksamkeit eines Vertrags, daß der eine der beiden Gesamtvertreter die Vertragserklärung abgibt und der andere jenem gegenüber seine Genehmigung formlos erklärt?

2. Setzt die Wirksamkeit der Genehmigung voraus, daß dem Genehmigenden der vollständige Inhalt des genehmigten Vertrags bekannt ist?

III. Zivilsenat. Urt. v. 18. Februar 1921 i. S. R. D. G. G. m. b. H. (Bekl.) w. W. (Kl.). III 354/20.

I. Landgericht II Berlin. — II. Kammergericht daselbst.

Durch Schreiben vom 4. März 1918 übertrug namens der Beklagten deren einer Geschäftsführer G. dem Kläger vom Tage der Eintragung der Beklagten in das Handelsregister ab, die am 7. Februar 1918 erfolgt ist, auf die Dauer ihres Gesellschaftsvertrags die Revision ihres „Kassabuchs, bzw. der reinen Kasse, desgleichen die Führung des Geheimjournals und Geheimhauptbuchs inkl. Eröffnungs- und Abschlußbilanzen, Gewinn- und Verlustrechnung" gegen eine vierteljährlich zahlbare Jahresvergütung von 500 *M* und eine Vergütung von 100 *M* für die jeweiligen Eröffnungs- und Abschlußbilanzen; Arbeitszeit und Arbeitsort zu wählen, wurde dem Kläger ausdrücklich überlassen. Dieser behauptet, sofort am 4. März 1918 seine Tätigkeit begonnen zu haben, und hat, nachdem die Beklagte die Zahlung der Vergütung abgelehnt und am 5. August 1918 brieflich erklärt hat, sie erkenne den Vertrag nicht an, Klage erhoben auf

Zahlung der vereinbarten Vergütung und auf Ersatz von Auslagen für Geschäftsbücher, sowie auf Feststellung, daß die Beklagte an die Vereinbarung vom 4. März 1918 gebunden sei.

Das Landgericht hat die Klage abgewiesen, das Kammergericht hat dagegen den Anträgen des Klägers gemäß erkannt. Die Revision der Beklagten wurde zurückgewiesen.

Gründe:

Die Beklagte bestreitet zunächst die Wirksamkeit des Vertrags vom 4. März 1918, weil er nur von einem ihrer Geschäftsführer abgeschlossen sei, während sie nach § 35 Abs. 2 GmbHG. und dem Gesellschaftsvertrage nur durch ihre beiden Geschäftsführer als Gesamtvertreter verpflichtet werde. Das Berufungsgericht nimmt dagegen an, daß der Vertrag nachträglich die Genehmigung des anderen Geschäftsführers gefunden habe und dadurch rechtswirksam geworden sei. Es geht also davon aus, daß in den Fällen der Gesamtvertretung durch zwei Vertreter die Vertragserklärung des einen durch die Genehmigung des anderen Wirksamkeit erlangt. Das entspricht dem Urteile des II. Zivilsenats RGZ. Bd. 81 S. 325, und zwar genügt nach diesem eine formlose, auch nur stillschweigende Genehmigungserklärung des anderen Gesamtvertreters gegenüber dem handelnden Vertreter, sofern dieser mit der Zustimmung des anderen einverstanden ist. Der erkennende Senat hat sich zwar nicht in der von dem II. Zivilsenate a. a. O. angeführten Entscheidung vom 6. Dezember 1912 III 343/12 auf denselben Standpunkt gestellt (vgl. darüber Fuchs, JW. 1913 S. 561), wohl aber sich in einem Urteile vom 23. Oktober 1917 III 181/17 dem II. Zivilsenat angeschlossen, und hält auch trotz der in der Rechtslehre vertretenen abweichenden Meinungen an dieser, von der Revision übrigens nicht bekämpften Auffassung fest.

Die Revision wendet sich gegen die Feststellung, daß im vorliegenden Falle eine Genehmigung des zweiten Geschäftsführers vorliege. Der Berufungsrichter folgert diese daraus, daß der Kläger sich alsbald nach dem Vertragsschlusse die geschäftlichen Unterlagen für die von ihm herzustellenden Arbeiten habe aushändigen lassen und dadurch der Beklagten gegenüber Schritte unternommen habe, die erkennen ließen, daß er die Wirksamkeit des Vertrags annehme, und die dem anderen Geschäftsführer bekannt geworden sein müßten, und ferner aus der Tatsache, daß die Beklagte es bis zum 20. Dezember 1919 unterlassen habe, diesen angeblichen Mangel des Vertragsschlusses geltend zu machen. Darin ist kein Rechtsirrtum zu finden. Daß dem anderen Geschäftsführer auch der vollständige Inhalt des Vertrags vom 4. März 1918, insbesondere die Bindung der Beklagten für die ganze Dauer ihres Gesellschaftsvertrags bekannt gewesen sei, bildet keine Voraussetzung der Wirksamkeit seiner Genehmigung. Wie er bei einer

Bevollmächtigung dem Mitgeschäftsführer die Einzelheiten des abzuschließenden Vertrags vertrauensvoll überlassen kann, so kann er auch einen von diesem bereits geschlossenen Vertrag genehmigen, ohne sich um dessen genauen Inhalt zu kümmern. Seine Sache ist es, den näheren Inhalt des Vertrags, dessen Abschluß zu seiner Kenntnis gelangt ist, festzustellen, ehe er durch sein Verhalten sein Einverständnis mit ihm zu erkennen gibt. Dem Vertragsgegner gegenüber wirkt seine Genehmigung, von einer etwaigen Anfechtung abgesehen, auch wenn er sich über den Inhalt des Vertrags geirrt haben sollte. Der Vorderrichter hat auch ohne Rechtsirrtum das späte Geltendmachen dieses Unwirksamkeitsgrundes verwertet. In ihrem Schreiben vom 5. August 1918, worauf die Revision dem gegenüber verweist, hat die Beklagte nur erklärt, sie erkenne den Vertrag nicht an, ohne sich auf die Notwendigkeit der Gesamtvertretung zu berufen, und daß sie dabei an diese nicht gedacht hat, ergibt sich daraus, daß sie auch in dem vorliegenden Rechtsstreite diesen Einwand zunächst nicht erhoben hat. Die Kenntnis der Beklagten endlich von der Notwendigkeit des Zusammenhandelns der beiden Geschäftsführer konnte das Berufungsgericht angesichts der aus dem Handelsregisterauszug ersichtlichen ausdrücklichen Bestimmung des Gesellschaftsvertrags ohne weiteres annehmen. . .

---

98. 1. Kann eine Beschaffenheitsangabe nach § 13 WZG. auch durch ein Bild gemacht werden?

2. Genügt der Hinweis auf die Ersatzeigenschaft oder Herkunft aus einer bestimmten Betriebsart zur Beschaffenheitsangabe?

3. Kann trotz Verwendung desselben Motivs eines Warenzeichens in einem anderen Warenzeichen die Verwechselungsgefahr ausgeschlossen sein?

II. Zivilsenat. Urt. v. 18. Februar 1921 i. S. H. (Kl.) w. S. (Bekl.).
II 302/20.

I. Landgericht Heilbronn. — II. Oberlandesgericht Stuttgart.

Für die Klägerin sind für Kaffee, Kaffee-Ersatzmittel, Malzkaffee und ähnliche Waren unter Nr. 206565, 208353, 208504, 216509, 216513, 216514, 220222, 226991 (erstere seit 1915, letzteres am 24. Dezember 1918 angemeldet) Warenzeichen eingetragen, die das Bild einer eigenartig stilisierten aufrechtstehenden Ähre, zum Teil in eckiger oder — nach Eintragung des Warenzeichens der Beklagten — in runder Umrahmung, darstellen.

Für die Beklagte sind für dieselben Waren unter Nr. 222368 und 222673 (angemeldet im Januar 1918) Warenzeichen eingetragen, die ein fettes deutsches S darstellen, in dem sich das Bild einer gleichfalls aufrecht stehenden, anders stilisierten Ähre befindet.

Die Klägerin verlangt von der Beklagten mit der Klage: 1. in die Löschung der Warenzeichen Nr. 222368 und 222673 zu willigen; 2. die Verwendung der Darstellung einer Gerstenähre mit Umrahmung für die Bezeichnung von Kaffee-Ersatzmitteln und ähnlichen Waren zu unterlassen. Sie will durch die Zeicheneintragungen einen Motivschutz für die Darstellung der Gerstenähre in einer Einrahmung erlangt haben. Die Warenzeichen der Beklagten seien mit den ihren verwechselbar. Die Beklagte hat sich dagegen darauf berufen, daß die Gerstenähre für die in Betracht kommenden Waren (Kaffee und Kaffee-Ersatz) schon viele Jahre vor der ersten Anmeldung der Klägerin im freien Verkehr von der Industrie allgemein benutzt worden sei und eine Beschaffenheitsangabe bilde.

Beide Vorinstanzen wiesen die Klage ab. Die Revision hatte keinen Erfolg.

Gründe:

Das Berufungsgericht nimmt für erwiesen an, daß das Bild einer Ähre als Kennzeichen und Ausschmückung für Kaffee-Ersatzmittel im Verkehre seit längerer Zeit ziemlich allgemein im Gebrauch ist und daß es bei diesen Waren nicht als Unterscheidungsmerkmal im Sinne von § 1 WZG. dient, sondern als verkehrsüblicher Hinweis auf die Art der Ware und deren Beschaffenheit. Am Gebrauch dieses Bildes der Ähre sei die Beklagte sonach schon nach § 13 WZG. nicht gehindert, abgesehen davon, daß auf dieses allein sich der erlangte Zeichenschutz der Klägerin nicht beziehe. Sodann verneint das Berufungsgericht die Verwechselungsgefahr der Zeichen der Beklagten mit denen der Klägerin nach § 20, weil der Gesamteindruck beider Zeichen im Erinnerungsbild bei dem in Betracht kommenden Publikum verschieden sei, und es begründet dies damit, daß als besonders charakteristisches Merkmal im Zeichen der Beklagten nicht die Ähre, sondern das dicke S hervortrete.

Die Revision bemängelt zunächst die Feststellung, daß die Ähre seit langer Zeit „als Kennzeichen“ für Kaffee-Ersatzmittel in Gebrauch gewesen sei. Daß sie zur Ausschmückung verwendet worden sei, reiche noch nicht aus; daß sie Warenbezeichnung schon vor den Warenzeicheneintragungen der Klägerin geworden, sei nicht festgestellt. Übrigens übersehe das Berufungsgericht auch, daß das klägerische Warenzeichen außer für Gerstenkaffee auch für Zichorienkaffee, Kornkaffee, Kaffee-Essenz, Feigenkaffee, Eichelkaffee eingetragen sei. Zu diesen Waren aber habe die Gerstenähre überhaupt keine Beziehung. Endlich könne eine bildliche Darstellung auch keine Beschaffenheitsangabe nach § 13 WZG.

sein Wolle das Berufungsgericht die Ähre für ein sog. „schwaches Zeichen" erklären, so fehle es ebenfalls an den zureichenden Feststellungen. Die Gerstenähre mit einer Umrahmung schlechthin bilde den Schutzinhalt der klägerischen Zeichen und diesen Gesamteindruck habe man auch beim Zeichen der Beklagten.

Die Revision konnte keinen Erfolg haben.

Die Klägerin macht zwei verschiedene Ansprüche geltend.

1. Sie verlangt ganz allgemein, daß sich die Beklagte künftig der Benutzung „einer Gerstenähre mit Umrahmung" enthalte, und gründet ihren Anspruch darauf, daß der Schutzbereich ihres Warenzeichens schlechthin das Motiv umfasse, das in irgendeiner Darstellung einer Gerstenähre in jeder Art von Umrahmung bestehe. Dem Antrag ist, soweit er als Leistungsanspruch auftritt, der Erfolg schon um deswillen zu versagen, weil, wie später noch auszuführen sein wird, die Beklagte bisher überhaupt keine Gerstenähre in einer Umrahmung als Warenbezeichnung verwendet hat. Ob er als Feststellungsanspruch an sich zulässig wäre, kann unerörtert bleiben, weil das Berufungsgericht aus zutreffenden Gründen diesen weiten, von der Klägerin in Anspruch genommenen Schutzumfang überhaupt verneint hat. Es stellt auf Grund der Erklärungen des Patentamts und der vorgelegten Packungen fest, daß die Gerstenähre „seit langer Zeit" — d. h. nach dem Zusammenhange schon vor der Eintragung der Warenzeichen der Klägerin — als Kennzeichen und Ausschmückung für Kaffee-Ersatzmittel ziemlich allgemein im Gebrauch ist. Damit ist die Natur als Freizeichen ausreichend dargetan. Daß das Bild der Ähre als Warenzeichen verwendet worden ist, ist selbstverständlich nicht erforderlich. Wenn das Berufungsgericht von „Kennzeichen" für Kaffee-Ersatzmittel spricht, so ist damit nicht ein Merkmal für die Herkunft der Ware aus einem bestimmten Betrieb, sondern ein Hinweis auf die Art der Ware zu verstehen. Ein Hinweis auf eine bestimmte Herkunftstätte ist, wenn das Bild einer Ähre im allgemeinen Gebrauch ist, schon begrifflich ausgeschlossen. Das Berufungsgericht hält aber weiter auch ohne Rechtsirrtum das Bild einer Ähre zugleich für eine Beschaffenheitsangabe, indem es feststellt, daß es nicht als Unterscheidungsmerkmal im Sinne des § 1 WZG., sondern als verkehrsüblicher Hinweis auf die Art der Ware und der Beschaffenheit diene. Dieser Auffassung steht nicht entgegen, daß es sich nicht um ein beschreibendes Wort, sondern um ein Bild handelt. Auch durch ein Bild kann eine Angabe gemacht werden, die eine Beschaffenheit der Ware oder ihrer Erzeugungsstätte zum Inhalt hat und deshalb nach § 13 WZG. zulässig ist (vgl. Bl. f. PA. 1895 S. 234, 1900 S. 397). So wird in § 5 Abs. 2 UWG. die bildliche Darstellung ausdrücklich der wörtlichen Angabe gleichgestellt. Wenn die Revision die Natur einer Beschaffenheitsangabe dem Gerstenähren-

bild um deswillen absprechen will, weil es im Verkehr und von der Klägerin auch für Kaffee-Ersatzmittel verwendet werde, die nicht aus Gerste hergestellt sind, so geht dieser Einwand fehl. Indem das Bild einer Gerstenähre zunächst auf die besondere Art des Kaffee-Ersatzes hinwies, der aus Gerste bereitet wird, wurde es dann zur Bezeichnung von Kaffee-Ersatz überhaupt und auch auf solchen Ersatz übertragen, der nicht aus Gerste hergestellt war. Es folgte damit nur einem Entwicklungsgang der Sprache, die auch dort von „Kaffee" spricht, wo kein Erzeugnis der Kaffeebohne vorliegt. Der Hinweis auf ähnliche Ersatzgegenstände nimmt der Bezeichnung nicht die Natur einer Beschaffenheitsangabe, wenn mit ihr eben diese Ersatzeigenschaft gekennzeichnet werden soll. Nicht anders liegt es, wenn die Angabe zunächst auf die Art des Betriebs hinweist, aus dem die Ware stammt, und aus diesem Grunde zu ihrer Kennzeichnung verwendet wird. Bei der Klägerin aber besteht der bei der Warenzeichenanmeldung angegebene Betrieb im Vertrieb von Mühlenfabrikaten. Es genügt, daß ein wesentliches Fabrikat oder ein Rohstoff eines Betriebs herausgehoben wird. Sofern mit diesem das Bildzeichen in beschreibender Beziehung steht, kommt ihm überhaupt die Natur einer Beschaffenheitsangabe zu, und es behält diese auch, wenn es zum Symbol des ganzen Betriebs, also auch soweit es sich auf andere Gegenstände erstreckt, erhoben wird. Es erlangt damit noch nicht die Fähigkeit, auf einen bestimmten einzelnen Betrieb hinzuweisen, also ein Warenzeichen zu sein, sondern es weist immer nur allgemein auf die Art des Betriebs hin, aus dem die Ware herrührt, ist also nach dieser Richtung noch durchaus Beschaffenheitsangabe. So findet sich das Hufeisen als Hinweis auf die Betriebsstätte einer Schmiede, das Barbierbecken als Hinweis auf die Betriebsstätte eines Barbiers, und ihre Verwendung für alle Arten von Waren aus diesem Betrieb ist immer nur ein Hinweis auf die Art des Betriebs, nicht auf einen bestimmten Betrieb. Von diesen Erwägungen aus ist es aber gerechtfertigt, den Schutzumfang des Warenzeichens der Klägerin enger zu ziehen, als diese tut, und als geschütztes Element in ihm nicht schlechthin das Bild irgendeiner Gerstenähre oder auch einer aufrechtstehenden Gerstenähre zu erblicken, sondern das Bild der besonders charakteristisch stilisierten Gerstenähre, wie sie das Warenzeichen der Klägerin aufweist. Denn nur dieses, nicht das Bild einer Ähre im allgemeinen hat hiernach die Kraft, eine besondere und bestimmte Herkunftstätte zu kennzeichnen (vgl. auch Urt. des IV. Strafsenats vom 9. Oktober 1914 IV 481/14).

2. Weiter verlangt die Klägerin Löschung der Warenzeichen der Beklagten nach § 20 WZG. Das Berufungsgericht stellt jedoch einwandfrei fest, daß die Warenzeichen der Parteien nicht verwechselbar sind. Diese in der Hauptsache auf tatsächlichen Erwägungen beruhende

Annahme läßt keinen Rechtsirrtum erkennen. Das Berufungsgericht geht richtig davon aus, was die Revision zu Unrecht bestreitet, daß der Gesamteindruck, wie er in der Erinnerung an die Betrachtung der verschiedenen Zeichen haften bleibt, entscheidet. Wenn es diesen bei den Warenzeichen der Klägerin durch die charakteristisch stilisierte aufrechtstehende Gerstenähre mit einem sichelförmig über sie gelegten Blütenblatt, bei den Warenzeichen der Beklagten durch das dicke, eigenartig geformte S beherrscht sieht, so ist das nicht zu beanstanden. Was die Revision hiergegen ausführt, bewegt sich auf tatsächlichem Gebiet. In der Feststellung, daß das S das beherrschende Element im Warenzeichen der Beklagten sei, liegt zugleich auch enthalten, daß es überhaupt nicht als bloße Umrahmung einer Ähre aufgefaßt wird, wie solche im Warenzeichen der Klägerin erscheint, sondern als das Wesentliche des ganzen Zeichens und die in ihm eingeschlossene Gerstenähre nur als Zutat und jedenfalls als zurücktretendes Element. Im übrigen ist den Angriffen der Revision gegenüber noch darauf hinzuweisen, daß, selbst wenn der Klägerin das bloße Motiv der umrahmten aufrechtstehenden Gerstenähre in irgendwelcher Form geschützt wäre — was nach dem oben Ausgeführten jedoch nicht der Fall ist —, die Verwendung dieses Motivs im Zeichen der Beklagten immerhin mit den übrigen Elementen des Warenzeichens der Beklagten zu einem anderen Motiv verschmolzen wäre, nämlich der Darstellung der Ähre innerhalb eines großen Buchstabens, hier des S, und jedenfalls in einer Art und Weise Verwendung gefunden hätte, die nach den tatsächlichen Feststellungen jede Verwechselung ausschließt. Wie sehr das große, fettgedruckte S im Warenzeichen der Beklagten nicht als bloße Umrahmung der Ähre, sondern als Buchstabe erscheint, und als solcher ein genügend unterscheidendes Merkmal gegenüber den klägerischen Zeichen bildet, ergibt übrigens noch der Umstand, daß dieser Buchstabe des Warenzeichens gleichzeitig als Anfangsbuchstabe der Warenankündigung: „S.s Gerstenkaffee" benutzt wird. Auch die Art der Benutzung eines Warenzeichens im Verkehr ist für die Frage der Verwechselbarkeit nach § 20 WZG. von Bedeutung. Dann aber ist die Eigenschaft des S als Buchstabe im Gegensatze zur bloßen Umrahmung wie im Zeichen der Klägerin noch besonders betont.

---

99. Zur Haftung des Lagerhalters für Diebstähle, die sein Lagermeister außerhalb der Dienststunden an eingelagerten Sachen begeht.

I. Zivilsenat. Urt. v. 19. Februar 1921 i. S. H. W. & Co. (Bekl.) w. K. (Kl.). I 282/20.

I. Landgericht Hamburg. — II. Oberlandesgericht daselbst.

Laut Lagerschein vom 18. Oktober 1915 sind von P. die dort verzeichneten Sachen des Klägers der Beklagten zur Aufbewahrung übergeben worden. Im Mai 1919 stellte sich heraus, daß von den eingelagerten Sachen zwei Klubsessel, ein Piano, zwei Teppiche, ein Gasofen und ein Kinderwagen fehlten. Der Einlagerer P. hat seine Ersatzansprüche an den Kläger abgetreten. Dieser hat auf Wertersatz geklagt. Die Beklagte hat ihre Ersatzpflicht bestritten, weil die Sachen von ihrem damaligen Lagermeister außerhalb der Dienststunden gestohlen seien, für dessen Handlungen sie mangels eigenen Verschuldens gemäß § 831 BGB. nicht einzustehen habe.

Das Landgericht gab der Klage statt. Das Oberlandesgericht erklärte den Klaganspruch im wesentlichen dem Grunde nach für berechtigt. Die Revision hatte keinen Erfolg.

Gründe:

Die Beklagte hat auf Grund des Verwahrungsvertrags vom 18. Oktober 1915 die Aufbewahrung der streitigen Sachen übernommen und ist gemäß §§ 417, 390 HGB. an sich für den Verlust verantwortlich. Ihre Vertragspflicht bestand u. a. darin, daß sie mit der Sorgfalt eines ordentlichen Lagerhalters für die Erhaltung der Sachen, insbesondere auch dafür Sorge trug, daß diese nicht widerrechtlich fortgenommen, z. B. gestohlen wurden. Würde sich ein Inhaber der Beklagten an den Sachen vergriffen, sie etwa für sich oder einen anderen entwendet haben, so würde dies nicht nur eine Benutzung des Verwahrungsverhältnisses zur Begehung einer damit in keinem inneren Zusammenhang stehenden unerlaubten Handlung bedeuten, sondern der betreffende Inhaber der Beklagten würde mit der Begehung dieser Tat zugleich — wie das rechtlich durchaus möglich ist — die zivilrechtliche Vertragspflicht der Beklagten verletzt haben, die darin bestand, die Sachen vor jedem Zugriff von der Art zu schützen, wie einen solchen ihr eigener Inhaber alsdann ausgeführt hätte. Und zwar würde solches anzunehmen sein, einerlei ob die Tat während oder außerhalb der üblichen Geschäftszeit begangen wurde.

Die danach der Beklagten obliegende Verwahrungspflicht konnte sie nach Art und Umfang ihres Geschäftsbetriebs nicht allein ausführen, sondern mußte sie im wesentlichen durch ihre damit beauftragten Erfüllungsgehilfen ausführen lassen. Dazu gehört in erster Linie der Lagermeister, dessen Dienstleistungen vornehmlich darin bestanden, die vertraglich der Beklagten obliegende Obhutspflicht am Aufbewahrungsort der Sachen, dem von ihm verwalteten Lager, zu betätigen. Dies geht u. a. auch aus den dem Lagerschein angefügten „Übernahmebedingungen" hervor, wo vorgeschrieben ist, daß bei Besichtigungen und Entnahme einzelner Lagersachen seitens eines Einlagerers eine entsprechende Anmeldung bei der Beklagten am Tage vorher erforderlich sei, „damit der Lagermeister anwesend ist". Hieran wird dadurch, daß angeblich die Beklagte über die Bewachung des Lagers einen Vertrag mit der Wach- und Schließgesellschaft abgeschlossen hatte, nichts geändert. Denn die Beklagte wurde am Lager in allen hier in Betracht kommenden Obliegenheiten grundsätzlich und in erster Linie vom Lagermeister vertreten, derart daß Dritte, wie z. B. die Wach- und Schließgesellschaft, nur unterstützend bei Durchführung einzelner Obliegenheiten mitwirkten. Es liegt in der Natur der Sache, daß der Lagermeister seine Aufgabe, die Obhutspflicht der Beklagten für diese auszuüben, nicht ständig betätigen konnte, sondern dies regelmäßig nur innerhalb seiner Dienststunden tat. Das ändert aber nichts daran, daß er, solange er als Lagermeister im Dienste der Beklagten stand, auch dann, wenn er außerhalb seiner eigentlichen Dienstzeit das Lager betrat, die Obhutspflicht der Beklagten zu gewährleisten hatte, und daß er anderenfalls seine Dienstpflicht der Beklagten gegenüber als deren Erfüllungsgehilfe verletzte. Bot ihm doch gerade seine dienstliche Stellung als Lagermeister bei der Beklagten in besonderem Maße die Mittel, in und außer seiner Dienstzeit die Lagerräume zu betreten und die Sachen fortzuschaffen, wie z. B. den Zugang zu den Lagerschlüsseln, die Kenntnis der Gelegenheit zu einem ungefährdeten Wegholen der Sachen, die Kenntnis der örtlichen Verhältnisse, die Unverdächtigkeit seines Tuns beim Hinzukommen Dritter usw. Demgemäß bestand die Betätigung der vertraglichen Obhutspflicht der Beklagten durch ihren Lagermeister nicht zum wenigsten darin, daß die fraglichen Sachen während ihrer Einlagerung vor unbefugter Wegnahme geschützt wurden, und dieser Schutz wurde in besonders vertragswidriger Weise verabsäumt, wenn der Lagermeister selbst unter Verletzung seines Dienst- und Treueverhältnisses zur Beklagten die Sachen in eigensüchtigem Interesse entwendete. Somit bedeutet die nach den Feststellungen des Berufungsgerichts durch den Lagermeister erfolgte Entwendung der Sachen einen Verstoß gegen die nach dem Verwahrungsvertrage der Beklagten obliegende und für sie seitens des Lagermeisters kraft seines Dienstverhältnisses zu betätigende Obhutspflicht, so daß die Beklagte für dieses von ihrem Erfüllungsgehilfen in Ausübung seiner Dienstobliegenheiten begangene Verschulden gemäß § 278 BGB. einzustehen hat (vgl. auch RGZ. Bd. 63 S. 117; Düringer-Hachenburg, HGB. Bd. 3 S. 766 Anm. 5). . . .

---

100. Ist die Revision ohne Rücksicht auf den Wert des Beschwerdegegenstandes zulässig, wenn auf Schadensersatz wegen Amtspflichtverletzung der Hinterlegungsbeamten geklagt, später auch die schuld-

rechtliche Haftung aus dem Hinterlegungsverhältnis geltend gemacht war, und der Berufungsrichter sein Urteil nur auf die letzterwähnte Haftung gegründet hat?

VII. Zivilsenat. Urt. v. 22. Februar 1921 i. S. preuß. Staat (Bekl.) w. K. u. Pr. (Kl.). VII 340/20.

I. Landgericht I Berlin. — II. Kammergericht daselbst.

Für einen im Jahre 1866 nach Südamerika ausgewanderten Wilhelm Heinrich Pr., dessen Aufenthalt unbekannt war, wurde infolge seiner Erbeinsetzung in einem gemeinschaftlichen Testamente der Eheleute Friedrich Wilhelm und Friederike Pr. vom 13. Juni 1864 nach deren in den Jahren 1884 und 1886 eingetretenem Tode der Miterbe Emil Pr zum Abwesenheitsvormund bestellt. Dieser erhielt aus der Nachlaßmasse 6000 *M* und nach dem Verkaufe des Erbanteils seines Mündels von der klagenden Firma, deren Inhaber ebenfalls zu den Miterben zählte, noch 10000 *M*. Er schaffte 14000 *M* $3^1/_2$% deutsche Reichsanleihe an und legte sie bei der Reichsbank nieder, geriet dann aber in Konkurs und in den Verdacht der Unterschlagung. Auch stellte sich heraus, daß der bevormundete Abwesende bereits im Jahre 1874, also vor den Erblassern, in Brasilien verstorben war. Die Reichsbank hinterlegte darauf das Depot bei der Ministerial-, Militär- und Baukommision in Berlin. Diese gab, nachdem die Klägerin den Erbschaftskauf angefochten hatte, auf Grund des rechtskräftigen Urteils des Landgerichts Elberfeld vom 13. März 1896 aus der Hinterlegungsmasse 10000 *M* Reichsanleihe und 713,71 *M* Spesen der Klägerin heraus. Der Rest der Hinterlegungsmasse ging 1915 auf die Hinterlegungsstelle des Amtsgerichts Berlin-Mitte über. Die Erbin des abwesenden Wilhelm Heinrich Pr. trat am 29. Dezember 1915 die Ansprüche, die sie auf den Rest der Hinterlegungsmasse geltend machte, einem Kaufmann Julius W. ab. Ansprüche auf die Masse erhob aber auch die Klägerin, die neben den Anteilen ihres Inhabers auch noch sonstige Erbanteile, nach ihrer Behauptung sämtliche Erbanteile nach Friedrich Wilhelm und Friederike Pr., erworben hatte. Der Auszahlungsantrag des Kaufmanns W. wurde von der Hinterlegungsstelle und dem Amtsgerichtspräsidenten zurückgewiesen; zufolge der Beschwerdeverfügungen des preuß. Justizministers vom 18. August und 22. Oktober 1916 wurde jedoch diese Barmasse von 3499,75 *M* am 1. November 1916 an W. ausgezahlt. Gegen diesen klagte nun die jetzige Klägerin und erstritt am 21. April 1917 ein rechtskräftiges Urteil, das W. zur Einwilligung in die Aushändigung der Wertpapiere und zur Rückzahlung der Barmasse an die Klägerin verurteilte. Die Wertpapiere wurden von der Hinterlegungsstelle der Klägerin ausgehändigt, die gegen W. vorgenommene Zwangsvollstreckung wegen der Barmasse fiel aber fruchtlos aus.

In betreff dieser Barmasse machte die Klägerin den Beamten des preußischen Justizministeriums schuldhafte Amtspflichtverletzung zum Vorwurf und erhob im April 1918 auf Grund des Gesetzes vom 1. August 1909 gegen den preußischen Staat die jetzt vorliegende Klage auf Ersatz von 3499,75 *M* nebst 4% Zinsen seit dem 2. November 1916. Der Beklagte bestritt das Vorhandensein eines Verschuldens und der sonstigen Voraussetzungen des § 839 BGB. Das Landgericht gab aber der Klage statt und verurteilte den Beklagten nach dem Klagantrage Zug um Zug gegen Abtretung der klägerischen Ansprüche an Julius W. Es führte aus, der Beklagte hafte im Rechtswege auch ohne Verschulden aus dem Hinterlegungsverhältnis, weil die Klägerin als Beteiligte anzusehen gewesen und an einen Unberechtigten gezahlt worden sei. Es lägen aber auch Verschulden und die sonstigen Voraussetzungen des § 839 BGB. vor.

Auf die Berufung des Beklagten hat das Kammergericht die Verurteilung des Beklagten nur in Höhe von 1367,09 *M* nebst 4% Zinsen seit dem 2. November 1916, Zug um Zug gegen Abtretung der klägerischen Ansprüche in dieser Höhe, aufrecht erhalten, im übrigen die Klage abgewiesen. Es erachtete den Nachweis des Erwerbs der Erbanteile nach den Pr.schen Eheleuten seitens der Klägerin nur in Höhe von 25/64 der Erbschaft für geführt und demnach auch den Klaganspruch nur in dieser Höhe für berechtigt.

Die Revision des Beklagten wurde als unzulässig verworfen.

Gründe:

Der Streitgegenstand beträgt in der Revisionsinstanz nur 1367,09 *M*, erreicht also nicht die Revisionssumme des § 546 ZPO. Zur Stütze der Revision ist die Vorschrift des § 547 Nr. 2 ZPO. herangezogen worden, wonach für Rechtsstreitigkeiten, die ohne Rücksicht auf den Wert des Streitgegenstandes der ausschließlichen Zuständigkeit des Landgerichts unterliegen, auch das Erfordernis der Revisionssumme wegfällt. Eine solche Rechtsstreitigkeit würde vorliegen, wenn es sich noch, wie in der Klage, um einen Anspruch aus § 839 BGB. und dem Gesetze vom 1. August 1909 handelte (§ 70 Abs. 3 GVG., § 39 Nr. 2 preuß. AusfG.). Dieser Klagegrund ist aber schon im landgerichtlichen Urteile ganz in den Hintergrund getreten und im Berufungsurteil überhaupt nicht herangezogen worden, sonach nicht in die Revisionsinstanz gediehen. Wenn die Revision zur Begründung ihrer gegenteiligen Meinung auf das Urteil des III. Zivilsenats in RGZ. Bd. 95 S. 214 Bezug genommen hat, das übrigens von einem andern, eine Hinterlegungssache betreffenden Urteil desselben Senats in JW. 1910 S. 830 Nr. 63 abweicht, so hat sie übersehen, daß in dem von ihr angezogenen Falle beide Klagegründe, die Amtspflicht- und die Vertragsverletzung des Notars, in die Revisionsinstanz gediehen waren und somit für die einheitliche Entscheidung des Reichsgerichts eine Grundlage geschaffen war, an der es hier fehlt. Es ist nicht richtig, daß das, was in den Vorinstanzen vorgegangen ist, auch für die Revisionsinstanz und für die Prüfung der Zulässigkeit der Revision maßgebend ist (vgl. RGZ. Bd. 17 S. 384, Bd. 18 S. 169, Bd. 46 S. 340). In Betracht kommt vielmehr lediglich die in die Revisionsinstanz gelangte Haftung aus dem privatrechtlichen Hinterlegungsverhältnis (§ 8 der Hinterlegungsordnung vom 14. März 1879, § 6 der vom 21. April 1913, RGZ. Bd. 11 S. 320, Bd. 18 S. 285), wobei ein Vorrecht für die Staatskasse nicht besteht, auch wenn einem sie verpflichtenden Beamten ein Verschulden zur Last fällt (vgl. RGZ. Bd. 18 S. 169, Bd. 29 S. 421, Bd. 40 S. 399, Bd. 42 S. 415, Bd. 46 S. 340). Dieser Anspruch ist nicht, wie die Revision auszuführen versucht hat, derselbe Anspruch wie der aus § 839 BGB. und dem Gesetze vom 1. August 1909 hergeleitete Schadensersatzanspruch, denn ein Schaden ist der Klägerin beim Weiterbestehen des Anspruchs aus dem Hinterlegungsverhältnis überhaupt nicht entstanden.

---

101. Sind Gemeinden verpflichtet, unverkäuflich gebliebene rationierte Lebensmittel von den Händlern zurückzunehmen?

III. Zivilsenat. Urt. v. 23. Februar 1921 i. S. Großeinkaufsvereinigung K. S. u. Gen. (Kl.) w. Stadtgemeinde F. (Bekl.). III 365/20.

I. Landgericht Frankfurt a. M. — II. Oberlandesgericht daselbst.

Die Kläger, die beide den Großhandel mit Kolonialwaren betreiben, wurden von der beklagten Stadtgemeinde zum Weitervertriebe rationierter Lebensmittel an die Kleinhändler (sog. städtische Abgabestellen) zugelassen. Als gewisse Dörrgemüse (Karotten und Weißkohl) wenig Absatz fanden, und die Großhändler deren Rücknahme verlangten, erklärte sich die Beklagte am 4. Mai 1919 bereit, die nicht abgesetzten Waren bis zum 12. Mai 1919 zurückzunehmen, wies aber die ihr von den Klägern erst am 13. dess. Mts. zurückgelieferten Waren zurück. Die Kläger verlangten die Rücknahme dieser Waren und Rückzahlung des darauf gezahlten Betrags. Ihre Klage wurde in allen Rechtszügen abgewiesen.

Gründe:

Das Berufungsgericht läßt die rechtliche Natur des zwischen den Parteien bestehenden Rechtsverhältnisses und seinen Einfluß auf das

Eigentum an den Waren dahingestellt und bestätigt die Abweisung der Klage, indem es ausführt: Das Vertragsverhältnis unterliege in allen seinen Teilen Treu und Glauben. Daher dürfe das in § 3 Abs. 2 der MagistratsVO. vom 11. September 1917 und in II 7 der Anweisung 2 des Lebensmittelamts vom 14. September 1917 der Beklagten vorbehaltene Recht der Verfügung über unverkäufliche Waren nicht dahin ausgelegt werden, daß die Beklagte auch berechtigt sein sollte, die Händler auf besonders widerwärtigen, fast gänzlich unabsetzbaren Waren einfach sitzen zu lassen. Dagegen habe die Beklagte mit der Gewährung einer angemessenen Frist zur Rücknahme, wie hier geschehen, den Anforderungen von Treu und Glauben genügt. Es sei Sache der Kläger gewesen, für die Einhaltung der Frist zu sorgen. In diesen Ausführungen liegt eine Auslegung der erwähnten, auf die BVO. über die Errichtung von Preisprüfungsstellen und die Versorgungsregelung vom 25. September/4. November 1915 (RGBl. S. 607, 728) gestützten örtlichen Vorschriften, die dahin geht, daß der Beklagten bezüglich der übrigbleibenden Waren ein freies, nur durch das Gebot der Wahrung von Treu und Glauben beschränktes Verfügungsrecht zustehe. Da die fraglichen Vorschriften bei ihrem auf die Stadt F. beschränkten Anwendungsgebiete nicht revisibel sind, ist die Auslegung des Berufungsgerichts auch für das Revisionsgericht maßgebend. Legt man sie aber zugrunde, dann ist die angefochtene Entscheidung nicht zu beanstanden. Natürlich mußte die Beklagte in irgendeiner Weise über die nicht verkauften Waren verfügen. Sie konnte die Waren ohne Einschränkung zurücknehmen, ebenso aber die Rücknahme völlig ablehnen und die Waren den Händlern zur freien Veräußerung überlassen und folgeweise auch zur Rücknahme unter einer Bedingung oder Befristung sich erbieten. Von einer Rücknahmepflicht der Beklagten kann danach nur in dem Sinne die Rede sein, daß sie die Rücknahme nicht gegen Treu und Glauben ablehnen durfte. In der Ablehnung der Rücknahme nach Ablauf der dafür gesetzten Frist kann aber ein Verstoß gegen Treu und Glauben dann nicht gefunden werden, wenn, wie das Berufungsgericht hier festgestellt hat, die Frist angemessen und ausreichend war. Eine Anwendung des von der Revision erwähnten § 326 BGB. kommt nicht in Frage. Die Revision ist daher unbegründet.

---

102. Unter welchen Voraussetzungen ist § 1 Abs. 3 des Reichsgesetzes vom 22. Mai 1910 über die Haftung des Reichs für seine Beamten (RGBl. S. 798) anwendbar auf einen Soldaten, der seinen Militärrevolver im Quartierzimmer entladen und hierbei in-

folge unvorsichtiger Behandlung der Waffe den Quartiergeber verletzt hat?

VI. Zivilsenat. Urt. v. 24. Februar 1921 i. S. St. (Kl.) w. L. (Bekl.). VI 504/20.

I. Landgericht Arnsberg. — II. Oberlandesgericht Hamm.

Am 2. Dezember 1918 während des Rückzugs des Heeres war der Beklagte, damals als Soldat bei einem Abt.-Stab eines Feldartillerieregiments, bei dem Kläger einquartiert. In seinem Quartierzimmer hängte er seinen geladenen Militärtrommelrevolver an die Wand. Einer Aufforderung des Klägers, den Revolver zu entladen, folgend, nahm er die Waffe von der Wand und begann sie im Quartierzimmer im Beisein des Klägers und anderer Personen zu entladen. Hierbei ging ein Schuß los und traf den Kläger in das rechte Bein.

Der erste Richter erklärte den Schadensersatzanspruch dem Grunde nach für gerechtfertigt. Dagegen wies das Berufungsgericht die Klage ab, weil ihr § 1 des Reichsgesetzes vom 22. Mai 1910 über die Haftung des Reichs für seine Beamten entgegenstehe. Die Revision wurde zurückgewiesen.

Gründe:

Verletzt ein Reichsbeamter in Ausübung der ihm anvertrauten öffentlichen Gewalt vorsätzlich oder fahrlässig die ihm einem Dritten gegenüber obliegende Amtspflicht, so trifft die in § 839 BGB. bestimmte Verantwortlichkeit nach § 1 RBHaftG. an Stelle des Beamten das Reich.

Wie in der Rechtsprechung des Reichsgerichts grundsätzlich feststeht (vgl. RGZ. Bd. 91 S. 274 und die dort zusammengestellte Rechtsprechung, auch Bd. 94 S. 102, Warneyer 1919 Nr. 186, VI 165/20), umfaßt der Begriff der in § 1 des Ges. gedachten „öffentlichen Gewalt" nicht etwa nur die Ausübung obrigkeitlicher Gewalt, sondern jede Amtsausübung, die sich nicht als Wahrnehmung privatrechtlicher Interessen des Staates darstellt. Für die Haftung aus dieser letzteren gelten die §§ 31, 89 BGB.; dahin gehört die privatrechtlich geordnete Seite der staatlichen Verwaltungstätigkeit, zu der Haftung aus Gewaltausübung gehört alles übrige.

Entsprechendes gilt nach § 1 Abs. 3 RBHaftG. für die daselbst bezeichneten Personen des Soldatenstandes, dem der Beklagte zur Zeit des Unfalls angehörte. Bei diesem ist man nach dem allgemeinen Sprachgebrauch für die Regel weniger geneigt, von einem „Amte" als vom „Dienste" zu sprechen. Der Soldat befindet sich im Sinne des Gesetzes in „Amtsausübung", wenn er Dienst tut, im Dienste tätig ist. Für militärische Amtspflichtverletzungen der Personen des Soldatenstandes mit Ausnahme des bayerischen Kontingents haftet allein das Reich. Daß hier nicht die Haftung eines einzelnen Kontingentstaats in Frage kommt, wird von keiner Seite bezweifelt; im allgemeinen sei hierzu auf RGZ. Bd. 97 S. 265 hingewiesen.

Ohne Rechtsirrtum hat das Berufungsgericht festgestellt, daß der Beklagte seinen Revolver fahrlässig — infolge unvorsichtiger Behandlung der Waffe im Sinne des § 148 MStGB. — abgeschossen hat. Gegen diese Beurteilung ist auch kein Angriff erhoben. Es kann nicht bezweifelt werden, daß der Beklagte durch sein Verhalten die Fürsorgepflicht verletzt hat, die der mit Machtmitteln ausgerüsteten Amtsperson jedem unbeteiligten Dritten gegenüber dahin obliegt, daß dieser nicht von jenen grundlos und unbefugt getroffen wird. Es genügt, hierzu auf die grundsätzlichen Ausführungen der Entscheidung Bd. 91 S. 383, 384 in einem zu diesem Punkte gleichliegenden Falle zu verweisen.

Die Frage ist also weiter nur noch die, ob der Beklagte bei der schädigenden Handlung sich in Ausübung der öffentlichen Gewalt befunden hat. Dies ist jedenfalls dann zu bejahen, wenn er sich bei der Entladung des Revolvers im Quartierzimmer „im Dienste" befand, d. h. wenn zwischen dem schädigenden Verhalten und dem Dienste ein ursächlicher Zusammenhang von ausreichender Nähe besteht. Die Revision des Klägers bestreitet, daß dem so sei. Wie in dem in Bd. 91 S. 381 beurteilten Falle, so sei auch hier die schädigende Handlung nicht in Ausübung der dem Schädiger anvertrauten öffentlichen Gewalt, sondern nur bei Gelegenheit dieser Ausübung geschehen — womit also ein nur ferner ursächlicher Zusammenhang zwischen dem Unfall und dem Dienste bezeichnet werden soll. Ob diese Auffassung für jenen Fall zutrifft, wo der Täter nur unterhaltungsweise den anderen Gästen am Wirtstisch den Revolver vorführte, mag dahinstehen. In dem hier gegebenen Falle ist davon auszugehen, daß der Beklagte, als er den Revolver im Quartierzimmer entlud, eine Diensthandlung vornahm. Er hatte sich in das ihm zugewiesene Quartier — zum Kläger — begeben. Seine Dienstpflicht, die ihm anvertrauten Waffen zu versorgen, einschließlich der Pflicht, Dritte vor Schaden daraus zu bewahren, begleitete ihn in das Quartier, nicht anders, als sie ihn auch in der Kaserne auf seine ihm zur Unterkunft angewiesene Mannschaftsstube begleitet hätte. Unmittelbar bei der Versorgung der Waffe, wie sie durch die dienstlich gebotene Rücksichtnahme auf Dritte notwendig wurde, ist der Unfall geschehen. Der Fall liegt insoweit durchaus gleichartig dem von dem OLG. Dresden beurteilten Falle Seufferts Arch. Bd. 71 Nr. 252, wo das Gewehr eines Landsturmmannes losging, während dieser auf der Straße in der Diensthandlung des Gefangenentransports begriffen war.

Hieran ändert sich auch nichts, wenn der Beklagte die schädigende

Handlung in einer „freien Stunde" im Quartier vornahm, d. h. zu einer Zeit, wo er nicht durch sonstigen Dienst beansprucht war und im Quartiere sein konnte. ... Nach seiner Behauptung soll befohlen gewesen sein, daß der Rückzug mit geladener Waffe zu erfolgen habe; diese habe daher im Quartier entladen werden müssen. Der Kläger hat dies bestritten und dazu geltend gemacht, keinesfalls sei befohlen, die Waffe geladen mit ins Quartier zu nehmen. Beiderseits war für dieses Vorbringen Beweis angetreten. Die Revision bemängelt, daß diese Umstände nicht klargestellt worden seien. Das Berufungsgericht hat ausgeführt, sei befohlen gewesen, das Quartier mit geladener Waffe zu betreten, so habe der Beklagte gar nicht oder mindestens nicht in der Weise die Waffe entladen dürfen, wie es geschehen sei. Habe er das Quartier aber überhaupt nicht mit geladener Waffe betreten dürfen, so habe er gegen die ihm obliegende Fürsorgepflicht schon dadurch verstoßen, daß er die Waffe geladen mit in das Quartier nahm und dort aufhängte. In diesen Erwägungen tritt kein Rechtsirrtum zutage. Auch diese verschiedenen Möglichkeiten sind insgesamt unter dem Gesichtspunkte zu beurteilen, daß alles, was der Beklagte zur dienst- und befehlsgemäßen Versorgung seiner Waffe im Quartier oder mit Rücksicht auf dessen Beziehen tat, in der oben gekennzeichneten Weise im Dienste geschah und daß er bei seinem für den Unfall ursächlichen Verhalten in Vornahme einer Diensthandlung begriffen war.

Wie zu urteilen wäre, wenn der Beklagte etwa im Quartiere zu seiner oder der Anderen Unterhaltung die Waffe vorgeführt oder mit der Waffe zur Erholung im Wirtshause sitzend Schaden gestiftet hätte, kann auch hier (wie in Bd. 91 S. 385) dahingestellt bleiben. Für den hier gegebenen Fall genügt es, dem Berufungsgerichte darin beizutreten, daß der Beklagte unter den festgestellten Umständen sich im Dienste befand und eine Diensthandlung vornahm, als er die Waffe im Quartier entlud. Seine hierbei betätigte Unvorsichtigkeit ist gemäß § 1 des Gesetzes vom 22. Mai 1910 vom Reiche zu vertreten und die Klage deshalb mit Recht abgewiesen worden.

---

103. 1. Schließt ein unter § 1 des Reichstumultschadensgesetzes vom 12. Mai 1920 fallender Tatbestand die Geltendmachung von Schadensersatzansprüchen auf Grund des § 839 BGB. und der Landesgesetze über die Haftung des Staates für Amtspflichtverletzungen der Beamten aus?

2. Haftet der braunschweigische Staat nach dem Staatshaftungsgesetze vom 28. Juli 1910 für Amtspflichtverletzungen der Mitglieder der sog. Matrosendivision?

III. Zivilsenat. Urt. v. 25. Februar 1921 i. S. braunschweigischer Staat (Bekl.) w. M. (Kl.). III 379/20.

I. Landgericht Braunschweig. — II. Oberlandesgericht daselbst.

Der Kläger befand sich am 10. April 1919 auf einem Geschäftsgange auf dem Altewiekringe in Braunschweig, als plötzlich eine Menge Menschen, die Matrosenuniform trugen, aus der in der Nähe befindlichen Husarenkaserne herausstürzte und auf ein über dieser schwebendes Flugzeug der Reichswehr das Feuer eröffnete. Er wurde von einer Kugel am linken Oberschenkel getroffen. Er nimmt den braunschweigischen Staat wegen des ihm entstandenen Schadens in Anspruch. Die Klageforderung wurde vom Landgericht und vom Oberlandesgericht dem Grunde nach für berechtigt erklärt. Die Revision des Beklagten blieb erfolglos.

Gründe:

Die Revision rügt in erster Reihe die Nichtanwendung des Reichsgesetzes über die durch innere Unruhen verursachten Schäden vom 12. Mai 1920 und die Nichtbeachtung der auf die §§ 13 flg. daselbst gestützten Einrede der Unzulässigkeit des Rechtswegs. Nun legt sich allerdings dieses Gesetz (vgl. § 14 das.) hinsichtlich der bis zu seinem Inkrafttreten noch nicht rechtskräftig erledigten Aufruhrschäden, soweit es sich um solche an Leib und Leben handelt, rückwirkende Kraft bei. Es wäre also, wenn man unterstellt, daß der der Klage zugrunde liegende Vorgang den Tatbestand des § 1 a. a. O. erfüllt, für den Kläger an sich die rechtliche Möglichkeit gegeben gewesen, den in § 6 gewiesenen Weg zu beschreiten und einen Ersatzanspruch gegen das Reich bei dem von der Landeszentralbehörde errichteten zuständigen Ausschuß anzumelden. Ob ein solcher Schritt erfolgreich gewesen wäre oder nicht, kann dahin gestellt bleiben, denn der Kläger hat ihn nicht getan, und das führt zu der entscheidenden Frage, ob aus einem unter § 1 des Gesetzes vom 12. Mai 1920 fallenden Tatbestande mit anderer rechtlicher Begründung Ersatzansprüche auch gegen einen Bundesstaat oder eine andere öffentlichrechtliche Körperschaft hergeleitet und vor den ordentlichen Gerichten weiter verfolgt werden können. Das ist aber zu bejahen.

§ 11 des Entwurfs enthielt allerdings die Bestimmung, „daß wegen der im § 1 bezeichneten Schäden gegen das Reich, die Einzelstaaten und gegen eine andere gemäß § 10 an der Aufbringung der Mittel beteiligte öffentlichrechtliche Körperschaft von dem Inkrafttreten dieses Gesetzes ab Ansprüche auf Grund des bürgerlichen Rechtes, auf Grund der Gesetze über die Haftung öffentlichrechtlicher Körperschaften für Handlungen von Beamten und Militärpersonen sowie auf Grund besonderer Vorschriften über den Ersatz von Aufruhrschäden nicht geltend gemacht oder weiter verfolgt werden dürfen." Wäre der Paragraph in dieser Fassung Gesetz geworden, so hätte er eine einheitliche rechtliche Grundlage für alle noch nicht rechtskräftig entschiedenen Tumultschadensersatzansprüche geschaffen. Nun sind aber die Worte „auf Grund" bis „sowie" und „oder weiter verfolgt" bereits in der Kommission fallen gelassen, und § 11 ist schließlich in folgender Form Gesetz geworden: „Wegen der nach dem Inkrafttreten dieses Gesetzes verursachten Schäden können Ansprüche auf Grund der landesgesetzlichen Vorschriften über den Ersatz von Aufruhrschäden gegen Länder und Gemeinden nicht mehr geltend gemacht werden". Zugleich ist in Übereinstimmung hiermit in § 14 a. a. O. die gerichtliche Erhebung oder Weiterverfolgung von Ansprüchen aus den vor dem Inkrafttreten des Gesetzes entstandenen Personenschäden gegen Länder und Gemeinden nur für den Fall für unzulässig erklärt, daß sie sich auf bisherige landesgesetzliche Vorschriften über Tumultschäden stützen. Einen solchen Anspruch hat der Kläger aber nicht erhoben und konnte ihn nach der damaligen braunschweigischen Gesetzgebung, die in den §§ 203 flg. der Städteordnung vom 19. Juli 1892 und in den §§ 145 flg. der Landgemeindeordnung vom 18. Juni 1892 lediglich eine Haftung der Gemeinden für Aufruhrschäden an öffentlichem und privatem Eigentum, eine solche des Staates oder der Gemeinden für Schäden an Leib und Leben aber überhaupt nicht kannte, gegen den Beklagten auch nicht erheben. Trifft somit die den Rechtsweg ausschließende Vorschrift des § 14 ihrem klaren Wortlaute nach auf den vorliegenden Fall nicht zu, so folgt aus ihrer Entstehungsgeschichte aber auch weiter, daß der Gesetzgeber trotz der im Ausschusse geäußerten Bedenken die weitere Geltung anderweiter, auf besondere bürgerrechtliche Titel gestützter Ersatzansprüche neben solchen aus dem Reichsgesetze vom 12. Mai 1920 hat zulassen wollen. Es ist freilich nicht zu verkennen, daß dadurch einer der Hauptzwecke des Gesetzes, die kleinen und schwachen Verbände zu entlasten und den Umfang der Tumultschadensersatzansprüche mit Rücksicht auf die schlechte Vermögenslage des Reichs, der Länder und der Gemeinden einheitlich einzuschränken, nicht voll erreicht wird. Anderseits bildete aber gerade die enge und beschränkte Fassung des § 2 für den Gesetzgeber einen wesentlichen Anlaß zur Beseitigung der Bestimmungen, welche auch die Möglichkeit ausschließen wollten, höhere Ersatzansprüche auf Grund besonderer, von dem Tatbestande innerer Unruhen unabhängiger Rechtstitel vor den ordentlichen Gerichten durchzuführen (vgl. Drucks. der Nationalversammlung Nr. 2752 S. 3044). Abgesehen davon hob aber auch schon die Begründung zu § 11 des Entwurfs ausdrücklich hervor, daß Ansprüche gegen Täter und Anstifter unberührt bleiben sollten (vgl. Drucks. Nr. 634 S. 403). Hätte danach im gegebenen Falle ohne das braunschweigische Staatshaftungsgesetz vom 28. Juli 1910 der Täter auf Grund des § 839 BGB. in Anspruch genommen werden können und hat der braunschweigische Staat durch das genannte Gesetz hinsichtlich der Schadenshaftung sich an die Stelle des Täters gesetzt, so ergibt sich aus dem Gesagten zweifelsfrei, daß eine so begründete Staatshaftung nicht hat beseitigt werden sollen.

Die Frage aber, ob der Täter braunschweigischer Staatsbeamter war und als solcher die Verletzung des Klägers verursacht hat, ist lediglich nach braunschweigischem Staatsrechte zu beantworten. Das Oberlandesgericht sieht nun einerseits für erwiesen an, daß die braunschweigische Regierung sich der Matrosendivision zur Leistung staatlicher Dienste bedient und ihr öffentlichrechtliche Dienstfunktionen übertragen hat, und anderseits, daß ein Mitglied dieser Division bei Ausübung staatlicher Hoheitsrechte durch leichtsinniges Umgehen mit der Schußwaffe den Kläger verwundet und dadurch die ihm diesem gegenüber obliegende Amtspflicht des vorsichtigen Waffengebrauchs fahrlässig verletzt hat. Diese Feststellungen sind den Angriffen der Revision entzogen, da sie, soweit sie nicht tatsächlicher Natur sind, lediglich Schlußfolgerungen aus dem irrevisiblen braunschweigischen Beamtenrechte bilden.

Auch daraus ist dem Berufungsrichter kein Vorwurf zu machen, daß er dahin gestellt läßt, ob die Matrosendivision eine Polizei- oder eine Soldatentruppe gewesen sei. Mit Unrecht will die Revision daraus gefolgert wissen, daß er den allgemeinen Beamtenbegriff und weiter verkannt hat, daß Schädigungen Dritter durch schuldhafte Verletzung von Dienstpflichten, die Personen des Soldatenstandes diesen gegenüber obliegen, unter § 1 des Reichsgesetzes vom 22. Mai 1910 fallen. Denn nach den vom Oberlandesgericht gebilligten Ausführungen des Landgerichts handelt es sich bei der Matrosendivision nicht um eine Heeresformation im Rahmen der früheren Reichsverfassung, sondern um eine irreguläre Truppe, der die braunschweigische Regierung ebenso wie der auf Grund eines braunschweigischen Gesetzes vom 13. November 1918 gebildeten roten Garde die Aufgabe, „die öffentliche Ruhe und Ordnung aufrechtzuerhalten und die Republik zu verteidigen", übertragen hatte und welche sie, da sie damals in schroffem Gegensatze zur Reichsregierung stand, dazu verwandte, um diese und die Reichswehr zu bekämpfen. Gerade bei Bekämpfung eines wirklichen oder vermeintlichen Reichswehrfliegers durch die Matrosendivision ist denn auch die Verwundung des Klägers erfolgt. Der damaligen braunschweigischen Regierung ist aber, da sie tatsächlich — und zwar nicht nur vorübergehend — im Besitze der staatlichen Machtmittel war und sich durchzusetzen und zu behaupten gewußt hat, trotz ihres Widerstandes gegen die Reichsgewalt die staatsrechtliche Anerkennung nicht zu versagen. Wenn das Oberlandesgericht daher unter diesen Umständen den Mitgliedern der Matrosendivision die Eigenschaft unmittelbarer Staatsbeamten zubilligt, so kann dieser, wie schon betont, lediglich auf braunschweigischem Staatsrechte beruhende Ausspruch auf seine Richtigkeit nicht nachgeprüft werden.

Schließlich sucht die Revision noch auszuführen, daß es bei einem unter § 1 des Gesetzes vom 12. Mai 1920 fallenden Tatbestand an einer Voraussetzung für die Anwendung des § 839 BGB. und damit auch des braunschweigischen Gesetzes vom 28. Juli 1910 insofern fehle, als der Kläger ja die Möglichkeit habe, von einem anderen, nämlich von dem Reiche, Ersatz seines Schadens zu erlangen. Dem gegenüber hat aber schon der Berufungsrichter einwandfrei dargelegt, daß ein Vorgehen gegen das Reich aussichtslos gewesen wäre, da dieses nach § 2 des Ges. vom 12. Mai 1920 Entschädigung nur gewähre, wenn und soweit ohne sie das Fortkommen des Betroffenen unbillig erschwert werde, eine solche Erschwernis jedoch nach Lage des Falles bei dem Kläger nicht vorliege.

---

104. 1. Kann die Vertragsbestimmung, daß „im April 19 . ." zu liefern sei, Fixcharakter haben?

2. Zur Unterscheidung von Börsentermingeschäften in Waren und handelsrechtlichen Lieferungsgeschäften. Bedeutung der Schlußscheinbestimmung, daß im Falle des Verzugs die Vorschriften der §§ 286, 326 BGB. Anwendung erleiden sollen.

II. Zivilsenat. Urt. v. 25. Februar 1921 i. S. B. (Kl.) w. die Mitteldeutsche Privatbank A.-G. (Bekl.). II 200/20.

I. Landgericht Magdeburg. — II. Oberlandesgericht Naumburg a. S.

Der Kläger, technischer Direktor und Prokurist einer Zuckerfabrik, kaufte im Oktober 1911 von der Beklagten 10000 Sack Zucker zur Lieferung im April 1912. Da die Preise fielen, wurde das Geschäft am 12. April in der üblichen Weise bis zum August geschoben. Gleichzeitig kaufte der Kläger weitere 2500 Sack zur August-Lieferung hinzu. Im August wurde sein Engagement gelöst; es ergab für ihn einen Verlust von 128391,80 *M*. Wegen eines Restsaldos von 39588,90 *M* hielt die Beklagte gewisse Wertpapiere zurück, die er ihr als Sicherheit übergeben hatte. Auf die Freigabe dieser Papiere zielte die Klage, der zufolge das zwischen den Parteien abgeschlossene Geschäft als unwirksames Börsentermingeschäft und Spiel anzusehen ist. Die Beklagte erwiderte, es handle sich um ein rechtsgültiges handelsrechtliches Lieferungsgeschäft; der Termineinwand sei auch deshalb hinfällig, weil der Kläger schon früher berufsmäßig derartige Geschäfte abgeschlossen habe. Die Schlußscheine, auf Grund deren beide Abschlüsse der Parteien erfolgt waren, schlossen ausdrücklich alle Börsengebräuche aus und enthielten Bedingungen, welche in verschiedenen Punkten von den Geschäftsbedingungen abwichen, die der Magdeburger Börsenvorstand für den Börsenterminhandel in Zucker festgesetzt hatte. Unter anderem wurden dort die §§ 286, 326 BGB. für anwendbar erklärt.

Das Oberlandesgericht hatte der Klage auf Grund des Spieleinwands stattgegeben. Das Reichsgericht hatte aufgehoben und zurückverwiesen. Nach erneuter Verhandlung wies dann das Oberlandesgericht die Klage ab, weil der Spieleinwand versage und die Abschlüsse der Parteien als handelsrechtliche Lieferungsgeschäfte zu erachten seien. Auf die Revision des Klägers ist wiederum Aufhebung und Zurückverweisung erfolgt.

Aus den Gründen:

(Es werden zunächst die Ausführungen des Berufungsgerichts über die Hinfälligkeit des Spieleinwands gebilligt).

... Das Berufungsgericht setzt sich ohne Verwertung neuer tatsächlicher Momente und in Verkennung des Begriffs des Börsentermingeschäfts mit den vom erkennenden Senate gebilligten Darlegungen des ersten Berufungsurteils in Widerspruch. Das Börsentermingeschäft unterscheidet sich — wie in der reichsgerichtlichen Rechtsprechung ständig angenommen worden ist — vom handelsrechtlichen Lieferungsgeschäfte wesentlich dadurch, daß es für eine bestimmte Zeit, ohne Rücksicht auf besondere persönliche Bedürfnisse der Parteien, also mit typischem Inhalte und zu einem Preise geschlossen wird, der sich an der Börse infolge des Zusammentreffens und Zusammenwirkens der Börsenbesucher bildet. Die Eigentümlichkeit des Börsentermingeschäfts besteht in seiner Beziehung zum Terminmarkt, auf dem jederzeit ein völlig gleiches Geschäft als Gegengeschäft abgeschlossen werden kann. Mit dieser Einrichtung ist für das außenstehende Publikum die Möglichkeit gegeben, sich an einem leicht zu Spielzwecken zu mißbrauchenden Umsatzverkehr zu beteiligen. Der Eindämmung dieser wirtschaftlichen Gefahr dienen die Vorschriften des Börsengesetzes.

Das Berufungsgericht geht in seinen Ausführungen an dem wesentlichen Charakter der zwischen den Parteien abgeschlossenen Verträge vorbei. Es beachtet nicht den typischen, eine schablonenhafte Abwicklung zulassenden und bezweckenden Inhalt der Schlußscheinbedingungen. Zwischen den Parteien ist unstreitig, daß diese Bedingungen nicht etwa nur in Schlußscheinen der Beklagten enthalten sind, sondern allgemein im Zuckerhandel zwischen Mitgliedern des deutschen

Zucker-Export-Vereins in Magdeburg und sog. Außenseitern zur Anwendung gelangen. Überdies wird diese Tatsache durch die zu den Akten gebrachten Schlußscheine anderer Firmen zur Genüge klargestellt. Ebenso unstreitig ist, daß die mit Außenseitern abgeschlossenen Geschäfte unter Benutzung der Einrichtungen der Terminbörse und auf Grundlage der sich dort vollziehenden Preisbildung behandelt und abgewickelt werden, wie denn auch die vom Kläger nach Aussage der Zeugen verfolgten Kurse selbstverständlich nichts anderes als die Börsenkurse im Zuckerterminhandel waren. Was im übrigen das Berufungsgericht für das Vorliegen handelsrechtlicher Lieferungsgeschäfte ins Feld führt, trifft den Kernpunkt nicht oder geht fehl.

Der Umstand, daß die Abschlüsse der Parteien nicht an der Börse gemacht sind, ist — wie vom Reichsgericht bereits mehrfach ausgesprochen — nicht entscheidend. Allein von Bedeutung ist die Beziehung zur Zuckerterminbörse, und daß diese vorhanden war, kann nach dem oben Dargelegten nicht bezweifelt werden. Unerheblich ist weiterhin die Nichtstempelung der Schlußscheine, die Benutzung von Formularen, welche äußerlich für handelsrechtliche Lieferungsgeschäfte bestimmt sind, und der ausdrückliche Ausschluß aller Börsengebräuche. Wenn das Berufungsgericht besonderes Gewicht auf die Tatsache legt, daß sich in den Schlußscheinen des Klägers bis ins einzelne gehende Bestimmungen über die Beschaffenheit der Ware, den Preis, die Verpackung usw. befinden, so übersieht es, daß völlig das gleiche für die Schlußscheinbedingungen des deutschen Zucker-Export-Vereins in Magdeburg zutrifft, auf welche die Börsenterminschlußscheine ausdrücklich verweisen. Ebensowenig ist die Feststellung des Berufungsgerichts, daß die Parteien mit einer wirklichen Abnahme des Zuckers, d. h. also mit der Erfüllung des Abschlusses gerechnet hätten, gegen dessen Charakter als Börsentermingeschäft zu verwerten, denn auch bei einem solchen ist die Erfüllung keineswegs grundsätzlich ausgeschlossen.

Offenbar rechtsirrtümlich ist es, wenn das Berufungsgericht im vorliegenden Falle das Vorliegen eines Fixgeschäfts um deswillen verneint, weil „im Mai" oder „im August 1912" zu liefern war. Diese für den Warenterminhandel geradezu regelmäßige Zeitbestimmung entspricht durchaus dem § 376 HGB. („innerhalb einer festbestimmten Frist"). Die Abrede, daß der Vertrag mit der Einhaltung der Frist stehen und fallen soll, kann auch stillschweigend getroffen werden und ist, wie schon das ROHG. Bd. 8 S. 236 ausgeführt hat, namentlich dann anzunehmen, wenn die Ware erfahrungsmäßig erheblichen Preisschwankungen unterliegt, insbesondere einen Gegenstand der Börsenspekulation bildet, und das Geschäft erkennbar mit Rücksicht auf den durch die Preisschwankungen zu erzielenden Gewinn und im Börsenhandel abgeschlossen wird.

Zu Zweifeln über die Eigenschaft des zwischen den Parteien abgeschlossenen Geschäfts als Börsentermingeschäft können lediglich die Bestimmungen des Schlußscheins über „Verzug" und „Nachfristgewährung" Anlaß geben. Diese Bestimmungen lauten wie folgt:

„Verzug: im Verzugsfalle kommen die Bestimmungen der §§ 286 und 326 BGB. zur Anwendung."

„Nachfristgewährung: Wird der Verzug des Verkäufers erst nach Ablauf der Lieferungsfrist durch Unlieferbarkeit der Ware festgestellt, so sind spätestens an dem auf die Feststellung der Unlieferbarkeit folgenden Werktage die dem Käufer zustehenden Rechte auszuüben. Die Gewährung einer Nachfrist soll alsdann nicht mehr erforderlich sein."

Diese Bestimmungen lassen eine verschiedene Auslegung zu. Möglich ist die Annahme, daß es sich um eine ernstgemeinte Bewilligung von Nachfristen handelt, welche den Charakter des Geschäfts als Fixgeschäft in Wahrheit ausschließt, und daß die zweite Klausel nur einen besonderen Ausnahmefall im Auge hat, nämlich den Fall der Lieferung unvertraglicher Ware durch den Verkäufer. Möglich ist aber auch eine andere Auslegung der Bestimmungen, welche mit Rücksicht auf die Überschrift „Nachfristgewährung" annimmt, daß nur in der so gekennzeichneten Bestimmung die Frage der Bewilligung von Nachfristen ernstlich behandelt werden sollte, und daß die Anführung der Gesetzesvorschriften in dem voraufgehenden Absatz keine sachliche Bedeutung hat. Diese Auslegung hat das erste Berufungsurteil gewählt. Es ist zu erwägen, daß der Börsenterminhandel versucht hat, durch Aufnahme von Bestimmungen, welche die Bewilligung einer Nachfrist gewähren, das Börsentermingeschäft äußerlich seines wahren Charakters zu entkleiden und zum handelsrechtlichen Lieferungsgeschäft zu stempeln. Wie die zu den Akten gebrachten Schlußscheine zeigen, hat man in manchen Formularen der ersten Bestimmung hinzugefügt, daß die zu bestimmende Frist nicht mehr als 48 Stunden zu betragen habe. In diesen Fällen ist es ganz klar, daß es sich hier nicht um eine angemessene Nachfrist handelt, die das Geschäft seines Fixcharakters entkleidet, sondern um eine sog. fixe Prolongation (vgl. RGZ. Bd. 44 S. 115). Es wird sich fragen, ob nach der geschäftlichen Handhabung die beiden Arten von Schlußscheinen in der hier fraglichen Beziehung gleichwertig oder aber wesentlich verschieden sind. Dabei darf auf die rein äußerliche Fassung der betreffenden Bestimmungen um so weniger Gewicht gelegt werden, als bei der wahren Spekulation in Wirklichkeit die Möglichkeit des Erlangens einer „angemessenen" Nachfrist kaum je eine Rolle spielen wird. Der Spekulant wird sein Engagement entweder schieben oder, wenn er dazu nicht imstande oder nicht willens ist, es lösen müssen. Das Berufungsgericht wird sich über die Frage, welche Auslegung im vorliegenden Falle zutrifft, schlüssig zu machen haben, und zwar gegebenenfalls nach Anhörung von Sachverständigen. . . .

105. Versteigerung von Kunstgegenständen unter der Herrschaft eines Gesetzes, das den Versteigerer, je nachdem der Ersteher zum Privatgebrauch oder zur Weiterveräußerung erwirbt, einer verschieden hohen Umsatzsteuer unterwirft. Sind die Gebote so auszulegen, daß auf diesen Umstand Rücksicht genommen wird?

II. Zivilsenat. Urt. v. 1. März 1921 i. S. A. (Bekl.) w. L. (Kl.). II 336/20.

I. Landgericht I Berlin, Kammer für Handelssachen. — II. Kammergericht daselbst.

Am 5. und 6. Juni 1918 versteigerte die Klägerin im eigenen Namen den Nachlaß des Malers W. Trübner. Der Beklagte erstand eine Anzahl Bilder zum Gesamtpreise von 221074,50 *M*, worauf er 100000 *M* sofort anzahlte und weitere Summen nach und nach abtrug, bis schließlich 21811,75 *M* übrig blieben. Auf diesen Rest richtete sich die Klage.

Der Beklagte weigerte die Zahlung, weil er der Klägerin den bezeichneten Betrag an Steuer erspart habe. Hätte ein Privater die Bilder erstanden, so hätte sie nach § 8 Abs. 1 Nr. 3, § 9 Abs. 2, § 42 Abs. 2 des Umsatzsteuergesetzes vom 26. Juli 1918 (RGBl. S. 779) verb. mit § 1 der Sicherungsverordnung vom 2. Mai 1918 (RGBl. S. 379) 10 v. H. Luxussteuer zahlen müssen; infolge davon, daß der Beklagte die Bilder zur gewerblichen Weiterveräußerung erwarb, habe sie gemäß § 9 Abs. 2, § 20 UStG. nur den Warenumsatzstempel von 1 v. T. nach dem Gesetze vom 26. Juni 1916 (RGBl. S. 639) geschuldet. Den Unterschied von 9,9 v. H. müsse sie ihm gutbringen.

Die Klägerin erwiderte, nach Nr. 3 Abs. 2 des § 8 UStG. und § 1 Nr. 2 Abs. 2 SichVO. habe der Verkauf mit Ausnahme von drei Bildern, die nicht von Trübner herrührten, überhaupt nicht der Luxussteuer unterlegen, da es Originalwerke des Künstlers gewesen seien, die im Auftrage und für Rechnung seines Sohnes versteigert wurden. Aber auch abgesehen davon sei der Einwand hinfällig. Wenn infolge der Eigenschaft des Beklagten als Händlers Luxussteuer nicht geschuldet wurde, so gebe ihm das kein Recht, den Kaufpreis zu kürzen. In verschiedenen Briefen vom Oktober 1918 habe er denn auch seine Verpflichtung zur Zahlung des vollen Preises anerkannt.

Die Vorinstanzen gaben der Klage statt. Die Revision blieb erfolglos.

Gründe:

Das Berufungsgericht hat die Frage, ob die von der Klägerin im eigenen Namen vorgenommene Versteigerung der Originalwerke Trübners nach § 8 Abs. 1 Nr. 3 UStG. luxussteuerpflichtig war, dahingestellt gelassen. Es legt auch auf die behaupteten Anerkenntnisse kein Gewicht, da sie keine Schuldanerkenntnisse im Sinne des § 781 BGB. gewesen, eventuell nach § 812 Abs. 2 BGB. kondiziert seien. Dagegen hält es den Einwand des Beklagten in sich für unschlüssig, indem es dem Umstande, daß die Bilder zur gewerblichen Weiterveräußerung erworben wurden, nicht die Bedeutung beimißt, daß deshalb der Steigerungspreis gemindert werden dürfe. Hierin kann trotz allem, was die Revision dagegen vorgebracht hat, ein Rechtsirrtum nicht erblickt werden.

Nach dem Umsatzsteuergesetz vom 26. Juli 1918 unterlagen Verkäufe von Kunstgegenständen, und zwar sowohl Einzelverkäufe wie Versteigerungen, einer verschiedenen Besteuerung, je nachdem sie an Private oder an Wiederverkäufer erfolgten. Im ersten Falle hatte der Verkäufer 10 v. H. zu entrichten, im zweiten nur 5 v. T. oder, wenn der Verkauf wie hier vor dem 1. August 1918 stattfand und bis dahin das Entgelt gezahlt wurde, sogar nur 1 v. T. (vgl. § 6, § 8 Nr. 3, § 9 Abs. 2, §§ 20, 42 UStG.; § 1 SichVO.; Art. 2 WUStG.). Das machte bei Verkäufen aus freier Hand keine Schwierigkeiten, da bei ihnen der Verkäufer die Steuer in den Kaufpreis einkalkulierte. Im Juni 1918, als die Klägerin den hier streitigen Verkauf vornahm, hätte sich die Sachlage auch bei Versteigerungen einfach gestalten lassen, wenn bedungen worden wäre, daß die Steuer von dem Ersteher gesondert zu zahlen sei. Die offene Überwälzung war damals noch möglich, denn § 13 UStG. hat nach § 42 Abs. 1 das. nur für Verkäufe nach dem 1. August 1918 Geltung erlangt. Sie war aber nicht üblich, und im vorliegenden Falle hat die Klägerin vor der Versteigerung ausdrücklich erklärt, daß von den Erstehern kein Zuschlag für die Luxussteuer erhoben werden solle. Auf diese Weise kam es dann dahin, daß ein Gebot von 1000 *M*, von einem Privaten abgegeben, für sie einen Reinwert von nur 900 *M* hatte, dagegen, wenn ein Wiederverkäufer der Bieter war, einen Reinwert von 999 *M*. Auch wenn der Private 1100 *M* bot, hatte sie noch nicht soviel Vorteil davon wie von dem 1000 *M* hohen Gebot des Wiederverkäufers, denn das Gebot des Privaten bedeutete für sie netto nur 990 *M*.

Gleichwohl hätte die Klägerin in einem Falle der letzteren Art nicht daran denken können, dem Wiederverkäufer den Zuschlag zu erteilen. Wie das Berufungsgericht mit Recht bemerkt, mußte für die Zuschlagserteilung der Nennbetrag der Gebote maßgebend sein. Es war praktisch ausgeschlossen, im Gedränge der Versteigerung zu berechnen, welches Gebot sich nach Abzug der Steuer am günstigsten stellte. Die Klägerin konnte auch vielfach nicht wissen, wer Privater, wer Kunsthändler war, und selbst wenn sie einen Bieter als Händler kannte, war damit noch nicht entschieden, ob er nicht das Bild zu dem Zweck erwerben wollte, es für sich zu behalten.

Das Berufungsgericht hat nun ausgeführt, dem Beklagten sei zur Zeit der Versteigerung sowohl die Sicherungsverordnung vom 2. Mai 1918 wie der Entwurf des Umsatzsteuergesetzes bekannt gewesen; es dürfe deshalb davon ausgegangen werden, daß er sein Gebot ohne Kürzung zum Nennbetrage habe bezahlen wollen. Die Revision macht hiergegen geltend, trotz Kenntnis der Gesetze im allgemeinen könne der Beklagte über die Rechtslage geirrt haben; die Erwägung des Berufungsgerichts widerspreche seiner eigenen Annahme, daß die viel später erfolgten Anerkenntnisse kondizierbar seien. Allein es kommt auf die Erwägung des Berufungsgerichts nicht an, da es an sich selbstverständlich ist, daß ein abgegebenes Gebot mit dem vollen Betrage bezahlt werden muß. Nicht diese Zahlungspflicht bedarf der Begründung, sondern umgekehrt müßten besondere Gründe nachgewiesen werden, wenn ungeachtet des erteilten Zuschlags das Meistgebot nicht voll bezahlt zu werden brauchte.

Einen solchen Grund hat Prof. Dr. Kipp in seinem zu den Akten überreichten Rechtsgutachten aus dem Wesen der Versteigerung herzuleiten gesucht. Kipp gibt zu, daß bei Versteigerungen unter der Herrschaft des Gesetzes vom 26. Juli 1918 Gebote von Wiederverkäufern und Privatleuten durcheinander entgegengenommen zu werden pflegten und der Zuschlag dem dem Nennbetrag nach Meistbietenden erteilt wurde. Er meint aber, das habe an dem Wesen der Sache nichts geändert, wonach als Höchstgebot das dem Versteigerer günstigste, d. h. dasjenige Gebot gegolten habe, bei dem er nach Abzug der Steuer am meisten übrig behielt. Anderseits habe der Zuschlag dem Höchstbietenden erteilt werden müssen, wie nicht nur verkehrsüblich sei, sondern auch aus dem Rechtsgrundsatze des § 156 BGB. folge, wonach jedes Gebot durch Abgabe eines Übergebotes erlösche. Daraus ergebe sich, daß die Gebote von Wiederverkäufern nur abzüglich 9,5 % (oder bei Versteigerungen vor dem 1. August 1918 abzüglich 9,9 %), also nur mit 90,5 (bez. 90,1) % ihres Nennbetrags hätten verstanden werden dürfen. Denn nur so sei es möglich gewesen, die Gebote von Händlern und die von Privaten in eine Reihe zu bringen und den Höchstbietenden zu ermitteln. Nur unter dieser Voraussetzung habe der Versteigerer ein Recht gehabt, wenn der Händler 1000, der Private 1100 ℳ bot, dem letzteren den Zuschlag zu erteilen.

Diese Beweisführung fällt mit ihrem Ausgangspunkte, daß das

Höchstgebot das dem Versteigerer im Ergebnis günstigste Gebot gewesen sei. Unter Verhältnissen, wie sie hier lagen, konnte vielmehr nur der Nennbetrag den Ausschlag geben. Allerdings war es möglich, daß ein Versteigerer, wenn sich nachträglich herausstellte, daß der Ersteher zum gewerblichen Wiederverkauf erworben hatte, mehr als den erwarteten Betrag erhielt. Er konnte auch weniger bekommen, wenn z. B. der ihm als Händler bekannte Ersteher die Ausstellung der Bescheinigung des § 20 UStG. verweigerte. Rechtliche Schwierigkeiten waren mit alledem nicht verbunden. Der § 156 BGB. spricht so wenig gegen die hier vertretene Ansicht, daß er mit der abweichenden Meinung Kipps schlechterdings unvereinbar ist. Welches das Übergebot war, mit dessen Abgabe ein Gebot erlosch, mußte für jeden Bieter ohne weiteres klar sein, und das war es nur dann, wenn man unter Übergebot und Höchstgebot einfach das dem Nennbetrage nach höhere und höchste Gebot verstand. Hätten die einzelnen Gebote den Sinn gehabt, daß sie abzüglich 10 % Luxussteuer und zuzüglich der für den jeweiligen Bieter maßgebenden Steuer gelten sollten, so wären sie den Mitbietern vielfach unerkennbar geblieben. Dazu kam, daß die Umsatzsteuer als Teil der Unkosten des Versteigerers die Bieter und den Ersteher grundsätzlich nicht zu kümmern hatte. Welchen Vorteil der Versteigerer aus den Geboten zog, konnte und mußte ihnen gleichgültig sein. Daher steht nur diejenige Auffassung, die die Gebote gleichsam als starr behandelt und jede vom Wortlaut abweichende Auslegung ablehnt, mit dem Wesen der Versteigerung in Einklang.

Das einzige anzuerkennende Bedenken, das auch die Revision mit Entschiedenheit vertritt, liegt darin, daß die Zwecke des Gesetzes vom 26. Juli 1918 auf solche Weise nicht erreicht wurden. Die Umsatzsteuer beruht auf dem Gedanken, daß die Steuer, die der Veräußerer zahlt, wirtschaftlich betrachtet von ihm nur verauslagt wird, ihr eigentlicher Träger aber der Erwerber ist, auf den sie durch Erhöhung des Preises abgewälzt wird. Bei der erhöhten Steuer (der Luxussteuer) soll der Wiederveräußerer begünstigt werden; es soll vermieden werden, daß er die Steuer doppelt, nämlich einmal im Erwerbspreise und zum zweiten Male bei der Wiederveräußerung bezahlt. Mit Rücksicht hierauf hat das Umsatzsteuergesetz vom 24. Dezember 1919 (RGBl. S. 2157) in § 23 Nr. 2 eine Vorschrift aufgenommen, wonach der Ersteher, wenn er dem Versteigerer in der Form des § 22 Abs. 2 (= § 20 Abs. 1 des Gesetzes vom 26. Juli 1918) nachweist, daß er zur gewerblichen Wiederveräußerung erworben hat, eine Ermäßigung des Zuschlagspreises um den Unterschied der Luxussteuer von der gewöhnlichen Umsatzsteuer beanspruchen kann.

Popitz in seinem Kommentar S. 136 flg. (vgl. auch den Aufsatz in der Deutschen Steuer-Zeitung Bd. 8 S. 10) nimmt an, daß dieser

Satz bei Auslegung der Erklärungen gemäß § 157 BGB. auch ohne besondere Vorschrift schon zur Zeit des Gesetzes vom 26. Juli 1918 habe anerkannt werden müssen. Dem kann indes nicht beigetreten werden. Wenn der Gewinn des der erhöhten Steuer entsprechenden Teiles des Kaufpreises durch den Versteigerer der wirtschaftlichen Rechtfertigung entbehrte, so war dies noch kein Grund, die Gebote der Händler anders auszulegen, als ihr Wortlaut es erlaubte. Es ist zu beachten, daß der Versteigerer, an den sich die Gebote richteten, gar nicht wissen konnte, ob die Voraussetzungen für die Ermäßigung der Steuer — Erwerb zur gewerblichen Weiterveräußerung und Erbringung des Nachweises in der vorgeschriebenen Form — demnächst verwirklicht werden würden. Ferner mußte, wie schon erwähnt, jedes einzelne Gebot wegen der Frage des Erlöschens durch ein Übergebot (§ 156 BGB.) auch von den Mitbietenden verstanden werden, so daß nur eine einheitliche Auslegung zulässig war. Noch weniger könnte man daran denken, eine nach dem Zuschlag erfolgte Aufforderung des meistbietenden Händlers durch den Versteigerer zur Vorlegung der Bescheinigung des § 20 UStG. dahin zu deuten, als ob dieser damit die Ermäßigung des Zuschlagspreises um den Betrag der ersparten Steuer versprochen hätte. Übrigens ist auch nicht behauptet worden, daß der Beklagte von der Klägerin hierzu aufgefordert worden sei. Möglich wäre nur die Herausbildung einer Verkehrssitte gewesen, die das vorweggenommen hätte, was später das Gesetz vom 24. Dezember 1919 bestimmte. Allein zur Entstehung einer solchen Verkehrssitte wird die kurze Geltungsdauer des Gesetzes vom 26. Juli 1918 schwerlich ausgereicht haben, und jedenfalls konnte bei der hier streitigen Versteigerung vom Juni 1918, als das Gesetz noch nicht einmal durchweg in Kraft war, noch keine Rede davon sein. Das Berufungsgericht stellt denn auch ausdrücklich fest, daß es für die Bewertung von Versteigerungsgeboten auf Gegenstände, die nach der Art des Käufers und dem Zwecke des Kaufes einer ungleichmäßigen Steuer unterlagen, eine Verkehrssitte damals nicht gegeben hat.

Die Revision hat sich schließlich für ihre Ansicht noch auf ein Urteil des Oberlandesgerichts München vom 9. März 1920 berufen. Aber in diesem Urteile wird zur Begründung außer dem Hinweis auf Popitz nur behauptet, daß schon das Umsatzsteuergesetz vom 26. Juli 1918 selber einen öffentlichrechtlichen (steuerrechtlichen) Anspruch auf Ermäßigung des Steigerungspreises verliehen habe. Das ist offenbar verkehrt. Das Gesetz von 1918 beschäftigte sich nicht mit dem Verhältnis zwischen Versteigerer und Ersteher, und unter einem „steuerrechtlichen" Anspruch dieses gegen jenen kann man sich überhaupt nichts vorstellen. . . .

---

106. Zur Frage der Zulässigkeit des Rechtswegs auf Grund der Abgeltungsverordnung vom 4. Dezember 1919.

III. Zivilsenat. Urt. v. 1. März 1921 i. S. Hans. Flugzeugwerke (Kl.) w. Deutsches Reich (Bekl.). III 387/20.

I. Landgericht I Berlin. — II. Kammergericht daselbst.

Die Klägerin behauptete, der Beklagte habe von ihr im März 1917 ihren Flugplatz mit Ballonhalle für einen Jahresmietzins von 20000 *M* vorläufig auf ein Jahr, jedenfalls aber für die Dauer des Krieges gemietet, ihr dann aber mitgeteilt, daß die Kampf-Einsitzer-Staffel, deren Aufstellung in der Nähe von Hamburg geplant und für die der Flugplatz bestimmt war, nicht dorthin kommen werde. Mit der im September 1919 erhobenen Klage beanspruchte sie den Mietzins für vier Monate, während deren sie den Platz nebst Halle zur Verfügung des Beklagten gehalten habe.

Im Gegensatz zum ersten Richter wies das Kammergericht die Klage ab. Das Reichsgericht, das das Berufungsurteil bestätigte, äußerte sich über die Vorfrage der Zulässigkeit des Rechtswegs mit folgenden

Gründen:

Die von Amts wegen zu prüfende Frage, ob durch die Verordnung des Reichspräsidenten über die Abgeltung von Ansprüchen gegen das Reich vom 4. Dezember 1919 für den vorliegenden Klaganspruch der ordentliche Rechtsweg ausgeschlossen ist, ist zu verneinen. Der Anspruch gründet sich zwar auf einen während des Krieges für Zwecke der deutschen Wehrmacht geschlossenen Vertrag im Sinne des § 6 der Verordnung und unterliegt daher den Vorschriften der §§ 1 flg. dieser Verordnung und der Verordnung des Reichsamts für die wirtschaftliche Demobilmachung vom 21. November 1918. Danach ist aber die Klagerhebung vor den ordentlichen Gerichten nur dann unzulässig, wenn sich die Wirkungen des Vertrags über den 10. November 1918 hinaus erstrecken. Sind dagegen die Leistungen, für die der Kläger Vergütung oder Ersatz beansprucht, bereits vor diesem Tage voll erfüllt gewesen, so sind die ordentlichen Gerichte zur Entscheidung berufen. Nach § 4 Abs. 5 der VO. vom 4. Dezember 1919 ist aber letzterenfalls die Erhebung der Klage erst zulässig, nachdem vom Reichsschatzministerium oder einer von diesem ermächtigten Stelle ein Ausgleich versucht worden ist. In dem vorliegenden Falle begehrt nun die Klägerin den angeblich vereinbarten Mietzins für vier Monate des Jahres 1917, während deren sie auf Grund des Mietvertrags vom März 1917, dessen Zustandekommen sie behauptet, den vermieteten Flugplatz mit Ballonhalle zur Verfügung des Beklagten gehalten habe. Ihre Leistung, für die sie Vergütung beansprucht, war also vor dem

10. November 1918 bereits voll erfüllt. Der Rechtsweg ist demnach nicht ausgeschlossen. Er ist aber auch nicht durch das Erfordernis des vorgängigen Ausgleichsversuchs beschränkt, denn die Klage ist bereits im September 1919, also vor Erlaß der Verordnung vom 4. Dezember 1919 erhoben worden, und auf damals bereits ordnungsmäßig erhobene Klagen findet die Vorschrift des § 4 Abs. 5 dieser Verordnung keine Anwendung. Eine solche Klage kann nicht nachträglich für ordnungswidrig erklärt und ihre Wiederholung nach einem erfolgten Ausgleichsversuch angeordnet werden....

107. Zum Begriff des Kettenhandels.

II. Zivilsenat. Urt. v. 1. März 1921 i. S. K. (Kl.) w. F. (Bekl.). II 312/20.

I. Landgericht Hamburg, Kammer f. Handelssachen. — II. Oberlandesgericht daselbst.

Der Beklagte hatte der Klägerin Anfang Juli 1918 1300 Mille Zigaretten zum Preise von 186750 *M* verkauft, aber trotz Mahnung nicht geliefert. Auf Schadensersatz verklagt, wandte er ein, es habe sich um ein Kettenhandelsgeschäft gehandelt, denn die Klägerin sei, wie er selbst, Großhändlerin. Die Klägerin bestritt dies mit der Behauptung, sie betreibe ein Detailgeschäft und verkaufe nebenbei an Gastwirte und Kleinhändler. Sie habe beabsichtigt, die Zigaretten in ihrem Detailgeschäfte zu verkaufen und sie so dem sofortigen Konsum zuzuführen.

Das Landgericht erklärte den Anspruch dem Grunde nach für berechtigt. Es nahm an, daß die Klägerin neben dem Großhandel auch ein Ladengeschäft betreibe, von wo aus sie die Zigaretten an Gastwirte und Private verkaufe, also dem Konsum unmittelbar zuführe; es könne auch als wahrscheinlich gelten, daß sie die gekauften Zigaretten in diesem Kleinhandel habe vertreiben wollen. Dieses Urteil wurde auf Revision der Klägerin unter Aufhebung der klagabweisenden Entscheidung des Oberlandesgerichts wiederhergestellt.

Gründe:

Die tatsächlichen Feststellungen reichen zur Annahme eines Kettenhandels im Sinne des § 1 Nr. 4 der Verordnung vom 8. Mai 1918 nicht aus. Das Berufungsgericht läßt außer acht, daß die Parteien an verschiedenen Orten ihre Handelsniederlassung haben. Wenn die in Bromberg wohnende Klägerin von dem in Hamburg wohnenden Beklagten die Zigaretten kaufte, so führte sie damit diese Gegenstände des täglichen Bedarfs im Zweifel einem anderen Verbraucherkreis zu und brachte sie dadurch diesem näher. Wenn die Großhändler an verschiedenen Orten wohnen, bedarf es immer der Darlegung besondrer

Umstände, die gleichwohl das Verbringen der Gegenstände von einem Verbraucherkreis in den anderen als unnötig und unwirtschaftlich erscheinen lassen; daran fehlt es aber hier. Außerdem kommt hinzu, daß das Berufungsgericht selbst unterstellt, die Klägerin habe den größten Teil der 1,3 Millionen Stück Zigaretten im Kleinhandel vertreiben wollen. Auch wenn dann der andere, kleinere, für den Großhandel bestimmte Teil nicht unbeträchtlich war, wie das Berufungsgericht folgert, muß doch dann, wenn eine bestimmte Scheidung der Zigaretten in zwei Partien, die je für den Kleinhandel und für den Großhandel bestimmt sind, nicht getroffen worden ist, das ganze Geschäft danach beurteilt werden, wie es sich zu seinem überwiegenden Teile darstellt. Dieser prägt dem ganzen Handel seinen Charakter auf. Demnach erscheint aber hier der ganze Ankauf der Zigaretten überwiegend als Ankauf für den Kleinhandel, und damit entfällt überhaupt die Möglichkeit des Kettenhandels. Der letztere muß festgestellt werden können. Ist ein bestimmter Teil der gekauften Waren nicht ausscheidbar und als Gegenstand des Kettenhandelsgeschäfts nachweisbar, weil diese Waren ebensogut dem erlaubten Ankauf zugehören können, so kann kein Teil des Vertrags als nichtiges Geschäft ausgeschieden werden. Noch weniger aber geht es an, darum dann das ganze Geschäft für nichtig nach § 134 BGB. zu erklären.

---

108. 1. Unter welchen Voraussetzungen kann für nicht geführte Waren ein Warenzeichen eingetragen werden?
2. Kann für Hilfsartikel ein selbständiges Warenzeichen eingetragen werden? Sind andere Gegenstände diesen Hilfsartikeln gleichzustellen, wenn sie ihrer Natur nach keines Warenzeichens bedürfen?

II. Zivilsenat. Urt. v. 1. März 1921 i. S. P. (Kl.) w. G. & Co. (Bekl.). II 367/20.

I. Landgericht Hamburg, Kammer für Handelssachen. — II. Oberlandesgericht daselbst.

Für die Klägerin ist seit dem 15. April 1907 unter Nr. 96684 der Zeichenrolle des Patentamts ein Warenzeichen, bestehend aus weißem, liegendem Kreuz auf schwarzem oder buntem Grunde in schwarzer Kreislinie für die dort aufgeführten, aus allen Warenklassen entnommenen Waren eingetragen. Als Geschäftsbetrieb, worin das Zeichen verwendet werden soll, ist angegeben: Bierbrauerei und Restaurationsbetrieb. — Für die Beklagte ist seit 1917 unter Nr. 220036 der Zeichenrolle ein Warenzeichen, bestehend aus schwarzem, liegendem Kreuz in einem Kreis auf weißem Grunde für die dort aufgeführten, ebenfalls allen Warenklassen entnommenen Waren eingetragen. Als Geschäftsbetrieb ist angegeben: Exportgeschäft. Die Beklagte hat ferner am 10. April 1917 für die gleichen Waren ein in einer Kreisumrahmung liegendes schwarzes Kreuz als Warenzeichen angemeldet; die Eintragung ist jedoch durch Beschluß des Patentamts vom 6. Juli 1918 wegen Verwechselungsgefahr mit dem Zeichen der Klägerin versagt worden.

Die Klägerin behauptete, daß auch das eingetragene Zeichen der Beklagten im Verkehre mit ihrem Zeichen verwechselbar sei, und beantragte Verurteilung der Beklagten, in Löschung des Warenzeichens Nr. 220036 zu willigen. Diese strich darauf Bier und alkoholfreie Getränke aus ihrem Warenverzeichnis, forderte im übrigen Klagabweisung und beantragte widerklagweise, die Klägerin zu verurteilen, in die Löschung ihres Zeichens Nr. 96684 zu willigen für alle eingetragenen Waren mit Ausnahme von Ale, Bier, alkoholfreiem Bier, Weißbier, Bierwürze, Trinkwürze, Malzbier, diätisch-hygienischem Bier, Färbebier, alkohollosen Getränken, alkoholhaltigen Getränken, Alkoholextrakten, Geläger, Kraftbier, Malzextrakten und Porter. Sie behauptete, daß der klägerische Geschäftsbetrieb sich auf andere als in diesem Antrage verzeichnete Waren nicht erstrecke und nie erstreckt habe, die Eintragung des Zeichens der Klägerin daher zu Unrecht erfolgt sei. Inzwischen wurde der Beschluß des Patentamts vom 6. Juli 1918 von der Beschwerdeabteilung aufgehoben, soweit die Eintragung für andere Waren als Bier, Weine, Spirituosen, Mineralwässer und alkoholfreie Getränke untersagt worden war.

Das Landgericht verurteilte die Beklagte, in die Löschung ihres Warenzeichens Nr. 220036 zu willigen, soweit es eingetragen war für Bier, Spirituosen, Mineralwässer, Wein und Malz; im übrigen wies es die Klage ab. Die Klägerin dagegen wurde auf die Widerklage hin verurteilt, in die Löschung ihres Warenzeichens Nr. 96684 zu willigen, soweit es für andere Waren eingetragen war als für Ale, Bier, alkoholfreies Bier, Weizenbier, Bierwürze, Trinkwürze, Malzbier, Bierzeug, diätisch-hygienisches Bier, Färbebier, alkoholarme Getränke, alkoholhaltige Getränke, alkoholfreie Getränke, alkoholische Extrakte, Geläger, Kraftbier, Malzextrakte und Porter.

Das Oberlandesgericht wies die Berufung der Klägerin zurück und erklärte auf Anschlußberufung der Beklagten den Klaganspruch hinsichtlich des Warenzeichens für Bier für erledigt.

Die Revision hatte keinen Erfolg.

Gründe:

Das Berufungsgericht geht von dem richtigen und wiederholt auch vom Reichsgericht betonten Grundsatze des Warenzeichengesetzes aus, daß jeder Gewerbetreibende ein Zeichen nur für solche Waren anmelden darf, die er in seinem Betriebe tatsächlich führt oder führen will, daß aber für Waren anderer Art das Zeichen frei bleibt und nicht gänzlich von einem Gewerbetreibenden für sich mit Beschlag belegt werden kann. Diese Rechtsauffassung wird vergeblich von der Revision bekämpft. Die Ausdehnung des Schutzes eines Warenzeichens auf Waren, die weder im Geschäftsbetriebe geführt werden noch geführt werden sollen, stellt an sich einen Mißbrauch der Eintragung zur Vereitelung fremder Rechte und der gesetzlichen Ordnung dar. Das schließt nicht aus, daß, wie ein Warenzeichen unter Umständen als Vorratszeichen angemeldet werden kann, auch ein bestimmter Geschäftsbetrieb und bestimmte ihm zugehörige Waren vorsorglich angemeldet werden dürfen. Immer aber muß sich diese Anmeldung nach den Bedürfnissen des Verkehrs als nur vorsorgliche erweisen und sonach vor allem schon bei der Anmeldung die Absicht vorliegen, den bezeichneten Geschäftsbetrieb in angemessener Zeit zu eröffnen und die aufgeführten Waren tatsächlich zu führen, und es muß weiter auch die Verwirklichung dieser Absicht in angemessener Zeit erfolgen. Hier aber nimmt das Berufungsgericht für erwiesen an, daß die Klägerin bei der Anmeldung eine solche Absicht nicht hatte, wie sie auch jetzt noch nicht gewillt sei, ein Ein- und Ausfuhrgeschäft für alle die aufgeführten Waren zu betreiben. . . .

Mit der Rechtsprechung des Reichsgerichts (RGZ. Bd. 87 S. 274) steht auch die Ansicht des Berufungsrichers in Einklang, daß die sog. Hilfsartikel, die zur Verpackung, Aufbewahrung und Umhüllung der von der Klägerin hergestellten und vertriebenen Waren dienen, keines selbständigen Zeichenschutzes fähig sind. Es ist daran lediglich festzuhalten. Als solche Hilfsartikel in weiterem Sinne kommen aber auch diejenigen Gegenstände in Betracht, die im Restaurationsbetriebe oder bei Ausübung der Brauereitätigkeit benutzt oder verarbeitet werden. § 1 WZG. gibt als Zweck des Warenzeichens an die Unterscheidung der Waren des einen Geschäftsbetriebs von den Waren eines anderen Geschäftsbetriebs. Damit wird deutlich gesagt, daß nur solche Gegenstände des Zeichenschutzes teilhaftig werden sollen, die als Waren hinsichtlich ihrer Herkunftsstelle aus einem bestimmten Betriebe kenntlich gemacht werden. Sie müssen sonach vor allem gehandelt werden. Davon ist bei Gegenständen, die im Betriebe selbst verarbeitet oder benutzt und verbraucht werden, nicht aus diesem herausgehen, von vornherein keine Rede.

Zutreffend versagt sodann das Berufungsgericht den Zeichenschutz auch denjenigen Gegenständen, die bei festlichen Gelegenheiten zu Reklamezwecken von der Klägerin verkauft werden, wie Bierkrüge, Tabakpfeifen, Streichholzschachteln usw. Soweit auf diesen Gegenständen ihr Warenzeichen angebracht wird, um den Bierbetrieb der Brauerei oder der Gastwirtschaft anzupreisen, folgt die Befugnis hierzu schon aus § 12 WZG. Ebenso ist das Anbringen zu bloßen Schmuckzwecken statthaft, und zwar auch dann, wenn der Beklagten ein gleiches Zeichen für ihre Waren als Warenzeichen eingetragen wäre. Denn die bloße Ausschmückung greift nicht in einen fremden Zeichenschutz ein. Soweit aber das Zeichen angebracht werden sollte, um die Herkunft dieser Gegenstände aus dem klägerischen Geschäftsbetrieb zu bezeichnen, also als Warenzeichen, wäre die Bezeichnung irreführend und nach § 9 Nr. 3 WZG. unzulässig. Denn der Verkauf aller dieser Gegenstände ist nur ein im Brauerei- oder Restaurationsbetrieb erfolgter Verkauf, kein selbständiger Gewerbebetrieb, der im Handel oder gar in der Fabrikation solcher Gegenstände bestände. Bei dieser Sachlage kann die Bedeutung der Bemerkung in den Urteilsgründen, es fehle an einer genauen Aufzählung der in Betracht kommenden Waren, ebenso wie die hierauf gestützte Rüge aus § 139 ZPO. auf sich beruhen.

Das Berufungsgericht versagt auch den Waren den Zeichenschutz, die im Restaurationsbetriebe, sei es roh sei es verarbeitet (gekocht, gebraten) zum Genuß auf der Stelle, aber verkehrsüblich ohne Anbringung von Warenzeichen, verabfolgt werden. Diese Waren bedürften keines Warenzeichenschutzes. Daß die Klägerin sie auch außerhalb ihres Restaurationsbetriebs vertreibe, habe sie weder behauptet, noch Beweis dafür angetreten. Auch diese Rechtsauffassung ist zu billigen und entspricht dem Zweck, dem nach § 1 WZG. der Zeichenschutz dienen soll. Danach sollen das Warenzeichen und seine Anbringung auf den Waren durch den Hinweis auf ihre Herkunftstätte die Unterscheidung von den Waren anderer Gewerbetreibender bewirkten. Eines solchen Hinweises bedarf es aber in der Tat nicht bei einer zum sofortigen Genuß in der Gastwirtschaft verabfolgten Ware wie er denn auch nicht verkehrsüblich ist. Soweit sich auf den dort verabfolgten Speisen etwa Warenzeichen befinden, deuten sie nicht auf den Restaurationsbetrieb hin, in dem sie verabfolgt werden, sondern auf die Fabrikations- oder Handelsstätte, aus denen sie vom Gastwirt bezogen sind. Eine Anbringung des Zeichens der Klägerin würde also Mißverständnissen ausgesetzt sein, weil es in dem verkehrsüblichen Sinne verstanden werden würde und den Anschein erweckte, als sei die Klägerin die Erzeugerin jener Waren, während sie nur die Abnehmerin zum Verkauf in ihrem Geschäftsbetrieb ist. Auch hier ist daher mit Rücksicht auf § 9 Nr. 3 WZG. die Anbringung des klägerischen Zeichens auf jenen Waren zu versagen. . . .

---

109. 1. Sind die §§ 74 flg. HGB. auch dann anwendbar, wenn ein selbständiger Kaufmann sein Handelsgeschäft veräußert und gleichzeitig zum Erwerber in ein Angestelltenverhältnis tritt?

2. Steht der Anwendbarkeit der Umstand entgegen, daß der Veräußerer nach dem Vertrage das Geschäft auch weiterhin nach außen als selbständiger Kaufmann führen soll?
3. Gewinnanteile als wechselnde Bezüge im Sinne des § 74b Abs. 2 HGB.
4. Bewirkt die Vereinbarung einer längeren als zweijährigen Dauer des Wettbewerbsverbots dessen Nichtigkeit?

II. Zivilsenat. Urt. v. 1. März 1921 i. S. K. (Bekl.) w. G. (Kl.) II 459/20.

I. Landgericht Düsseldorf, Kammer f. Handelssachen. — II. Oberlandesgericht das.

Durch schriftlichen Vertrag vom 20. Oktober 1916 übertrug der Kläger dem Beklagten sein unter der Firma W. & G. Internationale Transporte geführtes Handelsgeschäft nebst Firma, jedoch unter Ausschluß von Forderungen und Schulden. Der Kaufpreis, welcher auf 10000 *M* für Firma und Kundschaft, auf weitere 11300 *M* für die im einzelnen aufgezählten Einrichtungsgegenstände festgesetzt wurde, sollte erst am 31. Dezember 1930 fällig sein und zum Teil sofort, zum Teil aber später verzinst werden. Gleichzeitig wurde der Kläger als Leiter seines früheren Geschäfts für die Zeit bis zum 31. Dezember 1930 gegen ein Jahresgehalt von 9000 *M* und $^1/_3$ Gewinnanteil angestellt. Nach außen sollte er das Geschäft wie bisher als eingetragener Inhaber führen, jedoch verpflichtet sein, auf Ersuchen des Beklagten die Geschäfts- und Firmenübertragung zum Handelsregister anzumelden. Am Verluste des Geschäfts hatte sich der Kläger bis zu 3000 *M* jährlich zu beteiligen. Doch sollten ihm bei späterer Wiedereinbringung des Gesamtverlusts des Geschäfts die zur Last geschriebenen Beträge wieder gutgebracht werden. Der Kläger hatte außer der Leitung seines eigenen früheren Geschäfts auch diejenige einer vom Beklagten zu gründenden Zweigniederlassung zu übernehmen. Jeder Partei war eine dreimonatige Kündigung des Anstellungsvertrags eingeräumt. Wurde von dem Kündigungsrechte Gebrauch gemacht, so waren dem Kläger bis zu seinem Tode, jedoch längstens bis zum 31. Dezember 1930 jährlich 3000 *M* auszuzahlen, während seine Gewinnbeteiligung mit dem Kündigungstermine hinwegfiel. Für den Todesfall und den weiteren Fall, daß der Dienstvertrag vom Beklagten ohne wichtigen Grund, vom Kläger aus wichtigem Grunde gekündigt wurde, war der Kaufpreis nach Ablauf eines Jahres auszuzahlen. Endlich verpflichtete sich der Kläger, innerhalb 10 Jahre nach Beendigung des Dienstverhältnisses „in Rheinland und Westfalen kein Sammelladungsgeschäft zu betreiben, noch sich an einem solchen durch eigene Tätigkeit oder mit Geld oder sonstwie zu beteiligen oder auch dafür tätig zu sein".

Bis Ende 1919 wurde der Vertrag von den Parteien eingehalten. Der Kläger bezog in allen drei Jahren außer seinem Gehalt einen Gewinnanteil. Im November 1919 erhob er aber Klage auf Feststellung, daß der am 20. Oktober 1916 geschlossene Vertrag nichtig sei, und begründete seinen Anspruch damit, daß die Vereinbarungen eine wider die guten Sitten verstoßende Ausbeutung und Knebelung seiner Person bedeuteten. Am 29. November erklärte er, daß er mit dem 31. Dezember 1919 die Vertretung des Beklagten niederlege. Darauf kündigte der Beklagte seinerseits am 10. Dezember das Dienstverhältnis. Er bestritt, daß der Vertragsinhalt wider die guten Sitten verstoße oder die geschäftliche Bewegungsfreiheit des Beklagten unzulässig beenge, und erhob Widerklage auf Verurteilung des Klägers zur Übergabe des Geschäfts und seiner einzelnen Einrichtungsgegenstände, zur Anmeldung des Geschäfts- und Firmenübergangs auf den Beklagten zum Handelsregister, auf Unterlassung der weiteren Führung der Firma W. & G. und des ferneren Betretens der Geschäftsräume.

Das Landgericht erkannte nach den Anträgen des Beklagten, das Oberlandesgericht entschied umgekehrt. Die Revision des Beklagten hatte Erfolg.

Gründe:

Das Berufungsgericht erachtet das im Vertrage der Parteien vereinbarte Wettbewerbsverbot für unverbindlich, weil es an der in § 74 Abs. 2 HGB. erforderlichen Verpflichtung des Geschäftsherrn, also des Beklagten, fehle, für die Dauer des Verbots eine Entschädigung zu zahlen, die für jedes Jahr des Verbots mindestens die Hälfte der von dem Handlungsgehilfen, also dem Kläger, zuletzt bezogenen vertragsmäßigen Leistungen erreicht. Da das Wettbewerbsverbot mit dem Kauf- und Anstellungsvertrag ein einheitliches Ganzes bilde, sei der Vertrag selbst restlos nichtig. Den Einwand des Beklagten, daß die in § 74 Abs. 2 für die Gültigkeit des Wettbewerbsverbots aufgestellte Voraussetzung im vorliegenden Falle gemäß § 75 b Satz 2 um deswillen nicht in Betracht komme, weil die dem Kläger zustehenden vertragsmäßigen Leistungen den Betrag von 8000 *M* für das Jahr überstiegen, hat es mit dem Hinweis auf die Verlustbeteiligung des Klägers bis zum Betrage von 3000 *M* zurückgewiesen.

Die Revision wendet sich zunächst gegen die Anwendbarkeit der §§ 74 flg. HGB. auf den Vertrag der Parteien. Dieser sei von selbständigen Kaufleuten geschlossen worden. Er stelle sich als beiderseitiges Handelsgeschäft dar. Der Kläger sei eingetragener Inhaber und damit Kaufmann geblieben. Der sozialpolitische Zweck der genannten Gesetzesvorschriften treffe auf das Verhältnis der Parteien nicht zu. Dem kann nicht gefolgt werden.

Das Gesetz will den Handlungsgehilfen als den wirtschaftlich Schwächeren vor übermäßiger Beengung seines geschäftlichen Fortkommens nach Beendigung des Dienstverhältnisses schützen. Es kann daher keinen Unterschied machen, ob der Handlungsgehilfe vor Abschluß des Dienstvertrags selbständiger Kaufmann oder in abhängiger Stellung war. Ebensowenig darf die Tatsache eine Rolle spielen, daß nach außen als selbständiger Kaufmann auftritt. Allein entscheidend ist sein inneres Dienstverhältnis zum Geschäftsherrn (vgl. RG. in JW. 1907 S. 110 Nr. 14). Nur dann finden die §§ 74 flg. keine unmittelbare Anwendung auf vertragliche Wettbewerbsverbote, wenn sie mit einer reinen Geschäftsveräußerung verbunden sind. Im vorliegenden Falle enthält nun aber der Vertrag sowohl einen Geschäftsverkauf als auch einen Anstellungsvertrag, und dem gesellt sich das Wettbewerbsverbot hinzu. Das Reichsgericht hat in seiner in der Leipz. Zeitschr. 1911 Sp. 936 abgedruckten Entscheidung vom 22. September 1911 III 302/10 die Frage, ob in einem solchen Falle die §§ 74 flg. allgemein Anwendung zu finden haben, unerörtert gelassen und die Anwendbarkeit für den gegebenen Sachverhalt deshalb bejaht, weil das Berufungsgericht das Wettbewerbsverbot als alleinigen Bestandteil des Anstellungsvertrags festgestellt hatte. Die Anwendbarkeit muß aber auch dann angenommen werden, wenn für den Vertragsschluß der Parteien die Begründung des Angestelltenverhältnisses von wesentlicher Bedeutung war. Ein solcher Fall ist hier nach den getroffenen Feststellungen gegeben. Das Berufungsgericht führt aus, es sei offenbar, daß der Geschäftsverkauf und der Dienstvertrag nach dem Willen der Parteien wirtschaftlich ein einheitliches Rechtsgeschäft bildeten. Weder für den Kläger noch für den Beklagten könne jemals eine Übertragung des Geschäfts unter Ausschaltung der Tätigkeit des Klägers in Frage kommen. Ein Weiterarbeiten des Klägers als Leiter des Geschäfts sei die Grundlage der Verhandlungen gewesen. Es habe sich bei den Verhandlungen darum gehandelt, zu einem Vertrage zu gelangen, wonach die Arbeitskraft des Klägers dem Geschäft erhalten blieb, die Gefahr völligen geschäftlichen Niedergangs aber auf den Beklagten abgewälzt wurde. Dieser einheitliche wirtschaftliche Zweck sei durch die Verbindung des Geschäftsankaufs mit einem Dienstvertrag erreicht worden.

Diese Feststellungen werden durch die Angriffe der Revision nicht erschüttert. Es ist richtig, daß der Beklagte nicht — wie das Berufungsgericht annimmt — zugegeben hat, daß er den Kaufvertrag nicht ohne den Dienstvertrag abgeschlossen hätte. Es trifft ferner zu, daß nach der Behauptung des Beklagten die Anregung zum Abschlusse des Dienstvertrags vom Kläger ausgegangen sein soll. Das ändert aber nichts daran, daß der Vertrag jedenfalls nicht zustande gekommen sein würde, wenn dem Kaufvertrage nicht der Anstellungsvertrag beigefügt worden wäre. Von wem die Vertragsgestaltung ausging, ist gleichgültig. War man sich aber einmal über die Verquickung beider Verträge einig geworden, so war es naturgemäß geboten, die Festsetzung der Vertragsleistungen im einzelnen dieser Tatsache anzupassen. Daraus folgt, daß einerseits die Höhe des Kaufpreises und der Dienstbezüge im entsprechenden Verhältnis geregelt sein müssen und daß anderseits das Wettbewerbsverbot ein wesentlicher Bestandteil gerade auch des Angestelltenverhältnisses geworden ist. Daß dieses Ergebnis nicht mit dem Willen des Gesetzgebers im Einklange steht, kann nicht anerkannt werden. Durch die eigenartige Gestaltung des Gesamtverhältnisses hat das Anstellungsverhältnis eine große, wenn nicht überragende Bedeutung gewonnen, und damit ist allerdings der Kläger zum wirtschaftlich schwächeren Teile geworden.

Mit Recht macht dagegen die Revision dem Berufungsgerichte den Vorwurf, daß es die Vorschrift des § 75 b HGB. verletzt habe. Die Frage, ob der Kläger vertragsmäßig mehr als 8000 *M* jährlich bezogen und deshalb keinen Anspruch auf Anwendung der Schutzvorschrift des § 74 Abs. 2 HGB. hat, ist auf Grund der Vorschriften des § 74 b Abs. 2 und 3 zu beantworten. Gewinnbeteiligungen sind wechselnde Bezüge. Sie waren also bei der Berechnung der vertragsmäßigen Leistungen nach dem Durchschnitte der letzten drei Jahre in Ansatz zu bringen. Da nun unstreitig in den Jahren 1917, 1918 und 1919 ein Verlust überhaupt nicht entstanden ist, so hat der Kläger jedesmal zum mindesten seine 9000 *M* Gehalt bezogen. Die vertragsmäßigen Leistungen beliefen sich demnach auf mehr als 8000 *M*.

Die Erwägung des Berufungsgerichts, daß das Wettbewerbsverbot mit Rücksicht auf die Vorschrift des § 74 Abs. 2 unverbindlich war, ist aus diesem Grunde rechtsirrtümlich. Das aber muß zur Aufhebung des angefochtenen Urteils führen. Der Umstand, daß das Wettbewerbsverbot entgegen der Vorschrift des § 74 a Abs. 1 Satz 3 auf 10 Jahre erstreckt worden ist, bewirkt keine Nichtigkeit des Verbots im ganzen, sondern führt nur zur Herabsetzung der Verbotsdauer auf den gesetzlich vorgeschriebenen Zeitraum von 2 Jahren. Der weiteren Verhandlung und Entscheidung wird daher nur die Frage vorbehalten sein, ob das Verbot auf Grund des § 74 a Abs. 1 Satz 2 unverbindlich ist und ob — wie der Kläger in erster Linie hat vortragen lassen — der Gesamtvertrag wider die guten Sitten verstößt (vgl. § 138 BGB.).

110. Zur Unterscheidung zwischen Kauf und Kommissionsgeschäft.

III. Zivilsenat. Urt. v. 4. März 1921 i. S. H. (Kl.) w. F. (Bekl.). III 390/20.

I. Landgericht Frankfurt a. M., Kammer f. Handelssachen. — II. Oberlandesgericht das.

Die Klägerin behauptete, von dem Beklagten im Juli 1919 35 Waggonladungen Buchenbrennholz und 15 Waggonladungen geschnittenes Laubholz gekauft zu haben, und forderte die Lieferung dieser Hölzer und Ersatz des Verzugsschadens. Das Landgericht verurteilte den Beklagten durch Teilurteil zur Lieferung. Das Berufungsgericht wies die Klage ab, weil zwischen den Parteien nicht ein Kaufvertrag geschlossen, sondern der Beklagte nur als Einkaufskommissionär für die Klägerin tätig geworden sei. Auf die Revision der Klägerin ist das angefochtene Urteil aufgehoben und die Sache an das Berufungsgericht zurückverwiesen worden.

Gründe:

Das Berufungsgericht gründet seine Annahme, daß zwischen den Parteien nicht ein Kauf-, sondern ein Kommissionsgeschäft geschlossen worden sei, im wesentlichen darauf, daß die Klägerin dem Beklagten außer dem vereinbarten Preise noch eine Provision zu zahlen hatte. Es legt damit diesem Umstande, der allerdings unter Umständen für die Annahme eines Kommissionsgeschäfts mit verwertet werden mag, eine zu große Bedeutung bei. Die Vereinbarung einer Provision schließt keineswegs die Annahme eines Kaufgeschäfts grundsätzlich aus. Ein Kaufpreis kann sehr wohl in der Weise vereinbart werden, daß zu dem Anschaffungspreise des Verkäufers ein Zuschlag als Entgelt für die jedem Handelsbetriebe innewohnende Vermittlertätigkeit bewilligt wird (vgl. ROHG. Bd. 3 S. 44, Bd. 12 S. 123; RGZ. Bd. 3 S. 109, Bd. 94 S. 66). Die Vereinbarung eines festen Preises, wie sie hier vorliegt, bildet jedenfalls ein zwar nicht schlechthin entscheidendes, aber doch sehr wesentliches Moment für die Annahme eines Kaufvertrags (vgl. RGZ. Bd. 3 S. 110, Bd. 94 S. 66, aber auch Bd. 94 S. 289). Was das Berufungsgericht sonst zur Begründung seiner Auffassung anführt, ist nicht geeignet, eine selbständige Stütze hierfür zu bilden.

Mit Recht rügt die Revision, daß das Berufungsgericht bei der Prüfung der Frage die Angaben des Beklagten selbst im Rechtsstreit nicht ausreichend gewürdigt habe. Kann auch nicht entscheiden, wie die Parteien beim Vertragsschluß und im Rechtsstreit das Rechtsverhältnis bezeichnet haben, so können doch die tatsächlichen Behauptungen der Parteien eine wesentliche Grundlage für die Feststellung der rechtlichen Natur des Vertragsverhältnisses bilden. In dieser

Hinsicht kann in Betracht kommen, daß der Beklagte behauptet hatte, beim Abschluß des Vertrags erklärt zu haben, er liefere nur, wenn auch seine Lieferantin liefere. Einer solchen Erklärung hätte es nicht bedurft, wenn die Parteien ein Kommissionsgeschäft ins Auge gefaßt hätten. Völlig ausgeschlossen aber wäre die Annahme eines Kommissionsgeschäfts, wenn die Parteien, wie der Beklagte selbst behauptet hat, über die Partie Holz verhandelt hätten, die der Beklagte damals bereits gekauft hatte, und dies der Klägerin damals bekannt gewesen wäre. Das Wesen des Kommissionsgeschäfts liegt in dem Auftrage des Kommittenten an den Kommissionär, für ihn zu kaufen oder zu verkaufen, und in der Übernahme der Verpflichtung seitens des Kommissionärs, diesen Auftrag auszuführen. Von einem solchen Auftrag aber kann keine Rede sein, wenn ein Ankauf der Ware durch den, der sie liefern soll, gar nicht mehr in Frage kommt, weil er sie, wie beiden Teilen bekannt, bereits gekauft hat. Daß der Kommissionär das Recht zum Selbsteintritt hat, kann die Unterordnung eines derartigen Vertrags unter den Begriff des Kommissionsgeschäfts nicht rechtfertigen.

---

111. 1. Was ist unter „Lieferungen nach dem Ausland" in § 19 der Verordnung gegen Preistreiberei vom 8. Mai 1918 zu verstehen? 2. Wann ist ein Kettenhandelsgeschäft nichtig?

III. Zivilsenat. Urt. v. 4. März 1921 i. S. G. (Kl.) w. M. (Bekl.). III 391/20.

I. Landgericht Zweibrücken. — II. Oberlandesgericht daselbst.

Der Kläger behauptete, am 13. Oktober 1919 von dem Beklagten 800 Wecker Marke Junghans mit reinem Messingwerke, die sofort an einen Spediteur in Saarbrücken geliefert werden sollten, zum Preise von 17 *M* für das Stück gekauft zu haben, und beantragte die Verurteilung des Beklagten zu deren Lieferung. Er ist in allen drei Rechtszügen abgewiesen worden.

Gründe:

Beide Vorderrichter lassen die zwischen den Parteien streitige Frage, ob ein bindender Kaufvertrag geschlossen sei, dahingestellt und weisen die Klage ab, weil der Kauf als Kettenhandelsgeschäft nichtig sei. Das Vorliegen des Tatbestands des § 1 Nr. 3 der PreistreibereiVO. vom 8. Mai 1918 wird von dem Berufungsrichter mit zutreffender Begründung dargetan und von der Revision nicht angezweifelt, so daß es eines Eingehens hierauf nicht bedarf. Die Revision hält aber diese Verordnung auf Grund ihres § 19: „Auf Lieferungen nach dem Auslande finden die Bestimmungen dieser Verordnung und die Bestimmungen über Höchstpreise keine Anwendung" auf den vorliegenden Fall für nicht anwendbar. Der Kläger hat jedoch in dieser Hinsicht im zweiten Rechtszuge nur behauptet, der Beklagte habe gewußt, daß die Wecker ins Ausland gehen sollten, und auf die richterliche Frage, ob er über die 800 Wecker im Zeitpunkte des behaupteten Ankaufs bereits Lieferungsverträge mit bestimmten Käufern im Ausland abgeschlossen gehabt habe, erwidert, das werde nicht behauptet, er habe aber die bestimmte Absicht gehabt, die Wecker nach Frankreich zu verkaufen. Diese Behauptungen reichen nicht aus, die Anwendung des § 19 zu rechtfertigen. Nach den Ausführungen des II. Zivilsenats in RGZ. Bd. 100 S. 235, denen sich der erkennende Senat anschließt, bezieht sich der § 19 zwar nicht nur, wie das Berufungsgericht im Anschluß an Schäfer, Verordnung gegen Preistreiberei S. 398 § 19 Anm. 2 und DJZ. 1919 Sp. 85 angenommen hat, auf solche Lieferungsverträge, die mit dem ausländischen Käufer selbst abgeschlossen worden sind und Lieferungen unmittelbar nach dem Auslande zum Gegenstande haben, sondern muß nach dem der ganzen Verordnung zugrunde liegenden Rechtsgedanken und dem von ihr verfolgten Zwecke, dem inländischen Verbraucher ausreichend Gegenstände des täglichen Gebrauchs zu angemessenen Preisen zu sichern, auch auf die der Lieferung nach dem Auslande vorausgehenden Geschäftsabschlüsse entsprechende Anwendung finden. Seine Anwendung auf diese setzt aber, wie der II. Zivilsenat sagt, voraus, daß die Geschäftsschlüsse ausschließlich und ernstlich der Ausfuhr der Ware nach dem Auslande dienen und daß die Möglichkeit, die Ware gegebenenfalls auch an den inländischen Verbraucher abzugeben, ausgeschlossen ist. In dem vorliegenden Falle war nun, anders als in dem von dem II. Zivilsenat entschiedenen, der Kläger dem Beklagten gegenüber nicht rechtlich verpflichtet, die Ware nicht im Inland abzusetzen, selbst wenn der letztere von der Absicht des ersteren, die Wecker nach Frankreich zu verkaufen, Kenntnis gehabt haben sollte. Der Kläger hatte vielmehr, wie die Revision zugibt, völlig freie Hand, wo er die Ware absetzen wollte. Er hat auch keine sonstigen Umstände behauptet, die das Geschäft als eine mittelbare Lieferung nach dem Auslande kennzeichnen könnten, wie sie z. B. von Nord in dem Aufsatze HansRZ. 1919 Sp. 78 aufgeführt werden: Art der Verpackung, besondere, nur für das Ausland in Betracht kommende Beschaffenheit der Ware, ausschließliche Auslandskundschaft des Käufers und dergl. Wollte man auch in einem Falle, wie er hier vorliegt, den § 19 für anwendbar erachten, so würde der Umgehung der Verordnung Tür und Tor geöffnet sein.

Unbegründet ist auch der weitere Angriff der Revision, daß der zur Nichtigkeit eines Kettenhandelsgeschäfts erforderliche subjektive Tatbestand nicht festgestellt sei. Nach der Rechtsprechung des Reichsgerichts ist ein solches Geschäft jedenfalls dann nichtig, wenn auf beiden Seiten bewußt der Tatbestand verwirklicht wird, der dem Gesetz oder den guten Sitten zuwiderläuft (so RGZ. Bd. 98 S. 2), wenn beide Teile die Kenntnis von dem Vorliegen der objektiv vom Gesetze mißbilligten Tatbestandsmerkmale und den Willen haben, sie zu verwirklichen (so RGZ. Bd. 98 S. 63). Diese Voraussetzungen sind nach dem festgestellten Sachverhalte gegeben. Die Revision leugnet dies, weil der Kläger, wie das Berufungsgericht unterstelle, die Absicht gehabt habe, ins Ausland zu verkaufen; sie meint, danach liege ein bewußtes Zuwiderhandeln gegen die gesetzlichen Vorschriften nicht vor. Da es indessen nach den obigen Ausführungen an dem objektiven Tatbestande der Ausnahmebestimmung des § 19 fehlt, so haben beide Teile bewußt einen Tatbestand verwirklicht, der durch diese Verordnung objektiv verboten ist, wenn der Kläger vielleicht auch irrtümlich deren Unanwendbarkeit wegen seiner erwähnten Absicht angenommen haben sollte.

---

112. Können die Vorstandsmitglieder einer Aktiengesellschaft Tantiemen auch von demjenigen Teil des Jahresertrágnisses der Gesellschaft fordern, der als Kriegssteuer gezahlt worden ist?

II. Zivilsenat. Urt. v. 4. März 1921 i. S. Annener Gußstahlwerke Aktienges. (Bekl.) w. St. (Kl.). II 435/20.

I. Landgericht Bochum, Kammer f. Handelssachen. — II. Oberlandesgericht Hamm.

Der Kläger ist Vorstandsmitglied der Beklagten und hat als solcher Anspruch auf 5 % Tantieme vom Reingewinn. Von dem im Geschäftsjahre vom 1. Juli 1917 bis 30. Juni 1918 erzielten Gewinne stellte die Beklagte 803050 *M* auf Grund des Sicherungsgesetzes vom 24. Dezember 1915 (RGBl. S. 837) als Sonderrücklage zurück; im Jahre 1919 hat sie diese Summe auf Grund des Kriegssteuergesetzes vom 21. Juni 1916 (RGBl. S. 561) an den Reichsfiskus gezahlt. Der Kläger ist der Ansicht, daß ihm die Tantieme auch hiervon gebühre, und hat Klage erhoben auf Verurteilung zur Zahlung eines Teilbetrags von 5000 *M*.

Während die Kammer für Handelssachen die Klage abwies, gab das Oberlandesgericht ihr statt. Die Revision führte zur Herstellung des ersten Urteils.

Gründe:

Das Berufungsgericht würde das Klagebegehren, falls es sich noch um die Rücklage des Sicherungsgesetzes handelte, im Anschluß an das

Urteil des erkennenden Senats vom 14. Juni 1918 RGZ. Bd. 93 S. 147 für unbegründet halten. Es ist aber der Meinung, daß die Rechtslage durch die Zahlung der Abgabe eine andere geworden sei. Auch Rücklagen, führt es aus, würden von dem Tantiemeanspruch erfaßt, wenn sie demnächst in einer Weise verwendet würden, daß tatsächlich Gewinn ausgekehrt werde. Davon, ob das hier zutreffe, hänge die Entscheidung ab. Nun folge aus der Fassung des Gesetzes vom 21. Juni 1916, daß eine Gewinnbeteiligung des Reichs beabsichtigt sei. Nach § 13 hätten die dort genannten Gesellschaften vom „Mehrgewinn" eine näher festgelegte „Kriegsabgabe" zu leisten. Die Zahlung der Kriegssteuer stelle daher ebenso wie die Auszahlung des Anteils an einen sonstigen Gewinnanteilberechtigten eine Gewinnauskehrung dar. Eine Bestätigung finde diese Ansicht in § 20 der Kriegssteuer-Ausführungsbestimmungen des Bundesrats vom 30. November 1916, wonach die Anteile der Vorstandsmitglieder am Jahresgewinn, auf welche diese einen Rechtsanspruch haben, als abzugsfähige Betriebskosten anzusehen seien.

Diesen Ausführungen läßt sich nicht beitreten. Vorweg ist zu bemerken, daß aus dem Kriegssteuergesetz und aus dem Sicherungsgesetze zur Lösung der Streitfrage gar nichts folgt. Mag auch der in Bd. 93 S. 148 aufgeworfene Zweifel wegen der Vereinbarkeit des § 20 Ausf.-Best. mit § 16 KStG. seine Berechtigung verloren haben, seitdem der Satz in § 22 Abs. 2 des Kriegsabgabegesetzes vom 26. Juli 1918 (RGBl. S. 964) übernommen worden ist, so bleibt doch bestehen, daß der Begriff des Gewinnes (Jahresgewinns, Reingewinns) einer verschiedenen Bestimmung fähig ist und jedesmal das betreffende einzelne Gesetz ausgelegt werden muß, wenn beurteilt werden soll, was dieses Gesetz als Gewinn behandelt. Es ist keineswegs etwas Auffallendes, geschweige denn ein innerer Widerspruch, wenn der Jahresertrag der Aktiengesellschaft zur Berechnung der Kriegssteuer um die Vorstandstantieme und umgekehrt zur Berechnung der Vorstandstantieme um die Kriegssteuer gekürzt werden muß.

Die entscheidende Frage ist sonach vom Berufungsgerichte zu allgemein gefaßt. Sie darf nicht dahin gestellt werden, ob in der Entrichtung der Kriegsabgabe eine Gewinnauskehrung zu erblicken ist, vielmehr fragt sich, ob darin im Sinne des § 237 HGB. eine Gewinnauskehrung liegt. Das muß verneint werden. Zur Auslegung des HGB. sind nur die Anschauungen der Handelswelt verwertbar, und danach erscheinen alle von der Gesellschaft zu entrichtenden Steuern als Unkosten, die abzuziehen sind, bevor von einem Gewinne die Rede sein kann. Daß aber die Kriegssteuer des Gesetzes vom 21. Juni 1916 eine Steuer, eine an das Reich kraft öffentlichrechtlichen Zwanges abzuführende Abgabe ist, kann nicht dem geringsten Zweifel unterliegen.

Die Höhe und die Einmaligkeit der Abgabe ändern daran ebensowenig wie der Umstand, daß sie nach Prozenten vom Jahreserträgnis berechnet wird. Trifft letzteres doch auch für die Einkommensteuer zu, nur mit dem Unterschiede, daß für diese die Erträgnisse früherer Jahre maßgebend sind.

Schließlich würde sich der Kläger auch darauf nicht berufen können, daß der als Kriegssteuer gezahlte Betrag, solange er noch auf Grund des Sicherungsgesetzes zurückbehalten wurde, auch im Sinne des HGB. einen Teil des Reingewinns ausmachte. Er verlor diese Eigenschaft in dem Augenblick, als die Steuerschuld fällig wurde. Nunmehr stellte sich heraus, daß das Jahreserträgnis, aus dem die Rücklage entnommen war, um deren Betrag gekürzt werden mußte und daß nur der übrigbleibende Rest den wirklichen Gewinn der Beklagten bedeutete.

---

113. Zur Einwirkung des Reichsgesetzes über die durch innere Unruhen verursachten Schäden vom 12. Mai 1920 auf anhängige Rechtsstreitigkeiten.

VI. Zivilsenat. Urt. v. 3. Februar 1921 i. S. Stadtgemeinde St. (Bekl.) w. Ei. u. Gen. (Kl.). VI 332/20.

I. Landgericht Stettin. — II. Oberlandesgericht daselbst.

Die Kläger verlangten von der Beklagten Schadensersatz auf Grund des preuß. Tumultschadensgesetzes vom 11. März 1850. Die Beklagte machte die Einrede der Unzulässigkeit des Rechtswegs geltend und verweigerte die Einlassung zur Hauptsache. Das Landgericht verwarf die Einrede; das Oberlandesgericht wies die Berufung der Beklagten zurück. Die Revision wurde als unzulässig verworfen.

Gründe:

Am 27. April 1919 fanden in Stettin Unruhen statt, bei denen in der Nähe des Schlosses geschossen wurde. Eine Kugel traf die Klägerin zu 2, die sich auf dem Wege von der Peltzerstraße nach der großen Domstraße befand, und verletzte sie am rechten Unterschenkel. Durch Schreiben vom 9. Mai 1919, das bei der Beklagten am 10. dess. Mts. eingegangen ist, haben die Kläger den entstandenen Schaden bei dem Magistrate der Beklagten angemeldet und von diesem unter dem 16. Juni 1919 den Bescheid erhalten, daß über die grundsätzliche Verpflichtung der Stadt zum Ersatze der Tumultschäden eine Entscheidung noch nicht getroffen sei. Weiter wurde um die Benennung von Zeugen und die Einreichung der bezahlten Rechnungen ersucht. Nachdem dies geschehen war, erbot sich die Beklagte mit dem Schreiben vom 19. Juli 1919, der Klägerin zu 2 für den im Mai und Juni entgangenen Verdienst vergleichsweise 50 *M* zu zahlen, und ersuchte um Erklärung zu diesem Vorschlage. Nach Ablehnung dieses Vorschlags erfolgte auf ein weiteres Schreiben der Kläger am 1. Oktober 1919 die Mitteilung, daß die Ermittelungen noch nicht abgeschlossen seien. Nunmehr schritten die Kläger zur Klage, die am 1. Dezember 1919 bei dem Landgericht einging und nach der Behauptung der Revision am 6. Dezember 1919 zugestellt sein soll.

Die Beklagte hat den Rechtsweg für unzulässig erachtet, weil noch kein Bescheid im Sinne des § 5 TG. erteilt sei, vorher aber nicht geklagt werden dürfe. Das Landgericht stellte sich auf den Standpunkt, daß zwar die Erteilung eines solchen Bescheids die Voraussetzung für die Beschreitung des Rechtswegs bilde, die Beklagte aber die Erteilung grundlos verzögert habe; es hat daher die Einrede der Unzulässigkeit des Rechtswegs verworfen. Das Berufungsgericht erblickte in den Schreiben vom 19. Juli und 1. Oktober 1919 den Ausdruck der ablehnenden Stellungnahme der Beklagten zu den Ansprüchen der Kläger und einen den Rechtsweg eröffnenden Bescheid; die Berufung der Beklagten wies es daher zurück. Dieses am 8. Mai 1920 verkündete Urteil wurde am 12. Juni 1920 zugestellt.

Am 6. Juli 1920 hat die Beklagte Revision eingelegt. Sie macht geltend, daß mit dem 14. Mai 1920 das Reichsgesetz über die durch innere Unruhen verursachten Schäden vom 12. Mai 1920 in Kraft getreten sei, nach dessen § 6 ein Ausschuß über Ersatzansprüche wegen Tumultschäden zu befinden habe. Dieser Ausschuß aber sei nach § 14 daselbst auch für Schäden an Leib und Leben, die in der Zeit vom 1. November 1918 bis zu dem Inkrafttreten des Gesetzes im Zusammenhange mit inneren Unruhen durch offene Gewalt oder ihre Abwehr verursacht seien, allein zuständig. Die Unzulässigkeit des des Rechtswegs sei daher schon aus diesem Grunde gegeben; sie müsse auch auf Grund des Gesetzes von 1850 angenommen werden. Wolle man indes mit dem Berufungsgerichte in den Schreiben vom 19. Juli und 1. Oktober 1919 einen ausreichenden Bescheid gemäß § 5 TG. finden, so habe geprüft werden müssen, ob dann die Klage innerhalb der Ausschlußfrist von 4 Wochen erhoben sei; insoweit hätte das Fragerecht ausgeübt werden müssen.

Von den hiermit aufgeworfenen Fragen ist die nach der Anwendbarkeit des Reichsgesetzes vom 12. Mai 1920 schon in RGZ. Bd. 100 S. 243 erörtert worden. Dort wurde angenommen, daß die Vorschriften der §§ 14 und 15 a. a. O. in den Prozeßbetrieb eingreifen und in der Revisionsinstanz vor dem Reichsgericht auch dann zu beachten sind, wenn das Reichsgesetz bei Erlaß des Berufungsurteils noch nicht in Geltung war. An dieser Auffassung ist festzuhalten.

Es ist ferner nicht zweifelhaft, daß die sachlichen Voraussetzungen des § 14 gegeben sind. Die Körperverletzung der Klägerin zu 2 ist im Zusammenhange mit inneren Unruhen verursacht worden und für die Folgen dieser Körperverletzung wird Schadensersatz begehrt. Mit Recht nimmt nun die Revision an, daß für derartige Ansprüche, wenn der Körperschaden in der Zeit vom 1. November 1918 bis zum Inkrafttreten des Reichsgesetzes zugefügt ist, der Rechtsweg nicht mehr offen steht. Gemäß § 14 a. a. O. sind auf solche Schäden die §§ 1—10, 12 anzuwenden, sofern es sich nicht um Ansprüche handelt, die bei dem Inkrafttreten des Gesetzes bereits rechtskräftig festgestellt waren. Danach hat der körperlich Verletzte einen Ersatzanspruch gegen das Reich, § 1, nach Maßgabe der Vorschriften der §§ 2, 4, 5; über den Anspruch aber befindet nach § 6 ein Ausschuß in einem näher geordneten Verfahren. Auf Grund landesgesetzlicher Vorschriften aber über den Ersatz von Aufruhrschäden können Ansprüche wegen Schäden an Leib und Leben, sofern der Tatbestand den Voraussetzungen des § 14 genügt, gegen Länder und Gemeinden nicht mehr geltend gemacht oder weiter verfolgt werden, § 14 Satz 2. Insoweit ist mithin nicht nur die Erhebung einer neuen Klage gegen eine Gemeinde auf Grund des alten Rechtes untersagt, sondern auch die weitere Verfolgung eines anhängigen Anspruchs.

Welche Wirkungen dieses Verbot in anhängigen Prozessen zur Folge hat, ist nicht näher bestimmt. Auch aus der Entstehungsgeschichte ist nichts weiteres zu entnehmen. Schon § 11 des Entwurfs (Nr. 643 der Drucksachen der Nationalversammlung) enthielt das Verbot der Weiterverfolgung, indem er bestimmte: „wegen der in § 1 bezeichneten Schäden können ... Ansprüche auf Grund ... nicht mehr geltend gemacht oder weiter verfolgt werden". In der Begründung wird einmal (§ 5) gesagt, daß der dem Betroffenen zu gewährende Rechtsanspruch auf Ersatz nicht im ordentlichen Rechtswege, sondern von besonderen Spruchbehörden in einem auf schnelle Erledigung abzielenden Verfahren festgestellt werden solle, und dann zu § 11 bemerkt (S. 8), daß die Vorschrift die Möglichkeit beseitige, Reich, Staat und Gemeinde wegen der nach dem 1. November 1918 entstandenen Tumultschäden „auf Grund des bürgerlichen Rechtes ... und der noch geltenden Tumultgesetze in Anspruch zu nehmen". Gegen die Bestimmung des § 11 wurden bei der ersten Beratung des Gesetzentwurfs in der Nationalversammlung von verschiedenen Rednern Bedenken geäußert. Der Abgeordnete Baerwald führte aus (Stenographische Berichte S. 2773), die Bestimmung des § 11 könne in der festgelegten Form durchaus nicht bleiben, man könne sich nicht auf den Standpunkt stellen, die Prozesse seien erledigt, die Kläger müßten die Klage zurücknehmen und womöglich noch die Kosten bezahlen. Werde die Haftung der Gemeinden mit rückwirkender Kraft beseitigt, so müsse die Haftung auf das Reich übergehen und dieses die Prozesse übernehmen. Auch der Abgeordnete Warmuth beanstandete den Eingriff in rechtshängige Ansprüche (das. S. 2777), der Abgeordnete Graf zu Dohna aber fand es sehr bedenklich, bereits erwachsene und vielleicht schon eingeklagte Ansprüche einfach zu kassieren. Von den schwebenden Prozessen meinte er, daß sie in der Sache für erledigt zu erklären seien, daß aber über die Kosten entschieden und dazu geprüft werden müsse, ob der Anspruch nach den bisherigen Gesetzen zu Recht bestanden habe (das. S. 2780—2781). Auch der Abgeordnete Cohn ging auf die Kosten der anhängigen Prozesse ein und sagte, nach der Fassung des damaligen § 11 bilebe nichts anderes übrig, als sie denen aufzuerlegen, die in den gesetzlichen Fristen ihre Rechte geltend gemacht hätten (S. 2783—2784). Der Gesetzentwurf ging nunmehr an einen Ausschuß. Aus den Berichten desselben (Drucksachen der Nationalversammlung Nr. 2752) ist zu entnehmen, daß die Frage, wie es mit den schwebenden Prozessen und der Haftung für die Prozeßkosten zu halten sei, bis zur zweiten Lesung zurückgestellt wurde; bis dahin sollte ein Unterausschuß versuchen, eine geeignete Lösung zu finden (S. 7, 9). Über die zweite Lesung aber sagt der Bericht zu dem neu vorgeschlagenen § 13b, der dem § 14 des Gesetzes entspricht, daß er die §§ 1—10, 12 auf Schäden an Leib und Leben für anwendbar erkläre, die seit dem 1. November 1918 verursacht sind, und bemerkt dann wörtlich: „Ersatzansprüche, die auf Grund landesgesetzlicher Vorschriften für Schäden an Leib und Leben schon erwachsen sind, werden für erloschen erklärt, soweit sie nicht schon rechtskräftig festgestellt sind" (S. 10). In der vorgeschlagenen Fassung wurde § 13b von der Nationalversammlung trotz der früher geäußerten Bedenken in zweiter und dritter Lesung genehmigt (Stenographische Berichte S. 5614 flg.).

Bei dieser Sachlage muß angenommen werden, daß mit dem Inkrafttreten des Gesetzes, Prozesse, in denen es sich um Ersatzansprüche wegen Schäden an Leib und Leben auf Grund landesgesetzlicher Vorschriften handelt, zum Stillstand gelangt sind. Urteile, die an diesem Tage noch nicht rechtskräftig waren, können die Rechtskraft nicht mehr erlangen, prozessuale Fristen können weder ablaufen noch neu eröffnet werden. Nun ist das Gesetz nach § 19 mit dem Tage der Verkündung in Kraft getreten, die Verkündung aber erfolgte am 14. Mai 1920. An diesem Tage war das angefochtene Urteil zwar verkündet, aber noch nicht zugestellt, die Zustellung geschah erst am 12. Juni 1920. Durch diese Zustellung konnte die Rechtsmittelfrist, die eine rechtlich wirksame Zustellung voraussetzt, nicht eröffnet werden, vorher aber ist die Einlegung der Revision nach § 552 Abs. 2 ZPO. wirkungslos.

Hiernach mußte die trotzdem eingelegte Revision als unzulässig verworfen werden, ohne daß auf die von der Beklagten erhobenen Angriffe sachlich eingegangen werden kann. Gemäß § 97 ZPO. folgt aus der Verwerfung der Revision, daß die Beklagte die Kosten des Rechtsmittels zu tragen hat. Dagegen kann über die Kosten der früheren Instanzen jetzt schon deshalb nicht befunden werden, weil eine solche Entscheidung ein zulässiges Rechtsmittel voraussetzen würde.

---

114. 1. Wird der arglistig getäuschte Käufer durch die Anfechtung des Kaufvertrags gehindert, die Kaufsache weiterzuveräußern?

2. Kann der Verkäufer, wenn die vom Käufer erklärte Anfechtung begründet, die Kaufsache aber weiterveräußert ist, seinen Schaden oder nur den Wert der Sache ersetzt verlangen?

V. Zivilsenat. Urt. v. 16. Februar 1921 i. S. A. (Kl.) w. M. (Bekl.). V 398/20.

I. Landgericht Prenzlau. — II. Kammergericht Berlin.

Der Kläger hat von dem Beklagten durch notariellen Vertrag vom 1. September 1915 dessen in S. belegenes, auf Milchwirtschaft eingestelltes Gut gekauft. Er behauptet, hinsichtlich des Milchertrags der vorhandenen Kühe sowie der Ernteerträge von dem Beklagten arglistig getäuscht zu sein, und hat den Kaufvertrag angefochten. Mit der Klage verlangte er von dem Beklagten zunächst die Zurücknahme des Guts und Zug um Zug gegen Auflassung die Zurückgewährung der gemachten Leistungen in Höhe von 200000 *M*. Nachdem er aber im Laufe des Rechtsstreits das gekaufte Gut weiterveräußert hatte, hat er unter Verzicht auf dessen Rücknahme beantragt, den Beklagten zur Zahlung von 10000 *M* zu verurteilen. Er hat seinen Anspruch auf ungerechtfertigte Bereicherung und unerlaubte Handlung gestützt, außerdem aber auch als vertragliche Schadensersatz- und Minderungsklage begründet. Der Beklagte hat die ihm vorgeworfene Arglist bestritten, außerdem dem Klaganspruche aber auch entgegengehalten, daß er durch die unbefugte Weiterveräußerung des Grundstücks um mindestens 100000 *M* geschädigt worden sei und deshalb der Kläger von ihm nichts fordern könne.

In den Vorinstanzen wurde die Klage abgewiesen. Auf die Revision wurde das Berufungsurteil aufgehoben.

Aus den Gründen:

... Das Berufungsgericht erachtet den Klaganspruch auch im Falle einer arglistigen Täuschung des Klägers für hinfällig, weil dem

Beklagten zufolge der angeblich unbefugten Veräußerung des Guts Gegenansprüche erwachsen seien, durch die der Klaganspruch entkräftet werde. Aber auch in diesem Punkte sind die Ausführungen des Berufungsgerichts zu beanstanden.

Es mag sein, daß auch für den im Falle der Vertragsanfechtung zulässigen Schadensersatzanspruch aus unerlaubter Handlung (RGZ. Bd. 74 S. 1, JW. 1912 S. 137) die Pflicht zur Rückgabe der Kaufsache in Betracht zu ziehen ist und der Beklagte deshalb auch insoweit wegen der Veräußerung des Guts gegen den Kläger Ansprüche erheben könnte. Es mag auch sein, daß, wie bei der Bereicherung, so auch beim Schadensersatz die gegenseitigen Ansprüche, ohne daß eine Aufrechnung erforderlich wäre, im Zusammenhange zu würdigen sind, weil sowohl die Bereicherung wie der Schadensersatz nur unter Ausgleichung aller beiderseitigen, aus derselben Wurzel entsprungenen Vermögensab- und -zugänge festgesetzt werden kann (RGZ. Bd. 54 S. 140). Aber ob das auch zu gelten hat, wenn die Gegenpartei wegen der Unmöglichkeit der ihr zurückzugewährenden Leistungen einen Schadensersatzanspruch erhebt, kann fraglich sein. Zwar würde in der vom Beklagten erfolgten Geltendmachung des Schadensersatzanspruchs schlimmstenfalls auch eine Aufrechnung gesehen werden können. Aber eine solche Aufrechnung würde gegenüber dem Anspruche aus unerlaubter Handlung nicht zulässig sein (§ 393 BGB.). Doch kann auch dieses Bedenken auf sich beruhen, weil in Wirklichkeit dem Beklagten wegen der Veräußerung des Guts ein Schadensersatzanspruch überhaupt nicht zusteht.

Auf die §§ 346, 347 BGB. läßt sich ein solcher Anspruch nicht gründen, weil die Vorschriften über den vertragsmäßigen Rücktritt auf den Fall der Anfechtung nicht Anwendung finden, mag es vielleicht auch nahe liegen, beide Fälle gleich zu behandeln (RGZ. Bd. 59 S. 93, RGR. Komm. 3. Aufl. Anm. 1 zu § 142 S. 211). Auch aus § 818 Abs. 4, § 819 BGB. in Verb. mit § 292 das. kann die Schadensersatzpflicht des Klägers nicht hergeleitet werden, weil der Anspruch des Beklagten auf Rückgabe des Guts nicht rechtshängig geworden ist und weil, solange die Anfechtung nicht als begründet festgestellt ist, von dem Kläger auch nicht gesagt werden kann, daß er den Mangel des rechtlichen Grundes beim Empfange des Grundstücks gekannt oder später erfahren habe. Es kann deshalb nur in Frage kommen, ob der Kläger dem Beklagten nach § 280 BGB. schadensersatzpflichtig ist, weil ihm die Herausgabe des Guts infolge eines von ihm zu vertretenden Umstandes unmöglich geworden ist. Indes auch das ist zu verneinen. Es kann schon nicht ohne weiteres angenommen werden, daß die Veräußerung des Guts eine Unmöglichkeit der Rückgabe herbeigeführt hat, weil der Kläger das verkaufte Gut möglicherweise zurückzuerwerben vermag (RGZ. Bd. 52 S. 95, Bd. 54 S. 224). Jedenfalls aber liegt keine vertretbare Unmöglichkeit der Leistung vor. Wenn weder die Anfechtung noch der Schadensersatzanspruch aus unerlaubter Handlung durch die Unmöglichkeit der Rückgabe des Kaufobjekts ausgeschlossen ist (RGZ. Bd. 59 S. 93, JW. 1910 S. 799, 1919 S. 378), so kann die erklärte Anfechtung auch die Veräußerung nicht hindern. Zum mindesten enthält deren Vornahme selbst noch kein Verschulden, das zum Schadensersatz verpflichten würde. Denn solange sich der Gegner der Anfechtung selber nicht fügt und zur Rückgabe des Empfangenen oder Leistung des Schadensersatzes gegen Rücknahme der Kaufsache nicht bereit ist, braucht auch der Anfechtende der Pflicht zur Rückgabe des Kaufobjekts nicht derart Rechnung zu tragen, daß er sie weiter verwaltet und die Unkosten dieser Verwaltung auf sich nimmt. Es ist unrichtig, wenn das Berufungsgericht meint, daß infolge der Anfechtung das verkaufte Grundstück wieder dem Beklagten gehöre. Er hatte nach Maßgabe der Bereicherungsgrundsätze nur einen schuldrechtlichen Anspruch auf Rückgewähr seiner eigenen Leistung. Lehnte der Beklagte die Rücknahme des Guts trotz der begründeten Anfechtung und trotz des begründeten Schadensersatzanspruchs ab, so war er im Annahmeverzuge, der zwar geheilt wurde, als der Kläger auf die Rücknahme des Grundstücks verzichtete, aber gerade wegen dieses Verzichts den Kläger in der Verfügung über die Grundstücke freistellte, solange der Beklagte nicht erklärt hatte, daß er selber auf dem durch die unwiderrufliche Anfechtung geschaffenen Rechtszustand bestehe. Es ist deshalb durch die Veräußerung dem Beklagten nur ein Werterersatzanspruch aus § 818 Abs. 2 BGB. erwachsen. Dieser Wertersatz aber bemißt sich nicht nach der Zeit der Urteilsfällung, sondern nach dem Zeitpunkte, in welchem der Kläger das Gut, dessen Wert er zu ersetzen hat, erlangt hat. Auf Herausgabe desjenigen, was der Kläger durch die Weiterveräußerung über den Wert zur Zeit des Erwerbes hinaus erworben hat, geht der Anspruch des Beklagten nicht. Denn wenn sich die Herausgabepflicht gemäß § 818 Abs. 1 BGB. auch auf dasjenige erstreckt, was der Empfänger auf Grund eines erlangten Rechts oder als Ersatz für die Entziehung des erlangten Gegenstands erwirbt, so fällt darunter doch nicht der durch ein besonderes Rechtsgeschäft, die Weiterveräußerung, erlangte Kaufpreis (RGZ. Bd. 86 S. 346 flg.; RGR. Komm. Anm. 4 zu § 818).

Hiernach wird, wenn die Anfechtung durchgreift, zu prüfen sein, ob und inwieweit unter Berücksichtigung der Wertersatzpflicht des Klägers sein Bereicherungs- oder Schadensersatzanspruch aus unerlaubter Handlung als begründet erscheint. . . .

115. Zur Kündigung von Schiedsrichterverträgen.

VII. Zivilsenat. Urt. v. 1. März 1921 i. S. B. (Bekl.) w. J. B.-Aktiengesellschaft (Kl). VII 349/20.

I. Landgericht Düsseldorf. — II. Oberlandesgericht daselbst.

Im Juni 1917 hatte die Gewerkschaft Braunsteinwerke G. durch einen eine Schiedsklausel enthaltenden Werkvertrag der Klägerin den Bau eines Wasserabführungsstollens nebst Zweigstollens übertragen. Der Fortschritt der Baues erlitt starke Verzögerungen, und im Mai 1918 kamen die Arbeiten der Klägerin zur Einstellung. Die Gewerkschaft hat die Arbeiten später durch eine andere Gesellschaft fortführen lassen. Auf Veranlassung der Klägerin wurde ein Schiedsgericht gebildet, dem Dr. B. als berufen von der Klägerin, der jetzige Beklagte als berufen von der genannten Gewerkschaft, und Dr. R. als Obmann angehörten. Im schiedsgerichtlichen Verfahren begehrte die Klägerin von der Gewerkschaft u. a. Zahlung von 727148,91 ℳ, wogegen die Gewerkschaft Abweisung der Klage und mittels Widerklage Feststellung einer Schadensersatzpflicht der Klägerin forderte. Am 15. März 1919 gelangte das Schiedsgericht nach mündlicher Verhandlung gegen die Stimme des jetzt Beklagten zu einer als Teilschiedsspruch bezeichneten, den Parteien bekannt gegebenen Entscheidung, daß der bezeichnete Anspruch der Klägerin dem Grunde nach gerechtfertigt und über seine Höhe später zu entscheiden sei, die Widerklage aber abgewiesen werde. Am 17. April 1919 übersandte der Obmann den von ihm mit Gründen versehenen Schiedsspruch dem Beklagten zur Unterschrift. Daran schloß sich ein Briefwechsel zwischen diesen beiden über den Inhalt der Begründung des Spruches. Mittels Schreibens vom 10. Juni 1919 an die Parteien des Schiedsverfahrens legte der Beklagte unter Bezugnahme auf jenen Briefwechsel sein Amt als Schiedsrichter nieder. Hierauf beantragte die Klägerin mit der vorliegenden Klage, den Beklagten zu verurteilen, seine Verpflichtungen als Schiedsrichter in dem von ihr gegen die Gewerkschaft G. angestrengten Schiedsgerichtsverfahren zu erfüllen, insbesondere den Teilschiedsspruch zu unterzeichnen sowie bei dessen Niederlegung und Zustellung mitzuwirken, ferner festzustellen, daß der Beklagte verpflichtet sei, ihr den Schaden zu ersetzen, der ihr daraus erwachse, daß er die Erfüllung seiner Pflichten als Schiedsrichter verweigert habe.

Das Landgericht erkannte unter Klagabweisung im übrigen auf Verurteilung des Beklagten, den Schiedsspruch zu unterzeichnen und bei dessen Niederlegung und Zustellung mitzuwirken, sowie auf Feststellung, daß der Beklagte der Klägerin den bezeichneten Schaden zu ersetzen habe. Auf Berufung des Beklagten, der sich die Klägerin anschloß, wurde vom Oberlandesgerichte die Feststellungsklage abgewiesen, im übrigen die Berufung und die Anschlußberufung zurückgewiesen. Die Revision des Beklagten und die Anschlußrevision der Klägerin blieben erfolglos.

Gründe:

Das von beiden Parteien angefochtene Urteil geht in seiner Begründung davon aus, daß, falls ein Schiedsrichter nicht im Schiedsabkommen ernannt (§ 1033 Nr. 1 ZPO.) sondern auf Grund des Abkommens bestellt sei, nach der eigenartigen Gestaltung des Schiedsrichtervertrags, des sog. Rezeptums, Klagen der Schiedsparteien gegen den Schiedsrichter auf Vertragserfüllung grundsätzlich zugelassen werden müßten. Dem Schiedsrichter sei indes ein Recht zur Vertragskündigung einzuräumen, wenn und insoweit ihm ein wichtiger Grund zur Amtsniederlegung zur Seite stehe, wobei auch die Rücksicht auf bloß persönliche Interessen des Schiedsrichters, die durch Fortsetzung der übernommenen Tätigkeit gefährdet würden, von Erheblichkeit sei. Durch besondere Umstände, die sich im Laufe eines Schiedsverfahrens herausstellten, könne sich die Lage ergeben, daß einem Schiedsrichter eine Fortsetzung seiner Mitwirkung in der Zukunft nicht angesonnen werden könne. Er müsse sein Amt dann aber in der Weise niederlegen, daß dadurch die Wirksamkeit des unter seiner bisherigen Mitwirkung stattgehabten Verfahrens nicht vereitelt werde, wenn dies vermieden werden könne und eine andere Art der Amtsbeendigung nicht durch ein schutzwürdiges Interesse des Schiedsrichters gerechtfertigt werde. Von diesen allgemeinen Gesichtspunkten aus, die als zutreffend anzuerkennen sind und der Eigenart des in besonders weitgehendem Maße von Vertrauen beherrschten Verhältnisses sowohl der Schiedsparteien zu den Schiedsrichtern als auch dieser zueinander gerecht werden, hat das Berufungsurteil den Streit der Parteien mit eingehenden Erwägungen, die nirgends einen Rechtsirrtum ersehen lassen, im Ergebnis dahin gewürdigt und entschieden, daß dem Beklagten die Unterzeichnung des Schiedsspruchs vom 15. März 1919 und die Mitwirkung an dessen Zustellung und Niederlegung noch zuzumuten und aufzuerlegen sei, daß er dagegen weder zu einer weitergehenden schiedsrichterlichen Tätigkeit noch zum Ersatz des Schadens, welcher der Klägerin aus seiner Verweigerung von vertraglich übernommenen Leistungen erwachse, verpflichtet sei. Allen demgegenüber von beiden Parteien, zueinander in durchaus gegensätzlichem Sinne, unternommenen Angriffen war der Erfolg zu versagen.

Die Revision hält es für rechtsirrig, der Kündigung des Beklagten, wiewohl sie wegen einer vorliegenden Gefährdung seiner persönlichen Interessen als berechtigt angesehen sei, nicht volle Wirkung beizumessen, und meint, die berechtigte Kündigung wirke sofort, der

Beklagte sei danach zu keinerlei Handlung als Schiedsrichter mehr verpflichtet, die Kündigung sei auch nicht, wie der Berufungsrichter anscheinend annehme, zur Unzeit erfolgt, der Beklagte habe erst gekündigt, als alle seine Vorstellungen gegenüber den anderen Schiedsrichtern erfolglos blieben und er es mit seinem Gewissen nicht mehr vereinbaren konnte, bei dem Schiedsverfahren mitzuwirken. Allein der Gesichtspunkt einer „Kündigung zur Unzeit" könnte nur für ein bestehendes Kündigungsrecht in Betracht kommen. Im Berufungsurteil ist aber dem Beklagten ein Kündigungsrecht überhaupt nur für den bestimmt umgrenzten Rahmen der Mitwirkung zur eigentlich rechtsfindenden weiteren schiedsrichterlichen Tätigkeit zuerkannt, hingegen für die den schon beschlossenen Schiedsspruch angehenden Handlungen im Sinne des § 1039 ZPO. aberkannt. Solche einschränkende Ausgestaltung einer Kündigungsbefugnis widerstrebt nicht dem in die Zukunft weisenden Kündigungsbegriff und unterliegt keinem rechtlichen Bedenken. Dabei kam es freilich vornehmlich auf die Prüfung an, ob und inwieweit der Beklagte von seinem subjektiven Interessenstandpunkt aus gerechten Anlaß hatte, von der Durchführung der übernommenen Aufgaben Abstand zu nehmen. An dieser Prüfung hat es aber der Berufungsrichter nicht fehlen lassen. Er hat sämtliche Gründe, die vom Beklagten im Schreiben vom 10. Juni 1919 und im Laufe des Prozesses für die Verweigerung jeder ferneren aus dem Rezeptum folgenden Vertragsleistung geltend gemacht waren, im einzelnen untersucht und ist auf diesem Wege unter erkennbar grundlegender Beachtung des § 242 BGB., aber auch mit voll genügender Berücksichtigung der subjektiven Auffassung und der persönlichen Interessen des Beklagten zu der Annahme gelangt, daß eine gedeihliche weitere rechtsfindende Zusammenarbeit der drei bestellten Schiedsrichter ausgeschlossen sei, daß aber dem Beklagten sehr wohl die nach § 1039 ZPO. zum beschlossenen Schiedsspruche noch erforderliche Tätigkeit zuzumuten, in letzterer Hinsicht also seine Kündigung nicht berechtigt und nicht wirksam sei. Die Revision rügt, das Berufungsgericht habe dem Teilschiedsspruch eine ihm nicht zukommende Bedeutung beigelegt. Weil im Berufungsurteil von einer Verpflichtung des Beklagten, „den unter seiner Mitwirkung beschlossenen Schiedsspruch zu vollziehen" und davon die Rede ist, er müsse sein Amt in der Weise niederlegen, „daß dadurch die Wirksamkeit des unter seiner bisherigen Mitwirkung stattgehabten Verfahrens nicht vereitelt wird", will die Revision annehmen, das Gericht sei der rechtsirrigen Ansicht gewesen, daß es sich nur noch um die Beurkundung einer am 15. März 1919 durch Abstimmung und Verkündung schon erzielten Entscheidung handelte. Die Revision macht geltend, daß die Beschlußfassung und Verkündung vom 15. März weder für die Schiedsrichter verbindlich noch für die Parteien wirksam war, eine geltende schiedsgerichtliche Entscheidung vielmehr erst mit Erfüllung der drei Erfordernisse des § 1039 ZPO. zur Entstehung kommen konnte. Letzterer Satz trifft zu. Es besteht jedoch kein Anhalt für das Bedenken, daß der Berufungsrichter die Rechtslage verkannt habe. Wenn er auf die von den drei Schiedsrichtern in gemeinsamer Verhandlung, Beratung und Beschlußfassung schon geleistete Arbeit Gewicht gelegt hat, so ist das nicht zu beanstanden. Den Gegenstand des Rezeptums bildet nicht bloß die Erlassung eines mit Rechtskraft ausgestatteten Schiedsspruchs, so daß die ganze der Schaffung solchen Spruches vorausgehende Wirksamkeit der Schiedsrichter als Vorbereitung der Vertragsleistung aufgefaßt werden könnte. Den Gegenstand des Vertrags bildet vielmehr die gesamte schiedsrichterliche Tätigkeit (RGZ. Bd. 94 S. 213). Unbeschadet des Umstandes, daß die Schiedsrichter einen beschlossenen Spruch solange, bis seine Niederlegung gemäß § 1039 erfolgt ist, abändern oder wieder aufheben können, darf der Geistesarbeit, die zur Erreichung einer Beschlußfassung des Schiedsgerichts erforderlich und aufgewendet ist, grundsätzlich eine die mehr formalen Tätigkeitsakte der Unterzeichnung, Zustellung und Niederlegung des Spruches überragende Bedeutung beigemessen werden. Müßte der unmittelbar vor der Unterzeichnung des Spruches erfolgenden Kündigung eines Schiedsrichters sofortige Geltung eingeräumt werden, so würde die schon aufgewendete Arbeit regelmäßig im wesentlichen verloren gehen und die Kündigung, die an sich nur dazu bestimmt ist, eine Rechtsänderung für die Zukunft herbeizuführen, ähnlich einem mit rückwirkender Kraft ausgestatteten Rücktritt vom Vertrage wirken. Die hiermit angedeuteten Gesichtspunkte haben im Berufungsurteil für die Frage, ob etwa dem Beklagten ein Kündigungsrecht unter Einschränkungen zuzuerkennen sei, die ihnen zukommende Beachtung gefunden. Eine rechtlich unstatthafte Würdigung hat das Urteil den Vorgängen des schiedsgerichtlichen Verfahrens aus der Zeit vor der Kündigung des Beklagten nicht zuteil werden lassen.

Die Anschlußrevision wendet sich zunächst gegen die teilweise Abweisung des auf Vertragserfüllung gerichteten Klaganspruchs. Sie will das angefochtene Urteil dahin verstehen, daß lediglich der Beklagte selbst durch unbegründete Äußerungen und Vorwürfe die Verhältnisse geschaffen habe, die ihn jetzt zur Niederlegung seines Amtes berechtigen sollen, und meint, die verschuldete Amtsniederlegung stehe einer willkürlichen gleich, zur willkürlichen Niederlegung aber sei ein Schiedsrichter nach dem Standpunkte der reichsgerichtlichen, auch im Berufungsurteil erwähnten Rechtsprechung nicht befugt. Der Angriff entbehrt jedoch der Berechtigung. Ein Kündigungsrecht in dem oben bezeichneten, begrenzten Rahmen ist dem Beklagten zuerkannt, weil es in den Beziehungen der Schiedsrichter zueinander zu einer Trübung und Spannung gekommen ist, die geeignet sind, dem Beklagten die zur ersprießlichen rechtsfindenden Wirksamkeit erforderliche Unbefangenheit zu entziehen. Allerdings sind im Berufungsurteil als äußere Anlässe für solche ungünstige Entwicklung der Verhältnisse gerade Erklärungen des Beklagten selbst hervorgehoben, sein schon bei der Beratung über den Teilschiedsspruch geäußerter Vorwurf der Vergewaltigung, sein im Prozeß erhobener Vorwurf, daß der Standpunkt der Mitschiedsrichter als voreingenommen zu bezeichnen sei, und sein im Schreiben vom 10. Juni 1919 wie auch später ausgesprochener Vorwurf, daß sich der Obmann dem Vertreter der Gewerkschaft G. gegenüber in beleidigendem Sinn über ihn, den Beklagten, geäußert habe. Allein der Berufungsrichter nimmt keineswegs an, daß es sich bei alledem um schuldhafte Äußerungen des Beklagten handelte. Er ist überzeugt, daß der letzterwähnte Vorwurf auf gewissen dem Beklagten von dritter Seite zugegangenen Mitteilungen beruhte, und erblickt im übrigen ausreichende Erklärungsgründe für die Vorwürfe in der von der Auffassung der beiden anderen Schiedsrichter wesentlich abweichenden Stellungnahme des Beklagten bei Beurteilung des Schiedsstreitverhältnisses. Dabei rechnet der Berufungsrichter ausdrücklich mit der Möglichkeit, daß der Schiedsstreit durch den Beklagten sachlich und rechtlich richtiger als durch die Mitschiedsrichter beurteilt sei. Näher hierauf einzugehen, war in diesem Prozeß der Richter nicht veranlaßt und auch nicht einmal befugt, abgesehen natürlich von der geprüften und verneinten Frage, ob die Entscheidungsgründe des Obmanns und des dritten Schiedsrichters unsinnig waren. Das Ergebnis der hierher gehörigen Sachwürdigung liegt in der ausdrücklichen Urteilsfeststellung, der gute Glaube des Beklagten stehe außer allem Zweifel, womit die Frage, ob er gewußt habe oder hätte wissen müssen, daß er zu seinem Verhalten nicht berechtigt war, rechtlich einwandfrei verneint ist. Daraus folgt aber, daß die Lösung des Vertragsverhältnisses zwischen dem beklagten Schiedsrichter und den Schiedsparteien, insoweit sie das Berufungsurteil anerkennt, nicht auf ein Verschulden oder eine Willkür des Beklagten zurückgeführt ist und zurückzuführen war. Die Anschlußrevision weist noch auf das Reichsgerichtsurteil in JW. 1909 S. 694 Nr. 28 (Gruchot Bd. 54 S. 1160) mit der Ausführung hin, daß in jenem Rechtsfalle, verschieden vom vorliegenden, außerhalb des Schiedsverfahrens liegende Umstände als Gründe zur Niederlegung des Amtes eines Schiedsrichters anerkannt seien. Auch dies Bedenken muß aber versagen. Tatbestandlich stimmen die beiden Fälle freilich nicht ganz überein. Als eigentlich wesentlich ist aber beiden Fällen gemeinsam, daß ein Schiedsrichter nicht mehr im Besitz der vollen zur weiteren Rechtsfindung erforderlichen Unbefangenheit war.

Endlich wird von der Anschlußrevision die Ablehnung des auf Feststellung einer Schadensersatzpflicht des Beklagten gerichteten Klaganspruchs beanstandet. Sie betont, daß der Beklagte auch nach Annahme der Vorinstanz zur Vollziehung des Teilschiedsspruchs verpflichtet sei und diese Verpflichtung nicht erfüllt habe, der Klägerin aber hierdurch, selbst wenn der Schiedsspruch nachträglich vollzogen werde, Schaden entstehe, und meint, der Beklagte müsse für den aus seinem Verzuge erwachsenden Schaden haften, die Weigerung der Vertragserfüllung geschehe immer auf Gefahr des Weigernden. Es trifft zu, daß der Beklagte die Unterzeichnung des im ordnungsmäßigen Verfahren mit maßgebender Stimmenmehrheit beschlossenen und abgefaßten Schiedspruchs objektiv zu Unrecht verweigert hat, und es kann unterstellt werden, daß der Klägerin schon durch die dadurch mindestens verursachte Hinausschiebung der Zeit der Fertigstellung eines wirksamen Schiedsspruchs Vermögensnachteile entstanden sind. Im übrigen ist aber den Ausführungen der Klägerin nicht zu folgen. Ein die Verpflichtung zum Schadensersatz begründender Verzug des Beklagten würde nur vorliegen, wenn diesem die Verweigerung der Mitwirkung zur Fertigstellung und Inkraftsetzung des Teilschiedsspruchs als Verschulden anzurechnen wäre (§§ 284 flg., 276 BGB.). Nun bietet der Rechtsfall die Besonderheit, daß nach der aufrecht zu erhaltenden Entscheidung der beiden Vorinstanzen die Amtsniederlegung des Beklagten mit der einschränkenden Maßgabe als berechtigt anzuerkennen ist, daß er noch die vorerwähnte Mitwirkung zu leisten hat. Der Beklagte selbst aber hatte seinerzeit nicht nur zu bedenken, ob die Mitwirkung zur Vollziehung, Zustellung und Niederlegung des beschlossenen Spruches, für sich betrachtet, von ihm zu leisten war, sondern vor allem auch zu erwägen, ob er zu solcher Tätigkeit trotz der von ihm ausgesprochenen Kündigung überhaupt noch berechtigt war. Der Beklagte hat, wie die Erörterungen am Schluß des Berufungsurteils ergeben, bei Niederlegung seines Amtes die letztere Frage geprüft und verneint und ist wesentlich mit dadurch zur Ablehnung jeder Amtshandlung, insbesondere zur Verweigerung der Vollziehung des Schiedsspruchs, bestimmt worden. Wie weiter mit dem Berufungsurteil angenommen wird, handelte es sich um eine zweifelhafte Rechtsfrage und ist darum ein vertretbares Verschulden des Beklagten in seiner Entschließung und der Verweigerung seiner Unterschrift nicht zu finden.

---

116. Geht der Käufer, der den in Verzug befindlichen Verkäufer unter Androhung der Abnahmeverweigerung auffordert, sich binnen bestimmter Frist über seine Leistungsbereitschaft zu erklären, mit dem Ablauf der Frist des Erfüllungsanspruchs verlustig?

III. Zivilsenat. Urt. v. 4. März 1921 i. S. H. u. Sch. (Kl.) w. M. (Bekl.). III 313/20.

I. Landgericht Braunschweig, Kammer f. Handelssachen. — II. Oberlandesgericht das.

Die Klägerin behauptete, daß der Kaufmann H. in B. im Februar 1919 vom Beklagten 200 rm Fichtenschleifholz gekauft und ihr seine Rechte aus dem Vertrag abgetreten habe. Mit der Klage forderte sie die Verurteilung des Beklagten, ihr die noch rückständigen 180 rm gegen Zahlung des Kaufpreises zu liefern. Im Gegensatz zum ersten Richter, der der Klage stattgegeben hatte, wies das Oberlandesgericht sie ab. Auf die Revision wurde die Sache in die Berufungsinstanz zurückverwiesen.

Gründe:

In dem Briefe vom 18. Juli 1919 ersucht der Rechtsbeistand der Klägerin in deren Auftrag den — in Verzug befindlichen — Beklagten, binnen einer Woche nach Empfang des Schreibens zu erklären, ob er gewillt sei, die rückständige Holzmenge prompt nach Möglichkeit in vertragsmäßiger Beschaffenheit zu liefern; andernfalls werde „Lieferung" abgelehnt und werde seine Auftraggeberin Schadensersatz fordern. Das Berufungsgericht ist der Meinung, daß die Klägerin durch das erfolglose Verstreichen der in dem Briefe gesetzten Frist gemäß § 326 Abs. 1 BGB. des Rechtes auf Vertragserfüllung verlustig gegangen sei.

Diese Ansicht wird von der Revision mit Recht bekämpft. Die bezeichnete Vorschrift knüpft den Ausschluß des Erfüllungsanspruchs an die Voraussetzung, daß der Gläubiger dem säumigen Schuldner eine angemessene Frist zur „Bewirkung der Leistung" unter der Androhung bestimmt, daß er nach Ablauf der Frist die Annahme der Leistung ablehne. Das Schreiben vom 18. Juli enthält eine Fristsetzung in diesem Sinne nicht, sondern fordert den Beklagten lediglich auf, sich innerhalb des angegebenen Zeitraums über seine Erfüllungsbereitschaft zu äußern. Auch im Zusammenhange mit dem darin erwähnten Briefe vom 9. Juli und der Inaussichtstellung von Schadensersatz läßt die Aufforderung eine andere Deutung nicht zu und konnte sie vom Beklagten nicht anders verstanden werden. Der Vorderrichter verweist auf das Schreiben der Klägerin vom 29. Mai 1919, aus dem hervorgehe, daß der Beklagte auf Abruf der Klägerin jedesmal einen Waggon Holz habe verladen, die Lieferung also sukzessiv habe erfolgen sollen. Bei dieser Sachlage habe die Klägerin vom Vertragsgegner im Hinblick auf dessen vorausgegangene ablehnende Haltung eine Erklärung über seine Lieferungsbereitschaft binnen angemessener Frist fordern und für den Fall der Erfolglosigkeit des Verlangens die Folgen des

Leistungsverzugs aus § 326 BGB. androhen können, so daß sie nach dem fruchtlosen Ablauf der Frist Lieferung nicht mehr beanspruchen könne. Diese Annahme entbehrt jeglicher Grundlage. Es ist nicht erfindlich, weshalb an den Inhalt der Fristbestimmung im Sinne von § 326 bei Sukzessivlieferungsgeschäften — dahingestellt, ob ein solches hier vorliegt — andere Anforderungen zu stellen sind, als bei anderen gegenseitigen Verträgen. Auch der Ansicht des Revisionsbeklagten kann nicht zugestimmt werden, daß bei sinngemäßer Auslegung des § 326 eine Fristsetzung der vorliegenden Art der vom Gesetz erforderten Fristbestimmung für gleichwertig zu erachten sei. Das Gesetz will dem Gläubiger, indem es ihn zur Fristsetzung und der damit zu verbindenden Androhung ermächtigt, die Möglichkeit gewähren, die durch den Leistungsverzug des Schuldners verursachte Unsicherheit zeitlich zu begrenzen und eine klare Rechtslage zu schaffen. Dieser Zweck wird durch eine Fristsetzung, wie sie der Brief vom 18. Juli enthält, nicht erreicht. Denn erklärt der Schuldner innerhalb des Zeitraums seine Bereitwilligkeit zur Leistung, ohne bis zu dessen Ablauf die Erfüllung folgen zu lassen, so wird der durch seine Säumigkeit herbeigeführte Schwebezustand nicht beseitigt, sondern verlängert. Die Fristbestimmung im Sinne von § 326 soll aber gerade dazu dienen, jenem unsicheren Zustand dadurch ein Ende zu machen, daß der Schuldner entweder innerhalb des ihm angegebenen Zeitraums erfüllen oder die ihm angedrohten Folgen auf sich nehmen muß. Bei dieser wesentlichen Verschiedenheit der Fristsetzung der Klägerin von der im Gesetze vorgeschriebenen kann dem Schreiben vom 18. Juli in Verbindung mit dem Fristablauf nicht die Wirkung beigemessen werden, daß es das Vertragsverhältnis der Parteien gemäß § 326 umgestaltet und die Klägerin ihres Erfüllungsanspruchs beraubt hat. Ob eine andere Annahme Platz zu greifen hätte, wenn der Beklagte im Vertrauen auf die Erklärung, daß nach dem Fristablauf nicht mehr Erfüllung, sondern Schadensersatz beansprucht werden würde, gehandelt, insbesondere etwa über zur Lieferung an die Klägerin bestimmte Ware anderweit verfügt hätte, bedarf nicht der Entscheidung. Eine solche Sachgestaltung ist vom Beklagten nicht dargelegt worden und aus den Verhandlungsergebnissen der Vorinstanzen nicht zu entnehmen.

---

117. Liegt ein die Nichtigkeit begründender Verstoß gegen die guten Sitten vor, wenn eine Ehefrau Kaufgeschäfte in der Weise vornimmt, daß sie, um dem Ehemanne den Umfang ihrer Aufwendungen zu verheimlichen, den Verkäufer zur Ausstellung unvollständiger Rechnungen veranlaßt?

II. Zivilsenat. Urt. v. 4. März 1921 i. S. Z. (Bekl.) w. H. (Kl.).
II 429/20.

I. Landgericht III Berlin. — II. Kammergericht daselbst.

Die im August 1917 gestorbene Ehefrau des Beklagten war seit dem Jahre 1911 Kundin der Klägerin. Sie kaufte bei ihr Kleidungsstücke und ließ an solchen Änderungen und Reparaturen vornehmen. Unterm 1. September 1917 übersandte die Klägerin dem Beklagten eine die Zeit vom Februar 1914 bis zum Juli 1917 umfassende Rechnungsaufstellung, die für sie eine Gesamtforderung von 4881,50 *M* und nach Abzug der Zahlungen eine Restschuld des Beklagten von 2356,50 *M* ergab. Der Beklagte hat 2340 *M* gezahlt, dann aber erklärt, daß er die Zahlung wegen arglistiger Täuschung anfechte. Die Klägerin erhob Klage mit dem Antrag auf Feststellung, daß dem Beklagten aus der erwähnten Zahlung Rechte gegen sie, die Klägerin, nicht zustehen. Der Beklagte verlangte widerklagend die Rückerstattung der 2340 *M* und eines Teiles der früheren Zahlungen. Nach der Erhebung der Widerklage erklärte die Klägerin die Klage für erledigt.

Beide Vorinstanzen erkannten zugunsten der Klägerin. Die Revision des Beklagten wurde zurückgewiesen.

Gründe:

Der Beklagte hat zur Rechtfertigung der Widerklage geltend gemacht, daß seine verstorbene Ehefrau im Geschäftsverkehr mit der Klägerin die Schlüsselgewalt (§ 1357 BGB.) überschritten habe und daß die zwischen ihr und der Klägerin geschlossenen Geschäfte wegen Verstoßes gegen die guten Sitten (§ 138 Abs. 1 BGB.) insgesamt nichtig seien. Letzteres stützte er auf die unstreitige Tatsache, daß die Klägerin auf Veranlassung der Ehefrau ihm Rechnungen zugehen ließ, worin die mit der Ehefrau vereinbarten Preise zu niedrig angegeben oder auch nicht alle jeweiligen Bestellungen enthalten waren, während andere vollständige Rechnungen der Ehefrau mitgeteilt wurden; ferner behauptete er, die Klägerin habe als Entgelt für dieses Entgegenkommen seiner Ehefrau höhere Preise als ihren sonstigen Kunden berechnet, die Preisaufschläge hätten im Durchschnitt über 30% betragen.

Das Berufungsgericht erachtet die Widerklage unter keinem der beiden Gesichtspunkte für gerechtfertigt. Die Revision greift diese Beurteilung insoweit an, als die Anwendbarkeit des § 138 BGB. verneint ist. Sie macht im wesentlichen geltend: Im Hinblick auf die in den ehelichen Verhältnissen begründeten gegenseitigen Pflichten der Treue und Wahrheitsliebe erscheine es als ein durchaus verwerfliches Verhalten der Ehefrau des Beklagten, daß sie diesen über ihre Garderobeauslagen vorsätzlich getäuscht und sogar noch andere dazu bewogen habe, hierbei Hilfe zu leisten; gerade diese Preisgabe ihrer Eheverfehlung an Fremde mache ihr Verhalten zu einem besonders ungebührlichen. Die Mitwirkung der Klägerin verstoße nicht nur gegen das allgemeine Anstandsgefühl, sondern habe insbesondere die Unsittlichkeit der mit dieser Täuschung notwendig verbundenen Kauf- und Werkvertragsgeschäfte zur Folge, vor allem, wenn die Behauptung des Beklagten zutreffe, daß die Klägerin mit Rücksicht auf den Charakter des Geschäftsverkehrs höhere Preise berechnet habe. Beachte man, daß die Klägerin jahrelang im Verein mit der Ehefrau des Beklagten diesen planmäßig irregeführt und ihm dadurch jeden Überblick über die wirklichen Auslagen seiner Frau und die Möglichkeit der Beseitigung des Mißstandes genommen habe, so müsse man zu dem Ergebnisse kommen, daß die Geschäfte sich nach ihrem Gesamtcharakter als sittenwidrig darstellten und weder die Ehefrau des Beklagten noch diesen selbst verpflichtet hätten.

Der Angriff ist nicht begründet. Allerdings ist der Revision in der Verurteilung des Verhaltens der Ehefrau des Beklagten und ebenso darin beizutreten, daß die Klägerin, indem sie durch die Ausstellung der für den Beklagten bestimmten unvollständigen Rechnungen diesem Verhalten Vorschub leistete, sich mit den Pflichten eines anständigen Geschäftsmanns in Widerspruch gesetzt hat. Daraus ist jedoch nicht zu folgern, daß nunmehr, wie der Beklagte meint, alle zwischen seiner Ehefrau und der Klägerin geschlossenen Geschäfte nichtig sind. Die Annahme einer den mehrjährigen Geschäftsverkehr als solchen ergreifenden Sittenwidrigkeit und einer daraus folgenden Nichtigkeit hat von vornherein auszuscheiden. Nichtig wegen Verstoßes gegen die guten Sitten können nur die einzelnen Geschäfte sein. Gegen diese ist aber vom Standpunkte der guten Sitten aus an sich nichts einzuwenden. Es handelt sich im einzelnen durchweg um gewöhnliche Kauf- und Werkverträge, wie sie zur Befriedigung eines dauernden Bedürfnisses täglich geschlossen werden. Dabei hat die Ausstellung der unvollständigen Rechnungen als solche nur die den Inhalt und damit die Rechtswirksamkeit des einzelnen Geschäfts nicht berührende Bedeutung eines begleitenden Umstandes, der darin besteht, daß der Beklagte über den Umfang der Aufwendungen seiner Frau allgemein getäuscht wurde. Ein die Nichtigkeit der einzelnen Geschäfte begründender Verstoß gegen die guten Sitten könnte sich bei dieser Sachlage nur etwa aus dem über die Berechnung zu hoher Preise Vorgetragenen ergeben. In dieser Beziehung erwägt das Berufungsgericht, daß die — von der Klägerin bestrittene — Preissteigerung im Hinblick auf die mit der Art des Geschäftsverkehrs verbundene Kreditierung berechtigt gewesen, zum mindesten aber nicht für unsittlich zu erachten wäre. Diese Begründung reicht nicht aus, weil sie den wesentlichen Punkt, daß der Aufschlag ein Entgelt für die Ausstellung der unvollständigen Rechnungen gewesen sein soll, nicht trifft. Allein auch der danach nicht berücksichtigte Gesichtspunkt führt nach den Umständen des Falles zu keinem anderen Ergebnisse. Die Revision stützt die hierher gehörige Beschwerde in prozessualer Hinsicht auf das nach zwei landgerichtlichen Schriftsätzen des Beklagten über den Aufschlag und dessen Zusammenhang mit der Rechnungsausstellung Vorgetragene. Nach dem Urteile des ersten Richters hat aber der Beklagte in Ergänzung dieses Vorbringens ausdrücklich erklärt, er wolle nicht behaupten, daß seine Ehefrau sich der Überschreitung des üblichen Preises bewußt gewesen sei. Es könnte daher nur noch in Frage kommen, ob die Sittenwidrigkeit daraus folgt, daß die Klägerin nur von sich aus wegen der Art des Geschäftsverkehrs die höheren Preise genommen hat. Das ist aber zu verneinen. Denn in diesem Fall enthalten nicht die Geschäfte selbst etwas Sittenwidriges, sondern es liegt nur eine — auch nicht etwa unter Abs. 2 des § 138 BGB. fallende — einseitige Ausnutzung der durch das pflichtwidrige Verhalten der Ehefrau des Beklagten geschaffenen Lage seitens der Klägerin vor.

---

118. Wann muß der verantwortliche Leiter eines geschäftlichen Unternehmens sich die Kenntnis eines seiner Angestellten von einer bestimmten Tatsache als eigene Kenntnis anrechnen lassen?

VII. Zivilsenat. Urt. v. 8. März 1921 i. S. Mannh. V. G. (Bekl.) w. Wirtschaftsgenossenschaft Berliner Grundbesitzer (Kl.). VII 330/20.

I. Landgericht I Berlin. — II. Kammergericht daselbst.

Die Klägerin, die ein Nachtwachunternehmen betreibt, ist als Inhaberin dieses Unternehmens bei der Beklagten gegen Haftpflicht versichert. In der Zeit vom Oktober 1917 bis Februar 1918 wurden in den von ihr zur Bewachung übernommenen Räumen mehrerer Firmen Einbruchsdiebstähle verübt. Die Klägerin ist wegen der Schäden mit der Begründung in Anspruch genommen worden, daß die Bewachung bei einigen Firmen zur Zeit des Einbruchs gar nicht, bei einer Firma nicht ordnungsmäßig ausgeführt worden sei. Sie hat Feststellung beantragt, daß die Beklagte verpflichtet sei, für die Schäden zu haften, die ihr durch ihre Inanspruchnahme für die Einbruchsdiebstähle drohten, und sie von den schon gegen sie erhobenen Ansprüchen zu befreien.

Das Landgericht entsprach der Klage. Das Kammergericht erkannte auf einen Eid des Direktors der Klägerin. Auf die Revision der Beklagten wurde das Urteil aufgehoben.

Gründe:

... In Erweiterung des § 152 VersVG., wonach von der Versicherung ausgeschlossen sind Versicherungsansprüche aller Personen, welche den Eintritt der Tatsache, für die sie dem Dritten verantwortlich sind, vorsätzlich herbeigeführt haben, bestimmt § 1 III 1 der allgemeinen Versicherungsbedingungen, daß auch solche Versicherungsansprüche dem Versicherungsschutze nicht unterliegen, die durch Mangelhaftigkeit der von dem Versicherungsnehmer gelieferten Arbeiten verursacht sind, wenn dem Versicherungsnehmer die Mangelhaftigkeit bekannt war. Nun hat der Berufungsrichter auf den Eid des Direktors der Klägerin, B., erkannt, ob er an den Tagen, die den nächtlichen Einbrüchen vorhergingen, keine Kenntnis davon gehabt hat, daß die von der Klägerin zu bewachenden Räumlichkeiten dieser Kunden in der Nacht unbewacht blieben. ... Der Revision muß zugegeben werden, daß es auf die Kenntnis des Direktors nicht ankommt, sondern daß nach Lage der Sache die Kenntnis eines Angestellten von dem Mangel der Bewachung im Einzelfalle genügt, wenn einem solchen die Entgegennahme der Meldungen, daß ein Bezirk mangels Personals unbewacht bleiben müsse, und die formularmäßige Benachrichtigung der davon betroffenen Kunden allgemein aufgetragen worden ist. Wenn der verantwortliche Leiter eines geschäftlichen Unternehmens dessen Innenbetrieb in der Weise regelt, daß Tatsachen, deren Kenntnis von Rechtserheblichkeit ist, nicht von ihm selbst, sondern von einem bestimmten Angestellten zur Kenntnis genommen werden, so muß er sich im Verhältnis zu einem Dritten, der aus der Tatsachenkenntnis Rechte herleitet, die Kenntnis des Angestellten wie eine eigene anrechnen lassen. Wenn auch der Angestellte nicht sein Stellvertreter im Willen ist, eine Willenserklärung überhaupt nicht in Betracht kommt, so ist er doch zum Wissensvertreter bestellt, und der Leiter des Unternehmens würde in einem solchen Falle gegen Treu und Glauben im geschäftlichen Verkehr verstoßen, wenn er aus der inneren Geschäftsverteilung dem Dritten gegenüber den Einwand der Unkenntnis herleiten wollte. ...

---

119. 1. Bezieht sich die Verordnung über die Abgeltung von Ansprüchen gegen das Reich vom 4. Dezember 1919 auch auf Gehaltsansprüche von Beamten und Militärpersonen?

2. Sind unter inaktiven Offizieren auch Offiziere a. D. zu verstehen?

3. Enden die Gehaltsansprüche eines Offiziers, wenn sein Dienstverhältnis vorschriftsmäßig hätte aufgehoben werden sollen, aber tatsächlich nicht aufgehoben worden ist?

III. Zivilsenat. Urt. v. 8. März 1921 i. S. A. (Kl.) w. Deutsches Reich (Bekl.). III 314/20.

I. Landgericht I Berlin. — II. Kammergericht daselbst.

Der Kläger, der im Jahre 1907 als Oberarzt mit der gesetzlichen Pension verabschiedet worden war, wurde nach Ausbruch des Krieges im Jahre 1914 auf seinen Antrag wieder im Heere verwendet, später zum Stabsarzt befördert und zum 30. September 1919 entlassen. Er bestritt die Wirksamkeit der Entlassung und erhob unter Berufung auf seine Eigenschaft als aktiver oder doch als inaktiver Sanitätsoffizier Gehaltsansprüche für die Zeit vom 1. November 1919 ab. Die Klage wurde in erster Instanz abgewiesen. Das Berufungsgericht gab ihr für die Zeit bis zum 31. März 1920 einschließlich durch Teilurteil statt und wies im übrigen im Schlußurteil die Berufung des Klägers zurück. Der Beklagte hat gegen das Teilurteil, der Kläger gegen das Schlußurteil des Berufungsgerichts Revision eingelegt. Die Revision des Beklagten wurde zurückgewiesen. Auf die Revision des Klägers wurde das Schlußurteil aufgehoben und die Sache insoweit an das Berufungsgericht zurückverwiesen.

Gründe:

Mit Unrecht verlangt der Beklagte Anwendung der Verordnung über die Abgeltung von Ansprüchen gegen das Reich vom 4. Dezember 1919. Ein Fall der §§ 1 flg. dieser VO. steht nicht in Frage. Nach § 8 findet die Vorschrift des § 4 auch Anwendung auf Ansprüche aus öffentlichrechtlichen oder privaten Dienstverhältnissen gegenüber dem Reiche während des Krieges sowie auf alle aus Anlaß des Krieges oder bei Durchführung der Übergangswirtschaft infolge von Anordnungen oder Maßnahmen von Behörden oder militärischen Stellen erwachsenen Ansprüche. Die Verordnung spricht hier ganz allgemein von öffentlichrechtlichen Dienstverhältnissen. Darunter würden die Dienstverhältnisse von Offizieren, Sanitätsoffizieren und anderen Militärpersonen an sich ebenso fallen wie die von Beamten. Gleichwohl kann nicht angenommen werden, daß die Verordnung sich auf Gehaltsansprüche von Beamten und Militärpersonen bezieht. Sie bezweckt gleich der Verordnung des Reichsamts für die wirtschaftliche Demobilmachung vom 21. November 1918, deren Erläuterung, Änderung und Ergänzung sie enthält, die unproduktive Arbeit für Kriegsaufträge zu beendigen, die Industrie auf Friedensarbeit umzustellen und das Reich von den großen Verpflichtungen aus den unter anderen Verhältnissen erteilten Kriegsaufträgen zu befreien (vgl. die Entscheidung des erkennenden Senats oben S. 326). Die Beteiligten sollen keine Gewinne mehr machen, sondern nur eine Entschädigung erhalten, die von besonderen Behörden festzusetzen ist. Diese leitenden Gedanken der Verordnung finden auf Gehaltsansprüche von Militärpersonen aus rein militärischen Dienstverhältnissen ebensowenig Anwendung wie auf Gehaltsansprüche von Beamten. Solche Ansprüche sind unter wesentlich anderen Gesichtspunkten zu beurteilen. Es ist deshalb davon auszugehen, daß die Verordnung sich nicht auf sie bezieht und daß sie vielmehr in der gleichen Weise im Rechtswege vor den ordentlichen Gerichten zu verfolgen sind, wie dies vor dem Inkrafttreten der Verordnung unzweifelhaft der Fall war. Daß Versorgungsansprüche mit Rücksicht auf ihre besondere Wesensart von den Bestimmungen der Verordnung nicht betroffen werden, ist in der amtlichen Begründung zu § 8 noch ausdrücklich hervorgehoben. Auf die besonderen Erwägungen, mit denen das Berufungsgericht die Zulässigkeit der Verfolgung im Rechtswege rechtfertigt, und auf die dagegen gerichteten Revisionsangriffe braucht nicht eingegangen zu werden. Die Abgeltungsverordnung findet in keinem Falle Anwendung.

In der Sache selbst nimmt das Berufungsgericht an, daß der Kläger nicht aktiver Sanitätsoffizier sei, spricht ihm als zu den inaktiven Offizieren gehörig auf Grund von Verordnungen des Kriegsministers vom 6. Januar und 20. Februar 1919 Gehalt bis zum 31. März 1920 zu und bestätigt die Abweisung der Klage für die Zeit vom 1. April 1920 ab nur deshalb, weil der durch jene Verordnungen begründete Rechtszustand durch die Verordnung des Heeresabwicklungshauptamts vom 5. Februar 1920 geändert worden sei.

Die Annahme, daß der Kläger nicht aktiver Sanitätsoffizier sei, ist zu billigen. Nach der den Behauptungen des Klägers im Rechtsstreit entsprechenden Feststellung des Berufungsgerichts lautete das Telegramm des Feldsanitätschefs, wodurch dem Kläger seine Verwendung im Heere angekündigt wurde, auf Wieder*ein*stellung, nicht auf Wieder*an*stellung. Es bedarf nicht der Erörterung, ob der Feldsanitätschef berechtigt gewesen wäre, den Kaiser bei der in einer Wiederanstellung des Klägers als aktiven Sanitätsoffiziers liegenden Ausübung der Regierungs- und Kommandogewalt zu vertreten. Schon der Wortlaut des Telegramms spricht gegen die Annahme einer solchen Wiederanstellung. Dem Berufungsgericht ist aber vor allem darin beizutreten, daß die Annahme einer Reaktivierung schon deshalb ausgeschlossen ist, weil niemals dem Kläger eine schriftliche Mitteilung zugegangen oder in anderer Form veröffentlicht worden ist, daß er als aktiver Sanitätsoffizier wieder eingestellt sei, und weil staatliche Hoheitsakte von dieser Bedeutung in anderer Form als durch Telegramm bekannt gegeben zu werden pflegen. Danach müßte, selbst wenn, wie der Kläger jetzt behaupten läßt, das Telegramm auf Wieder*an*stellung gelautet hätte, angenommen werden, daß es sich nur um eine das Pensionsverhältnis nicht aufhebende Wiederheranziehung zum aktiven Heeresdienste handelte, wie sie in zahlreichen Fällen stattfand und auch in den Pensionsgesetzen ausdrücklich vorgesehen ist.

Nicht zu beanstanden ist ferner die Anwendung der Verordnung vom 6. Januar 1919 in Verbindung mit der Verordnung vom 20. Februar 1919. Wenn auch die Offiziere a. D. im Gegensatze zu denen z. D. aus dem Dienstverhältnisse ausscheiden, so stehen sie doch nicht völlig außerhalb des Kreises der Militärpersonen (vgl. Laband Staatsrecht d. Deutschen Reichs Bd. 4 § 107, II 6 a), und es liegt deshalb nahe, sie unter den Begriff der inaktiven Offiziere zu stellen. Es bedarf indessen keines näheren Eingehens auf die nicht unbestrittene Rechtsstellung der Offiziere a. D., da dem Berufungsgericht jedenfalls in der Annahme beizutreten ist, daß in den nach Eintritt des Waffenstillstands erlassenen Bestimmungen ein Unterschied zwischen Offizieren a. D. und inaktiven Offizieren nicht gemacht worden und namentlich unverständlich ist, weshalb die Offiziere a. D. nicht unter Nr. 3 der VO. vom 6. Januar 1919 fallen sollten. Nr. 1 dieser VO. bestimmt für Offiziere, Sanitätsoffiziere, Veterinäroffiziere und Heeresbeamte des Friedensstandes über deren weitere Verwendung. Nach Nr. 2 haben aktive Offiziere usw., die auszuscheiden wünschen, wie bisher, ihre Verabschiedung oder Versetzung in den Ruhestand auf dem vorgeschriebenen Dienstweg und unter Beachtung der gegebenen Bestimmungen nachzusuchen. Wenn nun im Gegensatze hierzu in Nr. 3 für die Entlassung der inaktiven Offiziere und der Offiziere des Beurlaubtenstandes auf besondere Vorschriften verwiesen und zugleich bestimmt wird, daß solche Offiziere bis zur Erledigung eines von ihnen erhobenen Pensionsanspruchs nicht ohne ihre Zustimmung entlassen werden dürfen, so kann dies nur dahin verstanden werden, daß damit eine erschöpfende Regelung getroffen werden sollte. Als inaktive Offiziere im Sinne der Verordnung sind daher alle diejenigen zu betrachten, die nicht zu den aktiven Offizieren usw. der Nr. 2 und nicht zu den Offizieren des Beurlaubtenstandes gehören, also auch die zum Heeresdienste wieder herangezogenen Offiziere a. D., wie der Kläger. Gegenüber diesem aus dem Inhalte der Verordnung selbst gewonnenen Ergebnis versagt auch der im Urteile der ersten Instanz enthaltene Hinweis auf die für den Fall einer Wiedereinstellung solcher Offiziere im Kriege im Offizierspensionsgesetze vorgesehene Regelung.

Die Revision des Beklagten ist danach unbegründet.

Dagegen beschwert sich der Kläger mit Recht über die Anwendung der Verordnung vom 5. Februar 1920. Darin bestimmt das Heeresabwicklungshauptamt, daß alle nicht dem Friedensstand angehörigen Offiziere, Beamten usw., die sich zurzeit bei den Abwicklungsstellen des alten Heeres befinden und auch weiterhin benötigt werden, vom 1. April 1920 an auf Privatdienstvertrag anzustellen seien. Soweit hieraus gefolgert werden muß, daß andere Offiziere usw. zum 1. April 1920 entlassen werden sollten, ist daraus gegen den Kläger schon deshalb nichts zu entnehmen, weil er nicht auf Grund dieser Verordnung entlassen worden ist. Das Berufungsgericht verkennt dies auch nicht, erwägt aber, daß der Kläger, wenn er nicht schon früher entlassen worden wäre, auf Grund dieser Verordnung hätte entlassen oder günstigenfalls auf Privatdienstvertrag hätte angestellt werden müssen, keinesfalls aber Gehaltsansprüche, wie er sie mit der Klage verfolgt, über den 1. April 1920 hinaus gehabt haben würde. Allein diese Erwägung ist hier belanglos. Es handelt sich nicht um Schadensersatzansprüche, sondern um den Anspruch auf Gehaltsbezüge, die erst mit der wirklichen Aufhebung des zugrundeliegenden Dienstverhältnisses wegfallen. Die Verordnung trifft aber auch sachlich nicht den Kläger, der bei einer Abwicklungsstelle tatsächlich nicht mehr beschäftigt war und für eine weitere Verwendung bei einer solchen Stelle auch nicht mehr in Betracht kam. Es kann nicht angenommen werden, daß die Verordnung vom 5. Februar 1920, die die in den Verordnungen vom 6. Januar 1919 und vom 20. Februar 1919 für den Fall einer Erhebung von Pensionsansprüchen getroffene Sonderregelung mit keinem Wort erwähnt, diese besonderen Vorschriften aufheben oder gar in Pensionsfälle eingreifen wollte, die schon früher eingetreten und nur, gleichviel aus welchem Grunde, noch nicht erledigt waren. Die späteren Bekanntmachungen des Reichsarbeitsministers, die andere Fälle betreffen, aber, wie das Berufungsgericht selbst zugibt, mit seiner eigenen Auffassung im Widerspruche stehen, bedürfen nicht der Erörterung. Die Regelung der Pensionszahlung, auf die das Berufungsgericht verweist, kommt hier, wo es sich um die Zulässigkeit der Entlassung handelt, überhaupt nicht in Betracht.

Die Revision des Klägers ist daher begründet.

---

120. 1. Zur Umwandlung eines Personennamens in einen reinen Warennamen. Kann ein Personenname von seinem Träger von vornherein zum Warennamen bestimmt werden?

2. Stellt es einen Geschäftsbetrieb im Sinne des § 1 WZG. dar, wenn ein Patent auf Herstellung einer Ware durch Erteilung von Lizenzen verwertet wird?

II. Zivilsenat. Urt. v. 11. März 1921 i. S. Ernst Simons (Kl.) w. W. (Bekl.). II 473/20.

I. Landgericht III Berlin, Kammer f. Handelssachen. — II. Kammergericht daselbst.

Der Kläger als Träger des Namens Simons und als Inhaber einer Anzahl Warenzeichen verlangte, daß der Beklagte es unterlasse, seine Fabrik als „Simonsbrotfabrik" und das von ihm hergestellte Brot als „Simonsbrot" zu bezeichnen. Er gründete diesen Anspruch auf sein Namensrecht und auf sein Recht aus den eingetragenen Warenzeichen. Der Beklagte entgegnete, er sei zum Gebrauch dieser Bezeichnung befugt, einmal, weil er einen Lizenzvertrag über die Herstellung des ursprünglich patentierten Verfahrens der Brotbereitung abgeschlossen und darin das Recht erworben habe, auch über die Dauer des im Jahre 1911 abgelaufenen Patentlizenzvertrags hinaus die Bezeichnung Simonsbrotfabrik und Simonsbrot zu gebrauchen; sodann, weil das Wort Simonsbrot ein Warenname und die besondere Bezeichnung einer Brotart, also eine Gattungsbezeichnung geworden sei. Ein anderer Träger des Namens Simons, Gustav Simons, habe den Namen zur Bezeichnung einer Brotsorte freigegeben.

Während der erste Richter der Klage stattgab, wies das Kammergericht sie ab. Die Revision blieb erfolglos.

Gründe:

Nach den Feststellungen des Kammergerichts waren ein gewisser G. und der Inhaber der Firma Pr. die Erfinder eines Verfahrens zur Herstellung von Brotteig aus keimfähigen Körnerfrüchten ohne Schälen und Mahlen. Das Verfahren genoß Patentschutz, das Patent Nr. 96786 stand der Firma Pr. zu. Von dieser Firma erwarb Berta Simons, eine Schwester des Klägers, 1896 eine Lizenz für eine in Soest von ihr unter der Firma Wwe. Dr. Simons betriebene Walzkornbrotbäckerei für die Bezirke Soest, Elberfeld und Barmen. In diesen Bezirken nannte das kaufende Publikum zuerst das aus der Simonsschen Bäckerei stammende Brot „Simonsbrot". Aber Gustav Simons, ein Anhänger der Brot- und Ernährungsreform, der sich in der Soester Fabrik betätigte und die Bereitung des Brotes vervollkommnete, erkannte darin, daß das von ihm für gesund gehaltene Brot unter der allgemein und einheitlich gebrauchten Bezeichnung „Simonsbrot" als besondere Brotart gekennzeichnet wurde, einen Vorteil für die Möglichkeit, das Brot in Deutschland durchzusetzen. Er ließ sich bei diesem Bestreben nicht nur von persönlichen, materiellen, sondern auch von rein idealen Zielen leiten. Deshalb griff er die Bezeichnung „Simonsbrot", die im Soester Bezirk für das aus der Malzfabrik der Firma Wwe. Dr. Simons stammende und nach dem Patent des Pr. hergestellte Brot üblich geworden war, auf und ließ im Jahre 1900 sogar ein Warenzeichen für sich eintragen, das das Wort „Simonsbrot" als Bestandteil enthielt (obwohl er damals eine eigene Fabrik nicht besaß). Im gleichen Jahre erwarb er für sich dieses Patent und schloß nun mit einer großen Anzahl über das ganze Deutsche Reich verstreuter Personen und Firmen Lizenzverträge, in denen er den Lizenznehmern das Recht zur Herstellung des Brotes nach dem Patent einräumte, ihnen aber zugleich die Verpflichtung auferlegte, das Brot als „Simonsbrot" zu bezeichnen, die Brotfabrik als „Simonsbrotfabrik" zu firmieren, auch das Warenzeichen für ihre Waren zu benutzen. In den Lizenzverträgen wird das Recht der Herstellung und des Verkaufs von „Simonsbrot" übertragen, der „Begriff: Simonsbrot" näher umschrieben. Gustav Simons selbst hat anfänglich keine Fabrik besessen, in der er dieses Brot hergestellt und an die Lizenznehmer geliefert hätte. Die Lizenznehmer begründeten vielmehr ihrerseits voneinander unabhängige selbständige Fabriken, in denen sie das Brot herstellten und je nach der Lage ihrer Fabriken als „Leipziger", „Rheinisches", „Kieler" usw. „Simonsbrot" in den Handel brachten. Erst 1902 hat Gustav Simons in Oranienburg eine eigne „Simonsbrotfabrik" für kurze Zeit begründet, aber auch von dort aus nicht seine Lizenznehmer mit dem von ihm hergestellten Simonsbrot versorgt, sondern die Fabrik mit Rücksicht auf die erteilten Lizenzen ebenfalls örtlich beschränkt geführt. Schon 1903 hat er sie an einen gewissen Sch. veräußert und seither keine Fabrik mehr besessen. Nur 1903 hat er für den Kläger Ernst Simons in Kassel eine Simonsbrotfabrik eingerichtet, der ebenfalls eine Lizenz erworben hatte. Im übrigen hat Gustav Simons für die Einführung des von ihm für gesund gehaltenen Brotes eine große Propagandatätigkeit entwickelt und in den verschiedenen Teilen Deutschlands über die Brotfrage aufklärende Vorträge gehalten. Er verfolgte den Zweck, das Erzeugnis als eine besonders wertvolle Brotart schlechthin unter der Bezeichnung „Simonsbrot" im Deutschen Reiche bekannt zu machen. Im Jahre 1903 sind dann die erworbenen Patente über das Verfahren zur Herstellung des Malzkornbrotes wieder an die Firma Pr. von Gustav Simons zurückgelangt. In der Benennung des Brotes als „Simonsbrot" und der Fabriken der Lizenznehmer als „Simonsbrotfabriken" ist aber nichts geändert worden, auch hat kein Mitglied der Familie Simons dieser Namensbenutzung widersprochen.

Im Oktober 1905 hat endlich der Kläger die Patente von der Firma Pr. gekauft und ist in die bestehenden Lizenzverträge eingetreten. In der Führung der Bezeichnungen des Brotes und der Fabriken durch die Lizenznehmer wurde auch jetzt nichts geändert. Der Kläger, der nur seine örtlich beschränkte Simonsbrotfabrik in Kassel betrieb und diese schließlich 1910 in eine Gesellschaft m. b. H. einbrachte, war darauf bedacht, daß das nach dem Patent hergestellte Brot einheitlich als „Simonsbrot" in den Handel komme. 1907 war für ihn auch das Warenzeichen des Gustav Simons umgeschrieben worden und in diesem Jahre und in den späteren Jahren hat er sich noch andere

Warenzeichen eintragen lassen, die sämtlich das Wort „Simons" enthalten. Am 24. Juni 1911 ist das Patent abgelaufen.

Aus diesen Tatsachen hat das Kammergericht die Überzeugung gewonnen, daß die Bezeichnung „Simonsbrot" und „Simonsbrotfabrik" ursprünglich zwar auf die bestimmte Herkunftsstelle der in Soest von der Firma Wwe. Dr. Simons betriebenen Malzkornbrotbäckerei hinwies, also eine Herkunftsbezeichnung war, insofern gewerbliche Unternehmen und Leistungen mit dem Namen bezeichnet wurden, den der Inhaber des Unternehmens im Geschäftsleben führte; daß namentlich durch die eigne Tätigkeit von Gustav Simons aber die Bezeichnung „Simonsbrot" zum Warennamen geworden ist, weil nunmehr damit nicht ein Brot aus der Soester Brotfabrik der Firma Wwe. Dr. Simons oder ein Brot aus einem Simons gehörigen sonstigen Unternehmen verstanden wurde, sondern ein Brot, das nach dem Patent 96786 hergestellt wurde, ein Brot, gebacken aus Brotteig aus keimfähigen Körnerfrüchten ohne Schälen und Mahlen. Bezeichne man mit Simonsbrot aber ein nach einem bestimmten Verfahren hergestelltes Brot, so sei darin zugleich ein Hinweis auf eine bestimmte Erzeugungsstätte nur dann zu finden, wenn diese Herstellung erkennbar und nach der Auffassung des kaufenden Publikums nur in einem bestimmten Unternehmen stattfände. Da aber Gustav Simons durch Gewährung zahlreicher Lizenzen nach Erwerbung des Patentes einer großen, über ganz Deutschland verbreiteten Anzahl von Fabriken die Herstellung des Brotes nach dem patentierten Verfahren übertrug und diese verpflichtete, sich „Simonsbrotfabriken", ihr Erzeugnis „Simonsbrot" zu nennen, so liege es in der Natur der Sache, daß dadurch die Bezeichnung „Simonsbrot" allein zur Artbezeichnung wurde, zur Bezeichnung eines nach dem patentierten Verfahren hergestellten Brotes, und jeden Hinweis auf die Herstellungsstätte, deren es ja nunmehr eine große Anzahl gab, verlor. Jedes Brot, das nach diesem Verfahren hergestellt, also von der besonderen Art wie das zunächst in Soest hergestellte Brot war, würde „Simonsbrot" genannt und demgemäß eine Fabrik, die diese Art von Brot herstellte, „Simonsbrotfabrik".

Diese Ausführungen lassen keinen Rechtsirrtum erkennen. Wenn das Kammergericht den Umwandlungsprozeß einer Herkunftsbezeichnung in eine Gattungsbezeichnung ferner dadurch für begünstigt ansieht, daß er dem Willen des Inhabers des Patentes selbst entsprach und von ihm absichtlich gefördert worden ist, so ist auch diese Annahme rechtlich nicht zu beanstanden. Wählte Gustav Simons von vornherein die Bezeichnung „Simonsbrot", um die Art des Brotes zu kennzeichnen und es als besondere Art im Publikum bekannt zu machen, nicht zu dem Zweck, um dadurch sich als Inhaber des Patentes hinzustellen, so mußte das selbstverständlich die Umwandlung der Herstellungsbezeichnung in eine Beschaffenheitsbezeichnung begünstigen. Zu erwägen ist hierbei, daß die Bezeichnung als Simonsbrot eine rein zufällige war und nicht auf den Erfinder des Verfahrens oder den ursprünglichen Patentinhaber hinwies, sondern nur auf die Herkunft aus der Betriebsstätte eines der Lizenznehmer. Lediglich dadurch, daß der spätere Patentinhaber Gustav Simons diese vom Publikum gebildete beschränkte Herkunftsbezeichnung aufgriff und als Artbezeichnung für alles nach dem patentierten Verfahren hergestellte Brot verwendete und verwenden ließ, entstand die Gattungsbezeichnung, so daß im eigentlichen Sinne nicht einmal eine „Umwandlung" einer Herkunftsbezeichnung in eine Gattungsbezeichnung stattfand, sondern vielmehr von dem berechtigten Patentinhaber von vornherein die ursprünglich auf den Soester Kreis beschränkte Herkunftsbezeichnung allgemein für alles nach dem patentierten Verfahren hergestellte Brot als Warenname verwendet wurde, und zwar ohne daß er damit auch nur eine Beziehung zu seinem Namen und zum Inhaber des Patentes herstellen wollte. Nur als reinen Warennamen, womit sich leichter Propaganda für die Einführung dieser Brotart treiben ließ, als wenn das Brot namenlos war, hat Gustav Simons die Bezeichnung verwendet. Zutreffend durfte aber das Berufungsgericht Gewicht darauf legen, welche Bedeutung der Schöpfer des Namens, der Namensgeber selbst, mit der Beilegung eines Namens verbunden hat. Geht das Berufungsgericht davon aus, daß er mit der Einführung des Namens „Simonsbrot", den er als beschränkte Herkunftsbezeichnung in Beziehung auf einen nicht ihm gehörigen Betrieb vorfand, nur die Art und Eigenschaften dieser bestimmten Brotsorte bezeichnen wollte, so ist der Schluß, daß auch das kaufende Publikum dementsprechend keinen anderen Sinn damit verband als eine Gattungs- und Artbezeichnung, durchaus zulässig und läßt keinen Rechtsirrtum erkennen. Namentlich aber hat das Berufungsgericht mit Recht angenommen, daß Gustav Simons selbst seinen Namen als Hinweis auf seine Person preisgegeben und ihn als Warennamen mit der Art des Brotes, um das es sich hier handelt, verbunden habe, indem er durch Lizenzerteilungen die fremden Produkte der Lizenznehmer mit seinem eignen Namen zu benennen vorschrieb (vgl. Kohler, Warenzeichenrecht S. 100). Hiernach muß davon ausgegangen werden, daß, abgesehen von dem Publikum in dem Bezirke Soest, Elberfeld, Barmen, die Bezeichnung von vornherein nur Beschaffenheitsangabe, reiner Warenname gewesen ist. Dem steht die spätere Bemerkung des Kammergerichts nicht entgegen, wonach die Umwandlung bis zum Ablauf des Lizenzvertrags mit dem Beklagten, der 1911 erfolgte, vollzogen gewesen sei.

Dann aber können die Angriffe der Revision keinen Erfolg haben. Selbst wenn ein Teil des Publikums in der Benennung „Simonsbrot" für dieses Erzeugnis den Hinweis auf eine Person namens Simons erblickte und annahm, daß ein Simons entweder Hersteller oder Erfinder des Brotes sei, so würde das die Tatsache nicht aus der Welt schaffen, daß der Name von vornherein von Gustav Simons als Beschaffenheitsangabe dem Brote gegeben und damit von seiner Person losgelöst worden war. Eine gegenteilige Auffassung des kaufenden Publikums wäre sonach insoweit eine irrige und darum unmaßgebliche gewesen. Das gilt auch von dem Teil des Publikums im Bezirk Soest. Hielt dort nach wie vor das Publikum an der ursprünglich von ihm selbst geschaffenen Bedeutung einer Herkunftsbezeichnung fest, so war es unrichtig, wenn es diese Auffassung auch auf das gesamte im Handel befindliche Simonsbrot erstreckte, nachdem auch anderswo solches hergestellt und berechtigtermaßen als Simonsbrot bezeichnet wurde. . . .

Daß auch das Warenzeichen der Annahme, Simonsbrot sei Beschaffenheitsangabe geworden, nicht entgegensteht, hat schon das Kammergericht zutreffend ausgeführt. Nach § 1 WZG. wird vorausgesetzt, daß der Inhaber des Warenzeichens einen Geschäftsbetrieb hat, der sich mit Erzeugung, Bearbeitung oder Handel von Waren befaßt, und daß zur Unterscheidung der aus diesem Betriebe kommenden Waren das Zeichen verwendet wird. Einen Geschäftsbetrieb in diesem Sinne besaß Gustav Simons aber überhaupt nicht. Eine Verwertung des Patentes durch Erteilung von Lizenzen ist keine Erzeugung und kein Handel mit Waren. Das Warenzeichen war also von vornherein unwirksam und konnte eine Beziehung der von den Lizenznehmern in ihren Betrieben hergestellten Waren auf einen gar nicht vorhandenen Geschäftsbetrieb des Gustav Simons aus rechtlichen und tatsächlichen Gründen nicht herstellen. Die später vom Kläger selbst erworbenen Warenzeichen konnten ein Monopol an der Bezeichnung Simonsbrot für den Kläger aber dann nicht mehr herstellen, wenn, wie das Berufungsgericht feststellt, diese Bezeichnung bereits vorher zur Beschaffenheitsangabe geworden und hierzu von einem anderen Träger dieses Namens freigegeben worden war. Bei dieser Sachlage bedarf es nicht eines Eingehens auf die Frage, ob nicht mit dem Erlöschen des Patentes und damit der Lizenzen der bis dahin für die Produkte des Patentverfahrens gleichzeitig vorhanden gewesene Warenzeichenschutz überhaupt ins Freie gefallen ist, da es dem Wesen des Patentrechts widerspricht, dessen Schutzdauer auf dem Umweg über das Warenzeichenrecht zu verlängern. Ebenso erledigt sich die Prüfung, die von dem Revisionsbeklagten angeregt wurde, ob nicht nach den Lizenzverträgen den Lizenznehmern auf die Dauer die Führung des Namens „Simons" für ihre Fabriken und Waren gestattet worden sei.

121. 1. Zur Anwendung des § 384 Abs. 3 HGB.

2. Ist es ein Sachmangel der Ware, wenn sie aus dem Ausland eingeschmuggelt ist, oder wenn trotz des Erwerbs durch einen gutgläubigen Käufer noch die Möglichkeit ihrer Beschlagnahme nach § 94 StPO. besteht?

3. Begründet der Verstoß gegen § 9 Nr. 1 BVO. über den Handel mit Tabakwaren vom 28. Juni 1917 (RGBl. S. 563) die Nichtigkeit des Kaufgeschäfts?

II. Zivilsenat. Urt. v. 11. März 1921 i. S. Gr. u. We. (Kl.) w. Wo. (Bekl.). II 482/20.

I. Landgericht Hamburg, Kammer f. Handelssachen. — II. Oberlandesgericht das.

Nach dem Inhalte der Klageschrift hat die Klägerin im Februar 1919 102200 Stück Zigarren, sog. Schweizer Stumpen, welche sie von einer Mannheimer Firma gekauft hatte, zum Preise von 35401,75 *M* an die Beklagte verkauft. Dieser Betrag, in dem eine Vergütung von 2% aus 34237 *M* „laut unseres Briefes vom 18. Februar 1919" sowie Verpackungskosten mit 480 *M* inbegriffen sind, war nach der Faktura sofort nach Empfang der Ware zu bezahlen und wurde eingeklagt. Die Beklagte verweigerte die Zahlung deshalb, weil die 102200 Schweizer Stumpen sofort, nachdem sie aus Mannheim bei ihr eingetroffen waren, auf Veranlassung der Staatsanwaltschaft Waldshut beschlagnahmt wurden. Die Beschlagnahme erfolgte im Strafverfahren wegen Zollhinterziehung auf Grund des Verdachts, daß die Stumpen unter Umgehung des Zolles und unter Verletzung des Einfuhrverbots ohne Einfuhrbewilligung in das Gebiet des Deutschen Reichs eingeschmuggelt worden seien. In dem durch Zurücknahme der Berufung der mehreren Angeklagten rechtskräftig gewordenen Urteile des Schöffengerichts Waldshut vom 4. September 1919 ist denn auch festgestellt, daß die der Firma Gr. & We. gelieferten Schweizer Stumpen ohne Verzollung und unter Verletzung des Einfuhrverbots in das Gebiet des Deutschen Reichs verbracht worden sind. Außerdem ordnet jenes Urteil die Einziehung „der in Hamburg beschlagnahmten Stumpen beziehungsweise deren Erlös" an. Des weiteren erhob die Beklagte den Einwand des Kettenhandels, auch suchte sie die Nichtigkeit des Geschäfts daraus herzuleiten, daß die Klägerin ohne die erforderliche Erlaubnis Handel mit Tabakwaren getrieben habe. Diesen Einwänden gegenüber wies die Klägerin im Laufe des landgerichtlichen Verfahrens darauf hin, daß sie, wenn sie auch wie ein Verkäufer der Beklagten Faktura gegeben habe, doch „eigentlich lediglich Kommissionär" gewesen sei und den Einkauf der Beklagten in Mannheim vermittelt habe. Sie legte auch Abschrift ihres Schreibens an die Beklagte vom 18. Februar 1919 vor, worin es heißt: sie überreiche der Beklagten ein Angebot für Schweizer Stumpen in Originalpackung, das sie soeben von ihren Freunden in Mannheim erhalten habe, und sei bereit, Bestellungen darauf gegen eine Vergütung von 2% für die Vermittlung des Einkaufs entgegenzunehmen.

Durch Beschluß des Amtsgerichts Hamburg vom 12. Mai 1919 wurden „auf Antrag der Staatsanwaltschaft Waldshut" die bei der Beklagten beschlagnahmten Schweizer Stumpen — 102200 Stück — freigegeben, nachdem die Beklagte den Betrag von 34237 ℳ beim Amtsgericht Hamburg hinterlegt hatte.

Das Landgericht hat der Klage entsprochen, das Oberlandesgericht dagegen sie abgewiesen. Auf die Revision der Klägerin wurde aufgehoben und zurückverwiesen.

Gründe:

Entsprechend der Darstellung in der Klageschrift, die von der Beklagten in der Klagebeantwortung zunächst als richtig bezeichnet wurde, geht das Berufungsgericht davon aus, daß zwischen den Parteien ein Kaufvertrag mit dem aus der Faktura vom 28. Februar 1919 ersichtlichen Inhalte zustande gekommen sei. Nun hatte aber die Klägerin schon in erster Instanz unter Hinweis auf ihr Schreiben an die Beklagte vom 18. Februar 1919 vorgetragen und auch im Berufungsverfahren daran festgehalten, daß sie der Beklagten gegenüber in Wirklichkeit nur Einkaufskommissionär habe sein wollen und gewesen sei. Das Berufungsgericht erwägt hierzu, wenn auch die Klägerin in jenem Schreiben sich bereit erklärt habe, Bestellungen der Beklagten auf Schweizer Stumpen gegen eine Vergütung von 2% für die Einkaufsvermittelung entgegenzunehmen, so sei sie doch mit der Faktura vom 28. Februar 1919 nicht als Vermittler oder Kommissionär, sondern als Verkäufer aufgetreten. Außerdem verweist das Berufungsgericht, was die Verkäufereigenschaft der Klägerin angeht, noch auf seine Urteilsausführungen in einer anderen ähnlich liegenden Sache. Dort sind aber für die Annahme, daß es sich um ein Kaufgeschäft, nicht um Kommission handle, Briefe verwertet, die nur den Verkehr zwischen jenen Prozeßparteien berühren, für den jetzigen Rechtsstreit dagegen nicht in Frage kommen. Ob sich die Auffassung, daß die Klägerin der Beklagten gegenüber Verkäufer gewesen, auf die Übersendung der Faktura vom 28. Februar 1919 und deren Inhalt stützen läßt, ist mit Rücksicht darauf, daß sie in der Faktura, bei Anführung ihrer Vergütung von 2%, auf das Schreiben vom 18. Februar 1919 Bezug nimmt, zum mindesten zweifelhaft. Es kann dies aber dahingestellt bleiben, denn jedenfalls ergibt sich die Haftung der Klägerin für die Erfüllung des Geschäfts und damit auch für etwaige Gewährschaftsmängel der Ware (§§ 459 flg. BGB.) aus der Vorschrift des § 384 Abs. 3 HGB. In dem Schreiben vom 18. Februar 1919 hat die Klägerin der Beklagten bezüglich der Schweizer Stumpen ihre Dienste als Einkaufskommissionär gegen eine Vergütung von 2 %, angeboten, ohne den Dritten, mit dem das Geschäft abgeschlossen werden sollte, namhaft zu machen; sie spricht darin nur von einem von „ihren Freunden in Mannheim" erhaltenen Angebot. Auch bei Übersendung der Faktura vom 28. Februar 1919, worin — wenn man sich auf den Standpunkt der Klägerin stellt — die Anzeige von der Ausführung der Kommission erblickt werden kann, hat eine Benennung des Dritten, des Verkäufers der Schweizer Stumpen, nicht stattgefunden. Damit ist die im § 384 Abs. 3 HGB. bestimmte Folge eingetreten, daß die Klägerin wie ein Verkäufer für die Erfüllung des Geschäfts einzustehen, also auch die Gewährschaftshaftung wegen Mängel der Ware zu übernehmen hat. Insoweit, als das Berufungsgericht der Klägerin diese Haftung an sich aufbürdet, ist daher das angefochtene Urteil nicht zu beanstanden.

Dagegen kann dem Vorderrichter nicht darin beigetreten werden, daß die Schweizer Stumpen zu der Zeit, da sie bei der Beklagten eintrafen und damit die Gefahr auf die Käuferin überging, mit einem Sachmangel (§ 459 Abs. 1 Satz 1 BGB.) behaftet gewesen seien.

Als Anfang März 1919 auf Ersuchen der Staatsanwaltschaft Waldshut die Beschlagnahme der inzwischen bei der Beklagten eingetroffenen 102200 Schweizer Stumpen durch die Hamburger Polizeibehörde erfolgte, hatte die Beklagte, die bei dem Einschmuggeln der Zigarren nicht beteiligt gewesen und — wie angenommen werden muß — gutgläubig in ihren Besitz gelangt war, ohne Frage das Eigentum daran erworben. Die Folge dieses gutgläubigen Eigentumerwerbs war die Unzulässigkeit der Einziehung (Konfiskation) der Zigarren oder ihres Erlöses gemäß § 134 VZG., wie sie im Urteile des Schöffengerichts Waldshut vom 4. September 1919 später angeordnet wurde (vgl. RGSt. Bd. 30 S. 413). War aber die Einziehung und deren Anordnung unzulässig, so war es naturgemäß auch eine nur der Sicherung der Einziehung dienende Beschlagnahme. Darauf, ob trotzdem tatsächlich eine gewisse Gefahr der Beschlagnahme der Stumpen (zur Sicherung späterer Einziehung) für die Beklagte fortbestand, kann es bei der Frage der Verkäuferhaftung der Klägerin nicht ankommen. Denn für eine rechtswidrige Handlung der Behörde, wie sie hier vorläge, wenn die Beschlagnahme vom März 1919 nur zur Sicherung der Einziehung erfolgt wäre, braucht der Verkäufer dem Käufer gegenüber nicht einzutreten (vgl. RGZ. Bd. 96 S. 80). Ob jene Beschlagnahme wirklich eine solche Sicherungsmaßregel war, ist nicht ersichtlich; die Möglichkeit, daß sie zwecks Sicherstellung eines als Beweismittel für die Strafuntersuchung erheblichen Gegenstandes (§ 94 StPO.) angeordnet und vollzogen wurde, bleibt daher bestehen. Das Berufungsgericht erklärt denn auch die Frage, ob die Ware der Einziehung unterlag, für bedeutungslos, verwertet aber den Umstand, daß sie für die Untersuchung als Beweisstück von Erheblichkeit gewesen sei und demgemäß auf längere Zeit dem Verkehre habe entzogen und entwertet werden können, für die Annahme eines Sachmangels nach § 459 BGB. Diese Auffassung ist jedoch nicht haltbar. Da die Ware Schmuggelgut war und für das Strafverfahren gegen die Schmuggler als Beweismittel von Bedeutung sein konnte, bestand allerdings die Möglichkeit ihrer Beschlagnahme unter dem rechtlichen Gesichtspunkte des § 94 StPO. Allein diese bloße Möglichkeit, der an sich alle nur denkbaren im Anwendungsgebiete der StPO. befindlichen Sachen ausgesetzt sind und deren Verwirklichung im einzelnen Falle von dem pflichtmäßigen Ermessen der Strafverfolgungsbehörde abhängt, stellt keine Eigenschaft der Ware dar, d. h. kein tatsächliches oder rechtliches Verhältnis, das zufolge seiner Beschaffenheit und vorausgesetzten Dauer nach der Verkehrsanschauung ihre Wertschätzung zu beeinflussen pflegt. Der Annahme einer Eigenschaft in diesem Sinne steht insbesondere entgegen, daß die Veräußerungs- und sonstige Verwendungsfähigkeit der Ware, solange die Beschlagnahme nur als eine Möglichkeit in Aussicht steht, in keiner Weise beeinträchtigt und die Beschlagnahme (als Beweisstück) selbst als ein nur vorübergehender, den Verkehrswert der Ware regelmäßig nicht mindernder Eingriff aufzufassen ist. Bei Waren, welche durch die an die Beschlagnahme sich anschließende Verwahrung Not leiden könnten, mag unter Umständen eine andere Beurteilung gerechtfertigt sein; dieser Fall liegt jedoch hier — bei Unterstellung entsprechender Verpackung und Aufbewahrung — nicht vor. Auch darin, daß es sich bei den 102200 Schweizer Stumpen um Schmuggelware handelte, wodurch — wie das Berufungsgericht ausführt — im Hinblick auf das drohende und später auch eröffnete Strafverfahren ihr Verkehrswert gedrückt worden sei, läßt sich ein Sachmangel nach § 459 BGB. nicht erblicken. Das Vorhandensein eines solchen Mangels könnte, wenn man von dem möglichen Bevorstehen einer Beschlagnahme absieht, nur damit begründet werden, daß im regelmäßigen kaufmännischen Verkehr der Absatz von Schmuggelware, die als solche bekannt ist, auf Widerstand stoße und infolgedessen die betreffende Ware eine Entwertung erleide. Dem ist jedoch entgegenzuhalten, daß die Beklagte als gutgläubige Erwerberin der Schweizer Stumpen vollgültige Eigentümerin geworden ist und daß demnach auch ihren Abnehmern daraus, daß die Ware im Wege des Schmuggels in das Gebiet des Deutschen Reichs eingeführt worden war, keinerlei Benachteiligung erwachsen konnte; insbesondere war auch bei ihnen, wie sich aus dem oben Ausgeführten ergibt, eine Einziehung aus der vom Schöffengerichte Waldshut angewendeten Vorschrift des § 134 VZG. rechtlich nicht mehr möglich. Unter diesen Umständen ist nicht einzusehen, wie es mit Rücksicht auf den Schmuggelcharakter der von der Beklagten gutgläubig zu Eigentum erworbenen Ware zu einer Herabminderung ihres Verkehrswerts hätte kommen sollen. Schwierigkeiten konnten der Beklagten beim Absatz der Schweizer Stumpen nur solchen Kaufliebhabern gegenüber entstehen, die der irrigen Rechtsansicht waren, sie würden als Käufer irgendwelche vermögensrechtliche oder sonstige Beeinträchtigung zu gewärtigen haben. Die Frage, ob der Posten Zigarren zu der Zeit, da die Gefahr auf die Beklagte als Käuferin überging, mit einem Gewährschaftsmangel behaftet war, entscheidet sich aber nach der objektiven Rechtslage, nicht nach der rechtsirrigen Auffassung einzelner besonders vorsichtiger Kaufliebhaber.

Von der Wandelung des Kaufvertrags kann daher wegen Nichtvorhandenseins eines Gewährschaftsmangels im Sinne des § 459 Abs. 1 Satz 1 BGB. nicht die Rede sein. Die Wandelung wäre übrigens auch deshalb abzulehnen gewesen, weil die Beklagte nach dem Inhalt des angefochtenen Urteils und der Akten die Rückgängigmachung des Kaufes wegen des angeblichen Sachmangels gar nicht verlangt hat. Sie hat vielmehr, wie auch im Berufungsurteil gesagt ist, nur erklärt, daß sie unter den von ihr vorgetragenen Umständen die Bezahlung der ihr sofort nach Übersendung wieder entzogenen Schweizer Stumpen verweigere. Diese Erklärung läßt nicht, jedenfalls nicht zweifelsfrei, erkennen, ob die Beklagte Rückgängigmachung des Kaufes geltend machen oder nicht vielmehr die Zahlung des Kaufpreises nur insolange ablehnen wollte, als die Ware nicht endgültig aus der Beschlagnahme freigegeben wäre. Ein Wandelungsbegehren konnte in der Erklärung der Beklagten um so weniger ohne weiteres gefunden werden, als sie den ganzen beschlagnahmten Posten Zigarren im Mai 1919 durch Hinterlegung von 34237 *M* wieder an sich gebracht und inzwischen, wie anzunehmen ist, darüber verfügt hat.

Hiernach versagt die Berufung der Beklagten auf §§ 459 flg. BGB. Unbegründet ist aber auch ihr Vorbringen, der Kaufvertrag sei wegen Verstoßes der Klägerin gegen § 9 der BVO. über den Handel mit Tabakwaren vom 28. Juni 1917 (RGBl. S. 563) nichtig. Nach dieser Vorschrift ist strafbar, wer ohne die erforderliche Erlaubnis Handel mit Tabakwaren treibt und wer den Preis für Tabakwaren durch unlautere Machenschaften, insbesondere Kettenhandel, steigert. Sollte die Klägerin, sofern sie Verkäuferin war, das streitige Geschäft ohne die erforderliche Erlaubnis abgeschlossen und sich demnach strafbar gemacht haben, so würde dadurch die zivilrechtliche Wirksamkeit des

Kaufvertrags nicht berührt. Denn das Verbot des § 9 Nr. 1 der Verordnung richtet sich, wie aus den vorhergehenden Vorschriften, insbesondere aus § 1 Abs. 2, § 4 und § 8 sowie aus den die Erwerberseite angehenden Bestimmungen des § 10 ersichtlich ist, gegen den Verkäufer von Tabakwaren. Verstößt aber nur dessen Tätigkeit, nicht das Rechtsgeschäft als solches wider ein gesetzliches Verbot, so ist der Kaufvertrag selbst nicht der Ungültigkeit nach § 134 BGB. verfallen (vgl. RGZ. Bd. 60 S. 277). Den Einwand des Kettenhandels (§ 9 Nr. 2 der BVO. vom 28. Juni 1917) sucht die Beklagte nur damit zu begründen, daß auf seiten der Klägerin als Verkäuferin die Voraussetzungen des Kettenhandels insofern vorlägen, als sie die Ware im Kettenhandel erworben und sodann unter Preissteigerung weiterveräußert habe. Dieses Vorbringen ist dafür, daß durch den Verkauf der Stumpen an die Beklagte ein unnützes Zwischenglied in den Verteilungsprozeß eingeschoben worden sei und daß auch die Beklagte den dem Kettenhandelsverbot zuwiderlaufenden Tatbestand bewußt verwirklicht habe, nicht schlüssig. Die bewußte Verwirklichung des gegen das Gesetz verstoßenden Tatbestandes durch beide Teile wäre aber Voraussetzung der Nichtigkeit des zwischen den Parteien abgeschlossenen Geschäfts gemäß § 134 BGB., wie der erkennende Senat schon mehrfach (vgl. z. B. RGZ. Bd. 98 S. 1) in bezug auf den Kettenhandel ausgesprochen hat. Endlich könnte auch eine Verurteilung der Inhaber der klagenden Firma aus § 9 BVO. mit der Maßgabe, daß neben der Strafe die Einziehung der veräußerten Zigarren angeordnet würde, der Beklagten nicht zum Erfolg verhelfen. Nach § 9 Abs. 2 kann allerdings neben der Strafe auf Einziehung der Tabakwaren, auf welche sich die strafbare Handlung bezieht, erkannt werden, und zwar ohne Unterschied, ob sie dem Täter gehören oder nicht. Die Anordnung der Einziehung der hier streitigen Schweizer Stumpen wäre aber, nachdem diese aus dem Gewahrsam der Klägerin heraus in Besitz und Eigentum der gutgläubigen Beklagten übergegangen sind, nicht mehr vollstreckbar, gleichgültig, ob die Beklagte die Ware bei sich behalten oder — wie anzunehmen — inzwischen weiterveräußert hat.

---

122. Bestimmt sich beim Schadensersatze für verloren gegangene Sachen die Höhe der Geldentschädigung nach dem Werte der Sachen zur Zeit der Klagerhebung oder zur Zeit der Urteilsfällung?

I. Zivilsenat. Urt. v. 12. März 1921 i. S. Speditions- und Lagerhaus A.-G. (Bekl.) w. M. (Kl.). I 264/20.

I. Landgericht Köln. — II. Oberlandesgericht daselbst.

Der Kläger hatte im Mai 1916 seine Wohnungseinrichtung nebst Kleidungs- und Wäschestücken der Beklagten zur Aufbewahrung übergeben. Als die eingelagerten Güter im August 1917 aus dem Lager herausgenommen wurden, wurde festgestellt, daß ein Teil der Gegenstände fehlte. Deshalb verlangte der Kläger von der Beklagten Schadensersatz. Die Höhe des Schadens gab er in der Klageschrift auf 6829 *M* an. Durch Urteil des Landgerichts wurde der Klaganspruch dem Grunde nach für gerechtfertigt erklärt. Dies Urteil wurde rechtskräftig.

Bei der Fortsetzung des Rechtsstreits über den Betrag machte der Kläger geltend, daß inzwischen der Wert der fehlenden Sachen auf 12000 *M* gestiegen sei. Er beantragte nunmehr die Verurteilung der Beklagten zur Zahlung von 12000 *M* nebst Zinsen. Das Landgericht wies die nachträglich geltend gemachte Mehrforderung ab. Das Oberlandesgericht erklärte auch diese dem Grunde nach für gerechtfertigt und verwies die Sache zur Verhandlung über die Höhe des nachträglichen Anspruchs an das Landgericht zurück. Die Revision des Beklagten hatte keinen Erfolg.

Gründe:

Das Berufungsgericht ist hinsichtlich der Höhe des von der Beklagten dem Kläger zu leistenden Schadensersatzes zu dem Ergebnis gelangt, daß für sie der Zeitpunkt des gerichtlichen Urteils maßgebend sei, die Beklagte also dem Kläger dasjenige, was die verloren gegangenen Gegenstände zur Zeit der Urteilsfällung für ihn wert gewesen wären, in Geld ersetzen müsse, und ein früherer Zeitpunkt für die Wertbemessung nur insoweit in Frage kommen könne, als der Kläger sich bereits aus eigenen Mitteln für die abhanden gekommenen Gegenstände Ersatz beschafft haben sollte. Wegen solcher Gegenstände könne der Kläger zwar nur den von ihm für die Anschaffung aufgewendeten Geldbetrag erstattet verlangen, doch bleibe nachzuprüfen, ob er vielleicht aus dem Gesichtspunkte des Verzugs von der Beklagten Verzinsung des Geldes fordern könne.

Der Ansicht des Berufungsgerichts ist im Ergebnis beizupflichten. Wie das Berufungsgericht in seinem Urteile vom 9. Mai 1919 über den Grund des Anspruchs ausgeführt hat, ist die Beklagte gemäß §§ 417, 390 HGB. dem Kläger für den Verlust der zur Lagerung und Aufbewahrung übernommenen Güter verantwortlich. Sie hat ihm also nach Maßgabe der §§ 249 flg. BGB. Schadensersatz zu leisten. Diese Verpflichtung besteht nach § 249 in der Herstellung des Zustands, der bestehen würde, wenn der zum Ersatze verpflichtende Umstand, also die Entwendung der Sachen, nicht eingetreten wäre. Danach läge es der Beklagten in erster Reihe ob, dem Kläger die Verfügungsgewalt über die gestohlenen Sachen wieder zu verschaffen und gegebenenfalls die Sachen wieder in den früheren Stand zu setzen. Da ihr aber nach Lage der Verhältnisse die Wiederbeschaffung der Sachen nicht möglich ist, so hat sie den Kläger gemäß § 251 in Geld zu entschädigen. Über den Umfang der Entschädigung schreibt § 252 vor, daß der zu ersetzende Schaden auch den entgangenen Gewinn umfaßt. Danach erstreckt sich die Entschädigungspflicht auf Leistung des vollen Geldersatzes für allen Schaden, der sich als eine unmittelbare oder mittelbare Folge des schadenbringenden Ereignisses darstellt. Einen solchen Ersatz erhält der Kläger im vorliegenden Falle nur dann, wenn die Beklagte ihm einen Geldbetrag zahlt, für den er sich statt der verloren gegangenen Gegenstände gleichwertige Ersatzstücke anschaffen kann. Hierzu ist er jedoch nicht imstande, wenn der Berechnung des Werterſatzes, wie die Revision es für richtig hält, der Zeitpunkt des schädigenden Ereignisses oder der Klagerhebung zugrunde gelegt wird. Denn unstreitig ist im Laufe des Rechtsstreits der Wert aller Sachen von der Art der verloren gegangenen bedeutend gestiegen. Dem Kläger wird daher der volle Wertersatz, wie er ihn nach den §§ 249, 251, 252 BGB. zu beanspruchen hat, nur dann zuteil, wenn ihm derjenige Betrag zugesprochen wird, der dem Wertbestande vom Tage des gerichtlichen Urteils entspricht (Komm. v. RGR. Anm. 3 zu § 251; RGZ. Bd. 98 S 56).

Hieran ändert auch der Umstand nichts, daß der Kläger bis zum Erlasse des Zwischenurteils über den Grund des Anspruchs nur den geringeren Betrag des ursprünglichen Klagantrags gefordert und erst im Verfahren über den Betrag eine höhere Geldsumme als nunmehr angemessenen Wertersatz beansprucht hat. Denn bis zum Erlasse des Schlußurteils war der Kläger, selbst noch in der Berufungsinstanz, berechtigt, den Klagantrag in der Hauptsache und in bezug auf Nebenforderungen zu erweitern (§ 268 Nr. 2 ZPO.). Alle bis zum Schlußurteil vorliegenden Umstände hatte das Berufungsgericht bei der Schadensberechnung zu berücksichtigen und den Entschädigungspflichtigen im Rahmen der in der Schlußverhandlung gestellten Anträge auch zum Ersatze solchen Schadens zu verurteilen, der sich zwar erst nach der Klagezustellung herausgestellt hat, aber auf das schädigende Ereignis ursächlich zurückzuführen ist (RGZ. Bd. 98 S. 57) Es erscheint daher rechtsirrtümlich, wenn die Revision die Ansicht vertritt, daß auf die nach Klagerhebung eingetretenen wirtschaftlichen Veränderungen, welche eine Umgestaltung aller Wertverhältnisse zur Folge gehabt haben, nicht Rücksicht genommen werden durfte. Das Berufungsgericht ist vielmehr von zutreffenden rechtlichen Erwägungen ausgegangen, wenn es auch diejenigen Umstände, durch welche der dem Kläger entstandene Schaden, in Geld umgesetzt, vergrößert und demgemäß der als Wertersatz angemessene Betrag erhöht wurde, mit in den Kreis seiner Betrachtung zog.

Zur Widerlegung der Ansicht der Vorderrichters ist von der Revision noch der Gesichtspunkt hervorgehoben worden, daß der Kläger, wenn er bereits zur Zeit der Klagerhebung Ersatz für die abhanden gekommenen Gegenstände erlangt hätte, die Ersatzstücke in der Zeit bis zur Urteilsfällung abgenutzt haben würde, mithin durch die Bemessung der Geldentschädigung nach dem Werte, den die Sachen zur Zeit des Schlußurteils gehabt hätten, mehr erhalten würde, als er zur Beschaffung gleichwertiger Ersatzstücke nötig hätte. Hierbei übersieht die Revision aber, daß es im Belieben des Klägers gestanden hätte, ob und welchen Gebrauch er von den Ersatzstücken, falls er solche früher bekommen hätte, machen wollte, daß er aber, wenn er die Sachen durch Gebrauch abgenutzt hätte, dann auch für sich den Vorteil der Benutzung gehabt hätte, der ihm jetzt infolge des Verzugs der Beklagten entgangen ist. Zur vollständigen Schadloshaltung des Klägers ist deshalb unbedingt notwendig, daß er in Geld soviel erhält, als er zur Zeit der Urteilsfällung aufwenden muß, um für die ihm verloren gegangenen Stücke gleichwertigen Ersatz zu beschaffen.

Mit Recht hat daher der Vorderrichter dem Kläger auch den nachträglich eingeklagten Mehrbetrag dem Grunde nach zugesprochen, wobei es in prozessualer Hinsicht, beim Fehlen einer dies betreffenden Rüge (§ 554 Abs. 3 Nr. 2b, § 559 ZPO.), dahingestellt bleiben kann, ob das Berufungsgericht sich hinsichtlich des nachgeforderten Betrags gemäß § 538 Nr. 3 ZPO. auf die Entscheidung über den Grund beschränken und die Sache nochmals an das Landgericht zurückverweisen durfte. . . .

---

123. 1. Findet die Verordnung über die Regelung der Teerwirtschaft vom 7. Juni 1920 (RGBl. S. 1156) auch Anwendung auf bereits vorher entstandene Schadensersatzansprüche wegen Nichtlieferung?

2. Zur Zulässigkeit der abstrakten Schadensberechnung beim Kauf von Waren zum Selbstverbrauche.

I. Zivilsenat. Urt. v. 12. März 1921 i. S. H. B. & Co. (Bekl.) w. H. K. (Kl.). I 297/20.

I. Landgericht Hannover, Kammer f. Handelssachen. — II. Oberlandesgericht Celle.

Im September 1919 schlossen die Parteien einen Vertrag, inhalts dessen die Klägerin von der Beklagten 6 Kesselwagen Teeröl für Treib-

und Heizzwecke kaufte. Mangels Erfüllung des Vertrags durch die Beklagte klagte die Klägerin zunächst auf Lieferung der gekauften Ware, erklärte aber in der Berufungsinstanz, daß sie jetzt nicht mehr Lieferung, sondern gemäß § 326 BGB. Schadensersatz wegen Nichterfüllung verlange. Als Schaden forderte sie den Unterschied zwischen dem damaligen Marktpreise der Ware und dem Vertragspreise. Der Schadensersatzanspruch wurde vom Berufungsgericht dem Grunde nach für berechtigt erklärt. Die Revision der Beklagten hatte keinen Erfolg.

Aus den Gründen:

Die Reichsverordnung vom 7. Juni 1920 über die Regelung der Teerwirtschaft enthält im wesentlichen öffentlichrechtliche und nur nebenbei einige zivilrechtliche Vorschriften. Diese letzteren sollen nach dem Sinn und Zweck der genannten VO. nur insoweit in das bestehende bürgerliche Recht eingreifen, als dies die Durchführung einer geregelten Verteilung der in Betracht kommenden Erzeugnisse, u. a. des Teeröls, erfordert. Dementsprechend hat das Berufungsgericht die Vorschrift in § 18 Abs. 2: „Bestehende Verträge über Treiböl und Heizöl und Pech jeder Art gelten als aufgehoben, insoweit Lieferung noch nicht erfolgt ist", mit Recht auf solche Verträge beschränkt, aus denen zur Zeit des Inkrafttretens der VO. noch Lieferung der Ware verlangt werden konnte. Denn wenn, wie im vorliegenden Fall, zur Zeit des Inkrafttretens der VO. ein Anspruch auf Lieferung der Ware nicht mehr vorhanden war, so war der nach § 326 BGB. an seine Stelle getretene Anspruch auf Schadensersatz wegen Nichtlieferung für die mit der VO. bezweckte Regelung der Teerwirtschaft ohne jede Bedeutung, so daß ein Eingriff in diesen Anspruch über den Rahmen der VO. hinausgehen würde. Hieran wird auch durch die Bestimmung in § 18 Abs. 2, daß die Vorschriften der §§ 346—348 BGB. über die Wirkungen des Rücktritts von Verträgen entsprechende Anwendung finden, nichts geändert. Denn die dort behandelten Ansprüche auf Rückgewähr des zur Erfüllung des Vertrags Empfangenen oder auf Schadensersatz wegen gänzlicher oder teilweiser Unmöglichkeit dieser Rückgewähr stehen dem hier maßgeblichen Anspruch auf Schadensersatz wegen Nichterfüllung des Vertrags nicht entgegen ...

Das Berufungsgericht hat den Klaganspruch dem Grunde nach für berechtigt erklärt, da jedenfalls feststehe, daß ein abstrakt zu berechnender Schade für die Klägerin eingetreten sei, und dieser auch dann geltend gemacht werden könne, wenn ein konkret zu berechnender Schade nicht entstanden sein sollte.

Die Revision erhebt gegen die Anwendung der abstrakten Schadensberechnung das Bedenken, daß die streitige Ware zum Selbstverbrauch der Klägerin bestimmt gewesen sei und diese an ihren Weiterverkauf nicht gedacht habe. Anderseits hat nach den Feststellungen des Berufungsurteils die Beklagte behauptet, daß die Klägerin das Teeröl tatsächlich nicht in ihrem Betriebe gebraucht haben würde, da sie nur Kohlen verfeuert und die Vorrichtungen für Ölfeuerung abgerissen habe.

Nun ist aber weder aus dem für den Vertragsinhalt wesentlichen Schreiben vom 13. September 1919 noch sonst ersichtlich, daß die Klägerin der Beklagten gegenüber sich des Rechts auf Weiterverkauf der Ware begeben hatte. Die Klägerin würde also, wenn sie das Teeröl geliefert erhalten hätte, aber in ihrem eigenen Betriebe nicht verwenden konnte oder wollte, nach dem gewöhnlichen Verlaufe der Dinge in der Lage gewesen sein, die unbestritten marktgängige Ware zu dem Verkäuflichkeitspreise zu verkaufen, der an dem für die Schadensberechnung maßgeblichen Orte und Zeitpunkte galt. Denselben Preis würde sie nach dem gewöhnlichen Verlaufe der Dinge haben aufwenden müssen, wenn sie sich wegen Nichtlieferung der Ware seitens der Beklagen rechtzeitig und gehörig eingedeckt hätte, um das Öl in ihrem eigenen Betriebe zu verbrauchen. Es kann dahin gestellt bleiben, ob auch von diesem letzteren Gesichtspunkte aus der abstrakte Schade berechnet werden darf, wenn — wie hier — die Klägerin tatsächlich einen Deckungskauf nicht vorgenommen und mangels eines solchen vom Gesichtspunkte der Anschaffungskosten aus einen wirklichen Schaden nicht erlitten hat (vgl. oben S. 217). Denn jedenfalls ist vom Gesichtspunkte des für die Klägerin erzielbaren Verkaufspreises aus um den Unterschied zwischen diesem Preise und dem nach den Feststellungen des Berufungsgerichts niedrigeren Vertragspreise die Vermögenslage der Klägerin durch die Nichterfüllung des streitigen Vertrags seitens der Beklagten verschlechtert, wenn der natürliche Verlauf der Dinge zugrunde gelegt wird. Daß dieser Verlauf hier aus besonderen Gründen nicht in Frage kommt, ist den Ausführungen der Beklagten nicht zu entnehmen. Denn der Umstand, daß die Klägerin die Ware zunächst zum Selbstverbrauche gekauft, spricht nicht gegen die aus dem natürlichen Verlaufe der Dinge folgende Annahme, daß die Klägerin, wenn sie die Ware vertragsmäßig erhalten hätte, aber in ihrem eigenen Betriebe nicht verwenden konnte oder wollte, die rechtliche und tatsächliche Möglichkeit ihres Verkaufs zum marktgängigen Preise benutzt haben würde. Danach ist eine genügende Unterlage für die Anwendung der abstrakten Schadensberechnung gegeben. . . .

---

124. Zur Auslegung der Abgeltungsverordnung vom 4. Dezember 1919.

III. Zivilsenat. Urt. v. 18. März 1921 i. S. Deutsches Reich (Bekl.) w. K. (Kl.). III 362/20.

I. Landgericht Hamburg. — II. Oberlandesgericht daselbst.

Durch Vertrag vom 9./22. Dezember 1914 / 10. April 1915 vermietete die Klägerin dem Beklagten ihren Frachtdampfer Rhein für Kriegszwecke auf unbestimmte Zeit gegen einen täglichen Mietzins von 120 *M*. In der Verhandlung vom 9. Januar 1919 erkannte sie an, daß ihr an diesem Tage das Schiff zurückgegeben sei, daß die Miete aufgehört habe und daß die Gefahr für das Schiff sowie die Sorge für das Inventar und die Besatzung auf sie übergegangen sei. Sie behielt sich zugleich ihren Anspruch auf Fortzahlung der Miete bis zur beendeten Wiederherstellung des Schiffes vor, falls ihr während dieser Zeit ein Nutzungsverlust entstehe. Die Vertreter der Klägerin und des Beklagten stellten damals gemeinschaftlich die Schäden fest, welche das Schiff während der Mietzeit erlitten hatte, und die Marine-Verwaltung übernahm gemäß Nr. 6 des Vertrags deren Beseitigung. Am 20. Februar 1919 waren die Wiederherstellungsarbeiten beendet. Mit der Klage verlangte die Klägerin unter der Behauptung, daß ihr infolge der Unmöglichkeit, das Schiff in der Zeit vom 9. Januar bis zum 20. Februar 1919 zu Frachtfahrten zu benutzen, ein Gewinn entgangen sei, für den genannten Zeitraum den vertraglichen Mietzins einschließlich eines mündlich vereinbarten Teuerungszuschlags in Höhe von insgesamt 5507,20 *M*.

Das Landgericht erachtete die Klageforderung dem Grunde nach für berechtigt. Das Oberlandesgericht wies die Berufung des Beklagten als unbegründet zurück. Auf die Revision ist der Rechtsweg für unzulässig erklärt worden.

Gründe:

Das Oberlandesgericht verneint die Anwendbarkeit der Verordnung über die Abgeltung von Ansprüchen gegen das Reich vom 4. Dezember 1919, weil sie ebenso wie die Verordnung vom 21. November 1918 sich nur auf Entschädigungen für die einseitige Lösung oder Abänderung von Kriegsverträgen durch das Reich beziehe, das hier in Rede stehende Mietverhältnis aber weder vorzeitig beendet noch umgestaltet, sondern den ursprünglichen Vereinbarungen gemäß über den 10. November 1918 hinaus fortgesetzt worden sei. Diese Auffassung wird jedoch dem Sinne und Zwecke der Verordnung von 1919 nicht gerecht. Die Verordnung von 1918 bezweckte allerdings ihrem Wortlaute nach zunächst nur, „jede unfruchtbare, den Zeitverhältnissen nicht mehr entsprechende Kriegsarbeit zu unterbrechen und das Reich von der Verpflichtung zu befreien, Leistungen entgegenzunehmen und vergüten zu müssen, für die es kein Bedürfnis und keine Verwendung mehr hatte". Das Demobilmachungsamt hat diese Verordnung aber nicht nur auf Lieferungs- und Werkverträge, sondern über ihren Wortlaut hinaus auch auf viele andere Arten von Kriegsverträgen angewendet (vgl. Begründung der VO. vom 4. Dezember 1919, Drucks. d. Nat.-Vers. Nr. 2093. S. 6). Für diese weitgehende, im Interesse des Reichs und der Allgemeinheit liegende Auslegung sollte nun durch die neue Verordnung und zwar sowohl für die Vergangenheit wie für die Zukunft eine zweifelsfreie Rechtsgrundlage geschaffen werden (Begründ. a. a. O. S. 6 und 7). Beide Verordnungen wollen aber nicht Rechtsansprüche nach rechtlichen Gesichtspunkten zur Entscheidung bringen, sondern einen durch die wirtschaftliche Umwälzung aller Verhältnisse und die schlechte Finanzlage notwendig gewordenen billigen Ausgleich zwischen den Interessen des Reichs und wohlerworbenen, noch nicht beglichenen Ansprüchen von Privatpersonen aus Kriegsverträgen im Verwaltungswege herbeiführen, und nur, um nach dieser Richtung kein Mißverständnis aufkommen zu lassen, ist in der Verordnung von 1919 der Ausdruck „Abgeltung", den das Oberlandesgericht für seine Auffassung verwerten zu dürfen glaubt, gewählt worden. Demgemäß ist der ordentliche Rechtsweg für alle Kriegsforderungen an das Reich ausgeschlossen, gleichviel unter welchem Titel sie erhoben werden oder bei normalem Verlaufe der Dinge vor Gericht hätten erhoben werden können, wenn die Verträge selbst unter die §§ 1 oder 6 der Verordnung vom 4. Dezember 1919 fallen und ihre Wirkung sich über den 10. November 1918 hinaus erstreckt. Nach der weiten Fassung dieser Paragraphen wird aber kaum ein während des Krieges oder vor dem Kriege für Kriegs- oder Heereszwecke geschlossener Vertrag privatrechtlichen Charakters übrig bleiben, der, soweit er nicht schon vor dem 10. November 1918 durch den Vertragsgegner des Reichs restlos erfüllt ist, nicht von der Verordnung von 1919 betroffen wird.

Der Mietvertrag von 9./12. Dezember 1914 / 10. April 1915 ist aber ein echter Kriegsvertrag. Das Schiff wurde vom Reiche zu Kriegszwecken auf unbestimmte Zeit gemietet. Zurückgegeben wurde es erst am 9. Januar 1919. Bis dahin hat der Beklagte die vertragsmäßige Miete gezahlt. Von dem genannten Tage an gingen aber, wie die Klägerin in dem Übergabeprotokoll anerkannt hat, alle Gefahr und die Pflicht, für Mannschaft und Inventar zu sorgen, auf sie über. Das Mietverhältnis wurde ausdrücklich für beendet erklärt. Der Dampfer wurde jedoch der vertraglichen Verpflichtung des Beklagten (§§ 556, 548 BGB.) zuwider nicht in gebrauchsfähigem Zustande zurückgewährt. Dieser wurde von ihm vielmehr erst nach der Rückgabe in der Zeit bis zum 20. Februar 1919 wiederhergestellt. Mit Rücksicht auf die während der Ausbesserung ihr entzogene

Nutzungsmöglichkeit begehrt die Klägerin nunmehr eine Entschädigung. Sie verlangt also, gestützt auf einen Kriegsvertrag und ein ihm nicht entsprechendes Verhalten des Beklagten, eine Leistung für die Zeit nach dem 10. November 1918, und die Abgeltung eines solchen Anspruchs darf nur auf dem in der Verordnung vom 4. Dezember 1919 geregelten Wege unter Ausschluß der ordentlichen Gerichte gefordert werden. Daß der Klagantrag nicht die Hauptleistung des Mieters, die Zahlung von Mietzins im eigentlichen Sinne zum Gegenstand hat, ist unerheblich. „Denn die durch die Verordnung angestrebten fiskalischen und volkswirtschaftlichen Zwecke können", wie die Begründung a. a. O. S. 8 mit Recht betont „nur dann erreicht werden, wenn sich ihre Bestimmungen auch auf alle Nebenabreden und Nebenwirkungen eines Kriegsvertrags erstrecken". Zu den letzteren gehören auch Schadensersatzansprüche. Das ist selbstverständlich, wird übrigens in der Begründung zu § 1 V Abs. 3 a. a. O. S. 8 auch ausdrücklich hervorgehoben.

Die Behauptung der Klägerin, es sei am 9. Januar 1919 zwischen ihr und dem Beklagten eine Vereinbarung des Inhalts zustande gekommen, daß dieser für den Fall des Eintritts eines Nutzungsverlustes während der Ausbesserungszeit sich zur Zahlung einer Entschädigung in Höhe des Mietzinses verpflichtet habe, ist vom Berufungsgericht einwandfrei für widerlegt erachtet worden. Im Gegensatze zu ihr stellt es fest, daß nach dieser Richtung nur ein einseitiger, den Beklagten nicht bindender Vorbehalt der Klägerin vorliege.

Der Ausschluß des ordentlichen Rechtswegs ist eine prozessuale Vorschrift. Eine solche ist aber, soweit sie nicht etwa selbst etwas anderes bestimmt, von dem Augenblick ihres Inkrafttretens an auch auf bereits anhängige Rechtsstreitigkeiten anzuwenden (RGZ. Bd. 16 S. 396, Bd. 48 S. 406), und da das Gericht eine etwaige Unzulässigkeit des Rechtswegs in jeder Lage des Verfahrens von sich aus zu prüfen hat, so hat es sie nicht nur, wie es in der Begründung zu § 6 a. a. O. S. 11 heißt, auf den Unzuständigkeitseinwand einer Partei, sondern schon von Amts wegen stets dann auszusprechen, wenn der streitige Anspruch unter die Verordnung vom 4. Dezember 1919 fällt.

---

125. Kann eine Erklärung zum Protokolle des Gerichtsschreibers im Sinne des § 21 Abs. 2 FGG. dadurch hergestellt werden, daß der Gerichtsschreiber eine ihm überreichte private Schrift mit der protokollarischen Eingangs- und Schlußformel versieht und den so entstandenen Wortlaut eines Protokolls unterzeichnet?

II. Zivilsenat. Beschl. v. 22. März 1921 in der Registersache betr. die Firma H. & Co. in O. II B 1/21.

I. Amtsgericht Oschersleben. — II. Landgericht Halberstadt, Kammer f. Handelssachen.

Obige Frage wurde verneint aus folgenden

Gründen:

In der Handelsregistersache betr. die Eintragung der Kommanditgesellschaft in Firma H. & Co. in O. hat die Br. Bank und Kreditanstalt gegen einen ihr am 4. Oktober 1920 zugestellten, im Beschwerdewege ergangenen Beschluß der Kammer für Handelssachen die sofortige weitere Beschwerde eingelegt und zwar in einem Schriftstück, das sich — jedenfalls äußerlich — als ein Protokoll der Gerichtsschreiberei des Landgerichts Halberstadt darstellt. Dieses Protokoll ist nach der Feststellung des Kammergerichts in der Weise entstanden, daß die Beschwerdeführerin das mit Schreibmaschine geschriebene, mit zwei Unterschriften versehene Schriftstück, in dem die Beschwerdeeinlegung erklärt und begründet ist, dem Gerichtsschreiber mit der Erklärung überreichen ließ, sie wolle gegen den landgerichtlichen Beschluß weitere Beschwerde einlegen und diese dem Inhalt des übergebenen Schriftstücks entsprechend begründen. Daraufhin fügte der Gerichtsschreiber seinerseits den üblichen Protokolleingang hinzu, las diesen und das Schriftstück selbst dem erschienenen Bevollmächtigten der Beschwerdeführerin vor und unterzeichnete, nachdem der Bevollmächtigte das Vorgelesene genehmigt und unterschrieben hatte. Auf dieselbe Weise ist das gleichfalls als Protokoll der Gerichtsschreiberei des Landgerichts Halberstadt erscheinende Schriftstück vom 13. Oktober 1920 entstanden, in welchem die Br. Bank und Kreditanstalt noch einige Ausführungen zur Begründung ihrer Beschwerde gemacht hat.

Das Kammergericht erachtet die durch § 29 verb. mit § 21 FGG. vorgeschriebene Form der Beschwerdeeinlegung zum Protokoll des Gerichtsschreibers (hier des Landgerichts) für gewahrt und würde infolgedessen — von der Auffassung aus, daß die Frage der Zulässigkeit der Beschwerde die Prüfung der Beschwerdebefugnis der Br. Bank und Kreditanstalt nicht umfasse — die sofortige weitere Beschwerde für zulässig halten, wenn nicht die Entscheidung des Oberlandesgerichts Hamburg vom 22. Oktober 1913, Rechtspr. d. OLG. Bd. 28 S. 330, entgegenstände (FGG. § 28 Abs. 2). Diese Entscheidung spricht aus: dadurch, daß der Gerichtsschreiber einer privatschriftlichen Eingabe die Eingangsformel „es erscheint der . . . und trägt vor" und die Schlußworte „unter Bezugnahme auf vorstehende Ausführungen erhebe ich weitere Beschwerde . . ." hinzufüge, werde die nach §§ 29, 21 FGG. erforderliche Erklärung „zum Protokoll des Gerichtsschreibers" nicht hergestellt; vielmehr werde dadurch lediglich der Schein eines Protokolls des Gerichtsschreibers hervorgerufen.

Der Fall des § 28 Abs. 2 FGG. ist gegeben; hier wie in dem vom Oberlandesgericht Hamburg behandelten Falle handelt es sich um die Frage, ob die Umkleidung einer privatschriftlichen Eingabe mit der beim Protokoll üblichen Eingangs- und Schlußformel, die der Gerichtsschreiber vornimmt, die privatschriftliche Erklärung zu einer solchen „zum Protokolle des Gerichtsschreibers (§ 21 Abs. 2 FGG.) macht. In dem Hamburger Falle lag die Sache insofern für den Beschwerdeführer noch günstiger, als dort der Gerichtsschreiber selbst der privatschriftlichen Eingabe den Vermerk beigefügt hat, daß gegen den landgerichtlichen Beschluß weitere Beschwerde erhoben werde.

Die Frage, ob die Umkleidung einer privaten Schrift mit der bei Protokollen üblichen Eingangs- und Schlußformel zusammen mit der Unterzeichnung durch den Gerichtsschreiber eine Erklärung zum Protokolle des Gerichsschreibers im Sinne des § 21 Nr. 2 FGG. herzustellen vermöge, wird im Schrifttum verschieden beantwortet, überwiegend jedoch verneint. Auch das Kammergericht hatte bisher den ablehnenden Standpunkt vertreten. Das Reichsgericht hat zu der Frage noch nicht Stellung genommen.

Das FGG. enthält keine Vorschrift über die Erfordernisse eines Protokolls im einzelnen; die §§ 175 flg. das. beziehen sich ausschließlich auf die im 10. Abschnitt des Gesetzes behandelten „gerichtlichen und notariellen Urkunden". Landesgesetzliche Normen über die Herstellung von Protokollen sind in Preußen nicht erlassen (Schlegelberger, FGG. § 11 Anm. 17).

Durch die Vorschrift, daß die sofortige weitere Beschwerde in Angelegenheiten der freiwilligen Gerichtsbarkeit neben der Möglichkeit einer von einem Rechtsanwalt unterzeichneten Beschwerdeschrift durch Erklärung zum Protokolle des Gerichtsschreibers einzulegen sei (§§ 29, 21 FGG.), sollte einerseits dem Beschwerdeführer eine Erleichterung gewährt, anderseits das Beschwerdegericht vor unnötig weitläufigen, unverständlichen, mutwilligen oder ungehörigen, die Würde des Gerichts verletzenden Beschwerdeeingaben bewahrt werden. Dieser letztere Zweck würde vereitelt, wenn man unterschiedslos jede dem Gerichtsschreiber übermittelte, von ihm mit der protokollarischen Eingangs- und Schlußformel versehene privatschriftliche Eingabe, sofern sie nur die Absicht der Beschwerdeeinlegung erkennen läßt, als Beschwerdeerklärung zum Protokolle des Gerichtsschreibers gelten lassen wollte. Denn damit wäre die Gewähr dafür, daß der Gerichtsschreiber das ihm vom Beschwerdeführer Vorgetragene selbständig geprüft und gesichtet und das nach seiner Auffassung Zweckdienliche in die Niederschrift aufgenommen hat, aufgehoben oder mindestens ganz erheblich abgeschwächt.

Im einzelnen Falle, wenn die private Schrift ihrem Inhalt und ihrer äußeren Erscheinung nach den Zweck einer Beschwerdeschrift an sich erfüllen würde, mag die Durchführung des Grundsatzes, daß ihre Umkleidung mit der protokollarischen Eingangs- und Schlußformel eine Erklärung zum Protokolle des Gerichtsschreibers nicht soll herbeiführen können, als formalistisch und hart erscheinen. Allein eine verschiedene Behandlung, je nachdem die in Protokollform gebrachte Eingabe ihrem Inhalte nach den Erfordernissen einer geordneten Beschwerdeschrift mehr oder weniger entspricht, wäre mit Wesen und Zweck der Formvorschrift nicht vereinbar und würde nur Verwirrung stiften. Die Niederschriften vom 8. und vom 13. Oktober 1920 können daher trotz ihrer protokollarischen Eingangs- und Schlußformeln und ihrer Unterzeichnung durch den Gerichtsschreiber des Landgerichts Halberstadt nicht als Gerichtsschreiberprotokolle im Sinne des § 21 Abs. 2 FGG. angesehen werden.

Die strengere Auffassung liegt unverkennbar im Interesse der Sicherheit des Rechtsverkehrs. Diesem höheren Gesichtspunkte gegenüber fällt der Umstand, daß sie je nach Sachlage für den Beschwerdeführer mit einer gewissen Härte verbunden sein kann, nicht entscheidend ins Gewicht. Dieselbe Ansicht wird übrigens — für die Frage, ob ein Protokoll des Gerichtsschreibers im Sinne des § 385 Abs. 2 StPO. vorliege — in RGSt. Bd. 2 S. 444 vom II. Strafsenate und in RGSt. Bd. 14 S. 348 vom IV. Strafsenate des Reichsgerichts vertreten.

Hiernach war die sofortige weitere Beschwerde wegen unterlassener Wahrung der Form des § 21 Abs. 2 FGG. als unzulässig zu verwerfen.

---

126. Wann liegt Verzug mit einer Hauptleistung vor, der den nichtsäumigen Vertragsteil zum Vorgehen nach § 326 BGB. berechtigt?

I. Zivilsenat. Urt. v. 5. März 1921 i. S. Sch. (Kl.) w. S. (Bekl.). I 123/20.

I. Landgericht Beuthen, Kammer f. Handelssachen. — II. Oberlandesgericht Breslau.

Am 30. August 1917 kaufte die Klägerin vom Beklagten 100 Zentner russische Bonbons. Vereinbart waren Lieferung „franko Bahnhof Berlin, Zahlung gegen Duplikatfrachtbrief, Ankunftsgewicht Berlin". In ihrem Bestätigungsschreiben vom 3. September 1917 ersuchte die Klägerin den Beklagten, sowohl auf der Rechnung wie auch im Frachtbrief jede einzelne Kiste mit Nummer, Brutto- und Taragewicht aufzuführen. Am 13. September 1917 kündigte der Beklagte der Klägerin die Zusendung von 60,8 Zentnern Bonbons an. Beigefügt war eine Aufstellung, in der die Nummern der einzelnen Kisten aufgeführt und die in jeder Kiste enthaltenen Pakete nach Anzahl und Nettogewicht vermerkt waren. Am 14. September erwiderte die Klägerin, die Rechnung lasse die Tara- und Bruttogewichte nicht erkennen. Am 17. und weiter am 26. September 1917 verlangte sie nochmals Angabe dieser Gewichte. Am 5. Oktober erklärte sie schließlich, sie setze dem Beklagten zur Lieferung der Bonbons eine Nachfrist bis zum 12. Oktober dergestalt, daß bis zum Schlusse dieses Tags an sie eine ordnungsmäßige Rechnung mit Angabe der Zahl der einzelnen Kisten und ihrer Bruttogewichte abgegangen sein müsse, nach Ablauf der Frist werde sie die Abnahme verweigern. Der Beklagte kam dem Verlangen nicht nach. Die Klägerin hat daher 6928 *M* Schadensersatz wegen Nichtlieferung von 60 Zentnern russischen Bonbons verlangt.

Das Landgericht wies die Klage ab. Die Berufung der Klägerin wurde zurückgewiesen. Ihre Revision hatte Erfolg.

Gründe:

Die Entscheidung des Oberlandesgerichts ist in folgender Weise begründet:

Der Beklagte habe dem Verlangen der Klägerin in ihrem Schreiben vom 3. September 1917, wonach die Rechnung sowohl wie der Frachtbrief die Kisten einzeln nach Nummern, Brutto- und Taragewicht angeben sollten, nicht widersprochen und ihm daher nachkommen müssen. Die Nichterfüllung dieser Bedingung hätte aber die Klägerin nur dann von der Vorauszahlung des Kaufpreises entbunden und zum Vorgehen nach § 326 BGB. berechtigt, wenn es sich dabei um eine Hauptleistung des Beklagten gehandelt hätte. Das sei unter besonderen Umständen möglich. Hier sei es aber nicht der Fall. Für die endgültige Abrechnung sei das Ankunftsgewicht in Berlin maßgebend gewesen, das sich dort habe feststellen lassen. Für die Anweisung, die der Bank habe erteilt werden müssen, sei die Angabe des Bruttogewichts der einzelnen Kisten nicht nötig gewesen. Auch habe der Frachtbrief jedenfalls das Gewicht der ganzen Sendung ergeben müssen. Zudem habe die Klägerin das Gewicht der einzelnen Kisten mit Hilfe der ihr zugesandten Aufstellung wenigstens annähernd berechnen können. Gerichtsbekannter Handelsbrauch sei, daß bei der Vereinbarung „Kasse gegen Duplikatfrachtbrief" der Käufer erst den Kaufpreis der Bank übersende und der Verkäufer erst nach der Mitteilung davon die Verladung und die Ausstellung des Frachtbriefs vornehme. Die Klägerin sei daher verpflichtet gewesen, gegen Vorlegung des Duplikatfrachtbriefs, zu dessen Ausstellung der Beklagte bereit gewesen sei, den Kaufpreis zu zahlen. Sie habe diese Verpflichtung nicht erfüllt, der Beklagte sei daher nicht in Verzug geraten und mit Rücksicht hierauf auch die Klage nicht begründet.

Die Revision ist zunächst damit begründet, daß der Beklagte mit der Lieferung der Ware und schon insofern auch mit seiner Hauptleistung in Verzug geraten sei. Allein insofern sind eine Mahnung und die Setzung einer Nachfrist nicht erfolgt. . . .

Sodann macht die Revision geltend, die Ausstellung einer Rechnung mit den verlangten Angaben sei eine Hauptleistung des Beklagten gewesen. Daraus folge, daß er mit einer solchen in Verzug geraten und mit Rücksicht auf die Erklärung vom 5. Oktober 1917 der Schadensersatzanspruch der Klägerin begründet sei.

Das Oberlandesgericht hat mit einwandfreier Begründung angenommen, daß sich der Beklagte stillschweigend mit der Forderung der Klägerin in ihrem Bestätigungsschreiben vom 3. September 1917, wonach sowohl in der Rechnung wie im Frachtbrief jede einzelne Kiste mit Nummer, Brutto- und Taragewicht aufgeführt werden sollte, einverstanden erklärt habe. Zu der dem Beklagten obliegenden Leistung gehörte also jedenfalls die Ausstellung einer derartigen Rechnung. Ob diese Leistung eine Hauptleistung war, ist nicht nur Sache der tatsächlichen Feststellung, sondern auch eine Rechtsfrage. Die Möglichkeit ist unbedenklich gegeben. Was als Hauptleistung anzusehen ist, läßt sich nicht allgemein bestimmen. Es kommt auf den einzelnen Fall an. Die Parteien können bestimmen, was eine Hauptleistung sein soll. Auch insofern gilt Vertragsfreiheit. Dabei ist nicht einfach entscheidend, ob die Leistung nach den tatsächlichen Verhältnissen wirklich großen praktischen Wert hat. Auch eine Leistung, bei der das nicht der Fall ist, kann eine Hauptleistung sein. Sie ist es dann, wenn ihr nach dem Willen der Beteiligten, wie er bei dem Vertragsschlusse seinen Ausdruck gefunden hat oder sich aus den Umständen ergibt, eine wesentliche Bedeutung beigelegt wurde, wenn sie also etwas ist, worauf es der einen oder anderen Partei in hohem Grade ankam, was sie unter allen Umständen erlangen wollte, was deshalb für sie nicht eine Nebensache war, auf die sie keinen großen Wert legte. Ist eine Vereinbarung derartig getroffen, so gehört die Erfüllung im Sinne des Vertrags zur Hauptleistung, und der Schuldner, der sie nicht bewirkt, setzt sich damit den Folgen aus, die sich bei Verzug mit der Hauptleistung ergeben. Er kann sich dann nicht darauf berufen, daß seine Leistung ohne Wichtigkeit sei und ihre Bewirkung dem Gläubiger keinen Nutzen bringe. Aus welchem Grunde die Leistung in dem Vertrage zur Hauptleistung gemacht ist, ist gleichgültig. Es genügt, daß es tatsächlich geschehen ist.

In dem Bestätigungsschreiben vom 3. September 1917 hat nun die Klägerin sich in folgender Weise ausgedrückt: „Bei den fast zur Regel gewordenen Beraubungen der Bahnsendungen werde ich die Ware unter Gewichtskontrolle auf dem Bahnhof abnehmen. Es ist dazu aber dringend notwendig, daß nicht die ganze Sendung nur mit dem Gesamtgewicht in Rechnung und Frachtbrief verzeichnet stehe, sondern es muß sowohl auf der Rechnung wie im Frachtbriefe jede Kiste einzeln mit Nummer, Brutto und Tara aufgeführt sein, denn nur so läßt sich eine kontrollierte Abnahme auf der Bahn ermöglichen." Dies ist die Erklärung, mit welcher, wie auch das Oberlandesgericht annimmt, der Beklagte sich einverstanden erklärt hat. Die Fassung ergibt aber unzweideutig, daß die Klägerin unter allen Umständen die Möglichkeit haben wollte, schon auf dem Bahnhof eine genaue Gewichtskontrolle vorzunehmen, in der Weise, daß für die einzelnen Kisten das bei der Ankunft vorhandene Gewicht mit dem Gewicht, welches in der Rechnung verzeichnet war, verglichen wurde. Sie bezeichnet es als „dringend notwendig" und als etwas, „was geschehen müsse", daß die verschiedenen Gewichtsangaben in der Rechnung, wie im Frachtbriefe gemacht würden. Es konnte daher nicht zweifelhaft sein, daß sie hierauf einen entscheidenden Wert legte und es sich für sie nicht um eine Nebensache, um eine Sache von untergeordneter Bedeutung handelte. Diese Auffassung ist um so mehr geboten, als die Zeitverhältnisse es durchaus verständlich machten, daß die Klägerin auf die von ihr gewünschten Angaben großen Wert legte. Es ist also eine offenkundige Tatsache und wird auch in dem Schreiben vom 3. September 1917 hervorgehoben, daß, wie auch später noch, so schon während längerer Zeit vor Absendung des Schreibens sehr häufig Sendungen, die der Bahn zur Beförderung übergeben waren, unterwegs eines Teils ihres Inhalts beraubt worden waren. Bei einer solchen Sachlage muß es dem Empfänger einer Sendung erwünscht sein, wenn jedes noch irgendwie geeignete Mittel angewendet wird, welches die Feststellung eines Diebstahls erleichtert, auch wenn er dadurch nur die Möglichkeit erhält, die Weiterungen zu vermeiden, die sich bei einer nachträglichen Feststellung ergeben. Um so weniger konnte für den Beklagten die Bedeutung zweifelhaft sein, die die Klägerin ihrem Verlangen beilegte. . . .

Register.

Die Zahlen bedeuten die Seiten.

A. Sachregister.

A

B

F

G

Z

B. Gesetzesregister.

1. Reichsgesetze.

a. Bürgerliches Gesetzbuch.

b. Einführungsgesetz z. Bürgerlichen Gesetzbuche.

c. Allg. Deutsches Handelsgesetzbuch (a. F.).

d. Handelsgesetzbuch von 1897.

2. Landesrecht.

Baden.

Badisches Landrecht.

Bayern.

Braunschweig.

Preußen.

a. Allgemeines Landrecht.

b. Einzelne Gesetze und Verordnungen.

Sachsen.

3. Gemeines Recht.

I. Pandekten.

II. Deutsche Rechtsquellen.

4. Ausländisches Recht.

Belgien.

Dänemark.

Frankreich.

Holland.

Italien.

Norwegen.

Schweden.

Schweiz.

C. Zusammenstellung der Entscheidungen nach der Zeitfolge.

Zusammenstellung

der

im 101. Bande

mitgeteilten Entscheidungen

nach

Oberlandesgerichtsbezirken.

Berichtigungen.

Neunundneunzigster Band.

S. 217 Z. 20 v. o. statt „Beklagte" lies „Klägerin".
„ 277 „ 16 v. o. statt „Juli" lies „Juni".

Hundertster Band.

S. 245 Z. 13 v. u. streiche das Wort „nicht".

FSC
www.fsc.org
MIX
Papier | Fördert gute Waldnutzung
FSC® C083411

Kolibri 360 GmbH
Ferdinand-Jühlke-Straße 7
99095 Erfurt, Deutschland
produktsicherheit@kolibri360.de